简介

孟祥才，1940 年生，山东临沂人。山东大学儒学高等研究院教授、博士生导师。长期从事中国古代史和中国思想史的教学与研究。已在人民出版社、中华书局、中国社会科学出版社、上海古籍出版社、北京出版社、山东人民出版社、齐鲁书社等出版《孔子新传》《孟子传》《秦汉史》《先秦秦汉史论》《先秦人物与思想散论》《秦汉人物散论》《秦汉人物散论续集》《梁启超评传》《王莽传》《中国古代反贪防腐术》《齐鲁传统文化中的廉政思想》《汉代的星空》《汉朝开国六十年》《中国农民战争史·秦汉卷》《中国政治制度通史·秦汉卷》《山东思想文化史》《秦汉政治思想史》等个人专著 35 部，主编、合撰、参编著作 31 部。有关著作曾获得国家图书奖、国家社科规划项目一等奖、山东省社科著作一等奖等多种奖项。在《光明日报》《中国文化报》《大众日报》《炎黄春秋》《文物》《文艺报》《中国史研究》《历史教学》《文史哲》《东岳论丛》《山东社会科学》《齐鲁学刊》《史学月刊》《江海学刊》《人文杂志》《史学集刊》《孔子研究》等报刊发表论文 300 余篇。两次获得“山东省专业技术拔尖人才”称号，享受政府特殊津贴。曾兼任中国农民战争史研究会理事长、中国秦汉史学会副会长、山东省历史学会副会长、山东大舜文化研究会副会长、山东孙子研究会副会长和北京师范大学、山东师范大学、青岛大学等校兼职教授。

儒家文明省部共建协同创新中心研究成果
山东大学儒学高等研究院重点学科
建设经费资助项目

少昊之裔嬴族史

SHAOHAO ZHI YI
YINGZU SHI

孟祥才 著

序　言

中国文明的起源，经过了满天星斗式的多元竞进到不断融合发展、再到逐步走向统一体的漫长历程。在这一历程中，大约距今一万年前后是一个重要的时间节点。此期，考古学上正经历新旧石器时代的转换，传说中的“三皇”大约就是这一时段标志性的创世伟人群体。从三皇到五帝，中国经历了从蒙昧到文明的数以千年计的发展时期。这一时期，众多族群在广袤的中华大地上，竞合互动，斗争联合，演绎了一幕幕披荆斩棘、战天斗地、戈矛互击、血雨腥风的奋进活剧。这些族群不断分化迁徙，互兼互融，最后发展成超过万姓的以汉族为主体的由56个兄弟民族组成的中华大家庭。今天，当我们溯源各个姓氏的源头时，数以万计的古老族群，就会从尘封的历史中走出来，向你述说他们当年那跌宕起伏、成败相继、激动人心的奋斗史。

在传说中的三皇五帝时代，有一个在不同文献中列入三皇五帝谱系的少昊金天氏，他的族群在五帝中的最后一帝虞舜当政时产生了一个名叫伯益的杰出首领，因协助大禹治水而立下巨大功勋，被虞舜赐予嬴姓。尽管后来大禹禅让帝位于他而被禹的儿子夏启搅局没有成功，但伯益由是作为始祖传下一个嬴姓族群。这一族群从瀛水（今山东济南莱芜境）之滨走向全国，辗转迁徙，不懈奋斗，与夏、商、西周三个王朝的当国者都发生过或密切或敌对的关系，到春秋战国时期的5个多世纪中，分别以嬴秦和嬴赵两大族群创立秦国和赵国，创造了各自独特的历史和文化，最后是嬴秦统一全国，建立起中国历史上第一个中央集权的封建王朝，创设了一系列的制度、法律和规章，深深影响了此后中国社会的发展。嬴赵创立的赵国与嬴秦创立的秦国和秦朝虽然已经消失两千多年，但他们创造的文化却长久地潜移默化在中国的历史长河中，发挥着不可替代的作用。嬴秦和嬴赵的当国者虽然喋血于他们一朝壮丽宏伟的宫廷，但他们的族群并没有被消灭，他们的血脉仍然在延续，时而如小溪汩汩流淌，时而似长江黄河激扬澎湃。他们族群的嫡裔秦、赵、马、徐、黄、梁、江、廉等姓氏繁衍的后代不仅占了中国人口的很大比例，而且他们之中产生的帝王将相、文人学士也对中国历史相继发挥着深巨影响。其中特别值得一提的是嬴赵的后裔创建的两宋王朝，历时320年，是秦朝之后中国历史上唯一一个超过300年的王朝。

溯源嬴秦和嬴赵的历史，特别是这两个族群在春秋战国和秦朝500多年的历史，在很大程度上几乎等于重温远古至秦朝的中国上古史。作为这一时段的两大重要主角，他们是当时中国历史天幕上最璀璨的两颗巨星，少了他们就好像天缺一角。后来的中国历史，少了他们后裔秦、赵、马、徐、黄、梁、江、廉等姓氏繁衍的人口和他们之中产生的帝王将相、文人学士，也几乎无法叙述。显然，嬴族作为一个古老而又不断更新的族群，在中国历史上一再展现它的强势基因和强大创造力，因而极具研究价值。将这一族群作为个案，梳理其万年历程，探索其一次次或绝地重生，或辉煌崛起，或倏然而惨败的密码，是历史学家应该承担的责任。

基于以上事实，著者不揣浅陋，竭尽所能，焚膏继晷，努力以赴，草就这样一部《少昊之裔嬴族史》，期望通过对这一族群历史的梳理，力图再现他们真实的奋斗历程，评判他们的功过得失，辨析他们创造的思想和文化，总结他们的成功经验和失误教训，以期使读者感受这一族群的坚毅、韧性、智慧、执着、勇敢和愈挫愈奋的不屈精神，从中体认历史的魅力，增益知识与增长智慧。

目　录

序　言……1

第一章　嬴族的起源及其在五帝和三代时期的发展……1
　第一节　太昊伏羲氏的开创之功……1
　第二节　少昊金天氏的接续之绩……15
　第三节　伯益与嬴族在五帝时期的诞生……21
　第四节　嬴族与夏朝的纠结……25
　第五节　嬴族在商朝的崛起……32
　第六节　嬴族在西周时期的复苏……34
　第七节　嬴秦和嬴赵的诞生与发展壮大……37
第二章　嬴秦与嬴赵在春秋时期的发展……41
　第一节　秦庄公在关中开新局……41
　第二节　秦襄公乘“镐京之变”立首功……42
　第三节　从秦文公至秦成公的发展……47
　第四节　秦穆公跻身“春秋五霸”……49
　第五节　从秦康公至秦悼公的东征西讨……64
　第六节　嬴赵在晋国发展壮大……72
　第七节　赵盾继立新功……76
　第八节　屠岸贾灭赵与赵氏孤儿的雪耻……79
　第九节　赵简子执政与嬴赵的走强……85
第三章　嬴秦在战国时期的后来居上……91
　第一节　战国初始与秦国百年徘徊……91

第二节　商鞅变法……95
第三节　秦惠文王的开疆拓土……131
第四节　连横之略战胜合纵之策……134
第五节　秦武王、昭襄王的东征西讨……153
第六节　长平鏖战与白起之死……161
第七节　穰侯罢相与范雎、蔡泽相继荣登相位……174
第八节　吕不韦的精心运作和秦庄襄王的顺利继位……192
第四章　嬴赵在战国时期的开局与辉煌……210
第一节　赵襄子灭智氏与“三家分晋”……210
第二节　赵烈侯立国与敬侯、成侯、肃侯时期的征战……216
第三节　赵武灵王“胡服骑射”……218
第四节　“连横”“合纵”互纠中赵国的依委……229
第五节　蔺相如、廉颇与“将相和”佳话……232
第六节　“触砻说赵太后”……237
第七节　长平之战与赵国的一蹶不振……239
第八节　邯郸保卫战的险胜……242
第九节　赵国的思想文化……248
第五章　秦王嬴政统一中国……297
第一节　全国统一大势的形成……297
第二节　嬴政登上秦国王位……301
第三节　嬴政首展谋略：剿灭嫪毐集团……307
第四节　吕不韦集团的败亡……314
第五节　郑国入秦与李斯谏“逐客”……321
第六节　韩非冤死，思想绽放……325
第七节　灭韩亡赵，尉缭闪出……354
第八节　嬴赵灭亡之因透析……367
第九节　荆轲刺秦王与燕国的灭亡……371
第十节　魏国降秦……381
第十一节　平楚之战……382
第十二节　齐王出降……385

第六章　秦朝统一中国原因辨析……391
第一节　“天时”与“民心”……391
第二节　战略与战术……399
第三节　猛将如云……404
第四节　谋臣如雨……409
第五节　嬴政的主导作用……419
第七章　中央集权制度的继承与创新……425
第一节　皇帝制度……425
第二节　中央官制……431
第三节　地方官制……437
第四节　司法制度……447
第五节　军事制度……454
第六节　深远影响……464
第八章　巩固统一的措施……470
第一节　“使黔首自实田”……470
第二节　“车同轨”“书同文”“行同伦”……474
第三节　统一货币与度量衡……480
第四节　堕城、销兵、迁豪、徙民……482
第五节　巡行与刻石纪功……488
第六节　北伐匈奴　修筑长城……493
第七节　南平百越　开凿灵渠……499
第八节　徐福东渡与中日、朝、韩关系……505
第九章　秦朝的思想文化……518
第一节　“以法为教”“以吏为师”……518
第二节　“焚书坑儒”……523
第三节　秦始皇与秦二世的思想……533
第四节　李斯与赵高的思想……541
第五节　秦朝的宗教信仰……548
第六节　秦朝的教育和文学艺术……552
第七节　秦朝的社会生活……554

第十章 秦朝的灭亡……561
第一节 秦始皇寿终正寝……561
第二节 秦始皇身后不寂寞……564
第三节 “沙丘之变”……585
第四节 蒙氏冤死……592
第五节 骨肉相残……596
第六节 暴政与蠢行……599
第七节 最坏的接班人……618
第八节 冲天而起的反秦怒涛……621
第九节 李斯一家遭族灭……633
第十节 农民起义军再度崛起……655
第十一节 胡亥死于非命……667
第十二节 赵高阴沟翻船……673
第十三节 秦王子婴枳道降刘邦……679
第十四节 秦朝“兴勃亡忽”溯源……684
第十五节 历史的灾难得到补偿……698

附 录 嬴族历史年表……707
主要参考文献……746
后 记……754

第一章 嬴族的起源及其在五帝和三代时期的发展

第一节 太昊伏羲氏的开创之功

在中国远古历史的谱系中，三皇五帝是跳不过去的存在。司马迁的《史记》是以《五帝本纪》开篇的，而此后的许多历史学家和历史著作，都将中国历史的开篇进一步推至五帝前的三皇甚至更遥远的盘古开天辟地的时代。然而，由于五帝已经属于传说中的人物，所以司马迁就实话实说：

> 学者多称五帝，尚矣然《尚书》独载尧以来；而百家言黄帝，其文不雅训，荐绅先生难言之。孔子所传《宰予问五帝德》及《帝系姓》，儒者或不传。余尝西至空桐，北过涿鹿，东渐于海，南浮江淮矣，至长老皆各往往称黄帝、尧、舜之处，风教固殊焉。总之不离古文者近是。予观《春秋》《国语》，其发明《五帝德》《帝系姓》章矣，顾弟弗深考，其所表见皆不虚。《书》缺有间矣，其轶乃时时见于他说。非好学深思，心知其意，固难为浅见寡闻道也。余并论次，择其言尤雅者，故著为本纪书首。①

显然，司马迁尽管对“文不雅训”的“百家言黄帝”并不全盘认定，但他认为其中较雅训者的记载还是可信的，因而以《五帝本纪》作为他认可的中国历史的开篇之章。不过，司马迁是以秦汉以来中国大一统的观念回眸历史

① 司马迁：《史记》卷一《五帝本纪》，中华书局1959年版，第46页。

的，所以他硬是将他心目中的黄帝、颛顼、帝喾、唐尧、虞舜安排为黄帝一系子孙的继承序列，因而难以顾及其中明显的抵牾和矛盾，也就不断被后世历史学家所诟病。然而，司马迁前后的思想家和史学家都在不断地追问：五帝不会突兀而出，他们以前的中国历史也应该得到承认和记述，于是就有了三皇和盘古开天辟地与女娲造人的传说被制造或发掘出来。但是，既然五帝已经众说纷纭，三皇就更加浩渺迷离，难以准确地述论。由于三皇五帝的传说本来就是多头来源，由多个不同氏族部落口述历史汇聚而来，所以关于三皇五帝究竟是哪些人以及如何排序，数千年后当中国文献记载这些传说时自然也就歧义纷繁了。

在中国古代文献排列的中国远古历史谱系中，“三皇”有多达七八种说法，但其中以伏羲出现的次数最多。在所有排序中，除天皇、地皇、人皇和天皇、地皇、泰皇两组外，在其他系列的排序中，伏羲都名列其内，占据极其显要的位置。如明朝陈耀文列举的四组三皇排序中，伏羲都是居于榜首的人物：

伏羲、女娲、神农（《春秋·运斗枢》）
伏羲、祝融、神农（《礼号谥记》）
虙戏、燧人、神农（《含文嘉》）
伏羲、神农、黄帝（《孔安国书序》）①

可见作为三皇之一，伏羲是最少疑义的人物，也是事迹最为丰富的人物。然而，由于他出现在文献上的年代与他应该实际存在的年代已经有着二三千年甚至上万年的距离，并且文献的记载又颇多歧义，因而对他真实地位的历史认定也就歧义纷呈。并且，由于记载他事迹的文献远少于五帝，特别是少于其中的黄帝、尧、舜的事迹（在四库全书中，黄帝在 9096 卷中出现了 24563 次；尧在 31634 卷中出现了 102692 次；舜在 41044 卷中出现了 155933 次；伏羲仅在 3387 卷中出现了 8673 次），所以司马迁的《史记》以《五帝本纪》开篇，而将三皇撇在了外边。这正显示了他作为历史学家严肃审慎的态度。

① 陈耀文：《天中记》卷一一，电子版文渊阁四库全书。

还是在20世纪二三十年代，在“古史辨”思潮风云一时的日子里，三皇五帝几乎被否定净尽。40年代，中国著名文史专家、西南联大教授闻一多先生写了《伏羲考》一文，以历史学、民族学和人类学的综合视角，探索了伏羲作为中国远古传说中的创世人物的由来，是一篇颇有学术见地的平顺说理的好文章。近年王大有先生出版的《三皇五帝时代》一书中，认同伏羲代表了一个相当长的历史时期，并列出伏羲23代的称帝年龄、在位年数、帝号、生年与卒年，这可能是根据《帝王世纪》《汉书·古今人表》《路史》《资治通鉴外纪》等书给出的资料和数据精心推断出来的。由于没有基本达成共识的文献资料为根据，所谓伏羲23代无论看起来多么精确，实际上却很难得到史学界的共鸣。

在中国古代的文献中，不仅黄帝、颛顼、帝喾、尧、舜等所谓五帝在甲骨文、金文以及《诗经》等文献中找不到他们的影子，而所谓“三皇”的任何排序组合甚至在《尚书》《论语》《孟子》等文献中也不见踪影。他们在文献中的晚出，当然使人们怀疑他们在后出文献中记载的真实性。作为一个对历史怀着敬畏、拒绝向壁虚构的史学家，司马迁谨慎地舍弃当时流传的关于“三皇”的传说，而以《五帝本纪》作为开篇展开他那部宏伟的历史巨著。然而，只要仔细阅读，人们几乎都能找出《五帝本纪》的矛盾和众多抵牾之处。这表明，即使高明如司马迁这样的大历史学家，面对从各种来路汇集的矛盾百出的传说资料，也难以整合出一个令人满意的“大一统”的中华远古历史的谱系。原因很简单：因为五帝时代的中国距离真正的“大一统”还有相当长的路要走。司马迁依据不同来路出现的传说资料整合出来的“大一统”的五帝谱系，只能处处显示人为捏合的痕迹。

中国古代历史学家对于“三皇”的追寻，实际上是企图恢复五帝以前中国远古历史的努力。在“三皇”中，伏羲、女娲和神农是三个关注度最高的人物。

太昊氏最早是在《春秋左传》记载的郯子的一段话中出现的：“大皞氏以龙，故为龙师而龙名。”杜预注释：“大皞伏牺氏，风姓之祖也，有龙瑞，故以龙命官。”① 郯子的这一追忆，其根据应该是流传在少昊后裔建立的郯国

① 杨伯峻：《春秋左传注》（第3版），中华书局2009年版，第1386—1389页。

的传说。在这个追忆中，太昊氏还没有同伏羲联系起来，是杜预的注将二者连在一起的。《左传》之后，在先秦诸子中，伏羲出现的频次多了起来，其中《庄子》的一些篇章多次涉及他。在《胠箧》中，庄子将伏羲和他前后众多“氏”所在的时代描绘成人类最理想的美好社会“至德之世”：

> 子独不知至德之世乎？昔者容成氏、大庭氏、伯皇氏、中央氏、栗陆氏、骊畜氏、轩辕氏、赫胥氏、尊卢氏、祝融氏、伏羲氏、神农氏，当是时也，民结绳而用之，甘其食，美其服，乐其俗，安其居，邻国相望，鸡狗之音相闻，民至老死而不相往来。若此之时，则至治已。①

在《缮性》中，庄子依据其文明退化的历史观，又将“燧人、伏羲始为天下”的时代视为“德下衰”的开端：

> 古之人，在混芒之中，与一世而得澹漠焉。当是时也，阴阳和静，鬼神不扰，四时得节，万物不伤，群生不夭，人虽有知，无所用之，此之谓至一。当是时也，莫之为而常自然。逮德下衰，及燧人、伏羲始为天下，是故顺而不一。德又下衰，及神农黄帝始为天下，是故安而不顺。德又下衰，及唐虞始为天下，兴治化之流，浇醇散朴，离道以为，险德以行，然后去性而从于心。心与心识知，而不足以定天下，然后附之以文，益之以博。文灭质，博溺心，然后民始惑乱，无以反其性情而复其初。②

显然，在庄子心目中，伏羲与他先后存在的诸多“氏”构筑了中国远古由野蛮走向文明的历史场景。不过在庄子看来，这个文明进程却是“德下衰”的逆行之旅。

其后，三皇逐渐被中国的文献认定为五帝之前创世纪的代表人物，其

① 陈鼓应：《庄子今注今译》，中华书局 2009 年版，第 434—435 页

② 陈鼓应：《庄子今注今译》，中华书局 2009 年版，第 434—435 页

中最重要的则是伏羲。所以，各种物质文明、制度文明和精神文明的大量成果陆续汇聚到他的名下。

伏羲是最早发明文字、造作六书、留下著作的圣帝名王：

伏牺初以木刻字。①

伏牺、神农、黄帝谓之三皇，三皇之书谓之《三坟》。②

古者伏牺氏之王天下也，始画八卦，造书契，以代结绳之政。③

（伏羲）乃命子襄为飞龙氏，造六书。④

伏羲是《易经》的最早发明者和奠基人：

《礼纬·含文嘉》曰：伏牺德合上下，天应以鸟兽文章，地应以河图洛书，伏牺则而象之，乃作八卦故。

伏牺氏之王天下也，始画八卦，造书契以代结绳之政。又曰伏牺、神农、黄帝之书，谓之三坟是也。

伏牺制卦，文王系辞，孔子作十翼。《易》历三圣，只谓此也。《周易·乾凿度》云，孔子曰："上古之时，人民无别，群物未殊，未有衣食器用之利。伏牺乃仰观象于天，俯观法于地，中观万物之宜，于是始作八卦以通神明之德，以类万物之情。故《易》者所以断天地，理人伦，而明王道。是以画八卦，建五气，以立五常之行，象法乾坤，顺阴阳，以正君臣父子夫妇之义。度时制宜，作为罔罟，以佃以渔，以赡民用。于是人民乃治，君亲以尊，臣子以顺，群生和洽，各安其性。此其作《易》垂教之本意也。"⑤

伏羲是中国那个神秘的"道统"的首创者：

---

① 董斯张：《广博物志》卷三〇，电子版文渊阁四库全书。

② 《尚书·孔安国序》，电子版文渊阁四库全书。

③ 孔颖达：《尚书序》，电子版文渊阁四库全书。

④ 郑樵：《通志》卷一，电子版文渊阁四库全书。

⑤ 孔颖达疏：《周易正义·卷首》，电子版文渊阁四库全书。

昔者，道发乎伏羲而成乎尧、舜，继而大之于禹、汤、文、武，此数人者，皆居天子之位而使天下之道寖明寖备者也。[①]

道统天地万物，而总萃于人；人备天地万物，而总萃于道。故人者道之宰也，必裁成辅相修道立教，使道术一出于正，异端邪说莫能奸其间。然后纯粹至善，天命流行，而人心公溥位天地，赞化育，王道成而天下治矣。是以前圣后圣，继继承承，数十百世数千百年，更帝迭王，各为制作建极垂训，始于伏羲，成于尧舜，备于三代。修道之具立，教之典家至而日见，天下无二道，万民无二心，车同轨，书同文，行同伦。[②]

伏羲是中国最早法制、爵禄和行政区划的创始人：

横渠曰：作者七人，伏羲、神农、黄帝、尧、舜、禹、汤，制法兴王者之道，非有述于人者也。[③]

自伏羲氏始为法制，至殷周而极备，人人务为礼，而天下共守法。[④]

法始于伏羲而备于周。[⑤]

法始乎伏羲，而成乎尧，匪伏匪尧，礼义哨哨，圣人不取也。[⑥]

故《易》曰：伏羲氏之王天下也，爵有五等，以法五行也。[⑦]

分九州岛之牧而天下化洽。[⑧]

伏羲是中国最早礼乐文明的创始人：

论为箫者，或以伏牺，或以舜，岂二帝相袭而为之邪？[⑨]

---

① 王安石：《临川文集》卷六七《论议·夫子贤于尧舜》，电子版文渊阁四库全书。

② 郝经：《续后汉书》卷七三上，电子版文渊阁四库全书。

③ 张载：《张子全书》卷三，电子版文渊阁四库全书。

④ 郝经：《续后汉书》卷七三上，电子版文渊阁四库全书。

⑤ 方回：《续古今考》卷三八，电子版文渊阁四库全书。

⑥ 陈耀文：《天中记》卷一一转引扬子《问道篇》，电子版文渊阁四库全书。

⑦ 班固：《白虎通义》卷上《德论上·爵》，电子版文渊阁四库全书。

⑧ 郑樵：《通志》卷一，电子版文渊阁四库全书。

⑨ 陈旸：《乐书》卷一二一，电子版文渊阁四库全书。

伏牺有网罟之歌，神农有丰年之咏，黄帝有龙衮之颂，尧有大唐之歌，虽无所经见，要之亦不失为雅歌之古乐而已。①

伏牺之代，五运成立，甲历始基，造琴瑟以谐律吕，故乐谓之立基。……伏牺之乐，谓之立基，又谓之扶来。②

伏牺作琴。③

或谓伏牺作之，或谓神农作之，或谓帝俊使晏龙作之。瑟一也，或谓朱襄氏使士达作之，或谓伏牺作之，或谓神农晏龙作之，岂皆有所传闻然邪？④

谯周《古史考》云：伏牺制嫁娶，以丽皮为礼。⑤

伏犠有网罟之咏，葛天八阕。⑥

伏牺以一寸之器名为含微，其乐曰扶桑。⑦

自伏牺以后至黄帝，吉、凶、宾、军、嘉五礼始具。⑧

伏羲是中国最早实行封禅之礼的帝王：

管仲曰："古者封泰山禅梁父者七十二家，而夷吾所记者十有二焉。昔无怀氏封泰山，禅云云；虙羲封泰山，禅云云……"⑨

伏羲还是中国最早的数学、历法与货币的发明者：

算数起自伏牺，而黄帝定三数为十等。⑩

三皇三正，伏羲建寅，神农建丑，黄帝建子。至禹建寅，宗伏羲，

① 陈旸：《乐书》卷一六二，电子版文渊阁四库全书。
② 陈旸：《乐书》卷一七五，电子版文渊阁四库全书。
③ 陈祥道：《礼书》卷一二十四《琴操》，电子版文渊阁四库全书。
④ 韩邦奇：《苑洛志乐》卷九，电子版文渊阁四库全书。
⑤ 惠栋：《九经古义》卷九，电子版文渊阁四库全书。
⑥ 长孙无忌等：《隋书》卷一三《志》第八《音乐上》，中华书局1995年版，第286页。
⑦ 陈桱：《通鉴续编》卷九五，电子版文渊阁四库全书。
⑧ 王应麟：《玉海》卷六八，电子版文渊阁四库全书。
⑨ 司马迁：《史记》卷二八《封禅书》，中华书局1959年版，第1361页。
⑩ 《夏侯阳算经序》，电子版文渊阁四库全书。

商建丑，宗神农，周建子，宗黄帝。所谓正朔三而改也。①

伏羲之货荚钱，书旧谱，俱列之于布品，传称九棘，播于羲皇。②

在物质文化的层面，伏羲的发明创造就更多了。例如，他是“教人肉食”的发明者：“号曰伏羲者，以能驯伏牺牲，教人肉食也。”③是蚕丝和舟楫的发明者：

伏牺化蚕为丝，又黄帝四妃西陵氏始养蚕为丝。④

伏牺氏刳木为舟，剡木为楫，舟楫之利，以济不通。⑤

伏羲同时又是原始农业、畜牧业和冶金业的发明者：

太昊伏羲氏……作结绳而为网罟，以佃以渔。上古之民处于草野，未知农桑，但逐捕禽兽食其肉衣其皮。禽兽飞走，非人所及，制之甚难，无以御饥寒。故太昊教之为罟网以罗禽兽，漉水物，又教民豢养六畜马牛羊豕犬鸡，无逐捕之劳，可以充庖，且以为牺牲享神祇，故号伏羲氏，亦号庖牺氏。⑥

服牛乘马冶金成器。⑦

在后人不断加码的伏羲事迹中，他越来越成为全能的上帝。待佛教传入中国后，他又被佛教徒们树立为法力无边的菩萨：“宝应声菩萨名曰伏牺，宝吉祥菩萨名曰女娲。”⑧

经过一代又一代文化人不断的梳理加工，添枝加叶，倾情演绎，神话

① 孙毂：《古微书》卷一八，电子版文渊阁四库全书。

② 罗泌：《路史》卷三二，电子版文渊阁四库全书。

③ 蔡清：《四书蒙引》卷一，电子版文渊阁四库全书。

④ 高承：《事物纪原》卷九《皇圗要记》，电子版文渊阁四库全书。

⑤ 祝穆：《古今事文类聚续集》卷二七，电子版文渊阁四库全书。

⑥ 司马光：《稽古录·伏羲氏》，电子版文渊阁四库全书。

⑦ 郑樵：《通志》卷一，电子版文渊阁四库全书。

⑧ 释道宣：《广弘明集》卷八，电子版文渊阁四库全书。

传说中的创世之祖伏羲身上的神性和人性的东西都在增加。不过，从总体上看，是神性的东西越来越少，人性的东西越来越多。你看，南北朝时的沈约所撰《宋书》的《符瑞上》所记载的伏羲全身充满神性：

> 太昊帝宓牺氏，母曰华胥。燧人之世，有大迹出雷泽，华胥履之而生伏牺于成纪，蛇身人首，有圣德。燧人氏没，宓牺代之，受龙图，画八卦，所谓河出图者也。有景龙之瑞。

而到欧阳修的《稽古录》则神性几乎全让位于人性。再到苏辙的《三皇本纪》和郑樵的《通志》，神性就只是人性的陪伴了：

> 太昊伏牺氏，风姓。始观天地之象，鸟兽之文，近取诸身，远取诸物，以画八卦，教民嫁娶，俪皮以为礼。作结绳为罔罟，以佃以渔，豢养牺牲，服牛乘马，故曰伏牺，亦曰包牺氏。伏牺以木德王天下，故为三皇首。河出图，故为龙师而龙名。居于宛丘，后世所谓太昊之虚也。伏牺氏既衰，而共工氏伯九州岛，自谓水德，天王行之。叙其后。神农氏兴，而伏牺之子孙不可复纪。至周衰，有任、宿、须句、颛臾，皆风姓，邑于济上，奉伏牺之祀。①
>
> 太昊伏羲氏，亦曰庖牺氏，亦曰皇雄氏，亦曰天皇。伏亦作虑牺，亦作戏，亦作羲，或言象日月之明，故曰太昊。伏制牺牛，故曰伏牺，因取牺牲以充庖厨，故号庖牺。然去古已远，古人名号难以今义求也。伏牺者，燧人氏之子，母曰华胥，履大人之迹于雷泽而孕，因风而生，故为风姓。伏羲生于成纪，作都于陈，故陈为太昊之墟。乐曰立基，或云扶来，继天而王，为百王先。人生之始也，与禽兽无异，知有母而不知有父，知有爱而不知有礼，卧则呿呿，起则吁吁，饥则求食，饱则弃余，茹毛饮血而衣皮革。伏羲德合上下，天应以鸟兽文章，地应以河图洛书。仰则观象于天，俯则观法于地，中则观万物之宜，始作书契，以代结绳之政。始画八卦，卦有二爻，重而为六十四，

① 苏辙：《古史》卷一《三皇本纪》，电子版文渊阁四库全书。

名曰连山。象法乾坤，正君臣父子夫妇之义。始作罔罟，以佃以渔，以赡民用。制嫁娶，以俪皮为礼，作二十五弦之瑟。服牛乘马冶金成器，本阳气之始而为律法，本五材之用而定五行，因龙马负图而出于河之端，故官以龙纪，而为龙师。乃命子襄为飞龙氏，造六书，一曰象形二，曰指事，三曰会意，四曰转注，五曰谐声，六曰假借，使天下义理必归文字，天下文字必由六书。命子英为潜龙氏，造甲历，起于甲寅，日月岁时自此而生。又命五官，春官为青龙，夏官为赤龙，秋官为白龙，冬官为黑龙，中官为黄龙。乃升传教之台，而以甲历示民。命栗陆为水龙氏，繁滋草木疏导泉源毋怠于时。命混沌为降龙氏，驱除民害，民安则安，民危则危，毋怠于民。命大庭氏主屋庐，为民居处。命阴康氏主水土，为民田里。于是共工为上相，柏皇为下相，朱襄昊英常居左右。朱襄卽子襄，昊英卽子英也。栗陆居北，赫胥居南，昆连居西，葛天居东，阴康居下。分九州岛之牧而天下化洽。在位百十六年。《左氏》曰："任、宿、须句、颛臾，风姓也，实司太昊与有济之祀，四国伏羲之后，历夏商至周不泯，所谓盛德必百世祀者。"①

汇集伏羲事迹最完备的文献当属宋代刘恕的《资治通鉴外纪》卷一和元代陈桱的《通鉴续编》卷一以及郝经的《续后汉书》卷八十三。特别是《资治通鉴外纪》，它几乎将此前所有关于伏羲的传说资料都网罗殆尽。在宋代史学疑古思潮激扬澎湃的氛围中，刘恕展示给人们的互相抵牾、矛盾百出、荒诞不经的伏羲事迹，与其说是历史真实的记载，不如说是历代文人的有意或无意的编造。刘恕最后评论说："诸儒各称上古名号、年代，世远书亡，其存者参差乖背，且复烦而无用。今并略之，粗举一二，可以见古今众说诞妄不同。"② 显示的是极其清醒的理性思考。

人类对自然、社会和人自身的认识，经历了数以十万年计的漫长岁月。当他们进入文明社会后，一定是不断追寻自身和人类社会的来历：人是从哪里来的？人类社会是从什么时候开始的？人类海量的文明成果是谁创造发明

① 郑樵：《通志》卷一，电子版文渊阁四库全书。

② 刘恕：《资治通鉴外纪》卷一，电子版文渊阁四库全书。

的？这种不断地追寻，最后一定导向神话传说。各个国家和民族的追寻，形成了各自不同的神话传说。西方最著名的是关于上帝造人和“诺亚方舟”的传说，中国最著名的是盘古开天辟地和女娲造人的传说，再后就是三皇五帝的传说了。先秦是中国传统文化众多元典形成的时期，经书和子书基本上勾画出三皇五帝的雏形，秦汉以后的史学家和文学家参与了三皇五帝事迹的进一步梳理、创造和完善，到宋代，形成了三皇五帝事迹述论的基本框架。于是“自从盘古开天地，三皇五帝到于今”，也就成为人们对中国历史的基本认识。你看，全国各地有数以千百计的三皇庙，享受着绵延不绝的祭祀，寄托着后人对祖先的敬仰和怀念之情。众多的出版物，一再重复着刘恕所说的“诞妄”记载。元代胡祇遹所撰《祭伏羲氏文四篇》凝聚着古代中国人对这位先祖的崇高评价：

> 仰天俯地，画卦造书。德通百神，情类庶物。发天人之奥妙，开耳目于蒙聋。百兽率驯，群生咸遂。修燔炮以代血毛之食，从简朴以服皮羽之衣。圣冠百王，功垂万世。敬因秋祀，式荐明禋。
>
> 代天而言，作民之极。诚孚德覆，兽伏鸟驯。法干效坤，开物成务。前王无配，后圣是师，兹率旧章载严秋。
>
> 祀生民之初，标枝野鹿。不生大圣，聋瞽孰开？火化既修，人伦既序，有纲者政，有璀者文。兽不为灾，人贵于物。为民立极，惟皇之德。
>
> 神龙负图，人文斯定。络马鼻牛，以前民用。燧火熟腥，以济民病。倥侗颛蒙，是彝是训。穴居豖游，有伦有政。盛德大功，孰非元圣。①

秦汉以来，夏商周三代之前的中国远古历史，逐渐被历史学家约定俗成地命名为三皇五帝时代。这一时段，作为真实的历史肯定是存在的。问题在于，流传至今的文献所记载的这一时段的历史是否是真实的反映？对此，中国古代的历史学家一面不断地重复论述，一面也不断地推出疑义之

① 胡祇遹：《紫山大全集》卷一九，电子版文渊阁四库全书。

思。因为不少记载的矛盾抵牾就很难使人得出一个统一的认识。例如，三皇是具体的接续相承的三个人，还是经历数以万年计的悠长时代？根据刘恕梳理的“传文异辞”，将伏羲视为一个人者，认定他“在位一百一十年，或云一百一十六年”。而认定他代表一个时代者，如郑玄在《六艺论》中说他在“遂皇之后，历六纪九十一代”。皇甫谧在《帝王世纪》中又说：“自伏牺至无怀一千二百六十年，或云五万七千七百八十二年。女娲至无怀十五君，袭包牺氏之号，一千一百五十年，或云一万七千七百八十七年，一云一万六千八十年。”① 再如，文献将许多物质文明、制度文明和精神文明的成果都记录在伏羲名下，而这些成果的大部分同时还记录在诸如燧人、神农、黄帝、尧、舜等圣帝名王的名下。记载差异如此之大，只能说明当时人们对所谓三皇五帝时代的认识是很不确定的，在面对自己几乎无法确定的历史时，一些人敢于凭空虚构，让想象的无羁之马任意驰骋，那些令人眼花缭乱的神话传说就是这样不断被创造出来。正如英国著名学者毛姆所指出的：

> 编造神话是人类的天性，一旦那些超群拔萃之人在生活中出现令人讶然不解的事，就会令人们狂热地对其紧抓不放，编造出一系列他们自己非常笃信的神话来，这可被视为浪漫主义对平凡无奇生活的反抗。②

在历史上，这种层累地构成的神话传说沿着两个方向发展：一是随着对历史进步意识的认可，附丽于三皇五帝身上的文明成果越来越多。二是随着祖宗认同意识的发酵，各地不断将三皇五帝的生地和葬地拉到自己的家乡，于是各地陆续推出三皇五帝的祀庙和仪墓。但同时也有一些学者被清醒的理性支配，不断对这些神话传说的真实性表示疑义，并希图从神话传说的矛盾陈述中弄清历史真相，在没有确切资料展示真相前，宁可存疑不论。如宋朝著名诗人陆游在《元日读〈易〉》一诗中就慨叹伏羲事迹渺茫难寻，流传下来的不过泰山之一毫：

---

① 刘恕：《资治通鉴外纪》卷一，电子版文渊阁四库全书。

② 毛姆：《月亮六便士》，《文摘报》2020 年 11 月 7 日。

> 伏羲三十余万岁，传者泰山一毫芒。春秋虽自鲁麟绝，礼乐盖先秦火亡。孟轲才能道封建，孔子已不言鸿荒。于乎易学幸未泯，安得名山处处藏。①

元朝的郝经在《读尧典》一诗中更进一步表述了清醒的理念："关雎风雅三千首，尧典文章第一篇。从此圣人都不说，且休便论伏羲前。"②

清朝学者汪越更指出文献记载的伏羲事迹是难以置信的：

> 按司马贞《补三皇本纪》，以伏牺女娲皆蛇身人首，神农人身牛首，以至炼石断鳌之诞皆笔之，又推之开辟之初，天地人三皇以为图纬所载，不可全弃。又推人皇以后五龙氏以下十七君，又引《韩诗》以为自古封太山禅梁甫者万有余家，又称自开辟至于获麟凡三百二十七万六千岁，分为十纪，其可信乎？太史公托始黄帝，而其间犹不免抵牾，况欲论著开辟以降乎？故曰"百家言黄帝，其文不雅驯，荐绅先生难言之"，乃知其澄汰者已多矣。③

现有文献记载的伏羲事迹既然属于神话传说，当然不能一一作为信史看待。但是，人们紧接其后的追问是：难道这些记载一点价值都没有吗？当然也不是。这些记载尽管不是真实的历史记录，但却能反映中国历史从野蛮走向文明的漫长岁月的影子。因为它们所描绘的文明进步的情景，所附丽于伏羲身上的那些物质文明、制度文明和精神文明的成果，都是社会从野蛮至文明逐步转化的重要标志。从这个意义上说，神话传说作为民族的口述历史，有着不可替代的存在价值。不过，由于神话传说与历史真相拉开了相当大的距离，而要恢复那个漫长时代的真实历史，恐怕只能依靠越来越多的考古发掘资料形成的紧密相连的证据链条贯穿展示出来。在这方面，中国越来越多的上古遗址的发现，已经能够对中国历史从野蛮至文明的历程，特别是物质文明的发展进程进行比较确切的论述了。进而，将神话传说与考古发现

---

① 陆游：《剑南诗稿》卷六一，电子版文渊阁四库全书。

② 郝经：《陵川集》卷一五，电子版文渊阁四库全书。

③ 汪越：《读史记十表》卷一，电子版文渊阁四库全书。

紧密结合，互补互证，审慎辨析，就能比较接近真实地展现从野蛮至文明这一长时段的中国历史，而以三皇五帝命名这一时代应该是可以达成共识的。

至此，似乎可以大体肯定，伏羲太昊氏作为传说中的“三皇”之一，既可能是中国历史在走向文明进程中的一个代表人物，更可能是一个居于中国东方地区的人数较多的族群，所以今之河南淮阳为传说中的“太昊之墟”，而在全国各地，更有数以十计的伏羲庙供人凭吊。仅在今之山东的济宁、嘉祥、微山、邹城、泗水、鱼台等地，就有不下10处伏羲庙。这说明后世的中国人普遍将他认定为自己的祖先。这一族群在中国先民突破蒙昧、创造文明的进程中曾经做出巨大贡献，因而被传说不断加工塑造为半人半神的圣帝名皇，同时被约定俗成地定位为中国文明历史的伟大拓荒者，不断受到后人的颂扬。宋朝诗人王十朋将他赞誉为中国人的“开目”神灵：

> 太古民淳事简稀，圣人牛首号庖牺。如今四海皆人面，心似山川更崄巇。
>
> 六画中含万象殊，洪荒一变遂归儒。河图不授包牺氏，民到于今目尚涂。①

明朝的秦王朱诚泳所作《读史外纪》六首之一，赞颂太昊是开启中国道统的圣人：

> 太昊象日月，帝德能合天。耦奇自有数，河洛呈其玄。婚姻分姓氏，断桐丝为弦。神明德可通，万类情可宣。道统信斯启，圣圣乃相传。②

乾隆皇帝更全面肯定伏羲在中国历史上无与伦比的开创之功：

> 伏羲一画肇开天，制数无穷节象传。亿兆京垓莫终极，东西南北绕方圆。五经由此诠精要，六艺因兹始备全。设使穷通专诿命，失之

① 王十朋：《梅溪前集》卷一〇《咏史诗·伏牺》，电子版文渊阁四库全书。

② 朱诚泳：《小鸣稿·读史外纪》，电子版文渊阁四库全书。

远矣讵为贤。①

太昊伏羲氏是龙图腾，少昊金天氏是鸟图腾，他们之间似乎没有血缘关系，但从姓氏考察，太昊伏羲氏是风姓，少昊则是凤鸟族，二者又是一脉相承，所以谯周的《古史考》认定少昊“宗师太昊之道”。真实的历史可能是，太昊与少昊都是属于中国东方的氏族或部落集团，他们或同时存在，或先后相续，在远古文明发展进程中做出过巨大贡献。而在某些文献记载中，伏羲之后，是被誉为五帝之首的少昊金天氏接过文明的圣火继续开拓，创造了历史的新场面。他的后裔之一的嬴族则在春秋战国时期演出了震撼环宇的历史活剧。

第二节　少昊金天氏的接续之绩

少昊金天氏同太昊伏羲氏一样，也应该是传说中的中国古代的圣帝名王。在各种古代文献中，他有时被列入三皇五帝谱系，有时又被排除在这一系列之外。承认他为五帝之一者，最具代表性的是孔安国，他在《尚书序》中以伏羲、神农、黄帝为三皇，以少昊、颛顼、高辛、唐尧、虞舜为五帝，并认定他们是中国最古老经典的创造者：

伏牺、神农、黄帝之书谓之《三坟》，言大道也；少昊、颛顼、高辛、唐、虞之书谓之《五典》，言常道也。②

这一认定得到后世许多学者的认同，如苏轼在《古史》、郑樵在《通志》等书中就是这样认定的。不仅如此，还有人进而认定少昊是“宗师太昊之道”的道统传承人：“《古史考》：少昊以金德王，故号金天氏，或曰宗师太昊之道，故曰少昊。”③但是，由于司马迁将少昊排除在五帝谱系之外，自然也有许多著作不认同这样一种安排。不过，司马迁虽然将少昊排除五帝序列，但

① 《御制诗》四集卷九《数》，电子版文渊阁四库全书。

② 孔颖达：《五经正义·尚书序》，电子版文渊阁四库全书。

③ 马骕：《绎史》，齐鲁书社2001年版，第66页。

他又承认少昊为黄帝的儿子："黄帝……生二子，其后皆有天下：其一曰玄嚣，是为青阳，青阳降居江水"①，这个玄嚣，皇甫谧和宋衷都认定其为少昊。司马迁虽然没有赋予他神秘色彩，但因为少昊毕竟是传说中的人物，所以在其他众多著作中他也处于半人半神状态，充满神秘色彩。战国以降，尤其是秦汉以来，五德终始的理念大行其道，他自然也按五德之运不断被改铸其形象。较典型的是晋代王嘉的《拾遗记》对少昊的描述。其实，按照司马迁的记载，少昊应该是稍后于黄帝时代的一个族群，至于她活动的地域是西方还是东方，文献记载是有分歧的。

主西方说者有《汉书》《拾遗记》《古史考》《尸子》等：

> 少昊帝，《考德》曰少昊，曰清。清者，黄帝之子清阳也，是其子孙名挚立。土生金，故为金德，天下号曰金天氏。周其乐，故《易》不载，序于行。②
>
> 少昊以金德王，母曰皇娥，处璇宫而夜织，或乘桴木而昼游，经历穷桑沧茫之浦，时有神童，容貌绝俗，称为白帝之子，即太白之精，降乎水际，与皇娥燕戏，奏嫄娟之乐，游漾忘归。穷桑者，西海之滨，有孤桑之树，直上千寻，叶红椹紫，万岁一实，食之后天而老。帝子与皇娥泛于海上，以桂枝为表，结熏茅为旌，刻玉为鸠，置于表端，言鸠知四时之候。故《春秋传》曰司至是也。今之相风，此之遗象也。帝子与皇娥并坐，抚桐峯梓瑟，皇娥倚瑟而清歌曰："天清地旷浩茫茫，万象廻薄化无方。浛天荡荡望沧沧，乘桴轻漾着日傍。当其何所至穷桑，心知和乐悦未央。"俗谓游乐之处为桑中也。《诗》中《卫风》云"期我乎桑中"盖类此也。白帝子答歌："四维八埏眇难极，驱光逐影穷水域。璇宫夜静当轩织，桐峰文梓千寻直。伐梓作器成琴瑟，清歌流畅乐难极，沧湄海浦来栖息。"及皇娥生少昊，号曰穷桑氏，亦曰桑丘氏。至六国时，桑丘子著《阴阳书》，即其余裔也。
>
> 少昊以主西方，一号金天氏，亦曰金穷氏。时有五凤，随方之色

① 司马迁：《史记》卷二八《封禅书》，中华书局1959年版，第1361页。

② 班固：《汉书》卷二一下《律历志下》，中华书局1962年版，第1012页。

集于帝廷，因曰凤鸟氏。金鸣于山，银涌于地。或如龟蛇之状，乍似人鬼之形。有水屈曲，亦如龙凤之状，有山盘纡，亦如屈龙之势。故有龙山、龟山、凤水之目也。亦因以为姓，末代为龙丘氏、出班固《艺文志》。虵丘氏，出西王母《神异传》。①

持东方说观点的有《帝王世纪》《田俅子》等：

少昊帝是为玄嚣，降居江水，有圣德，邑于穷桑，以登帝位，都曲阜，故或谓之穷桑。②

少昊都于曲阜，鞬鞮毛人献其羽裘。赤燕一羽，飞集少昊氏之户，遗其丹书。③

两书都肯定少昊都曲阜，这证明它应该起源于东方。而最重要的佐证是《左传》记载的郯子的叙述：

秋，郯子来朝，公与之宴。昭子问焉，曰："少皞氏鸟名官，何故也?"郯子曰："吾祖也，我知之。昔者黄帝氏以云纪，故为云师而云名；炎帝氏以火纪，故为火师而火名；共工氏以水纪，故为水师而水名；大皞氏以龙纪，故为龙师而龙名。我高祖少皞挚之立也，凤鸟适至，故纪于鸟，为鸟师而鸟名；凤鸟氏，历正也；玄鸟氏，司分者也；青鸟氏，司启者也；丹鸟氏，司闭者也。祝鸠氏，司徒也；(且＋鸟)鸠氏，司马也；鸤鸠氏，司空也；爽鸠氏，司寇也；鹘鸠氏，司事也。五鸠，鸠民者也。五雉为五工正，利器用、正度量，夷民者也。九扈为九农正，扈民无淫者也。自颛顼以来，不能纪远，乃纪于近。为民师而命以民事，则不能故也。"仲尼闻之，见于郯子而学之。既而告人曰："吾闻之，'天子失官，学在四夷'，犹信。"④

① 王嘉：《拾遗记》卷一，电子版文渊阁四库全书。

② 马骕：《绎史》，齐鲁书社2001年版，第66页。

③ 马骕：《绎史》，齐鲁书社2001年版，第67页。

④ 杨伯峻：《春秋左传注》第3版，中华书局2009年版，第1386—1389页。

以上记载表明，少昊氏已经知道一年四时节气的变化，根据候鸟的来往和叫声确定季节的更替，所以以鸟名官。即以凤鸟氏任“历正”，主管立法方面的事务。历正之下再设四位官员分掌四时：玄鸟氏司“分”，即掌控春分和秋分，玄鸟就是燕子，它春分来，秋分去，恰好在春分与秋分这一时段活跃在中原地区。伯赵氏司“至”，即掌控夏至和冬至，伯赵就是伯劳，它夏至鸣叫，冬至停止，活跃于夏至到冬至这一时段。青鸟氏司“启”，它立春鸣，立夏止。青鸟就是鸧鷃，活跃于立春至立夏这一时段。丹鸟氏司“闭”，它立秋来，立冬去。丹鸟就是鷩雉即锦鸡，它立秋来，立冬去，活跃于立秋至立冬这一时段。这说明，少昊时代的先民已经掌握了春分、秋分、夏至、冬至、立春、立夏、立秋和立冬八个节气和四季的划分。为了国家和社会的管理，还设立了司徒主教民、司马主法制、司空平水土、司寇主盗贼、司事主民事和五工正管理手工业生产，说明政府组织的雏形已经具备，原始的农业和手工业也获得很大发展。据罗谧《路史》统计，少昊的后代，偃姓国 22 个，嬴姓国 57 个，李姓国 4 个，纪姓国 6 个，葴姓国 2 个，还有不知何姓的国 6 个。总数近百个之多，可见它的后世子孙得到极大的繁衍生息。郯国延续至春秋时期，是少昊的后裔之一。少昊疑似对应的考古遗址为大汶口文化晚期和龙山文化早期，广泛分布于今之山东、苏北、皖北和豫东等地。大约距今 5000—4300 年之间。

郯国是少昊族一部分成员留在东方建立的小国，到孔子生活的春秋晚期依然存在。郯子对其祖宗记忆中的以鸟为官，即以凤凰为图腾之事，已经得到山东不少地方，如莒县凌阳河考古发掘的证实。至于《汉书》《拾遗记》《古史考》《尸子》等文献认定少昊起源于西方的记载，显然是出于以五行标方位之后的附会，是不足为凭的。编纂《绎史》的马骕，为了调和两种记载的矛盾，推出了他的意见：

> 《史记·五帝本纪》曰：“黄帝之子曰玄嚣，是为青阳，青阳降居江水，不得在位。”是不然。青阳与玄嚣皆黄帝之子，非一人也。青阳即少昊氏也。少昊之居西方，盖在蚩尤既灭之时，其登帝位也，乃在黄帝升遐之后。何以明之？《周书》曰：“帝执蚩尤杀之于冀，乃命少昊，请司马鸟师以正五帝之官，故名曰质。”质即少昊之名挚是也。挚有盛

德，嗣位为帝，都于曲阜，曲阜非西方也明矣。纪年曰少昊，不居帝位，帅鸟师居西方，以鸟纪官，是又不然。命官，天子之事也。方少昊之宅西，所任者侯伯之职，所司者一方之治。及其立为帝也，凤鸟适至，始因之以纪官。使少昊而终于西方，将已亦在云师云名之列，又何由鸠雉扈农设官备物哉?《周书》所称，亦未可尽据矣。《古史考》曰"宗师太昊之道，故曰少昊"，是又不然。少昊，其初立国之名也，犹尧之为唐，舜之为虞，三代之为夏商周。皆先有其号，及有天下，因而不改。岂其黄帝之子，作述一堂，乃近舍轩后之法，远修戏皇之道哉？问者曰：少昊之为帝信矣，然则《五帝德》何以不载？曰：帝德因宰我之问而及之也。少昊缵绪承家，德协黄帝，是以宰我未问，孔子亦不言，非谓其不帝也。然则《系辞》何以不序？曰：《易》序伏羲氏以来，制作之君少，是颛顼、帝喾皆无所制作，故统言黄帝。尧舜略不备举，非谓其皆不帝也。史见玄嚣之降处江水也，则以为青阳不帝纪年；见少昊之以鸟名官也，则以为帅鸟师居西方；《世纪》见少昊为金行之帝也，则以为玄嚣自江水登帝位。是皆恍忽，不得其实，故备论焉以为五帝之首。①

这里马骕从万世一系的大一统观念出发，不敢否认少昊是黄帝的儿子，于是有了上面这篇调和矛盾的说辞。而事实是，在中国进入文明社会的节点上，众多的氏族部落在全国各地形成犹如满天星斗式的不同的族群，几乎同时或相继举起了文明的火把。中原的黄帝部落，西方的炎帝部落，东方的东夷部落，南方的蛮夷部落，先后组成全国性的部落联盟，各个加盟的部落联盟的首领相继被推举为全国性联盟的首领。当这段历史以传说展现的时候，就构成为三皇五帝的谱系。西周在中原地区建立名义上大一统的王朝时，对周边地区其他族群建立的众多方国分别以东夷、西戎、南蛮、北狄称之，由此上溯，东夷人就成为对远古以来东方众多族群的统称，少昊仅是其中的一支，活跃在以曲阜为中心的泰山周围的今之海岱地区。

显然，太昊伏羲氏与少昊金天氏都是后世人对传说中的先祖的命名，

① 马骕：《绎史》，齐鲁书社 2001 年版，第 67—68 页。

他们是同时或先后活跃于中国东方地区的族群。他们之间不见得有血缘继承关系，但在部族斗争和融合的过程中肯定有婚姻和文化的交流。在中华民族走向文明的历史上都做出了巨大贡献。

与太昊一样，少昊也不断被后世所颂扬。如宋朝杨简的《历代诗·三皇五帝》全面颂扬这批创世纪伟人的首创之功：

> 混沌凿开知几岁，洪荒莫考传承裔。但闻前史载三皇，伏羲神农及黄帝。三皇之后五帝传，少昊颛顼高辛继。唐尧虞舜又继之，天下于斯为盛际。①

写诗上瘾的乾隆皇帝写过两首颂扬少昊的诗，其一是《谒少皞陵》：

> 法修嗣太昊，德考号金天。御世致诸福，谐神作大渊。崇邱安万古，肃拜阅多年。阙里西瞻近，韩文益信然。②

其二是《谒少昊林》：

> 八旬年在位，一百岁长龄。修法齐太昊，降生感大星。史书不多事，古道泯仪形。存没都曲阜，永安万劫灵。③

两诗都肯定少昊继承太昊推进中国文明前进步伐的巨大功绩。事实上，少昊集团在中国东方于距今5000年左右时段所取得的成就，已经被疑似对应的大汶口文化和龙山文化众多的考古遗址丰富的出土器物所证明，它绝不亚于司马迁所认定的五帝在此一时段取得的成就，在中华文明发展史上，少昊之族所写下的无疑是浓墨重彩的一笔。

① 杨简：《慈湖遗书》卷六，电子版文渊阁四库全书。

② 《御制诗》三集卷九十六，电子版文渊阁四库全书。

③ 《御制诗》四集卷三十六，电子版文渊阁四库全书。

第三节　伯益与嬴族在五帝时期的诞生

嬴族是众多东夷部族中的一个分支，它的始祖能够追溯到传说中的少昊氏。上面的记述已经提及，少昊尽管在司马迁的《史记》中没有排进三皇五帝的系列，但在孔安国的《尚书序》和皇甫谧的《帝王世纪》等著作中，他是被作为五帝之一载入史册的。少昊族群基本上在以今之曲阜为中心的泰山周围的海岱地区繁衍生息，其首领大费即伯益（又作柏翳），在虞舜做部落联盟首领即所谓称“帝”时，曾因参与大禹“平水土”，“佐舜调训鸟兽”，建立显著功业，被赐予嬴姓，成为后来嬴秦与嬴赵两大分支的始祖。《史记·秦本纪》的记述，除了将其安排为“颛顼之苗裔”可能是一种不靠谱的硬嫁接外，其他大体上是应该靠得住的：

> 秦之先，帝颛顼之苗裔，孙曰女修。女修织，玄鸟陨卵。女修吞之，生子大业。大业娶少典之子，曰女华。女华生大费，与禹平水土。已成，帝锡玄圭。禹受曰：“非予能成，亦大费为辅。”帝舜曰：“咨尔费，赞禹功，其赐尔皁游。尔后嗣将大出。”乃妻之姚姓之玉女。大费拜受，佐舜调驯鸟兽，鸟兽多驯服，是为柏翳。舜赐姓嬴氏。①

这就是嬴秦由来的简史。舜赐嬴姓之嬴，是一个地名，即“瀛水之滨”，是少昊一族最早的居住地。瀛水是由东向西流经鲁南的汶水的一条支流，据柳明瑞等不少学者考证，这个嬴地就位于今之山东济南莱芜区羊里镇的城子县村。此地秦朝时设立嬴县，其遗址现今已被国务院批准为国家重点文物保护单位。②

嬴族的历史与战争结下剪不断、理还乱的关系。人类之间的战争很早就开始了，这个战争一开始并不具有阶级斗争的意义，而只是不同的群体为

---

① 司马迁：《史记》卷五《秦本纪》，中华书局1959年版，第173页。

② 柳明瑞：《嬴姓溯源——兼论嬴秦祖根在东方》，中国文史出版社2007年版，第53—55页。关于嬴族起源，近现代史学家有三种意见：主源于东方说者以黄文弼、刘节、林剑鸣、李学勤等代表；主西方说者以王国维、蒙文通、熊铁基等为代表；主北方说者以蒯伯赞、吕振羽、吴泽等为代表。

争夺生存地域而进行的竞争。因为在人类诞生初期，其生存条件更多地依赖自然界的赐予，适宜的气候，便利的居住、取水、农牧、渔猎、采集等条件，并不是任何地域都具备的。为了得到这些地域，不同的族群有时就会不惜诉诸武力进行争夺，这就出现了人类历史上最早的战争。

中国历史上最早的战争在传说中的五帝时代就开始了。作为少昊族群重要组成部分的嬴氏一族显然参与了那个时段的大部分战争。《史记·五帝本纪》记载，黄帝作为中原部落联盟的首领，曾主持了对炎帝和蚩尤的征伐：

> 轩辕之时，神农氏世衰。诸侯相侵伐，暴虐百姓，而神农氏不能征。于是轩辕乃习用干戈，以征不享，诸侯咸来宾从。而蚩尤最为暴，莫能伐。炎帝欲侵凌诸侯，诸侯咸归轩辕。轩辕乃修德振兵，治五气，艺五种，抚万民，度四方，教熊罴貔貅貙虎，以与炎帝战于阪泉之野。三战，然后得其志。蚩尤作乱，不用帝命，于是黄帝乃征师诸侯，与蚩尤战于涿鹿之野，遂禽杀蚩尤。而诸侯咸尊轩辕为天子，代神农氏，是为黄帝。天下有不顺者，黄帝从而征之，平者去之，披山通道，未尝宁居。①

在黄帝主持的对炎帝与蚩尤的战争中，少昊族群应该是参加者之一。这场战争之后，黄帝为首的部落联盟基本控制了对中原地区的支配权。黄帝之后，按照有些文献记载的少昊进入五帝谱系的排序，它应该有一时段以“帝”的名义主政部落联盟，在其后的颛顼、帝喾、唐尧、虞舜主盟时期，少昊族群作为重要结盟者也肯定是追随者之一。

显然，嬴族能够单独立氏，成为一个独立发展的族群，伯益立下首功。由于他的睿智和英明，更由于他在舜、禹两帝执政时代的丰功伟绩，才使舜赐他嬴姓，成为嬴氏族群的开山之祖，他也因此成为嬴秦历史上具有里程碑意义的伟人。伯益经历了尧、舜、禹、启四代君王。尧禅让帝位于舜之后，他是舜的 22 位佐命功臣之一，先做虞官，负责管理草木鸟兽：

---

① 司马迁：《史记》卷一《五帝本纪》，中华书局 1959 年版，第 3 页。

> 帝曰；“畴若予上下草木鸟兽。”佥曰：“益哉！”帝曰：“咨益，汝作朕虞。”益拜稽首，让于朱虎、熊罴。帝曰：“俞，往哉，汝谐。”①

伯益就这样做了舜帝时期管理自然资源方面的官员，而朱虎、熊罴则成为他的佐官。他在任上兢兢业业地工作，成绩卓著，“益主虞，山辟”②。与此同时，他还参加了禹领导的治水工作，这是当时关乎国计民生的最大事务，他协助禹经过十多年的艰苦努力，终于圆满完成任务，取得成功。宋朝的林之奇就说：“当禹治水之初，舜使益掌火。益烈山泽而焚之，禽兽逃匿，然后禹得而施其功。则是益之职其掌上下草木鸟兽亦已久矣。”③ 其后，伯益又参加了禹主持的对三苗的战争。关于这次战争的情况，《尚书·大禹谟》有如下记载：

> 帝曰：“咨！禹，惟时有苗弗率，汝徂征。”禹乃会群后，誓于师，曰：“济济有众，咸听朕命。蠢兹有苗，昏迷不恭，侮慢自贤，反道败德，君子在野，小人在位，民弃不保，天降之咎。肆予以尔众士，奉辞伐罪。尔尚一乃心力，其克有勋。”三旬，苗民逆命。益赞于禹曰：“惟德动天，无远弗届。满招损，谦受益，时乃天道。帝初于历山，往于田，日号泣于旻天，于父母负罪引慝，祗载见瞽瞍，夔夔齐栗，瞽亦允若。至诚感神，矧兹有苗！”禹拜昌言曰：“俞！班师振旅。”帝乃诞敷文德，舞干羽于两阶，七旬有苗格。④

三苗是居于长江以南广袤地域的一个庞大的族群，他们在这一时期北上与虞舜主盟的北方族群争夺中原地区的主导权，因而发生战争。伯益参加了对三苗的战争。开始禹坚持武力征服的方针，打了 3 年，也未能使苗族屈服。这时，伯益劝禹改变策略：“惟德动天，天远弗届。满招损，谦受益……至诚感神，矧兹有苗！”禹接受了他的劝诫，“乃诞敷文德，舞干羽于

① 《尚书·舜典》，《十三经注疏》，中华书局 1980 年版，第 131 页。

② 司马迁：《史记》卷一《武帝本纪》，中华书局 1959 年版，第 433 页。

③ 林之奇：《尚书全解》卷三，电子版文渊阁四库全书。

④ 《十三经注疏》，中华书局 1980 年版，第 137 页。

两阶，七旬有苗格”。这就是说，禹主持的对苗族的战与和交替的互动继续了10年之久，最后通过“敷文德”使苗族承认了虞舜的盟主地位。从伯益通过赞誉虞舜而启发禹改变对三苗斗争策略的情况看，他在此次征伐三苗的战争中是一个智慧超群的人物，在导致苗族最后屈服的斗争中起了举足轻重的作用。由于少昊族群既从事农业，又兼及畜牧业，所以有着调驯鸟兽的传统。伯翳（伯益）就“佐舜调驯鸟兽，鸟兽多驯服”。在人类社会的早期，在适宜农业生产的地方，尽管农业逐渐成为解决衣食的主业，但畜牧业仍然存在并且在经济军事上占有重要地位。这是因为，一方面在所有人，特别是贵族们生活中的肉食来源依靠畜牧业，就是出行的驾车也需要牛马；另一方面，从事战争的军队开始主要是车兵，驾车主要靠马，马的驯养就成为强大军力的重要条件。可能由于嬴氏族群的畜牧业一直比较发达，所以它易于且不惮迁徙，其历史充满不断迁徙的记录。又因为它比较善于驯养马匹，所以又与这一职业结下不解之缘。这样一来，从原始社会一路走来的嬴氏族群就又与战争结下不解之缘。以后的历史证明，它似乎是一个天生的战斗之族，英勇善战，机智顽强，敢于面对任何强敌而拼死搏战，从而将一连串的胜利载入自己族群的编年史，不断创造一个又一个光耀千古的辉煌篇章。

从伯益为平息苗族“逆命”立下巨大功勋的情况看，他不失为一个政治军事干才。特别值得记述的是，在舜征求臣子们对行政谏议的时候，他提出自己的行政理念，充分显示了他在政治上的智慧：

> 大禹曰：“文命敷于四海，祗承于帝。曰：‘后克艰厥其后，臣克厥其臣，政乃乂，黎民敏德。’”帝曰：“俞，允若兹，嘉言罔攸伏，野无遗贤，万邦咸宁。稽于众，舍己从人。不虐无告，不废困穷，惟帝时克。”益曰：“都。帝德广运，乃圣乃神，乃武乃文。皇天眷命，奄有四海，为天下君。”禹曰：“惠迪吉，从逆凶。惟影响。”益曰：“吁！戒哉！儆戒无虞，罔失法度，罔游于逸，罔淫于乐。任贤勿贰，去邪勿疑，疑谋勿成，百志惟熙。罔违道以干百姓之誉，罔咈百姓以从己之欲。无怠无荒，四夷来王。”①

① 《尚书·大禹谟》，《十三经注疏》，中华书局1980年版，第134—135页。

伯益这里阐述的行政理念，以严于法度、任贤去邪、从民之欲和君王严于律己为主要内容，充分体现了他以民本为核心的政治思想，为后世儒家政治思想的诞生和发展提供了重要资源。对伯益这一思想的意义，宋朝的钱时曾这样评价：“伯益此章，言罔者五，言勿者三，言无者二，命辞深切，立语严厉，读之使人毛骨森竦。在舜犹有此戒，后世君天下者，闻之可不惧欤！”① 除以上几项功绩外，伯益还对舜帝时期的法制建设做出重要贡献，所以宋朝的陈经就认定：“观《吕刑》称伯益降典折民惟刑，则知伯益之典礼足以起民之敬心而使不犯于刑矣。”② 非唯如此，据一些文献记载伯益还是《山海经》的作者：“(禹) 周行天下，命伯益记之，名为《山海经》。”③ 而《吕氏春秋》和《淮南子》皆记载伯益“作井”，束皙的《发蒙记》又记载“伯益作舟”，表明他在物质文化的创造方面也卓有贡献。

正因为伯益在舜帝主政时期政绩卓著，是禹之外贡献最大的重臣，所以舜赐他嬴姓，让他及其族人单独立氏。而在禹主政时期，他成为第一号重臣，无论资格还是能力都无人堪比，因而按照禅让的传统，禹在年老时只得将帝位禅让于他。然而，由于历史发展届临一个新的节点：世袭权力和财富的欲望使破坏传统的力量超过维护传统的力量，致使伯益仅在禹丧后的三年间得以主政，之后就被禹的儿子启取代了。如此一来，就使嬴族在五帝末年展示的蓬勃向上发展的势头被暂时遏制，在新建的夏朝主政中国的400多年间进入蓄势待发的低调发展时期。

第四节　嬴族与夏朝的纠结

传说中的五帝时期，帝位继承通过禅让的方式进行了3次。第一次是唐尧禅让于虞舜，因为虞舜在唐尧时期已经建立了不世之功，树立了崇高威望，得到加盟各族群的拥戴。这次禅让进行得比较顺利，没有引起什么大的波澜。第二次是虞舜禅让给大禹，因为禹在虞舜主盟时期不仅有治水的功劳，而且有以战抚相结合的策略使苗族屈从于虞舜主持的部落联盟的功绩，

① 钱时：《融堂书解》卷二，电子版文渊阁四库全书。

② 陈经：《尚书详解》卷二，电子版文渊阁四库全书。

③ 《太平御览》卷四七，电子版文渊阁四库全书。

其威望无人企及，所以也进行得比较顺利，没有引起社会的动荡。第三次是禹禅让给伯益，却引起巨大的纷争，结果是禹之子启打破禅让的传统，直接从他老子那里强行继承君位，禅让的合法继承人伯益只在3年居丧期间暂居帝位，3年之后，他的位子就被禹的儿子启夺了去。从此，“禹传子，家天下”就成为人们认可的帝位继承方式，禅让只能作为仅存的3个案例，其中还包括一个失败的案例留在历史的记忆中。

嬴族的首领伯益由于一直追随主持部落联盟的舜和禹从事部落联盟的管理，并且在治水和对苗族战与和的折冲中立下显著功绩，所以他作为禹的主要辅佐肯定功劳和能力都超越其他加盟的首领们。按照此前已经实施两次的禅让的传统，禹年老时禅让帝位于伯益显然是顺理成章的。然而，这次禅让却以失败告终：

> 禹荐益于天七年，禹崩，三年丧毕，天下归启。帝启元年癸亥，帝即位于夏邑，大飨诸侯于钧台。诸侯从帝归于冀都，大飨诸侯于璇台。二年，费侯伯益出就国……六年伯益薨，祠之。①
>
> 十年，帝禹东巡狩，至于会稽而崩。以天下授益。三年之丧毕，益让帝禹之子启，而避居箕山之阳。禹子启贤，天下属意焉。及禹崩，虽授益，益之佐禹日浅，天下未洽。故诸侯皆去益而朝启，曰“吾君帝禹之子也”。于是启遂即天子之位，是为夏后帝启。②

以上司马迁的记述，转述的基本上是孟子的观点：

> 万章问曰：“人有言，‘至于禹而德衰，不传于贤，而传于子。’有诸？”孟子曰：“否，不然也；天与贤，则与贤；天与子，则与子。昔者，舜荐禹于天，十有七年，舜崩，三年之丧毕，禹避舜之子于阳城，天下之民从之，若尧崩之后不从尧之子而从舜也。禹荐益于天，七年，禹崩，三年之丧毕，益避禹之子于箕山之阴。朝觐讼狱者不之益而之

① 《竹书纪年》卷上，电子版文渊阁四库全书。

② 司马迁：《史记》卷二《夏本纪》，中华书局1959年版，第83页。

启，曰，‘吾君之子也。’讴歌者不讴歌益而讴歌启，曰，‘吾君之子也。’丹朱之不肖，舜之子亦不肖。

舜之相尧，禹之相舜也，历年多，施泽于民久，启贤能敬承继禹之道。益之相禹也，历年少，施泽于民未久。舜、禹、益相去久远，其子之贤不肖，皆天也，非人之所能为也。莫之为而为者，天也；莫之致而致者，命也。匹夫而有天下者，德必若舜、禹，而又有天子荐之者，故仲尼不有天下。继世以有天下，天之所废，必若桀、纣者也，故益、伊尹、周公不有天下。伊尹相汤以王于天下，汤崩，太丁未立，外丙二年，仲壬四年，太甲颠覆汤之典刑，伊尹放之于桐，三年，太甲悔过，自怨自艾，于桐处仁迁义，三年，以听伊尹之训己也，复归于亳。周公之不有天下，犹益之于夏、伊尹之于殷也。孔子曰，‘唐虞禅，夏后殷周继，其义一也。’”①

孟子推出自然界和人类社会最高的主宰“天”来给禹禅让伯益失败之事一个似乎合理的解释。司马迁接续孟子的理由，同时又以“益之佐禹日浅，天下未洽”作补充，将“禹传子，家天下”诠释得看起来合情合理。其实，他们都不明白，此时历史的发展已经使权力与财富紧紧结合在一起，特别是帝位之尊带来的享受之厚使禹和他的儿子的私念极度膨胀，他们已经决心抛弃禅让制度而为自己的后代谋取利益最大化了，这就是以传子替代传贤，使财产和权力的传递完全服从于家族利益。这种破坏原有制度的作为尽管没有引起最大受害者伯益的疑义，但却引来有扈氏的武力反抗，于是就发生了夏启讨伐有扈氏的大战于甘地的战争。《尚书·甘誓》只记载了夏启讨伐有扈氏誓师时的誓词：

大战于甘，乃召六卿。王曰：“嗟！六事之人，予誓告汝：有扈氏威侮五行，怠弃三正，天用剿绝其命。今予惟恭行天之罚。左不攻于左，汝不恭命。右不攻于右，汝不恭命。御非其马之正，汝不恭命。用命赏于祖，不用命戮于社，予则孥戮汝。”②

① 《孟子·万章上》，《十三经注疏》，中华书局1980年版，第2737—2738页。

② 《尚书·甘誓》，《十三经注疏》，中华书局1980年版，第155页。

誓词杀气腾腾，将自己奉天罚罪的理由说得正义凛然，同时也向参战的将士开出厉行奖惩的条规，鼓励他们奋勇杀敌。《史记》转载《尚书》的资料，记述这场战争的结局是夏启取得胜利，“遂灭有扈氏，天下咸朝”①。不过，夏朝的政权并不巩固。启崩逝之后，他的儿子太康就“失国”，兄弟五人被后羿赶到洛汭。后羿主政不久，又被寒浞取代。经中康、相，直至少康才夺回政权，史称“少康中兴”。此后，以传子延续家天下的观念才得到社会的普遍认可，而异姓篡政也就成了背叛君臣之义的天子第一号的大逆不道。“正是人的恶劣的情欲——贪欲和权势欲成了历史发展的杠杆”②。正是在贪欲和权势欲的驱动下，启敢于冒天下之大不韪，毅然摈弃禅让的古老传统，以“禹传子，家天下”的形式，使中国历史来了一次“华丽转身”，将中华民族引进文明时代。他作为历史的不自觉的工具，完成了一个划时代的使命，从而成就了无与伦比的空前伟业。这段历史说明，夏朝的传子之制近百年间并未得到加盟各族群的认可，经过四代人的征战，夏朝才使自己的政权基本巩固下来。在这一时期，有关嬴氏族群的记载很少。伯益作为传子之制取代禅让之制而被废黜的受害者，看来并没有追随有扈氏反抗夏朝的统治，而是默默接受既成事实，带领他的族群在夏朝存活下来。由于伯益是禹指定的禅让传人，他及其子孙很可能一直成为夏朝统治者忌惮防范的对象，他们的处境自然不会顺畅适意。在400多年的夏朝（前21—前16世纪）历史上，没有任何嬴氏族人担任高官的记载，他们显然处于一种蛰伏状态，其“子孙或在中国，或在夷狄”③，与夏朝统治者始终处于一种若即若离的微妙关系。

从《竹书纪年》记载伯益在启夺取帝位后的第二年顺从就国的情况看，他既没有对启违背禅让传统的举措提出异议，更没有领导族众像有扈氏那样举兵反抗，而是默默承认现实，回到嬴族聚居的地方，与族众一起重新创业，并于6年后平静地逝世。作为此次帝位更替的最大受害者，伯益采取的方略显示了他洞悉时势的极其高明的政治智慧。他知道，禹启父子在禹长期主政的时段已经积蓄了巨大的财富、丰沛的人脉和深厚的行政资源，启夺取

① 司马迁：《史记》卷二《夏本纪》，中华书局1959年版，第84页。

② 《马克思恩格斯选集》第4卷，人民出版社1972年版，第233页。

③ 司马迁：《史记》卷五《秦本纪》，中华书局1959年版，第174页。

帝位的行动又经过蓄谋已久的谋划，因而能够平息所有不臣者的武力“反叛”。此时举兵反对启的看似违规占夺帝位的行径，无异以卵击石。为了整个嬴族的生存和日后的发展，接受启的安排是最明智的选择。后来嬴族的崛起和创造的空前伟业，进一步彰显了伯益的深谋远虑。

尽管孟子和司马迁力图给“禹传子，家天下”一个合理的诠释，但此后历史上对此事的争论并未平息。唐朝的韩愈写了《对禹问》，接续孟子和司马迁，希图对此事作进一步的解读：

> 或问曰：“尧、舜传诸贤，禹传诸子，信乎？”曰：“然。”“然则禹之贤不及于尧与舜也欤？”曰：“不然。尧舜之传贤也，欲天下之得其所也；禹之传子也，忧后世争之之乱也。尧、舜之利民也大，禹之虑民也深。”曰：“然则尧舜何以不忧后世？”曰：“舜如尧，尧传之；禹如舜，舜传之。得其人而传之，尧舜也；无其人，虑其患而不传者，禹也。舜不能以传禹，尧为不知人；禹不能以传子，舜为不知人。尧以传舜，为忧后世；禹以传子，为虑后世。”曰：“禹之虑民也则深矣，传之子而当不淑，则奈何？”曰：“时益以难理，传之人则争，未前定也；传之子则不争，前定也。前定虽不当贤，犹可以守法，不前定而不遇贤，则争且乱。天之生大圣也不数，其生大恶也亦不数。传诸人，得大圣，然后人莫敢争；传诸子，得大恶，然后人受其乱。禹之后四百年，然后得桀；亦四百年，然后得汤与伊尹。汤与伊尹不可待而传也。与其传不得圣人而争且乱，孰若传之子，虽不得贤，犹可守法。”曰：“孟子之所谓‘天与贤，则与贤，天与子，则与子’者，何也？”曰：“孟子之心，以为圣人不苟私于其子以害天下。求其说而不得，从而为之辞。”①

这里韩愈借助韩非的理论对传子代替传贤做出的解释，虽然摆脱了孟子“天与之”的说教，但并未触及财产和权力继承的核心问题，原因就在于他与孟子和司马迁都不能冲破为传子辩护的初衷。宋朝的范仲淹写了《夏后氏》一诗：“景命还将伯益传，九川功大若为迁。讴歌终在吾君子，岂是当时不

① 郭预衡主编：《唐宋八大家散文总集》卷一，河北人民出版社 1995 年版，第 61 页。

让贤?”[①] 看来他是带着疑问对待这个问题的。因为人们都明白，传贤优于传子，但谁也不敢说已经形成的传子制度的弊端大于传贤。乾隆皇帝写了两首颂扬伯益的诗，其一为《古体诗古风十五首》之一：

> 有苗蠢弗率，大禹爰徂征。三旬犹逆命，岂云无甲兵。伯益赞说言，感神由至诚。惟昔号旻日，克谐致烝烝。文德既诞敷，远人亦来庭。动物物不动，今古无其情。[②]

对伯益的功业表达了无限崇敬之情。另一首则直接赞扬韩愈《对禹问》的观点：

> 神禹度土功，呱呱泣弗子。涂山明训教，化德敬承是。伯益既就国，诸侯毕归只。利民大与深，昌黎言实旨。孟子举天与，从而为辞耳。每读杂著篇，惟觉理盈纸。[③]

他唯恐人们不理解他的意旨，还不厌其烦地在诗后加上这样一段解释：

> 昌黎《对禹问》云，尧舜之传贤，欲天下之得其所。禹之传子，忧后世争之之乱。尧舜之利民也大，禹之利民也深。传诸人得大圣，然后人莫敢争。传诸子得大恶，然后人受其乱。与其传不得人而争且乱，孰若传诸子虽不得贤犹可守法。孟子所谓天与贤则与贤，天与子则与子，盖求其说不得从而为之辞。余尝读是篇评之云：尧、舜创也，禹因也。使尧以前皆传贤，则尧授舜，舜授禹，何为创见而夸美？足知尧以前犹传子，而禹亦犹行古之道也。且克典放齐有子朱，启明之，请益稷谟，大禹有丹朱殄世之戒，若非尧以前亦传子，斯曷以称焉？昌黎之说实能补孟子之所未言。

---

① 范仲淹：《范文正集》卷三《夏后氏》，电子版文渊阁四库全书。

② 《御制乐善堂全集定本》卷一四，电子版文渊阁四库全书。

③ 《御制诗四集》卷四九，电子版文渊阁四库全书。

在乾隆皇帝看来，尧、舜“禅让”的创新实际上是违背了以前传子的传统，禹传子不过是恢复以前的老传统罢了，这里显示的他钟情于传子的立场已经跃然纸上。不过，总是有人向往传贤的制度，并不时委婉地予以表述。如宋朝王禹偁的《代伯益上夏启书》就是这种思绪的流露：

> 臣益言：臣与先帝比肩而事尧舜，在二十二人之数。先帝以老臣为贤，以天下授臣。臣德薄力寡，不足当之。且知天意人事尽归于吾君矣。今君身临大宝，手握神器，老臣得伸一言以为裨益哉！夫天下者非一人之天下也，天下之天下也。理之得其道则民辅之，失其道则民去之。民既去，又孰与同其天下乎？故帝尧不授于子而授于大舜，大舜不传于家而传于先帝。盖恐失道而民去矣。是知亲一子则不能子兆人，成一家则不能家六合。圣人之用心也如是。先帝得之虽勤，吾君继之，忽忘其勤，臣恐失大宝而毁神器也。先帝力拯横流，为民粒食，得九畴定九州岛，乘四载距四海，栉风沐雨，奠山浚川，却昏垫之忧，平水土之患，以父殛而是念，闻子哭而不名。然后六府孔修，四隩攸宅，兴播植之科，定贡赋之差，亿兆熙熙，以成淳化。是以授禅而有天下，可谓艰难矣。及其在位也，卑宫室，恶衣食，见罪人而泣，闻昌言而拜，故能会诸侯于涂山，执玉帛于万国，可谓勤俭矣。今君得不思其艰难乎？念其勤俭乎？且创业者易，守文者难。始则苦于焦劳，终或流于逸乐。今君生居帝宫，坐即大位，勿谓家传之，勿谓已有之，宜惕惕而惧。其失也殆乎？天无所亲，亲于有德人；无所怀，怀于有仁。苟不肖而毁先业，亦为臣羞。吾君以臣言为何哉？听用之，则铭于案几可也；罪咎之，则斥于荒裔可也。庶几老臣朽骨泉壤，见先帝而无愧色矣。斯言非佞，君其念之。臣益顿首。①

王禹偁精心炮制的这篇《代伯益上夏启书》，骨子里在为伯益的遭际鸣不平，在极力表彰禹为政之艰苦卓绝的同时，暗含着对启违背禅让传统的谴责，并且预示夏朝将在丧失民心、骄奢淫逸的路上滑向毁灭的结局。王禹偁如此

① 《宋文选》卷七，电子版文渊阁四库全书。

表达对伯益的同情和惋惜之意是可以理解的，但他并不理解“禹传子，家天下”的历史必然性。而在这种必然性面前，所有道德的义愤都是苍白无力的。

第五节　嬴族在商朝的崛起

嬴族在夏朝不受重用，所以其子孙有的在夏朝的治域内生活，有的游牧到夷狄居住的边远地区谋发展，默默耕耘或游牧，耐心等待崛起的机会。夏朝后期，特别是孔甲当国以后，政治混乱，民不聊生。其最后一个国君夏桀特别暴虐无道：“孔甲崩，子帝皋立。帝皋崩，子帝发立。帝发崩，子帝履癸立，是为桀。帝桀之时，自孔甲以来而诸侯多畔夏，桀不务德而武伤百姓，百姓弗堪。”①《新序》曾对夏桀的暴虐和腐败做过如下描述：

> 桀作瑶台，罢民力，殚民财。为酒池糟堤，纵靡靡之乐，一鼓而牛饮者三千人。群臣相持而歌曰：“江水沛沛兮，舟楫败兮，我王废兮，趣归薄兮，薄亦大兮。”又曰：“乐兮乐兮，四牡跻兮，六辔沃兮，去不善而从善，何不乐兮。”伊尹知天命之至，举觞而告桀曰：“君王不听臣之言，亡无日矣。”桀拍然而作，哑然而笑，曰：“子何妖言？吾有天下，如天之有日也。日有亡乎？日亡，吾亦亡矣。”于是接履而趣，遂适汤，汤立为相。故伊尹去官入殷，殷王而夏亡。②

这段描述显然不乏后人演绎的成分，但基本述论方向还是比较准确的。正是夏桀这种暴虐腐败构成夏朝灭亡的根本原因。在夏朝日薄西山、气息奄奄的走势日趋显现的时候，起源于东方的商族却在日新月异地发展，大有取夏而代之之势。嬴族的首领费昌就在这时做出明智的选择，“去夏归商，为汤御，以败桀于鸣条”③。鸣条之战是商汤直接指挥的灭夏的一场重大战役，《尚书·汤誓》记载了商汤誓师时的誓词，不啻是一篇讨伐夏桀的檄文：

① 司马迁：《史记》卷二《夏本纪》，中华书局1959年版，第88页。

② 马骕：《绎史》，齐鲁书社2001年版，第157—158页。

③ 司马迁：《史记》卷五《秦本纪》，中华书局1959年版，第174页。

王曰："格尔众庶，悉听朕言。非台小子，敢行称乱。有夏多罪，天命殛之。今尔有众，汝曰：我后不恤我众，舍我穑事而割正夏。予惟闻汝众言，夏氏有罪，予畏上帝，不敢不正。今汝其曰：夏罪其如台？夏王率遏众力，率割夏邑，有众率怠弗协，曰：时日曷丧，予及汝偕亡。夏德若兹，今朕必往。尔尚辅予一人，致天之罚，予其大赉汝。尔无不信，朕不食言。尔不从誓言，予则孥戮汝，罔有攸赦。"

商汤伐夏桀的胜利，使嬴氏族群获得了一个大发展的机遇。因为在策划和实施伐桀之役中，嬴氏的首领费昌都是一个重要参与者。作为商汤的御者，他是陪同商汤亲临前线谋划和指挥这场战争的重要人物之一。他能够取得御者的地位，说明他已经赢得了商汤的绝对信任。商朝建立以后，嬴氏族群的首领一直得到信任。身为大廉玄孙的孟戏和中衍，在商王太戊当国时期不仅继续任商王的御者，而且恩准娶商贵族的女儿为妻，可见嬴族与商族的关系密切到何等程度！如此一来，嬴氏族群在商朝就获得了较大发展的机会："自太戊以下，中衍之后，遂世有功，以佐殷国，故嬴姓多显，遂为诸侯。"①

在商朝（前16世纪—前1046年）统治的500多年间，嬴氏族群的精英一直为商朝廷服务，屡任要职。嬴氏族群一部分留居原地，在汶水流域，主要是今之山东南部和江苏北部的淮河流域繁衍生息，一部分族人则因各种原因，如封赏或游牧，陆续迁徙。其中一部迁至霍太山（今山西霍县境），一部分迁至西陲（今甘肃张家川）与戎人杂居。由于其后世子孙成为商纣王的亲信，在周朝代商朝的巨变中严重受挫：

其玄孙曰中潏，在西戎，保西垂。生蜚廉。蜚廉生恶来。恶来有力，蜚廉善走，父子俱以材力事殷纣。周武王之伐纣，并杀恶来。是时蜚廉为纣石北方，还，无所报，为坛霍太山而报，得石棺，铭曰"帝令处父不与殷乱，赐尔石棺以华氏"。死，遂葬于霍太山。②

---

① 司马迁：《史记》卷五《秦本纪》，中华书局1959年版，第174页。

② 司马迁：《史记》卷五《秦本纪》，中华书局1959年版，第174—175页。

显然，蜚廉、恶来父子作为纣王的亲信，一个在牧野之战中顽强抵抗周武王指挥的诸侯联军，最后为纣王殉节。一个为纣王监工制造石棺，最后死于霍太山。他们是作为纣王的忠臣而鞠躬尽瘁的。当然，关于蜚廉的归宿还有另外的与《秦本纪》不同的记载。一是《孟子·滕文公下》："周公相武王，诛纣。伐奄，三年讨其君，驱蜚廉于海隅而戮之。"一是《清华简·系年》的第三章，记载蜚廉在武王伐纣之后逃回他的老家商奄（今山东曲阜），参加了武王死后的"三监之乱"，最后在周公东征时被杀死：

飞（廉）东逃于商盍蓋氏。成王伐商盍蓋，杀飞（廉），西迁上盍蓋之民于邾虐，以御奴之戎，是秦先人。①

这种记载或许更能反映历史的真实。不管怎么说，嬴族的费昌在夏商之际离夏归商的抉择是明智的，他因而成为嬴族在商朝崛起的标志性人物。而蜚廉、恶来父子在商周换代之际的抉择却是根本性的失误：他们在错误的时间和错误的地点将自己的忠贞和勇毅献给了不值得贡献的主人，他们因而付出了根本不值得付出的错误的牺牲，也使整个嬴氏族群在发展进程中又一次陷入低谷。

总起来看，在商朝时期嬴氏族群获得了较显著的发展，其精英人物历任高官显贵，其族群的一部分辗转西迁，在黄河中上游地区占据继续发展的基地，为西周时期在西陲的秦地和霍泰山的赵地继续创业崛起创造了条件。

第六节 嬴族在西周时期的复苏

由于蜚廉、恶来父子在周武王伐纣的关键时刻站到了纣王一边，致使嬴族在西周建立之初面临着比较困难的窘境，作为坚定的"附逆者"，他们一段时间内肯定被列入了另册。然而，因为这个战斗之族始终保持了善御和善畜牧的特长，他们的忠勤和服务很快就被周王室赏识，一代接一代的后辈

① 转引自宋镇豪主编《嬴秦始源》，中国社会科学出版社 2013 年版，第 2 页；李学勤《清华简关于秦人始源的重要发现》，《光明日报》2011 年 9 月 8 日。

逐渐完成了角色转变，蜚廉的玄孙造父开始获得周王室的青睐，被周王朝的第五代国君穆王选作御者，由此重新崛起、显赫一时了：

蜚廉复有子曰季胜。季胜生孟增。孟增幸于周成王，是为宅皋狼。皋狼生衡父，衡父生造父。造父以善御幸于周缪王，得骥、温骊、骅骝、騄耳之驷，西巡狩，乐而忘归。徐偃王作乱，造父为缪王御，长驱归周，一日千里以救乱。缪王赵城封造父，造父族由此为赵氏。自蜚廉生季胜已下五世至造父，别居赵。赵衰其后也。恶来革者，蜚廉子也，蚤死。有子曰女防。女防生旁皋，旁皋生太几，太几生大骆，大骆生非子。以造父之宠，皆蒙赵城，姓赵氏。①

嬴族在西周的崛起，得益于两个标志性的精英人物：造父和非子。造父继承孟增一系，在周穆王时成为御者，调养出 4 匹日行千里的名马。他作为御者时刻不离周穆王左右，曾驾车陪同穆王西游，见过“西王母”②。在徐偃王作乱时，他驾车日行千里，敉平乱局，立下不世之功，被封于赵（今山西霍县南洪洞北）。他的后人姓赵氏，后来在晋国日益发达，最后创建赵国，在战国时期曾是举足轻重的诸侯国。关于造父学习驾车绝技的故事，《列子》有这样的记载：

《列子》：造父之师曰泰豆氏。造父之始从习御也，执礼甚卑。泰豆三年不告，造父执礼愈谨。乃告之曰：“古诗言：良弓之子，必先为箕。良冶之子，必先为裘。汝先观吾趣，趣如吾，然后六辔可持，六马可御。”造父曰：“唯命所从。”泰豆乃立木为涂，仅可容足，计步而置，履之而行，趣走往还，无跌失也。造父学之三日，尽其巧。泰豆叹曰：“子何其敏也？得之捷乎？凡所御者，亦如此也。曩汝之行，得之于足，应之于心。推于御也。齐辑乎辔衔之际，而急缓乎唇吻之和，正度乎胸臆之中，而执节乎掌握之闲。内得于中心，而外合于马志。

① 司马迁：《史记》卷五《秦本纪》，中华书局 1959 年版，第 174—175 页。

② 《穆天子传》。

是故能进退履绳而旋，曲中规矩，取道致远，而气力有余。诚得其术也。得之于衔，应之于辔。得之于辔，应之于手。得之于手，应之于心。则不以目视，不以策驱，心闲体正，六辔不乱，而二十四蹄所投无差。回旋进退。莫不中节。然后舆轮之外，可使无余辙。马蹄之外，可使无余地。未尝觉山谷之险，原隰之夷，视之一也。吾术穷矣，汝其识之。”①

《列子》成书于魏晋时期，反映的是道家的思想理念。这个故事主要记述泰豆氏向造父传授“得心应手”的驾车技巧，中心是只要能够“以道驭马”，就能使驾车技术达到出神入化的程度。故事可能出于随心杜撰，但展示的造父高超的御车术则应该是接近真实的。

周穆王是西周第五代国君，也是一个比较有作为的君王。他当国时期曾西征犬戎，到达西部较远的地方，《穆天子传》记述了他西游的故事，尽管不无演绎的成分，但也不是空穴来风。那时中原与西域的胡人已经来往频繁，物资和文化的交流不断，在今陕西西周时期的周原遗址中就出土了贝雕的栩栩如生的胡人头像，白种人的特征至为明显。这应该是西周与西域频繁交流的重要佐证。穆王时期，他的大臣甫侯制定了《甫刑》：“墨罚之属千，劓罚之属千，膑罚之属五百，宫罚之属三百，大辟之罚二百：五刑之属三千。”② 进一步完善了与礼相配套的刑法制度。

造父在周穆王时期的建功立业，主要表现在以御者参与征伐犬戎和敉平徐偃王之乱，都是与战争联系在一起的。

非子是嬴族在西周时期崛起的另一个标志性人物。他是因为继承和发扬嬴族善于驯养马匹的特长得到周孝王赏识，从而得到“秦”这块封地的：

非子居犬丘，好马及畜，善养息之。犬丘人言之周孝王，孝王召使主马于汧渭之闲，马大蕃息。孝王欲以为大骆嫡嗣。申侯之女为大骆妻，生子成为嫡。申侯乃言孝王曰：“昔我先郦山之女，为戎胥轩

① 马骕：《绎史》，齐鲁书社 2001 年版，第 699—700 页。

② 司马迁：《史记》卷四《周本纪》，中华书局 1959 年版，第 138—139 页。

妻，生中潏，以亲故归周，保西垂，西垂以其故和睦。今我复与大骆妻，生适子成。申骆重婚，西戎皆服，所以为王。王其图之。”于是孝王曰：“昔伯翳为舜主畜，畜多息，故有土，赐姓嬴。今其后世亦为朕息马，朕其分土为附庸。”邑之秦，使复续嬴氏祀，号曰秦嬴。亦不废申侯之女子为骆适者，以和西戎。①

这一记载表明，非子先是居于犬丘（今陕西咸阳西），为周王室养马。因“马大蕃息”而得到周孝王的赏识，给了他一块封地秦（今甘肃张家川），号其为秦嬴。由此开始了嬴秦历史发展的一个新时代。嬴秦就是在这块土地上，精心经营，锐意开拓，东征西讨，不断征战，由一个被东方诸侯国藐视的蕞尔小国，逐渐发展成雄踞三秦大地、兵强马壮、睥睨四方的诸侯大国。

第七节　嬴秦和嬴赵的诞生与发展壮大

西周末期，嬴秦和嬴赵都得到了发展的机会，从而为后来发展成战国七雄之一的强国奠定了始基。

嬴秦的创始人是非子。非子得到秦这一块封地后，开始了新时期的创业和发展。秦地处于周朝的西陲，周围基本上都是统称之为戎人的众多族群。此后嬴秦一代接一代的首领，充分发扬他们作为战斗之族的传统，交替使用武力和怀柔之策与戎人族群周旋，不断开疆拓土，扩大自己的势力范围，不断融合戎人，使嬴秦族群成几何级数迅速增长，很快成为周朝西部边陲一支傲视群戎、举足轻重的力量。

非子之后的嬴秦族群在西陲稳步发展。到第四代秦仲（前844—前822年在位）主政时，西周正是周厉王当国时期。周厉王是西周的第十代国君。他主政时推行两项政策，结果把周朝带入空前的危机。这两项政策，一是“好利”：

厉王即位三十年，好利，近荣夷公。大夫芮良夫谏厉王曰：“王

① 司马迁：《史记》卷五《秦本纪》，中华书局1959年版，第177页。

室其将卑乎？夫荣公好专利而不知大难。夫利，百物之所生也，天地之所载也，而有专之，其害多矣。天地百物皆将取焉，何可专也？所怒甚多，而不备大难。以是教王，王其能久乎？夫王人者，将导利而布之上下也。使神人百物不得极，犹日怵惕惧怨之来也。故《颂》曰'思文后稷，克配彼天，立我蒸民，莫匪尔极'。《大雅》曰'陈锡载周'。是不布利而惧难乎，故能载周以至于今。今王学专利，其可乎？匹夫专利，犹谓之盗，王而行之，其归鲜矣。荣公若用，周必败也。"厉王不听，卒以荣公为卿士，用事。①

厉王好利的内容史书没有具体记载，据各种情势推断，无非是与诸侯国和百姓争利，加重诸侯国的贡赋和百姓的税负，这势必激化社会矛盾。厉王推行的第二项政策是"弭谤"，即压制言论自由：

王行暴虐侈傲，国人谤王。召公谏曰："民不堪命矣。"王怒，得卫巫，使监谤者，以告则杀之。其谤鲜矣，诸侯不朝。三十四年，王益严，国人莫敢言，道路以目。厉王喜，告召公曰："吾能弭谤矣，乃不敢言。"召公曰："是障之也。防民之口，甚于防水。水壅而溃，伤人必多，民亦如之。是故为水者决之使导，为民者宣之使言。故天子听政，使公卿至于列士献诗，瞽献曲，史献书，师箴，瞍赋，蒙诵，百工谏，庶人传语，近臣尽规，亲戚补察，瞽史较诲，耆艾修之，而后王斟酌焉，是以事行而不悖。民之有口也，犹土之有山川也，财用于是乎出；犹其有原隰衍沃也，衣食于是乎生。口之宣言也，善败于是乎兴。行善而备败，所以产财用衣食者也。夫民虑之于心而宣之于口，成而行之。若壅其口，其与能几何？"王不听。于是国莫敢出言，三年，乃相与畔，袭厉王。厉王出奔于彘。②

这是有关厉王的一个著名的故事。在《国语·周语》和《史记·周本纪》中

① 司马迁：《史记》卷四《周本纪》，中华书局1959年版，第141页。

② 司马迁：《史记》卷四《周本纪》，中华书局1959年版，第142页。

有大致相同的记载。西周之时，去古未远，原始社会的民主遗存依然存在，国人对国家大事有参与的权利，这就是以不同的形式议论国政，向执政者提出意见或建议。直到春秋时期的郑国子产执政时，还保留着乡校议政的传统。然而，随着王权的逐步强化，厉王对这种民主议政的形式就越来越不能容忍了，于是有"弭谤"这一压制言论自由政策的出台。其结果正如召公所料，由于矛盾激化，公元前841年，国人暴动，将厉王赶出镐京，流亡到彘(今山西霍县境)，独居困境，茕茕孑立，至死再也没有回到京城。而就是在这一年，周公、召公共同秉政，继续维持周朝行政的运转。这一年，也是中国历史有确切纪年的开端。这里我们之所以详细记述厉王之事，因为他作为天下共主的错误举措，对嬴秦的历史也产生了直接影响："秦仲立三年，周厉王无道，诸侯或叛之。西戎反王室，灭犬丘大骆之族。周宣王即位，乃以秦仲为大夫，诛西戎。"[①] 因为厉王的暴虐无道，不仅引起诸侯的离心，也引起西戎的反叛，使西周在戎地的统治出现严重危机。宣王在共和十四年（前828年）即位后，深感鞭长莫及，为了对付戎人，他只能授予嬴秦更大的权力，于是秦仲得以被任命为大夫，得到讨伐戎人的全权。此后，秦仲就领导居于西陲的嬴秦一族，与戎人在今日之陕甘交界的陇西地区展开了旷日持久的搏战，直到秦仲接班23年后死于一场与戎人的激战中。秦仲在位的23年，是嬴秦艰辛创业、戮力发展、砥砺前行的岁月，通过一代人的不懈奋斗，嬴秦基本上在西陲站稳脚跟，有了继续发展和前进的基地。

嬴族另一支的首领造父，因作为周穆王御者得到立功的机会，获得赵地，开始了嬴赵族群的创业发展史。此后，嬴赵的后世子孙一直跟随周王服务，继续积累功劳，创造条件，寻找发展的新机遇："自造父已下六世至奄父，曰公仲，周宣王时伐戎，为御。及千亩战，奄父脱宣王。"[②] 此次千亩之战，发生于宣王三十九年（前789年)，《国语·周语上》记载：

> 宣王即位，不籍千亩。虢文公谏曰："不可……农正陈籍礼，太史赞王，王敬从之，王耕一坺，班三之，庶民终于千亩……"王不听。

---

① 司马迁:《史记》卷五《秦本纪》，中华书局1959年版，第178页。

② 司马迁:《史记》卷四三《赵世家》，中华书局1959年版，第1780页。

三十九年，王师败绩于姜氏之戎。[①]

“千亩之战”[②]是宣王对戎人征伐中一次失败的战役，而“奄父脱宣王”显然是在最危机时刻将这位君王救出险境。奄父为此立下不世之功，这自然巩固了他在周室的地位。到奄父的儿子叔带为周室服务时，已经是周幽王当国的岁月，这个西周的最后一位国君以自己日益荒唐暴虐的行径展示了这个王朝即将落幕的前景。叔带明白自己面临命运的一次重要抉择，于是当机立断，“去周如晋，事晋文侯，始建赵于晋国”[③]。历史证明叔带此次抉择是英明的：一方面避免了为幽王殉葬的危途，一方面为嬴赵族群的进一步发展找到了一个最为适宜的基地，因为嬴赵的封地就在晋国境内，那里不仅有祖宗的庐墓，更有一批聚居的族人，具备最好的“地利”优势，只要创造“人和”的条件以待“天时”，嬴赵就可能迎来她最辉煌的岁月。

周幽王当国的西周王朝已经面临灭亡的窘境，而在他治下的嬴秦和嬴赵两个族群却即将迎来勃兴的日子，历史就这样在不断展示看似吊诡的进程中迈出前进的步伐。

① 邬国义等：《国语译注》，上海古籍出版社2017年版，第12—13页。

② 千亩为地名，当时有两个，一个在今之山西介休县境，一个在今之西安附近，此次“千亩之战”的发生地应该在西安附近。

③ 司马迁：《史记》卷四三《赵世家》，中华书局1959年版，第1780页。

第二章　嬴秦与嬴赵在春秋时期的发展

第一节　秦庄公在关中开新局

秦仲死后，他留下的五个儿子继承了他的事业，长子庄公（前 821—前 778 年）承袭他的职位，继续与戎人展开对甘陇地区的争夺战。周宣王鉴于自己无力对付戎人，只得进一步加强嬴秦的力量，授予他们更大的权力："周宣王乃召庄公昆弟五人，与兵七千人，使伐西戎，破之。于是复予秦，仲后及其先大骆地犬丘并有之，为西垂大夫。"① 这样，庄公就有了领有西犬丘（今甘肃天水南）至东犬丘的几乎整个渭水流域的广大地盘的合法根据，为以后秦国逐步占领这一地区并在关中建立宏伟基业初步奠定了基础。秦仲作为嬴秦历史上一个做出重要贡献的先祖，得到后辈由衷的赞扬。《诗经·车邻》表达了嬴秦贵族的心声：

有车邻邻，大车驰骤声邻邻，
有马白颠。高头骏马白额心。
未见君子，未能见到秦仲公，
寺人之令。由于寺人传命令。

阪有漆，隰有栗。山坡有漆树，洼地有栗树。
既见君子，已见我君秦仲公，
并坐鼓瑟。并坐同乐奏琴瑟。

---

① 司马迁：《史记》卷五《秦本纪》，中华书局 1959 年版，第 178 页。

今者不乐，今天行乐不及时，
逝者其耋。明日衰老空悲切。

阪有桑，隰有杨。山坡有桑树，洼地种白杨。
既见君子，已见我君秦仲公，
并坐鼓簧。并坐同乐吹笙簧。
今者不乐，今天行乐不及时，
逝者其亡。明日死亡徒悲伤。①

该诗描绘嬴秦族人以能见到秦仲公并与之同乐为荣，说明他已经深深印在族人的心坎上，成为族人颂扬和怀念的对象。

秦庄公继承秦仲的爵位后，将行政管理中心移至西犬丘（今甘肃天水南），其目的一是聚拢该地区原周族遗民的力量，给他们以未来的希望；二是在这个处于戎人包围的中心地带交替使用征伐和怀柔的手段与众多戎人族群周旋，扩大地盘，施展影响，融合戎人族众，为嬴秦的进一步更快发展创造条件。由于庄公是一个长寿的人，在位 44 年之久，可以充分实施自己的谋划；更由于他思维缜密，稳中求进，所以能够在看似无为的经营中稳定了嬴秦在甘陇地区的统治，为嬴秦在关中的发展奠定了初始之基，更为后来襄公在关中立国创造了条件。最后，秦国以关中为根据地，发展为战国七雄中最强大的诸侯国，进而灭亡六国，建立起中国历史上第一个真正意义上的统一王朝。

第二节　秦襄公乘“镐京之变”立首功

秦庄公得到宣王给予的 7000 士卒，实力大大增强。然而，此时的嬴秦尽管有了周宣王关于占有整个渭水流域的授权和许诺，但实际上戎人在这里仍然有着相当大的势力。在渭水两岸的广大地区，戎人族群星罗棋布，与嬴秦一族及其归附的其他族群形成了犬牙交错的杂居状态，双方随时随地都可

① 袁梅：《诗经译注》，齐鲁书社 1985 年版，第 326—327 页。

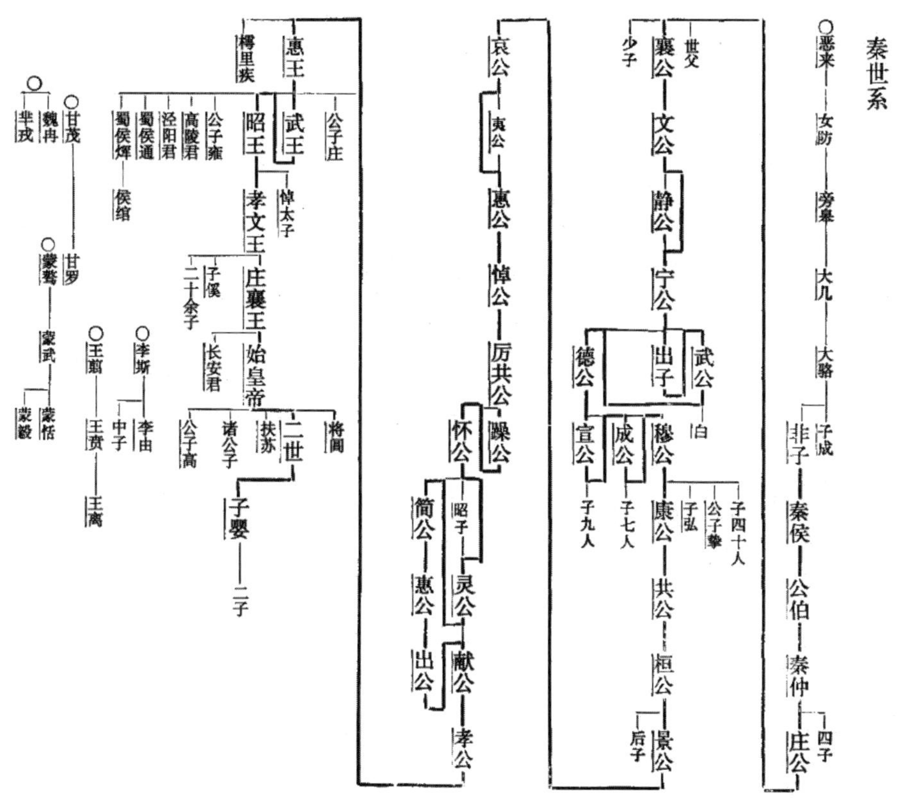

能发生冲突。为了便于同戎人进行争战，庄公决定将自己的大本营由秦地（今甘肃张家川）迁至西犬丘（今甘肃天水南）。庄公生了三个儿子，长子世父是一个智勇兼备的干才，他愤于戎人杀死了自己的祖父，决心杀死戎王为祖父报仇。发誓说："戎杀我大父仲，我非杀戎王则不敢入邑。"他宁愿将太子之位让给弟弟襄公（前777—前766年在位），自己则专心一意率兵从事对戎人的战斗。庄公立44年后去世，襄公继位。第二年，戎人乘庄公丧期秦人无暇他顾的机会，发兵猛烈围攻犬丘。世父指挥士卒仓促应战，双方在犬丘城郊展开激战。由于事发突然，秦军准备不足，结果屡屡受挫，连世父也做了戎人的俘虏。一年后，经过交涉，戎人放还世父。这一时期，庄公的经营尽管使嬴秦在甘陇地区初步立定脚跟，但面临的总体形势依然十分严峻，因为戎人的力量还是相对秦人强大许多。嬴秦不仅没有对戎人形成压倒优势，就是西周政权也还处于戎人的虎视之下。就在西周王室应该与嬴秦团结协调一致全力对付戎人的紧要关头，戎人与周幽王的矛盾激化，于是发生了周幽王被犬戎杀死郦山之下的镐京之变。而正是这一事变，成为嬴秦在关中地区正式立国的契机：

> 七年春，周幽王用褒姒废太子，立褒姒子为嫡，数欺诸侯，诸侯叛之。西戎犬戎与申侯伐周，杀幽王郦山之下。而秦襄公将兵救周，战甚力，有功。周避犬戎难，东徙洛邑，襄公以兵送周平王。平王封襄公为诸侯，赐之岐山以西之地，曰："戎无道，侵夺我岐、丰之地，秦能攻逐戎，即有其地。"与誓，封爵之。襄公于是始国，与诸侯通使聘享之礼，乃用骝驹、黄牛、羝羊各三，祠上帝西畤。①

襄公是嬴秦历史上一个具有非凡头脑和卓越智慧的人物，他在周幽王因立太子问题上的失误引起戎人入侵的镐京之变时，在各路诸侯拒绝发兵救援的情势下，果断出手，冒死将以周平王为代表的王室贵族解救出来，从而立下不世之功。对他感激不尽的周平王自然不吝封赏，将西周当年的创业基地一股脑儿送给了他。不过，这一看似慷慨的封赠实际上只是一张空头支票，因为此时作为西周创业之地的关中地区绝大部分已经被戎人占据。正如著名作家李敬泽所言："为了酬答秦襄公在周室东迁时的护驾之功，平王把西周故地封赠予秦。房子已经被人占了，平王把房契送给了秦人，这不是应许，而仅仅是安慰，秦必须独自在犬戎的世界里图存、搏斗。"② 尽管如此，这一封赠对嬴秦仍然具有至关重要的意义：它给了嬴秦此后在关中开疆拓土的合法权利，凭借这一权力，它可以对任何竞争者用兵。显然，镐京之变的最大输家是西周王室，因为平王东迁洛邑，虽然暂时在东方稳定了自己的统治，勉强保住了"天下共主"的尊位，但是经此事变，它再也无法恢复昔日的权威，只能在每况愈下中日益走向衰败。镐京之变的第二个输家是戎人。表面上看，它们似乎取得了赶走周王室的胜利，但它还没有意识到，西周王室留下的地盘日后逐渐被嬴秦占据，这是一个远比周王室更难应付的对手。从此以后，它们只能在与这个对手斗争的节节失利中臣服于它。镐京之

① 司马迁：《史记》卷五《秦本纪》，中华书局 1959 年版，第 179 页。

② 李敬泽：《〈黍离〉——它的作者，这伟大的正典诗人》，《新华文摘》2020 年第 19 期。

变的最大赢家是嬴秦一族。由于平王的授权，它取得诸侯的地位，能够与齐、晋、楚、燕等东方诸侯大国分庭抗礼。它在占据关中地区方面有了合法根据，可以不受任何限制地同戎人斗争，逐渐将得天独厚的三秦大地变成自己巩固的创业基地。似乎可以说，当平王封襄公为诸侯，将关中地区封赐予他的时候，未来统一中国的雄主已经孕育在渭水河畔的肥田沃野了。

由于秦襄公在捍卫周王室和对戎人的征伐中立下不世之功，所以《诗经·秦风》中就有几首诗对他进行了热情的歌颂。如《驷驖》：

驷驖孔阜，四匹铁青马，肥硕又高大，
六辔在手，六根皮缰绳，紧握手中把车驾。
公之媚子，襄公宠爱的众臣子，
从公于狩。跟从襄公去把猎物打。
奉时辰牡，按照节令献猎物，
辰牡孔硕。应时野物肥又大。
公曰左之，公说左转射野兽，
舍拔则获。引弓射箭不虚发。
游于北园，打完猎，游北园，
四马既闲，四马骄蹄真熟练。
輶车鸾镳，大车徐徐行，马衔鸾铃响叮当，
载猃歇骄。猃和歇骄载车上。①

该诗生动地描绘了襄公与臣子们一起打猎的壮观场面，显示此时嬴秦在关中立定了脚跟的乐观愉悦的情绪。又如《诗经·小戎》：

小戎俴收，兵车厢斗浅又浅，
五楘梁辀。五束皮条饰车辕。
游环胁驱，皮环皮套孔骏马，
阴靷鋈续。缰绳梢梢白金嵌。

① 袁梅：《诗经译注》，齐鲁书社1985年版，第328—329页。

文茵畅毂，虎皮坐垫长轴承，
驾我骐馵。驾那青骢“雪里站”。
言念君子，怀念我的好情侣，
温其如玉。温存笃厚似美玉。
在其板屋，他住西戎木板房，
乱我心曲。想得我心凄惶惶。

四牡孔阜，四匹公马高又大，
六辔在手。六条缰绳手中牵。
骐骝是中，好马骐骝驾车辕。
䯄骊是骖。䯄骊双双跨两边。
龙盾之合，龙盾对合兵车上，
鋈以觼軜。白金灿灿饰车环。
言念君子，怀念我的好情侣，
温其在邑。温存笃厚远戍边。
方何为期，何年何月是归期？
胡然我念之。怎不使我苦思念？

俴驷孔群，轻装四马真协调，
厹矛鋈錞。三刃长矛白金梢。
蒙伐有苑，杂纹盾牌绘五彩，
虎韔镂膺。虎皮弓囊金马带。
交韔二弓，两弓交叉一囊中，
竹闭绲縢。竹制弓架系丝绳。
言念君子，怀念我的好情侣，
载寝载兴。且睡且醒牵愁绪。
厌厌良人，我的化人多安详，
秩秩德音。明达事理有威望。①

① 袁梅：《诗经译注》，齐鲁书社1985年版，第330—332页。

这首诗在抒发一个深情女子对征人怀念的同时，又大力赞颂襄公领导的秦军威武雄壮和征伐戎人的武功，反映了嬴秦一族在那个时代昂扬向上的风貌。再如《诗经·终南》：

终南何有，终南山上何所有？
有条有梅。有山楸，有野梅。
君子至止，襄公车马到终南，
锦衣狐裘。锦衣华丽狐裘贵。
颜如渥丹，容颜丰润如丹红，
其君也哉。那是君王秦襄公。

终南何有，终南山上何所有？
有纪有堂。有枸杞，有赤棠。
君子至止，襄公车马到终南，
黻衣绣裳。锦绣衣袍闪彩光。
佩玉将将，佩玉玲珑声锵锵，
寿考不忘。君王寿考永无疆。①

历来的注释都认定此诗有规劝襄公之意，意思是作为君王饮食起居不要太奢侈。其实，全诗通篇看不到规劝的意蕴，而更多的是描绘襄公到终南山游历时的车马服装之华丽，祈愿他寿考无疆。这表明，襄公是以一个圣帝名王的光辉形象留在了嬴秦族人的记忆中。

第三节　从秦文公至秦成公的发展

秦襄公是在与戎人的争战中寿终正寝的。他在即位12年之后的伐戎之役中病逝于岐地（今陕西岐山北）。他的儿子文公（前765—前716年）即位后，居于西垂宫（今甘肃天水南），此地周围活跃着不同的戎人族群。文

① 袁梅：《诗经译注》，齐鲁书社1985年版，第337页。

公之所以如此安放自己的统治中心，大概是为了就近更准确地察知戎人的实情，便于同他们展开斗争。三年（前763年），他率兵700人东进狩猎，进入“汧渭之会”，即汧水和渭水交汇的地方（今陕西宝鸡）。他认定“昔周邑我先秦嬴于此，后卒获为诸侯”，是嬴秦的发祥地，于是经过占卜，即在此“营邑之”。文公这次将自己的统治中心东移，显然是一个深思熟虑的行动。因为这里地处渭水流域的中段，土地肥沃，气候宜人，物产丰富，交通便利，周围有更多的嬴秦族裔和周族遗民。与西垂宫相比，能够积聚更大的力量与戎人斗争。后来文公经过十多年的经营，在这里建起了颇具规模的雍城（今陕西凤翔），成为与戎人斗争的坚固堡垒。文公十年（前756年），初为鄜畤，用三牢，建起嬴秦祭祀的神坛。“十三年，初有史以纪事，民多化者”，大大提高了自己的文明程度。“十六年，文公以兵伐戎，戎败走。于是文公遂收周余民有之，地至岐，岐以东献之周。十九年，得陈宝。二十年，法初有三族之罪。二十七年，伐南山大梓，丰大特。”① 经过文公20余年不断对戎人的征伐，岐山以东原来周人统治的故地，几乎完全被他从戎人那里收复。鉴于这些地方的原住居民大部分是周人，文公就将岐山以东的地盘献给周王室。这一举动无疑显示了文公的博大胸襟，肯定能够赢得周王室的青睐和其他诸侯国的赞誉。文公是一个长寿的君王，也是一个比较有作为的君王，在嬴秦崛起的道路上，他不仅在对戎人的斗争中取得显著成功，而且在嬴秦的法制建设方面也迈出坚实的步伐。他即位50年后去世，因太子早逝，他的长孙宁公继位。宁公继位时尽管只有10岁，可他在一帮得力臣子辅佐下，继承文公的事业，仍然不断向戎人发起进攻。他在继位的第二年，即将统治中心迁至平阳（今陕西眉县北），对西戎人盘踞的荡社（今陕西西安南）发起进攻，将戎王亳赶出荡社。十二年（前704年），再伐西戎人残部，取得成功。宁公是嬴秦一个短命的君王，他只活了22年即死去。他的3个儿子，被权臣操纵，先立最小的儿子出子，6年后又废出子立长子武公。

武公在嬴秦的君王中也算较有作为的人物。他继位当年即发起对戎人彭戏氏的征伐，兵抵华山脚下。第三年（前695年），毅然诛杀三父等立出子又杀出子的一帮权臣，在国内巩固了统治权。十年（前688年），西向远

① 司马迁：《史记》卷五《秦本纪》，中华书局1959年版，第179—180页。

征邽（今甘肃天水）、冀（今甘肃甘谷东）之戎，得手后，直接在那里设县进行管理。下一年，又在杜（今陕西西安南）、郑（今山西华县）设县管理，同年灭掉戎人建立的小虢（今陕西宝鸡）。武公继位 20 年后去世。在他当国的 20 年中，全力从事对戎人的斗争，灭掉一批戎人建立的政权，在行政体制方面进行改革，设县直接管理地方事务，开启了在地方实行郡县制的先河。这种地方行政体制，远较原来的封国制度先进，因为它既能使国君的意图得以迅速贯彻执行，又避免了封国制带来的封君割据的弊端，大大提升了行政效能。不过，武公去世时，他的臣子和继承人议决以活人殉葬，“初以人从死，从死者六十六人”①。这个野蛮残忍的制度一直持续到秦穆公死时的葬仪，其时，秦国君臣强制 177 人为他殉葬，引起许多人的愤怒谴责。

武公去世后，他的弟弟德公（前 677—前 676 年）继位。他继续经营雍城（今陕西凤翔），“以牺三百牢祠鄜畤”，初步设立了秦国的祭祀系统。此时的嬴秦实际上已经在关中站牢脚跟，巩固了自己的统治，位于关中的两个小国的国君梁伯和芮伯自动前来朝拜，说明他作为地区霸主的地位业已形成。德公也是一个短命的君王，他立 2 年即去世。长子宣公（前 675—前 664 年）继位。这时的嬴秦已经不满足于在关中与戎人争雄，他们的目光开始转向东方，向往与齐桓公之类的霸主们比肩。宣公四年（前 672 年），嬴秦与晋国战于河阳（今河南孟州市西），取得胜利。宣公立 12 年去世，他的弟弟成公（前 663—前 660 年）继位。不过他也是短命君王，继位 4 年即寿终正寝。

从文公至成公，嬴秦经历了 7 个君王的统治，经过与戎人各族群的不断争斗，它已经锻造出一支比较强悍的武装力量，在关中占据了广大的地盘，建立了比较巩固的政权，为穆公东向争霸奠定了较为坚实的基础，秦国迅速发展、傲然崛起、令东方诸侯国侧目而视的日子已经来临了。

第四节　秦穆公跻身“春秋五霸”

成公去世后，他的 7 个儿子都没有继承君位，秦国国君的位子被他的弟

① 司马迁：《史记》卷五《秦本纪》，中华书局 1959 年版，第 183 页。

弟穆公任好（前659—前621年）承袭了。以后的历史表明，秦国的这一安排至关重要，正是穆公在春秋时期的大国争霸中崭露头角。他一方面开始深度参与中原诸侯国之间，特别是与晋国的政治军事斗争，逐步将自己的制度优势，特别是军事优势展露在东方诸侯国面前，日益使他们看到了一个强劲的对手崛起于西方；另一方面，是他在对戎人的斗争中取得决定性的胜利，奠定了秦国未来进一步发展的坚实基础。

穆公即位当年，即亲自率兵讨伐茅津（今河南三门峡境）的戎人，取得胜利。第四年，他迎娶晋国太子申生的姐姐为夫人。以后秦与晋两国国君之间频频缔结婚姻关系，以致后世“结秦晋之好”成为美好婚姻的代名词。尽管如此，秦、晋之间依然不断发生战争。可见联姻并不能阻止对国家利益的追求。

穆公继位的第五年（前655年），迎来两位贤明的辅佐，他们是百里傒和蹇叔。《史记·秦本纪》记述得到他们二人的经过颇有点戏剧性：

> 五年，晋献公灭虞、虢，虏虞君与其大夫百里傒，以璧马赂于虞故也。既虏百里傒，以为秦缪公夫人媵于秦。百里傒亡秦走宛，楚鄙人执之。缪公闻百里傒贤，欲重赎之，恐楚人不与，乃使人谓楚曰：“吾媵臣百里傒在焉，请以五羖羊皮赎之。”楚人遂许与之。当是时，百里傒年已七十余。缪公释其囚，与语国事。谢曰：“臣亡国之臣，何足问？”缪公曰：“虞君不用子，故亡，非子罪也。”固问，语三日，缪公大说，授之国政，号曰五羖大夫。百里傒让曰：“臣不及臣友蹇叔，蹇叔贤而世莫知。臣常游困于齐而乞食銍人，蹇叔收臣。臣因而欲事齐君无知，蹇叔止臣，臣得脱齐难，遂之周。周王子颓好牛，臣以养牛干之。及颓欲用臣，蹇叔止臣，臣去，得不诛。事虞君，蹇叔止臣。臣知虞君不用臣，臣诚私利禄爵，且留。再用其言，得脱；一不用，及虞君难：是以知其贤。”于是缪公使人厚币迎蹇叔，以为上大夫。①

其他著作，如《吕氏春秋》《说苑》《韩诗外传》等关于此事的记载略异于

① 司马迁：《史记》卷五《秦本纪》，中华书局1959年版，第186页。

《史记》。不过有一点可以肯定，就是穆公得到了两位明智的辅佐，他们在以后的秦国历史上都发挥过积极作用。而这件事也开启了秦国不拘一格、广泛延揽人才的优良传统。这正是秦国在未来的争霸和统一战争中后来居上的重要原因之一。

五年（前655年）秋天，穆公亲自率兵讨伐晋国，双方战于河曲（今山西风陵渡）。恰在此时，晋国发生骊姬挑起的内乱。太子申生死难，公子重耳、夷吾逃出晋国。战争没有继续下去。九年（前651年），晋献公去世，晋国内部再次发生君位之争，里克连杀两位继位的新君，国内一片混乱。流亡在外的公子夷吾看到这是自己争夺君位的好机会，请求秦国助其入晋，并许诺“诚得立，请割晋之河西八城与秦”。穆公于是命百里傒率兵送夷吾回到晋国，顺利登上君位，他就是晋惠公。但是，夷吾一经得到晋国国君的位子，立即变脸，杀死里克，虽然派丕郑作为使者入秦致谢，但却不履约割河西8城与秦。晋使丕郑得知这一消息之后，内心恐惧，生怕夷吾迫害自己，就建议穆公送其回晋国，密谋运作使重耳回晋国承袭君位。穆公认可他的谋划，但他回晋国后就被夷吾诛杀。丕郑的儿子丕豹逃到秦国，建议穆公伐晋，穆公认为此时的晋国国君仍然得到百姓的拥戴，伐晋没有取胜的把握，拒绝了丕豹的建议。

此后，疆界相连的秦、晋两国龃龉不断。穆公十二年（前648年），晋国发生旱灾，派人来秦国请求粮食支援。丕豹建议借此机会伐晋，但公孙枝和百里傒都认为，虽然夷吾得罪秦君，但百姓无罪，应该支援晋国粮食。穆公接受二人建议，“卒与之粟。以船漕车转，自雍相望至绛”，是一次大规模的运粮行动。这一行动，展示了穆公的大度和以民为本的执政理念。可是两年后，当秦国发生饥荒要求晋国支援粮食时，得到的却是晋国向秦国进击的钲鼓之声。这自然引起秦国君臣的震怒，于是双方发生了一场激战。此事《国语》和《史记·秦本纪》都有记载：

> 晋饥，乞籴于秦。丕豹曰：“晋君无礼于君，众莫不知。往年有难，今又荐饥。已失人，又失天，其有殃也多矣。君其伐之，勿予籴。”公曰：“寡人其君是恶，其民何罪？天殃流行，国家代有。补乏荐饥，道也，不可以废道于天下。”谓公孙枝曰：“予之乎？”公孙枝曰：“君有

施于晋君，晋君无施于其众。今旱而听于君，其天道也。君若弗予，而天予之。苟众不说其君之不报也，则有辞矣。不若予之，以说其众。众说，必咎于其君。其君不听，然后诛焉。虽欲御我，谁与？”是故氾舟于河，归籴于晋。

秦饥，公令河上输之粟。虢射曰：“弗予赂地而予之籴，无损于怨而厚于寇，不若勿予。”公曰：“然。”庆郑曰：“不可。已赖其地，而又爱其实，忘善而背德，虽我必击之。弗予，必击我。”公曰：“非郑之所知也。”遂不予。①

十四年，秦饥，请粟于晋。晋君谋之群臣。虢射曰：“因其饥伐之，可有大功。”晋君从之。十五年，兴兵将攻秦。缪公发兵，使丕豹将，自往击之。九月壬戌，与晋惠公夷吾合战于韩地。晋君弃其军，与秦争利，还而马鸷。缪公与麾下驰追之，不能得晋君，反为晋军所围。晋击缪公，缪公伤。于是岐下食善马者三百人驰冒晋军，晋军解围。脱缪公而反生得晋君。初，缪公亡善马，岐下野人共得而食之者三百余人，吏逐得，欲法之。缪公曰：“君子不以畜产害人。吾闻食善马肉不饮酒，伤人。”乃皆赐酒而赦之。三百人者闻秦击晋，皆求从，从而见缪公窘，亦皆推锋争死，以报食马之德。于是缪公虏晋君以归，令于国，“斋宿，吾将以晋君祠上帝”。周天子闻之，曰“晋我同姓”，为请晋君。夷吾姊亦为穆公夫人，夫人闻之，乃衰绖跣，曰：“妾兄弟不能相救，以辱君命。”缪公曰：“我得晋君以为功，今天子为请，夫人是忧。”乃与晋君盟，许归之，更舍上舍，而馈之七牢。十一月，归晋君夷吾，夷吾献其河西地，使太子圉为质于秦，秦妻子圉以宗女。是时秦地东至河。②

这个晋惠公夷吾实在是一个反复无常、不讲信义的无良国君，他靠秦穆公之力赢得君位，之后食言而肥，拒不履行承诺，穆公并未惩罚他。晋国发生旱灾时，他又得到了秦国的粮食援助。秦国对晋国，对夷吾真是仁至义尽了。

① 邬国义等：《国语译注》，上海古籍出版社2017年版，第274页。

② 司马迁：《史记》卷五《秦本纪》，中华书局1959年版，第188—189页。

但当秦国遇到饥荒要求支援时，他却乘秦国之危挑起战端，妄图讨个大便宜。然而，这次夷吾的不义之举却彻底失算。尽管战争开始秦军遭到重创，穆公也受伤。但由于他此前对待岐下野人的仁慈之举换来 300 多野人勇士的回报，他们的突然加入战场使晋军措手不及而遭到惨败，夷吾也成了秦军的俘虏。只是由于周襄王的说情和穆公夫人的哀告，他才勉强保住性命，最后不得不接受屈辱的条件：献晋国河西之地，使太子圉作为人质留住秦都。这次不期而至的战役最重要的结果是：在中原堪称强大的晋国在秦国面前尽失颜面，秦国获得了河西的大片疆土，实现了与晋国的隔河对峙，极大地壮大了秦国的力量。

然而，秦、晋两国的矛盾并未解决。在秦国做人质的子圉听到晋惠公病重的消息，即于穆公二十二年（前 638 年）秘密潜回晋国。第二年，晋惠公去世，子圉得以继位，是为晋怀公。子圉的潜逃是一种背盟的行为，自然引来秦国的怒怼。穆公于是决策从楚国迎来晋公子重耳，将子圉遗在秦国的妻子配给他为妻，并给予优厚的待遇。二十四年（前 636 年）春，秦国派使者赴晋国，提出让重耳返国的要求。可能一方面迫于秦国的压力，一方面对子圉当国后的行政不满意，晋国执政大臣同意了秦国的要求，重耳就于当年二月返回晋国，并顺利当上晋国的国君，他就是晋文公，晋国历史上的一代英主。由于重耳是在秦国支持下获得君位的，所以一时间两国关系显得比较热络。为了向秦国示好，重耳处死了子圉。这年秋天，周王室发生内乱，周襄王之弟姬带借翟国的力量攻击他，迫使襄王离开王都雒邑避居郑（今河南新郑）。第二年，周襄王派使者求救于晋、秦两大诸侯国。穆公于是派兵协助晋文公，攻入雒邑，杀死姬带，使周襄王回到王城继续主政。此一举措，大大提高了秦穆公和晋文公的威望。因为此时的周王室尽管已经不复西周当年的强盛，但“天下共主”的声名在列国诸侯间还有一定的影响。所以秦穆公和晋文公共同助力周襄王复位确是一件露脸增威的明智之举。而这一时期，也正是楚国逐渐走强、北上争霸的岁月。当时，阻止楚国的北上势头，是中原诸侯国的共同愿望。穆公二十八年（前 632 年），晋文公指挥晋军在城濮（今山东鄄城西南）大败楚军，赢得了中原诸侯国的赞誉，使之登上霸主的尊位，一时名声大振。穆公三十年（前 630 年），晋文公举兵围攻郑国，穆公派兵参与。危机之际，郑国秘密遣使者会见穆公，晓以利害说：“亡郑厚晋，于晋而得矣，而秦未有利。晋之强，秦之忧也。”① 穆公警醒，于是罢兵西归。大概因为失去秦国的支持，再加上刚刚打完城濮之战，晋国也不愿单独与郑国开战，也就罢兵而归。自从支持重耳获得晋国君位之后的六七年间，穆公与晋国保持了良好的关系，他将重耳推向霸主的宝座，自己也威望陡升。然而，这个蜜月之期十分短暂，由于根本的利益冲突，两国很快分道扬镳，甚至兵戎相见了。

穆公三十二年（前628年）冬，晋文公去世。下一年，即发生了秦、晋之间的殽之战。然而，这一仗却是秦国一次失败的战役。《左传》详细记述了这次战役的经过：

> 三十二年冬，晋文公卒。庚辰，将殡于曲沃。出绛，柩有声如牛。卜偃使大夫拜，曰：“君命大事：将有西师过轶我，击之，必大捷焉。”杞子自郑使告于秦曰：“郑人使我掌其北门之管，若潜师以来，国可得也。”穆公访诸蹇叔。蹇叔曰：“劳师以袭远，非所闻也。师劳力竭，远主备之，无乃不可乎？师之所为，郑必知之，勤而无所，必有悖心。且行千里，其谁不知？”公辞焉。召孟明、西乞、白乙，使出师于东门之外。蹇叔哭之曰：“孟子，吾见师之出，而不见其入也！”公使谓之曰：“尔何知？中寿，尔墓之木拱矣。”蹇叔之子与师，哭而送之，曰：“晋人御师必于殽，殽有二陵焉。其南陵，夏后皋之墓也；其北陵，文王之所辟风雨也。必死是间，余收尔骨焉。”秦师遂东。三十三年春，秦师过周北门，左右免胄而下，超乘者三百乘。王孙满尚幼，观之，言于王曰：“秦师轻而无礼，必败。轻则寡谋，无礼则脱。入险而脱，又不能谋，能无败乎？”及滑，郑商人弦高将市于周，遇之，以乘韦先牛十二犒师，曰：“寡君闻吾子将步师出于敝邑，敢犒从者。不腆敝邑，为从者之淹，居则具一日之积，行则备一夕之卫。”且使遽告于郑。郑穆公使视客馆，则束载、厉兵、秣马矣。使皇武子辞焉，曰：“吾子淹久于敝邑，惟是脯资、饩牵竭矣，为吾子之将行也，郑之有原圃，犹秦之有具囿也，吾子取其麋鹿，以闲敝邑，若何？”杞子奔齐，

① 司马迁：《史记》卷五《秦本纪》，中华书局1959年版，第190页。

逢孙、杨孙奔宋。孟明曰："郑有备矣，不可冀也。攻之不克，围之不继，吾其还也。"灭滑而还。晋原轸曰："秦违蹇叔，而以贪勤民，天奉我也。奉不可失，敌不可纵。纵敌患生，违天不祥，必伐秦师。"栾枝曰："未报秦施，而伐其师，其为死君乎？"先轸曰："秦不哀吾丧而伐吾同姓，秦则无礼，何施之为？吾闻之：一日纵敌，数世之患也。谋及子孙，可谓死君乎！"遂发命，遽兴姜戎。子墨衰绖，梁宏御戎，莱驹为右。夏四月辛巳，败秦师于殽，获百里孟明视、西乞术、白乙丙以归。遂墨以葬文公，晋于是始墨。文嬴请三帅，曰："彼实构吾二君，寡君若得而食之，不厌，君何辱讨焉？使归就戮于秦，以逞寡君之志，若何？"公许之。先轸朝问秦囚，公曰："夫人请之，吾舍之矣。"先轸怒，曰："武夫力而拘诸原，妇人暂而免诸国，堕军实而长寇雠，亡无日矣！"不顾而唾。公使阳处父追之，及诸河，则在舟中矣。释左骖，以公命赠孟明。孟明稽首曰："君之惠，不以累臣衅鼓，使归就戮于秦，寡君之以为戮，死且不朽。若从君惠而免之，三年将拜君赐。"秦伯素服郊次，乡师而哭，曰："孤违蹇叔，以辱二三子，孤之罪也。不替孟明，孤之过也，大夫何罪？且吾不以一眚掩大德。"①

这次战役发生在穆公三十二年冬至三十三年春之间（前628—前627年）。三十二年冬，晋国一代雄主晋文公去世。秦穆公认为，此时中原诸侯国中已经没有哪个国家能与秦国抗衡了，东向争霸的意愿于是陡升。恰在这个节骨眼上，郑国的杞子做了秦国的间谍，他秘密使人向秦国报告，说他已经掌管郑国都城北门的钥匙，如果秦军前来偷袭，定会成功。穆公认定这是一次成功的绝大机会，就找蹇叔征询意见，蹇叔认为"劳师以袭远"根本不可能成功。无奈穆公此时已被胜利的前景陶醉忘乎所以，断然拒绝蹇叔的忠恳之言，派孟明视、西乞术、白乙丙三将军率师秘密出征。结果如蹇叔所料，由于走漏风声，郑国有备，秦军无法得手，只能顺带灭掉一个叫滑（今河南偃师南）的小国回军。由于滑国是晋国同姓的附属小国，处于晋国边地。秦军灭滑之举引起晋国臣子的警觉和愤怒，以原轸为代表的主战派坚决主张袭击

① 杨伯峻：《春秋左传注》，中华书局2009年版，第488—501页。

回军而缺乏准备的秦军。结果晋军在殽（今河南三门峡东）发起突袭，秦军全军覆没，从将军到士卒无一人漏网。由于晋文公夫人文嬴是秦国宗室之女，心向故国，力促晋国新君襄公释放三个秦国将军，致使孟明视、西乞术、白乙丙三将军得以顺利返回秦国。殽之战的失败，使穆公意识到自己决策的失误，于是公开承认自己的失策，同时力排众议，不仅免除了对三将军的惩罚，而且信任如初：

> （文公元年）殽之役，晋人既归秦帅，秦大夫及左右皆言于秦伯曰："是败也，孟明之罪也，必杀之。"秦伯曰："是孤之罪也。周芮良夫之诗曰：'大风有隧，贪人败类。听言则对，诵言如醉。匪用其良，覆俾我悖。'是贪故也，孤之谓矣。孤实贪以祸夫子，夫子何罪？"复使为政。①

殽之战是春秋时期发生在秦晋之间的一场著名战役，《左传》对这次战役作了绘形绘声的描述。穆公、蹇叔、弦高、原轸、文嬴、孟明等人的音容笑貌都栩栩如生地展示出来，使后世之人如睹其形，如闻其声。这场战役的全过程，既展现了穆公此次囿于贪心决策的盲目和不听谏诤的刚愎自用，也表现了他在发现失误后勇于承认错误、严于责己、宽以待人的光明磊落的品格。正是因为穆公具备这种品格，使他能够对内团结臣僚，对外广招贤能之士，为秦国走向强盛准备了条件。

殽之战的失败，给秦国君臣留下挥之不去的耻辱的阴影，他们时刻寻找雪耻报仇的机会。穆公三十四年（前 626 年），孟明视等指挥的秦军发起伐晋之役，双方战于彭衙。可能由于准备不足，结果以秦军的失败而告终："二年春，秦孟明视帅师伐晋，以报殽之役。二月，晋侯御之，先且居将中军，赵衰佐之。王官无地御戎，狐鞫居为右。甲子，及秦师战于彭衙，秦师败绩。"② 秦军返回，穆公一面继续进行伐晋雪耻的准备，一面谋划对戎人的斗争。这时，他以巧妙之计获得戎王的得力谋臣由余，利用其熟悉戎人政情

① 杨伯峻：《春秋左传注》，中华书局 2009 年版，第 516—517 页。

② 杨伯峻：《春秋左传注》，中华书局 2009 年版，第 519 页。

军势的特长，将秦国对戎人的斗争推向一个新阶段。《史记》比较详细地记述了穆公收取由余的经过：

> 戎王使由余于秦。由余，其先晋人也，亡入戎，能晋言。闻缪公贤，故使由余观秦。秦缪公示以宫室、积聚。由余曰："使鬼为之，则劳神矣。使人为之，亦苦民矣。"缪公怪之，问曰："中国以诗书礼乐法度为政，然尚时乱，今戎狄无此，何以为治，不亦难乎？"由余笑曰："此乃中国所以乱也。夫自上圣黄帝作为礼乐法度，身以先之，仅以小治。及其后世，日以骄淫。阻法度之威，以责督于下，下罢极则以仁义怨望于上，上下交争怨而相篡弑，至于灭宗，皆以此类也。夫戎夷不然。上含淳德以遇其下，下怀忠信以事其上，一国之政犹一身之治，不知所以治，此真圣人之治也。"于是缪公退而问内史廖曰："孤闻邻国有圣人，敌国之忧也。今由余贤，寡人之害，将奈之何？"内史廖曰："戎王处辟匿，未闻中国之声。君试遗其女乐，以夺其志；为由余请，以疏其闲；留而莫遣，以失其期。戎王怪之，必疑由余。君臣有间，乃可虏也。且戎王好乐，必怠于政。"缪公曰："善。"因与由余曲席而坐，传器而食，问其地形与其兵势尽察，而后令内史廖以女乐二八遗戎王。戎王受而说之，终年不还。于是秦乃归由余。由余数谏不听，缪公又数使人间要由余，由余遂去降秦。①

尽管穆公君臣在腐蚀戎王和收揽由余的过程中使用了一些不太光明的手段，但目的还是达到了：戎王因沉湎美色而丧失励精图治的本色，同时失掉一个足智多谋的辅佐，戎人于是进入衰败的快车道。

穆公在准备全面讨伐戎人之前，决心再一次发起讨伐晋国的军事行动：

> 三十六年，缪公复益厚孟明等，使将兵伐晋，渡河焚船，大败晋人，取王官及鄗，以报殽之役。晋人皆城守不敢出。于是缪公乃自茅津渡河，封殽中尸，为发丧，哭之三日，乃誓于军曰："嗟士卒，听无

① 司马迁：《史记》卷五《秦本纪》，中华书局1959年版，第192—193页。

> 哗，余誓告汝。古之人谋黄发番番，则无所过。”以申思不用蹇叔、百里奚之谋，故作此誓，令后世以记余过。君子闻之，皆为垂涕，曰：“嗟乎！秦缪公之与人周也，卒得孟明之庆。”①

秦国这次伐晋之战终于取得胜利，洗雪了殽之役的惨败之耻。穆公还渡过黄河，掩埋殽之役战死的秦国士卒的尸骨，为之发丧致哀。并且隆重发表誓词，向全国臣民表达自己的悔悟和自责。《尚书·秦誓》记录了誓词的全文：

> 嗟，我士，听无哗。予誓告汝群言之首。古人有言曰：民讫自若是多盘，责人斯无难。惟受责俾如流，是惟艰哉！我心之忧，日月逾迈，若弗云来。惟古之谋人，则曰未就予忌。惟今之谋人，姑将以为亲。虽则云然，尚猷询兹黄发，则罔所愆。番番良士，旅力既愆，我尚有之，仡仡勇夫，射御不违，我尚不欲。惟截截善谝言，俾君子易辞。我皇多有之，昧昧我思之。如有一介臣，断断猗，无他技，其心休休焉。其如有容，人之有技，若己有之。人之彦圣，其心好之。不啻如自其口出，是能容之。以保我子孙黎民，亦职有利哉！人之有技，冒疾以恶之。人之彦圣而违之。俾不达，是不能容。以不能保我子孙黎民。亦曰殆哉！邦之杌陧，曰由一人；邦之荣怀，亦尚一人之庆。

这篇誓词翻译成现代汉语，可以这样表述：

> 公说：“啊！我的官员们，你们都听着，不要喧哗！我要向你们宣告誓言。我的话很多，现在就开始。古人有句名言说：‘人们都喜欢随心所欲，并以此为最大的快乐。然而，如果就此责备别人，并不是什么难事；如果因此而受人责备却能从谏如流，就非常困难了啊！’我内心忧虑重重，而且日甚一日。可是日转月移，岁月不居，尽管我想改正错误，恐怕时间也不允许了。对于往日的谋臣，我认为他们不能顺着我，就憎恨他们；而对于今日的谋臣，由于他们曲意顺从我，我也一

---

① 司马迁：《史记》卷五《秦本纪》，中华书局1959年版，第193—194页。

时糊涂，把他们视为亲信。虽然过去曾经如此，但是现在我要改弦易辙，打算就那些军国大计征询年高资深的老臣的意见，因为只有这样才能不再犯错误。那些白发苍苍的善良老臣，体力已经衰弱，我还能亲近他们。那些壮健英武的勇士，尽管箭不虚发，驾车娴熟，我却不怎么喜欢他们，认为他们有勇而无谋。那些浅薄无知、善于花言巧语，使君子轻忽怠惰的人，我竟然非常亲近他们！我心中暗自思量，如果有这么一名官员，他虽然对政务精诚专一，却没有别的本领，不过他心胸宽广，能够容人容物；别人有某种本领，他觉得就好像自己的一样；别人才能出众、品德高尚，他不但打心眼里高兴，而且还在口头上加以称道：这样宽厚有容的人，任用他保障我的子孙永享王业，为黎民百姓造福，是很有利的啊！而别人有本领，他就嫉妒，并且厌恶；别人才能出众，品德高尚，他就竭力阻挠，不让君王知道：这样的人，心胸狭窄，不能容人，任用他保障我的子孙永享王业、治理黎民百姓，是很危险的啊！国家的动乱不安，是你们的君王一人的过失所致；国家的繁荣安宁，也是你们的君王一人的善行所致。”

这篇誓词显示，秦穆公对殽之战秦军的严重失败承担了责任，特别检查了自己在虚心听取谏言和任用文臣武将方面的偏颇，同时表示了痛悔前衍和改弦更张的决心。表现了一个创业帝王的责任担当。穆公此后一直到死的表现，说明他真正实践了自己的誓言。

穆公三十七年（前623年），在对晋国的战争中取得一次胜利之后，穆公乘战胜之威，迅速转兵向周围的戎人之国进击，很快取得一连串的胜利：“秦用由余谋伐戎王，益国十二，开地千里，遂霸西戎。天子使召公过贺穆公以金鼓。”① 事实上，对戎人之国的征伐可能使用了军事和威胁利诱的两手，所以《史记·匈奴传》记载：

秦穆公得由余，西戎八国服于秦，故自陇以西有绵诸、绲戎、翟、豲之戎，岐、梁山、泾、漆之北有义渠、大荔、乌氏、朐衍之戎。而晋

① 司马迁：《史记》卷五《秦本纪》，中华书局1959年版，第194页。

> 北有林胡、楼烦之戎，燕北有东胡、山戎。各分散居溪谷，自有君长，往往而聚者百有余戎，然莫能相一。①

穆公对西戎诸国的征服，极大地扩展了秦国的力量，震撼了夷狄和中原诸侯国，提高了秦国在各诸侯国的威望。连周天子也对其另眼相看。秦国再也不是被东方诸侯们看不起的“夷狄之国”了。

在穆公的威望达到顶峰的时候，他于继位39年后的公元前621年去世。由于此时的秦国还保留着落后与野蛮的人殉制度，为他殉葬的竟有177人之多，其中还包括良臣子舆氏的3个儿子奄息、仲行和鍼虎。这件事在秦国臣民中引起极大义愤和悲恸，诗人推出《黄鸟》一诗对秦国统治者的这一举措进行了愤怒的谴责。

交交黄鸟，啾啾黄鸟叫，
止于棘。停在荆棘上。
谁从穆公？谁跟穆公一同死？
子车奄息。子车奄息殉活葬。
维此奄息，就是这位好奄息，
百夫之特。百条好汉他能当。
临其穴，人们身临墓坑边，
惴惴其慄。心惊胆怕浑身颤。
彼苍者天！苍天啊苍天！
歼我良人。竟使好人遭大难。
如可赎兮，如果我们能赎他啊，
人百其身。百条性命来抵换。

交交黄鸟，啾啾黄鸟叫，
止于桑。停在桑树上。
谁从穆公？谁跟穆公一同死？

① 司马迁：《史记》卷一一〇《匈奴传》，中华书局1959年版，第2883页。

子车仲行。子车仲行殉活葬。
维此仲行，就是这位好仲行，
百夫之防。百条好汉他能当。
临其穴，人们身临墓坑边，
惴惴其慄。心惊胆怕浑身颤。
彼苍者天！苍天啊苍天！
歼我良人。竟使好人遭大难。
如可赎兮，如果我们能赎他啊，
人百其身。百条性命来抵换。

交交黄鸟，啾啾黄鸟叫，
止于楚。停在荆棵上。
谁从穆公？谁跟穆公一同死？
子车鍼虎。子车鍼虎殉活葬。
维此鍼虎，就是这位好鍼虎，
百夫之御。百条好汉他能防。
临其穴，人们身临墓坑边，
惴惴其慄。心惊胆怕浑身颤。
彼苍者天！苍天啊苍天！
歼我良人。竟使好人遭大难。
如可赎兮，如果我们能赎他啊，
人百其身。百条性命来抵换。①

这反复咏叹的悲戚沉痛的歌声，唱出了人们对这种野蛮行径的愤怒谴责和激烈抗议。这一年，孔子本来决定赴秦国游历传道，在准备渡过黄河时听到秦国仍然实行人殉的消息，愤而中止行程，留下“孔子西行不到秦”的遗憾。对此，《左传》评论说：

① 袁梅：《诗经译注》，齐鲁书社1985年版，第338—340页。

秦伯任好卒，以子车氏之三子奄息、仲行、鍼虎为殉，皆秦之良也。国人哀之，为之赋《黄鸟》。君子曰："秦穆之不为盟主也宜哉！死而弃民，先王违世，犹诒之法，而况夺之善人乎？诗曰：'人之云亡，邦国殄瘁。'无善人之谓。若之何夺之？古之王者知命之不长，是以并建圣哲，树之风声，分之采物，著之话言，为之律度，陈之艺极，引之表仪，予之法制，告之训典，教之防利，委之常秩，道之礼则，使毋失其土宜，众隶赖之，而后即命。圣王同之。今纵无法以遗后嗣，而又收其良以死，难以在上矣。"君子是以知秦之不复东征也。①

《史记》也发出与《左传》差不多的评论：

君子曰："秦穆公广地益国，东服强晋，西霸戎夷，然不能为诸侯盟主，亦宜哉。死而弃民，收其良臣而从死。且先王崩，尚犹遗德垂法，况夺之善人良臣百姓所哀者乎？是以知秦不能复东征也。"②

这些评论展示的是儒家的理念，自然不无偏颇。其中关于"秦之不复东征"的预言也是极不准确的。不过也应该看到，177 人为穆公殉葬之事，主要责任虽然在他的儿子康公及其臣子，但此事毕竟与他联系在一起，这不能不给他一生辉煌的历史留下最后一页的污点。人殉的惨无人道愈往后愈为人们认识和谴责，所以秦穆公以人殉葬之事屡屡被后人追责。建安七子之一的王灿为此写过诗，慨叹"《黄鸟》作悲诗，至今声不亏"。曹植也写了《三良诗》，为殉葬的无辜者鸣不平：

功名不可为，忠义我所安。秦穆先下世，三臣皆自残。生时等荣乐，既没同忧患。

谁言捐躯易？杀身诚独难。揽涕登君墓，临穴仰天叹。长夜何冥冥？一往不复还。黄鸟为悲鸣，哀哉伤肺肝！③

① 杨伯峻：《春秋左传注》，中华书局 2009 年版，第 547—549 页。

② 司马迁：《史记》卷五《秦本纪》，中华书局 1959 年版，第 194—195 页。

③ 萧统编：《昭明文选》卷上，中国戏剧出版社 2002 年版，第 181—182 页。

尽管受到当时人的谴责，但此后秦国的人殉制度仍然继续实行，直至秦献公即位的公元前384年才以“止从死”的法令宣布废除。① 但实际上，终秦朝之世也未彻底废止，秦始皇死后，二世胡亥还将其后宫无子的嫔妃和参与骊山墓建造的工匠殉葬。不过，在秦国的历史上，穆公仍不失为一位功勋卓著的君王。正是由于他作为君王的富于春秋，精于谋划，善于举贤，长于用将，因而取得对戎人用兵的重大胜利和对晋国讨伐的数度成功。这一切，就使秦穆公成为秦国崛起进程中的标志性人物，作为春秋五霸之一，他是当之无愧的。马骕对他的评价还是比较切中肯綮的：

> 中国不可一日无霸也。齐桓既没，晋文未兴，旷八年而无霸矣。无霸而有霸，则秦穆公为之也。穆公之初年，齐桓方盛，会盟征伐，不一及秦。不惟不及秦，且不及晋。晋献公内乱，易树子，以妾为妻，葵邱之首戒也，兴师致讨，宜莫如晋，而桓公若罔闻焉。何居桓犹献也，如夫人者六人，五公子皆求立，已则多瑕，何以正人？故里克两弑，莫能问也。穆公于是再置晋君，辅以纪纲之仆，文公得是藉也，以霸诸侯。故曰晋之霸也，秦穆公其有焉。定献之乱，成文之功，中国再振，是齐桓所不能为者，穆能为之矣。秦、晋世好，缔以昏媾，乃围郑之役，秦受私盟，二国之衅于兹焉始。既而秦复袭郑，晋襄墨绖以击之，只轮不反。《春秋》于是大恶秦也，斥而贬之为其贪，远国违黄发，乱人男女，丧其师徒也。穆公悔过而能用贤，彭衙再败，又复修德，三举而晋不能争，转败为功，贤孰大焉。内削戎患，辟地千里，左氏大其悔过也，为张其辞曰：“遂霸西戎。”岂不韪哉？《书》载《秦誓》，取其悔过；《诗》录黄鸟，讥其杀良。其乱命可戒，其用人可法，秦穆之为秦穆，尽于此矣。②

近代学者马非百对秦穆公也有一个更恰切的评价：

---

① 司马迁：《史记》卷五《秦本纪》，中华书局1959年版，第201页。

② 马骕：《绎史》，齐鲁书社2001年版，第1172—1173页。

秦以西垂小国，乘周之乱，逐戎有岐丰之地。是时兵力未盛，西周物故，未敢觊觎也。值平、桓懦弱，延及宪公、武公、德公、以次蚕食尽收虢、郑遗地之在西畿者。垂及百年，至于穆公，遂灭梁、芮，筑垒为王城，以塞西来之路。而晋亦灭虢，东西京隔绝。由是据丰、镐故都，蔚为强国，与中夏抗衡矣。总观穆公之力征经营，盖有东进、西进、南进三大政策之分。其始也，致全力东进政策之推行，及东进受挫于晋，则改而从事西进。西进既成，又转而南进，而穆公已衰老矣。然秦人异日统一之基，实自穆公建之，此不可不知者也。①

第五节 从秦康公至秦悼公的东征西讨

秦穆公死后，太子嬴罃继位，他就是秦康公。康公在位12年，多次与晋国争战。原来康公的母亲穆姬是晋献公的女儿，晋文公、晋惠公的异母姊。在秦穆公去世的当年，晋襄公也去世了。这时在秦国作人质的是晋国襄公之弟姬雍，其母也是秦国宗室之女。姬雍与秦国关系较密切，可算晋国宗室中的“亲秦派”。秦国期望由他继承晋国君位，而晋国权臣赵盾也有此意。赵盾于是就令随会作为使者前来秦国迎接姬雍回国继位。秦国派兵送姬雍至令狐（今山西临猗），表明支持姬雍的盛意。谁知由于太子之母穆嬴的哭诉，赵盾改变主意，主持立了襄公太子灵公，并袭击了护送姬雍的秦军，两国矛盾陡然升级。这一转折，《左传》有较详细的记载：

秦康公送公子雍于晋，曰：“文公之入也无卫，故有吕、郤之难。”乃多与之徒卫。

穆嬴日抱大子以啼于朝，曰：“先君何罪？其嗣亦何罪？舍嫡嗣不立，而外求君，将焉置此？”出朝，则抱以适赵氏，顿首于宣子，曰：“先君奉此子也而属诸子，曰：‘此子也才，吾受子之赐，不才，吾唯子之怨。’今君虽终，言犹在耳，而弃之，若何？”宣子与诸大夫皆患穆嬴，且畏偪，乃背先蔑而立灵公，以御秦师。箕郑居守。赵盾将中军，

① 马非百：《秦集史》上，中华书局1982年版，第20页。

先克佐之，荀林父佐上军，先蔑将下军，先都佐之。步招御戎，戎津为右。及堇阴。宣子曰："我若受秦，秦则宾也；不受，寇也。既不受矣，而复缓师，秦将生心。先人有夺人之心，军之善谋也。逐寇如追逃，军之善政也。"利兵，秣马、蓐食，潜师夜起。戊子，败秦师于令狐，至于刳首。①

秦国与晋国隔黄河相邻，且是甥舅之国，有着多年的婚姻关系，秦国自然关注晋国新君的人选。所以得到晋襄公去世的消息之后，立即与晋国权臣赵盾即先蔑沟通，要求将在秦国做人质的姬雍送回晋国继位。但是，此前晋国已经立襄公的嫡子为太子，他继承君位更合理合法。太子的母亲、穆嬴夫人通过与赵盾沟通，在征得多数臣子的同意之后，拥戴太子即位，这个还在襁褓中的婴儿就成为晋国的新君晋灵公。为此，他们必须阻止姬雍回来争夺君位，这就必然与护送姬雍回国的秦军发生冲突。当秦军护送姬雍至令狐时，已经做好准备的晋军突袭了秦军。由于秦军缺乏准备，结果自然是败于晋军。担任使者来秦迎接姬雍的随会处境尴尬，就转而投奔秦国。秦国对晋国的背信弃义当然愤怒异常。第二年，出兵伐晋，攻取武城（今陕西华县东），算是报了令狐遭袭之仇。康公四年（前617年），晋国伐秦，攻取少梁（今陕西韩城）。这两次战役的规模都不太大，秦晋各胜一局。康公六年（前615年），秦军对晋国发起较大规模的一次军事行动，攻取羁马，双方大战于河曲（今山西风陵渡一带）。康公在位的12年间，秦国主要同晋国在黄河一线对峙互纠，多次兵戎相见，秦国略占上风。

秦康公去世后，其子共公嬴稻继位。此后一段时间，楚国走强，楚庄王北上争霸，饮马黄河，直抵周王城雒邑（今河南洛阳），"问鼎之轻重"，大有取而代之之势。共公立五年去世，其子桓公继位。桓公三年（前601年），秦、晋之间发生一次不大的冲突，秦军损失一将。十年（前594年），楚庄王再次北上，郑国屈服于楚国。晋、楚夹黄河激战，晋军大败。楚国借机会盟诸侯，楚庄王谋得霸主地位，名震华夏。为了阻止楚国的霸业，秦、晋寻求合作。桓公二十四年（前580年），桓公与刚继位的晋厉公夹河会盟，

① 杨伯峻：《春秋左传注》，中华书局2009年版，第558—560页。

达成共同防楚的协议。然而，秦、晋之间的矛盾是根深蒂固的。秦桓公归国后即背弃盟约，与翟人合谋袭击晋军，引起晋国的愤怒。桓公二十六年（前578年），晋国使吕相给秦国送来与之绝交的文书。该书不啻是晋国讨伐秦国的檄文：

昔逮我献公及穆公相好，戮力同心，申之以盟誓，重之以昏姻。天祸晋国，文公如齐，惠公如秦。无禄，献公即世。穆公不忘旧德，俾我惠公用能奉祀于晋。又不能成大勋，而为韩之师。亦悔于厥心，用集我文公，是穆之成也。文公躬擐甲胄，跋履山川，踰越险阻，征东之诸侯，虞、夏之胤而朝诸秦，则亦既报旧德矣。郑人怒君之疆埸，我文公帅诸侯及秦围郑。秦大夫不询于我寡君，擅及郑盟。诸侯疾之，将致命于秦。文公恐惧，绥静诸侯，秦师克还无害，则是我有大造于西也。无禄，文公即世，穆为不吊，蔑死我君，寡我襄公，迭我殽地，奸绝我好，伐我保城，殄灭我费滑，散离我兄弟，扰乱我同盟，倾覆我国家。我襄公未忘君之旧勳，而惧社稷之陨，是以有殽之师。犹愿赦罪于穆公。穆公弗听，而即楚谋我。天诱其衷，成王陨命，穆公是以不克逞志于我。穆、襄即世。康、即位。康公，我之自出，又欲阙剪我公室，倾覆我社稷，帅我蝥贼，以来荡摇我边疆，我是以有令狐之役。康犹不悛，入我河曲，伐我涑川，俘我王官，翦我羁马，我是以有河曲之战。东道之不通，则是康公绝我好也。及君之嗣也，我君景公引领西望曰："庶抚我乎！君亦不惠称盟，利我有狄难，入我河县，焚我箕、郜，芟夷我农功，虔刘我边陲，我是以有辅氏之聚。君亦悔祸之延，而欲徼福于先君献、穆，使伯车来命我景公曰：'吾与女同好弃恶，复修旧德，以追念前勋。'言誓未就，景公即世，我寡君是以有令狐之会。君又不祥，背弃盟誓。白狄及君同州，君之仇雠，而我之昏姻也。君来赐命曰：'吾与女伐狄。'寡君不敢顾婚姻，畏君之威，而受命于吏。君有二心于狄，曰：'晋将伐女。'狄应且憎，是用告我。楚人恶君之二三其德也，亦来告我曰：'秦背令狐之盟，而来求盟于我：昭告昊天上帝、秦三公、楚三王曰：余虽与晋出入，余唯利是视。不谷恶其无成德，是用宣之，以惩不壹。'诸侯备闻此言，斯是用痛心疾首，昵就寡人。寡人帅以听命，唯好是求。君若惠顾诸侯，矜哀寡人，而赐之盟，则寡人之愿也，其承宁诸侯以退，君若不施大惠，寡人不佞，其不能以诸侯退矣。敢尽布之执事，俾执事实图利之。”①

绝交书写得气势磅礴，义正词严，在历数秦国背信弃义的罪过之后，发出对秦国的最后通牒：要么屈服于晋国的威势与之盟誓，甘做听命于晋国的盟友；要么等待诸侯联军的讨伐。秦桓公没有屈服于晋国的打压，决心与之统帅的诸侯联军对抗。于是一场搏战就不可避免了。桓公二十六年（前578年），晋国率诸侯联军大举伐秦，秦军大溃败，联军一直追至泾（今陕西泾阳）。《左传》记述了此次战役的简况：

秦桓公既与晋厉公为令狐之盟，而又召狄与楚，欲道以伐晋，诸侯是以睦于晋。晋栾书将中军，荀庚佐之；士燮将上军，郤锜佐之；韩厥将下军，荀罃佐之；赵旃将新军，郤至佐之。郤毅御戎，栾鍼为右。孟献子曰：“晋帅乘和，师必有大功。”五月丁亥，晋师以诸侯之师及秦师战于麻隧。秦师败绩，获秦成差及不更女父。②

这次战役的第二年，秦桓公去世，他的儿子景公继位。4年后，晋国的权臣栾书杀死晋厉公，扶悼公继位。此后一段时间，秦、晋关系时好时坏，晋国略占上风。景公十五年（前562年），郑国与晋国发生冲突，秦国出兵救郑，双方激战于栎（今河南阳翟境），秦军取胜。不过，由于晋国此时正主盟北方诸侯国，力量与气势均胜秦国一筹。景公十八年（前559年），“晋悼公强，数会诸侯，率以伐秦，败秦军。秦军走，晋兵追之，遂渡泾，至棫林而还”③。这一次，晋国统帅的诸侯联军大败秦军，一直追到秦国的腹地，渡过泾水，攻至棫林（今陕西泾阳境）。秦国深感晋国主盟的诸侯联军一时难以抗衡，景公就于二十七年（前550年）亲自赴晋国，与晋平公结盟。但不久又背盟。景公立40年去世，他的儿子哀公立。哀公八年（前529年），

① 杨伯峻：《春秋左传注》，中华书局2009年版，第861—865页。
② 杨伯峻：《春秋左传注》，中华书局2009年版，第865—866页。
③ 司马迁：《史记》卷五《秦本纪》，中华书局1959年版，第197页。

楚国公子弃疾杀死楚灵王自立，是为平王。哀公十一年（前526年），楚平王求秦女为太子建妻，秦女至楚国后，平王自娶，闹出当时传遍列国的一大丑闻。此后楚国内乱不已。而晋国由于六卿走强，公室卑微，内部卿大夫互相攻伐，无暇外顾，秦、晋之间较长时间未发生战事。哀公三十一年（前506年），吴王阖闾在楚国亡臣伍子胥辅佐下，以孙武为军师，大举伐楚，攻入楚国都城郢（今湖北江陵），楚臣申包胥来秦国求救，秦国出兵，大败吴军，挽救了楚国：

> 初，伍员与申包胥友。其亡也，谓申包胥曰："我必覆楚国。"申包胥曰："勉之！子能覆之，我必能兴之。"及昭王在随，申包胥如秦乞师，曰："吴为封豕、长蛇，以荐食上国，虐始于楚。寡君失守社稷，越在草莽，使下臣告急，曰：'夷德无厌，若邻于君，疆场之患也。逮吴之未定，君其取分焉。若楚之遂亡，君之土也。若以君灵抚之，世以事君。'"秦伯使辞焉，曰："寡人闻命矣。子姑就馆，将图而告。"对曰："寡君越在草莽，未获所伏，下臣何敢即安？"立，依于庭墙而哭，日夜不绝声，勺饮不入口七日。秦哀公为之赋《无衣》。九顿首而坐。秦师乃出。……
>
> 申包胥以秦师至。秦子蒲、子虎帅车五百乘以救楚。子蒲曰："吾未知吴道。"使楚人先与吴人战，而自稷会之，大败夫概王于沂。吴人获薳射于柏举，其子帅奔徒以从子西。秋七月，子期、子蒲灭唐。①

《左传》记述了秦国接受申包胥请求到出兵与楚军并肩作战最后战胜吴军的全过程。这其中，申包胥的爱国赤诚，秦哀公出兵救援的决断和秦楚联军正确的战术运作，都得到准确的展现。秦哀公的精明之处在于：他已经准确判断吴军在战场上的形势业已转劣，战胜它并不困难。而在楚国最困难的时刻施一援手，不仅能够提高秦国在列国中的威望，而且可以获得对抗晋国的有力奥援，在未来的列国竞争中使自己处于更有利的地位。出兵救楚可以使秦国付出较小的代价而获得最大的效益。正是基于此一计算，秦国才答应

① 杨伯峻：《春秋左传注》，中华书局2009年版，第1547—1551页。

出兵。否则，就是申包胥再哭七昼夜，秦国也不会为其所动。秦哀公的精明之处还在于，他将为秦国利益的考量隐在暗处，而大肆张扬其救人危难的正义凛然的一面，并写了《无衣》一诗，向申包胥，特别是向楚国军民传达出与之同仇敌忾的炽烈情怀：

岂曰无衣？难道我们没有衣裳？
与子同袍。和你同披一件战袍。
王于兴师，大王发兵攻打仇敌，
修我戈矛，修好咱的利戈长矛，
与子同仇！和你一同与敌人拼杀！

岂曰无衣？难道我们没有衣裳？
与子同泽。和你同穿一件衬衣。
王于兴师，大王发兵攻打仇敌，
修我矛戟，修好咱的长矛大戟，
与子偕作！和你并肩战斗到底！

岂曰无衣？难道我们没有衣裳？
与子同裳。和你同穿一件下装。
王于兴师，大王发兵攻打仇敌，
修我甲兵，修好咱的盔甲武器，
与子偕行！和你同行奔向前去！①

秦国这次的援楚抗吴之战进行了约半年的时间。由于吴军对楚国的进攻此时已是强弩之末，加之吴国内部夫概与阖闾争夺王位的斗争也大大削弱了它的军力，更由于秦、楚联军采取了分进合击的正确战术，所以秦国仅出兵车五百乘即助楚取得了对吴军的胜利，使楚国转危为安。秦军在回军的路上还得到了一个副产品：灭掉唐国（今湖北随州西北）。大概这个小国当时

① 袁梅：《诗经译注》，齐鲁书社1985年版，第343—344页。

曾一度附庸于吴国，从而为秦国对其采取灭国的军事行动找到了借口。

秦哀公在位36年，是秦国历史上比较有作为的国君。援楚抗吴是他一生历史上最精彩的一页。通过此举，他实现了与楚国的暂时结盟，相对减轻了晋国的压力，对改善秦国在列国斗争中的处境发挥了积极作用。

秦哀公死后，由于太子夷公早逝，继承君位的是他的儿子惠公。这时已是春秋晚期，按照郭沫若的奴隶社会与封建社会分期的理论，中国奴隶社会即将完成向封建社会的过渡。各诸侯国新兴的地主阶级的代表正进行激烈的向奴隶主贵族的夺权斗争。晋国的韩、赵、魏三家大夫酝酿着分享国君的权力，鲁国的季、孟、叔孙三家大夫正不断地瓜分公室的财产和权力，齐国的田氏贵族也正一步步地从姜氏国君那里夺取整个诸侯国的权柄。其他各诸侯国的当政者也在经历由奴隶主向封建主的转化。与此同时，列国之间的争霸战争也接近尾声。惠公在位10年病逝，他的儿子悼公继位。此后崛起的吴国北上争霸，大败齐国之师，对中原各诸侯国摆出咄咄逼人之势。悼公九年（前482年）吴王夫差与晋定公会盟于黄池（今河南封丘南），成为盟主。秦悼公在位14年后去世，他的儿子厉共公继位。厉共公二年（前475年）是中国历史进入战国时代的开始之年。这一年，远山阻隔的古蜀国因为感到秦国南向发展的压力，派使者前来进贡，以讨好秦国。厉共公十六年（前461年），秦国发两万大军攻伐戎人之国大荔（今陕西荔县东），夺取王城。二十一年（前456年），在频阳设县进行管理。三十三年（前444年），秦国伐戎人之国义渠（今甘肃宁县西北），俘虏其国王，给以重创。

下一年，韩、赵、魏三家大夫瓜分晋国，从此晋国成为历史名词，而韩、赵、魏则成为战国七雄中的三个诸侯国。

秦国从惠公开始，至厉共公去世，其间58个年头。这一时期（前500—前443年），正是东方诸侯国发生较大变化的时代。但秦国的这三代国君大都是才智平平，缺乏进取之心，仅能守成，相对东方诸侯国积极变法而带来的较显著的变化，就显得有点步履蹒跚，行动滞迟了。

从公元前621年穆公去世，到公元前476年春秋时代结束，在145年即接近一个半世纪的岁月里，东方诸侯国基本上完成了由奴隶社会到封建社会的过渡。在不断的争霸战争中，齐、楚、晋、燕等东方大国逐次灭掉不少毗邻的小国和戎狄蛮夷等少数民族建立的政权，进一步扩大了疆域。秦国在这一时期也在向封建社会转化，但步履迟缓。它也参与中原的争霸战争，与晋、楚发生过多次军事冲突，但始终未取得盟主的资格。它向西向南的征伐扩大了疆域，但东线没有大的进展。与东方大国相比，秦国在春秋中后期的发展是比较缓慢的。不过，秦国在穆公之后与晋国竞争处于下风的情势下，主动减少与晋国的冲突以避其锋芒，将主要精力放在巩固内部、征伐西戎的事务上，还是积蓄了力量，在未来的列国斗争中显示了较充足的后劲。对此，马骕有一个较恰切的评论：

> 秦晋兵争六十九年，始于殽而终于十三国之伐。其在秦穆之世，与晋襄交兵者五，而殽与彭衙书败。秦康之世，与晋灵交兵者三，而令狐、河曲书战。秦共之世，与晋灵交兵者一。秦桓之世，与晋成交兵者一，与晋景交兵者二，与晋厉交兵者一。秦景之世，与晋悼交兵者三。秦历五君，晋历六君，干戈日寻，疆场暴骨。兵连祸结，未有如二国者也。自献、穆修好，再世为婚。惠、文得国，咸资秦力。城濮之役，秦之龙盾虎悉用辅行，是以大破楚覼，文公以霸。秦之于晋，亦云多矣。穆弗能终，而衅兆于围郑，怨结于败殽，两国之易玉帛而兴戎也。穆、襄咸有讥焉。自是以后，兵争不已。秦康公，晋甥也。渭阳之诗，克念舅氏，而即位以来，日与晋构难。夫非舅氏之国，与晋实不能亲。秦既求君于其国，又变计而击，令狐、河曲渐为仇雠，于是二国之怨弥深，秦楚之交始合矣。共公初立，晋人欲修秦好，赵穿曰："我侵崇，秦必救之。"夫求成而伐其与国，召戎速寇，何成之有焉？晋于是乎为失计矣。及桓公之立，晋宜释怨以结好，乃平白狄以伐秦，闲其婚姻而益其怨雠，秦能甘心乎？晋于是乎再失计矣。辅氏以来，秦、楚益固故盟。蜀之役，秦人先诸侯而首从，白："狄介在两大之间，戎性无常，唯利是视，何婚姻之可恃哉？"令狐怀疑，要盟不信，麻隧大举，禽其将帅，秦虽不竞而虎视西戎，徘回俟隙，未尝一日忘报晋也。吕相之绝秦也，以殽责穆，以令狐、河曲责康，以辅氏责桓，其辞多文，秦人不能对。至于背盟召狄，是用怀诈以取败。虽二国之曲直经无明文，要以欲求成而加兵，既从盟而食言，狙诈相尚，秦之共、桓，晋之灵、成、景、厉其政，固兄弟也。晋悼公复霸，

奋力攘楚，而兵挫于秦，岂秦强而楚弱哉？昔文公亲秦以战楚，故力倍而功高。今悼公争楚以伐秦，故势罢而志惰。下军违令，诸帅迁延，于是晋之报秦至此懈矣。晋既不急报秦，秦亦闭关自守，山河四塞，不与晋争。盖兵戢于外，威蓄于内，养锐观时，将有大图。其后子孙，终能并六王而有天下，未必不肇基乎此也。①

马骕认为秦国后来“并六王而有天下”是“肇基”于穆公的观点，实在是切中肯綮，显示了不凡的历史眼光。

第六节　嬴赵在晋国发展壮大

嬴族的造父因随同周穆王平定徐偃王之乱有功被封于赵城（今山西霍县与洪洞之间），由此开始嬴赵的创业史。不过，此后相当一段时期，嬴赵的宗主还是一直在镐京为周王室服务，直至造父的六世孙叔带离开周幽王赴晋国谋发展，为晋文侯服务，才开始经营自己的封地。恰好赵城就在晋国境内，这里聚居着一批嬴姓族人，叔带回归封地，实在是顺理成章之事。此后嬴赵在晋国的发展顺风顺水，“赵宗益兴”。传至第五世赵夙时，正值晋献公当国。十六年（前 661 年），赵夙奉献公之命伐霍（今山西霍县南），取得胜利，他因功获得封地耿（今山西皮氏境）。赵夙的儿子名共孟，共孟的儿子名赵衰，赵衰因辅佐后来成为晋文公的公子重耳得到更大的重用和权力，是嬴赵历史上一个重要的具有标志性的人物。

晋献公因宠爱骊姬而改易太子，从而引发晋国公室一场持续近 20 年的内乱。献公最有才干的儿子重耳为避难流落国外 19 年，赵衰成为一直追随他谋划继位并重整山河的五大功臣之一，其他 4 人是重耳的舅父狐偃咎犯和贾佗、先轸、魏武子。当献公听信骊姬谗言指派宦者履鞮前去封地蒲城刺杀重耳时，赵衰同重耳等一行数十人逃至狄，恰在此时，狄人伐咎如，得到两个漂亮少女，长女嫁重耳，次女嫁赵衰，赵衰由此成为重耳的连襟，君臣关系又加上一层亲戚关系，二人更加亲密无间。他们在狄人那里待了 12 年才

① 马骕：《绎史》，齐鲁书社 2001 年版，第 1254—1255 页。

离开南下，经过卫国的五鹿时，因饥乞食野人，野人以食器盛土进献，重耳大怒，赵衰解释说："土者，有土也，君其拜受之。"使重耳息怒，避免了一场无谓冲突。继而至齐国，齐国以宗女嫁重耳，供给他们优厚的吃穿用度，致使重耳意志消磨，乐不思归。赵衰与咎犯密谋，硬是强拖他离开齐国：

> 至齐，齐桓公厚礼，而以宗女妻之，有马二十乘，重耳安之。……留齐凡五岁。重耳爱齐女，毋去心。赵衰、咎犯乃于桑上谋行。齐女侍者在桑上闻之，以告其主。其主乃杀侍者，劝重耳趣行。重耳曰："人生安乐，孰知其他！必死于此，不能去。"齐女曰："子一国公子，穷而来此，数士者以子为命。子不疾反国，报劳臣，而怀女德，窃为子羞之。且不求，何时得功？"乃于赵衰等谋，醉重耳，载以行。①

之后，经过曹国、宋国、郑国，辗转来到楚国。此时当国的楚成王认识到重耳尽管是一个落难公子，但说不定将来有重整旗鼓的一天，所以"适诸侯礼待之"。而此时的重耳因旅途屡遭白眼，面对楚王的礼遇"谢不敢当"。赵衰劝他："子亡在外十余年，小国轻子，况大国乎？今楚大国而固遇子，子其毋让，此天开子也。"②一席话使重耳豁然开朗，接受楚王的礼遇。不久，秦国因迁怒做人质的晋太子圉逃走而召重耳，他们于是离开楚国来到秦国，这是重耳流亡生涯的最后一站。秦穆公百般礼遇，妻宗室女 5 人，大摆宴席招待重耳一行。赵衰在席上吟唱《小雅·黍苗》：

> 芃芃黍苗，黍苗连田青蓬蓬，
> 阴雨膏之。雨露滋润禾苗盛。
> 悠悠南行，道里悠悠往南行，
> 召伯劳之。召伯辛勤去经营。

① 司马迁：《史记》卷三九《晋世家》，中华书局 1959 年版，第 1658 页。
② 司马迁：《史记》卷三九《晋世家》，中华书局 1959 年版，第 1659 页。

我任我辇，人力挽车载辎重，
我车我牛。牛力驾车随军行。
我行既集，行役营谢已告成，
盖云归哉。何不归去且休整。

我徒我御，人力挽车载辎重，
我师我旅。士众成师又成旅。
我行既集，行役营谢已告成，
盖云归哉。何不归去且休整。

肃肃谢公，谢邑工真真严正，
召伯营之。由于召伯来经营。
烈烈征师，军威烈烈师旅行，
召伯成之。召伯指挥大功成。

原隰既平，原田洼地已治平，
泉流既清。泉水河流已治清。
召伯有成，召伯大功已告成，
王心则宁。宣王心中得安宁。①

当时在会盟、宴会或外交谈判场所吟诗是一种时尚，也是曲折表达意愿或智慧的形式。赵衰在这里吟唱这首诗，意在告诉秦穆公，也在提醒重耳，他的当务之急是迅速回到晋国夺取君位。穆公听后就明白了，说："知子欲急反国矣。"赵衰知道这时是重耳回国的千载难逢之机，一切都必须仰仗秦国的全力支持，于是在离开宴会厅之时，还拉着重耳对穆公深深一拜，不无乞求地说："孤臣之仰君，如百谷之望时雨。"② 穆公出于自己的利益考量，派重兵护送重耳一行返回晋国，经过一番折冲，终于使重耳登上君位，

① 袁梅：《诗经译注》，齐鲁书社 1985 年版，第 690—691 页。

② 司马迁：《史记》卷三九《晋世家》，中华书局 1959 年版，第 1660 页。

他就是晋文公。

登上君位的晋文公踌躇满志，极力刷新政治，“施惠百姓，赏从亡者及功臣，大者封邑，小者尊爵”。同时，又极力寻求在列国间造成巨大影响的突破口。恰在此时，周王室发生襄王弟姬带发动政变将其驱逐至郑地的事变。这时的周王尽管已经势小力薄，不复当年风光，但“天下共主”的虚名仍然存在，尊王之举依然能够给实施者带来荣誉和威望。秦穆公看准机会，陈兵晋边境，准备以勤王的名义介入王室内乱。赵衰看到这正是在列国树立威望的大好时机，于是建议文公抢在秦国之前介入：“求霸莫如入王尊周。周晋同姓，晋不先入王，后秦入之，毋以令天下。方今尊王，晋之资也。”[①]文公立即采纳赵衰的建议，发兵阳樊，杀死姬带，保护襄王返回洛邑，恢复了他的尊位。襄王对文公感激不尽，将阳樊之地赐予晋国。此举是一记漂亮的出拳，使文公在列国间的威望陡升，也使赵衰的智慧和谋略得到一次完美的展现，使之拔出同列，在文公的创业之臣中地位凸显。此事发生在文公二年（前635年）。

文公四年（前633年），楚成王率诸侯之师围攻宋国，宋国向晋国求救。先轸等认定这是晋国“报施定霸”的机遇，建议文公拒楚救宋。文公任命赵衰为卿，成为头号执政大臣。他全力辅佐文公谋划这场对楚国的战争，首先整合晋国武装力量为上中下三军，提议任命郤縠、狐偃、栾枝分别为三军统帅，挥师下山东，进击楚国必救的曹、卫两国。第二年，晋、楚两军直接对峙，打了著名的城濮（今山东鄄城南）战役，晋胜楚败，阻止了楚国北上争霸的势头，晋文公由此登上春秋五霸之一的尊位：

> 五月丁未，献楚俘于周，驷介百乘，徒兵千。天子使王子虎命晋侯为伯，赐大辂，彤弓矢百，玈弓矢千，秬鬯一卣，珪瓒，虎贲三百人。晋侯三辞，然后稽首受之。周作晋文侯命：“王若曰：父義和，丕显文、武，能慎明德，昭登于上，布闻在下，维时上帝集厥命于文、武。恤朕身，继予一人永其在位。”于是晋文公称伯。[②]

① 司马迁：《史记》卷三九《晋世家》，中华书局1959年版，第1663页。

② 司马迁：《史记》卷三九《晋世家》，中华书局1959年版，第1666—1667页。

赵衰作为晋文公的忠贞臣子，在他颠沛流离的岁月里追随左右，艰苦备尝，精心谋划，不仅使文公夺回君位，而且使之登上春秋霸主的宝座，使晋国的威势达到巅峰。他也因功不断升迁，连连得到封赏，获得执政大臣的权柄，从而使嬴赵在晋国发展成最有权势的家族之一。

后来，韩、赵、魏三家大夫分晋，各自成为战国七雄之一。

附嬴赵世系

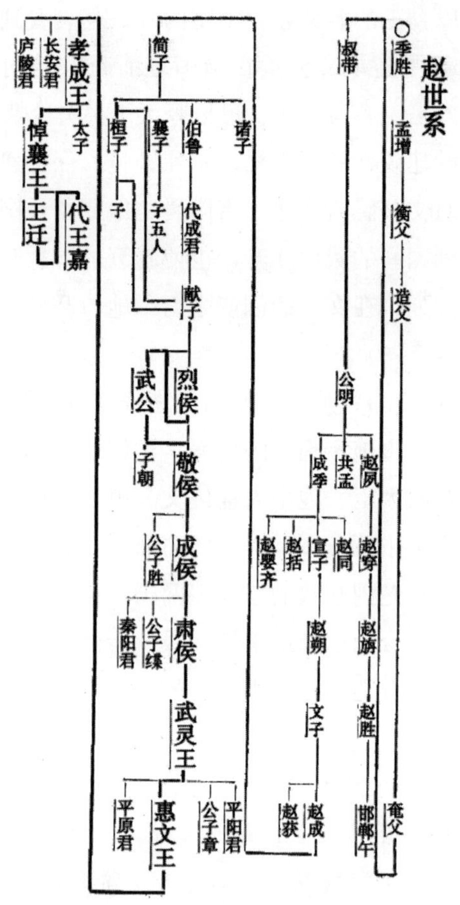

第七节 赵盾继立新功

晋文公于继位 9 年后去世，他的儿子襄公登基，赵衰继续执政。襄公六年（其622年）赵衰去世，他的儿子赵盾代为执政，全盘主持晋国行政的运作。第二年，晋襄公病逝，在立君问题上，赵盾与时任太师的贾季产生矛盾。襄公的儿子夷皋尚在襁褓中，赵盾认为立他为君不利于国家的稳定，就属意于襄公之弟姬雍。理由是，雍"好善而长，先君爱之；且近于秦，秦故好也。立善则固，事长则顺，奉爱则孝，结旧好则安"①。贾季则认定襄公最小的弟弟姬乐继立比较合适，但赵盾坚决予以否定，二人争执不下。此时，姬雍在秦国为质，姬乐避居陈国。二人都遣使迎接各自认定的继任者。赵盾当机立断，以贾季曾杀死太傅的罪名将其撤职，贾季只得逃到翟地避难。此时，秦国也希望姬雍回国莅君位，认为他作为亲秦派继位后能使秦、晋关系更加协调，于是派兵护送姬雍回国。可是，正当迎接姬雍返回晋国的一行人尚在途中时，立君问题又生变数。因为赵盾的决定严重损害了襄公太子的利益，他的母亲自然据理力争：

> 太子母缪嬴日夜抱太子以号泣于朝，曰："先君何罪？其嗣亦何罪？舍嫡而外求君，将安置此？"出朝，则抱以适赵盾所，顿首曰："先君奉此子而属之子，曰'此子材，吾受其嗣；不材，吾怨子'。今君卒，言犹在耳，而齐之，若何？"②

按照当时国君的继承制度，嫡长子是第一君位继承人，缪嬴的理由是充分的，赵盾面对她的说辞，实在难以给出反对的理由，再加上他"与诸大夫皆患缪嬴，且畏诛"，于是改变原议，"乃背所迎而立太子夷皋"，并"发兵以距亲送公子雍者"。赵盾亲自统兵，与秦军战于令狐（今山西临猗西），由于秦军无备，晋军取胜。当年秋天，赵盾主持了有齐、宋、卫、郑、曹、许等国君参加的会盟，算是暂时维持了晋国作为盟主的地位。赵盾屈服于缪嬴而立夷皋为晋君，看似中规中矩，但从后来的历史看，此举对晋国并非好事。因为他拥立的这位晋灵公是晋国历史上最暴虐无道之君，并且此举也与秦国结下仇隙，加剧了两国的冲突，致使战争频仍。赵盾与其弟赵穿也只好数次

① 司马迁：《史记》卷三九《晋世家》，中华书局1959年版，第1671页。

② 司马迁：《史记》卷三九《晋世家》，中华书局1959年版，第1672页。

统兵，亲临战阵，指挥晋军与秦军进行互有胜负的战斗。

晋灵公逐渐长大，他的暴虐奢侈，任意胡为，加剧了他与群臣，尤其是与赵盾的矛盾，双方的冲突就不可避免了。《史记·晋世家》记载，灵公先是指令力士刺杀赵盾：

十四年，灵公壮，侈，厚敛以雕墙，从台上弹人，观其避丸也。宰夫胹熊蹯不熟，灵公怒，杀宰夫，使妇人持其尸出弃之，过朝。赵盾、随会前数谏，不听；已又见死人手，二人前谏。随会先谏，不听。灵公患之，使鉏麑刺赵盾。盾闺门开，居处节，鉏麑退，叹曰："杀忠臣，弃君命，罪一也。"遂触树而死。①

由于鉏麑宁肯自杀也不愿刺杀无辜的忠臣，灵公预谋未能奏效。于是再以"伏士"执行刺杀赵盾的行动，但也因宰夫亓眯明的救护而未得逞：

初，盾常田首山，见桑下有饿人。饿人，亓眯明也。盾与之食，食其半。问其故，曰："宦三年，未知母之存不，愿遗母。"盾义之，益与之饭肉。已而为晋宰夫，赵盾弗复知也。九月，晋灵公饮赵盾酒，伏甲将攻盾。公宰亓眯明知之，恐盾醉不能起，而进曰："君赐臣，觞三行，可以罢。"欲以去赵盾，令先，毋及难。盾既去，灵公伏士未会，先纵齧狗名敖。明晚盾搏杀狗。盾曰："弃人用狗，虽猛何为。"然不知明之为阴德也。已而灵公纵伏士出逐赵盾，亓眯明反击灵公之伏士，伏士不能进，而竟脱盾。盾问其故，曰："我桑下饿人。"问其故，弗告。明亦因亡去。②

赵盾两次遇刺获救，说明他在晋国臣民百姓中具有较高的威望和较好的人缘。但也表明，他与灵公的矛盾已经是你死我活，无法调和了。为了免祸，赵盾决定离开晋国暂避灵公加害。当他离开国都还未走出晋国之境时，他的

① 司马迁：《史记》卷三九《晋世家》，中华书局1959年版，第1673页。
② 司马迁：《史记》卷三九《晋世家》，中华书局1959年版，第1674页。

弟弟赵穿愤于灵公的残暴无行，毅然将其刺杀于桃园，同时将赵盾迎回国都，恢复执政的官位。以臣弑君，以当时的道德评判，是一桩弥天大罪。但赵穿的刺杀灵公，似乎又不应该过于谴责。因为灵公的确是一个凶狠残暴、骄奢淫逸的暴君，是晋国的一大祸害，除掉他，应该是为臣民除害的正义之举，所以灵公死于赵穿刀下在晋国并没有引起臣民的义愤，显得波澜不惊。就是因为人们同情赵氏兄弟，“赵盾素贵，得民和；灵公少，侈，民不附，故为弑易”。不过，晋国的太史董狐却根据当时的道德评判，赫然写下“赵盾弑其君”，向朝臣展示。赵盾不服，认定弑君者是他的弟弟，如此记载不符合事实。董狐理直气壮地对赵盾说：“子为正卿，而亡不出境，反不诛国乱，非子而谁?”一百多年后，孔子这样评论此事：“董狐，古之良史也，书法不隐。宣子，良大夫也，为法受恶。惜也，出疆乃免。”① 孔子赞扬赵盾是“良大夫”，说明他也认定灵公的死是罪有应得，他为赵盾感到惋惜的是其没有离开国境，因而必须承担“弑君”的恶名。董狐的记载和孔子的评判，反映了当时价值评判和道德评判的矛盾。

赵盾命赵穿从东周王城洛邑迎回襄公的弟弟、文公最小的儿子黑臀，继位晋国国君，他就是晋成公。成公元年（前 606 年），他赐赵氏为“公族大夫”，进一步提升了赵氏宗族的地位，这显然是对赵盾、赵穿兄弟诛杀灵公的奖赏。赵盾在成公时继续执政 7 年，至景公时病逝，显然是高寿之人。赵盾是嬴赵历史上的关键人物之一，他选择重耳作为辅佐对象，帮助他最后获得君位，然后再辅佐襄公、灵公、成公、景公 4 位国君，以 5 朝元老的身份执掌国政达 40 年之久。他以自己超常的谋略智慧助力晋国成为春秋五霸之一，维持了近半个世纪的大国地位，同时也使嬴赵宗族在晋国发展成举足轻重的势力，并在很大程度上左右了晋国政治的走向，为嬴赵后来发展为战国七雄之一的主政者奠定了基础。

第八节　屠岸贾灭赵与赵氏孤儿的雪耻

赵盾去世后，他的儿子赵朔继承爵位，然而，赵氏宗族很快交了华盖

① 司马迁：《史记》卷三九《晋世家》，中华书局 1959 年版，第 1675 页。

运，引出了颇具戏剧性的屠岸贾灭赵与赵氏孤儿雪耻的故事。此事《左传》和《国语》等书皆无记载，只在司马迁《史记·赵世家》中有着较翔实的记述。赵朔娶晋成公姊庄姬为夫人，显示了与晋室不同寻常的亲密关系，再加上赵衰、赵盾父子两代的经营，赵氏宗族的势力在晋国的确举足轻重，赵穿敢于当众刺杀灵公，赵盾能够顺利另立新君，说明他们宗族已经具有左右晋国政治走向的权威，而这大概就是他们被晋君和其他世家臣僚忌惮的原因。双方矛盾激化的结果，导致景公三年（前597年）暴发屠岸贾主导的赵氏灭族的事变：

> 晋景公之三年，大夫屠岸贾欲诛赵氏。……屠岸贾者，始有宠于灵公，及至于景公而贾为司寇，将作难，乃治灵公之贼以致赵盾，遍告诸将曰："盾虽不知，犹为贼首。以臣弑君，子孙在朝，何以惩罪？请诛之。"韩厥曰："灵公遇贼，赵盾在外，吾先君以为无罪，故不诛。今诸君将诛其后，是非先君之意而今妄诛。妄诛谓之乱。臣有大事而君不闻，是无君也。"屠岸贾不听。韩厥告赵朔趣亡。朔不肯，曰："子必不绝赵祀。朔死不恨。"韩厥许诺，称疾不出。贾不请而擅与诸将攻赵氏于下宫，杀赵朔、赵同、赵括、赵婴齐，皆灭其族。
>
> 赵朔妻成公姊，有遗腹，走公宫匿。赵朔客曰公孙杵臼，杵臼谓朔友人程婴曰："胡不死？"程婴曰："朔之妇有遗腹，若幸生男，吾奉之；即女也，吾徐死耳。"居无何，而朔妇免身，生男。屠岸贾闻之，索于宫中。夫人置儿绔中，祝曰："赵宗灭乎，若号；即不灭，若无声。"及索，儿竟无声。已脱，程婴谓公孙杵臼曰："今一索不得，后必且复索之，奈何？"公孙杵臼曰："立孤与死孰难？"程婴曰："死易，立孤难耳。"公孙杵臼曰："赵氏先君遇子厚，子强为其难者，吾为其易者，请先死。"乃二人谋取他人婴儿负之，衣以文葆，匿山中。程婴出，谬谓诸将军曰："婴不肖，不能立赵孤。谁能与我千金，吾告赵氏孤处。"诸将皆喜，许之。发师随程婴攻公孙杵臼。杵臼谬曰："小人哉程婴！昔下宫之难不能死，与我谋匿赵氏孤儿，今又卖我。纵不能立，而忍卖之乎？"抱儿呼曰："天乎天乎！赵氏孤儿何罪？请活之，独杀杵臼可也。"诸将不许，遂杀杵臼与孤儿。诸将以为赵氏孤儿已死，皆

喜。然赵氏真孤乃反在，程婴卒于俱匿山中。

居十五年，晋景公疾，卜之，大业之后不遂者为祟。景公问韩厥，厥知赵孤在，乃曰："大业之后在晋绝祀者，其赵氏乎？夫自中衍者皆嬴姓也。中衍人面鸟噣，降佐殷帝大戊，及周天子，皆有明德。下及幽厉无道，而叔带去周适晋，事先君文侯，至于成公，世有立功，未尝绝祀。今吾君独灭赵宗，国人哀之，故见龟策。唯君图之。"景公问："赵尚有后子孙乎？"韩厥具以实告。于是景公乃与韩厥谋立赵孤儿，召而匿之宫中。诸将入问疾，景公因韩厥之众以胁诸将而见赵孤。赵孤名曰武。诸将不得已，乃曰："昔下宫之难，屠岸贾为之，矫以君命，并命群臣。非然，孰敢作难！微君之疾，群臣因且请立赵后。今君有命，群臣之愿也。"于是召赵武、程婴偏拜诸将，遂反与程婴、赵武攻屠岸贾，灭其族。复与赵武田邑如故。

及赵武冠，为成人，程婴乃辞诸大夫，谓赵武曰："昔下宫之难，皆能死。我非不能死，我思立赵氏之后。今赵武既立，为成人，复故位，我将下报赵宣孟与公孙杵臼。"赵武啼泣顿首固请，曰："武愿苦筋骨以报子至死，而子忍去我死乎？"程婴曰："不可。彼以我为能成事，故先我死；今我不报，是以我事为不成。"遂自杀。赵武服齐衰三年，为之祭邑，春秋祠之，世世勿绝。①

司马迁笔下的这个屠岸贾诛灭赵氏以及赵氏孤儿最后复仇的故事，首尾相贯，曲折婉转，跌宕起伏，动人心扉，极具震撼力。因而成为诸多戏剧、电影、电视连续剧的素材，以其事迹编撰的《赵氏孤儿》《搜孤救孤》等成为屡演不衰的名剧，也是最早被西方搬上戏剧舞台的中国故事剧本。然而，这个故事究竟是真实的历史，还是司马迁根据传闻想当然地杜撰，两汉以后，特别是宋朝以后的学术界颇多争议。原因就在于《史记》的记载与《左传》《国语》的记载相抵牾之处甚多，而《史记》本身的记载亦有互相扞格处。所以不少著作认为司马迁关于此事的记述是根据传文的无稽"妄说"。这种观点最具代表性的是宋朝的 4 个学者。

① 司马迁：《史记》卷四三《赵世家》，中华书局 1959 年版，第 1783—1785 页。

其一是刘恕，他是司马光修撰《资治通鉴》的主要助手，当时顶尖级的历史学家。他在《资治通鉴外纪》中论定司马迁“其说近诬”：

《史记·晋世家》景公十七年诛赵同、赵括，复令庶子武为后，其年及事与《左氏》略同。《赵世家》云晋景公三年屠岸贾攻赵，赵朔、赵同、赵括、赵婴齐，朔之殳人程婴匿赵氏孤儿武于山中。十五年景公有疾，与韩厥谋立赵武，攻灭屠岸贾，复与赵武田邑。案《左传》成二年，晋景公之十一年，栾书将下军，则于时朔已死矣。据此说，杀赵同、括后十五年乃立赵武。而《外传·晋语》赵文子冠，见诸大夫，皆不言赵氏复立，惟郎无正谓赵简子曰“昔先主文子少，亹于难，失赵氏之典刑，而去其师保，基于其身以克复”，其所诸书多言程婴、公孙杵臼之事，不知其然乎？晋、赵《世家》与《春秋》内外传不相符合，其说近诬。①

其二是魏了翁，他在《春秋左传要义》一书中对比《史记》与《左传》的差异，认为《左传》所记为真，而《史记》所记为“妄”：

《史记》灭赵事、存赵事与《左》违，不可从。《史记》又称有屠岸贾者有宠于灵公，此时为司寇，追纶赵盾弑君之事，诛赵氏，杀赵朔、赵同、赵括而灭其族。案二年《传》：栾书将下军，则于时朔已死矣，同、括为庄姬所谮，此年见杀，赵朔不得与同、括俱死也，于时晋君明，诸臣强，无容有屠岸贾輙厕其间，得如此专恣。又说云公孙杵臼取他儿代武死，程婴匿武于山中，居十五年，因晋侯有疾韩厥乃请武为赵氏后，与《左传》皆违，马迁妄说，不可从也。②

其三为洪迈，他在《容斋随笔·程婴杵臼》一文中认为程婴、公孙杵臼所展示的侠义之风只能是战国时代才出现的风气，春秋时期决无此风气，

① 刘恕：《资治通鉴外纪》卷六，电子版文渊阁四库全书。
② 魏了翁：《春秋左传要义》卷二七，电子版文渊阁四库全书。

所以此事纯粹是无中生有：

> 《春秋》于鲁成公八年书晋杀赵同、赵括，于十年书晋景公卒，相去二年。而《史记》乃有屠岸贾欲灭赵氏，程婴、公孙杵臼共匿赵孤，十五年景公复立赵氏之说。以年世考之，则自同、括死后，景公又卒，厉公立八年而弑，悼公立又五年矣，其乖妄如是。婴、杵臼之事，乃战国侠士刺客所为，春秋时风俗无此也。①

其四为王应麟，他在《困学纪闻》一书中，认定当时的制度不会容许屠岸贾之类的权臣随意到宫中搜查庄姬所生的儿子，所以此事肯定是子虚乌有：

> 屠岸贾诛赵氏，杀赵朔、赵同、赵括，又云公孙杵臼取他儿代武死，程婴匿武于山中，居十五年。《左传正义》曰栾书将下军，则于时朔已死矣，不得与同、括俱死也。晋君明，诸臣强，无容有屠岸贾辄厕其间，如此专恣。吕成公曰《史记》失于传闻之差，是时晋室正盛，而云索庄姬子于宫中，晋宫中自有纪纲，不容如此。赵朔已亡，而云与同、括同时死，以二者考之，见其误。②

宋朝以后，与以上观点相同或相似者代不乏人。如清朝的顾奎光在《春秋随笔》中就表述了同样的观点：

> 《史记》称屠岸贾诛赵氏，杀赵朔、赵同、赵括、赵婴，皆灭其族，而《春秋》止书杀同、括，不书杀朔、婴，则不惟与《传》抵牾，亦且与《经》相戾，此据《经》驳《史》尤无可疑。左氏于赵氏事如鉏麑、提弥明、灵辄辈皆记之，岂有杵臼、程婴所为略不一及，而其事又非寻常不容泯泯？反复核之，《史》所言恐无稽也。③

---

① 洪迈：《容斋随笔》卷一〇，中国戏剧出版社 2002 年版，第 104 页。

② 王应麟：《困学纪闻》卷一一，电子版文渊阁四库全书。

③ 顾奎光：《春秋随笔》卷下，电子版文渊阁四库全书。

同是清朝的何焯也认为司马迁的记载是“传闻之误”，是不可信的：

按程婴、公孙杵臼之事最为无据，疑战国时任侠好奇者为之，非其实也。定翁谓太史公去春秋不远，赵国亦必有史，是固可信。吾谓不尽然。自始皇焚书，列国典籍皆已荡然，太史公虽去春秋不远，然传闻之误亦必已多。①

不过，不认同上述观点，认定司马迁记载是真实历史的学者也是有的。他们认为，至少司马迁的记述可以作为《左传》和《国语》的补充，二者应该共存或“兼取”，完全否定司马迁的记述是不可取的。同样是宋朝的家铉翁，在《晋杀其大夫赵同赵括》一文中说：

同、括之死，以《左传》而言，死于栾、郤、庄姬之谮，不以其罪，但《史记》载屠岸贾事，谓岸贾为司寇，追论赵盾弑君之罪，杀同、括，诛灭赵氏，公孙杵臼、程婴匿武而免之。诸儒多不取其说。愚以当时之事而观，二说当兼取。晋成、景之世，诸侯互相吞噬，意者栾、郤欲兼并赵氏，假手于屠岸贾而为此耳。是时晋卿怙权，必不容疎远之臣专行诛戮。盖庄姬、栾、郤谮之于内，而岸贾以司寇行其戮于外，同、括实无罪，晋景惛于谗而杀之，《春秋》不与诸侯之专杀大夫，而况一朝杀无罪之两大夫乎？称国以杀，杀无罪也。②

明朝的王樵，在其《春秋辑传》一书中，也认为司马迁距春秋战国时代不远，他的记载肯定有所本，不应该轻易否定：“《史记》之说，人多不信，以左氏所不载也。然左氏采杂记成书，又历二千余年，岂容无所遗脱？司马迁去春秋战国不远，必有所传，不可废也。”③ 清朝的高士奇认为此事是“千古疑案”，应该本着信者存信、疑者存疑的原则，“两存之”而供后人研究应该是最妥善的处理办法：“司马迁序赵氏下宫之难，文工而事详，顾与

① 何焯：《义门读书记》卷一三，电子版文渊阁四库全书。

② 家铉翁：《春秋集传详说》卷一七，电子版文渊阁四库全书。

③ 王樵：《春秋辑传》卷八，电子版文渊阁四库全书。

左氏迥毕，此千古疑案也，自当两存之。”①

不管《左传》和《史记》对赵氏灭门案的记载有多大差异，不管学术界对这一案情存在多少争议，但有一点似乎是共识，即赵氏宗族在晋景公当国时曾经遭到一次重创，几乎覆社灭宗，但很快又峰回路转，凤凰涅槃，并且在赵简子执政时期有了更大的发展，很快跃上一个新台阶。

第九节 赵简子执政与嬴赵的走强

赵武作为嬴赵一族的掌门人，在晋平公当国时又成为正卿，重新执掌国柄。此时，晋国公室日趋衰败，国家权力逐渐落入六卿范氏、中行氏、智氏、韩氏、赵氏、魏氏之手。春秋时期，中国历史正经历由奴隶社会向封建社会的转化，六卿，特别是韩、赵、魏三家大夫是新兴的地主阶级的代表，他们代表了当时社会的前进方向。平公十三年（前 545 年），吴国的延陵季子出使晋国时，已经看出端仪：“晋国之政卒归赵武子、韩宣子、魏献子之后矣。”② 赵武死后，他的儿子景叔继承爵位。此时，齐景公的相晏婴访问晋国，在与晋国重臣叔向谈论两国未来的走向时，都认定公室衰微，齐国将归田氏，晋国将归六卿。景叔死后，他的儿子赵鞅继承爵位，他就是将嬴赵带上又一个新的发展阶段的赵简子。

赵简子（？—前 476 年）生活于晋顷公、定公、出公在位的年代，活跃于列国政坛近半个世纪，经历了春秋后期最动荡多变的岁月。作为赵氏宗族的掌门人和晋国执政大夫，他的思想和行动显示了顺应潮流、与时俱进的特点。他执掌晋国大权后，不断推进对公室和其他守旧贵族为代表的奴隶主贵族的斗争，如晋顷公十二年（前 514 年），“六卿以法诛公族祁氏、羊舌氏，分其邑为十县，六卿各令其族为之大夫。晋公室由此益弱”③。赵简子在与守旧势力斗争的同时，也与六卿中的范氏、中行氏展开争夺地盘和人口的斗争。晋定公十四年（前 498 年），他以晋阳（今山西太原南）为根据地，与围攻晋阳的范氏、中行氏进行了一场激烈的战斗，将他们打得落荒而逃。4

① 高士奇：《左传纪事本末》卷三一，电子版文渊阁四库全书。

② 司马迁：《史记》卷四三《赵世家》，中华书局 1959 年版，第 1786 页。

③ 司马迁：《史记》卷四三《赵世家》，中华书局 1959 年版，第 1786 页。

年之后，他又发兵围攻范氏、中行氏据有的朝歌（今河南淇县），迫使中行文子逃至邯郸（今属河北）。晋定公二十一年（前491年），他又从中行文子手里夺取邯郸和柏人（今河北内丘北），使范氏、中行氏两家贵族彻底退出晋国政治舞台。赵简子据有邯郸，为后来嬴赵立国准备了一个具有战略意义的国都。这里西靠巍巍太行山，东临一泻千里的黄河下游平原，雄踞中国南北走廊的要冲，既是战略要地，也是物产丰饶的手工业中心和经贸中心，是战国时代冶铁业的重镇。嬴赵立国后，邯郸被建成赵国的政治中枢，成为战国时代的名城之一。此时的赵简子，在晋国名义上是执政的“卿”，“实专晋权，奉邑侔于诸侯”[①]，占有的地盘，拥有的权势，已经与诸侯国的国君不相上下了。赵简子在执政期间，还极力推进法制建设，公元前513年（昭公二十九年），他与荀寅一起“帅师城汝滨，遂赋晋国一鼓铁，以铸刑鼎，著范宣子所为刑书”[②]，在以封建的法制取代奴隶制的礼制进程中迈出重要一步。他削弱世卿世禄制度，推行军功爵位制，在公元前493年（哀公二年）他帅师讨伐郑国的誓师仪式上，就开出“克敌”的赏格：“克敌者，上大夫受县，下大夫受郡，士田十万，庶人、工、商遂，人臣隶圉免。”[③]极大地调动了将士们杀敌致果的积极性。

与政治实践相联系，赵简子在思想方面也有许多过人之处。他心中时刻记挂着百姓的利益，并以克勤克俭警惕自己的行为。为了不误农时，他下令停止筑台的工程：

> 赵简子春筑台于邯郸，天雨而不息，谓左右曰：“可无趋种乎?”尹铎对曰：“公事急，措种而悬之台，夫虽欲趋种，不能得也。”简子惕然，乃释台罢役，曰：“我以台为急，不如民之急也，民以不为台，故知吾之爱也。”[④]

---

① 司马迁：《史记》卷四三《赵世家》，中华书局1959年版，第1792页。

② 杨伯峻：《春秋左传注》，中华书局2009年版，第1504页。

③ 杨伯峻：《春秋左传注》，中华书局2009年版，第1614页。

④ 刘向：《说苑》卷五，董治安主编《两汉全书》第九册，山东大学出版社2009年版，第5442—5443页。

为了在节俭方面做出表率，他宁愿在车马衣服等生活享受方面保持低调：

赵简子乘弊车腴马，衣羖羊裘。其宰进谏曰："车新则安，马肥则往来疾，狐白之裘温且轻。"简子曰："吾非不知也，吾闻之，君子服善则益恭，细人服善则益倨，我以自备，恐有细人之心也。《传》曰：'周公位尊愈卑；胜敌愈惧；家富愈俭，故周氏八百余年'此之谓也。"①

这表明，在当时的晋国，赵简子不仅是明智的政治家，而且也是卓越的思想家。在他的行政思想中，最突出的是对识贤、任贤、容贤、重贤的认识和实践。例如，他特别欣赏和重用敢于提出不同意见、直言不讳指出其过错和缺失的臣子与下属：

赵简子有臣曰周舍，立于门下，三日三夜。简子使问之曰："子欲见寡人何事？"周舍对曰："愿为谔谔之臣，墨笔操牍，从君之过，而日有记也，月有成也，岁有效也。"简子居则与之居，出则与之出。居无几何而周舍死，简子如丧子。后与诸大夫饮于洪波之台，酒酣，简子涕泣，诸大夫皆出走，曰："臣有罪而不自知。"简子曰："大夫皆无罪。昔者吾有周舍有言曰：'千羊之皮不若一狐之腋。众人诺诺不若一士之谔谔。'昔者，商纣默默而亡，武王谔谔而昌。今自周舍之死，吾未尝闻吾过也。吾亡无日矣，是以寡人泣也。"②

他特别渴慕贤才，期望大量贤明之人汇聚自己麾下：

赵简子问于壮驰兹曰："东方之士孰为愈？"壮驰兹拜曰："敢贺。"简子曰："未应吾问，何贺？"对曰："臣闻之，国家之将兴也，君子自

① 刘向：《说苑》卷二〇，董治安主编《两汉全书》第九册，山东大学出版社 2009 年版，第 5635 页。

② 韩婴：《韩诗外传》卷七，董治安主编《两汉全书》第二册，山东大学出版社 2009 年版，第 751 页。

以为不足；其亡也，若有余。今主任晋国之政而问及小人，又求贤人，吾是以贺。”①

赵简子叹曰：“雀入于海为蛤，雉入于淮为蜃，鼋、鼍、鱼、鳖莫不能化，唯人不能，哀夫！”窦犨侍，曰：“臣闻之，君子哀无人，不哀无贿；哀无德，不哀无宠；哀名之不令，不哀年之不登。夫中行、范氏不恤庶难，而欲擅晋国。今其子孙将耕于齐，宗庙之牺，为畎亩之勤。人之化也，何日之有！”②

已经公布的《清华简》中有《赵简子》篇，其中绝大部分都是记述他对贤才和贤人善政的认识。这些内容恰恰可以与传世文献对比：

赵简子问于成鱄曰：“齐君失政，陈氏得专，敢问齐君失之奚由？陈氏得之奚由？”成鱄答曰：“齐君失政，臣不得闻其所由，陈氏得之，臣亦不得闻其所由。抑昔之得之与失之，皆有由也。”赵简子曰：“其所由礼可闻也？”成鱄答曰：“昔我先君献公是居，掌有二宅之室，以好士庶子，车甲外，六府盈，宫中六灶并六祀，然其得辅相周室，亦智者诸侯之谋。（简 7、8）就吾先君襄公，亲冒甲胄，以治河济之间之乱。冬不裘，夏不帐蓬，不食濡肉，宫中六灶并六祀，然则得辅相周室，并霸诸侯。就我先君平公，宫中三十里，驰马四百驷，奢其衣裳，饱其饮食，宫中三台，是乃侈已，然则失霸诸侯，不知周室……俭之侈……口侈之俭乎？”③

正因为赵简子对贤才和善政有着比较深入和深刻的认识，所以在他的行政实践中就屡屡展现出从善如流、知过即改的品格和良好政风：

赵简子使尹铎为晋阳，曰：“必堕其垒培，吾将往焉。若见垒培，是见寅与吉射也。”尹铎往而增之。简子如晋阳，见垒，怒曰：“必杀

① 邬国义等：《国语译注》，上海古籍出版社 2017 年版，第 472 页。

② 邬国义等：《国语译注》，上海古籍出版社 2017 年版，第 473 页。

③ 李学勤主编：《清华大学藏战国竹简》（柒），中西书局 2017 年版，第 106 页。

铎也而后入。”大夫辞之，不可。曰：“是昭余雠也。”邮无正进，曰：“昔先主文子少衅于难，从姬氏于公宫，有孝德以出在公族，有恭德以升在位，有武德以羞为正卿，有温德以成其名誉。失赵氏之典刑，而去其师保，基于其身，以克复其所。及景子长于公宫，未及教训而嗣立矣，亦能纂修其身以受先业，无谤于国，顺德以学子，择言以教子，择师保以相子。今吾子嗣位，有文之典刑，有景之教训，重之以师保，加之以父兄，子皆疏之，以及此难。夫尹铎曰：‘思乐而喜，思难而惧，人之道也。委土可以为师保，吾何为不增？’是以修之。庶曰可以鉴而鸠赵宗乎！若罚之，是罚善也，罚善必赏恶，臣何望矣！”简子说，曰：“微子，吾几不为人矣！”以免难之赏赏尹铎。初，伯乐与尹铎有怨，以其赏如伯乐氏，曰：“子免吾死，敢不归禄。”辞曰：“吾为主图，非为子也。怨若怨焉。”①

赵简子田于蝼，史黯闻之，以犬待于门。简子见之，曰：“何为？”曰：“有所得犬，欲试之兹囿。”简子曰：“何为不告？”对曰：“君行臣不从，不顺。主将适蝼而麓不闻，臣敢烦当日。”简子乃还。②

史黯是赵简子的家臣。因为此时晋国权势之家范氏和中行氏两家被剿灭，赵简子就想把两家能干的家臣范吉射、中行寅招过来以为己用。史黯却认定二人不能重用，他对“良臣”给出了自己的定义：

赵简子叹曰：“吾愿得范、中行之良臣。”史黯侍，曰：“将焉用之？”简子曰：“良臣，人之所愿也，又何问焉！”对曰：“臣以为不良故也。夫事君者，谏过而赏善，荐可而替不，献能而进贤，择才而荐之，朝夕诵善败而纳之。道之以文，行之以顺，勤之以力，致之以死。听则进，不则退。今范、中行氏之臣不能匡相其君，使至于难，君出在外，又不能定，而弃之。则何良之为？若弗弃，则主焉得之！夫二子之良将，勤营其君，使复立于外，死而后止。何日以来？若来，乃非

① 邬国义等：《国语译注》，上海古籍出版社 2017 年版，第 462 页。

② 邬国义等：《国语译注》，上海古籍出版社 2017 年版，第 468 页。

良臣也。”简子曰：“善。吾言实过矣。”①

这表明，在史黯心目中，良臣不仅要有才能，还必须具备对自己服务对象忠贞到底的品格，那些见风转舵、对主人怀有二心并随时准备另觅高枝的臣子绝不是良臣，无论有多大本事也不能重用。史黯的认识，反映了当时“士为知己者死”的道德风尚已经被相当多的士人认可和遵循。赵简子欣赏并赞同史黯的意见，说明他对臣下的认识和要求已经有了进一步的升华。

正是因为赵简子思想先进，眼光超前，才能卓越，锐意进取，他和臣下不仅对当时晋国的形势有着清醒明晰的认知，而且又特别重视对贤才的选拔和任用，因而决策精准，推行了一系列封建化的改革措施，在对守旧势力的斗争中迭获成功。再加上仿佛天佑嬴赵，使他特别健康长寿，得以长期执政，占据要津，从而使赵氏宗族不断发展壮大，在晋国立下深固不摇之基。

① 邬国义等：《国语译注》，上海古籍出版社2017年版，第470页。

第三章　嬴秦在战国时期的后来居上

第一节　战国初始与秦国百年徘徊

公元前475年，周元王继位，此年至秦国统一六国的公元前221年，在中国现代历史编纂学上被定为战国时代。这两个半世纪，是中国历史继春秋之后的更大的变动时期。在经济上，西周以来的“井田制”彻底崩溃，封建的地主土地私有制建立起来；原来“工商食官”的格局被打破，私营手工业和商业蓬勃发展起来。政治上，新兴地主阶级通过各种手段完成了在各诸侯国的夺权斗争，封建的上层建筑基本建立起来，中央集权的郡县制度代替了封国采邑制度，官吏的任免制度代替了诸侯、卿、大夫、士的世代传承制度。就战争的性质而言，春秋时期的争霸战争演变为战国时代的兼并战争。春秋时期的争霸战争，其目标是争夺对各诸侯国号令一切的权力，即盟主的地位。齐桓公、晋文公、秦穆公、楚庄王、吴王夫差、越王勾践等，你来我往，各领风骚，称雄一时，“挟天子以令诸侯”，相继取得“执牛耳”的尊位，又一个一个地走向没落。在争霸战争波及的地区，民族在迁徙中走向融合，人口在苦难中四处流动，荒野在开辟，技术在进步，古老的生产方式，陈旧的社会观念都受到巨大冲击。“弑君三十六，亡国五十二，诸侯奔走不得保其社稷者不可胜数”①。七大古老的文明中心齐、楚、燕、韩、赵、魏、秦在斗争中脱颖而出，显示出迷人的风采。进入战国，争霸战争变成了兼并战争，其规模和惨烈的程度，都达到了新的高度。铁兵器逐渐代替铜兵器，速决战让位于持久战，复杂的步骑协同代替了简单的战车冲锋，高山

---

① 司马迁：《史记》卷一三〇《太史公自序》，中华书局1959年版，第3297页。

密林的埋伏奇袭代替了堂堂正正的两军对垒。魏国首强，西挫强秦，东败齐鲁，“魏武卒”名扬天下。齐国继起，联楚抗魏，桂陵马陵，连胜魏军，孙膑显示了杰出的军事才能。尔后，燕国乐毅伐齐，连下72城。田单反攻，兵临燕都。再后，秦国崛起，频频东征。六国合纵抗秦，得计于一时。秦国施连横之策，拆散齐楚联盟，六国自保，秦军各个击破。宜阳之役，韩国臣服。长平之战，赵国大伤元气。千里伐楚，血战丹阳，楚国从此一蹶不振。最后，秦王嬴政登基，“奋六世之余烈，振长策而御宇内”。10年之中，连续对东方用兵，刀锋指处，势如破竹，所向披靡。最后，六国授首，华夏统一。

春秋，尤其是战国时期的战争，给劳动人民带来深重的灾难：大量的粮食房屋，毁于战火；无数的社会财富，耗于刀兵；数以百万计的成年男子，死于疆场。“易子而食，析骸而爨”[①]，百姓一时又好像回复到人类远古的野蛮时期。但是，恰恰是这个战争，使中国社会的封建化加快了步伐，使历史的发展进入了快车道。

争霸和兼并战争，以优胜劣汰的铁的规律，使锐意革新的诸侯国迅速发展，日臻强盛；也使一些弱小落后、固守奴隶制旧垒的诸侯国迅速没落，最后走向灭亡。在这些走向灭亡的国君们无可奈何的悲叹和愁苦声中，他们的子民们却正汇入时代发展的洪流。当天下大定，四海一统的时候，封建生产关系的巨翼已经覆盖了华夏大地的城市和乡村。

这场战争，促进了各诸侯国的封建化改革。历史揭示的规律是：改革则强，不改革则弱；改革则存，不改革则亡。为了争取战争的胜利，各国变法之花竞相开放，争奇斗艳，蔚为大观。由于秦国的改革进行得最为彻底，封建生产关系的发展比较充分，巨量的社会财富从八百里秦川和千里巴蜀日夜涌流。秦国理所当然地被历史选择为时代的骄子，比较顺利地摘取了统一的果实。

这场战争，促进了人才的成长，给他们提供了施展其才能的广阔舞台。战争不仅是经济和军事力量的较量，更是文臣武将智慧、韬略和胆识的竞赛。所以，此时各诸侯国的国君都能礼贤下士，千方百计延揽人才。众多的

---

① 杨伯峻：《春秋左传注》，中华书局2009年版，第761页。

智能之士，从足智多谋的政治家、满腹经纶的思想家，到智略超群的将帅，甚至引车卖浆者流、鸡鸣狗盗之徒，都能够脱颖而出，或出将入相，执掌政治、军事、外交大权，建立赫赫功业；或高车驷马，不治而议，从事讲学和著述。这一时期，出现了许多著名的政治家、军事家、思想家、文学家，人才辈出，犹如群星闪烁。他们留下的大量思想文化遗产，成为中国传统文化的元典，作为中华民族思想文化的瑰宝，至今仍然给炎黄子孙博得世界性的荣誉。“泰山不让土壤，故能成其大；河海不择细流，故能就其深；王者不却众庶，故能明其德。”① 秦国不仅有着居天下三分之二的财富，而且有着居七雄之冠的各类优秀人才。商鞅、白起、王翦、蒙恬、尉缭、甘茂、魏冉、范雎、蔡泽、吕不韦、李斯、郑国、韩非等，从四面八方奔赴秦国。正是这批人才以自己杰出的智慧和才能，一方面为数代秦王规划了一幅未来强大中国的诱人蓝图；一方面协助他们不断改革，锐意进取，奋力征伐，迫使东方六国一个个举起降幡，最后在嬴政手上完成了统一中国的大业。

这个战争，以铁血的暴烈手段，把历史形成的统一趋势变成现实。尽管从不少思想家，如老子、孔子、墨子、孟子、荀子那里发出了对战争的正义谴责，尽管从不少劳动者那里发出了对战争的血泪控诉，但是，所有这一切都不能掩盖战争在完成中国真正统一大业中的历史功勋。是的，战争总是与残忍和血污连在一起，然而，没有它，文明的列车有时就会停止运行。春秋战国时代的战争虽然充满残忍和血污，但在中国封建社会曙光初照的时代，它却作为推动历史前进的螺旋桨起到其他手段难以替代的积极作用。

公元前 475 年，当周元王继位的鼓乐响彻雒邑（今河南洛阳）的王城时，山东六国次第开始了推进封建化运动的变法。而此后的近百年间，位于西陲的秦国基本上处于徘徊中。

秦厉共公即位于春秋的最后一年。他在位的 34 年间，除了对戎人有几次征讨外，在内政外交上基本没有大动作。秦躁公于公元前 442 年继位，至秦献公寿终正寝的公元前 362 年，在漫长的 80 年间，除献公稍有作为外，其他国君基本上都在守成中虚度岁月。

厉共公立 34 年去世，其子躁公继位。躁公在位 14 年，其间经历南郑

① 李斯：《谏逐客书》，《古文观止》，中国戏剧出版社 2002 年版，第 307 页。

（今陕西汉中）反叛，义渠来袭渭南，均较顺利地应对过去。躁公去世后，他的弟弟怀公继位。在位仅4年，被权臣庶长鼌逼迫自杀，大臣立怀公孙昭子继位，他就是秦灵公。灵公立13年病逝。在位期间曾与魏国发生少梁（今陕西韩城南）之战。灵公之后，其弟悼子得立，他就是秦简公。他在位16年，其间办的最重要的事情，也就是“堑洛，城重泉”，即修筑洛水的河堤，修建重泉（今陕西蒲城南）这座城池。惠公在位12年，算是稍有振作，举行伐蜀之役，夺取了南郑（今属陕西）。惠公去世，其子出子继位。但第二年（前385年），权臣庶长就改立灵公之子献公为国君，并将年仅3岁的出子及其生母沉之深渊。魏国乘秦国内乱之机，派兵夺取河西之地，魏国的势力扩展至黄河以西。这时的秦国，南与楚国为邻，东与魏、韩接壤，而魏国是战国时期首先进行变法的诸侯国，加之名将吴起由鲁国来归，训练出能征惯战的魏武卒，一时居于战国首强之位。秦国遇到了一个远比戎人之国强大得多的对手。

秦献公稍有振作，即位元年（前384年）即下令“止从死”[①]，即宣布废除野蛮的人殉制度。这显然是为消除奴隶制的恶习而采取的进步举措。第二年，修建栎阳城（今陕西富平东南），使秦国有一个比较坚固的都城。面对魏国进入河西的咄咄逼人之势，献公决定发起反击。二十一年（前364年），与魏国激战于石门（今陕西淳化北），斩首6万。此役令周天子大为震惊，特“贺以黼黻”。二十三年（前362年），再次与魏国激战于少梁（今陕西韩城南），俘获其名将公孙痤。由于此时魏国已经是惠王当国的时代，全国上下基本失去了文侯、武侯时期的朝气，所以在与秦国的战争中连连败北。秦国在少梁之战中能够俘获公孙痤，实在应该视为一次巨大胜利。因为这位公孙痤是魏国一个举足轻重的人物。《战国策》的一则记载足资证明：

> 魏公孙痤为魏将，而与韩、赵战浍北，禽乐祚。魏王说，迎郊，以赏田百万禄之。公孙痤反走，再拜辞曰：“夫使士卒不崩，直而不倚，挠拣而不辟者，此吴起余教也，臣不能为也。前派形埊之险阻，决利害之备，使三军之士不迷惑者，巴宁、爨襄之力也。县赏罚于前，使

① 司马迁：《史记》卷五《秦本纪》，中华书局1959年版，第201页。

民昭然信之于后者，王之明法也。见敌之可也鼓之，不敢怠倦者，臣也。王特为臣之右手不倦赏臣，何也？若以臣之有功，臣何力之有乎？”王曰：“善。”于是索吴起之后，赐之田二十万，巴宁、爨襄田各十万。王曰：“公叔岂非长者哉！既为寡人省强敌矣，又不遗贤者之后，不揜能士之迹，公叔何可无益乎？”故又与田四十万。①

如此明辨是非、睿智机敏的将军，居然在对秦国的一次战役中做了俘虏，这一方面说明秦军将帅的智高一筹，一方面也说明，魏国在吴起之后，军事人才已经在列国中排不上最高的档次了。

秦献公在嬴秦持续走高的历史上的贡献，不仅表现在他力争走出前五代国君的徘徊状态，更表现在他养育了一个特别有作为的儿子——孝公，他是秦国在战国时代走向强盛的关键人物之一，是秦王嬴政发扬光大的“六世余烈”的开启者。

第二节　商鞅变法

一、秦孝公支持下的变法

秦孝公嬴渠梁（前361—前338年在位）是秦国历史上颇有作为，因而产生重大影响的君王。后来秦始皇的所谓“奋六世之余烈”，他就是开其端的那个国君。此前，由于秦穆公以后秦国向东方的发展受挫，秦国君臣于是专注于对周边戎、狄等族群的争战，尽管取得开地千里，益国二十，独霸西戎的成绩，但因对中原事务的疏于关注，很少参与诸侯国的会盟，加之文化教育发展滞后，因而被东方六国看不起，以“夷翟遇之”。而在此前后，东方六国都在进行程度不等的变法，加速封建化的进程，社会发展相继进入快车道。与之对比，秦国显然落后了。秦孝公登基后，决心改变这种局面，于是发出招揽贤才、变法图强的信号。《史记·秦本纪》较准确地记述了这一史实：

① 刘向：《战国策》，上海古籍出版社1985年版，第784—785页。

孝公元年，河山以东强国六，与齐威、楚宣、魏惠、燕悼、韩哀、赵成侯并。淮泗之间小国十余。楚、魏与秦接界。魏筑长城，自郑滨洛以北，有上郡。楚自汉中，南有巴、黔中。周室微，诸侯力政，争相并。秦僻在雍州，不与中国诸侯之会盟，夷翟遇之。孝公于是布惠，振孤寡，招战士，明功赏。下令国中曰："昔我穆公自岐雍之间，修德行武，东平晋乱，以河为界，西霸戎翟，广地千里，天子致伯，诸侯毕贺，为后世开业，甚光美。会往者厉、躁、简、公出子之不宁，国家内忧，未遑外事，三晋攻夺我先君河西地，诸侯卑秦，丑莫大焉。献公即位，镇抚边境，徙治栎阳，且欲东伐，复穆公之故地，修穆公之政令。寡人思念先君之意，常痛于心。宾客群臣有能出奇计强秦者，吾且尊官，与之分土。"于是乃出兵围陕城，西斩戎之獂王。①

孝公接着出兵东向，对魏国和附近的戎人发出了强硬的信号。孝公的招贤令在列国传扬，卫鞅于是自魏国前来寻找展示自己才能的机会。卫鞅（约前390—前338年），卫国人，因出身卫国公族，又称公孙鞅。入秦后，因功得到封地商邑，所以最后以商鞅名世。他是战国时期著名政治家、思想家、军事家。商鞅原是魏将公叔痤的家臣。公叔痤知道他的才干和抱负，临死前对魏惠王谈了他对卫鞅的处置意见。《战国策·魏策》和《史记·商君列传》对此事作了大致相同的记载：

鞅少好刑名之学，事魏将公叔痤为中庶子。公叔痤知其贤，未及进。会痤病，魏惠王亲往问病，曰："公叔病有如不可讳，将奈社稷何？"公叔曰："痤之中庶子公孙鞅，年虽少，有奇才，愿王举国而听之。"王嘿然。王且去，痤屏人言曰："王即不听用鞅，必杀之，无令出境。"王许诺而去。公叔痤召鞅谢曰："今者王问可以为相者，我言若，王色不许我。我方先君后臣，因谓王即弗用鞅，当杀之。王许我。汝可疾去矣，且见禽。"鞅曰："彼王不能用君之言任臣，又安能用君之言杀臣乎？"卒不去。惠王既去，而谓左右曰："公叔病甚，悲乎，欲令寡

① 司马迁：《史记》卷五《秦本纪》，中华书局1959年版，第202页。

人以国听公孙鞅也，岂不悖哉！”①

结果正如卫鞅所料，魏惠王既未重用他，亦未诛杀他，而是任他顺利地离魏赴秦。卫鞅至秦后，通过孝公的宠臣景监得以面见孝公，说以“强国之术”，孝公听得入迷，“不自知膝之前席也。语数日不厌”②。孝公于是决定重用卫鞅进行变法。他考虑秦国的保守势力很强，于是召集群臣，就变法问题在朝堂进行辩论。商鞅以其历史进化论的观点，阐述了社会在不断变革中发展的规律，驳斥了权臣甘龙和杜挚的僵化保守的陈旧观念，获得孝公的首肯和全力支持，于是开启了在秦国大刀阔斧的变法。从孝公三年至孝公十二年（公元前359—前350年）的10年间，商鞅陆续颁布了一系列的变法命令。主要有：

（一）实行什伍连坐制：“令民为什伍，而相牧司连坐。不告奸者腰斩，告奸者与斩首者同赏，匿奸者与降敌同罚。”③ 通过此一法令，把所有居民都编制在国家的行政组织结构中，老老实实地接受国家各级官府的民事管理和赋役盘剥，从而实现秦国国君对全国臣民的直接有效的控制。

（二）奖励耕战：“民有二男以上不分异者，倍其赋。有军功者，各以率受上爵；为私斗者，各以轻重被刑大小。僇力本业，耕织致粟帛多者复其身。事末利及怠而贫者，举以为收孥。”④ 面对当时列国纷争的形势，各国统治者都在极力寻求一条富民强国之路。商鞅奖励耕战的法规，恰恰能够将富民与强国结合起来。因为农业是当时最主要的经济部门，粟、帛是社会财富的主要标志，让大多数百姓致力于耕织，就能保证社会财富的稳定增长。而禁止私斗、奖励军功，就能鼓励将士在战场上顽强拼搏，杀敌致果，以军功去换取官爵、富贵和利禄。这必然使秦国拥有一支能征惯战的武装力量，以便能在兼并战争中夺取最后的胜利。

（三）废除贵族特权，建立以功劳大小确定爵位等级的新的封建等级制度：“宗室非有军功，不得属籍。明尊卑爵秩等级，各以差次；名田宅、臣

① 司马迁：《史记》卷六八《商君列传》，中华书局1959年版，第2227页。
② 司马迁：《史记》卷六八《商君列传》，中华书局1959年版，第2228页。
③ 司马迁：《史记》卷六八《商君列传》，中华书局1959年版，第2230页。
④ 司马迁：《史记》卷六八《商君列传》，中华书局1959年版，第2230页。

妾衣服，以家次。有功者显荣，无功者虽富无所芬华。”① 这一制度，既能激励当时的贵族子弟为力保爵位利禄立新功，更能激励非贵族出身的文武之士以军功猎取官位利禄，以提升自己在社会上的层次，跻入统治者行列。

（四）自雍迁都咸阳。雍（今陕西凤翔）地处渭水上游，距关中中心地区较远，特别是距秦国与魏、楚、韩等国的交界处较远，不便于处理与东方各诸侯国的外交和征战事务。迁都咸阳不仅能够迅速处理外交与军事，而且因咸阳处于关中平原的中心位置，更易于实施对整个秦国的管理。经过孝公及以后数代秦国军民的经营，咸阳终于以战国时代最雄伟壮丽的帝都矗立于关中的渭水之阳。

（五）在全国范围设立县级行政机构：“集小乡邑聚为县，置令、丞，凡三十一县。”② 秦国早在武公十年（前 688 年）即开始在新开辟的地区设县，后来又陆续设立过一些县。这样，直到商鞅变法前，秦国的地方行政机构都是封邑与县制并存。这样的设置既不利于全国政令的统一，又给国家的行政管理带来不便。商鞅在全国推行县制，一方面打击了代表奴隶主贵族的封君，削弱了他们的力量；另一方面是初步建立起中央集权的地方行政体制，对于进一步维护全国统一、提高行政效能起着重要的作用。

（六）“为田开阡陌封疆，而赋税平。”③ 这一条，历代史学家的解释颇多歧义。大体上似可这样解释：废除奴隶制的井田制度，代之以封建的土地所有制及其税收制度，使百姓的税负比较统一与合理。这一制度发展到后来就是“使黔首自实田”并承担相应的赋役。

（七）“平斗桶（斛）权衡丈尺”④。即统一度量衡，这对促进各地的物资交流与商贸活动显然是有利的。

商鞅在秦国的变法，是战国时期席卷各诸侯国的变法浪潮中持续时间最长、规模最大、内容最丰富、效果最显著的一次变法。这是一次从经济基础到上层建筑领域的全面的封建化运动。通过这场变法运动，原来较东方诸

① 司马迁：《史记》卷六八《商君列传》，中华书局 1959 年版，第 2230 页。

② 司马迁：《史记》卷六八《商君列传》，中华书局 1959 年版，第 2232 页。《史记》卷五《秦本纪》记为四十一县。

③ 司马迁：《史记》卷六八《商君列传》，中华书局 1959 年版，第 2232 页。

④ 司马迁：《史记》卷六八《商君列传》，中华书局 1959 年版，第 2232 页。

侯国落后的秦国获得迅速发展的助力，弯道超车，后来居上，很快成为战国七雄中最强大的国家。因为这场变法比较彻底地废除了奴隶制的井田制，确立了地主土地所有制，最大限度地发挥一家一户小农的生产积极性，再加上税收制度的改变，度量衡的统一，对耕田织帛本业的奖励，从而极大地提高了劳动者的生产积极性，促进了秦国经济的迅速发展，秦孝公求富的目的较快地达到了。由于废除贵族的封邑制，实行以县为基本单位的中央集权的行政管理体制，大大提高了秦国的行政效能。由于实行军功爵位制，极大地激发了秦军将士的作战积极性，加之严格的训练和纪律约束，就使秦国军队的战斗力空前提高，秦孝公通过变法求强的目的也达到了："行之十年，秦民大说，道不拾遗，山无盗贼，家给人足。民勇于公战，怯于私斗，乡邑大治。"①

作为军事家的商鞅，在变法期间及其后，参与谋划和亲自指挥了数次对魏国的军事行动，秦军大都奇迹般地取得了胜利。孝公八年（前 354 年），秦军与魏军战于元里（今陕西澄城南），斩首七千，夺取少梁（今陕西韩城南）。孝公十年（前 352 年），商鞅升任大良造。这一年，他统兵围攻魏国的安邑（今山西夏县西北），魏军举城而降。第二年，又围攻固阳，再次取得魏军举城而降的战果。因为此时魏国还处于战国首强的位置，而两次作战都是渡过黄河深入魏国腹地，能够取得如此成功，说明秦军的战斗力已经今非昔比了。商鞅指挥的最大一次对魏军的战役发生在孝公二十二年（前 340 年），这一次，商鞅指挥秦军与赵、齐两国联军共同进攻魏国，大破魏军，俘获了魏军统帅公子卬。据《史记·商君列传》记载，商鞅是以计擒获公子卬的：

> 其明年，齐败魏兵于马陵，虏其太子申，杀将军庞涓。其明年，卫鞅说孝公曰："秦之与魏，譬若人之有腹心疾，非魏并秦，秦即并魏。何者？魏居领阨之西，都安邑，与秦界河而独擅山东之利。利则西侵秦，病则东收地。今以君之贤圣，国赖以盛。而魏往年大破于齐，诸侯畔之，可因此时伐魏。魏不支秦，必东徙。东徙，秦据河山之固，

① 司马迁：《史记》卷六八《商君列传》，中华书局 1959 年版，第 2231 页。

东乡以制诸侯，此帝王之业也。”孝公以为然，使卫鞅将而伐魏。魏使公子卬将而击之。军既相距，卫鞅遗魏将公子卬书曰：“吾始与公子欢，今俱为两国将，不忍相攻，可与公子面相见，盟，乐饮而罢兵，以安秦魏。”魏公子卬以为然。会盟已，饮，而卫鞅伏甲士而袭虏魏公子卬，因攻其军，尽破之以归秦。魏惠王兵数破于齐秦，国内空，日以削，恐，乃使使割河西之地献于秦以和。而魏遂去安邑，徙都大梁。梁惠王曰：“寡人恨不用公叔痤之言也。”卫鞅既破魏还，秦封之於、商十五邑，号为商君。①

这一次战役，充分展示了商鞅高超的战略眼光和对“兵不厌诈”之术的娴熟运用。这一战役的最大成果，一是逼使魏国将黄河以西的大片土地割让给秦国，使秦国再一次将自己的疆域推进至黄河西岸；二是逼使魏国将国都由安邑（今山西夏县西北）迁至大梁（今河南开封）以避开秦军的锋芒。至此，魏国结束了它一度居于列国首强的历史。第二年，秦军又与魏军战于岸门（今河南长葛境），俘获其将军魏错。经过这几次战役，秦国对东方六国的军事优势已经显现出来了。

经过秦孝公在商鞅辅佐下20多年的锐意改革，励精图治，秦国一改往昔百年萎靡不振的局面，不仅重现穆公时代的雄风，而且以更强劲的势头使东方六国胆战心惊。“孝公十九年（前343年），天子致伯。二十年，诸侯毕贺。”② 周天子承认秦国的霸主地位，诸侯国也都不得不送上祝福。这说明，秦国的地位已经今非昔比了。

孝公二十四年（前338年），44岁的秦孝公英年早逝，这使商鞅的境遇立即逆转。由于商鞅主持的变法是一场深刻的封建化的革命，它几乎触动了当时秦国社会各个阶级和集团的利益，其中受损较大的是那些奴隶主贵族集团。他们在变法开始时就坚决反对，变法中又处心积虑地阻挠破坏，如太子的师傅公子虔和公孙贾就因唆使太子犯法而受到惩罚。孝公一死，这些人就唆使新继位的惠文君对商鞅施以残酷的报复：诬以谋反的罪名发吏追捕。商

① 司马迁：《史记》卷六八《商君列传》，中华书局1959年版，第2232—2233页。

② 司马迁：《史记》卷五《秦本纪》，中华书局1959年版，第203页。

鞅作为一个客卿，在秦国势单力孤，在突然降临的打击面前，猝不及防。为了保命，他先是潜逃魏国，被断然拒纳后，再返回秦国，组织其商邑的徒属进行拼死抵抗，但最后还是在渑池（今河南渑池西）被擒遭诛杀。秦惠文君为了发泄对商鞅的仇恨，不仅将其尸体车裂，而且残忍地族灭了他的全部家人。战国时代从事变法的一批改革家，基本上都是悲剧人物，不少人如吴起等最后都付出了生命的代价。商鞅的一个朋友赵良曾劝他与反对改革的人物妥协，照顾各方的利益，不要得罪太多的权贵，为自己留个后路，但具有彻底改革精神的商鞅拒绝接受，而是按既定目标勇往直前，他的悲剧命运也就不可避免了。《史记·商君列传》记载了赵良与商鞅的对话，对于了解商鞅的悲剧性格是难得的资料：

商君相秦十年，宗室贵戚多怨望者。赵良见商君。商君曰："鞅之得见也，从孟兰皋，今鞅请得交，可乎？"赵良曰："仆弗敢愿也。孔丘有言曰：'推贤而戴者进，聚不肖而王者退。'仆不肖，故不敢受命。仆闻之曰：'非其位而居之曰贪位，非其名而有之曰贪名。'仆听君之义，则恐仆贪位贪名也。故不敢闻命。"商君曰："子不说吾治秦与？"赵良曰："反听之谓聪，内视之谓明，自胜之谓强。虞舜有言曰：'自卑也尚矣。'君不若道虞舜之道，无为问仆矣。"商君曰："始秦戎翟之教，父子无别，同室而居。今我更制其教，而为其男女之别，大筑冀阙，营如鲁卫矣。子观我治秦也，孰与五羖大夫贤？"赵良曰："千羊之皮，不如一狐之腋；千人之诺诺，不如一士之谔谔。武王谔谔以昌，殷纣墨墨以亡。君若不非武王乎？则仆请终日正言而无诛，可乎？"商君曰："语有之矣，貌言华也，至言实也，苦言药也，甘言疾也。夫子果肯终日正言，鞅之药也。鞅将事子，子又何辞焉！"赵良曰："夫五羖大夫，荆之鄙人也。闻秦缪公之贤而愿望见，行而无资，自粥于秦客，被褐食牛。期年，缪公知之，举之牛口之下，而加之百姓之上，秦国莫敢望焉。相秦六七年，而东伐郑，三置晋国之君，一救荆国之祸。发教封内，而巴人致贡；施德诸侯，而八戎来服。由余闻之，款关请见。五羖大夫之相秦也，劳不坐乘，暑不张盖，行于国中，不从车乘，不操干戈，功名藏于府库，德行施于后世。五羖大夫死，秦国男女流涕，童子不歌谣，舂者不相杵。此五羖大夫之德也。今君之见秦王也，因嬖人景监以为主，非所以为名也。相秦不以百姓为事，而大筑冀阙，非所以为功也。刑黥太子之师傅，残伤民以骏刑，是积怨畜祸也。教之化民也深于命，民之效上也捷于令今。君又左建外易，非所以为教也。君又南面也而称寡人，日绳秦之贵公子。《诗》曰：'相鼠有体，人而无礼；人而无礼，何不遄死。'以《诗》观之，非所以为寿也。公子虔杜门不出已八年矣，君又杀祝欢而黥公孙贾。《诗》曰：'得人者兴，失人者崩。'此数事者，非所以得人也。君之出也，后车十数，从车载甲，多力而骈胁者为骖乘，持矛而操阘戟者旁车而趋。此一物不具，君固不出。《书》曰：'恃德者昌，恃力者亡。'君之危若朝露，尚将欲延年益寿乎？则何不归十五都，灌园于鄙，劝秦王显岩穴之士，养老存孤，敬父兄，序有功，尊有德，可以少安。君尚将贪商于之富，宠秦国之教，畜百姓之怨，秦王一旦捐宾客而不立朝，秦国之所以收君者，岂其微哉？亡可翘足而待。"商君弗从。①

从赵良对商鞅的劝告，可以看出，赵良对比穆公时期五羖大夫百里傒和孝公时期商鞅不同的执政风格和个人作为，认定商鞅锋芒毕露、到处树敌和过分张扬的执政风格已经将自己置于"危若朝露"的境地。而商鞅依恃的孝公一旦谢世，他一定难免悲剧的结局。赵良的观点并不全对，但却直击商鞅的软肋：几乎以一人之力与强大的保守势力对抗，而他的靠山终有一天会倒塌。赵良是一个旁观者清的冷峻之士，他不幸而言中，商鞅就以自己的鲜血殉了他的改革事业。他的事业与他的死亡一样慷慨悲壮。

秦国旧贵族虽然将商鞅车裂一泄心头之恨，但是，他们却无法倒转历史的车轮。"商鞅虽死，秦法未败"。由于商鞅的变法全面而彻底，持续的时间又长，已深深根植于秦国社会之中。惠文君及其后继者只能享用变法的成果并继续实行变法确立的制度和各项政策措施。秦孝公和商鞅，是战国变法史上一对君臣优势互补而成功的典型。商鞅是一个卓越的思想家，具有钢铁般意志的政治实践家，同时又是一个智勇兼备的军事统帅。然而，作为一介

① 司马迁：《史记》卷六八《商君列传》，中华书局1959年版，第2233—2235页。

客卿，他的才干只有得到君主的信任和授权才能施展和发挥。而秦孝公恰恰是一位致力于国家振兴，求贤若渴的英明君主。他对商鞅信之以诚，任之以专，授权之后，放手使用，全力支持，绝不掣肘。正因为君臣配合默契，相得益彰，才使秦国的变法成为列国变法之中最成功的典型。而这次变法的成功，就促使秦国在封建化的道路上以超越列国的速度全速前进，为秦国最后完成统一中国的大业奠定了坚实的基础。

二、变法的理论基础

商鞅变法的理论基础是历史进化论，这个理论由三部分组成。

一是随着时代的变迁，治世的制度、政策和方法都需要随之变化，没有一成不变的制度，“变”是社会发展和制度变迁的常态：

> 昔者昊英之世，以伐木杀兽，人民少而木兽多。黄帝之世，不麛不卵，官无供备之民死不得用椁。事不同，皆王者，时异也。神农之世公耕而食，妇织而衣，刑政不用而治，甲兵不起而王。神农既没，以强胜弱，以众暴寡。故黄帝作为君臣上下之仪，父子兄弟之礼，夫妇妃匹之合，内行刀锯，外用甲兵，故时变也。由此观之，神农非高于黄帝也，然其名尊者，以适于时也。故以战去战，虽战可也；以杀去杀，虽杀可也；以刑去刑。虽重刑可也。①
>
> 故圣人之为国也，不法古，不修今，因世而为之治，度俗而为之法。故法不察民之情而立之，则不成；治宜于时而行之，则不干。故圣王之治也，慎为、察务、归心于一而已矣。②

二是历史上的圣帝名王都是坚持“异势而治”“异道而王”的，他们的施策可能完全相反，但都取得了成功，原因就是他们及时和准确地回应了时代的诉求：

① 山东大学《商子译注》编写组：《商子译注》，齐鲁书社 1982 年版，第 119—120 页。

② 山东大学《商子译注》编写组：《商子译注》，齐鲁书社 1982 年版，第 68 页。

圣人不法古，不修今。法古则后于时，修今则塞于势。周不法商，夏不法虞，三代异势，而皆可以王。故兴王有道，而持之异理。武王逆取而贵顺，争天下而上让，其取之以力，持之以义。今世强国事兼并，弱国务力守，上不及虞夏之时，而下不修汤、武，汤、武塞。故万乘莫不战，千乘莫不守。此道之塞久矣，而世主莫之能废也，故三代不四。①

三是变法的目的是“爱民”和“便事”。由此出发，国君必须力排众议，警惕和清除所有“法故”“循礼”的歪理邪说，抛弃“故习”，破除“拘礼”，“当时而立法，因事而制礼”，义无反顾地将变法事业进行到底。商鞅的这一思想在与甘龙、杜挚为代表的守旧官僚的辩论中得到充分的阐发：

孝公平画，公孙鞅、甘龙、杜挚三大夫御于君，虑世事之变，讨正法之本，使民之道。君曰：“代立不忘社稷，君之道也；错法务民主长，臣之行也。今吾欲变化以治，更礼以教百姓，恐天下之议我也。”公孙鞅曰：“臣闻之，‘疑行无成，疑事无功。’君亟定变法之虑，殆无顾天下之议之也。且夫有高人之行者，必见非于世；有独知之虑者，必见毁于民。语曰：‘愚者暗于成事，智者见于未萌。民不可与虑始，可与乐成功。’郭偃之法曰：‘论至德者不和于俗，成大功者不谋于众。’法者，所以爱民也；礼者，所以便事也。是以圣人苟可以强国，不法其故；苟可以利民，不循于礼。”孝公曰：“善。”

甘龙曰：“不然！臣闻之，‘圣人不易民而教，智者不变法而治。’因民而教者，不劳而功成；据法而治者，吏习而民安。今若变法，不循秦国之故，更礼以教民，臣恐天下之议君，愿孰察之！”

公孙鞅曰：“龙之所言，世俗之言也！夫常人安于故习，学者溺于所闻。此两者，所以居官而守法，非所与论于法之外。三代不同道而王，五霸不同法而霸。故知者作法，而愚者制焉；贤者更礼，而不肖者拘焉。拘礼之人不足与言事，制法之人不足与论变，君无疑矣！”杜挚

① 山东大学《商子译注》编写组：《商子译注》，齐鲁书社 1982 年版，第 59—60 页。

曰："臣闻之，'利不百，不变法；功不十，不易器。'臣闻法古无过，循礼无邪，君其图之！"公孙鞅曰："前世不同教，何古之法！帝王不相复，何礼之循！伏牺、神农教而不诛，黄帝、尧、舜诛而不怒，及至文、武，各当时而立法，因事而制礼。礼、法以时而定，制、令各顺其宜，兵甲器备各便其用。臣故曰：治世不一道，便国不必古。汤、武之王也，不循古而兴；商、夏之灭也，不易礼而亡。然则反古者未可必非，循礼者未足多是也。君无疑矣。"孝公曰："善！吾闻穷巷多怪，曲学多辩。愚者笑之，智者哀焉；狂夫之乐，贤者丧焉。拘世以议，寡人不之疑矣。"①

商鞅坚持的历史进化论的观点是当时最具进步意义的理论，这个理论是商鞅变法的代数学。他在秦孝公面前与甘龙、杜挚的这场辩论，以高屋建瓴之势批驳了拘泥于西周以来的"礼治"传统，张扬了"世异事变"的行政理念，起到了理论先行的积极作用。通过这场辩论，商鞅进一步获得孝公的支持，争取了一批同道者，为变法扫清了障碍。

三、富国强兵的耕战理念

秦孝公全力支持商鞅变法的目的很明确，就是摆脱秦国相对于东方六国的落后局面，达到富国强兵的目标，而商鞅政治思想的重要内容之一就是富国强兵理论，这个理论的核心内容就是奖励耕战：

凡人主之所以劝民者，官爵也；国之所以兴者，农战也。今民求官爵，皆不以农战，而以巧言虚道，此谓劳民。劳民者其国必无力，无力者其国必削。

善为国家者，其教民也，皆作壹而得官爵，是故不官无爵。国去言则民朴，民朴则不淫。民见上利之从壹空出也，则作壹。作壹则民不偷营，民不偷营则多力。多力则国强。今境内之民皆曰："农战可避，而官爵可得也。"是故豪杰皆可变业，务学《诗》《书》，随从外权，上

① 山东大学《商子译注》编写组：《商子译注》，齐鲁书社1982年版，第1—4页。

可以得显，下可以求官爵；要靡事商贾，为技艺，皆以避农战。具备，国之危也，民以此为教者，其国必削。

善为国者，仓廪虽满不偷于农，国大民众不淫于言，则民朴壹。民朴壹，则官爵不可巧而取也。不可巧取则奸不生，奸不生则主不惑。今境内之民及处官爵者，见朝廷之可以巧言辩说取官爵也，故官爵不可得而常也。是故进则曲主，退则虑私。所以实其私，然则下卖权矣。夫曲主、虑私，非国利也。而为之者，以其爵禄也；下卖权，非忠臣也，而为之者，以末货也。然则下官之冀迁者皆曰："多货则上官可得而欲也。"曰："我不以货事上而求迁者，则如以狸饵鼠尔必不冀矣；若以情事上而求迁者，则如引诸绝绳而求乘枉木也，愈不冀之矣。二者不可以得迁，则我焉得无下动众取货以事上，而以求迁乎?"百姓曰："我疾农，先实公仓，收余以食亲，为上忘生而战，以尊主、安国也。仓虚、主卑、家贫，然则不如索官。"亲戚交游合，则更虑矣。豪杰务学《诗》《书》，随从外权，要靡事商贾，为技艺，皆以避农战。民以此为教，则粟焉得无少，而兵焉得无弱也。①

商鞅认识到，当时的中国社会处于自然经济条件下，社会财富主要体现为粮食，而粮食的生产者是农民。要想国家富强必须要有充足的粮食，这就必须鼓励社会上大多数人群去从事农业生产。为了刺激农民的生产积极性，又必须采取两方面的措施：一是以官爵作诱饵，生产粮食多的农民可以得到官爵，粮食也可以换取官爵。二是堵塞其他获取官爵的渠道，使游谈之士、商贾、技艺之人即手工业者不能凭其巧言辩说、财富和技艺猎取官爵。商鞅在这里推出了在中国历史上影响深远的"重农抑商"的理论，并通过变法开启了"重农抑商"的实践。这一政策，在封建社会的前期和中期，其积极作用是主要的。

为了驱民归农，使荒田得到开垦，商鞅在《垦田令》中又推出 17 项政策措施。

第一，要求官吏处理公事不过夜，提高效率，奸邪官吏不能从农民那

① 山东大学《商子译注》编写组：《商子译注》，齐鲁书社 1982 年版，第 17—19 页。

里谋取私利，以保证农民有充裕的生产时间，全力投入农业生产，荒地自然得到开垦。

无宿治，则邪官不及为私利于民，而百官之情不相稽。则农有余日。邪官不及为私利于民，则农不败。农不败而有余日，则草必垦矣。

第二，国家统一法令，规定按粮食产量定税，取信于民，使农民公平负担，多产多得。这样农民对国君和各级官吏都无怨恨情绪，一心一意务农。壮年安心，青年向他们看齐，荒地自然得到开垦。

訾粟而税，则上一而民平。上一则信，信则臣不敢为邪；民平则慎，慎则难变。上信而官不敢为邪，民慎而难变，则下不非上，中不苦官。下不非上，中不苦官，则壮民疾农不变。壮民疾农不变，则少民学之不休。少民学之不休，则草必垦矣。

第三，农民不与外国势力发生关系，不受外国官爵的引诱，不重视以学问智巧猎取好处，就能安心农业生产而不偷懒耍滑，荒地一定得到开垦。

无以外权爵任与官，则民不贵学问，又不贱农。民不贵学则愚，愚则无外交。无外交，则国安不殆；民不贱农，则勉农而不偷。国安不殆，勉农而不偷，则草必垦矣。

第四，政府对贵族之家不事生产的人收税，驱使他们务农。这样必然增加农业方面的劳动人手，也利于开垦荒地。

禄厚而税多，食口众者，败农者也。则以其食口之数，贱而重使之，则辟淫游食之民无所于食。民无所于食则必农，农则草必垦矣。

第五，不准商人买粮食，也不准农民卖粮食，从而使商人不能通过囤积粮食获利，逼使他们转而务农。农民种田的积极性也能提高，荒地一定得到开垦。

> 使商无得籴，农无得粜。农无得粜，则窳惰之农勉疾；商不得籴，则多岁不加乐。多岁不加乐，则饥岁无裕利。无裕利则商怯，商怯则欲农。窳惰之农勉疾，商欲农，则草必垦矣。

第六，杜绝音乐唱歌特别是各种装饰品的流通，使农民无论在劳动时还是在闲暇时都听不到、看不见这些东西，以使他们思想专一，集中精力务农，荒地也就得到开垦了。

> 声服无通于百县，则民行作不顾，休居不听。休居不听，则气不淫；行作不顾，则意必一。意一而气不淫，则草必垦矣。

第七，不准雇工，一方面使大夫等富有家庭无法大兴土木，他们的孩子也不能偷懒吃闲饭。没有做雇工的机会，雇工们只能回归农业生产。没有雇工服务，大夫之家的孩子们也只能自己种田维持生活。如此一来，旧有土地不会荒芜，未开垦的土地也能得到开垦。

> 无得取庸，则大夫家长不建缮，爱子不惰食，惰民不窳，而庸民无所于食，是必农。大夫家长不建缮，则农事不伤；爱子惰食，惰民不窳，则故田不荒。农事不伤，庸民益农，则草必垦矣。

第八，不准开设客店收留旅行者住宿，这样就会收到两方面的效果。一是想离开土地远行寻找出路的人无法成行，预防了一些行为不轨者扰乱社会秩序，逼使他们种田吃饭。二是让以旅店谋生者失去生活来源回归农业生产，这自然增加了种田的人手，使荒地得到开垦。进而由国家掌控山林湖泊的资源，禁止私人利用山林湖泊生活，这样就使那些依靠山林湖泊谋生而避开农业生产的人回来种田。这无疑增加了荒地的开垦。

> 废逆旅，则奸伪、躁心、私交、疑农之民不行；逆旅之民无以食，

即必农。农则草必垦矣。壹山泽，则恶农、慢惰、倍欲之民无所于食，无所于食，则必农。农则草必垦矣。

第九，提高酒肉的价格，加重酒肉的税额，即使经营酒肉生意的人无利可图，又使人们减少酒肉的消费，如此一来就会带来多重好处：官吏清廉，提高工作效率；经营酒肉生意者回归务农；爱享受酒肉的人缩减消费，专心务农。这显然有助于农业的发展和荒地的开发。

贵酒肉之价，重其租，令十倍其朴。然则商贾少，农不能喜酣奭，大臣不为荒饱。商贾少，则上不费粟；民不能喜酣奭，则农不慢；大臣不荒饱，则国事不稽，主无过举。上不费粟，民不慢农，则草必垦矣。

第十，加重刑罚并实行连坐法，使勇于私斗者、不驯顺者、懒惰者、肆意挥霍者和巧言阿谀者五种人不能兴风作浪，并驱其归农。这一方面保证社会的安宁，一方面也增加种田人手，显然对开垦荒地有利。

重刑而连其罪，则褊急之民不斗，狠刚之民不讼，怠惰之民不游，费资之民不作，巧谀、恶心之民无变也。五民者不生于境内，则草必垦矣。

第十一，令民不得随便迁徙，将所有人都固定在土地上，使愚昧无知者、思想糊涂者安分守己，安心务农，这自然增加荒地开垦。

使民无得擅徙，诛愚乱农，农民无所于食而必农；愚心躁欲立民一意，则农民必静。农静，诛愚乱农之民必农，则草必垦矣。

第十二，取消贵族之家的余子，使其不能承袭有爵位者免税免役的特权，驱使他们务农，以增加开垦荒地的劳动力。

均出余子之使令，以世使之，又高其解舍，令有甬官食槩。不可以辟役，而大官未可必得也，则余子不游事人，则必农，农则草必垦矣。

第十三，不准国家的大臣和大夫四处游荡，追求广见多闻和巧言善辩，防止他们对农民产生不安心种田的影响，使农民在愚昧无知的情况下安心种田。

国之大臣诸大夫，博闻、辩慧、游居之事，皆无得为，无得居游于百县，则农民无所闻变见方，农民无所闻变见方，则知农无从离其故事，而愚农不知，不好学问。愚农不知，不好学问，则务疾农，知农不离其故事，则草必垦矣。

第十四，净化军人市场：不准有女子；军市商人遵纪守法，自备铠甲；不准军市私运粮食。这既能杜绝军官侵吞军粮，又能杜绝游手好闲之辈扰乱军市，就能驱使与军市无关之人归农，从而增加垦荒的力量。

令军市无有女子；而命其商，令人自给甲兵，使视军兴；又使军市无得私输粮者，则奸谋无所于伏。盗输粮者不私稽，轻惰之民不游军市。盗粮者无所售，送粮者不私稽，轻惰之民不游军市，则农民不淫。国粟不劳，则草必垦矣。

第十五，统一法制，使县级官吏不敢为非作歹，专注吏治，减少员吏。这必然降低行政成本，减轻农民负担，有助于提高农民的安全感、稳定性和生产积极性，使之心无旁骛，专心农耕，增加土地的开垦。

百县之治一形，则从，迂者不饰，代者不敢更其制，过而废者不能匿其举过举。过举不匿，则官无邪人。迂者不饰，代者不更，则官属少而民不劳。官无邪则民不敖，民不敖则业不败。官属少，征不烦。民不劳，则农多日。农多日，征不烦，业不败，则草必垦矣。

第十六，严格推行抑商的法律制度，加重商业税收，缩小经商的营利空间。同时严格规范给官府运粮人的活动，不准他们借机揽载货物，堵塞他们经商的渠道。这些措施必然抑制农民弃农转商的欲望，对稳定农业有利。

> 重关市之赋，则农恶商，商有疑惰之心。农恶商，商疑惰，则草必垦矣。以商之口数使商，令之斯、舆、徒、重者必当名，则农逸而商劳。农逸则良田不荒，商劳则去商丧寡之礼无通于百县，则农民不饥，行不饰。农民不饥，行不饰，则公作必疾，而私作不荒，则农事必胜。农事必胜，则草必垦矣。今送粮无取僦，无得反庸，车牛舆设设必当名，然则往速来疾，则业不败农业。不败农，则草必垦矣。

最后，第十七，

> 无得为罪人请于吏而饟食之，则奸民无主。奸民无主，则为奸不勉。为奸不勉，则奸民无扑，奸民无朴，则农民不败。农民不败，则草必垦矣。①

使犯罪之人受到严酷的惩罚，不准给犯人送饭，使他们感受监狱的难熬。从而使罪犯出狱后不敢再犯罪；使未犯罪者惮于犯罪。这就使奸邪之人大大减少，保证农民安心务农，保证土地得到充分的开发和利用。

以上这些政策措施，基本指向一是强调农业生产，主要是粮食生产的重要意义；二是从各个方面和层次下手，逼使几乎所有人从事农业生产，尽量多地垦荒、垦荒、再垦荒。在商鞅眼里，一方面农民和其他职业者，都是国家可资利用的工具，可以任意驱使；另一方面，粮食等同于财富，政府施政的主要内容就是增产粮食，再增产粮食。为此，不惜使用任何无理和残酷的手段，使国家专注于农耕，使农民致力于农耕，不能有丝毫的分心和旁骛：

---

① 山东大学《商子译注》编写组：《商子译注》，齐鲁书社 1982 年版，第 7—12 页。

夫圣人之治国也，能抟力、能杀力。制度察则民力抟，抟而不化则不行，行而无富则生乱。故国者，其抟力也，以富国强兵也；其杀力也，以事敌劝民也。夫开而不塞则智长，长而不攻则有奸；塞而不开则民浑，浑而不用则力多，力多而不攻则有奸、虱。故抟力以一务也，杀力以攻敌也。治国者贵民一，民一则朴，朴则农，农则易勤，勤则富。富者废之以爵不淫；淫者废之以刑而务农。故能抟力而不能用者必乱；能杀力而不能抟者必亡。故明君知齐二者，其国强；不知齐二者，其国削。①

在当时的历史条件下，商鞅强调粮食生产的重要性不无积极意义，但他强调得过头了，他认识不到，或者说轻视和忽视其他行业在经济上的重要性，则是显而易见的偏颇。农业固然重要，但离开手工业和商业，社会经济的运行几乎是不可能的。一个正常的社会，农业、手工业和商业贸易保持适当的比例和平衡，才能顺畅地发展。百业兴旺，百姓各得其所，国家才能真正繁荣富强。

在商鞅的政治思想中，“耕”是社会赖以存在的基础，“战”则是国家立定脚跟并能够在兼并战争中无往而不胜的手段。而要想战胜敌人，关键是要有源源不绝的勇于拼杀、不怕牺牲的将士。所以他一再强调：“凡人主之所以劝民者，官爵也；国之所以兴者，农战也。”② 为了鼓励将士奋勇杀敌立功，就有必要设立军功爵位制度，厉行奖惩法纪：

四境之内，丈夫女子皆有名于上，生者著，死者削。

其有爵者乞无爵者以为庶子，级乞一人。其无役事也，其庶子役其大夫月六日；其役事也，随而养之军。

爵自一级已下至小夫，命曰校、徒、操、公士。爵自二级以上至不更，命曰卒。其战也，五人束簿为伍，一人羽而轻其四人，能人得一首则复。五人一屯长，百人一将。其战，百将、屯长不得，斩首；得

① 山东大学《商子译注》编写组：《商子译注》，齐鲁书社 1982 年版，第 67 页。

② 山东大学《商子译注》编写组：《商子译注》，齐鲁书社 1982 年版，第 17 页。

> 三十三首以上，盈论，百将、屯长赐爵一级。五百主，短兵五十人。二五百主，将之主，短兵百。千石之令，短兵百人；八百之令，短兵八十人；七百之令，短兵七十人；六百之令，短兵六十人。国封尉，短兵千人。将，短兵四千人。战及死吏，而轻短兵，能一首则优。能攻城围邑，斩首八千以上，则盈论；野战，斩首二千，则盈论。吏自操以上大将，尽赏下闻之吏也。
>
> 故爵公士也，就为上造也；故爵上造，就为簪（袅）；就为不更；故爵为大夫，爵吏而为县尉，则赐虏六，加五千六百。爵大夫而为国治，就为官大夫；故爵为官大夫，就为公大夫；就为公乘，就为五大夫，则税邑三百家。故爵五大夫，皆有赐邑三百家，有赐税邑三百家。爵五大夫，有税邑六百家者，受客。大将、御、参，皆赐爵三级。故客卿相，论盈，就正卿。就为大庶长；故大庶长，就为左更；故四更也，就为大良造。……能得甲首一者，赏爵一级，益田一顷，益宅九亩，一除庶子一人，乃得入兵官之吏。①

如此严酷、翔实、细密的奖惩标准，必然促使走上战场的将士，只能奋勇向前杀敌致果受奖，或战死疆场让家属领受赏赐，畏缩不前只有死路一条。这样的奖惩制度，在其他各种条件的配合下，定会使被逼到死角的将士们激发出无可估量的战斗力。这大概是秦军将士在平定六国的战斗中所向披靡、屡屡获胜的原因之一吧。

商鞅一再强调与耕战连在一起的奖惩制度，认定它是推行耕战的促进器和螺旋桨：

> 明王之所贵，唯爵其实，爵其时而荣显之。不荣则民不急列位，不显则民不事爵爵。易得也，则民不贵上爵。列爵禄赏，不道其门，则民不以死争位矣。人生而有好恶，故民可治也。人君不可以不审好恶，好恶者赏罚之本也。夫人情好爵禄而恶刑罚，人君设二者以御民之志，而立所欲焉。夫民力尽而君随之，功立而赏随之，人君能使其

① 山东大学《商子译注》编写组：《商子译注》，齐鲁书社 1982 年版，第 130—133 页。

民信于此如明日月，则兵无敌矣。①

商鞅的耕战思想通过变法转换成制度和政策并在秦国得到认真的实施和推行，立竿见影般地促进秦国很快达到国富兵强的目的。而从秦孝公开始的"六世余烈"步步登高，顺风顺水，到秦王嬴政手里终于结出胜利果实：平定六国，统一华夏，建立起空前强大、统一的中央集权的东方帝国。横空出世，登顶凌绝，睥睨环宇，耸动视听，阅尽人间春色。

四、法制理论

在商鞅留下的著作中，多角度、多层次地集中论述了法制在国家和社会治理中的决定作用，《商子·一言》对此进行了较充分的阐发：

凡将立国，制度不可不察也，治法不可不慎也，国务不可不谨也，事本不可不抟也。制度时，则国俗可化而民从制；治法明，则官无邪；国务壹，则民应用；事本抟，则民喜农而乐战。夫圣人之立法化俗，而使民朝暮从事于农也，不可不知也。夫民之从事死制也，以上之设荣名、置赏罚之明也，不用辩说、私门而功立矣。故民之喜农而乐战也，见上之尊农战之士，而下辩说、技艺之民，而贱游学之人也。故民一务，其家必富，而身显于国。上开公利而塞私门，以致民力，私劳不显于国，私门不请于君，若此而功臣劝，则上令行而荒草辟，淫民止而奸无萌。治国能持民力而壹民务者强，能事本而禁末者富。

这里，商鞅举出立国的四个基本点，即建立制度、制定法令、统一政务、专一农战。而他重点所着眼的，其实主要还是制度和法令，因为政务和农战都是在制度和法令的规范下的具体实施。商鞅认为，在他理想的法制社会里，君道必须尊而不能卑；法令必须明而不能暗；刑罚必须重而不能轻；赏赐必须轻而不能重：刑罚必须先而赏赐只能后；一切都必须通过法令加以精准规范：

① 山东大学《商子译注》编写组：《商子译注》，齐鲁书社 1982 年版，第 72—73 页。

> 夫民之不治者，君道卑也；法之不明者，君长乱也。故明君不道卑，不长乱也。秉权而立，垂法而治，以得奸于上而官无不，赏罚而器用有度。若此，则国制民明而民力竭，上爵尊而伦徒举。今世主皆欲治民，而助之于乱；非乐以为乱也，安其故而不窥于时也。是上法古而得其塞，下修令而不时移，而不明世俗之变，不察治民之情，故多赏以致刑，轻刑以去赏。夫上设刑而民不服，赏匮而奸益多。故上之于民也，先刑而后赏。故圣人之为国也，不法古，不修今，因世而为之治，度俗而为之法。故法不察民之情而立之，则不成；治宜于时而行之，则不干。故圣王之治也，慎为、察务、归心于一而已矣。

在商鞅看来，法令是“民之命”和“治之本”，是维护社会有序运行的利器。因为法令最大的功用是对社会上的各色人等都规定了恰如其分的“名分”，设定了他们的权利和义务，任何人都必须绝对自觉地遵行，不得逾越：

> 法令者民之命也，为治之本也，所以备民也。智者不得过，愚者不得不及。名分不定而欲天下之治也，是犹欲无饥而去食也，欲无寒而去衣也，欲至东西行也，其不几亦明矣。一兔走百人逐之，非以兔为可分以为百，由名之未定业也。夫卖者满市而盗不敢取，由名分已定也。故名分未定，尧、舜、禹、汤且皆如物而逐之；名分已定，贫盗不取。今法令不明，其名不定，天下之人得议之，其议，人异而无定。人主为法于上，下民议之于下，是法令不定，以下为正也。此所谓名分之不定也。夫名分不定，尧、舜犹将皆折而奸之，而况众人乎？此令奸恶大起，人主夺威势、亡国灭社稷之道也。今先圣人为书而传之后世，必师受之，乃知所谓之名；不师受之，而人以其心意议之，至死不能知其名与其意。故圣人必为法令置官也、置吏也，为天下师，所以定名分也。名分定，则大诈贞信，民皆愿悫，而名自治也。故夫名分定，势治之道也；名分不定，势乱之道也。故势治者不可乱，势乱者不可治。夫势乱而治之愈乱矣，势治而治之则治矣。故圣王治治不治乱也。

进一步，商鞅认定，国家和社会所以必须实行法制，是因为不待法令规范而能自觉约束自己行动的智者和贤者在总人口中只占“千万之一”，圣人治国行政的对象是绝大多数人，而不是极少数智者和贤者。所以法令必须“明白易知”，使众百姓知道法令对自己行为的规范、约束、奖惩，不仅不敢违法，还必须接受“吏为之师”，切实让执法之吏指导自己的行动：

夫微妙意志之言，上智之所难也。夫不待法令绳墨而无不正者，千万之一也。故圣人以千万治天下。故夫智者而后能知之，不可以为法，民不尽智；贤者而后知之，不可以为法，民不尽贤。故圣人为民法，必使之明白易知，愚知徧能知之。为置法官，置主法之吏，以为天下师，令万民无陷于险危也。故圣人立天下而无刑死者，非可刑杀而不刑杀也，行法令明白易知，为置法官，吏为之师，以道之知，万民皆知所避就，避祸就福，而皆以自治也。故明主因治而终治之，故天下大治也。①

再进一步，商鞅特别指明，法制最重要的功能是制定一个全国臣民都必须遵守的衡量一切事物和是非的标准，犹如秤之用于称量轻重，尺之用于测量长短一样：

世之为治者，多释法而任私议，此国之所以乱也。先王悬权衡，立尺寸，而至今法之，其分明也。夫释权衡而断轻重，废尺寸而竟长短，虽察，商贾不用，为其不必也。故法者国之权衡也。夫倍法度而任私议，皆不知类者也。不以法论智能、贤不肖者唯尧，而世不尽为尧。是故先王知自议誉私之不可任也，故立法明分，中程者赏之，毁公者诛之，赏诛之法不失其议，故民不争。不以爵禄使近亲，则劳臣不怨；不以刑罚隐疏远，则下亲上。故官贤选能不以其劳，则忠臣不进；行赏贱禄不称其功，则战士不用。②

① 山东大学《商子译注》编写组：《商子译注》，齐鲁书社 1982 年版，第 168——169 页。

② 山东大学《商子译注》编写组：《商子译注》，齐鲁书社 1982 年版，第 95—96 页。

有了统一的标准，还必须贯彻法令面前人人平等的原则，任何人触犯法令都必须受到惩罚：

所谓一刑者，刑无等级，自卿相、将军以至大夫、庶人，有不从王令、犯国禁、乱上制者，罪死不赦。有功于前，有败于后，不为损刑；有善于前，有过于后，不为亏法。忠臣孝子有过，必以其数断。守法守职之吏，有不行王法者，罪死不赦，刑及三族。周官之人，知而讦之上者，自免于罪，无贵贱，尸袭其官长之官爵、田禄。①

在商鞅看来，法的最重要的特性，一是"刑无等级"，不偏袒任何人。二是"轻罪重罚"，加大犯罪成本，使人人惮于违法犯罪：

国之乱也，非其法乱也，非法不用也。国皆有潜法，而无使法必行之法；国皆有禁奸邪、刑盗贼之法，而无使奸邪盗贼必得之法。为奸邪盗贼者死刑，而奸邪盗贼不止者，不必得；必得而尚有奸邪盗贼者，刑轻也。刑轻者，不得诛也；必得者，刑者众也。故善治刑者，刑不善而不赏善，故不刑而民善。不刑而民得善，刑重也。刑重者，民不敢犯，故无刑也。而民莫敢为非，是一国皆善也。故不赏善而民善。赏善之不可也，犹赏不盗。故善治者，使跖可信，而况伯夷乎？不能治者，使伯夷可疑，而况跖乎？势不能为奸，虽跖可信也；势得为奸，虽伯夷可疑也。②

"轻罪重罚"显示了商鞅对法令认识上的偏颇。因为法令的特性之一应该是"平"，即量刑轻重适度，"轻罪重罚"或"重罪轻罚"都达不到遏制犯罪的最佳效果。商鞅后的秦国和秦朝，一直实行"轻罪重罚"的政策，所谓"步过六尺者受罚，弃灰于道者被刑"，结果不仅未能遏制犯罪，反而使犯罪者越来越多，造成"赭衣塞路，囹圄成市"的恐怖局面，成为秦朝二世而亡的

① 山东大学《商子译注》编写组：《商子译注》，齐鲁书社1982年版，第112页。

② 山东大学《商子译注》编写组：《商子译注》，齐鲁书社1982年版，第121—122页。

重要原因之一。

商鞅进而认识到，法令一旦制定出来，其威力和效用在于严格地实施和执行。而要想使法令得以严格顺畅的实施，就必须摈弃妨碍法令顺利推行的10个方面的人事、德行和智虑：

> 善为国者，官法明，故不任智虑；上作壹，故民不营私，则国力抟。国力抟者强，国好言谈者削。故曰：农战之民千人，而有《诗》《书》辩慧者一人焉，千人者皆怠于农战矣；农战之民百人，而有技艺一人焉，百人者皆怠于农战矣。国待农战而安，主待农战而尊。夫民之不农战也，上好言而官失之也。常官则国治，一务则国富。国富而治，王之道也。故曰：王道作外，身作壹而已矣。
>
> 今上论材能知慧而任之，则知慧之人希主好恶，使官制物，以适主心。是以官无常，国乱而不一，辩说之人而无法也。如此，则民务焉得无多，而地焉得无荒。《诗》《书》、礼、乐、善、修、仁、廉、辩、慧，国有十者，上无使守战，国以十者治，敌至必削，不至必贫。国去此十者，敌不敢至，虽至必却。兴兵而伐必取，按兵不伐必富。国好力者以难攻，以难攻者必兴；好辩者以易攻，以易攻者必危。故圣人明君者，非尽能其万物也，知万物之要也。故其治国也，察要而已矣。①
>
> 国有礼，有乐，有《诗》，有《书》、有善、有修、有孝、有悌、有廉、有辩，国有十者，上无使战，必削至亡；国无十者，上有使战，必兴至王。国以善民治奸民者，必乱至削；国以奸民治善民者，必治至强。国用《诗》《书》、礼、乐、孝、悌、善、修治者，敌至必削国，不至必贫国。不用八者治，敌不敢至，虽至必却；兴兵而伐必取，必能有之；按兵而不攻必富。国好力日以难攻，好言日以易攻。国以难攻者，起一得十；国以易攻者，出十亡百。②

商鞅这里表述的思想，充满明显的抑工商和反智慧反道德的倾向。他不明

① 山东大学《商子译注》编写组：《商子译注》，齐鲁书社1982年版，第19——20页。
② 山东大学《商子译注》编写组：《商子译注》，齐鲁书社1982年版，第30页。

白，国家和社会不仅需要法令，也需要伦理道德，否则社会秩序难以稳定健康地运行；国家和社会更需要知识和智慧，否则人类文明就无法持续进步与发展。反智慧反道德是法家思想中最有害的东西，也是它的软肋。在长期的中国古代社会，法家思想之所以在同儒家思想的博弈中败下阵来，未能占据主流意识形态的尊位，这应该是其中最重要的原因。

商鞅阐述的法制思想，在很大程度上奠定了此后战国时期各国立法的基本理论，一方面指导了秦国和后来各国的立法行政实践，一方面深深影响了其后的法家理论的构建。在战国集其大成的韩非的法制思想中可以发现其对商鞅法制思想的继承、丰富和发展。

五、对君、臣、民的权利和义务的设定

商鞅通过对君、臣、民三者权利和义务的设定，突出展现了他的专制主义中央集权的制度理念。他首先推出自己对社会制度产生和发展变化的认识，其中之一是君和臣的生发论：

> 凡仁者以爱利为务，而贤者以相出为道。民众而无制，久而相出为道，则有乱。故圣人承之，作为土地、货财、男女之分。分定而无制，不可，故立禁；禁立而莫之司，不可，故立官；官设而莫之一，不可，故立君。既立其君，则上贤废而贵贵立矣。
>
> 上世亲亲而爱私，中世上贤而说仁，下世贵贵而尊官。上贤者，以相出为道也；而立君者，使贤无用也。亲亲者，以私为道也；而中正者，使私无行也。此三者，非事相反也，民道弊而所重易也，世事变而行道异也。故曰：王者有绳。
>
> 先王道一端，而臣道亦一端；所道则异，而所绳则一也。故曰：民愚则智可以王，世智则力可以王。民愚则力有余而智不足，世智则巧有余而力不足。民之生，不智则学，力尽而服。故神农教耕而王天下，师其知也，汤、武致强而征诸侯，服其力也。夫民愚，不怀智而问；世智无余力而服。故以爱王天下者并刑，力征诸侯者退德。①

① 山东大学《商子译注》编写组：《商子译注》，齐鲁书社1982年版，第58—59页。

这里，商鞅以进化论的观点论述了制度、法律、官吏和国君产生的历史，认为其间经历了上世的“亲亲而爱私”、中世的“上贤而说仁”和下世的“贵贵而尊官”，认定它们的产生和依次更替都是社会发展的需要。在国家的各种制度、法令和规则产生的过程中，“圣人”起了重要作用，他们是历史的创造者：

> 古者未有君臣上下之时，民乱而不治，是以圣人列贵贱，制爵秩，立名号，以别君臣上下之义。地广、民众、万物多，故分五官而守之。民众而奸邪生，故立法制、为度量以禁之。是故有君臣之义，五官之分，法制之禁，不可不慎也。①

国君所处的时代条件不同，所用的统治方略也不同。当今之世，列国纷争，尚贤说仁的治世方略已经难以适应时代的要求，国君只能凭借强力战胜别人，巩固尊位，也只能凭借法制对臣民进行有效管理。因此，国君必须牢牢操持权柄、立足信用、运用法度，对百官和万民进行统治：

> 国之所以治者三：一曰法，二曰信，三曰权。法者君臣之所共操也，信者君臣之所共立也，权者君之所独制也。人主失守则危，君臣释法任私则乱。故立法明分而不以私害法则治，权制独断于君则威，民信其赏则事功，不信其刑则奸无端矣。唯明主爱权重信，而不以私害法也。故不多惠言而克其赏，则下不用；数加严令而不致其刑，则民傲罪。凡赏者文也，刑者武也。文武者法之约也。故明主慎法。明主不蔽之谓明，不欺之谓察。故赏厚而信，刑重而必，不失疏远，不违亲近，故臣不蔽主而下不欺上。

显然，商鞅坚信：法度和信用虽然应该由君臣共同掌握，但权力则必须由国君独自控制。商鞅有时也将权柄称为“势”和“数”：

---

① 山东大学《商子译注》编写组：《商子译注》，齐鲁书社 1982 年版，第 156 页。

> 凡知道者，势、数也。故先王不恃其强而恃其势，不恃其信而恃其数。今夫飞蓬遇飘风而行千里，乘风之势也；探渊者知千仞之深，悬绳之数也。故托其势者，虽远必至；守其数者，虽深必得。今夫幽夜，山陵之大而离娄不见；清朝日䵯，则上别飞鸟，下察秋毫。故目之见也，托日之势也。得势之主，不参官而洁，陈数而物当。今官恃多官众吏，官立丞、监。夫置丞立监者，且以禁人之为利也，而丞监亦欲为利，则何以相禁？故恃丞、监而治者。仅存之治也。通数者不然也，别其势，难其道。故曰：其势难匿者，虽跖不为非焉。故先王贵势。①

商鞅坚信：权力只有由国君专断，国君才有威严，才能驱使臣民服从自己的意志，去做国君要求做的事情。而贤明的国君同时必须明察臣民之所想和所为，才能不受蒙蔽，充分运用刑和赏两手的吸引力和威慑力，即使臣民不敢欺蒙国君，也使他们心甘情愿地为国君服务。不过，国君以法度治理国家和统御臣民，他的出发点应该是出于“公心”，为了天下人的利益来治理天下。如此，上行下效，才能使正直能干的臣子以公心和诚意来为国君和百姓服务。否则，如果国君出于一己之私施法用人，那就必然使奸佞之辈乘机投国君之所好，弄权营私，鱼肉百姓，国家就会走向灭亡之路：

> 凡人臣之事君也，多以主所好事君。君好法，则臣以法事君；君好言，则臣以言事君。君好法，则端直之士在前；君好言，则毁誉之臣在侧。公私之分明，则小人不疾贤，而不肖者不妒功。故尧舜之位天下也，非私天下之利也，为天下位天下也。论贤举能而传焉，非疏父子亲越人也，明于治乱之道也。故三王以义亲天下，五伯以法正诸侯，皆非私天下之利也，为天下治天下。是故擅其名而有其功，天下乐其政，而莫之能伤也。今乱世之君臣，区区然皆擅一国之利而当一官之重，以便其私，此国之所以危也。故公私之故，存亡之本也。
>
> 夫废法度而好私议，则奸臣鬻权以约禄，秩官之吏隐下而渔民。谚曰：蠹众而木折，隙大而墙坏。故大臣争于私而不顾其民，则下离

① 山东大学《商子译注》编写组：《商子译注》，齐鲁书社 1982 年版，第 150 页。

上。下离上者，国之隙也。秩官之吏隐下以渔百姓，此民之蠹也。故有隙蠹而不亡者，天下鲜矣。是故明王任法去私，而国无隙蠹矣。①

国君能够乾纲独断，掌控全权，运用赏、刑、教三种手段，对臣民进行有效管理和使用，就可以达到理想的“无赏”“无刑”和“无教”的境界：

圣人之为国也，一赏、一刑、一教。一赏则兵无敌，一刑则令行，一教则下听上。夫明赏不费，明刑不戮，明教不变，而民知于民务，国无异俗，明赏之犹至于无赏也，明刑之犹至于无刑也，明教之犹至于无教也。

接着，商鞅对赏、刑、教进行阐释。所谓赏，就是充分利用臣民对利禄、官爵的渴求，使无论“愚知、贵贱、勇怯、贤不肖”的各色人等都能“竭其股肱之力，出死而为上用”，天下豪杰贤良也能从之如流水，归到国君麾下供其驱使。臣民一致拥戴国君，国君就有了丰厚的经济基础和所向无敌的军事力量，就能战胜强敌，统一华夏。之后，不用国君出一文钱、一粒粟，而以全国的巨量财富赏赐臣民，就能使他们渴求富贵利禄的愿望得到满足。如此之赏岂不等于无赏：

所谓一赏者，利禄、官爵抟出于兵，无有异施也。夫固愚知、贵贱、勇怯、贤不肖皆尽其胸臆之知，竭其股肱之力，出死而为上用也。天下豪杰贤良从之如流水，夫故兵敌而令行于天下。万乘之国不敢苏其兵中原，千乘之国不敢捍城。万乘之国若有苏其兵中原者，战将复其军；千乘之国若有以捍城者，攻将凌其城。战必覆人之军，攻必凌人之城，尽城而有之，尽宾而致之，虽厚庆赏，何费匮之有矣。昔汤封于赞茅，文王封于岐周，方百里。汤与桀战于鸣条之野，武王与纣战于牧野之中，大破九军，卒裂土封诸侯。士卒坐陈者，里有书社；车休息不乘，纵马华山之阳，纵牛于农泽，纵之老而不收。此汤、武之赏

① 山东大学《商子译注》编写组：《商子译注》，齐鲁书社1982年版，第94—97页。

> 也。故曰：赞茅、岐周之粟以赏天下之人，不人得一胜，以其钱赏天下之人，不人得一钱。故曰：百里之居而封侯功臣，大其旧，自士卒坐陈者，里有书社，赏之所加，宽于牛马者何也？善因天下之货以赏天下之臣。故曰：明赏不费。汤、武既破桀、纣，海内无害，天下大定。筑五库，藏五兵，偃武事，行文教，倒载戟戈，播笏作为乐，以申其德。当此时也，赏禄不行，而民整齐。故曰：明赏之犹至于无赏也。①

商鞅对于刑的理解，一是"刑无等级"，任何人触犯法令都得严惩。二是轻罪重罚，使"民不敢试"，没有人犯罪，自然也就达到"无刑"的目的了。商鞅对于"教"也有自己的理解：

> 所谓一教者，博闻、辩慧、信廉、礼乐、修行、群党、任誉、清浊，不可以富贵，不可以评刑，不可独立私议以陈其上。坚者破，锐者挫，虽曰圣智、巧佞、厚朴，则不能以非功罔上利。然富贵之门，要存战而已矣。彼能战者，践富贵之门；强梗焉，有常刑而不赦。是父兄、昆弟、知识、婚姻、合同者，皆曰："务之所加，存战而已矣。"夫故当壮者务于战，老弱者务于守，死者不悔，生者务劝。此臣之所谓一教也。民之欲富贵也，共阖棺而后止，而富贵之门必出于兵，是故民闻战而相贺也，起居饮食所歌谣者战也。此臣之所谓明教之犹至于无教也。②

这里商鞅所说的"教"等于后世所说的教育、教化，也就是用何种价值观去教育、教化和引导臣民的走向。在商鞅看来，对那些所谓博闻、辩慧、信廉、讲礼乐、重德行的人，不仅不能让他们得到富贵利禄，而且也不许他们议论刑罚和国家政务，更不准他们创立私家学派向国君兜售其思想学说。即使他们学识渊博、巧言善辩、厚道朴实，也不能无功受禄。富贵利禄的大门只能向那些努力作战的人开放，在社会上形成强烈的舆论氛围，使父子相

---

① 山东大学《商子译注》编写组：《商子译注》，齐鲁书社 1982 年版，第 110—111 页。

② 山东大学《商子译注》编写组：《商子译注》，齐鲁书社 1982 年版，第 113—114 页。

劝，兄弟互励，共趋一个目标，以达到富国强兵的目的。商鞅“教”的理论，既显示他对舆论作用的正确认识和极度重视，也凸现了他的反智慧反道德的倾向。最后，商鞅特别强调赏、刑、教三者相结合的重要性，认定无论是英明的国君，还是平庸的国君，只要深刻认识、紧紧抓住这个“三教”不放并认真贯彻实行，就能无往而不胜，达到他理想的目标：

此臣所谓三教也。圣人非能通，知万物之要也。故其治国，举要以致万物，故寡教而多功。圣人治国也，易知而难行也。是故圣人不必加，凡主不必废，杀人不为暴，赏人不为仁者，国法明也。圣人以功授官予爵，故贤者不忧；圣人不宥过，不赦刑，故奸无起。圣人治国也，审一而已矣。①

在商鞅看来，国君仅有权势和法令还不足以顺畅地统御臣民，他要想成为明君，还必须具有过人的聪明才智，能够“无所不见”“知必然之理，必为之时势”“见本然之政”，才能合天下之力，使“群臣不敢为奸，百姓不敢为非”“勇强不敢为暴”，所有人都遵行国君的法令，执行国君的旨意，“众不得不为”国君设定的目标赴汤蹈火。这样，国君就能够躺在床上，听着音乐，轻松愉快地治理天下了：

所谓明者，无所不见，则群臣不敢为奸，百姓不敢为非。是以人主处匡床之上，听丝竹之声，而天下治。所谓明者，使众不得不为。

所谓强者天下胜。天下胜，是故合力。是以勇强不敢为暴，圣知不敢为诈而虚用，兼天下之众，莫敢不为其所好而辟其所恶。所谓强者，使勇力不得不为已用。其志足，天下益之；不足，天下说之。恃天下者，天下去之；自恃者，得天下。得天下者，先自得者也。能胜强敌者，先自胜者也。

圣人知必然之理，必为之时势，故为必治之政，战必勇之民，行必听之令。是以兵出而无敌，令行而天下服从。黄鹄之飞，日行千里，

① 山东大学《商子译注》编写组：《商子译注》，齐鲁书社1982年版，第114页。

有必飞之备也；骐驎、騄駬，每一日走千里，有必走之势也；虎豹熊罴，鸷而无敌，有必胜之理也。

圣人见本然之政，知必然之理，故其制民也，如以高下制水，如以燥湿制火。故曰：仁者能仁于人，而不能使人仁；义者能爱于人，而不能使人相爱。是以知仁义之不足以治天下也。圣人有必信之性，又有使天下不得不信之法。所谓义者，为人臣忠，为人子孝，少长有礼，男女有别；非其义也，饿不苟食，死不苟生，此乃有法之常也。圣王者不贵义而贵法，法必明，令必行，则已矣。①

如何统御臣民，是商鞅法制思想中的重要组成部分。对于臣子，他还没有如后来韩非那样绝对摈弃贤才，而是认定重法和用贤可以相得益彰：

国或重治，或重乱。明主在上，所举必贤，则法可在贤。法可在贤，则法在下，不肖不敢为非，是谓重治。不明主在上，所举必不肖，国无明法，不肖者敢为非，是谓重乱。②

同时，“明主之使其臣也，用必加于功，赏必尽其劳”，即根据功劳大小决定官位高低，根据出力多少决定赏赐的厚薄。商鞅的任贤之论反映了他对当时列国国君普遍用贤理念的认可。不过，任贤之论在他的思想中不仅不是凸显的意识，而且也与他绝对“任法”的理念相矛盾。后来的法家代表人物，如韩非等，则将“任贤”的思想彻底抛弃了。

商鞅认为治理民是国君行政事务中的重中之重，因为能不能“制天下”，关键就在于能不能“先制其民”，而其中的关键又在于“一民”，使之“从令如流，死而不旋踵”：

昔之能制天下者，必先制其民者也；能胜强敌者，必先胜其民者也。故因民之本在制民，若冶于金、陶于土也。本不坚，则民如飞鸟

① 山东大学《商子译注》编写组：《商子译注》，齐鲁书社 1982 年版，第 123—124 页。

② 山东大学《商子译注》编写组：《商子译注》，齐鲁书社 1982 年版，第 122 页。

禽兽，其孰能制之？民本，法也。故善治者塞民以法，而民、地作矣。

名尊地广以至王者，何故？战胜者也。名卑地削以至于亡者，何故？战罢者也。不胜而王、不败而亡者，自古及今未尝有也。民勇者战胜，民不勇者战败，能一民于战者，民勇；不能一民于战者，民不勇。圣王见勇致之于兵也，故举国而责之于兵。入其国，观其治，民用者强。奚以知民之见用者也？民之见战也，如饿狼之见肉，则民用矣。凡战者，民之所恶也，能使民乐战者王。强国之民，父遗其子，兄遗其弟，妻遗其夫，皆曰："不得无返。"又曰："失法离令，若死我死。"乡治之，行间无所逃，迁徙无所入。行间之治连以五，辩之以章，束之以令，拙无所处，罢无所生。是以三军之众，从令如流，死而不旋踵。①

如何使民做到听从国君的号令，"拙无所处，罢无所生"？除了"辩之以章，束之以令"之外，更在于实行"弱民"的政策：

民弱国强，国强民弱。故有道之国务在弱民。朴则弱，淫则强。弱则轨，淫则越志。弱则有用，越志则强。故曰：以强去强者弱，以弱去强者强。民善之则亲，利之用则和，用则有任，和则匮，有任乃富于政。上舍法，任民之所善，故奸多。民贫则力富，力富则淫，淫则有虱。故民富而不用，则使民以食出官爵，各必有力，则农不偷。农不偷，六虱无萌，故国富而贫治，重强。②

这个"弱民"政策的要点，一是使国家具有强大无比的力量，削弱民众的力量，使民众根本不具备与国家和法令抗衡的力量。二是"亲民"，给他们看得见、摸得着的实际利益，这就是爵禄。乐于当兵，拼死搏战，可以得到爵禄；努力耕种，生产大量粮食，亦可用来买到爵禄。这就是以爵禄为诱饵驱使民致力于耕战。

① 山东大学《商子译注》编写组：《商子译注》，齐鲁书社 1982 年版，第 119—120 页。

② 山东大学《商子译注》编写组：《商子译注》，齐鲁书社 1982 年版，第 138—139 页。

商鞅的政治思想中最有价值的精华是他的法制理论，其中的“刑无等级”凸显了法应该具备的公平公正的本质，对后世产生了积极的影响。他政治思想中最大的弊端是反智慧反道德的愚民倾向。在对待臣民的问题上，他将臣民视为国君任意驱使的富国强兵的工具，更显示了他极端尊君和极度蔑视百姓的立场，是应该批判的。

六、毁多于誉的后世评论

商鞅是被后世政治家、思想家和历史学家评论最多的人物之一，原因就在于他的变法不仅深深影响了秦国和秦朝的历史，而且深深影响了秦朝以后的中国历史，再加上他惨遭车裂之刑的悲剧容易引发人们对人生价值的思考，这就使后世对他的评论历久不衰。除了当时秦国的反变法派对他的不遗余力的攻击外，后世的评论则是见仁见智、歧义纷呈的，但总的倾向是毁多于誉，将他归入反面人物之列而严加鞭挞和谴责的。

商鞅被车裂而死的秦惠文王当政时期，他所被强加的恶名自然难以洗刷。但到惠文王的孙子昭襄王当国时，一方面商鞅的反对派都寿终正寝，向商鞅泼脏水的人越来越少，一方面商鞅变法推动秦国社会发展的巨大作用和积极影响更进一步显现出来。这样一来，秦国君臣对商鞅的评价也基本回归理性，不仅肯定他变法行政和开疆拓土的功绩，而且将他的被族灭认定为一桩旷世的冤案，给以深深的同情。昭襄王后期任丞相的蔡泽就说：“商君为秦孝公明法令，禁奸本，尊爵必赏，有罪必罚，平权衡，正度量，调轻重，决裂阡陌，以静生民之业而一其俗，劝民耕农利土，一室无二事，力田稸积，习战陈之事，是以兵动而地广，兵休而国富，故秦无敌于天下，立威诸侯，成秦国之业。功已成矣，而遂以车裂。”①对商鞅未能功成身退、避祸保命深表遗憾。

秦朝以后，对商鞅的差评就越来越多。西汉初年，编纂《淮南鸿烈》的刘安就指责商鞅最根本的失误是“背道德之本而争于锥刀之末”。《淮南鸿烈·览冥训》：

① 司马迁：《史记》卷七九《范睢蔡泽列传》，中华书局1959年版，第2422页。

今若夫申、韩、商鞅之为治也，挬拔其根，芜弃其本，而不穷究其所由生。何以至此也？凿五刑，为刻削，乃背道德之本，而争于锥刀之末，斩艾百姓，殚尽太半，而忻忻然常自以为治，是犹抱薪而救火，凿窦而出水。夫井植生梓而不容瓮，沟植生条而不容舟，不过三月必死。所以然者何也？皆狂生而无其本者也。①

为商鞅作传的司马迁也指责他无视道德、刻薄寡恩的缺失：

太史公曰：商君，其天资刻薄人也。迹其欲干孝公以帝王术，挟持浮说，非其质矣。且司因由嬖臣，及得用，刑公子虔，欺魏将卬，不师赵良之言，亦足发明商君之少恩矣。余尝读商君《开塞》《耕战》书，与其人行事相类。卒受恶名于秦，有以也夫！②

宋朝学者对商鞅的诋毁更进一层，典型代表是大文豪苏轼。他对商鞅的抨击也集中于他的无视道德、重利轻义、重刑弃德：

商鞅变法不顾人心，虽能骤至富强，亦以召怨。天下使其民知利而不知义，见刑而不见德。虽得天下，旋踵而失也。至于其身亦卒，不免负罪出走，而诸侯不纳，车裂以狥。③

不仅如此，苏轼还由商鞅迁怒于司马迁。本来司马迁从道德的层面已经否定了商鞅，但苏轼认为他赞扬商鞅变法取得显著成就也是不对的：

东坡曰：商鞅用于秦，变法令，行之十年，秦民大悦，道不拾遗，山无盗贼，家给人足，民勇于公战，怯于私斗。秦人富强，天子致胙于孝公，诸侯毕贺。苏子曰：此皆战国之游士邪说诡论，而司马迁暗于大道，取以为史。吾以谓迁有大罪二。其先黄老后六经，退处士而进

① 董治安主编：《两汉全书》第三册，山东大学出版社 2009 年版，第 1623 页。

② 司马迁：《史记》卷六八《商君列传》，中华书局 1959 年版，第 2237 页。

③ 《东坡全集》卷五一《上皇帝书》，电子版文渊阁四库全书。

奸雄，特其小者耳。所谓大罪二，则论商鞅桑弘羊之功也。自汉以来，学者耻言商鞅桑弘羊，而世主独甘心焉。皆阳讳其名而阴用其实。其甚者，名实皆宗之，庶几其成功。此司马迁之罪也。秦固天下之强国，而孝公亦有志之君也。修其政刑十年，不为声色游田之所败，虽微商鞅，有不富强乎？秦所以富强者，孝公敦本力穑之效，非鞅流血刻骨之功也。秦之所以见疾于民，如豺虎毒药，一夫作难而子孙无遗种，则鞅实使之……又曰：商君之法，使民务本力农，勇于公战，怯于私斗，食足兵强，以成帝业。然其民见刑而不见德，知利而不知义，卒以此亡。故帝秦者，商君也；亡秦者，亦商君也。其生有南面之福，既足以报其帝秦之功矣。而死有车裂之祸，盖仅足以偿其亡秦之罚。理势自然，无足怪者。后之君子，有商君之罪而无其功，飨商君之福而未受其祸者，吾为之惧矣。①

这里苏轼的评价已经是不顾历史事实，纯粹从道德层面的诛心之论了。而宋朝与苏轼持同样观点甚至有过之而无不及者不乏其人。如胡宏就认定商鞅变法后秦国的实力增长与道德衰败成正比："秦自孝公用商鞅之法，势日张而德日衰，兵日振而俗日弊，地日广而民心日益散，秦之亡也久矣。"②而徐积就根本无视商鞅取得的明显成就，对其以"小人"之谥全盘否定："昔商鞅小人，壊先王之法，行暴君之政，以毒天下之民而遗害万世。当时之人，孰不苦其法沮其事哉！"③另一宋朝人袁燮在《商鞅论》中也以唯利是图否定商鞅的行政实绩。

呜呼！其行法于君也似不阿，其勤耕织也似知本，其令行禁止也似有功。然探其心术则人欲纷乱，而未尝须臾宁息。君子岂以其迹而掩其心哉？道不拾遗，山无盗贼，人以是为鞅之功。鞅以峻法绳其民，特劫于威服尔，何功之云？心术一差，万事颠沛，君子是以知利心之不可有也。鞅之设心，日夜惟己是利，及其出亡，至无所舍，车裂以

① 《东坡全集》卷一〇五《志林・十三条论古》，电子版文渊阁四库全书。

② 胡宏：《知言》卷三，电子版文渊阁四库全书。

③ 徐积：《节孝集》卷二八《复河说》，电子版文渊阁四库全书。

徇，为千古笑。鞅亦何便于为己利哉！①

到了明朝人孙承恩那里，干脆将商鞅的依法行政视为“劫制之术”加以全盘否定：

> 夫鞅之法何法哉？劫制之术也，劫制之术，犹盗贼御人于国门之外而夺其货而人莫之敢违也。商鞅之法虽密，而以告讦为本，故其言曰“王者用刑于将过则大奸不生，赏施于告奸则细过不失”，是以为法告奸与斩敌同赏，匿奸与降敌同罚，何其酷也！由是为秦民者凛凛乎如在虎狼之前、锋刃之侧，虽亲戚兄弟亦相忌不保也。彼鞅者，岂不自谓得治安之要哉？然而豪猾之民得以鼓翼奋袂趋上所好以要功利，势将无所不至，而善良不能自强者益无所容屏伏慑息、且有时日曷丧之怨者矣。夫其豪猾之喜功好事，固足以致治强，而循是不已亦易以乱，而孱弱者之莫立也。思欲得父母以呕哺之强者易乱弱者易离，则秦亦何得久存哉？呜呼！先王以道德治天下，仁义礼乐之教沦肌浃髓，民日迁善，而不知欢忻怡愉相安于无事之域。虽历世久远，而其绸缪固结者不可解也。商鞅以刻薄小人之资，谓民之可以力劫而国之可以强持也，尚法律、厉刑威，所谓道德仁义者无毫发矣。其立国如此，则既无以为固结人心之本，而其尚功急利抑弱右强实教之乱，虽以富强并天下，而民日益偷，俗日益坏，亡不旋踵，岂非千古之永鉴哉！②

所有否定商鞅及其变法事业者，都有一个共同倾向，就是以儒家的道德至上论为武器，秉承董仲舒“正其谊不谋其利，明其道不计其功”的信条，无视甚至抹杀基本历史事实，将商鞅置于道德的审批台上肆意鞭笞。

与主流的否定意见相左，历史上还有肯定商鞅及其变法事业的观点不绝如缕，几乎代有其人为商鞅辩护和辩诬。如唐朝的赵蕤就借刘向的话将商鞅变法比作“司马法之厉戎士，周后稷之劝农业”般的功业：

---

① 袁燮：《絜斋集》卷七，电子版文渊阁四库全书。

② 孙承恩：《文简集》卷四三《商鞅变法》，电子版文渊阁四库全书。

> 或曰：商鞅起徒步干孝公，挟三术之略，吞六国之纵，使秦业帝，可为霸者之佐乎？刘向曰："夫商君内急耕战之业，外重战伐之赏，不阿贵宠，不偏疏远。虽《书》云'无偏无党'，《诗》云'周道如砥，其直如矢'，司马法之厉戎士，周后稷之劝农业，无以易此，所以并诸侯也。"①

宋朝的李觏也全面肯定商鞅变法是为了"富国强兵"："商鞅之相秦孝公，是强国也。明法术耕战，国以富而兵以强。"② 宋朝主持"熙宁新法"的王安石更是赞扬商鞅的诚信："自古驱民在信诚，一言为重百金轻。今人未可非商鞅，商鞅能令政必行。"③ 不过，肯定和赞誉的声音是微弱的，终究敌不过铺天盖地的诋毁之潮。这说明，在汉朝董仲舒倡导的"罢黜百家，独尊儒术"的思想文化政策被历代王朝采纳后，儒学就成为历久不衰的主流意识形态，更由于法家的理论和它在秦国和秦朝的实践显示了明显的局限，以法家理论指导的商鞅变法就很难被肯定和颂扬了。不过，商鞅的悲剧牺牲并没有改变秦国历史前进的步伐，改革者的鲜血浇灌了渭水两岸的肥田沃野，一个迅速崛起于关中平原的嬴秦之国不久就会发出令东方六国震颤的怒吼，嬴秦历史上最辉煌的时代揭幕了！

第三节　秦惠文王的开疆拓土

秦孝公在位 24 年去世，他的儿子惠文君继位。经过孝公在商鞅辅佐下 20 多年的变法和治理，秦国已经强大到令东方诸侯国侧目而视的境地。所以就在惠文君元年，"楚、韩、赵、蜀人来朝"。第二年，周天子对秦国新君登基致贺。三家分晋建立韩、赵、魏三个诸侯国以后，首先与秦国发生冲突的是魏国。因为魏国是战国时期最早进行变法的诸侯国，一度处于首强地位，加之与秦国接壤的边界又长，因而发生冲突的机会最多。不过，由于商鞅变法后的秦国迅速强盛起来，魏国在与秦国的战争中就败多胜少。到惠文

---

① 赵蕤：《长短经》卷二《臣行》第一〇，电子版文渊阁四库全书。

② 李觏：《盱江集》卷二七《寄上范参政书》，电子版文渊阁四库全书。

③ 王安石：《临川文集》卷二《商鞅》，电子版文渊阁四库全书。

君继位的时候，秦国对魏国的军事优势已经形成了。所以，此后的魏国总是战战兢兢地与秦国打交道。惠文君六年（前 332 年）魏国献出阴晋（今陕西华阴）。七年，曾经被秦军俘获又放回的魏公子卬又统兵与秦国对战，结果是魏军被斩首 8 万人，其将龙贾也做了秦军的俘虏。第二年，魏国为缓和与秦国的关系，自动献出河西地。此前的孝公二十二年（前 340 年），魏国战败之后曾献过一次河西地。这次再献的河西之地，大概是魏国悬于河西的剩余部分。但这并没有缓解秦国进击魏国的势头。惠文君八年（前 330 年），秦军渡过黄河进攻魏国，夺取了汾阴（今山西汾水与黄河交汇处）和皮氏（今山西利津）。接着，惠文君与魏惠王在应（今河南鲁山东）相会。秦军围攻焦（今河南三门峡），魏军献城而降。惠文君十年（前 328 年），张仪任秦国相。魏在秦军咄咄逼迫的形势下，又献出上郡（今陕西延安周围地区）15 县。这样，魏国在黄河以西的土地就全部纳入秦国的版图。下一年，秦国在义渠（今甘肃庆阳南）设县，这个戎人建立的小而强的“戎狄之国”就彻底归附了秦国，其国君也就成了秦国的臣子。惠文君为了缓和与魏国的关系，归还了此前获取的魏国之地焦和曲沃（均在今河南三门峡市）。惠文君十三年（前 325 年），秦相张仪督军进击魏国，夺取陕（今河南三门峡）后，派兵驻守，将那里的居民放归魏国。下一年，惠文君更其记时为元年，此后秦国君开始称王。在此前后，列国间合纵连横的外交斗争，伴随着越来越激烈的军事冲突，演出了一个又一个光怪陆离的场面。更元七年（前 318 年），韩、赵、魏、燕、齐与匈奴联合进攻秦国。秦国以庶长疾统兵迎击，在修鱼（今河南原阳西）激战，大败赵国公子渴、韩国太子奂指挥的联军，俘获韩将军申差，斩首 8.2 万人。更元九年（前 316 年），秦派将军司马错统兵伐蜀。出兵前，在惠文王面前，对于伐蜀与伐韩孰先孰后问题，张仪和司马错还有一番激烈的争论：

惠王欲发兵以伐蜀，以为道险狭难至，而韩又来侵秦，秦惠王欲先伐韩，后伐蜀，恐不利，欲先伐蜀，恐韩袭秦之敝，犹豫未能决。司马错与张仪争论于惠王之前，司马错欲伐蜀，张仪曰：“不如伐韩。”王曰：“请闻其说。”仪曰：“亲魏善楚，下兵三川，塞什谷之口，当屯留之道，魏绝南阳，楚临南郑，秦攻新城、宜阳，以临二周之郊，诛周王之罪，侵楚、魏之地。周自知不能救，九鼎宝器必出。据九鼎，案图籍，挟天子以令于天下，天下莫敢不听，此王业也。今夫蜀，西僻之国而戎翟之伦也，敝兵劳众不足以成名，得其地不足以为利。臣闻争名者于朝，争利者于市。今三川、周室，天下之朝市也，而王不争焉，顾争于戎翟，去王业远矣。”司马错曰：“不然。臣闻之，欲富国者务广其地，欲强兵者务富其民，欲王者务博其德，三资者备而王随之矣。今王地小民贫，故臣愿先从事于易。夫蜀，西僻之国也，而戎翟之长也，有桀纣之乱。以秦攻之，譬如使豺狼逐群羊。得其地足以广国，取其财足以富民缮兵，不伤众而彼已服焉。拔一国而天下不以为暴，利尽西海而天下不以为贪，是我一举而名实附也，而又有禁暴止乱之名。今攻韩，劫天子，恶名也，而未必利也，又有不义之名，而攻天下所不欲，危矣。臣请谒其故：周，天下之宗室也；齐，韩之与国也。周自知失九鼎，韩自知亡三川，将二国并力合谋，以因乎齐、赵而求解乎楚、魏，以鼎与楚，以地与魏，王弗能止也。此臣之所谓危也。不如伐蜀完。”①

张仪认定伐韩是成王之大业，应该优先。而地处偏远的蜀国“敝兵劳众不足以成名，得其地不足以为利”，“去王业远”，所以可以放在后边。司马错看中蜀地的富裕，认为“得其地足以广国，取其财足以富民缮兵”，并且极易成功。而此时进攻处于联合中的东方诸侯国，取胜较难，凶险颇多。在这个问题上，司马错的建议显然更中肯可行，张仪的建议理想化的因素多一些。所以最后惠文王采纳了司马错的建议，并派他为秦军统帅，“卒起兵伐蜀，十月，取之，遂定蜀，贬蜀王更号为侯，而使陈庄相蜀。蜀既属秦，秦以益强，富厚，轻诸侯”②。

秦惠文王伐蜀的决策是完全正确的。正如司马错所言，蜀地是天府之国，土地肥沃，物产富饶，而此时的蜀国又处于内部混乱的衰败之期，取胜有绝对把握。果然，伐蜀顺利成功，使秦国轻而易举地获得了一块稳定而富

① 司马迁：《史记》卷七〇《张仪列传》，中华书局1959年版，第2281—2283页。
② 司马迁：《史记》卷七〇《张仪列传》，中华书局1959年版，第2284页。

庶的战略后方基地，极大地增强了秦国的经济实力，在很大程度上奠定了秦国日后统一中国的物质基础。

此后，秦国更频繁地对赵、魏、韩、齐、燕和楚国用兵，几乎每战必胜，连连得手：

> 九年……伐取赵中都、西阳。十年，韩太子苍来贺。伐取韩石章。伐败赵将泥。伐取义渠二十五城。十一年，樗里疾攻魏焦，降之。败韩岸门，斩首万，其将犀首走。……十二年，王与梁王会临晋。庶长疾攻赵，虏赵将庄。……十三年，庶长章击楚于丹阳，虏其将屈匄，斩首八万；又攻楚汉中，取地六百里，置汉中郡。楚围雍氏，秦使庶长疾助韩而东攻齐，到满助魏攻燕。十四年，伐楚，取召陵。丹、犁臣，蜀相庄杀蜀侯来降。①

秦惠文王在位的26年（前337—前311年）间，是继孝公之后秦国大力开疆拓土的重要时期。由于戎人之国义渠的归附，关中地区的戎人问题基本解决，秦、陇地区成为秦国巩固的创业基地。蜀地和汉中地区的夺取，使秦国获得了更广阔的后方基地。而不断对赵、魏、韩、齐、燕和楚国的用兵，一方面夺取了不少土地和人口，扩大了秦国的疆域，一方面进一步在军事上形成对东方六国的威势。随着连横之策取得对合纵之策的胜利，由秦国统一中国的趋势就越来越明朗了。

第四节 连横之略战胜合纵之策

经过秦孝公在商鞅辅佐下20多年的变法图强，秦国国力蒸蒸日上，其军事触角不断地向东向南延伸，将一个又一个的胜利纪录在自己的编年史上。东方六国越来越感受到秦国的咄咄逼人之势，都在不约而同地思谋一个自保的万全之策。适应这种要求，先是公孙衍，继而是苏秦等提出了合六国之力共同对抗秦国的策略，称之为“合纵”，又称“约纵”，简称“纵”

① 司马迁：《史记》卷五《秦本纪》，中华书局1959年版，第207页。

(从)。这个策略，用韩非的话解释，就是“合众弱以攻一强”。从地理位置看，秦国以外的六国大体都在函谷关（今河南灵宝北）以东，由北向南摆开，用一条纵线就能够串在一起，所以称之为“纵”。为了对付六国的“合纵”，张仪为秦国设计了“连横”的策略，简称之为“横”。这一策略，用韩非的话解释，就是“事一强以攻众弱”①，即秦国与东方某国联合进攻其他诸侯国。由于秦国在西部，与东方任何一国联合几乎都在一条横线上，因而称之为“连横”。

“合纵”与“连横”的斗争持续百年左右，在战国中期的秦惠文君元年（前337年）至秦武王末年（前307年）的30年间，是纵横家最活跃的时期。以公孙衍、苏秦和张仪、陈轸等为代表的纵横策士，是当时列国间激烈的政治、军事和外交斗争的产物。他们与军事斗争相配合，穿梭于列国间，在政治外交战线上演出了一幕幕波谲云诡、光怪陆离、变化莫测、牵动列国君臣神经的活剧。他们与各诸侯国的国君、将相广泛接触，摇动如簧之舌，拨弄是非，挑拨离间，时而激化矛盾，时而消解冲突，谈笑间，使和平的边界燃起烽火；一番折冲，又使双方化干戈为玉帛。他们“一怒而诸侯惧，安居而天下熄”②，仿佛这几个人左右着列国历史的走向和时代的命运。其实，从一定意义上看，他们只是推动历史发展的不自觉的工具。当时的历史趋势是，列国斗争导向统一，统一的进程在斗争中完成。这个斗争将各类政治、军事和外交精英呼唤出来，给他们提供了施展才干的广阔舞台。

纵横策士就是当时政治外交精英的代表，他们洞悉列国形势，深谙每一个国家的政治、经济、军事状况以及山川民俗和社会风气，对各国国君的性格、爱好、脾气等也都了然于胸。他们善于揣摩国君的心理，反应机敏，长于辩论，口若悬河。他们为达目的不择手段，无中生有，颠倒黑白，不讲信义，反复无常，阴谋诡计，翻手为云，覆手为雨。他们的人生追求是荣华富贵，为此，不惜投机钻营，卖友求荣。他们的人格是卑微的，但是作为历史的不自觉的工具，正是他们的活动推进了列国之间的斗争，构成了战国统一进程中最为扣人心弦、险象环生、多姿多彩、酣畅淋漓的活剧。战国的历

① 王先慎：《韩非子集解》，中华书局2013年版，第494—495页。

② 《孟子·滕文公下》，《十三经注疏》，中华书局1980年版，第2710页。

史，在秦惠文王、武王时期 30 多年的岁月里，是在纵横家的唇枪舌剑中度过的。秦昭王即位后，他们的活动已近尾声，代之而起的主要是将帅的谋略和秦军东向进军的车辚马啸之声。

纵横策士是运用“诡道”的大师。《孙子兵法·计篇》将“诡道”作了极其简洁而精准的概括：“兵者，诡道也。故能而示之不能，用而示之不用，近而示之远，远而示之近。利而诱之，乱而取之，实而备之，强而避之，怒而挠之，卑而骄之，佚而劳之，亲而离之。”所有统率千军万马的将帅，能否在战场上取胜，除了其他条件外，关键就在于如何将“诡道”加以精准、灵活和恰切到位的运用。人们只知道军事领域是“诡道”运作的广阔天地，其实在政治外交领域，“诡道”有着更为广阔的空间，战国纵横家们的实践活动，在这方面提供了许多鲜活的例证。

“合纵”的倡导者先是公孙衍，接着是苏秦，参与者有其兄弟苏代、苏厉等人。苏秦是其中最著名的代表人物，《战国策》和《史记》等文献记载的他的事迹也最为丰富翔实。他的籍贯是东周王城洛阳，曾师从当时以纵横之术闻名天下的鬼谷子研读纵横之策和学习游说之术。与所有的文武之士一样，他希望凭借自己的本领到列国君王那里猎取富贵利禄。但开始并不顺利：

> 出游数岁，大困而归。兄弟嫂妹妻妾窃皆笑之，曰：“周人之俗，治产业，力工商，逐什二以为务。今子释本而事口舌，困，不亦宜乎！”苏秦闻之而惭，自伤，乃闭门不出，出其术遍视之。曰：“夫士业已屈首受书，而不能以取尊荣，虽多亦奚以为！”于是得周书《阴符》，伏而读之。期年，以出揣摩，曰：“此可以实当世之君矣。”①

苏秦熟读的《阴符》没有流传下来，估计其内容就是游说之术，其核心就是“诡道”。纵横家们诱使各诸侯国君王进入彀中的最奏效的武器是“利而诱之”，“苏秦、张仪方以利为说取重于六国。为人君者非利则不闻，为人臣者非利则不谈，朝纵暮横，左计右数……朝廷之上，乡闾之间，往来

① 司马迁：《史记》卷六九《苏秦列传》，中华书局 1959 年版，第 2241—2242 页。

游说之士，无不以此藉口，哓哓唧唧，喧宇宙而渎乾坤者，无非利而已矣。是以攘夺成风，兵戈连岁，天下之人，欲息肩而不得”。① 纵横家们要做到这一点，就需要“知彼知己”，特别是揣摩透各诸侯国君王的心理。你看，苏秦对各国君王怎么摇唇鼓舌，让他们如何在“利动”面前心旌摇荡吧。他对燕文侯说：

> 夫安乐无事，不见覆军杀将，无过燕者。大王知其所以然乎？夫燕之所以不犯寇被甲兵者，以赵之为蔽其南也。秦赵五战，秦再胜而赵三胜。秦赵相毙，而王以全燕制其后，此燕之所以不犯寇也。且夫秦之攻燕也，踰云中、九原，过代、上谷，弥地数千里，虽得燕城，秦计固不能守也。秦之不能害燕亦明矣。今赵之攻燕也，发号出令，不至十日而数十万之军军于东垣矣。渡嘑沱，涉易水，不至四五日而距国都矣。故曰秦之攻燕也，战于千里之外；赵之攻燕也，战于百里之内。夫不忧百里之患而重千里之外，计无过于此者。是故愿大王与赵从亲，天下为一，则燕国必无患矣。②

日夜为自己弱小的国家安全焦虑的燕文侯认可了苏秦设计的这个安全阀，于是成为第一个赞成“合纵”之策的君王，他自愿为苏秦提供“车马金帛”，资助他前去游说赵国。苏秦在对赵肃侯分析了列国形势后，特别指出六国都面临秦国的威胁和“事秦”的危害：

> 夫衡人者，皆欲割诸侯之地以予秦。秦成，则高臺榭，美宫室，听竽瑟之音，前有楼阙轩辕，后有长姣美人，国被秦患而不与其忧。是故夫衡人日夜务以秦权恐愒诸侯以求割地，故愿大王孰计之也。③

---

① 张九成：《孟子传》卷一，电子版文渊阁四库全书。

② 司马迁：《史记》卷六九《苏秦列传》，中华书局 1959 年版，第 2244 页；刘向：《战国策 · 燕策一》，上海古籍出版社 1985 年版，第 1039—1040 页。

③ 司马迁：《史记》卷六九《苏秦列传》，中华书局 1959 年版，第 2248 页；刘向：《战国策 · 赵策二》，上海古籍出版社 1985 年版，第 640 页。

在赵肃侯被说动之后，苏秦进而兜售他的“合纵”之策：

> 故窃为大王计，莫如一韩、魏、齐、楚、燕、赵以从亲，以畔秦。令天下之将相会于洹水之上，通质，刳白马而盟。要约曰：“秦攻楚，齐、魏各出锐师以佐之，韩绝其粮道，赵涉河漳，燕守常山之北。秦攻韩、魏，则楚绝其后，齐出锐师而佐之，赵涉河漳，燕守云中。秦攻齐，则楚绝其后，韩守成皋，魏塞其道，赵涉河漳、博关，燕出锐师以佐之。秦攻燕，则赵守常山，楚军武关，齐涉勃海，韩、魏皆出锐师以佐之。秦攻赵，则韩军宜阳，楚军武关，魏军河外，齐涉清河，燕出锐师以佐之。诸侯有不如约者，以五国之兵共伐之。六国从亲以宾秦，则秦甲必不敢出于函谷以害山东矣。如此，则霸王之业成矣。”①

赵肃侯又被苏秦“利动”了，于是“乃饰车百乘，黄金千镒，白璧百双，锦绣千纯，以约诸侯”。苏秦选定的下一个目标是韩宣王，而用于打动他的利器是“事秦”的危害：

> 大王事秦，秦必求宜阳、成皋。今兹效之，明年又复求割地。与则无地以给之，不与则弃前功而受后祸。且大王之地有尽而秦之求无已，以有尽之地而逆无已之求，此所谓市怨结祸者也，不战而地已削矣。臣闻鄙谚曰：“宁为鸡口，无为牛后。”今西面交臂而臣事秦，何异于牛后乎？夫以大王之贤，挟强韩之兵，而有牛后之名，臣窃为大王羞之。②

一席话说得韩宣王“勃然作色”，甘愿“敬奉社稷以从”。苏秦说韩王成功后，将下一个目标锁定魏襄王。他的说辞是集中诋毁魏国“事秦”之非：

---

① 司马迁：《史记》卷六九《苏秦列传》，中华书局1959年版，第2249；刘向：《战国策·赵策二》，上海古籍出版社1985年版，第641页。

② 司马迁：《史记》卷六九《苏秦列传》，中华书局1959年版，第2253页；刘向：《战国策·韩策一》，上海古籍出版社1985年版，第930—931页。

今乃听于群臣之说而欲臣事秦。夫事秦必割地以效实，故兵未用而国已亏矣。凡群臣之言事秦者，皆奸人，非忠臣也。夫为人臣，割其主之地以求外交，偷取一时之功而不顾其后，破公家而成私门，外挟强秦之势以内劫其主，以求割地，愿大王孰察之。①

在得到魏王“敬以国从”的承诺后，苏秦又将暂时似乎远离“秦害”的齐宣王说动，使之加入合纵的行列。最后，苏秦来到楚国，先对楚威王大讲“事秦”之害：

秦之所害莫如楚，楚强则秦弱，秦强则楚弱，其势不两立。故为大王计，莫如从亲以孤秦。大王不从（亲），秦必起两军，一军出武关，一军下黔中，则鄢郢动矣。

夫秦，虎狼之国也，有吞天下之心。秦，天下之仇讐也。衡人皆欲割诸侯之地以事秦，此所谓养仇而奉讐者也。夫为人臣，割其主之地以外交强虎狼之秦，以侵天下，卒有秦患，不顾其祸。夫外挟强秦之威以内劫其主，以求割地，大逆不忠，无过此者。故从亲则诸侯割地以事楚，衡合则楚割地以事秦，此两策者相去远矣，二者大王何居焉？

接着再兜售“合纵”给楚国带来的极具诱惑力的“好处”：

大王诚能听臣，臣请令山东之国奉四时之献，以承大王之明诏，委社稷，奉宗庙，练士厉兵，在大王之所用之。大王诚能用臣之愚计，则韩、魏、燕、赵、卫之妙音美人必充后宫，燕、代橐驼良马必实外厩。故从合则楚王，衡成则秦帝。今释霸王之业，而有事人之名，臣窃为大王不取也。②

---

① 司马迁：《史记》卷六九《苏秦列传》，中华书局 1959 年版，第 2255 页；刘向：《战国策 · 魏策一》，上海古籍出版社 1985 年版，第 790 页。

② 司马迁：《史记》卷六九《苏秦列传》，中华书局 1959 年版，第 2260—2261 页；刘向：《战国策 · 楚策一》，上海古籍出版社 1985 年版，第 500—503 页。

东方六国都被苏秦描绘的“合纵”的动人前景深深鼓舞和陶醉，认定苏秦是他们利益的代表，心甘情愿地将相印奉送给他。六国国君都认为他们从苏秦倡导的“合纵”中获得了最大的利益，而苏秦则从他们那里得到巨大的富贵利禄，一时名震列国，享誉士林。

“连横”之策的倡导者是张仪，另有陈轸、犀首等，在张仪之后作为他的同道有名于时。张仪（？—前310年）是魏国人，他与苏秦同窗时从鬼谷子那里学到了不亚于苏秦的本领，“苏秦自以不及张仪”。他同苏秦一样，开始游说诸侯时流年不利：

> 张仪已学而游说诸侯。尝从楚相饮，已而楚相亡璧，门下意张仪，曰：“仪贫无行，必此盗相君之璧。”共执张仪，掠笞数百，不服，醳之。其妻曰：“嘻！子毋读书游说，安得此辱乎？”张仪谓其妻曰：“视吾舌尚在不？”前妻笑曰：“舌在也。”仪曰：“足矣。”①

在当时的纵横之士看来，三寸不烂之舌是他们唯一的猎取富贵利禄的资本，打动君王的唯一武器是利益。

张仪在推行“连横”之策时也将“利动”发挥得淋漓尽致，比苏秦有过之而无不及。张仪先来到楚国，投奔楚相门下，因被怀疑窃璧而遭毒笞，他失魂落魄回家后，问妻子的第一句话是“吾舌尚在不”？得到肯定的回答后，他说“足矣”，显然将口舌作为第一资本，将游说当成第一职业。他后来到秦国，与司马错争论伐蜀伐魏何为先的策略，结果输给司马错。秦国进军巴蜀，很快获得了一个稳定的战略后方，为秦国后来的统一战争储备了丰厚的物质基础。不久，张仪因游说魏王事秦成功，被任命为秦相。但二年后魏背秦，秦军伐魏，两国关系极其紧张。正在此时，魏襄王死去，魏哀王继位。张仪劝说哀王转事秦，被拒。他于是一面阴告秦伐魏，在军事上对其造成高压态势，一面乘机再次劝说魏哀王事秦。他先讲魏国处境的艰难：

> 魏地方不至千里，卒不过三十万。地四平，诸侯四通辐凑，无名

① 司马迁：《史记》卷七〇《张仪列传》，中华书局1959年版，第2279页。

山大川之限。从郑至梁二百余里，车驰人走，不待力而至。梁南与楚境，西与韩境，北与赵境，东与齐境，卒戍四方，守亭鄣者不下十万。梁之地势，固战场也，梁南与楚而不与齐，则齐攻其东；东与齐而不与赵，则赵攻其北；不合于韩，则韩攻其西；不亲于楚，则楚攻其南；此所谓四分五裂之道也。

接着再讲苏秦合纵之策的缺失和难以成功的原因：

且夫诸侯之为从者，将以安社稷尊主强兵显名也。今从者一天下约为昆弟，刑白马以盟洹水之上，以相坚也。而亲昆弟同父母，尚有争钱财而欲恃诈伪反覆苏秦之余谋，其不可成亦明矣。

再后，他大谈不事秦的危害和事秦伐楚的种种好处，特别诋毁合纵之士品格恶劣和不可信赖：

为大王计，莫如事秦。事秦则楚、韩必不敢动；无楚、韩之患，则大王高枕而卧，国必无忧矣。且夫秦之所欲弱者莫如楚，而能弱楚者莫如梁。楚虽有富大之名而实空虚；其卒虽多，然而轻走易北，不能坚战。悉梁之兵南面而伐楚，胜之必矣。割楚而益梁，亏楚而适秦，嫁祸安国，此善事也。大王不听臣，秦下甲士而东伐，虽欲事秦不可得矣。且夫从人多奋辞而少可信，说一诸侯而成封侯，是故天下之游谈士莫不日夜搤腕瞋目切齿以言从之便，以说人主。人主贤其辩而牵其说，岂得无眩哉。臣闻之，积羽沉舟。群轻折轴，众口铄金，积毁销骨，故愿大王审定计议，且赐骸骨辟魏。①

面对“利动”，魏哀王于是堕入张仪连横之策的陷阱，答应事秦。但三年后又转而背秦，双方刀兵再起。张仪因游说魏王成功，再次就任秦国丞相。此

① 司马迁：《史记》卷七〇《张仪列传》，中华书局1959年版，第2285—2287页；《战国策·魏策一》，上海古籍出版社1985年版，第792—794页。

时的秦昭王和张仪都明白，东方六国的合纵，其核心是齐、楚两个大国的联盟。欲破合纵，关键就是拆散齐楚联盟。张仪于是前去楚国，仍然以“利动”向楚怀王下箸：“大王诚能听臣，闭关绝约于齐，臣请献商於之地六百里，使秦女得为大王箕箒之妾，秦楚娶妇嫁女，长为兄弟之国，此北弱齐而西益秦也，计无便此者。”利欲熏心的楚王认定这是天上掉下来的馅饼，立即“大说而许之，群臣皆贺”，只有陈轸保持了清醒的头脑，并提出万全的对应之策：“以臣观之，商於之地不可得而齐秦合，齐秦合则患必至矣。”陈轸接着解释说：“夫秦之所以重楚者，以其有齐也。今闭关绝约于齐，则楚孤。秦奚贪夫孤国，而与之商於之地六百里？张仪至秦，必负王，是北绝齐交，西生患于秦也，而两国之兵必俱至。善为王计者，不若阴合而阳绝于齐，使人随张仪，苟与吾地，绝齐未晚也；不与吾地，阴合谋机也。”陈轸也是一个纵横策士，这里他为楚国设计的万全之策是高明的。然而此时已经被六百里空头支票迷住双眼的楚怀王哪里听得进这忠良之言。结果是与齐绝交，换来的是张仪的赖账和齐秦联军的进攻。楚不仅没有得到一寸土地，反而是丹阳、蓝田的两次惨败和丹阳、汉中的失守。此次事件让楚国君臣见识了张仪“诡道”的厉害。楚怀王痛恨张仪，恨不得食其肉寝其皮。然而，就是在这种情况下，张仪却毅然代表秦国出使楚国。他之所以敢于如此冒险，一是基于秦国的强大对楚国造成的巨大威慑，二是他自信利用楚国的君臣矛盾和君王与妾妃的纠结能够化解楚王对自己的敌意。结果完全如其所料，楚王不仅没有加害于他，反而再一次坠入他的“诡道”。这其中，仍是“利动”击中了楚王的软肋。你看张仪如何在楚王面前侃侃而谈吧：

> 秦地半天下，兵敌四国，被险带河，四塞以为固，虎贲之士百余万，车千乘，骑万匹，积粟如丘山。法令既明，士卒安难乐死，主明以严，将智以武，虽无出甲，席卷常山之险，必折天下之脊，天下有后服者先亡。且夫为从者。无以异于驱群羊而攻猛虎，虎之与羊不格明矣。今王不与猛虎而与群羊，臣窃以为大王之计过也。凡天下强国，非秦而楚，非楚而秦，两国交争，其势不两立。大王不与秦，秦下甲据宜阳，韩之上地不通。下河东，取成皋，韩必入臣，梁则从风而动。秦攻楚之西，韩、梁攻其北，社稷安得毋危？且夫从者聚群弱而攻至

强，不料敌而轻战，国贫而数举兵，危亡之术也。臣闻之，兵不如者勿与挑战，粟不如者勿与持久。夫从人饰辩虚辞，高主之节，言其利不言其害，卒有秦祸，无及为已。是故愿大王之孰计之。秦西有巴蜀，大船积粟，起于汶山，浮江以下，至楚三千余里。舫船载卒，一舫载五十人与三月之食，下水而浮，一日行三百余里，里数虽多，然而不费牛马之力，不至十日而距扞关。扞关惊，则从境以东尽城守矣，黔中、巫郡非王之有。秦举甲出武关，南面而伐，则北地绝。秦兵之攻楚也，危难在三月之内，而楚待诸侯之救，在半岁之外，此其势不相及也。夫待弱国之救，忘强秦之祸，此臣所以为大王患也。①

这里张仪反复说项的中心内容，就是秦国强大无比，楚国只有与秦结盟，才是保存自己并得以发展的安全之策。张仪特别提醒楚王，要他记住此前不久与秦国开战的教训：

且夫秦之所以不出兵函谷十五年以攻齐、赵者，阴谋有合天下之心。楚尝与秦构难，战于汉中，楚人不胜，列侯执珪死者七十余人，遂亡汉中。楚王大怒，兴兵袭秦，战于蓝田。此所谓两虎相搏者也。夫秦楚相敝而韩魏以全制其后，计无危于此者矣。愿大王孰计之。

接下来，张仪再次论证合纵不会成功，而与秦国结盟则是最好的保国家存社稷之良策：

今秦与楚接境壤界，固形亲之国也。大王诚能听臣，臣请使秦太子入质于楚，楚太子入质于秦，请以秦女为大王箕箒之妾，效万室之都以为汤沐之邑长为昆弟之国，终身无相攻伐。臣以为计无便于此者。②

① 司马迁：《史记》卷七〇《张仪列传》，中华书局1959年版，第2289—2291页。

② 司马迁：《史记》卷七〇《张仪列传》，中华书局1959年版，第2291—2292页。

就这样，张仪通过一番雄辩滔滔的说项，不仅保住了自己的性命，还使楚怀王乖乖地进入他设定的连横套路中。此后，他又连去韩国、齐国、赵国、燕国，以同样的“利动”让他们离开合纵而入连横之域，最后被秦国各个击破。

纵横家说服各国君王的第二个策略是“卑而骄之”。他们利用各国诸侯王的虚骄之心，当着君王的面，使用最美艳动听、无限夸饰的词语，颂扬各个诸侯国的山川之险固，物产之丰饶，民风之淳美，君王之英明，使君王们在洋洋盈耳的颂声中昏昏然飘飘然，从而产生对他们的好感和信任。将此一策略运用得特别得心应手的是苏秦。他针对不同的对象，使用最切合这个人物心理和需要的语言。如对秦惠王的说辞主要颂扬秦国的山川之固、士民之众和兵法之教：

> 大王之国，西有巴、蜀、汉中之利，北有胡貉、代马之用，南有巫山、黔中之限，东有肴、函之固。田肥美，民殷富，战车万乘，奋击百万，沃野千里，蓄积饶多，地势形便，此所谓天府，天下之雄国也。以大王之贤，士民之众，车骑之用，兵法之教，可以并诸侯，吞天下，称帝而治。①

对燕文侯的说辞主要是赞美其地大兵强和物产之丰：

> 燕东有朝鲜、辽东，北有林胡、楼烦，西有云中、九原，南有嘑沱、易水，地方二千余里，带甲数十万，车六百乘，骑千匹，粟支数年。南有碣石、雁门之饶，北有枣栗之利，民虽不佃作而足于枣栗矣。此所谓天府者也。②

对韩宣王的说辞主要是赞颂韩国兵器之劲利：

① 司马迁：《史记》卷六九《苏秦列传》，中华书局 1959 年版，第 2242 页；刘向：《战国策·秦策一》上海古籍出版社 1985 年版，第 78 页。

② 司马迁：《史记》卷六九《苏秦列传》，中华书局 1959 年版，第 2243 页；刘向：《战国策·燕策一》，上海古籍出版社 1985 年版，第 1039 页。

韩北有巩、洛、成皋之固，西有宜阳、商阪之塞，东有宛、穰、洧水，南有陉山，地方九百余里，带甲数十万，天下之强弓劲弩皆从韩出。谿子、少府时力、距来者，皆射六百步之外。韩卒超足而射，百发不暇止，远者括蔽洞胸，近者镝弇心。韩卒之剑戟皆出于冥山、棠谿、墨阳、合赙、邓师、宛冯、龙渊、太阿，皆陆断牛马，水截鹄雁，当敌则斩坚甲铁幕，革抉㕹芮，无不毕具。以韩卒之勇，被坚甲，跖劲弩，带利剑，一人当百，不足言也。夫以韩之劲与大王之贤，乃西面事秦，交臂而服，羞社稷而为天下笑，无大于此者矣。是故愿大王孰计之。①

对魏襄王的说辞则主要赞扬魏国的人众物阜：

大王之地，南有鸿沟、陈、汝南、昆阳、召陵、舞阳、新都、新郪，东有淮、颍、煮枣、无胥，西有长城之界，北有河外、卷、衍、酸枣，地方千里。地名虽小，然而田舍庐庑之数，曾无所刍牧。人民之众，车马之多，日夜行不绝，輷輷殷殷，若有三军之众。……魏，天下之强国也；王，天下之贤王也。今乃有意西面而事秦，称东藩，筑帝宫，受冠带，祠春秋，臣窃为大王耻之。②

对齐宣王的说辞主要是颂赞齐国地理位置之优越、国力军力之强大和国都临淄的富庶繁华：

齐南有泰山，东有琅邪，西有清河，北有勃海，此所谓四塞之国也。齐地方二千余里，带甲数十万，粟如邱山，三军之良，五家之兵，进如锋矢，战如雷霆，解如风雨。即有军役，未尝倍泰山，绝清河，涉勃海也。临菑之中七万户，臣窃度之，不下户三男子，

① 司马迁：《史记》卷六九《苏秦列传》，中华书局1959年版，第2250—2251；刘向：《战国策·韩策一》，上海古籍出版社1985年版第930页。

② 司马迁：《史记》卷六九《苏秦列传》，中华书局1959年版，第2253—2254页；刘向：《战国策·魏策一》，上海古籍出版社1985年版，第787页。

> 三七二十一万，不待发于远县，而临菑之卒固已二十一万矣。临菑甚富而实，其民无不吹竽鼓瑟，弹琴击筑，斗鸡走狗，六博蹋鞠者。临菑之途，车毂击，人肩摩，连衽成帷，举袂成幕，挥汗成雨，家殷人足，志高气扬，夫以大王之贤与齐之强，天下莫能当。今乃西面而事秦，臣窃为大王羞之。①

对楚威王的说辞主要是赞颂楚国的国强君贤和军力强大：

> 楚，天下之强国也；王，天下之贤王也。西有黔中、巫郡，东有夏州、海阳，南有洞庭、苍梧，北有陉塞、郇阳，地方五千余里，带甲百万，车千乘，骑万匹，粟支十年。此霸王之资也。夫以楚之强与王之贤，天下莫能当也。今乃欲西面而事秦，则诸侯莫不西面而朝于章台之下矣。②

苏秦对东方六国的颂赞尽管言过其实，但却讨得了各国君王的欢心。这里展示了他设计说辞的匠心独运：他对各国的国情烂熟于心，顺口举出的事例真实存在，这使被说的对象认为他说的是实情，这一招既拉近了彼此的距离，又取得了国君的好感，直把他认作久违的“知音”，对他故意夸饰吹涨的一些内容和溜须拍马的话语也就坦然接受，在不知不觉中认可了他的主张，甘愿奉送他相位和金钱。张仪的吹工似乎逊色于苏秦，这倒不是因为他不谙此道，而是由于他游说东方六国的主轴不是夸饰他们的优势而是揭示他们的短板和软肋，所以主要运用恫吓之策。不过，他有时也稍稍运用吹拍的手段讨某些国君的欢心，除了对秦国的吹拍外，他也对齐湣王吹一吹溜须的法螺：“天下强国无过齐者，大臣父兄殷众富乐。”

纵横家的第三个策略是轻诺寡信，贯穿其中的是口蜜腹剑、坑蒙诈骗。他们可以随口抛出一连串根本不准备也无法兑现的承诺，诱使国君们进入他

① 司马迁：《史记》卷六九《苏秦列传》，中华书局1959年版，第2256—2257页；刘向：《战国策·齐策一》，上海古籍出版社1985年版，第337页。

② 司马迁：《史记》卷六九《苏秦列传》，中华书局1959年版，第2259页；刘向：《战国策·楚策一》上海古籍出版社1985年版，第500页。

设计的黑套中。你看，苏秦对赵肃侯的承诺："君诚能听臣，燕必致旃裘狗马之地，齐必致鱼盐之海，楚必致橘柚之园，韩、魏、中山皆可使致汤沐之奉，而贵戚父兄皆可以受封侯。"对楚王许诺："令山东之国奉四时之献……韩、魏、燕、赵、卫之妙音美人必充后宫，燕、代橐驼良马必实外厩。"① 能兑现吗？张仪对楚怀王许诺的"以秦女为大王箕箒之妾，效万室之都以为汤沐之邑"②，能兑现吗？而他许诺的"商於之地六百里"则纯粹是一个骗局。其他对齐、韩、赵、魏、燕等国君"全国保君"的承诺，更都是骗局。显然，纵横家们是一批吹牛不脸红、撒谎不打草稿、翻脸比翻书快、坑蒙拐骗理直气壮、完全抛弃道德底线的人物。他们的活动将政治和外交中的"诡道"发挥到淋漓尽致的程度：他们见人说人话，见鬼说鬼话，翻云覆雨，技巧权术，当面郑重承诺，转脸死不认账，面带迷人微笑，心怀鬼蜮伎俩，人前握手拥抱，背后使绊插刀。他们认定最终的成功就是一切，为达目的可以使用任何上不得台面的手段。

纵横家的第四个策略是纵横捭阖、挑拨离间，不断在列国间制造矛盾，激发事端。这在张仪尤其是拿手好戏。为了破坏东方六国的"合纵"，他总是千方百计地渲染六国间的利益冲突，将它们之间的关系形容为不可调和的矛盾。在魏国，他极力强调魏国是四战之地，处于齐、赵、韩、楚等国的包围中，怎么做也难以摆平同他们的关系，只有同秦国结盟才会安全。到楚国，他硬是离间了六国合纵的核心齐、楚联盟，使二者兵戎相见。到燕国，他大讲赵王"很戾无亲"和围攻燕都的往事，成功离间燕、赵关系。张仪最后的杰作是将秦惠王、魏哀王和齐湣王玩于股掌之上：

> 秦武王元年，群臣日夜恶张仪未已，而齐让又至。张仪惧诛，乃因谓秦武王曰："仪有愚计，愿效之。"王曰："奈何？"对曰："为秦社稷计者，东方有大变，然后王可以多割得地也。今闻齐王甚憎仪，仪之所在，必兴师伐之。故仪愿乞其不肖之身之梁，齐必兴师而伐梁。梁齐之兵连于城下而不能相去，王以其间伐韩，入三川，出兵函而毋

① 司马迁：《史记》卷六九《苏秦列传》，中华书局1959年版，第2245、2260—2261页。
② 司马迁：《史记》卷七〇《张仪列传》，中华书局1959年版，第2292页。

伐，以临周，祭器必出。挟天子，按图籍，此王业也。”秦王以为然，乃具革车三十乘，入仪之梁。齐果兴师伐之。梁哀王恐。张仪曰：“王勿患也，请令罢齐兵。”乃使其舍人冯喜之楚，借使之齐，谓齐王曰：“王甚憎张仪；虽然，亦厚矣王之讬仪于秦也！”齐王曰：“寡人憎仪，仪之所在，必形师伐之，何以讬仪？”对曰：“是乃王之讬也。夫仪之出也，固与秦王约曰：‘为王计者，东方有大变，然后王可以多割得地。今齐王甚憎仪，仪之所在，必兴师伐之。故仪愿乞其不肖之身之梁，齐必兴师伐之。齐梁之兵连于城下而不能相去，王以其间伐韩，入三川，出兵函谷而无伐，以临周，祭器必出。挟天子，案图籍，此王业也。’秦王以为然，故具革车三十乘而入之梁也。今仪入梁，王果伐之，是王内罢国而外伐与国，广邻敌以内自临，而信仪于秦王也。此臣之所谓‘讬仪’也。”王曰：“善。”乃使解兵。①

这里张仪将离间捏合之术运用得炉火纯青，将秦惠王、魏哀王和齐湣王一一收入彀中，一方面使自己暂时摆脱困境，一方面使秦、魏、齐一时不动刀兵。第二年，他寿终正寝于魏国，算是在生命终结前夕干了一件促成列国间和平的好事。不过，张仪一生最显著的功业是他用离间之术不断破解苏秦的“合纵”之策，最终导致秦国以各个击破的战术奏响了统一六国的凯歌。

纵横家的第五个策略是连环设局，环环相扣，使堕入局中者步步中招，最后达到他们设定的目标。“秦、仪学于鬼谷，其术先揣摩其如何，然后捭阖，捭阖既动，然后用钩钳，钩其端，然后钳制之。”② 最典型的是张仪诓骗楚王所设的“献商於之地六百里”的骗局：楚王因贪心中招后，张仪破除齐楚联盟的目的达成；接着，以“丰邑六里”搪塞，使楚王震怒而不计后果地发兵攻秦，结果是丹阳、蓝田两战楚军惨败，秦夺取楚丹阳、汉中两地；再后，是张仪二次入楚，利诱楚王“与秦亲”，保证连横之计继续推行。在这一进程中，张仪将“钩钳之术”运用得真是天衣无缝，妙不可言。

纵横家的游说诸侯国，取得政治和外交上的成功，目的是以此为筹码，

① 司马迁：《史记》卷七〇《张仪列传》，中华书局1959年版，第2299页。

② 《二程子抄释》卷四，电子版文渊阁四库全书。

从君王那里猎取富贵利禄，以实现他们的人生价值。“考其所学，非阴谋诡计即纵横捭阖，驾倾河之辨，肆无稽之谈，大要以进取为功业，杀人为英雄。”① 苏秦毫不讳言他的目的是“以取尊荣”，结果一时获得佩六国相印的殊荣。当他从楚国北去赵国路经自己的故乡洛阳时，真是风光无限：“行过雒阳，车骑辎重……疑于王者。周显王闻之恐惧，除道，使人郊劳。苏秦之昆弟妻嫂侧目不敢仰视，俯伏待取食。”② 他们没有自己固定的信仰，行事也没有道德底线。苏秦是“合纵”之策的首创者，可他在游说七国时首访的国家是秦国，献出的计策是让秦国“可以吞天下，称帝而治”。如果秦惠王接纳了他，他可能就是“连横”之策的首创者了。所以戴表元认定他“利从则从，利横则横，其区区穷谋本不专有摈秦之心，惟不得于秦而从事于诸侯耳”③。作为“合纵”之策的谋主，他应该千方百计维护六国的团结，然而，他在燕国私通燕易王的母亲后，最后又跑到齐国为燕国做内应，“欲破敝齐而为燕”，破坏了齐、燕之间的联盟。黄震因此说他“使燕以报齐，食齐之禄而反误之，不忠孰甚焉？又岂约从之初意哉？”④ 张仪是“连横”之策的创始人，但他最后却运用自己的智慧避免了秦、魏、齐三国间的一场战争。这说明他们没有固定的政治信仰，只有利益考量，尤其是个人利益的考量。正因为如此，所以历史上众多思想家从仁义道德出发给予纵横家的基本都是否定的评价。孟子是苏秦、张仪的同时代人，当景春在他面前赞扬纵横家是“大丈夫”时，孟子却直斥他们是“妾妇之道”⑤，与大丈夫根本不沾边。稍后于孟子的荀子也将他们视为“态臣”⑥，即专门对君王谄媚逢迎的奸佞之臣。西汉初年的刘安直斥他们是“丑者”：“张仪、苏秦，家务常居，身无定君，约从衡之事，为倾覆之谋，浊乱天下，挠滑诸侯，使百姓不遑启居，或从或横，或合众弱，或辅富强，此异行而归于丑者也。”⑦ 宋朝以后，理学大兴，政治家和思想家特别看重人们的道德人格，所以对纵横家的评价更低。

① 张九成：《孟子传》卷一二，电子版文渊阁四库全书。

② 司马迁：《史记》卷六九《苏秦列传》，中华书局 1959 年版，第 2261—6622 页。

③ 戴表元：《剡源文集》卷二二《苏秦列传》，电子版文渊阁四库全书。

④ 黄震：《黄氏日钞》卷四六《苏秦》，电子版文渊阁四库全书。

⑤ 《孟子·滕文公下》，《十三经注疏》，中华书局 1980 年版，第 2710 页。

⑥ 王先谦：《荀子集解》，中华书局 2013 年版，第 219 页。

⑦ 何宁：《淮南子集释》，中华书局 1998 年版，第 1411 页

苏门四学士之一的秦观认为他们不过是“利口之雄”，为君子所不齿：

所谓辩士者，必具三德、明五机，而利口者不与焉。昔苏秦、张仪、犀首、陈轸、代厉之属，尝以辩名于世矣。然三德不足而五机有余，故事求遂而不问礼之得失，功求成而不恤义之存亡，偷合苟容，取济一时而已。此其所以为利口之雄，而君子不道也。①

宋朝的张九成对纵横家们更是义愤填膺，大骂其为“民贼”，认定他们一无是处：

苏秦得志于六国，腰佩六印，坐谋辎车，时君世主，拥篲先驱，郊迎侧行，其见礼如此。考其所学，非阴谋诡计即纵横捭阖……②

苏秦以不虞之誉以取富贵，张仪以求全之毁以取富贵，此两人者，岂有心于天下国家哉？特以口舌觅官，为饱暖之资耳。一则专以誉而悦六国，一则专以毁而恐六国，天下性命皆系两人之口舌。③

商鞅、驺忌、孙膑、苏秦、张仪、稷下诸人，立乎人之本朝，而以阴谋诡计纵横捭阖卓异荒唐为事业，或窃相位，或坐辎车，或佩六印，或据康庄，扬扬以为得计，以圣贤之道观之，其耻有过于此者乎？④

这种纯粹从传统道德观念出发的评论，抒发的是义愤，给出的并不是一种公允的历史评价。历史虽然不拒绝道德评价，但更侧重于从历史发展的趋势看待历史人物的客观作用。东汉王充肯定他们的事功：

苏秦约六国为从，强秦不敢窥兵于关外；张仪为横，六国不敢同攻于关内。六国约从，则秦畏而六国强；三秦称横，则秦强而天下弱。功

① 秦观：《淮海集》卷一六《辩士》，电子版文渊阁四库全书。
② 张九成：《孟子传》卷一二，电子版文渊阁四库全书。
③ 张九成：《孟子传》卷一七，电子版文渊阁四库全书。
④ 张九成：《孟子传》卷二五，电子版文渊阁四库全书。

著效明，载纪竹帛，虽贤何以加之。……仪、秦，排难之人也，处扰攘之世，行揣摩之术，当此之时，稷、契不能与之争计，禹、皋陶不能与之比效。①

有点偏离儒学正统思想的王充从事功标准出发的理性评价，较之义愤的詈骂似乎更接近真实。不过，王充也无法理解，人格看似卑微的纵横家为什么能够建立辉煌的功业，而他们并没有意识到自己成了历史发展的不自觉的工具。

苏秦的合纵之策在短期内获得了成功，“秦兵不敢窥函谷关十五年”②。原因在于，合纵抗秦在一定程度上反映了六国的共同要求，参加合纵的燕文侯、赵肃侯、韩宣王、魏襄王、齐宣王、楚威王大都是明于时势、洞悉利害关系的明智国君。他们全力支持合纵，有意识地维系六国的团结。合纵初起，声势浩大，秦国一时找不到破解之法，加之对六国合力心存畏惧，故而基本上对六国采取守势。特别是，苏秦从中运筹帷幄，协调关系，化解矛盾，使六国维持了短暂的团结，合纵之策取得了暂时的成效。但是，合纵最后走向失败又是必然的。因为它违背了当时中国走向统一的历史潮流。合纵的核心是六国团结自保，以维持战国时期列国分裂割据的局面。所以合纵的策略是保守的，它的主轴基本上不是团结六国共同进击秦国，而是抱团消极防御秦国的进攻，因而即使纵约真正实行，也只是阻止秦国的东进，丝毫也危及不到秦国本身的安全。最重要的是六国各自有其局部利益。它们不仅与秦国有利益上的矛盾与冲突，而且彼此之间，尤其是相毗邻的国家之间，也有利益上的矛盾和冲突。由于六国与秦国的关系复杂，有的国家如韩、赵、魏与秦国接壤，时常遭受秦军的攻伐，因而既需纵约联兵抗秦，又易在秦国的威胁利诱下与之妥协屈服。有的国家如燕、齐，因距秦国较远，一时对秦国的威胁还无切肤之痛，它们对纵约的热情不高，极易为自身利益而背弃同盟者，甚至刀兵相见，从同盟者那里掠取土地和人口。如公元前314年，齐国乘燕国内乱之机，出兵攻燕，直下燕都。公元前286年，燕昭王又纠合

① 王充：《论衡·答佞篇》，《诸子集成》7，上海书店1986年影印本，第116页。

② 司马迁：《史记》卷六九《苏秦列传》，中华书局1959年版，第2262页。

秦、韩、赵、魏诸国联军，连下齐国70余城，使之遭到一次重大打击。显然，由于东方六国各自利益的不同，它们的团结是极不牢固的，因而很容易被秦国连横的策略所打破。正如合纵之策失败是必然的一样，连横之策的胜利也有着内在的必然性。这是因为，连横为秦国的统一事业服务，而这恰恰顺应了当时的时代潮流。连横以我为主，恃我而不恃敌，把基点建立在自己力量的基础上，处处时时掌握着主动权，制人而不受制于人，因而能玩六国于股掌之上，显得从容不迫，游刃有余。同时秦国有着远较六国优越的地理条件，它地处关中，南连汉中、巴蜀，占有当时中国最富饶的财富之区，使它能以雄厚的资源坚持同六国的长期斗争。特别是，黄河、华山、熊耳山，形成了秦国与六国间的天然屏障，使之进可攻，退可守，立于不败之地。而六国由于各自利益的不同，不可能长期形成铁板一块，因而给连横的实施创造了不少可乘之机。加之张仪等人居中巧妙谋划运筹，又以军事斗争紧密配合，连横终于战胜了合纵。这正如苏东坡所正确分析的：

> 且秦非能强于天下之诸侯，秦惟能自必，而诸侯不能，是以天下百变，而卒归于秦。诸侯之利，固在从也，朝闻陈轸之说而合为从，暮闻张仪之计而散为横。秦则不然。横人之欲为横，从人之欲为从，皆使其自择而审处之。诸侯相顾，而终莫能自必，则权之在秦，不亦宜乎？①

“合纵”与“连横”的斗争，从一定意义上说，不过是战国时期列国军事斗争的副产品，它服务于军事斗争，并且基本上也为军事斗争所左右。最后决定列国命运的不是纵横策士的如簧之舌，而是列国间金戈铁马的拼杀。当秦国以绝对优势的兵力敲响东向进军的钲鼓时，“合纵”的策略一败涂地，“连横”的策略也失去用武之地，响彻中华大地的是秦军勇猛疾进的马蹄声。

纵横策士的言论与事迹主要记载于《战国策》，《史记》中的《苏秦列传》和《张仪列传》基本上也是取材于该书。由于该书的记载互相抵牾之处甚多，且充满夸张矫饰之辞，所以后世史学家对该书记载的史事和言词持怀

① 郭预衡主编：《唐宋八大家文总集·苏轼》（一），河北人民出版社1995年版，第4496—4497页。

疑态度者不乏其人。因此，对该书记载的史事加以认真考证辨析是必要的。但是，认为该书乃至《史记》的有关记载完全是子虚乌有或皆是错讹，则显然有点疑古过头了。应该承认，该书是记载战国时期历史的最重要的文献，其记载的基本史事还是可信的。正是此书，留下战国时期惊心动魄的政治外交折冲的历史场景和众多君臣与纵横策士的思想、言论与栩栩如生的音容笑貌。

第五节　秦武王、昭襄王的东征西讨

公元前311年，秦惠文王去世，他的儿子武王嬴荡继位。武王在位仅4年，但他办了两件影响秦国历史走向的大事。一是设置丞相职务，以樗里疾、甘茂为左右丞相，初步建立了较规范化的中央集权的行政运行机制。二是攻取韩国的宜阳（今河南宜阳西），打开了秦军进攻东方的通道。武王三年（前308年），开始筹划夺取宜阳的方略。其间经过一系列的外交折冲和军事行动：

> 武王谓甘茂说："寡人欲车通三川，以窥周室，而寡人死不朽乎？"甘茂对曰："请之魏，约伐韩。"王令向寿辅行。甘茂至魏，谓向寿："子归告王曰：'魏听臣矣。然愿王勿攻也。'事成，尽以为子功。"向寿归以告王，王迎甘茂于息壤。甘茂至，王问其故。对曰："宜阳，大县也，上党、南阳积之久矣，名为县，其实郡也。今王倍数险，行千里而攻之，难矣。臣闻张仪西并巴、蜀，北取西河之外，南取上庸，天下不以为多张仪而贤先王。魏文侯令乐羊将，攻中山，三年而拔之，乐羊反而语功，文侯示之谤书一匣，乐羊再拜稽首曰：'此非臣之功，主君之力也。'今臣羁旅之臣也，樗里疾、公孙衍二人者，挟韩而议，王必听之，是王欺魏而臣受公仲侈之怨也。……"王曰："寡人不听也，请与子盟。"于是与之盟于息壤。
>
> 宜阳之役，冯章谓秦王曰："不拔宜阳，韩、楚乘吾弊，国必危矣！不如许楚汉中以欢之。楚欢而不进，韩必孤，无奈秦何矣！"王曰："善。"果使冯章许楚汉中，而拔宜阳。楚王以其言责汉中于冯章，

冯章谓秦王曰："王逐亡臣，固谓楚王曰：'寡人固无地而许楚王。'"

甘茂攻宜阳，三鼓之而卒不上。秦之右将有尉对曰："公不论兵，必大困。"甘茂曰："我羁旅而得相秦者，我以宜阳饵王。今攻宜阳而不拔，公孙衍、樗里疾挫我于内，而公中以韩穷我于外，是无伐之日已！请明日鼓之而不可下，因以宜阳之郭为墓。"于是出私金以益公赏。明日鼓之，宜阳拔。①

宜阳是韩国一座重要的城池，扼守通向东方的咽喉要道，秦国只有占据宜阳，才能掌控东向进军的主动权。秦武王决心攻取宜阳，以使"车通三川"，正显示了他不凡的战略眼光。不过，秦武王与甘茂谋划的攻取宜阳的军事行动，只有解决了内外的诸多矛盾，提振将士之气，才能取得成功。由于时任丞相的甘茂偏偏是一个客卿，不仅在秦国没有深厚的基础，而且还与同僚的公孙衍、樗里疾有矛盾。秦武王将此重任交给他，成功的难度是很大的。甘茂是一个思维缜密、善于谋划外交与军事行动的干才。他采取的第一个行动是拆散魏、韩联盟，使韩国孤立无援。这一着成功后，他又设计取得秦武王的信任，与之盟于息壤，使公孙衍、樗里疾不能从中掣肘，以减少内部的阻力。再由冯章拆散楚、韩联盟，进一步使韩国彻底孤立。这些事情办妥后，甘茂就决策秦军以绝对优势的兵力包围宜阳。他知道自己与秦军将士没有亲密牢固的关系，很难让他们听命自己的指挥，不计牺牲地拼命攻城，"于是出私金以益公赏"，以自己的私人积蓄奖励参与攻城的勇士，最后在公元前 307 年取得了攻取宜阳的胜利。这次战役，斩首韩军 6 万人，又乘胜北向进击，渡过黄河，占领武遂（今山西垣曲西南），在韩国的腹地建立了一个东向进军的桥头堡。一时秦国声威大振，令列国侧目。魏国为缓和秦军的压力，派太子前来朝贺，借此向秦国示好。

尽管武王在位仅有 4 年即死于非命，但这短暂的 4 年中他却展现了自己较杰出的政治军事才能。特别是信任支持甘茂取得攻取宜阳的成功，更是显示了高瞻远瞩的战略眼光，为日后秦国的胜利东进开启了一个成功之门。可惜他是一个短命的君王，即位 4 年之后就死于同力士孟说的一次举鼎比赛：

① 刘向：《战国策 · 秦策二》，上海古籍出版社 1985 年版，第 148—154 页。

"武王有力好戏，力士任鄙、乌获、孟说皆至大官。王与孟说举鼎，绝膑。八月，武王死。族孟说。"① 这表明，武王是一位大力士，年少气盛，争强好胜，经常与手下的一批武士切磋技艺，结果在与孟说的一次比赛中折断了胫骨，引起并发症意外死亡。这次不幸事件的责任人是武王自己，可最后让基本上无责任的孟说付出了全家被族灭的代价。因为武王身后无子，他的异母弟昭襄王嬴则（又名稷）得以继位。昭襄王的母亲是楚国人，号宣太后。武王意外去世时，昭襄王正在燕国做人质。听到武王的死讯，燕国立即将其送回，使之顺利继位。由此使秦国的历史进入一个更快发展的时期，秦国对东方六国的军事行动进一步如火如荼地展开。

秦昭襄王（亦称昭王）在位 56 年，既是秦国历史上在位最长的君王，也是秦国历史上在各方面最有作为、谋划军事行动最频繁最成功的君王。他们君臣运筹帷幄进行的一系列不断获胜的战争，为后来秦王嬴政的统一六国奠定了坚实的基础。

昭襄王继位之初的二年，主要解决庶长与部分大臣、宗亲参与的谋叛案："二年，慧星见。庶长壮与大臣、诸侯、公子为逆，皆诛，及惠文后皆不得良死。"② 这一桩谋反案尽管详情史无明载，但显然是一桩涉及宗室贵族和大臣的人数众多的惊天大案，参与谋逆的这一群体谋划的是拥立新王、取昭襄王而代之的一场宫廷政变。昭襄王及其臣下击破了这一政变阴谋，大大巩固了国内统治。三年（前 304 年），昭王与楚怀王在黄棘（今河南南阳南）会盟，将此前取得的楚地上庸（今湖北竹溪东南）还给楚国，以缓和两国的关系。下一年，即对魏国用兵，夺取蒲阪（今山西永济西），在黄河以东取得一个立足点。五年（前 302 年），魏襄王朝见昭王于应亭以示好，昭王于是以归还蒲阪回应。下一年，蜀侯煇举兵反叛，昭王遣将军司马错将其平定。蜀地是惠王更元九年（前 316 年）由司马错率军征服的。此次再由他率兵征讨叛逆，进一步巩固了对这块后方基地的统治。这一年，昭王遣庶长奂领兵伐楚，斩首 2 万人。《史记·楚世家》记载："怀王二十九年，秦复伐楚，大破楚军，楚军死二万，杀我将军景缺。"七年（前 300 年），伐韩，取新城

① 司马迁：《史记》卷五《秦本纪》，中华书局 1959 年版，第 209 页。

② 司马迁：《史记》卷五《秦本纪》，中华书局 1959 年版，第 210 页。

（今河南宜阳东）。下一年，遣将军芈戎伐楚，夺取新市（今湖北京山东北）。又与齐、魏、韩共同出兵伐楚，击杀楚将唐昧，夺取重丘（今河南泌阳北）。九年（前 298 年），庶长奂率兵伐楚，取 8 城，击杀楚将景快。这一年，昭王设计将楚怀王骗至秦国：

> 怀王恐，乃使太子为质于齐以求平。三十年，秦复伐楚，取八城。秦昭王遗楚王书曰："始寡人与王约为兄弟，盟于黄棘，太子文质，至欢也。太子陵杀寡人重臣，不谢而亡去，寡人诚不胜怒，使兵侵君王之边。今闻君王乃令太子质于齐以求平。寡人与楚接境壤界，故为婚姻，所从相亲久矣。而今秦楚不欢，则无以令诸侯。寡人愿与君王会武关，面相约，结盟而去，寡人之愿也。敢以闻下执事。"楚怀王见秦王书，患之。欲往，恐见欺；无往，恐秦怒。昭睢曰："王毋行，而发兵自守耳。秦虎狼，不可信，有并诸侯之心。"怀王子子兰劝王行，曰："奈何绝秦之欢心！"于是往会秦昭王。昭王诈令一将军伏兵武关，号为秦王。楚王至，则闭武关，遂与西至咸阳，朝章台，如蕃臣，不与亢礼。楚怀王大怒，悔不用昭子言。秦因留楚王，要以割巫、黔中之郡。楚王欲盟，秦欲先得地。楚王怒曰："秦诈我而又强要我以地！"不复许秦。秦因留之。①

秦昭王将楚怀王骗至秦国后，要挟他割地盟誓。楚王的愤怒可以想见。为了杜绝秦国要挟之念，楚国接回在齐为人质的太子继承王位，是为楚顷襄王，以此表示拒绝秦国的无理要挟。"秦昭王怒，发兵出武关攻楚，大败楚军，斩首五万，取析十五城而去。"② 第二年，怀王得便逃出秦人的监视，但因秦国封锁了他逃归楚国的道路，他只得奔赴赵国以求庇护。无奈赵国惧秦而不敢收留。他又决定赴魏国避难，但未至魏即被秦军追回。3 年后，楚怀王在悔怒交加中死于秦国。他为自己的轻信，也因秦国的寡诺而屈辱地死于秦国。昭襄王继位时是一个不到 20 岁的青年君王，但上任 10 年间的文治武

---

① 司马迁：《史记》卷四〇《楚世家》，中华书局 1959 年版，第 1727—1728 页。

② 司马迁：《史记》卷四〇《楚世家》，中华书局 1959 年版，第 1729 页。

功，已经足可与前辈君王比肩。最重要的是他知人善任，更换了甘茂、严君疾、孟尝君、楼缓几任丞相，任用一批能征惯战的将军指挥了多次取得胜利的战事。

昭王十一年（前 296 年），齐、韩、魏、赵、宋、中山等国组织起一次联合伐秦的军事行动，秦军前进迎敌，联军至盐氏（今山西运城境）而止步。可能因为惧于秦军的威势，联军内部也无法团结一致对敌，双方没有进行大规模战斗。为了拆散联军，秦国以退为进，主动与魏、韩两国讲和，并将靠近边境的封陵（今山西永济南黄河边）还给魏国，将武遂（今山西垣曲东南黄河边）还给韩国。下一年，为了缓和与楚国的关系，秦国送给楚国粟 5 万石，以缓解楚国的饥荒。这些行动，都是秦国的缓兵之计，目的是从容调整部署，以利秦军再战。昭王十三年（前 294 年），秦军加大对韩、魏、楚等国的攻伐力度。遣将军向寿率兵伐韩，取武始，左更白起率军攻新城（今河南密县东南）。下一年，白起率秦军主力与韩、魏联军激战于伊阙（今河南洛阳南），斩首 24 万，虏敌军将军公孙喜，夺取 5 座城池，取得了一次重大胜利。昭王十五年（前 292 年），白起先是率军伐魏，攻取垣（今山西永济西黄河边）。再伐楚，攻取宛（今河南南阳）。昭王十六年（前 291 年），遣将军司马错攻取轵（今河南济源南）和邓（今河南孟州市西）。第二年，东周君也前来朝拜秦昭王，展示了他不同一般的地位。十八年（前 289 年），司马错攻取垣（今山西永济西黄河边）、河雍（今山西济源南黄河边）。当时，在战国七雄中，秦、齐两国实力最强，显示东西两霸的特征，他们也自以为超出其他诸侯国，于是，在十九（前 288 年），相约称东西二帝。但不久又自动取消。二十一年（前 286 年），司马错率兵进攻魏的河内（今河南新乡一带），魏国献出安邑（今山西夏县）以求和。秦国“出其人，募徙河东赐爵，赦罪人迁之”[①]。二十二年（前284年），秦将军蒙武率兵伐齐。此时秦国已经占有黄河以东大片土地，为了便于管理，就在河东设 9 县进行治理。这一年，秦昭王与楚顷襄王会盟于宛（今河南南阳），与赵惠文王会盟于中阳（今河南郑州东）。下一年，秦昭王遣将斯离率秦军与赵、魏、韩、燕等国组成联军，共同组织伐齐之役，在燕国将军乐毅统一指挥下，于济西

① 司马迁：《史记》卷五《秦本纪》，中华书局 1959 年版，第 212 页。

大败齐军。这其实是五国组织的一次联合军事行动，目的是惩罚齐国对燕国的近乎灭国的进攻。这次指挥五国联军的主要是燕国将军乐毅，济西之战取胜后，燕军直下齐都临淄，攻占 70 余城，几乎占领了齐国全境。最后因齐国的反间计成功，田单指挥的齐军反败为胜，将燕军逐出齐境。在这次伐齐的军事行动中，秦国的组织协调起了重要作用。

秦昭王在对东方六国的斗争中，不断交互使用军事和外交手段，今天打仗，明天会盟；今天联甲打乙，明天联乙打丙，后天又联乙、丙打甲，极尽纵横捭阖之能事。二十三年（前 283 年）与魏昭王相会于宜阳（今河南宜阳西），与韩釐王相会于新城（今河南密县东南）。二十四年（前 283 年），秦昭王与楚顷襄王相会于鄢（今河南鄢陵北），不久再相会于穰（今河南邓州市）。接着秦军攻取魏国的安城（今河南原阳西），兵锋直抵魏都大梁（今河南开封）城下。赖燕、赵两国之军及时救援，大梁才免于破城之灾。二十五年（前 282 年），秦军攻赵国，夺取两城。秦昭王与韩釐王相会于新城，与魏昭王相会于新明邑。下一年，赦罪人迁徙于新占领的穰（今河南邓州市）。二十七年（前 280 年），司马错率秦军攻楚，“赦罪人迁之南阳”。白起率秦军伐赵，攻取代光狼城（今山西高平西）。司马错发陇西兵，从蜀地东向攻取了楚国的黔中（今贵州、湖南结合部）。下一年，白起率秦军攻取了楚国的鄢（今湖北宜城）和邓（今河南漯河），“赦罪人迁之”。二十九年（前 278 年），白起率秦军攻取楚国郢都（今湖北江陵），在那里设立南郡。楚国只得迁都陈（今河南淮阳）。昭王与楚顷襄王相会于襄陵（今安徽睢县）。下一年，秦国蜀郡太守张若率兵伐楚，夺取巫郡（今湖北、四川结合部），在江南设黔中郡。第二年，白起攻取魏国两城。三十二年（前 275 年），秦相穰侯率军伐魏，直抵大梁城下，大破楚将暴鸢指挥的魏军，魏国献出三县求和。下一年，秦将胡阳率军攻取魏国的卷（今河南原阳西）、蔡阳（今河南上蔡）、长社（今河南长葛东），与魏将芒卯指挥的魏军激战于华阳（今河南郑州南），斩首 15 万，魏国献出南阳（今河南获嘉）求和。三十五年（前 272 年），秦军与韩、魏、楚联合伐燕，初置南阳郡（今属河南）。下一年，秦军东向攻齐，夺取刚（今山东宁阳北）、寿（今山东东平南）两城。这表明，此时的秦军已经具有千里远征的能力。四十一年（前 266 年）攻取魏国的邢丘（今河南温县东）和怀（今河南武涉西）两城。

四十三年（前264年），白起攻取韩国9城，斩首5万。下一年，再取韩国南郡。四十五年（前262年），秦将王贲攻取韩国10城。四十七年（前260年），秦军进攻韩国上党（今山西以长治、襄垣为中心的地区），韩上党守冯亭不甘心被秦国吞噬，自愿归附赵国。赵国发大兵抗秦，双方在长平（今山西高平）进行了战国时期最大的一场战役，白起指挥秦军大破赵军，将俘获的40万赵军将士全部坑杀（详情在下一节叙述）。下一年，日益危殆中的韩国为一时之安，献出垣雍（今河南原阳西）之地。长平之战取胜后，秦军乘战胜之威扩大战果：将军王龁继续进击赵军，攻取皮牢（今山西翼城东）。司马梗北上平定太原（今属山西），占领上党全境。五大夫王陵率秦军长驱直入，围攻赵都邯郸（今属河北）。由于经过长平苦战，此时的秦军的颓势已经显现，围攻邯郸的决策显然是错误的。秦军屯兵坚城之下，魏国等救援的大军又陆续赶过来，所以白起不主张进兵邯郸。但昭王已经被长平之战的胜利冲昏头脑，在五大夫王陵出师不利的情况下，以王龁代他指挥前线秦军继续围攻。结果在第二年被赵、魏等国的联军打败，秦军受挫邯郸城下，只得撤退。将军张唐率军对魏国的攻伐也以失败告终。这是秦军在长平获胜之后经历的两次挫败。尽管如此，由于秦军的有生力量没有受到大的损失，秦军对东方六国的军事优势也就没有发生变化。所以，五十年（前258年），张唐率秦军对韩国的进击，就取得成功，夺取了郑（今河南新郑）。秦军进击魏国，在汾城（今山西曲沃北）大败魏、楚联军，斩首6000人，敌军溃退，渡汾水逃逸时淹死2万人。张唐转军北上，夺取赵国的宁新中（今河南安阳），改名安阳。下一年，秦将军樛率军进击韩国，夺取阳城（今河南登封东南）和负黍（今河南登封南），斩首4万人。又转军进攻赵国，夺取20多县，俘虏9万人。这一年，西周君败亡。周王室至战国时期越来越衰弱，辖地仅剩雒邑周围的很小一点地方，赧王时期又分东西二君。此时的西周君为武公。他眼看秦军的攻势愈来愈猛烈，深感自身难保，于是冒险做出了一个足以亡国的决策：约其他诸侯国共同抗秦：

西周君背秦，与诸侯约从，将天下锐兵出伊阙攻秦，令秦毋得通阳城。于是秦使将军樛攻西周。西周君走来自归，顿首受罪，尽献其邑三十六城，口三万。秦王受献，归其君于周。五十二年，周民东亡，其器九鼎入秦。周初亡。①

西周君的如意算盘是：集合东方六国的联军，从伊阙（今河南洛阳南）出发进攻秦国，将其挡在雒邑以西，使之无法越过阳城（今河南登封东南）东进。结果是这个谋划还未实施即被秦国侦知。在秦大军压境之际，周武公只得采取唯一自保性命的办法，赴秦国谢罪，将他管理的地盘和百姓全数献给秦国。历时 800 多年的周王朝这时也就只剩下一个东周君守着更小的一片地盘苟延残喘，而历史留给它的时间也只有短暂的 7 年了。

昭王五十三年（前 254 年），由于秦国对东方六国的压倒优势已经充分显现，所以这一年就出现“天下来宾”的景观：所有诸侯国都争先恐后地派使者前来朝拜。魏国来得晚了一点，秦军就兴师问罪，攻取吴城（今山西平陆北）。吓得韩桓惠王赶忙亲自入秦朝拜，魏国进而表示“委国听令”。五十六年（前 251 年），秦昭襄王作为在位最久的秦王，带着极度的满足离开人世。

秦昭王在位 56 年，活了 75 岁。他不仅是秦国历史上在位时间最长的君王，而且在中国历代 300 多位君王中也属于在位最长者之一，仅次于清朝在位 61 年的康熙和在位 60 年的乾隆两位皇帝，他是排名第三的长寿君王。因为在位的时间特别长，更因为他是一位大有作为的君王，所以也就成为秦国历史上经历征战次数最多、战役规模最大、取得战果最辉煌的君王。粗略统计，他在位期间，秦国或单独与韩、赵、魏、楚、齐、燕等国，或同时与数国进行了大小不等的 53 次战役，斩首、俘获敌军将士达 1056000 人。平均几乎每年一次战役。这些战役，除个别少数几次外，基本上都是秦军主动发起进攻并取得胜利。通过半个多世纪的战争，秦国一方面进一步壮大了自己的武装力量，取得了对东方六国绝对的军事优势，一方面夺取了大量土地和人口，使秦国的疆域自关中地区扩展至今之山西、河南、湖北、贵州、四川大部，在经济力量上也对六国取得压倒优势。这样一来，到秦昭王去世的哀乐奏响的时候，秦国统一东方六国的形势已经形成。在日后秦始皇自豪的“六世余烈”中，真正值得称道的实际上主要就是秦孝公和秦昭王，秦始皇

① 司马迁：《史记》卷五《秦本纪》，中华书局 1959 年版，第 218 页。

统一六国的基础基本上是他们两代君王奠定的。

秦昭王时代之所以能够在军事上取得如此辉煌的成就，一是他继承商鞅的变法革新传统，大力奖励耕战，极大地促进了秦国经济的发展，培育和提升了秦军将士杀敌致果的积极性，为秦军的胜利打造了最根本的条件。二是昭王具有高超的政治军事谋略。他继承张仪的连横策略，有效地破解了东方六国的合纵之策，使之难以组织对秦国的联合军事行动。在一般情况下，秦军的进攻矛头一个时间只对准一国，又不时给各个诸侯国一点小恩小惠，如救济灾荒，归还一些新近夺取的城镇，实施会盟联姻，交替使用军事和外交手段，玩六国君臣于股掌之上。三是他继承秦国传统的开放的用人政策，放手信任使用客卿，让他们出将入相。如甘茂是上蔡人，魏冉、白起是楚人，范雎是魏人，蔡泽是燕人，孟尝君是齐人，他们都能在昭王麾下服务，做位高权重的高官。四是此一时期的秦国有一批谋略出众、智慧超群的将帅，如白起、司马错、王龁、王陵、向寿等。他们统帅的秦军出色地完成了昭王确定的军事任务，将一个又一个的胜利嵌刻在昭王辉煌的纪念碑上。

第六节　长平鏖战与白起之死

白起是战国后期的秦国名将，有记载说他是芈姓后裔，先世可能是楚国贵族，不知什么原因什么时候流落秦国，居于郿（今陕西岐山境）。在他之前，他的家族没有出现显赫的人物。他可能自幼从军，在秦国与其他诸侯国的争战中崭露头角，成为“善用兵”的将军。秦昭王十三年（前294年），他得到新任丞相穰侯魏冉的推荐，任为左庶长，在秦国20级的爵位中，是第10级，而商鞅在秦国主持变法时也是这个爵位。这说明当时获得此爵已经相当荣耀了。此后，白起进入他军事生涯的辉煌期，其职务升迁自然也进入快车道。这一年，他率军进击韩之新城（今河南伊川西南），取得胜利。第二年，他就晋升左更，为第12级爵位。同年，他率兵攻韩、魏于伊阙（今河南洛阳南），斩首24万，虏其将公孙喜，拔5城，迁为国尉。接着涉河夺取韩国安邑（今山西夏县西北）以东、北至乾河（今山西闻喜县境）的大片土地。此时他获得的国尉这个官职，虽然还不能与后来汉朝的太尉相比肩，但应该是秦国军事行政方面的重要负责人之一。昭王十五年（前

292 年），他晋升大良造，为第 16 级爵位，相当于卿。他督兵攻克魏国的 61 城。第二年（前 291），又与客卿错合力攻克垣城（今山西垣曲东南）。昭王二十一年（前 286 年）攻赵，拔光狼城（今山西高平西）。二十八年（前 279 年）攻楚，取得鄢、邓（今河南漯河境）。二十九年（前 278 年）攻楚，占领楚国国都郢（今湖北沙市），烧夷陵（今湖北宜昌），兵锋东至竟陵（今湖北潜江）。楚王逃至陈（今河南淮阳）。秦在郢设南郡。白起因功被封武安君。接着，再攻楚，占领大片土地，新设巫郡（今湖北、四川交界处）、黔中郡（今湖南、贵州交界处）。这次攻楚的胜利，对秦国具有里程碑意义，因为经过这次征战，秦国的势力范围已经扩展至长江中上游，深入到今之两湖和贵州，向西与早已被征服的巴蜀连在一起。战国初年幅员最辽阔的楚国如今只剩下长江中下游的一些地方，秦国已经超过楚国成为当时疆域最大、人口最多、经济军事力量最强大的诸侯国。此后，秦国暂时放松了对楚国的攻势，转兵东进。昭王三十四年（前 273 年），白起率军攻魏，拔华阳，虏 3 将军，斩首 13 万。继而战胜赵国将军贾偃，将俘获的 2 万士卒推到黄河中淹死。9 年后的昭王四十三年（264 年），白起督兵进攻韩国的陉城（今山西曲沃西北），得手后，又连拔 5 城，斩首 5 万。转过年来，白起督军猛攻南阳太行道（今河南获嘉境），断绝了韩国南北领土的联络，使本来领土最促狭的韩国被拦腰斩断，面对强大的秦军从此失去了反击能力。白起趁热打铁，于昭王四十五年（262 年），再进攻韩国的野王（今河南沁阳），逼使韩国守将举城投降。如此一来，韩国的上党郡就孤立悬绝，成为夹在秦、赵之间的一块飞地，处境极其危殆。这时韩国的上党守冯亭明白，以自己一郡之力，根本无法抵御秦军的攻势，而乖乖地向秦国投诚，他又心有不甘，与手下谋臣计议的结果，是投靠与之接壤的赵国，继续与秦国对抗。当时在位的赵国孝成王听信平原君的主张，接受了冯亭的投诚，并封其为华阳君。赵国君臣自认为讨了个大便宜，其实引来的是一场决定赵国命运的长平之战。

上党事件使秦国对韩国和赵国的愤怒变成了一连串东向进击的军事行动。昭王四十六年（前 261 年），秦军进攻韩国的缑氏、蔺（今河南巩义市、登封之间）并迅速占领。第二年初，秦国决心惩罚自动归附赵国的上党郡，命王龁指挥秦军进攻该地，经过一番并不激烈的战斗，即取得上党。上党百姓纷纷逃往赵国。赵国为了遏制秦军的攻势，命老将廉颇率赵军 40 余万进抵长平（今山西高平），与秦军进行上党的争夺战。廉颇开始与秦军的几场战斗失利后，洞察秦军远离秦国腹地倾巢出动，粮食与其他军需物资的供应是一个很大的问题，利于速决而不利于持久，于是决定以坚壁不战的策略拖垮秦军。这一策略显示了廉颇的老谋深算。如果此一策略得到贯彻执行，长平之战的结局至少是秦军因为拖不起而退兵，赵军纵使不能取得完胜，却不至于全盘皆输。然而，愚蠢的赵孝成王根本理解不了廉颇的战略意图，认为他年老气衰，勇毅不复当年，心生疑忌，又中了秦国的反间计，让毫无实战经验、仅能以夸夸其谈哗众取宠的赵括代替廉颇统帅赵军，这就使赵军失去了可能取胜、至少也不至于惨败的条件。而正在此时，秦昭王密令白起前去统帅秦军，全权指挥对赵军的战斗。赵括统帅赵军后，一改廉颇的正确策略，轻兵冒进，这正中白起下怀。白起指挥秦军一面佯败，一面派奇兵25000人断绝赵军后路，再以一军5000骑隔绝赵壁，这就将赵军分割为二，使之陷于完全被动挨打的困境。这时昭王亲临河内，“赐民爵各一级，发年十五以上悉诣长平，遮绝赵救及粮食”①，由此使长平的赵军彻底孤立无援。绝粮46天以后，“阴相杀食”的赵军，只得孤注一掷，“出锐卒自搏战”，结果是赵括被射杀，40万赵军将士成了秦军的俘虏。如何处置这40多万俘虏，对白起是一大难题：白起权衡的结果是将他们全部坑杀。他给出的理由是：“前秦已拔上党，上党民不乐为秦而归赵。赵卒反覆，非尽坑之，恐为乱。”② 至此，白起的军事生涯达到了巅峰，他的名字成为“虎狼之师”的同义语，使六国君臣闻之战栗。

从秦昭王十三年（前294年）至四十七年（前260年），白起统帅秦军南征北战达34年之久。如果再加上他自从军至任左庶长的时间，他在秦军中服务的岁月应该在40年左右。显然，他一生伴随战争，将自己的聪明才智、雄韬伟略都贡献给了秦国的统一大业。白起是一位不世出的军事天才，他的一生仿佛同胜利之神结了不解之缘，战胜攻取，他几乎每役都必操胜券。正如秦王嬴政时期的张唐对甘罗所说：“武安君南挫强楚，北威燕、赵，战胜攻取，破城堕邑，不知其数。”③《宋史》卷二百七《艺文》六还记载有

---

① 司马迁：《史记》卷七三《白起王翦列传》，中华书局1959年版，第2334页。

② 司马迁：《史记》卷七三《白起王翦列传》，中华书局1959年版，第2335页。

③ 司马迁：《史记》卷七一《樗里子甘茂列传》，中华书局1959年版，第2319页。

“白起阵书（一说图）”一部，说明他有兵学著作传世。史书没有他攻读《孙子兵法》等兵书战策的记载，但根据当时“藏孙、吴之书者家有之”[①]的情势推断，他很可能从其时已经流行的兵书中汲取了大量知识和智慧。白起用兵之所以保持不败的纪录，一是他背后有着秦国强大的经济军事力量为后盾，充分利用了战国后期秦军对东方六国的压倒优势。二是他利用昭王和宣太后、穰侯等秦国当权派的全力支持和绝对信任。可能因为宣太后、穰侯等都出自楚国芈姓王族，他们同白起有一种天然的亲近感，而昭王在长期的战争实践中认识了白起的出众超群的谋略和智慧，对他自然也毫无保留地信任和支持。在长平之战中，昭王是倾全国之力，义无反顾地为白起谋划了后勤支援和断赵军退路的军事行动。三是他用兵的稳、准、刁、狠。这一特点突出表现在他指挥长平之役的运筹帷幄。在秦国成功地运用反间计破坏了廉颇的持久策略之后，他秘密来到长平前线，接掌了秦军的指挥权。此时的白起，对于如何战胜乳臭未干的赵括已是成竹在胸。他先是引诱急躁冒失的赵括轻兵出战，秦军佯装败走，使赵军取得小胜，吊起赵括的胃口，使之全力攻击秦军营垒，无暇后顾。而暗中令“秦奇兵二万五千人绝赵军后，又一军五千骑绝赵壁间，赵军分而为二，粮道绝”[②]，由此使赵军陷于极大的被动。接着，秦军“出轻兵击之”，将赵军打败，使赵括明白无法战胜秦军，产生畏惧心理，于是转入守势，等待援军，似乎又恢复了廉颇前不久“坚壁”的策略。然而，此时的战场形势与廉颇掌军时已经大不一样，因为赵军的粮道已断，存粮无法支撑它固守待援的策略，时间只能增加赵军的被动，赵括是无法坚持下去的。结果不出白起所料，46 日以后，赵军就陷入人相食的困境，致使赵括只得率疲惫之卒向秦军做冒险绝望的反击。最后，白起指挥以逸待劳的秦军，轻而易举地射杀赵括，逼迫抵抗无望的赵国 40 万饥饿之师选择了投降。在这场大获全胜的战役中，白起抓住了赵军的两个软肋：愚蠢的统帅和脆弱的后勤补给线，一面诱使赵括改变廉颇的策略，一面截断粮道使赵军陷于孤立和饥饿。白起在长平之役中的指挥艺术，展示了他作为将军所具备的智、勇、严的品格和素质，特别是稳、准、刁、狠的用兵风格。尽

① 王先慎：《韩非子集解》，中华书局 2013 年版，第 494 页。

② 司马迁：《史记》卷七三《白起王翦列传》，中华书局 1959 年版，第 2334 页。

管白起在兵学上的造诣不能与孙武、吴起、孙膑、尉缭等比肩，但其实战的经历和取得的成功已经远远超过他们了。不过，白起的弱点或者说缺失亦非常明显：缺少信与仁的品格，他的军事生涯既伴随着一连串的胜利，更伴随着残酷无情的大量杀戮：昭王十四年（前 293 年），他率兵攻韩、魏于伊阙（今河南洛阳南），一次斩首24万。昭王三十四年（前273年），他率军攻魏，拔华阳，虏三将军，斩首 13 万。与赵军战，将俘获的 2 万士卒推到黄河中淹死。长平一战，竟坑杀赵军已经投诚的官兵 40 万，创造了先秦战争史上一次杀戮的最高纪录，这是何等的凶恶与残忍！当然，这种杀戮俘虏的行动与秦国的国策有关，与秦国深受戎狄野蛮风俗的影响有关，特别与秦国受法家思想影响深远、讲求耕战的功利主义价值观有关，但作为“将在外君命有所不受”的战场统帅，白起也不能辞其咎。所以后来宋太祖赵匡胤拜谒悬挂历代武将之像的武成王庙时，就认定白起“不武”，命令撤去他的画像。

尽管白起不是一个完全符合孙子兵法所要求的完美无瑕的将军，但却是对秦国统一六国大业立下不朽功勋的武功第一人。他一生攻取 70 余城，俘、杀、伤敌近百万，在秦国历史上，论军事生涯之久，取城夺地之广，俘获消灭敌人之众，谋划指挥之精明与娴熟，为秦国统一事业贡献之巨大，无人能与他相比肩，无偶有独之唯一，非他莫属。

长平之战是白起军事生涯的巅峰，也是他运交华盖的起点。长平之战胜利后，秦军乘胜扩大战果。昭王四十八年（前 259 年），秦军复定上党郡。王龁攻取皮牢（今山西河津），司马梗定太原，河东的大片土地收入秦国囊中，由此进一步形成了对秦国极其有利的军事态势。恰在此时，惊恐万状的赵国使苏代谋划的反间计获得成功。原来此前不久，应侯范雎游说昭王成功，排除了宣太后和穰侯的势力，得以继任秦国丞相。苏代至秦国直接见范雎，一番说项，使范雎改变了秦国继续进击韩、魏的军事行动：

苏代厚币说秦相应侯曰：“武安君禽马服子乎？”曰：“然。”又曰：“即围邯郸乎？”曰：“然。”“赵亡则秦王王矣，武安君为三公。武安君所为秦战胜攻取者七十余城，南定鄢、郢、汉中，北禽赵括之军，虽周、召、吕望之功不益于此矣。今赵亡，秦王王，则武安君必为三公，君能为之下乎？虽无欲为之下，固不得已矣。秦尝攻韩，围邢丘，困

> 上党，上党之民反为赵，天下不乐为秦民之日久矣。今亡赵，北地入燕，东地入齐，南地入韩、魏，则君之所得民亡几何人。故不如因而割之，无以为武安君功也。”于是应侯言于秦王曰：“秦兵劳，请许韩、赵之割地以和，且休士卒。”王听之，割韩垣雍、赵六成以和。正月，皆罢兵。武安君闻之，由是与应侯有隙。①

显然，苏代以个人的富贵利禄离间了应侯与白起的关系。长于军事的白起在玩弄政治阴谋方面远不是应侯的对手，他最后悲惨地栽在此人的谗言中。

昭王四十八年（前259年）九月，秦国复发兵进攻赵国。秦将王陵挥军长驱直入，围攻邯郸，白起因生病未参与此役。不久王陵失利的消息传到秦国，恰在此时，白起病愈，昭王要求他代王陵统帅秦军继续攻赵，白起拒绝任命，讲了一通围攻邯郸难以取胜的道理：“邯郸实未易攻也。且诸侯救日至，彼诸侯怨秦之日久矣。今秦虽破长平军，而秦卒死者过半，国内空。远绝河山而争人国都，赵应其内，诸侯攻其外，破秦军必矣。不可。”② 白起对当时秦军围攻邯郸的军事形势的分析是正确的。虽然从表面上看，秦军凶焰张天，赵国危在旦夕，实际上，连年苦战的秦军已是疲惫不堪，而魏、楚等受秦国威胁的诸侯国正在组织联合战线，谋划共同对付秦军，对秦国有利的军事态势正在发生逆转。但被一时的胜利冲昏头脑的昭王却没有觉察，仍然要求白起统帅秦军继续围攻邯郸。这就与对当时军事形势洞若观火的白起在战略与策略上发生矛盾和冲突。白起没有答应昭王的要求，昭王让应侯前去劝说，白起也没有答应。昭王为挽救邯郸城下秦军的危局，令王龁代王陵前去指挥，但也没有扭转颓势。不久，楚国春申君和魏国信陵君统帅的数十万大军前往救赵，双方激战于邯郸城郊，已经苦战经年的秦军无法取胜，败象日至。白起了解前线的形势，有点幸灾乐祸地说：“秦不听臣计，今如何矣！”这话传到昭王那里，自然引起他的震怒：君王纵有失误，那也不是臣子可以指责的。昭王再次强命他去前线统军以挽救败局，白起仍然严词拒绝，并且装病以抗拒。应侯再次前去敦请，白起依然不为所动。白起的逆鳞

① 司马迁：《史记》卷七三《白起王翦列传》，中华书局1959年版，第2335—1336页。

② 司马迁：《史记》卷七三《白起王翦列传》，中华书局1959年版，第2336—2337页。

之举彻底激怒了昭王，他于是下令免去白起的官职和爵位，降其至士伍行列，发往阴密（今宁夏泾川南）禁锢。面对昭王的刚愎自用和无理惩罚，白起赴诉无门，气恼而病，未能马上启程。三个月后，诸侯联军使秦军在邯郸城下一再挫败，范雎等乘机进谗，昭王气急败坏，进一步迁怒白起，下令他带病启程，离开咸阳，前往阴密禁锢。白起拖着病体，黯然神伤地出咸阳西门 10 里，停在杜邮（今陕西咸阳西）稍憩。这时，盛怒中的昭王召集有关臣子，议决对白起进一步惩罚。他们一致认定白起对秦王给予自己的惩罚不满，"其意尚怏怏不服，有余言"，于是决定赐剑让其自裁：

> 武安君引剑将自刭，曰："我何罪于天而至此哉？"良久，曰："我固当死。长平之战，赵卒降者数十万人，我诈而尽坑之，是足以死。"遂自杀。武安君之死也，以秦昭王五十一年十一月。死而非其罪，秦人怜之，乡邑皆祭祀焉。①

关于白起与昭襄王在进攻邯郸问题上的冲突，苏辙撰著的《古史》一书有更翔实的记载：

> 昭王既息民缮兵，复欲伐赵。起曰："不可。"王曰："前年国虚民饥，君不量百姓之力，求益军粮以灭赵。今寡人息民以养士，蓄积粮食，三军之俸有倍于前，而曰不可，其说何也？"起曰："长平之事，秦军大克，赵军大破，秦人欢喜，赵人畏惧。秦民之死者厚葬，伤者厚养，劳者相飨饮食餔馈以靡其财。赵人之死者不得收，伤者不得疗，涕泣相哀，勠力同忧，耕田疾作以生其财。今王发军虽倍其前，臣料赵国守备亦以十倍矣。赵自长平以来，君臣忧惧，早朝晏退，卑辞重币，四面出嫁，结亲燕、魏，连好齐、楚，积虑并心备秦为务，其国内实，其交外成。当今之时，赵未可伐也。"王曰："寡人既以兴师矣。"九月，乃使五大夫王陵将而伐赵。是时起亦以病，不任行。四十九年正月，陵攻邯郸少利，秦益发兵佐陵，陵兵亡五校。起病愈，昭王欲

① 司马迁：《史记》卷七三《白起王翦列传》，中华书局 1959 年版，第 2337 页。

使代陵将。起曰："邯郸实未易攻也，且诸侯救日至，彼诸侯怨秦之日久矣，今秦虽破长平军，而秦卒死者过半，国内空，远绝河山而争人国都，赵应其内，诸侯攻其外，破秦军必矣。"固称疾不行。王乃使范睢往见，责之曰："楚地方五千里，持戟百万，君前率数万之众入楚，拔鄢郢，焚其庙，东至竟陵，楚人震恐，东徙而不敢西向。韩、魏相率兴兵甚众，君所将不能半之，战于伊阙，大破二国之军，流血漂卤，斩首二十四万，韩、魏以故至今称东藩。此君之功，天下莫不闻。今赵卒之死于长平者已十七八，其国虚弱。秦今大发军，人数倍于赵国之众，愿使君将必欲灭之矣。君尝以寡击众，取胜如神，况以强击弱，以众击寡乎?"起曰："昔楚王恃其国大，不恤其政，而群臣相妒以功谄谀，用事良臣斥疏，百姓心离，城池不修，既无良臣，又无守备，故起得引兵深入，多倍城邑，发梁焚舟以专民心，掠于郊野以足军食。当此之时，秦之士卒以军中为家，将帅为父母，不约而亲，不谋而信，一心同力，死不旋踵。楚人自战其地，咸顾其家，各有散心，莫有斗志，是以能有功也。伊阙之战，韩孤，顾魏不欲先用其众，魏恃韩之锐，欲推以为锋，二军争便之力不同，是以臣得设疑兵以待韩阵，专军并锐，触魏之不意。魏军既败，韩军自溃，乘胜逐北，以是之故，故能立功，皆计利形势自然之理，何神之有哉?今秦破赵军于长平不遂，以时乘其振惧而灭之，畏而释之，使得耕稼以益畜积，养孤长幼以益其众，缮治兵甲以益其强，增城浚地以益其固，主折节以下其臣，臣推体以下死士。至于平原君之属，皆令妻妾补缝于行伍之间，臣人一心，上下同力，犹句践困于会稽之时也。以今伐之，赵必固守，挑其军战，必不肯出；围其国都，必不可克；攻其列城，必未可拔；掠其郊野，必无所得。兵出无功，诸侯生心，外救必至。臣觏其害未见其利，又病未能行。"应侯惭而退，以言于王。王曰："微白起，吾不能灭赵乎?"复益发军，更使王龁代王陵伐赵，围邯郸八九月，死伤者众而弗下。赵王出轻锐以寇其后，秦数不利。起曰："不听臣计，今果如何?"王闻之，怒见起，强起之曰："君虽病，强为寡人卧而将之。有功无功，寡人之愿，将加重于君。如君不行，寡人恨君。"起顿首曰："臣之行，虽无功，得免于罪；不行，虽无罪，不免于诛。然惟愿大王览

> 臣愚计，释赵养民，以观诸侯之变，抚其恐惧，伐其骄慢，诛灭无道，以令诸侯，天下可定。何必以赵为先乎？此所谓为一臣屈而胜天下也。大王若不察臣愚计，必欲快心于赵，以致臣罪，此亦所谓胜一臣而为天下屈者也。臣闻明主爱其国，忠臣爱其名。破国不可复完，死卒不可复生。臣宁伏受重诛而死，不忍为辱军之将。愿大王察之！”①

这里苏辙记载的白起与昭襄王和范雎的对话，更详尽地展示了他们之间对邯郸之战的不同认识，更凸现了白起的高瞻远瞩和透析明断，说明他在军事谋略上较昭襄王和范雎高出不止一个层次。不管白起本身有多少缺陷与不足，他的死都是一桩冤案。但可悲的是，他不是死于自己的过失或罪责，而是死于自己的明断和正确。在秦国，日益走向专制的秦王自己是不会认错的，为了顾全自己的颜面，他就只有以错误惩罚正确，白起也就只能因自己的正确而付出生命的代价。这里展示的是专制制度的极端荒谬和非人道的一面。白起的死并没有给前线的秦军带来胜利，随着他的鲜血染红杜邮的土地，秦军也在邯郸城下一败涂地，残余的秦军灰头土脸地逃离邯郸，向西溃退。白起的生年文献失记，《史记》本传记载的他在世上活动的岁月是秦昭王十三年至五十一年（前294—前256年），共38年，估计他从军时应该是20岁左右，他去世的年龄当在60—70岁之间。

白起被赐死，在当时就被秦国百姓认定为一桩冤案，所以获得广泛同情，他的墓前在当时和后世香火不断。在他身后，不少人在不同场合为之讼冤，一方面充分肯定他为秦国立下的丰功伟绩，一方面对他的冤死表示无限的惋惜之意。如秦昭襄王时期的丞相蔡泽就数次肯定他的功劳，为之讼冤：“楚地方数千里，持戟百万，白起率数万之师以与楚战，一战举鄢郢以烧夷陵，再战南并蜀汉。又越韩、魏而攻强赵，北坑马服，诛屠四十余万之众，尽之于长平之下，流血成川，沸声若雷，遂入围邯郸，使秦有帝业。楚、赵天下之强国而秦之仇敌也，自是之后，楚、赵皆慑伏不敢攻秦者，白起之势也。身所服者七十余城，功已成矣，而遂赐剑死于杜邮。”② 再如秦汉之际的

---

① 苏辙：《古史》卷四四《白起王翦列传》，电子版文渊阁四库全书。

② 司马迁：《史记》卷七九《范雎蔡泽列传》，中华书局1959年版，第2422—2423页。

陈余在致章邯的书信中就说："白起为秦将，南征鄢郢，北阬马服，攻城略地，不可胜计，而竟赐死；蒙恬为秦将，北逐戎人，开榆中地数千里，竟斩阳周。何者？功多秦不能尽封，因以法诛之。"① 这里陈余将白起的死因归结为秦王的刻薄寡恩。司马迁则认为他死于应侯的进谗："太史公曰：鄙语云'尺有所短，寸有所长'。白起料敌合变，出奇无穷，声震天下，然不能救患于应侯。"② 西汉的名将陈汤被治罪时，谷永为之辩护，说辞中举例，直认白起之死是冤案："昔白起为秦将，南拔郢都，北阬赵括，以纤介之过赐死杜邮，秦民怜之，莫不陨涕。"③ 东汉末年的袁绍在上书中亦为白起的冤死鸣不平："尽忠为国，翻成重愆，斯蒙恬所以悲号于边狱，白起歔欷于杜邮也。"④ 晋朝的孙楚以满含感情的笔触写了一篇《白起赞》，抒发了对他功业的礼赞和冤死结局的浩叹：

> 烈烈桓桓，时维武安。神机电断，气济师然。南折劲楚，走魏禽韩。北摧马服，湊川成丹。应侯无良，苏子入关。嗷嗷谗口，火燎于原。遂焚杜邮，与萧俱燔。惟其殁矣，古今所叹。⑤

唐朝德宗建中二年（781 年）五月，白起作为"贤臣"与张良、穰苴、孙武、吴起、乐毅、韩信、诸葛亮、李靖、李勣一起配享武成王庙。显然，封建朝廷官方是将他作为正面形象看待的。宋朝的苏辙同样对白起充满同情和惋惜。他说：

> 予读太史公《白起传》：秦之再攻邯郸也，起与范雎有怨，称病不行以亡其躯，慨然叹曰："起以武夫，无所屈信，而困于游谈之士，使起勉强一行，兵未必败而免于死矣。"及览《战国策》，观起自陈成败之迹，乃知邯郸，法不可再攻，而起非特以怨不行，盖为之流

---

① 司马迁：《史记》卷七《项羽本纪》，中华书局 1959 年版，第 308 页。
② 司马迁：《史记》卷七三《白起王翦列传》，中华书局 1959 年版，第 2342 页。
③ 班固：《汉书》卷七〇《陈汤传》，中华书局 1962 年版，第 3021 页。
④ 范晔：《后汉书》卷七四上《袁绍传》，中华书局 1965 年版，第 2388 页。
⑤ 欧阳询等：《艺文类聚》卷五九，电子版文渊阁四库全书。

涕也。①

明朝的黄淳耀则对白起宁肯付出生命也不改变自己正确军事主张的坚持真理的精神给予充分肯定，他在《卫青论下》一文中说："秦将白起，不过一鸷忍之士耳，非其有仁义节制为之根本也。然而秦王使起攻邯郸，起直见邯郸之不可复攻也，则为之坚卧不起，至于干犯严主之怒，身首分离，而终已不悔，此无他，不胜不完，不可以冒而行之也。"②

不过，对于白起的评价，也还有另外一种非常强烈的声音，这就是对他"不仁"即杀戮俘虏的谴责。如西汉的扬雄就说："秦将白起不仁奚用为也，长平之战四十万人死，蚩尤之乱不过于此矣。"③东汉的王符亦发出强烈的谴责之声："世之臣以谄媚主，不思顺天，专仗杀伐。白起、蒙恬秦以为功，天以为贼。"④北宋的李荐则第一次猛烈抨击秦国和白起的残暴，认为白起的死灭和秦朝的灭亡都是罪有应得：

> 夫白起之为将也，战必胜，攻必取，诚莫可及。以书考之，凡攻某国拔之，伐某所取之，不言斩首若干，坑卒若干者，置而勿论。论其直书斩首若干，坑卒若干而计之，凡杀敌国之兵八十四万人。然起战卒死于敌者又当几十万，总两国供军之民，其诛求裒敛因以失业而死者又当几十万矣。何晏曰：……杀降之祸大于剧战，然则兵胜未几而被戮，国强未几而为墟，良以此乎？⑤

同是宋朝的刘克庄则认定白起之死是上天对他残杀俘虏的严惩："太息臣无罪，胡为伏剑铓？悲哉四十万，宁不诉苍苍！"⑥同是宋朝的黄震在《白起王翦》一文中对白起更是表达了异乎寻常的愤怒，并予以全盘否定：

① 苏辙：《古史》卷四四《白起王翦列传》，电子版文渊阁四库全书。

② 黄淳耀：《陶菴全集》卷三，电子版文渊阁四库全书。

③ 扬雄：《法言·渊骞》，《诸子集成》7，上海书店1986年影印本，第32页。

④ 范晔：《后汉书》卷四九《王符传》，中华书局1965年版，第1631页。

⑤ 杨士奇等：《历代名臣奏议》卷二二，电子版文渊阁四库全书。

⑥ 刘克庄：《后村集》卷一四《白起》，电子版文渊阁四库全书。

白起以穰侯荐为秦将，其斩杀之数多而载于史者凡百万，不以数载者不预焉。长平之役，秦民年十五以上皆诣之，而死者过半。以此类推，秦之死于兵者，又不可以数计也？苏代说应侯间之，起不复为秦用而赐之死。自秦而言，虽杀之非其罪；自公理而言，一死何以尽其罪哉？……王翦诸人之辅秦，盖凶德之参会，古今之极变，不可复以常事论也。太史公讥翦不能辅秦建德而偷合取容，呜呼！是何异责虎狼之不仁耶！①

扬雄、王符、李荐和黄震虽然发出同是从道德着眼的谴责，但黄震显然较其他人进了一步。他认为白起、王翦是在“古今之极变”的历史条件下出现的，所以不能停留在简单的道德谴责上，而应该从秦国的历史传统中寻找他们如此行事的背景和原因。元朝的戴表元在《史论·樗里子甘茂甘罗魏冉白起王翦列传》一文中，对白起、王翦等秦国将军的成功做了进一步的分析，认为他们是借助了“秦势”形成的历史条件成就了自己的功业，就他们个人的品格和能力而言，不见得贤于廉颇、李牧：

战国之世，秦人以形势诈力，颉颃诸侯，故为秦者易为功，而事诸侯者难为力。樗里、二甘、魏冉之于当时，固非有过人杰出之谋；而白起、王翦虽为善战，然不过纵燎于顺风，林果于垂熟，而凡其尽锐以为取胜之道者，皆其不可再用者也。此非惟不当责以古良将之风，其视同时廉颇、李牧辈犹远媿之，而得为贤乎？盖当是时秦势八九成矣，天方假毒其手以树君中原，谋不必工所施而服，战不必良所向而克。彼诸侯之臣，固有贤于樗里、二甘、魏冉之谋，勇于白起、王翦之战，其君用之，未必能专信之，未必能决而又连栖争鸣，佐寇自贼。颠倒谬误，卒俱坠于彀中而后已。而数子乘时逐利，各以能名见登于好事之齿舌，彼诸国之臣，其材实过之者，国败身辱而名字因暧昧而不彰，岂非所遇者幸不幸哉？②

① 黄震：《黄氏日抄》卷四六，电子版文渊阁四库全书。

② 戴表元：《剡源文集》卷二二，电子版文渊阁四库全书。

这里戴表元认定白起、王翦的名气之大与其成功后的宣传有关，这在一定程度上有符合实际的一面，但并非完全准确。明朝的黄淳耀在《白起列传》中，也认为白起的死灭是罪有应得：

> 白起为秦大将，连兵于外，所屠戮以百万计，杀气上干于天。虽微应侯之谗，岂得良死哉？然其于秦则可谓有大功者，秦负起起不负秦也。方起始进，有穰侯主之于内，故得立功。及范睢扼穰侯吭而夺之位，则必以起为穰侯之党，日夜虑其轧己者也，不待苏代之说而杀机已发矣。①

显然，以上的不少评判是出于以“仁义道德”为标准的愤激之论。不过，义愤不能代替理性的科学分析。说到底，白起之冤死是封建君主拥有绝对权力的专制制度造成的。君主专制要求所有臣子都是君王的奴才，必须绝对服从君王的意志，遵守“臣罪当诛兮天王圣明”的根本政治原则，所有的功劳只能归于君王，所有的过错必须由臣子承担。君王的错误决策，臣子也必须无条件服从；而错误决策的后果却要求由臣子顶罪。白起的悲剧在于，他是一个傲世的军事天才，却不是一个深谙当时政治运行规则的政治家。他能判断一场战争的胜负，能为一场战争的胜利进行无懈可击的谋划和指挥，却不能规避逼近自己的危险，更不具备绕过政治漩涡中激流和险滩的能力。在军事领域，他尽管能将“诡道”玩得炉火纯青，在更需要“诡道”的政治领域，他却如盲人瞎马，夜半深池，硬是找不到一条通向坦途的小路。如此一来，不是“秀才遇见兵，有理说不清”，而是将军遇奸佞，颓然败阵来。他遇到的对手范睢，是一个老谋深算的纵横家者流，他们的行事原则是唯利是图，唯权是视，刻薄寡恩，不设底线，阴谋诡计，翻云覆雨。范睢能玩秦王、宣太后、穰侯于股掌之上，更能为了保住既得的相位将对自己构成威胁的白起送上不归路。史书记载他多次应昭王之命前去劝说白起服从秦王的任命，而正是这些机会使他有了上下其手、施展阴谋的空间。其实，如果白起不执着于自己对围攻邯郸的意见，接受秦王的命令，赶赴前线指挥秦军，尽

① 黄淳耀：《陶菴全集》卷四，电子版文渊阁四库全书。

管也无法彻底挽回败局，但以其谋略智慧，仍然有条件减少秦军的损失，适时撤围而返。这样，范雎上下其手、设局排陷他的借口就少得多，秦王也不至于因白起拂逆麟生震怒而置其于死地，范雎的进谗也就难以逞其谋了。这一点，苏辙已经看到了："苏子曰：予读太史公《白起传》，秦之再攻邯郸也，起与范雎有怨，称病不行，以亡其躯。慨然叹曰：起以武夫，无所屈信而困于游谈之士。使起勉强一行，兵未必败而免于死矣。"① 当然，如果白起这样做，白起也就不成其为白起了。自然，性格决定命运，白起的结局最后还是与他过于执傲的个性有着密切的关联，他缺乏的正是以柔克刚的韧劲。看来，政治智慧短板的将军还不是完美的将军。在这方面，与稍后于他的将军王翦相比，白起就差着不止一个档次了。

第七节　穰侯罢相与范雎、蔡泽相继荣登相位

秦昭襄王当国的56年间，尽管也有明显缺陷和不足，突出表现在不能始终听取正确谏言，在某些决策上出现重大失误，如邯郸之战的败北和导致名将白起的冤死，但是，他总体上不失为一代英主，这主要体现在他善于用人和关键时刻敢于清除妨碍自己行使权力的权势集团。

昭襄王登上王位时是一个不到20岁的青年人，国家权柄操在他的母亲宣太后和太后的亲族手中。宣太后出身楚国宗室贵族，名叫芈八子，是惠文王的王后。惠文王去世后，她成为富于春秋的强势王太后，在一定程度上左右了秦国的政局。为此，她势必引进一批外戚协助自己执政。穰侯魏冉、华阳君芈戎是她的同父异母弟，她自然对之信任有加，乐意让他们掌握重权。而为了巩固嬴氏宗亲贵族内部的团结，她自然也会依靠除了国君之外其他亲生儿子分掌权柄，于是就有另外两个儿子被封为泾阳君和高陵君之事。这些人组成了昭王时期秦国的核心执政集团，长期掌管秦国的行政、军事和财政大权。如穰侯魏冉长期担任丞相，全盘负责秦国的行政运作，并多次率军对外作战，处于一言九鼎的尊位。其他人也执掌重要权力，这个集团在很大程度上左右了秦国的政治。然而，这些人又都有属于自己家族和小团体的利

① 苏辙：《古史》卷四四《白起王翦列传》，电子版文渊阁四库全书。

益，这种利益有时与国家的整体利益发生冲突。尽管太后是昭王自己的亲生母亲，魏冉、华阳君是自己的亲舅父，泾阳君和高陵君是自己的亲兄弟，他们对秦国的忠心虽然无可怀疑，但这并不意味着他们与国君的利益完全一致，他们之间也会发生权利冲突。这种冲突主要表现为，一是穰侯等权贵获取掌控的权力太大太多，从而使国家的整体利益受损，如他们掌控政治军事的决策权，有时仅为个人或小集团的私利服务；而作为封君，他们同时又从国家整体利益中切割更多份额供个人和小集团享用。二是他们架空国君，严重妨碍中央集权体制的运行。最突出的事件是昭王三十六年（前 271 年），穰侯魏冉居然决策越三晋进攻齐国，目的是扩大自己的封邑陶的地盘，这显然不符合秦国的整体利益："昭王三十六年，相国穰侯言客卿竈，欲伐齐取刚、寿，以广其陶邑。"[①] 刚、寿两地均在今之山东西南部，靠近穰侯的封地陶（今山东定陶）。进攻此地，需要秦军越过三晋千里远征，这不仅在军事上是一种冒险行动，没有胜算的把握，而且即使取胜，也只是增加穰侯的私人领地，这对秦国的整体利益显然不是当务之急。穰侯采取此一行动，说明他已经将个人的私利凌驾于国家利益之上。特别是到昭王后期，一方面是国君深感自己权力被分割，权臣有尾大不掉之嫌，一方面是穰侯等的权势已经达到巅峰，昔日似乎比较协调的君臣关系越来越出现不和谐的音符。恰在此时，一个特别善于察言观色的纵横策士范雎来到秦国，他的介入，使秦国政局顿生波澜。

范雎是魏国落魄的士人，在魏国官员须贾手下服务。一次随须贾使齐时因误会回国后受到极度侮辱，使他萌生了强烈的报仇雪耻的念头。不久，他得便通过郑安平与使魏的秦国谒者王稽拉上关系，从而得以冒险离开魏国，化名张禄来到秦国做了客卿。秦国自商鞅变法后，进一步实施开放的人才政策，所以范雎能够得到接纳可保衣食无虞。然而，他到秦国后并未立刻得到昭王的重视，闲散在那里一年有余。恰在此时，发生了穰侯决策越韩、魏进攻齐国的战事。范雎看到这是一个接近秦王并可打动他的重要节点，于是通过王稽上书昭王，表示自己有重要建议上奏，但又故意说得神秘兮兮，以吊起昭王的胃口：

① 司马迁：《史记》卷七二《穰侯列传》，中华书局 1959 年版，第 2329 页。

范雎乃上书曰："臣闻明主立政，有功者不得不赏，有能者不得不官，劳大者其禄厚，功多者其爵尊，能治众者其官大。故无能者不敢当职焉，有能者亦不得蔽隐。使以臣之言为可，愿行而益利其道；以臣之言为不可，久留臣无为也。语曰：'庸主赏所爱而罚所恶；明主则不然，赏必加于有功，而刑必断于有罪。'今臣之胸不足以当椹质，而要不足以待斧钺，岂敢以疑事尝试于王哉！虽以臣为贱人而轻辱，独不重任臣者之无反复于王邪？且臣闻周有砥砨，宋有结绿，梁有县藜，楚有和璞，此四宝者，土之所生，良工之所失也，而为天下名器。然则圣王之所弃者，独不足以厚国家乎？臣闻善厚家者取之于国，善厚国者取之于诸侯。天下有明主则诸侯不得擅厚者，何也？为其割荣也。良医知病人之死生，而圣主明于成败之事，利则行之，害则舍之，疑则少尝之，虽舜禹复生，弗能改已。语之至者，臣不敢载之于书，其浅者又不足听也。意者臣愚而不概于王心邪？亡其言臣者贱而不可用乎？自非然者，臣愿得少赐游观之间，望见颜色。一语无效，请伏斧质。"①

昭王果然被他的上书打动，于是急不可耐地召见他。《史记》对此进行了生动形象、绘形绘色的记述：

于是秦昭王大说，乃谢王稽，使以传车召范雎。于是范雎乃得见于离宫，详为不知永巷而入其中。王来而宦者怒，逐之，曰："王至！"范雎缪为曰："秦安得王？秦独有太后、穰侯耳。"欲以感怒昭王。昭王至，闻其与宦者争言，遂延迎，谢曰："寡人宜以身受命久矣，会义渠之事急，寡人旦暮自请太后；今义渠之事已，寡人乃得受命。窃闵然不敏，敬执宾主之礼。"范雎辞让。是日观范雎之见者，群臣莫不洒然变色易容者。

范雎显然已经了解昭王与太后和穰侯的矛盾，所以在走进王宫时故意制造与

① 司马迁：《史记》卷七九《范雎蔡泽列传》，中华书局1959年版，第2404—2405页。

宦官的争吵，以引起王的警觉。果然，昭王急切请益，希望范雎尽快讲出他心中的秘密：

秦王屏左右，宫中虚无人。秦王跽而请曰："先生何以幸教寡人?"范雎曰："唯唯。"有间，秦王复跽而请曰："先生何以幸教寡人?"范雎曰："唯唯。"若是者三。秦王跽曰："先生卒不幸教寡人邪?"范雎曰："非敢然也。臣闻昔者吕尚之遇文王也，身为渔父而钓于渭滨耳。若是者，交疏也。已说而立为太师，载与俱归者，其言深也。故文王遂收功于吕尚而卒王天下。乡使文王踈吕尚而不与深言，是周无天子之德，而文武无与成其王业也。今臣羁旅之臣也，交疏于王，而所愿陈者皆匡君之事，处人骨肉之间，愿効愚忠而未知王之心也。此所以王三问而不敢对者也。臣非有畏而不敢言也，臣知今日言之于前而明日伏诛于后，然臣不敢避也。大王信行臣之言，死不足以为臣患，亡不足以为臣忧，漆身为厉被发为狂不足以为臣耻。且以五帝之圣焉而死，三王之仁焉而死，五伯之贤焉而死，乌获、任鄙之力焉而死，成荆、孟贲、王庆忌、夏育之勇焉而死。死者，人之所必不免也。处必然之势，可以少补于秦，此臣之所大愿也，臣又何患哉！伍子胥橐载而出昭关，夜行昼伏，至于陵水，无以餬其口，膝行蒲伏，稽首肉袒，鼓腹吹篪，乞食于吴市，卒兴吴国，阖闾为伯。使臣得尽谋如伍子胥，加之以幽囚，终身不复见，是臣之说行也，臣又何忧？箕子、接舆漆身为厉，被发为狂，无益于主。假使臣得同行于箕子，可以有补所贤之主，是臣之大荣也，臣有何耻？臣之所恐者，独恐臣死之后，天下见臣之尽忠而身死，因以是杜口裹足，莫肯乡秦耳。足下上畏太后之严，下惑于奸臣之态，居深宫之中，不离阿保之手，终身迷惑，无与昭奸。大者宗庙灭覆，小者身以孤危，此臣之所恐耳。若夫穷辱之事，死亡之患，臣不敢畏也。臣死而秦治，是臣死贤于生。"秦王跽曰："先生是何言也！夫秦国辟远，寡人愚不肖，先生乃幸辱至于此，是天以寡人慁先生而存先王之宗庙也。寡人得受命于先生，是天所以幸先王，而不弃其孤也。先生奈何有言若是！事无小大，上及太后，下至大臣，愿先生悉以教寡人，无疑寡人也。"范雎拜，秦王亦拜。范雎曰："大王之国，四塞以为固，北有甘泉、谷口，南带泾、渭，右陇、蜀，左关、阪，奋击百万，战车千乘，利则出攻，不利则入守，此王者之地也。民怯于私斗而勇于公战，此王者之民也。王并此二者而有之。夫以秦卒之勇，车骑之众，以治诸侯，譬若驰韩卢而搏蹇兔也，霸王之业可致也，而群臣莫当其位。至今闭关十五年，不敢窥兵于山东者，是穰侯为秦谋不忠，而大王之计有所失也。”秦王跽曰：“寡人愿闻失计。”然左右多窃听者，范雎恐未敢言内，先言外事，以观秦王之俯仰。因进曰：“夫穰侯越韩、魏而攻齐纲、寿，非计也。少出师则不足以伤齐，多出师则害于秦。臣意王之计，欲少出师而悉韩、魏之兵也，则不义矣。今见与国之不亲也，越人之国而攻，可乎？其于计疏矣。且昔齐愍王南攻楚，破军杀将，再辟地千里，而齐尺寸之地无得焉者，岂不欲得地哉，形势不能有也。诸侯见齐之罢弊，君臣之不和也，兴兵而伐齐，大破之。士辱兵顿，皆咎其王，曰：‘谁为此计者乎？’王曰：‘文子为之。’大臣作乱，文子出走。故齐所以大破者，以其伐楚而肥韩、魏也。此所谓借贼兵赍盗粮者也。王不如远交而近攻，得寸则王之寸也，得尺亦王之尺也。今释此而远攻，不亦缪乎！且昔者中山之国地方五百里，赵独吞之，功成名立而利附焉，天下莫之能害也。今夫韩、魏，中国之处而天下之枢也，王其欲霸，必亲中国以为天下枢，以威楚、赵。楚强则附赵，赵强则附楚，楚、赵皆附，齐必惧矣。齐惧，必卑辞重币以事秦。齐附而韩、魏因可虏也。”昭王曰：“吾欲亲魏久矣，而魏多变之国也，寡人不能亲。请问亲魏奈何？”对曰：“王卑词重币以事之；不可，则割地而赂之；不可，因举兵而伐之。”王曰：“寡人敬闻命矣。”①

这里，范雎充分发挥自己不亚于苏秦、张仪的游说技巧，先表矢志忠于昭王的决心，再从对六国的交往和战争入手，点出穰侯越韩、魏而攻齐的错误尤其是其中隐藏的私心，再献出应对列国的“远交近攻”的战略，事事说到昭王的心坎上，一下子拉近了与昭王的距离，取得了他的信任。昭王“乃拜范

① 司马迁：《史记》卷七九《范雎蔡泽列传》，中华书局 1959 年版，第 2406—2410 页。

雎为客卿，谋兵事。卒听范雎谋，使五大夫绾伐魏，拔怀。后二岁，拔邢邱”。之后，范雎又为昭王贡献了对韩国的斗争策略：

> 客卿范雎复说昭王曰："秦韩之地形，相错如绣。秦之有韩也，譬如木之有蠹也，人之有心腹之病也。天下无变则已，天下有变，其为秦患者孰大于韩乎？王不如收韩。"昭王曰："吾固欲收韩，韩不听，为之奈何？"对曰："韩安得无听乎？王下兵而攻荥阳，则巩、成皋之道不通；北守太行之道，则上党之师不下。王一兴兵而攻荥阳，则其国断而为三。夫韩见必亡，安得不听乎？若韩听，而霸事因可虑矣。"王曰："善。"

范雎对昭王献出的对付列国的战略和策略，显示了他不仅是一个谙于游说之术的纵横策士，也是一个明晰当时列国形势的谋略家，以后的秦国君王基本上按照他贡献的战略和策略行动，取得了灭亡六国、统一华夏的胜利。范雎的谋略得到昭王的赏识，进一步密切了他们的关系。至此，范雎认定他离间昭王与太后、穰侯等权势集团关系的机会到了，于是瞅准火候，直接挑明太后、穰侯、华阳君、高陵君、泾阳君是国君行政的最大障碍，更是危及国君位子的最大奸佞之辈，只有剥夺他们的权势，国君的地位才能稳固：

> 范雎日益亲，复说用数年矣，因请间说曰："臣居山东时，闻齐之有田文，不闻其有王也；闻秦之有太后、穰侯、华阳、高陵、泾阳，不闻其有王也。夫擅国之谓王，能利害之谓王，制杀生之威之谓王。今太后擅行不顾，穰侯出使不报，华阳、泾阳等击断无讳，高陵进退不请。四贵备而国不危者，未之有也。为此四贵者下，乃所谓无王也。然则权安得不倾，令安得从王出乎？臣闻善治国者，乃内固其威而外重其权。穰侯使者操王之重，决制于诸侯，剖符于天下，政适伐国，莫敢不听。战胜攻取则利归于陶，国弊御于诸侯；战败则结怨于百姓，而祸归于社稷。诗曰'木实繁者披其枝，披其枝者伤其心；大其都者危其国，尊其臣者卑其主'。崔杼、淖齿管齐，射王股，擢王筋，县之于庙梁，宿昔而死。李兑管赵，囚主父于沙邱，百日而饿死。今臣

闻秦太后、穰侯用事，高陵、华阳、泾阳佐之，卒无秦王，此亦淖齿、李兑之类也。且夫三代所以亡国者，君专授政，纵酒驰骋弋猎，不听政事。其所授者，妒贤嫉能，御下蔽上，以成其私，不为主计，而主不觉悟，故失其国。今自有秩以上至诸大吏，下及王左右，无非相国之人者。见王独立于朝，臣窃为王恐，万世之后，有秦国者非王子孙也。”昭王闻之大惧，曰：“善。”于是废太后，逐穰侯、高陵、华阳、泾阳君于关外。秦王乃拜范雎为相，收穰侯之印，使归陶，因使县官给车牛以徙，千乘有余。到关，关阅其宝器，宝器珍怪多于王室。①

由于范雎早就窥透秦国的政局，明晰昭王与权臣穰侯等之间的关系已经到了需要调整的时候，所以敢于冒险赌一把，如此添油加醋地向昭王进言，将穰侯等定位为必欲去之才能使秦国转危为安的奸佞之辈。结果他赌赢了，这个权势集团被剥夺了权力，昭王集中权力的最大障碍被清除，范雎也得到他梦寐以求的丞相职位，进封应侯，一时宠贵莫比，达到他追求的富贵利禄的巅峰。其实，太后、穰侯集团被剥夺权势是早晚的事，因为他们的权势一旦妨碍中央集权，国君迟早会清除他们，只是选择时机而已。范雎的明智机敏在于他看到了这一层并在适当的时机点破罢了。据王世贞记述，当昭王听到穰侯出关“辎重千有余乘”之时，愤怒异常，打算将其处死，全赖白起遣客说情，才免一死：

穰侯免相国就封陶出关，关吏阅其单辎重千有余乘，闻之昭王。王按剑而怒曰：“吾王四十年不为王而为穰侯，穰侯相三十年不为秦而为穰也。籍太后朽骨何避乎，必僇而室之。”武安君恐，使其客说曰：“大王亦知五霸之所以遂否乎？”曰：“不知也。”“齐桓、晋文霸而遂，宋襄霸而否者，非桓、文之独工而宋襄之独拙也。其行事谋算等耳，齐、晋强而宋弱也。齐、晋之所以强者何也？齐之所以强非始桓而劲也，厘、襄之世，东尽嵎夷而邑之西，略济上之十二诸侯而举其半；晋亦非始文而劲也，献公为之灭虞灭虢，灭魏灭耿，减东山之狄以大启曲

① 司马迁：《史记》卷七九《范雎蔡泽列传》，中华书局1959年版，第2411—2412页。

沃，而后文公因之。宋襄之地不加辟于微封，而兵不益于殷遗也。然则为晋献、齐厘、襄之所遗者难，而为桓、文因者易也。今大王信客卿以越韩、魏而攻齐为穰侯罪，夫穰侯之所罪者一耳。大王一忧魏，则穰侯为大王拔河内城大小六十，走芒卯，馘暴鸢，入北宅，围大梁，立责其河东地方四百里，连拔三县；再忧韩、魏，则穰侯为举武安君将，而卤首二十四万，擒公孙喜；三忧韩、魏、赵，则穰侯为鉴其众，华阳下卤首十万，取卷蔡阳长社观津以东，临齐而齐服。其最忧楚，则穰侯之所举武安君轻兵而拔鄢邓，明年拔郢，烧夷陵，遂东至竟陵，举宛、叶，楚不能军而窜陈以不振。穰侯相而大，楚、韩、魏各割其半以肥秦，秦之所为秦者三，而后客卿得入策也。夫客卿之所为秘者曰'远交而近攻'，而其在魏何不令魏近攻秦，而其为齐谋何不令近攻楚赵而远交秦也？故夫穰侯之所为遗者难也。且夫秦入楚，楚之珍宝齿革悉以富咸阳，而穰侯拾其溢也。"秦王色沮久之，曰："吾非为穰侯失策也，为秦之有穰侯而无寡人也。"客曰："惟然有之。元二之际，严君疾用事，惠后内主而庶长壮方棘时，有王而无穰侯，王得称有王乎？何以至今日哉？"王曰："客休矣，吾方思之。"穰侯乃得良死。①

白起的起家源于穰侯的推荐和提携，穰侯的罢免使他十分悲愤，也感到了逼近自己的危险，于是使出特别能言善辩的客卿找昭王陈述善待穰侯的理由。这位客卿大肆渲染的穰侯的功绩触动了昭王，加之碍于甥舅情面，他冷静思考之后，于是决定免穰侯一死，并保留了他的既得利益。实在说来，穰侯尽管专权自恣，飞扬跋扈，但他的政治军事才能在当时都处于顶尖级水平，为相 30 多年，的确为秦国的发展壮大立下不朽功勋。虽然有点侵蚀国君的权力，但并没有篡位的意图，更没有篡位的举措，是一个功大于过的人物，所以昭王思之再三，还是饶他一命。

范睢做丞相后，一时大权在握，而昭王又对他言听计从，他具有了影响秦国乃至列国政治外交的威势。于是，利用须贾使秦的机会，制造了他与自己会面的极具戏剧色彩的场面：在一个盛大的宴会上，让他当众食马料，

① 王世贞：《弇州四部稿》卷一百四十二，电子版文渊阁四库全书。

算是报了当年被侮辱之仇。接着，对于他有恩的王稽、郑安平施以援手，提升了他们的职务：

> 范雎既相，王稽谓范雎曰："事有不可知者三，有不可奈何者亦三。宫车一日晏驾，是事之不可知者一也。君卒然捐馆舍，是事之不可知者二也。使臣卒然填沟壑，是事之不可知者三也。宫车一日晏驾，君虽恨于臣，无可奈何。君卒然捐馆舍，君虽恨于臣，亦无可奈何。使臣卒然填沟壑，君虽恨于臣，亦无可奈何。"范雎不怿，乃入言于王曰："非王稽之忠，莫能内臣于函谷关；非大王之贤圣，莫能贵臣。今臣官至于相，爵在列侯，王稽之官尚止于谒者，非其内臣之意也。"昭王召王稽，拜为河东守，三岁不上计。又任郑安平，昭王以为将军。范雎于是散家财物，尽以报所尝困戹者。一饭之德必偿，睚眦之怨必报。①

范雎任丞相期间，协助昭王进一步推进秦国东向进军的步伐，并在秦赵长平鏖战的关键时刻，谋划反间计成功，使赵王以赵括取代廉颇统帅赵军，从而助力白起指挥秦军取得长平之战的完胜。他的功劳是有目共睹的。然而，作为名利场中人，他的私心之重也是极其突出的。看到名将白起站在穰侯一边，意识到他的存在可能对自己的权位造成威胁，于是设计激化昭王与白起的矛盾，借昭王之手除掉了白起。这应该是范雎历史上最大的一桩恶劣之行。不过，范雎总体上看也是一个功大于过的人物，对秦国的发展壮大贡献了自己的卓越智慧和才干。

然而，政治领域是最变化多端的地方，有些变化也是无法预测的。在范雎的权势如日中天的时候，对他不利的事情发生了：秦军围攻邯郸之战中，他推荐的将军郑安平兵败降赵。接着，他推荐为河东守的王稽又因与诸侯私通而被诛杀。这两件事依照秦律，范雎都难脱干系，论律应该处以族灭罪。尽管昭王念及他的功劳，不追究他的罪责，但他自己却从此陷于惴惴不安中。恰在此时，昭王向他请益对付楚国的方略，他一时计无所出，面临困境：

---

① 司马迁：《史记》卷七九《范雎蔡泽列传》，中华书局 1959 年版，第 2414—2415 页。

> 昭王临朝叹息，应侯进曰："臣闻'主忧臣辱，主辱臣死'。今大王中朝而忧，臣敢请其罪。"昭王曰："吾闻楚之铁剑利而倡优拙。夫铁剑利则士勇，倡优拙则思虑远。夫以远思虑而御勇士，吾恐楚之图秦也。夫物不素具，不可以应卒，今武安君既死，而郑安平等畔，内无良将而外多敌国，吾是以忧。"欲以激励应侯。应侯惧，不知所出。①

恰在此时，燕人蔡泽来到秦国，由此使范雎的命运发生了新的转折。蔡泽也是一个纵横策士，思谋凭借三寸不烂之舌猎取富贵利禄，但连走赵、韩、魏三国皆未受到重用。听到范雎在秦国陷于困境的消息，他认定自己碰上了千载难逢的机会，于是立即赴秦，与范雎见面，一番披肝沥胆的对话，居然使范雎知难而退出相位，蔡泽业顺利地当上秦国的丞相。速度之快，犹如变戏法般地令人眼花缭乱：

> 将见昭王，使人宣言以感怒应侯曰："燕客蔡泽，天下雄俊弘辩智士也。彼一见秦王，秦王必困君而夺君之位。"应侯闻，曰："五帝三代之事，百家之说，吾既知之，众口之辩，吾皆摧之，是恶能困我而夺我位乎?"使人召蔡泽。蔡泽入，则揖应侯。应侯固不快，及见之，又倨，应侯因让之曰："子常宣言欲代我相秦，宁有之乎?"对曰："然。"应侯曰："请闻其说。"蔡泽曰："吁，君何见之晚也！夫四时之序，成功者去。夫人生百体坚强，手足便利，耳目聪明而心圣智，岂非士之愿与?"应侯曰："然。"蔡泽曰："质仁秉义，行道施德，得志于天下，天下怀乐敬爱而尊慕之，皆愿以为君王，岂不辩智之期与?"应侯曰："然。"蔡泽复曰："富贵显荣，成理万物，使各得其所；性命寿长，终其天年而不夭伤；天下继其统，守其业，传之无穷；名实纯粹，泽流千里，世世称之而无绝，与天地终始，岂道德之符而圣人所谓吉祥善事者与?"应侯曰："然。"蔡泽曰："若夫秦之商君，楚之吴起，越之大夫种，其卒然亦可愿与?"应侯知蔡泽之欲困己以说，复谬曰："何为不可？夫公孙鞅之事孝公也，极身无贰虑，尽公而不顾私，设刀锯以

① 司马迁：《史记》卷七九《范雎蔡泽列传》，中华书局 1959 年版，第 2417—2418 页。

禁奸邪，信赏罚以致治；披腹心，示情愫，蒙怨咎，欺旧友，夺魏公子印，安秦社稷，利百姓，卒为秦禽将破敌，攘地千里。吴起之事悼王也，使私不得害公，谗不得蔽忠，言不取苟合，行不取苟容，不为危易行，行义不辟难，然为霸主强国，不辞祸凶。大夫种之事越王也，主虽困辱，悉忠而不解，主虽绝亡，尽能而弗离，成功而弗矜，贵富而不骄怠。若此三子者，固义之至也，忠之节也。是故君子以义死难，视死如归；生而辱不如死而荣。士固有杀身以成名，唯义之所在，虽死无所恨。何为不可哉？”蔡泽曰：“主圣臣贤，天下之盛福也；君明臣直，国之福也；父慈子孝，夫信妻贞，家之福也。故比干忠而不能存殷，子胥智而不能完吴，申生孝而晋国乱。是皆有忠臣孝子，而国家灭乱者，何也？无明君贤父以听之，故天下以其君父为僇辱而怜其臣子。今商君、吴起、大夫种之为人臣，是也；其君，非也。故世称三子致功而不见德，岂慕不遇世死乎？夫待死而后可以立忠成名，是微子不足仁，孔子不足圣，管仲不足大也。夫人之立功，岂不期于成全邪？身与名俱全者，上也。名可法而身死者，其次也。名在僇辱而身全者，下也。”于是应侯称善。蔡泽少得闲，因曰：“夫商君、吴起、大夫种，其为人臣尽忠致功则可愿矣，闳夭事文王，周公辅成王也，岂不亦忠圣乎？以君臣论之，商君、吴起、大夫种其可愿孰与闳夭、周公哉？”应侯曰：“商君、吴起、大夫种弗若也。”蔡泽曰：“然则君之主慈仁任忠，惇厚旧故，其贤智与有道之士为胶漆，义不倍功臣，孰与秦孝公、楚悼王、越王乎？”应侯曰：“未知何如也？”蔡泽曰：“今王亲忠臣，不过秦孝公、楚悼王、越王，君之设智，能为主安危修政，治乱强兵，批患折难，广地殖谷，富国足家，强主，尊社稷，显宗庙，天下莫敢欺犯其主，主之威盖震海内，功彰万里之外，声名光辉传于千世，君孰与商君、吴起、大夫种？”应侯曰：“不若。”蔡泽曰：“今主之亲忠臣不忘旧故不若孝公、悼王、句践，而君之功绩爱信亲幸又不若商君、吴起、大夫种，然而君之禄位贵盛，私家之富过于三子，而身不退者，恐患之甚于三子，窃为君危之。语曰、日中则移，月满则亏，物盛则衰，天地之常数也。进退盈缩，与时变化，圣人之常道也。故‘国有道则仕，国无道则隐’。圣人曰‘飞龙在天，利见大人’。‘不义而富且贵，于我如浮云’。今君之怨已仇而德已报，意欲至矣，而无变计，窃为君不取也。且夫翠、鹄、犀、象，其处势非不远死也，而所以死者，惑于饵也。苏秦、智伯之智，非不足以辟辱远死也，而所以死者，惑于贪利不止也，是以圣人制礼节欲，取于民有度，使之以时，用之有止，故志不溢，行不骄，常与道俱而不失，故天下承而不绝。昔者齐桓公九合诸侯，一匡天下，至于葵丘之会，有骄矜之志，畔者九国。吴王夫差兵无敌于天下，勇强以轻诸侯，陵齐晋，故遂以杀身亡国。夏育、太史噭叱呼骇三军，然而身死于庸夫。此皆乘至盛而不返道理，不居卑退处俭约之患也。夫商君为秦孝公明法令，禁奸本，尊爵必赏，有罪必罚，平权衡，正度量，调轻重，决裂阡陌，以静生民之业而一其俗，劝民耕农利土，一室无二事，力田稸积，习战陈之事，是以兵动而地广，兵休而国富，故秦无敌于天下，立威诸侯，成秦国之业。功已成矣，而遂以车裂。楚地方数千里，持戟百万，白起率数万之师以与楚战，一战举鄢郢以烧夷陵，再战南并蜀汉。又越韩、魏而攻强赵，北坑马服，诛屠四十余万之众，尽之于长平之下，流血成川，沸声若雷，遂入围邯郸，使秦有帝业。楚、赵天下之强国而秦之仇敌也，自是之后，楚、赵皆慑伏不敢攻秦者，白起之势也。身所服者七十余城，功已成矣，而遂赐剑死于杜邮。吴起为楚悼王立法，卑减大臣之威重，罢无能，废无用，损不急之官，塞私门之请，一楚国之俗，禁游客之民，精耕战之士，南收扬越，北并陈、蔡，破横散从，使驰说之士无所开其口，禁朋党以厉百姓，定楚国之政，兵震天下，威服诸侯。功已成矣，而卒枝解。大夫种为越王深谋远计，免会稽之危，以亡为存，因辱为荣，垦草入邑，辟地殖谷，率四方之士，专上下之力，辅句践之贤，报夫差之仇，卒擒劲吴，令越成霸。功已彰而信矣，句践终负而杀之。此四子者，功成不去，祸至于身此。所谓信而不能诎，往而不能返者也。范蠡知之，超然辟世，长为陶朱公。君独不观夫博者乎？或欲大投，或欲分功，此皆君之所明知也。今君相秦，计不下席，谋不出廊庙，坐制诸侯，利施三川，以实宜阳，决羊肠之险，塞太行之道，又斩范、中行之涂，六国不得合从，栈道千里，通于蜀汉，使天下皆畏秦，秦之欲得矣，君之功极矣，此亦秦之分功之时也。如是而不退，则商君、白公、吴起、大夫种是也。吾闻之，'鉴于水者见面之容，鉴于人者知吉与凶'。《书》曰'成功之下，不可久处'。四子之祸，君何居焉？君何不以此时归相印，让贤者而授之，退而岩居川观，必有伯夷之廉，长为应侯，世世称孤，而有许由、延陵季子之让，乔松之寿，孰与以祸终哉？即君何居焉？忍不能自离，疑不能自决，必有四子之祸矣。《易》曰'亢龙有悔'，此言上而不能下，信而不能诎，往而不能自返者也。愿君孰计之！"应侯曰："善。吾闻'欲而不知止，失其所以欲；有而不知足，失其所以有'。先生幸教，睢敬受命。"于是乃延入坐，为上客。后数日，入朝，言于秦昭王曰："客新有从山东来昔曰蔡泽，其人辩士，明于三王之事，五伯之业，世俗之变，足以寄秦国之政。臣之见人甚众，莫及，臣不如也。臣敢以闻。"秦昭王召见，与语，大说之，拜为客卿。应侯因谢病请归相印。昭王强起应侯，应侯遂称病笃。范睢免相，昭王新说蔡泽计划，遂拜为秦相，东收周室。①

在司马迁的笔下，蔡泽的一番雄辩，居然说服了曾经傲气冲天、睥睨一切的范睢，让他心悦诚服地离开相位，蔡泽也易如反掌地轻取了当时最大诸侯国的相印。而这一切都发生在指顾之间。人们不禁要问，如此贪权谋位、敢于向秦国最大权势集团挑战并且取得成功的范睢，为什么面对一个无功无位的蔡泽一番说项就乖乖放弃高官显爵，甘心情愿将丞相位子让给他呢？实际上，此时的范睢已经因为王稽和郑安平的问题陷入困境，同时发现昭王对自己的信任度正在减弱，眼光敏锐、智谋过人的范睢明白自己继续恋栈前景不妙，不如借坡下驴，趁昭王还对自己留有情面的情况下急流勇退为好。这才是真正原因。而蔡泽也确实并非等闲之辈，为丞相仅数月即退居客卿职位，继续为秦国的发展壮大出谋划策，但却不必承担用权失误的责任，从而在秦国一直服务至嬴政在位的年代，看着这个日益强大的诸侯国走向统一全国的盛境：

① 司马迁：《史记》卷七九《范睢蔡泽列传》，中华书局1959年版，第2419—2425页。

> 蔡泽相秦数月，人或恶之，惧诛，乃谢病归相印，号为纲成君。居秦十余年，事昭王、孝文王、庄襄王。卒事始皇帝，为秦使于燕，三年而燕使太子丹入质于秦。①

在战国风云激荡、政坛险象环生、官位升沉瞬息万变、个人几乎难以掌控自己命运的情况下，身为客卿的范雎和蔡泽居然能够在秦国获得高官显爵，并且居然能够安然无恙地待下去，立言立功，直到毫发无损地寿终正寝，比之商鞅遭车裂、白起赐剑亡和后来李斯、赵高惨遭屠戮的悲剧，他们真应该算是幸运儿了！所以司马迁也十分庆幸他们的际遇，感慨万端地说：

> 韩子称“长袖善舞，多钱善贾”，信哉是言也！范雎、蔡泽世所谓一切辩士，然游说诸侯至白首无所遇者，非计策之拙，所为说力少也。及二人羁旅入秦，继踵取卿相，垂功于天下者，固强弱之势异也。然士亦有偶合，贤者多如此二子，不得尽意，岂可胜道哉！然二子不困戹，恶能激乎？②

司马迁的评价基本上是符合实际的。然而，后世对范雎和蔡泽的评论却有很大差异。最早评价范雎的是李斯，大概同为客卿的缘故吧，他在《谏逐客书》中对范雎极尽褒扬：“昭王得范雎，废穰侯，逐华阳，强公室，杜私门，蚕食诸侯，秦成帝业。”唐朝的柳宗元肯定中央集权，所以也肯定范雎鼓动昭王罢免穰侯，“秦用张禄而黜穰侯，乃安”③。司马光则从道德着眼，认定穰侯之功不应抹杀，而范雎却是为了个人的权位不择手段的“倾危之士”：

> 臣光曰：穰侯援立昭王，除其灾害，荐白起为将，南取鄢郢，东属地于齐，使天下诸侯稽首而事秦。秦益强大者，穰侯之功也。虽其专恣骄贪足以贾祸，亦未至尽如范雎之言。若雎者，亦非能为秦忠谋，直欲得穰侯之处，故搤其吭而夺之耳，遂使秦王绝母子之义，失舅甥

① 司马迁：《史记》卷七九《范雎蔡泽列传》，中华书局 1959 年版，第 2425 页。

② 司马迁：《史记》卷七九《范雎蔡泽列传》，中华书局 1959 年版，第 2425 页。

③ 柳宗元：《柳河东集》卷三，电子版文渊阁四库全书。

之恩。要之，睢真倾危之士哉！①

苏辙的观点近似司马光，他认为秦国国君对商鞅和穰侯的处置都失君臣之义，而范睢的做派更是“毁人以自成”的奸宄之行：“秦诛商君，逐穰侯，君臣皆失之矣。彼二子者，知得而不知丧，虽智能伯秦，而不能免其身，盖无足言者。而惠王以怨诛鞅，至诬以畔逆；昭王以偪迁冉，至出老母、逐弱弟而不顾，甚矣！其少恩也。彼公子虔方欲报怨，固不暇为国虑矣。而范睢将毁人以自成而至于是，可畏也哉！”② 同是宋朝的张耒写了一篇《应侯论》，一边赞赏司马迁写范睢入秦时的小心翼翼，一边指责他叙述范睢见昭王故入永巷的情节极不可靠：

吾观应侯之入秦，其心未尝不在穰侯也。彼其困苦展转，既濒于死而求报于魏也，切骨腐心，不可终日。故其夺穰侯之位而代之也，慎重周审，不敢辄发，非如朝游夕说之士侥幸一言而胜之，何者？其怨魏之心重，故倾穰侯之心必；倾人之心必，则其计求出于万全，故其上秦昭王书曰：“其深者不敢载之于书。”及见秦王，乃先言越韩、魏以伐齐之非，计也。阳陈外事以当秦王之心，而自顾其权势已成，因乃一言穰侯、太后之专恣，不终朝而逐之。则睢之惮穰侯而不敢轻发，岂不甚哉！太史公之序睢事如此，乃言睢之始见秦王误入永巷，闻有穰侯太后而不闻有王也，何言之误耶？且睢与秦王相得数年而后敢言穰侯太后之事者，知己之与王处密，势定而计穰侯之不能夺之也。其始不敢载之于书，一见秦王而不敢及之者，知徒婴其锋不足以成吾事，而吾将受其祸故也。且一见秦王而语穰侯太后之恶，如此彼独不畏穰侯之闻之欤？以匹夫无援之分而斥骨肉子母之亲，非独取患于穰侯，秦王亦且逐之矣。彼睢之入关，料穰侯恶诸侯之客，下车而逃之，其为计如此，万一有幸而得见王，徐徐而图之，何所不可，而遽为是卤莽之计哉？且秦自孝公以来，操法绳下，最严于宫闼之禁，所以自卫

① 司马光：《资治通鉴》卷五，电子版文渊阁四库全书。

② 苏辙：《古史》卷四三，电子版文渊阁四库全书。

者皆以峻法防其下，故荆轲刺始皇而殿下之兵不敢辄动，安有误入永巷事耶？扬子曰“子长多爱爱奇也”此亦好奇之过欤？①

从常理出发，张耒对司马迁的指责似乎不无道理，但司马迁的描绘也可能符合真相，因为范雎类的纵横策士都是些不按常理出牌的独异之人，司马迁的记载似乎更能反映他们的行事风格。也是宋朝人的戴表元写了《范雎列传》，肯定了范雎对秦国发展壮大的历史贡献。尤其深刻的是，他指出这种贡献是范雎完全从一己私利出发的反打正着：

范雎入秦，意在于急得秦权，以及时偿区区之私仇耳，岂有奇计为秦哉？夫欲得秦权，则不容不急逐穰侯、白起；欲偿私仇，则不容不以兵胁韩、魏，此如怒犬噬人，伺便捷中图一决之快，君子盖羞称之。然而睢之所以言于秦者，则未为非便秦之奇计也。虽秦之强不专以睢，而昭襄以后诸国于秦若附若离，卒能藉必成之资以速得志于天下，则睢之助也。何也？穰侯之在秦固有可议，而越韩、魏以攻齐者，尤为非计也。今夫欲有所图于天下而无一定之画，先断于胸中或至缓其所先而急其所后，则虽日屠一城、月堕一都而无益于大计。使秦人竟守穰侯之策，近舍韩、魏而远攻强齐，则齐地未必可以即得，韩、魏亦且共起而谋之。外雠日坚，内力日分，而秦事劳矣。自睢为远交近攻之说，秦人一如其教，日夜抟击于韩、魏之郊，瘵朘蚕食，腹心垂尽而肤革不知，卒之三晋先亡，燕、楚踵服，而君王后之齐最远最亲，最后亦徐取之。若此者谓之睢谋非耶？故曰逐穰侯攻韩、魏虽出于范雎之私。而未必非便秦奇计也。呜呼！睢以亡夫乞一生于万死之中，出其困辱余智，以报平生之仇意得欲行，一闻蔡泽之言，即纳印去，本不切切于秦，而秦人竟赖其谋以帝。然则非睢之假权也。尝观六国视秦，初非强弱相绝之国，而秦能独伯者，六国有客不能用，而秦能并六国之客用之也。六国之客入秦者多矣，而三人之策最为有功于秦。其一商鞅以富强开业振于诸侯，其次张仪大破诸侯之从以为横，

① 张耒：《柯山集》卷三六《应侯论》，电子版文渊阁四库全书。

其后则睢所谓远交近攻者，若此三人皆至自魏，诸客入秦于其旧国不能保其不亡，而此三人者必至大毒于魏焉，而后为重。张仪以奸，商鞅以欺，范睢以仇。要之，六国与秦皆无义客，而魏士尤薄也哉。①

明朝的王世贞在《书蔡泽传后》一文中，认为范睢与蔡泽两人的关系是一种良性互动，彼此各得其所，既避免了恶性的互噬，也使得各自得以善终，这或许是一种更接近滕里的历史认识：

蔡泽以唐举一言之激，袖手而入秦，乘应侯之自危，出不穷之辩，杜其口，伏其意，安然而据其相位，若承蜩然。智者以为蔡泽之用应侯，然不知应侯之用蔡泽也。夫穰侯者，秦太后之懿戚、而四十年之信臣也。应侯以一亡命扼掔而夺之，此非特乘穰侯之瑕，其材必有以大胜之者。夫应侯相而穰侯日见短，则应侯之相日益固。应侯之相日益固，则穰侯终不振。当应侯之为相也，窃君以行威福，专意以酬恩怨，人主非不知之，特欲伸其所大欲耳。武安僇，郑安平叛，王稽见法，人主之大欲不尽酬，而应侯且无以自解。盖尝彷皇而左右顾求其人，以托税驾之地而不可得。既而微知有蔡泽者，游学于诸侯，小大甚众而不遇，其困甚矣。泽之与应侯，又非有相知之素也，其曷鼻魋颜蹙齃膝挛非能长富贵者也，与之语，颇明消息盈缩之理，而非有捭阖操纵取天下之深计者也。夫困极则易为德，非知素则深见恩，不能长富贵则无与谋倾人之计筴者，明消息盈虚之理则必不忍蹈前辙，无捭阖操纵之深计则必无以见其长而形吾短，故皤然而荐之。天下皆以应侯能用贤，而应侯之过自是无以闻于昭王者，蔡泽而称邪，昭王固贤，应侯其不称邪，则益以贤应侯，谓亡有能及之者。自是而据金印拥高赀而老死于东第无患矣。彼荀卿之于黄歇，韩非之于李斯，一以师一以同学，而材皆胜之。固歇与斯之所畏而不欲用者也，宜其困且累死也。②

① 戴表元：《剡源文集》卷二二《范睢列传》，电子版文渊阁四库全书。

② 王世贞：《读书后》卷一《书蔡泽传后》，电子版文渊阁四库全书。

穰侯、范雎和蔡泽也成为历代诗人歌咏的对象。元朝的胡祇遹写了《读范苏二子传》，慨叹富贵易得也易失："范雎才入穰侯府，蔡泽辞家已膏车。得失明明相倚伏，弹冠接踵竟何如?"[①] 被誉为明朝诸葛亮的刘基写的《君子有所思》一诗，也表达了同样的思绪：

> 晨上龙首山，徘徊望咸京。交衢错万井，甲第连公卿。鞍马相照曜，冠盖如云行。扈从金舆归，赐酒银瓮盈。前庭列驺骑，后苑罗倾城。宠极妒心起，欢余骄气生。田窦巧相夺，萧韩互摧倾。快意在一时，报复延戈兵。范雎掉柔舌，穰侯去强嬴。宁知幽燕客，接踵夸雄鸣。茫茫前车辙，遗迹犹未平。胡为不自悟，坐使忧患并。二疏独何人，千载垂令名。[②]

然而，刘基却是个灯下黑的人物，看历史其明如镜；察当下则身在此山，不识真相，最后死于朱元璋御赐的一碗毒药。倒是同为明朝人高启的《范雎》一诗，道尽富贵轮回的真相：

> 纷纷倾夺苦多谋，得势还怀失势忧。丞相不须嗔蔡泽，此时当问老穰侯。[③]

总起来看，昭王当国时期是秦国最重要的发展阶段之一，正是在这一时期，秦国不断开疆拓土，在对戎人和六国的战争中迭获胜利，对六国的绝对优势最终形成。促成此一形势出现的关键人物，作为英主的昭王之富于春秋和智能卓越自不待言，其他，宣太后野性十足的运筹，穰侯精明强悍的谋划，白起等将帅的智勇兼备的战场运作和指挥，以及范雎、蔡泽等智能之士的出谋划策，都是不可或缺的因素。而范雎、蔡泽更是其中形成亮点的人物。他们的功劳不算最大，但他们以客卿之身，在名相名将云集的秦国能够脱颖而出，登上丞相的高位，在众人嫉妒的目光和排拒倾轧的险境中最后得

---

① 胡祇遹：《紫山大全集》卷七《读范蕴二子传》，电子版文渊阁四库全书。

② 刘基：《诚意伯文集》卷一《君子有所思》，电子版文渊阁四库全书。

③ 高启：《大全集》卷一七《范雎》，电子版文渊阁四库全书。

以善终，表明他们既擅于把握时机猎取高官厚禄，又善于在恰当时机以退为进，摆脱危机，保全生命。这足以证明他们是较之商鞅、白起等更胜一筹的智慧超群之辈。

第八节　吕不韦的精心运作和秦庄襄王的顺利继位

在位56年的秦昭襄王去世后，他的儿子孝文王嬴柱继位。因为老子活的年纪太大，致使孝文王接班时已是53岁的年纪了。或许因为长期在太子位子盘桓不得登王位而身心俱疲，孝文王登基时可能已经是病入膏肓，所以龙座上的尊荣并未给他带来回春之象，在位仅3天即溘然长逝。由于吕不韦的精心运作，使非嫡子的儿子嬴子楚即异人得以继立，他就是庄襄王。庄襄王的继立颇具传奇色彩，其中的关键人物是阳翟大贾吕不韦。这位商人出身的传奇人物，不仅是一位高瞻远瞩的政治家，而且也是一位极善运筹帷幄的军事谋略家，还是一位擅长提纲挈领、综合百家的思想家。他使看起来绝对与王位无缘的异人得以顺利继承孝文王留下的王位，打出了自己出场的第一记精彩绝伦的组合拳。《战国策·秦策五》详细记述了吕不韦运作此事的经过：

> 濮阳人吕不韦贾于邯郸，见秦质子异人，归而谓父曰："耕田之利几倍？"曰："十倍。""珠玉之赢几倍？"曰："百倍。""立国家之主赢几倍？"曰："无数。"曰："今力田疾作，不得暖衣余食；若建国立君，泽可以遗世。愿往事之。"
>
> 秦子异人质于赵，处于扇城。故往说之曰："子傒有承国之业，又有母在中，今子无母于中，外托于不可知之国，一日倍约，身为粪土。今子听吾计事，求归，可以有秦国。吾为子使秦，必来请子。"
>
> 乃说秦王后弟阳泉君曰："君之罪至死，君知之乎？君之门下无不居高尊位，太子门下无贵者。君之府藏珍珠宝玉，君之骏马盈外厩，美女充后庭。王之春秋高，一日山陵崩，太子用事，君危于累卵，而不寿于朝生。说有可以一切，而使君富贵千万岁，宁于泰山四维，必无危亡之患矣。"阳泉君避席曰："请闻其说。"不韦曰："王年高矣。王

后无子，子傒有承国之业，士仓又辅之，王一日山陵崩，子傒立，士仓用事，王后之门，必生蓬蒿！子异人，贤材也，弃在于赵，无母于内，引领西望，而愿一得归。王后诚请而立之，是子异人无国而有国，王后无子而有子也。”阳泉君曰：“然。”入谓王后，王后乃请赵而归之。

赵未之遣。不韦说赵曰：“子异人，秦之宠子也，无母于中，王后欲取而子之。使秦而欲屠赵，不顾一子以留计，是抱空质也。若使子异人归而得立，赵厚送遣之，是不敢倍德畔施，是自为德讲。秦王老矣，一日晏驾，虽有子异人，不足以结秦。”赵乃遣之。

异人至，不韦使楚服而见。王后说其状，高其智，曰：“吾楚人也，而自子之。”乃变其名曰楚。王使子诵，子曰：“少弃捐在外，尝无师傅所教学，不习于诵。”王罢之，乃留止。闲曰：“陛下尝轫车于赵矣，赵之豪杰得知名者不少，今大王反国，皆西面而望。大王无一介之使以存之，臣恐其皆有怨心，使边境早闭晚开。”王以为然，奇其计。王后劝立之。王乃召相，令之曰：“寡人子莫若楚。立以为太子！”子楚立，以不韦为相，号曰文信侯，食蓝田十二县。王后为华阳太后，诸侯皆致秦邑。①

以上《战国策》关于异人在吕不韦运筹下取得太子地位并进而登上王位的记载，已经具有鲜明的传奇性和戏剧性。商人出身的吕不韦在这里展现的计算心机、投入与回报的考量、极其高明的运作手腕，特别是善于审时度势的不凡眼光，都一一表露无遗了。司马迁的《史记·吕不韦列传》，除了引用《战国策》的资料外，显然更多地参考了其他文献，所以其记述的有关吕不韦的事迹，与《战国策》的记载就颇多歧异。马非百在《秦集史·吕不韦》中将二书的歧义归结为六点：

《史》言不韦为阳翟人，而《策》则谓为濮阳，此其一。《史》言不韦入秦，当昭王时，而《策》载不韦游秦，当孝文王世，此其二。《史》谓不韦先说华阳夫人姊，而《策》则谓不韦所说，乃秦王后弟阳泉君，

① 刘向：《战国策·秦策五》，上海古籍出版社1985年版，第275—281页。

此其三。《史》谓子楚于邯郸之围。脱亡赴秦军，而《策》乃王后请之赵，此其四。《史》谓不韦食河南洛阳十万户，《策》则谓食蓝田十二县，此其五。又《史》有不韦纳姬事，《策》则无之，此其六。①

马非百认为，两相比较，《史记》记载的真实性大打折扣。他说："司马氏记六国的事，多本《国策》，惟此独别据他说，以示新奇，而亦最不可信。第一，就不韦之入秦年代言之，如果确在昭王时，则孝文王自身尚为太子，虽为王仅一岁而死，然不韦非神人，岂能知其必不永年而预为此钓奇之谋？第二，庄襄王元年初置三川郡，据《汉书·地理志》，至汉高祖时，始改名河南郡。则秦并无河南之名，不韦安得以河南洛阳为采地？第三，则不韦纳姬一事尤为荒诞。"② 马非百的上述观点相当有见地。《战国策》对此事记载的真实性肯定超过《史记》，但如果据此就断定《史记》记载全系胡编乱造，毫无真实性可言，恐怕也有失偏颇。司马迁对此事的记载肯定另有所本，可惜今日已经无法知晓其史源了。司马迁显然当时面对多种记述与传闻，而根据自己的判断加以取舍，完成了他那篇传奇性的《吕不韦列传》。较之《战国策》，司马迁的记述似乎有更多出彩的地方：

子楚为秦质子于赵。秦数攻赵，赵不甚礼子楚。子楚，秦诸庶孽孙，质于诸侯，车乘进用不饶，居处困不得意。吕不韦贾邯郸，见而怜之，曰："此奇货可居。"乃往见子楚，说曰："吾能大子之门。"子楚笑曰："且自大君之门，而乃大吾门！"吕不韦曰："子不知也，吾门待子门而大。"子楚心知所谓，乃引与坐，深语。吕不韦曰："秦王老矣，安国君得为太子。窃闻安国君爱幸华阳夫人，华阳夫人无子，能立嫡嗣者，独华阳夫人耳。今子兄弟二十余人，子又居中，不甚见幸，久质诸侯。即大王薨，安国君立为王，则子无几得与长子及诸子旦暮在前者争为太子矣。"子楚曰："然。为之奈何？"吕不韦曰："子贫，客于此，非有以奉献于亲及结宾客也。不韦虽贫，请以千金为子西游，事

① 马非百：《秦集史》上，中华书局1982年版，第213页。

② 马非百：《秦集史》上，中华书局1982年版，第213—214页。

安国君及华阳夫人，立子为嫡嗣。”子楚乃顿首曰：“必如君策，请得分秦国与君共之。”

吕不韦乃以五百金与子楚，为进用，结宾客；而复以五百金买奇物玩好，自奉而西游秦，求见华阳夫人姊，而皆以其物献华阳夫人。因言子楚贤智，结诸侯宾客徧天下，常曰：“楚也以夫人为天，日夜泣思太子及夫人。”夫人大喜。不韦因使其姊说夫人曰：“吾闻之，以色事人者，色衰而爱弛。今夫人事太子，甚爱而无子，不以此时早自结于诸子中贤孝者，举立以为嫡而子之，夫在则重尊，夫百岁之后，所子者为王，终不失势，此所谓一言而万世之利也。不以繁华时树本，即色衰爱弛后，虽欲开一语，尚可得乎？今子楚贤，而自知中男，次不得为嫡，其母又不得幸，自附夫人，夫人诚以此时拔以为嫡，夫人则竟世有宠于秦矣。”华阳夫人以为然，承太子间，从容言子楚质于赵者绝贤，来往者皆称誉之。乃因涕泣曰：“妾幸得充后宫，不幸无子，愿得子楚立以为嫡嗣，以托妾身。”安国君许之，乃与夫人刻玉符，约以为嫡嗣。安国君及夫人因厚馈遗子楚，而请吕不韦傅之，子楚以此名誉益盛于诸侯。①

以上记述，将吕不韦这个大商贾的价值理想和为人品性作了较之《战国策》更鲜明生动的描述。一句“奇货可居”，一句“吾门待子门而大”，可以说是准确地再现了具有宏远政治眼光的大商人在战国时代的典型环境中的典型性格。驱动吕不韦活动的是利益的考量，是以最小的投入换取最大回报的计算。而为了获取最大的利益，不惜以身家性命为赌注。他以重金为异人谋取未来的太子之位，同时更以未来的国君位子打动异人，完全是为了自己获得百倍于经商的富贵利禄。他以金银珍宝开道，先与华阳夫人之姊拉上关系，进而攀结上华阳夫人，特别是以其晚年的利益拨动她的心弦。交易一环扣一环，在利益的驱动下，每一桩交易都顺利获得成功，再加上其他必然和偶然因素的配合，异人终于获得了连他自己想也不敢想的太子地位。这里有一个需要辨明的问题：吕不韦运作此事究竟在何时？《战国策》记载是在孝文王

① 司马迁：《史记》卷八五《吕不韦列传》，中华书局1959年版，第2505—2508页。

之时，《史记》记载则是在庄襄王时期。郭沫若考定："不韦初入秦游说之年当据《史记》，大率是在始皇生年之前，即秦昭王四十二年至四十八年之间。"[①] 马非百肯定《战国策》的记载，力驳《史记》记载之非。如果仔细推求，《史记》所记似较《战国策》记载更为合理。因为昭襄王的死年是公元前251年的秋天，孝文王在第二年十月即位，3天后就去世了。从文王立到其死，只有3天时间，在当时交通不便与通讯简陋的情况下，吕不韦就是有天大的本事，也不可能在如此短暂的时间内疏通层层关系为异人谋得太子之位。因此，合理的解释只能是，吕不韦的这些活动基本上都是在昭襄王时代进行的。此时异人正在邯郸，而嬴政也可能出世了。其实，《战国策》的记载也有可疑之处，吕不韦提到"王之春秋高""王年高""一日山陵崩"，这个王应该是昭襄王，南宋姚宏的注本就是这样解释的。如果是指孝文王，他死时不过53岁，与"年高"就不太相称了。

孝文王死后，异人以太子身份继承王位。他实践自己对吕不韦"分秦与君共之"的许诺，任命吕不韦为相国，实际上让其全面执掌了秦国的军政大权。这样，吕不韦就通过"大子之门"实现了"大己之门"的宏愿，攀上了作为臣子的最高职位。他履职期间，除了取得了政治和军事上的辉煌业绩之外，还留下一部《吕氏春秋》，从而在中国思想史上也占据了一个不可或缺的位置。《吕氏春秋》是他召集宾客集体编撰的一部著作：

> 当是时，魏有信陵君，楚有春申君，赵有平原君，齐有孟尝君，皆下士喜宾客以相倾。吕不韦以秦之强，羞不如，亦招致士，厚遇之，至食客三千人。是时诸侯多辩士，如荀卿之徒，著书布天下。吕不韦乃使其客人人著所闻，集论以为八览、六论、十二纪，二十余万言。以为备天地万物古今之事，号曰《吕氏春秋》。布咸阳市门，悬千金其上，延诸侯游士宾客有能增损一字者予千金。[②]

以上记述，仿佛吕不韦是为了与"战国四公子"比赛养士，为了与荀卿之徒

① 《郭沫若全集》历史编2，人民出版社1982年版，第392页。

② 司马迁：《史记》卷八五《吕不韦列传》，中华书局1959年版，第2510页。

一样“著书布天下”，才萌生了集合宾客著书的动机。这显然是一种表面浅层次的观察。我们并不否认战国诸子著书立说之风对吕不韦的影响，但是，已经取得秦国相位的吕不韦此时正如丽日中天，他不仅在秦国，而且在列国间也有着显赫的威势，是一个“一怒而诸侯惧，安居而天下息”的大人物，完全用不着再通过著书立说扩大自己的影响和树立自己的威望。此时的吕不韦正面临着即将出现统一大帝国的美好前景，他踌躇满志，顾盼自雄。他要为未来统一的帝国而立法，为建立统一的主流意识形态而擘画，以便呵护他的主君及其帝国在平稳中走向繁荣昌盛。正如元代学者陈澔所说：“吕不韦相秦十余年，此时已有必得天下之势，故大集群儒，损益先王之礼，而作此书，名曰《春秋》。将欲为一代兴王之典礼也。”① 吕不韦在《吕氏春秋·序意》中有点得意地夫子自道：

> 良人请问十二纪，文信侯曰：“尝得学黄帝之所以诲颛顼矣。爰有大圜在上，大矩在下，汝能去之，为民父母。盖闻故之清世，是法天地。凡十二纪者，所以纪治乱存亡也，所以知寿夭吉凶也。上揆之天，下验之地，中审之人。若此则是非可不可无所遁矣。”②

尽管口气大了点，但显示了吕不韦超前的远见卓识：必须未雨绸缪，预立备用，为未来的统一王朝企划统一的行为规范和政治伦理。吕不韦虽然是一个商人，但他的目光和思想始终在商业之外。他曾经在经商时穿行于列国之间，不仅广泛接触各国政要，而且也认识不少思想家，在“百家争鸣”的氛围中体味了思想的力量，在对各种思想流派的优长和缺失的比较中形成了自己明晰的认识与取舍标准。他的三千食客中肯定汇集了当时各种思想流派的代表，他们也肯定都以各自的学说去影响吕不韦。吕不韦既然准备为未来的统一帝国建立一种统一的意识形态，取百家之长冶于一炉就是最便捷最适宜的途径。于是他便主持并领导了中国历史上第一次大规模的集体编书活动，也是兼综诸子百家学说的一次有意识的尝试。事实上，思想发展的规律就是

---

① 许维遹：《吕氏春秋集释·附考》，中华书局 2016 年版，第 620 页。

② 许维遹：《吕氏春秋集释·附考》，中华书局 2016 年版，第 616 页。

不断地分化与综合，各学派在相互辩诘中互相吸收对方的思想观点，有时争辩为主潮，有时兼综为时尚，而对其影响最大的则是时代的走向。如果说春秋末期到战国中期，各学派以辩诘为主，而到战国晚期则出现明显的兼综倾向。因为国家在走向统一，与之相适应，思想学术也必然要走向批判的综合。《庄子·天下》《荀子·非十二子》《韩非子·显学》，就是批判地总结百家争鸣思潮的最初尝试。不过，庄子、荀子、韩非子三人的批判综合主要目的是为了张扬自己的学派，批判别的学派，虽然也指出了其他学派的优长和存在价值，但总体上是批判多于综合。吕不韦首先是一个政治家，他本人并未参与思想家们的论争，当然也就没有标出自己的学派属性。因而他对各学派的兼综就比较客观、冷静、理性，从未来的实用出发，从现实政治和社会的需要出发，更多地看到各学派的长处，综合多于批判。他认为春秋战国时代的思想家各有特点，各有优长，如"老聃贵柔，孔子贵仁，墨翟贵廉，关尹贵清，子列子贵虚，陈骈贵齐，阳生贵已，孙膑贵势，王廖贵先，儿良贵后"①，因而各学派应该取长补短："物固莫不有长，莫不有短，人亦然。故善学者，假人之长以补其短，故假人者遂有天下。"② 在取长补短的前提下，达到思想的统一，共同为大一统的国家服务："故一则治，异则乱；一则安，异则危。夫能齐万物不同，愚智工拙皆尽力竭能，如出乎一穴者，其维圣人矣乎!"③ 由于吕不韦几乎兼综了诸子百家中的所有学派，所以《吕氏春秋》一书就给人以明显的驳杂的感觉，吕不韦和该书也因此被后世认定为"杂家"的首席代表和典型著作。不过，如果由此认为《吕氏春秋》就是对先秦诸子的不分轩轾的拼凑，是杂乱无章的堆砌，那显然是不准确的。吕不韦虽然看到诸子各家的优长，但他及其编辑团队并不是平均平等地对各家进行吸收综合，而是以儒家为主，有选择地兼综各家。因为这时的一位儒学大师荀子已经对先秦诸子，尤其是对儒学进行了初步的总结，为未来的统一国家损益出来一套兼综儒法的统治思想，比较适应封建统治施政的需要。以致清末"戊戌六君子"之一的谭嗣同即将"荀学"定为"二千年之学"，即封建统治思想而大张挞伐。吕不韦对荀学一派情有独钟，因为其中的"尊君""爱

① 许维遹：《吕氏春秋集释》，中华书局2016年版，第405—406页。

② 许维遹：《吕氏春秋集释》，中华书局2016年版，第83页。

③ 许维遹：《吕氏春秋集释》，中华书局2016年版，第407页。

民”“隆礼”“正名”等主张，正与吕不韦加强大一统中央集权和对百姓实行“德治”的思想相契合。在以儒学为指导的前提下，《吕氏春秋》吸收了法家关于法、术、势的理论和墨家“节葬”的思想、道家“修身养性”“贵己贵生”的理念，以及农家的“重本”意识和兵家的“以战止战”理论等。不过，由于吕不韦本人的思想学术水平不高，加上他本人也不可能投入太多的精力用于该书的编辑，特别是，因为该书是宾客们的集体创作，基本上是按每个人的学术专长分头撰稿，不可能做到首尾一贯、前后照应，因而显得粗疏，重复、拼凑、抵牾之处就很难避免。尽管他将该书悬于咸阳市门，广泛征求修改意见，甚至给予“能增损一字者予千金”的奖赏，但却无人站出来指证其中的缺失。个中原因，正如高诱所说，“非不能也，畏其势耳”。不久，吕不韦失势遭贬，他的家族和宾客都受到毁灭性的打击，再也不会有人为此书的完善而耗费精力，该书也就大体上以当时的原貌流传至今。高诱曾这样概括该书的特点：“此书所尚，以道德为标的，以无为为纪纲，以忠义为品式，以公方为检格，与孟轲、孙卿、淮南、扬雄相表里也。”[①] 这一概括比较接近事实。《四库全书总目》对该书的概括也基本切中肯綮：

> 不韦固小人，而是书较诸子之言独为醇正，大抵以儒为主，而参以道家、墨家，故多引六籍之文与孔子、曾子之言，其它如论音则引《乐记》，论铸剑则引《考工记》，虽不着篇名，而其文可按。所引《庄》《列》之言，皆不取其放诞恣肆者。墨翟之言，不取其非儒明鬼者。而纵横之术、刑名之说一无及焉。其持论颇为不苟。论者鄙其为人，因不甚重其书，非公论也。[②]

《吕氏春秋》的自然观与认识论大致折中于儒、道二家而以道家为主，认为“太一”“道”“精气”是宇宙的根本：

> 太一出两仪，两仪出阴阳。阴阳变化，一上一下，合而成张。浑

① 许维遹：《吕氏春秋集释》，中华书局 2016 年版，第 15 页。

② 《四库全书总目》卷一一七，电子版文渊阁四库全书。

浑沌沌，离则复合，是谓无常。天地车轮，终则复始，极则复反，莫不咸当。日月星辰，或疾或徐，日月不同，以尽其行。四时代兴，或暑或寒，或短或长。万物所出，造于太一，化于阴阳。①

这个“太一”就是“不可为形，不可为名”的“至精”之“道”，也就是老子讲的“可以为天下母”的“道”。在《尽数》篇中，“精气”又成了法力无边的造物主，成了“太一”与“道”的化身或替代物：

精气之集也，必有入也。集于羽鸟与为飞扬，集于走兽与为流行，集于珠玉与为精朗，集于树木与为茂长，集于圣人与蕒明。精气之来也，因轻而扬之，因走而行之，因美而良之，因长而养之，因智而明之。②

《吕氏春秋》尽管竭力寻求天下万物的本原，但却没有一个清晰的逻辑系统，对儒、道、阴阳五行等学说的损益又缺乏内在联系的逻辑构建，因而显得神秘、粗疏，其中以五行配季节，以五德终始描述自然界与人类社会的运行秩序等，生拼硬凑的痕迹十分明显。《吕氏春秋》中不乏运动和进化的理念，如《恃君》篇说：

凡人之性，爪牙不足以自守卫，肌肤不足以捍寒暑，筋骨不足以从利辟害，勇敢不足以却猛禁悍，然且犹裁万物，制禽兽，服狡虫，寒暑燥湿不能害，不唯先有其备而以群聚耶？群之可聚也，相与利之也。利之出于群也，君道立也。故君道立则利出于群，而人备可完矣。昔太古尝无君矣，其民聚生群处，知母不知父。无亲戚兄弟夫妻男女之别，无上下长幼之道，无进退揖让之礼，无衣服履带宫室畜积之便，无器械舟车城廓险阻之备，此无君之患。……圣人深见此患也，故为天下长虑，莫如置天子也；为一国长虑，莫如置君也。③

① 许维遹：《吕氏春秋集释》，中华书局 2016 年版，第 90—91 页。

② 许维遹：《吕氏春秋集释》，中华书局 2016 年版，第 53 页。

③ 许维遹：《吕氏春秋集释》，中华书局 2016 年版，第 474—476 页。

这里表述的社会进化观点和“群”的观念，实际上不过是荀子与韩非思想的复述，谈不上创新，只不过说明他具有进化意识而已。同时，还应该看到，与荀子一样，《吕氏春秋》的发展变化观点是不彻底的，贯穿着以“圜道”命名的循环论：“日夜一周，圜道也。”“物动则萌，萌而生，生而长，长而大，大而成，成乃衰，衰乃杀，杀乃藏，圜道也。”①

《吕氏春秋》最丰富的内容是其政治思想。其中汇集了儒、道、法、墨、农等诸家的理论。例如，它倡导“公天下”的观念：

> 昔先圣王之治天下也必先公，公则天下平矣，平得于公。……有得天下者众矣，其得之以公，其失之必以偏。凡主之立也生于公……天下非一人之天下也，天下之天下也。阴阳之和，不长一类。甘露时雨，不私一物。万民之主，不阿一人。②
>
> 置君非以阿君也，置天子非以阿天子也，置长官非以阿长官也。德衰世乱，然后天子利天下，国君利国，官长利官。此国所以递兴递废也，乱难之所以时作也。③

这些观点，基本上都是由《礼记·礼运》篇的“大道之行也，天下为公”引申转化来的。不过，《礼运》篇描绘的“天下为公”的“大同”社会是原始社会的史影，而《吕氏春秋》所谓的“公天下”并不是要求以百姓为主，只是要求天子、国君、官长能够以天下为念，多为百姓着想，不要只考虑个人利益，如此国家才能长治久安。《吕氏春秋》也有赞誉“禅让”的话：

> 尧、舜，贤主也，皆以贤者为后，不肯与其子孙，犹如立官必使之方。今世之人主皆欲世勿失矣，而与其子孙，立官必不能之方，以私欲乱之也。④
>
> 自上世以来，天下亡国多矣，而君道不废者，天之利也。故废其

---

① 许维遹：《吕氏春秋集释》，中华书局 2016 年版，第 64 页。

② 许维遹：《吕氏春秋集释》，中华书局 2016 年版，第 17—18 页。

③ 许维遹：《吕氏春秋集释》，中华书局 2016 年版，第 476 页。

④ 许维遹：《吕氏春秋集释》，中华书局 2016 年版，第 66—67 页。

> 非君，而立其行君道者。①

《吕氏春秋》对“禅让”的颂赞并不表明它要求当今社会必须实行禅让制度，而是委婉地说明改朝换代是合理的。这不仅因为夏、商、周三代的更替已经使人们认同了改朝换代的合理性，而且面对现实，人们也知道“禅让”只是一种空幻的理想，没有任何实际操作的可能性。“贤者为后”只能通过改朝换代的办法部分地加以实现。

《吕氏春秋》的政治思想中最突出的是关于“德治”的理论：

> 为天下及国，莫如以德，莫如行义，不赏而民劝，不罚而邪止。②
>
> 凡用民，太上以义，其次以赏罚。其义则不足死，赏罚则不足去就，若是而能用其民者，古今无有。③
>
> 古之君民者，仁义以治之，爱利以安之，忠信以导之，务除其灾，思致其福。故民之于上也……若五种之于地也，必应其类而蕃息于百倍，此五帝三王之所以无敌也。④
>
> 凡君之所以立，出乎众也。立已定而舍其众，是得其末而失其本。得其末而失其本，不闻安居。……夫以众者，此君人之大宝也。⑤

它强调以“德”“义”治民，“爱利以安之”，“忠信以导之”。其关键还在于“务除其灾，思致其福”，即给百姓以看得见的实际利益。它的“德治”思想的核心是“民本”，“宗庙之本在于民”⑥，而能否得到民拥护的关键在于是否得“民心”，所以“先王先顺民心，故功名成”，“凡举事，必先审民心，然后可举”⑦。为了得“民心”，必须“爱民”“忧民”“利民”，祛除为政中的“暴虐奸诈”：

① 许维遹：《吕氏春秋集释》，中华书局2016年版，第674—675页。
② 许维遹：《吕氏春秋集释》，中华书局2016年版，第450页。
③ 许维遹：《吕氏春秋集释》，中华书局2016年版，第455页。
④ 许维遹：《吕氏春秋集释》，中华书局2016年版，第460页。
⑤ 许维遹：《吕氏春秋集释》，中华书局2016年版，第85页。
⑥ 许维遹：《吕氏春秋集释》，中华书局2016年版，第257页。
⑦ 许维遹：《吕氏春秋集释》，中华书局2016年版，第175页。

圣人南面而立，以爱利民为心，号令未出而天下皆延颈举踵矣。①

上世之王者众矣，而事皆不同。其当世之急，忧民之利、除民之害同。②

执民之命，重任也，不得以快志为故。③

暴虐奸诈之与义理反也，其势不得俱胜，不两立。④

《吕氏春秋》还将加强君主的个人修养作为“德治”的重要内容，讲的是儒家“修齐治平”和“内圣外王”的一套理论：

为国之本在于为身，身为而家为，家为而国为，国为而天下为。故曰：以身为家，以家为国，以国为天下。⑤

圣王成其身而天下成，治其身而天下治。故善响者，不于响于声；善影者，不于影于形；为天下者，不于天下于身。⑥

《吕氏春秋》所展示的政治思想中，明显受道家思想影响的是它的“君道无为论”。它认为“示能”“自奋”“有为”，事必躬亲的君主是失掉自我、失掉本分的君主，也是“亡国之主”，所以是绝对应该摈弃的：

亡国之主，必自骄，必自智，必轻物。自骄则简士，自智则专独，轻物则无备。无备召祸，专独位危，简士壅塞。欲无壅塞必礼士，欲位无危必得众，欲无召祸必完备，三者，人君之大经也。⑦

世主之患，耻不知而矜自用，好愎过而恶听谏，以至于危。耻无大乎危者。⑧

---

① 许维遹：《吕氏春秋集释》，中华书局2016年版，第182页。
② 许维遹：《吕氏春秋集释》，中华书局2016年版，第518页。
③ 许维遹：《吕氏春秋集释》，中华书局2016年版，第495页。
④ 许维遹：《吕氏春秋集释》，中华书局2016年版，第145页。
⑤ 许维遹：《吕氏春秋集释》，中华书局2016年版，第408页
⑥ 许维遹：《吕氏春秋集释》，中华书局2016年版，第56页。
⑦ 许维遹：《吕氏春秋集释》，中华书局2016年版，第499—500页。
⑧ 许维遹：《吕氏春秋集释》，中华书局2016年版，第578页。

一个好的君主必然是一个“清静无为”的君主，因为无为，故能“使众”；因为无为，故能使“千官尽能”；因为无为，故而能“无不为”：

> 夫君也者，处虚素服而无智，故能使众智也；智反无能，故能使众能也；能执无为，故能使众为也。无智、无能、无为，此君之所执也。①
>
> 大圣无事而千官尽能。②
>
> 古之王者，其所为少，其所因多。因者，君术也；为者，臣道也。为则扰矣。……故曰：君道无知无为，而贤于有知有为，则得之矣。③
>
> 明君者，非遍见万物也，明于人主之所执也。有术之主者，非一自行之也，知百官之要也。知百官之要，故事省而国治也。④
>
> 有道之主，因而不为，责而不诏；去想去意，虚静以待。不伐之言，不夺之事，督名审实，官复自司。以不知为道，以奈何为实。⑤
>
> 古之善为君者，劳于论人，而佚于官事，得其轻也。不能为君者，伤形费神，愁心劳耳目，国愈危，身愈辱，不知要故也。⑥
>
> 天子不处全，不处极，不处盈。全则必缺，极则必反，盈则必亏。⑦

类似的论述还有很多。《吕氏春秋》所论的“君道无为”包含了大量君人南面之术，其中不乏法家“术”的理论。唯一的目的就是使君主既能长久保持尊位不倾而又不必劳神费力；既能执国之要又不用事必躬亲；既能使自己佚乐闲适而又能知臣之所为，不为所欺。所有这一切，显然都是为国君考虑的，要的是君尊臣卑，君逸臣劳，以便国君以高屋建瓴之势驾驭群臣和统治万民。

《吕氏春秋》极力鼓吹“德治”，但在主张对百姓施以忠、孝、仁、义

① 许维遹：《吕氏春秋集释》，中华书局 2016 年版，第 583 页。
② 许维遹：《吕氏春秋集释》，中华书局 2016 年版，第 381 页。
③ 许维遹：《吕氏春秋集释》，中华书局 2016 年版，第 388 页。
④ 许维遹：《吕氏春秋集释》，中华书局 2016 年版，第 394 页。
⑤ 许维遹：《吕氏春秋集释》，中华书局 2016 年版，第 396 页。
⑥ 许维遹：《吕氏春秋集释》，中华书局 2016 年版，第 41 页。
⑦ 许维遹：《吕氏春秋集释》，中华书局 2016 年版，第 571 页。

教化的同时，也没有忘记赏罚的作用。与韩非的惩罚万能论不同，它认为惩罚必须适度，决不能流于烦苛："礼烦则不庄，业烦则无功，令苛则不听，禁多则不行。"① 而适度的赏罚则是维持正常社会秩序，保证"民无不用"的条件：

善罚信乎民，何事而不成，岂独兵乎！②

为民纪纲者何也？欲也恶也。何欲何恶？欲荣利，恶辱害。辱害所以为罚充也，荣利所以为赏实也。赏罚皆有充实，则民无不用矣。③

《吕氏春秋》也主张奖励耕战，这既是法家思想的重要内容，也是秦国治国理政的传统。吕不韦尽管是经商起家，知道商业利润远远高于农业生产的收入，但是，作为一个政治家，他更清楚农业生产在国民经济中的主导地位和它对于战争胜负的重要意义：

霸王有不先耕而成霸王者，古今无有。④

古先圣王之所以导其民者，先务于农。民农非徒为地利也，贵其志也。民农则朴，朴则易用，易用则边境安，主位尊。民农则重，重则少私义，少私义则公法立，立专一。民农则其产复，其产复则重徙，重徙则死其处而无二虑。民舍本而事末则不令，不令则不可以守，不可以战。民舍本而事末，则其产约，其产约则轻迁徙，轻迁徙则国家有患，皆有远志，无有居心。民舍本而事末则好智，好智则多诈，多诈则巧法令，以是为非，以非为是。⑤

这是民本思想的全面而充分的阐述，其中心就是稳定的农业和稳定的农民不仅是国家社会安定的基础，而且是国家军事力量的源泉。离开农民的安定和

① 许维遹：《吕氏春秋集释》，中华书局 2016 年版，第 462 页。
② 许维遹：《吕氏春秋集释》，中华书局 2016 年版，第 591 页
③ 许维遹：《吕氏春秋集释》，中华书局 2016 年版，第 456 页。
④ 许维遹：《吕氏春秋集释》，中华书局 2016 年版，第 575 页。
⑤ 许维遹：《吕氏春秋集释》，中华书局 2016 年版，第 598—599 页。

农业的发展，战争也就没有了最丰厚的资源。这一法家最重要的思想，作为商鞅之后秦国坚定不移的国策，在六世之后被吕不韦和嬴政坚持下来并做了创造性的发展，这是秦国最后完成统一六国的最重要的原因。

春秋战国以来，列国之间的战争愈演愈烈，特别是战国中期以后，战争的规模越来越大，愈来愈惨烈，一次投入数以十万计的将士，持续数月甚至经年的战争屡见不鲜。惨烈的战争造成众多生灵涂炭，巨量的财富化为缕缕青烟，因而在百姓和相当一批思想家中激起了强烈的反战情绪，在老子、孔子、墨子和孟子那里，“非攻”“非战”和“偃兵”之论高唱入云。但吕不韦却不为这种时论所左右，他清醒地看到战争不可替代的功用。所以《吕氏春秋》就为“义兵”大吹法螺：

> 古之贤王有义兵而无有偃兵。家无怒笞则竖子婴儿之有过也立见，国无刑罚则百姓之悟相侵也立见，天下无诛伐则诸侯之相暴也立见。故怒笞不可偃于家，刑罚不可偃于国，诛伐不可偃于天下。有巧有拙而已矣。故古之圣王有义兵而无有偃兵。大有以噎死者，欲禁天下之食，悖。有以乘舟死者，欲禁天下之船，悖。有以用兵丧其国者，欲偃天下之兵，悖。夫兵不可偃也，譬之若水火然。善用之则为福，不能用之则为祸。若用药者然，得良药则活人，得恶药则杀人，义兵之为天下良药也亦大矣。①
>
> 今之世，学者多非乎攻伐。……夫攻伐之事，未有不攻无道而罚不义也。攻无道而伐不义，则福莫大焉，黔首利莫厚焉。禁之者，是息有道而伐有义也，是穷汤、武之事而遂桀、纣之过也。②

对比儒、墨的反战态度，应该说，儒、墨那里多的是义愤，而《吕氏春秋》多的是理智的思考。后者较前者更接近实际，更具有实践的品格。

《吕氏春秋》还汲取了其他许多学派的思想内容。有些学派，如阴阳家、农家等的思想资料，全赖该书保存下来。但因其创新之处不多，就没有

① 许维遹：《吕氏春秋集释》，中华书局 2016 年版，第 134—136 页。
② 许维遹：《吕氏春秋集释》，中华书局 2016 年版，第 138—139 页。

罗列的必要了。总之，《吕氏春秋》是我国历史上第一部集体编纂的百科全书式的思想学术著作，它以儒学为主，兼综各家，其“德主刑辅”、耕战结合的政治思想，比较适应未来统一帝国的需要，可惜由于吕不韦未得善终，中途败亡，嬴政统一六国后在统治思想与统治政策的选择上偏离了较正确的轨道，吕不韦苦心孤诣地对未来指导思想的设计付诸东流。这既是吕不韦的悲剧，更是秦始皇和他的王朝的悲剧。由于《吕氏春秋》继承多于创新，加上它与吕不韦这位名声欠佳的人物联系在一起，因而在中国思想学术史上的评价不高，没有获得应有的地位，这是不公平的。吕不韦同时还是一个善于运筹帷幄的军事谋略家，在他的有生之年，先是协助庄襄王，而后是辅佐嬴政，加速了秦军对东方六国攻伐的步伐，在秦国统一华夏的进程中功不可没。

尽管庄襄王在位时间只有 3 年，但在吕不韦的辅佐下，秦国在军事上还是取得了显著进展。庄襄王即位后，“大赦罪人，修先王功臣，施德厚骨肉而布施于民”①。他登基伊始，就灭了东周君。因为在这一年，东周君不自量力，与东方诸侯国谋划合力攻秦，计划还未实施就被发觉，于是吕不韦就带兵至其国，将其诛杀，并将他那点可怜的封地收入秦国治下。周王朝在延续 800 多年后至此画上句号。此前，东周王室内部分裂为东西二周，西周君于昭襄王五十一年（前 256 年）被秦国灭亡。时隔 7 年之后，东周君也亡在秦国的屠刀下。作为中国奴隶制时代最繁荣时期的代表周王朝，就这样在一个血色的黄昏悄然落幕。这一年，秦军在蒙骜指挥下攻伐韩国，韩国献出成皋（今河南荥阳北）和巩（今河南巩义市西）以求和，秦国的辖地向东推进至魏都大梁（今河南开封）附近。为了便于管理，在新占领的地盘上设置了三川郡。第二年，蒙骜又率秦军进攻赵国，夺取太原（今属山西）。第三年，蒙骜挥军转攻魏国，夺取高都（今山西晋城）和汲（今河南汲县西）。接着转攻赵国，猛攻榆次（今属山西）、新城（今山西朔县南）、狼孟（今山西阳曲），共夺取 37 城。同一年王龁指挥秦军进攻赵国上党（今山西东南部），秦国设立太原郡。这时，魏国的信陵君无忌组织起韩、赵、魏、燕、楚五国联军共同伐秦，蒙骜指挥秦军与之对抗，秦军受挫。原来魏国的信陵君在

① 司马迁：《史记》卷五《秦本纪》，中华书局 1959 年版，第 219 页。

长平之战后秦军围攻赵都邯郸的危机情势下，曾经违背其兄魏安釐王意旨，“窃符救赵”，率领魏军解了赵国之危难。但也因此与魏安釐王结下梁子，不能返回魏国，只得客居赵国。由于信陵君在列国间有较高的人望，秦国对他有所忌惮。得知他不在魏国，于是发兵攻魏，由此引来信陵君率五国联军伐秦之役。《史记·魏公子列传》较详细地记述了这一事件：

公子留赵十年不归。秦闻公子在赵，日夜出兵东伐魏。魏王患之，使使往请公子。公子恐其怒之，乃诫门下：“有敢为魏王使通者，死。”宾客皆背魏之赵，莫敢劝公子归。毛公、薛公两人往见公子曰：“公子所以重于赵，名闻诸侯者，徒以有魏也。今秦攻魏，魏急而公子不恤，使秦破大梁而夷先生之宗庙，公子当何面目立天下乎?”语未及卒，公子立变色，告车趣驾归救魏。

魏王见公子，相与泣，而以上将军印授公子，公子遂将。魏安釐王三十年，公子使使遍告诸侯。诸侯闻公子将，各遣将兵救魏。公子率五国之兵破秦军于河外，走蒙骜。遂乘胜逐秦军至函谷关，抑秦兵，秦兵不敢出。当是，公子威震天下，诸侯之客进兵法，公子皆名之，故世俗称《魏公子兵法》。①

这是秦军几年来的唯一一次挫败，但损失并不大。东方诸侯联军取得此次胜利，也只是合纵之策的又一次回光返照而已。不过，信陵君得到魏安釐王的信任，再加上他在列国中的威望，由他执导合纵之策纠合东方数国对付秦国，毕竟构成秦国统一之路上的一个障碍，秦国必须设法除掉他。庄襄王和吕不韦于是设计了一个反间计，假魏安釐王之手剥夺了信陵君的权力，使之在醇酒妇人的享受中走向生命的终点：

秦王患之，乃行金万斤于魏，求晋鄙客，令毁公子于魏王曰：“公子亡在外十年矣，今为魏将，诸侯将皆属，诸侯徒闻魏公子，不闻魏王。公子亦欲因此时定南面而王，诸侯畏公子之，方欲共立之。”秦数

① 司马迁：《史记》卷七七《魏公子列传》，中华书局1959年版，第2383—2384页。

> 使反间，伪贺公子得立为魏王未也。魏王日闻其毁，不能不信，后果使人代公子将。公子自知再以毁废，乃谢病不朝，与宾客为长夜饮，饮醇酒，多近妇女。日夜为乐饮者四岁，竟病酒而卒。[①]

庄襄王在位仅 3 年即病逝，他的儿子、年仅 13 岁的嬴政继承王位，他就是后来的秦始皇帝。因为在他手上完成了统一六国的伟业，秦始皇帝也就成为中国历史上知名度最高的帝王之一。

应该承认，吕不韦的精心谋划和运作取得了巨大成功，他对秦国的发展和走强起了别人无可替代的作用。无论是秦国史乃至中国史，他都是一个跳不过去的人物。

① 司马迁：《史记》卷七七《魏公子列传》，中华书局 1959 年版，第 2384 页。

第四章　嬴赵在战国时期的开局与辉煌

第一节　赵襄子灭智氏与“三家分晋”

晋定公三十六年（前476年），赵简子病逝[①]。这时，晋国原来的最大权势之家六卿中的范氏和中行氏已经灭亡，只有韩、赵、魏和智伯四家继续存在。赵简子年老时，他的儿子毋恤渐代其执掌宗族政务，而晋国的执政大权则由智伯掌控。晋定公死后不久，智伯主持攻伐郑国的军事行动，赵简子让儿子毋恤参与此次征伐。智伯在前线饮酒醉，“以酒灌击毋恤”，双方结下仇怨。战事结束后，智伯要求赵简子废除毋恤的世子之位，被断然拒绝，由此毋恤更怨恨智伯。赵简子死后，毋恤承袭爵位，他就是赵襄子。襄子颇有乃父之风，多谋善断，审时度势，意志坚定，敢作敢为。赵简子的丧事刚刚办毕，他就迫不及待地设计诱杀代王，兴兵夺取代地（以今之河北阳原为中心的河北山西交界处），进一步扩大自己的地盘，而对作为代王妻子的胞姊的利益和感受毫不顾及，致使其姐愤而“摩笄自杀”。

赵襄子继位的第四年（前472年），智伯与韩、赵、魏三家合谋分割获取了原范氏、中行氏遗下的土地和百姓，引起晋出公的愤怒，谋划借齐、鲁之兵攻伐四家大夫。四家知悉后，先下手为强，联手攻击出公，将其赶出国门，致使其毙命于逃奔齐国的路途中。接着，智伯立原晋昭公的孙子姬骄为新君，他就是晋懿公，实际上不过是智伯手上的傀儡。此时的智伯在四家大夫中势力最大，他环顾国内，认为自己独大的时代已经到来，于是更加踌躇满志，睥睨一切，骄横不法。他要求韩、赵、魏三家都割一块地献给他，

① 《史记·赵世家》记载赵简子卒于出公十七年，有误，因为这一年已是赵襄子十八年。

韩、魏忌惮其威势，答应了他的要求。赵襄子忌恨围郑之役时的仇隙，对他的无理要求坚决拒绝。智伯于是纠合韩、魏围攻赵襄子，相约灭赵后平分其土地和财产。面对力量远超自己的敌人，赵襄子只得退保晋阳（今山西太原南），依托坚城高垒，率其族众奋勇抵抗。在这场看似难以取胜的博弈中，襄子最后取得胜利。为其出谋划策、运筹帷幄的是智谋超群的家臣张孟谈。《战国策·赵策》生动记述了这场惊心动魄的鏖战：

智伯帅赵、韩、魏而伐范中行氏，灭之。休数年，使人请地于韩。韩康子欲勿与，段规谏曰："不可。夫智伯之为人也，好利而鸷复，来请地不与，必加兵于韩矣。君其与之。与之彼狃，又将请地于他国，他国不听，必乡之以兵；然则韩可以免于患难，而待事之变。"康子曰："善。"使使者致万家之邑一于智伯。智伯说，又使人请地于魏，魏宣子欲勿与。赵葭谏曰："彼请地于韩，韩与之。请地于魏，魏弗与，则是魏内自强，而外怒智伯也。然则其错兵于魏必矣！不如与之。"宣子曰："诺。"因使人致万家之邑一于智伯。智伯说，又使人之赵，请蔡、皋狼之地，赵襄子弗与。智伯因阴结韩，魏，将以伐赵。

赵襄子召张孟谈而告之曰："夫智伯之为人，阳亲而阴疏，三使韩、魏，而寡人弗与焉，其移兵寡人必矣。今吾安居而可？"张孟谈曰："夫董阏安于，简主之才臣也，世治晋阳，而尹泽循之，其余政教犹存，君其定居晋阳。"君曰："诺。"乃使延陵王将车骑先之晋阳，君因从之。至，行城郭，案府库，视仓廪；召张孟谈曰："吾城郭之完，府库足用，仓廪实矣，无矢奈何？"张孟谈曰："臣闻董子之治晋阳也，公宫之垣，皆以荻蒿苦楚廧之，其高至丈余，君发而用之。"于是发而试之，其坚则箘簬之劲不能过也。君曰："矢足矣，吾铜少若何？"张孟谈曰："臣闻董子之治晋阳也，公宫之室，皆以炼铜为柱质，请发而用之，则有余铜矣。"君曰："善。"号令已定，备守已具。

三国之兵乘晋阳城，遂战。三月不能拔，因舒军而围之，决晋水而灌之。围晋阳三年，城中巢居而处，悬釜而炊，财食将尽，士卒病羸。襄子谓张孟谈曰："粮食匮，财力尽，士大夫病，吾不能守矣。欲以城下，何如？"张孟谈曰："臣闻之，亡不能存，危不能安，则无为贵知士也。君释此计，勿复言也。臣请见韩、魏之君。”襄子曰：“诺。”

张孟谈于是阴见韩、魏之君曰：“臣闻唇亡则齿寒，今智伯帅二国之君伐赵，赵将亡矣，亡则二君为之次矣。”二君曰：“我知其然。夫智伯之为人也，麤中而少亲，我谋未遂而知，则其祸必至，为之奈何？”张孟谈曰：“谋出二君之口，入臣之耳，人莫之知也。”二君即与张孟谈阴约三军，与之期日，夜，遣入晋阳。张孟谈以报襄子，襄子再拜之。

张孟谈因朝智伯而出，遇智过辕门之外。智过入见智伯曰：“二主殆将有变。”君曰：“何如？”对曰：“臣遇张孟谈于辕门之外，其志矜，其行高。”智伯曰：“不然。吾与主约谨矣，破赵三分其地，寡人所亲之，必不欺也。子释之，勿出于口。”智过出见二主，入说智伯曰：“二主色动而意变，必背君，不如令杀之。”智伯曰：“兵着晋阳三年矣，旦暮当拔而飨其利，乃有他心？不可，子慎勿复言。”智过曰：“不杀则遂亲之。”智伯曰：“亲之奈何？”智过曰：“魏宣子之谋臣曰赵葭，韩康子之谋臣曰段规，是皆能移其君之计。君其与二君约，破赵则封二子者各万家之县一，如是则二主之心可不变，而君得其所欲矣。”智伯曰：“破赵而三分其地，又封二子者各万家之县一，则吾所得者少，不可。”智过见君之不用也，言之不听，出，更其姓为辅氏，遂去不见。

张孟谈闻之，入见襄子曰：“臣遇智过于辕门之外，其视有疑臣之心，入见智伯，出更其姓。今暮不击，必后之矣。”襄子曰：“诺。”使张孟谈见韩、魏之君曰：“夜期杀守堤之吏，而决水灌智伯军。”智伯军救水而乱，韩、魏翼而击之，襄子将卒犯其前，大败智伯军而禽智伯。

智伯身死，国亡地分，为天下笑，此贪欲无厌也。夫不听智过，亦所以亡也。智氏尽灭，惟辅氏存焉。①

这是《战国策》描述诸多战争场景的最出色的篇章之一。从智伯胁迫韩、赵、魏三家割地开始，交代战争爆发的原因是智伯的贪得无厌，表明赵氏的坚决抵抗和韩、魏的屈从参与攻赵都是迫不得已，事出无奈，从而为后来张孟谈离间智伯与韩、魏联盟成功做了铺垫。接着重点叙述张孟谈的一连串

① 刘向：《战国策·赵策一》，上海古籍出版社 1985 年版，第 587—593 页。

应战准备：退保具有坚固防御设施的晋阳，准备充足的粮食和箭镞，以逸待劳，从容应战。同时，特别坚定襄子的抵抗决心，在水淹城池、仅剩三板，城内析骨而炊、易子而食的危机几达极限的情况下，硬是坚持了三年多的拼死抵抗。在此过程中，张孟谈明智地预见到，赵氏取胜的关键是拆散智伯与韩、魏的联盟。而由于韩、魏的参与是出于胁迫而不是自愿，这个联盟是能够拆散的。经过他与韩、魏两家大夫推心置腹的密谈，特别是晓以利害，使他们如梦醒来，毅然反戈一击，三家联手，终于取得诛灭智伯的胜利。这其中，还特别描述了智伯的骄横昏愦、愚蠢颟顸、自以为是、刚愎自用，听不进正确的谏言，也是造成他最后死灭的重要原因。其实，在整个围攻晋阳的过程中，不仅有智伯的同宗智过看到韩、魏离叛的危险，就在几乎胜利在望的时候，智伯的另一谋臣郄疵也看到联盟中隐藏的危机，提醒他预为防范，但利令智昏的智伯却自信满满，我行我素，听不进一点逆耳之言，自然也不会采取什么防范和应对措施。《战国策》也详细记述了郄疵的准确预见和谆谆告诫：

> 智伯从韩、魏兵以攻赵，围晋阳而水之，城之下不沈者三板。郄疵谓智伯曰："韩、魏之君必反矣。"智伯曰："何以知之？"郄疵曰："以其人事知之。夫从韩、魏之兵而攻赵，赵亡，难必及韩、魏矣。今约胜赵而三分其地。今城不没者三板，臼灶生鼃，人马相食，城降有日，而韩、魏之君无喜志而有忧色，是非反如何也？"
>
> 明日，智伯以告韩、魏之君曰："郄疵言君之且反也。"韩、魏之君曰："夫胜赵而三分其地，城今且将拔矣。夫二家虽愚，不弃美利于前，背信盟之约，而为危难不可成之事，其势可见也。是疵为赵计矣，使君疑二主之心，而解于攻赵也。今君听谗臣之言，而离二主之交，为君惜之。"趋而出。郄疵谓智伯曰："君又何以疵言告韩、魏之君为？"智伯曰："子安知之？"对曰："韩、魏之君视疵端而趋疾。"郄疵知其言之不听，请使于齐，智伯遣之。韩、魏之君果反矣。①

① 刘向：《战国策》，上海古籍出版社1985年版，第585—586页。

在攸关赵氏宗族生死存亡的晋阳保卫战中，赵襄子善于用人、虚心听取臣下谏言、关键时刻能够正确决策和在最危急时刻咬定目标不动摇的品格得到淋漓尽致的表现。

在诛灭智氏这一惊心动魄的决战中，赵襄子是最重要的角色。智氏灭亡后，他余怒未息，为了发泄对智氏的愤恨之情，他在诛杀智氏全族以后，还“漆其头以为饮器”①。战后，智伯的臣子豫让对赵襄子怀着不共戴天的愤恨，矢志为昔日的主人复仇，于是引来一幕刺客为主人复仇而毅然赴死的悲壮故事。《战国策》对此有着翔实而生动的记述：

> 晋毕阳之孙豫让，始事范中行氏而不说，去而就知伯，知伯宠之。及三晋分知氏，赵襄子最怨知伯，而将其头以为饮器。豫让遁逃山中，曰：“嗟乎！士为知己者死，女为悦己者容。吾其报知氏之雠矣。”乃变姓名，为刑人，入宫涂厕，欲以刺襄子。襄子如厕，心动，执问涂者，则豫让也。刃其扞，曰：“欲为知伯报雠。”左右欲杀之。赵襄子曰：“彼义士也，吾谨避之耳。且知伯已死，无后，而其臣至为报雠，此天下之贤人也。”卒释之。豫让又漆身为厉，灭须去眉，自刑以变其容，为乞人而往乞，其妻不识，曰：“状貌不似吾夫，其音何类吾夫之甚也。”又吞炭为哑，变其音。其友谓之曰：“子之道甚难而无功，谓子有志则然矣，谓子智则否。以子之才，而善事襄子，襄子必近幸子；子之得近而行所欲，此甚易而功必成。”豫让乃笑而应之曰：“是为先知报后知，为故君贼新君，大乱君臣之义者无此矣。凡吾所谓为此者，以明君臣之义，非从易也。且夫委质而事人，而求弑之，是怀二心以事君也。吾所为难，亦将以愧天下后世人臣怀二心者。”居顷之，襄子当出，豫让伏所当过桥下。襄子至桥而马惊。襄子曰：“此必豫让也。”使人问之，果豫让。于是赵襄子面数豫让曰：“子不尝事范中行氏乎？知伯灭范中行氏，而子不为报雠，反委质事知伯。知伯已死，子独何为报雠之深也？”豫让曰：“臣事范中行氏，范中行氏以众人遇臣，臣故众人报之；知伯以国士遇臣，臣故国士报之。”襄子乃喟然叹泣曰：“嗟

① 司马迁：《史记》卷八六《刺客列传》，中华书局1959年版，第2519页。

> 乎，豫子！豫子之为知伯，名既成矣，寡人舍子，亦以足矣。子自为计，寡人不舍子。”使兵环之。豫让曰：“臣闻明主不掩人之义，忠臣不爱死以成名。君前已宽舍臣，天下莫不称君之贤。今日之事，臣固伏诛，然愿请君之衣而击之，虽死不恨。非所望也，敢布腹心。”于是襄子义之，乃使使者持衣与豫让。豫让拔剑三跃，呼天击之曰：“而可以报知伯矣。”遂伏剑而死。死之日，赵国之士闻之，皆为涕泣。①

在《战国策》的作者笔下，豫让为自己的主人义无反顾、慷慨赴死的刚烈精神，赵襄子满足敌手欲望的浩然气度都跃然纸上。他们二人的作为，展现了当时上流社会对人际关系的认识和舍生取义的道德风尚。豫让之类士人甘愿为知己者赴死的行动，不仅让当时的人们为之涕泣，而且也感动了汉代的大史学家司马迁，他在《史记》中专门设置了《刺客列传》为这些慷慨就义的勇士立传，赞颂他们“其义或成或不成，然其立意较然，不欺其志，名垂后世”②，让他们的事迹得以千古流传。不过，这些甘愿为“义”而献身的侠客们的悲壮之行，展示的只是个人之间的义气和承诺，他们心目中的“义”还缺乏与社会正义的交集。

韩、赵、魏对智氏的斗争，是晋国境内新兴地主阶级不同集团之间争夺权利的一场决斗，其中并不存在正义与否的区分。不过，三家诛灭智氏的胜利，为三家分晋奠定了最后的基础，对后来晋国历史和战国历史的走向都产生了巨大影响。赵襄子在位三51年③，于公元前425年病逝。由于长子先他而逝，继承君位的是他的孙子赵浣，他就是赵献侯。献侯立15年后病逝，他的儿子烈侯赵籍继承爵位。烈侯继位第六年，即周威烈王二十三年（前403年），周王以“天下共主”的名义承认韩、赵、魏三家大夫为诸侯，取得与齐、楚、燕、秦等老牌诸侯国同等的尊位。“三家分晋”说明韩、赵、魏三家大夫作为新兴势力取得的历史性胜利。这个成功的取得是与许多改革措施连在一起的。从临沂银雀山汉墓出土的竹简《孙子兵法·吴问》中可以看到，当时晋国六卿已经废弃原有的“井田制”，实行新的亩制和税收政

① 刘向：《战国策》，上海古籍出版社1985年版，第597—599页。

② 司马迁：《史记》卷八六《刺客列传》，中华书局1959年版，第2538页。

③ 《史记·赵世家》记载襄子在位33年，不确，实际在位应为51年。

策。其中赵国采用最大的亩制，以 240 步为亩，同时免除地税，以达到“富民”的目的。后来商鞅在秦国的变法，在土地制度的改革方面就是以此为蓝本的。“三家分晋”这一年，距伯益被赐予嬴姓至少有 2000 年，距造父因助力周穆王平定徐偃王之乱有功被封于赵城（今山西霍县与洪洞之间）开始嬴赵的创业史也有 500 年左右，距造父的六世孙叔带离开周幽王赴晋国谋发展也有 300 年左右。至此，嬴赵的子孙正式立国，开启了后来 175 年的赵国历史。它在今之山西、河北、内蒙古交界的广袤地域（一度也占有今之河南、山东的部分地区），在农耕与畜牧的结合部，融合戎狄，东征西讨，发展经济，繁荣文化，为创造慷慨悲歌的燕赵文化做出了巨大贡献。

“三家分晋”是先秦历史上一个具有标志意义的事件，司马光主编的《资治通鉴》就以此事作为战国时代的开篇。战国七雄为争夺统一中国权利和机会的惨烈博弈愈演愈烈，中国历史正迎来一个血色的黎明。

第二节　赵烈侯立国与敬侯、成侯、肃侯时期的征战

赵襄子去世后，经献侯赵浣，于公元前 408 年传至烈侯赵籍。这时，魏国正在文侯统治时期，经过李悝主持的变法，魏国跃上战国首强的位子，东征西讨，极尽风光。其他各国也顺应潮流，陆续变法，加快了封建化的步伐。受此影响，烈侯时期的相国公仲连也主持赵国的变法，使之进入发展的快车道。《史记》对此有着生动的记载：

> 烈侯好音，谓相国公仲连曰：“寡人有爱，可以贵之乎？”公仲曰：“富之可，贵之则否。”烈侯曰：“然。夫郑歌者枪、石二人，吾赐之田，人万亩。”公仲曰：“诺。”不与。居一月，烈侯从代来，问歌者田。公仲曰：“求，未有可者。”有顷，烈侯复问。公仲终不与，乃称疾不朝。番吾君自代来，谓公仲曰：“君实好善，而未知所持。今公仲相赵，于今四年，亦有进士乎？”公仲曰：“未也。”番吾君曰：“牛畜、荀欣、徐越皆可。”公仲乃进三人。及朝，烈侯复问：“歌者田何如？”公仲曰：“方使择其善者。”牛畜侍烈侯以仁义，约以王道，烈侯逌然。明日，荀欣侍，以选练举贤，任官使能。明日，徐越侍，以节财俭用，察度

> 功德。所与无不充，君说。烈侯使使谓相国曰："歌者之田且止。"官牛畜为师，荀攸为中尉，徐越为内史，赐相国衣二袭。①

相国公仲在赵国的改革，看似只是推荐贤才为国君所用，实际上是从诸多方面推进赵国的变法。牛畜待烈侯以"仁义，约以王道"，就是要求烈侯在治国理政的指导思想上重用儒家学说。荀攸的"选练举贤，任官使能"，就是在用人政策上坚持任贤使能，反映了当时儒、墨等多数思想家的主张。徐越的"以节财俭用，察度功德"，更多体现的是法家的思想。烈侯在位的时间尽管只有 9 年，但他任用公仲、牛畜、荀攸、徐越等人推行的改革措施，无疑使赵国得以沿着正确的方向前进。

烈侯去世后，先是他的弟弟武公继任，13 年后，又将君位传给烈侯的儿子赵章。他就是敬侯②。敬侯在位 12 年，赵国进一步走强。敬侯这个君王尽管"好纵欲"，"制刑杀戮"无度，但他"明于所以任臣"，因而使赵国"兵不顿于敌国，地不亏于四邻，内无君臣百官之乱，外无诸侯邻国之患"③，说明他对赵的治理取得了显著成效。其间，与卫、齐、燕、魏、楚、中山诸国发生数次互相联合又互相竞争的战争，互有胜负。公元前 383 年（敬侯四年），赵国大举进攻卫国国都濮阳（今属河南），采用"蚁傅"即如同蚂蚁爬登城墙的战术，并在濮阳北面建筑刚平城（今河南清丰西南）作为进军基地。由于此时魏国出兵救卫，使赵军在兔台和中牟（今河南鹤壁西）遭到重创。第三年，楚国出兵援赵，赵国趁势进攻魏国的河北地区，火攻棘蒲（今河北魏县南），取得重大胜利。接着又南下攻克黄城（今河南内黄西），使魏国遭受重大打击。敬侯十一年（前 376 年），赵与韩、魏最后灭掉仅据有绛（今山西曲沃）一小块地方的晋国的姬姓公族，瓜分了这块土地。第二年，敬侯病逝，他的儿子赵种继位，他就是赵成侯。这一年，公子成发动争夺君位的叛乱，但很快被敉平。三年，太戊午为相，赵国进攻卫国，夺取乡邑 73。与魏国战，败北于蔺（今山西离石西）。四年（371 年），与秦军激战于高安取胜。下一年，伐齐，战于鄄（今山东鄄城北），又与郑国开战。

① 司马迁：《史记》卷四三《赵世家》，中华书局 1959 年版，第 1799—1800 页。

② 关于烈侯是否在位 9 年，他与儿子之间是否有弟武公在位 13 年的问题，文献记载有歧义。

③ 王先慎：《韩非子集解》，中华书局 2013 年版，第 445 页。

接下来的数年间，屡屡与魏、齐、秦搏战，互有胜负。从十七年至二十年（前358—前355年），连续与魏、齐、宋、燕等国会盟，协调彼此的关系。

成侯在位25年，于公元前350年病逝。他的儿子肃侯赵语继位时，发生了公子绁与之争位的斗争，公子绁失败后逃往韩国。元年（前349年），肃侯夺取原晋君据有的端氏（今山西沁水东），将其迁至屯留（今山西屯留南）。第三年，公子范谋反，袭击邯郸，战败身死。六年（前344年），赵军进击齐国，取得高唐（今山东高唐东）。以后几年，数次与魏国交战。十一年（前339年），秦国商鞅伐魏，虏公子卬，标志魏国首强的地位终结。十六年（前334年）春天，肃侯带着庞大的车骑游大陵（今山西太原附近），相国大戊午扣马而谏，说："耕事方急，一日不作，百日不食。"① 肃侯猛然醒悟，停止春游回宫。下一年，开始修筑自云中至代地的长城。再下一年，齐、魏联合进攻赵国，赵国决黄河水御敌，两国之兵撤围退去。二十二年（前328年），张仪相秦，出兵攻赵，赵将赵疵率军迎敌，被秦军杀死，秦军夺取蔺、离石（今山西离石一带）。二十四年（前326年），肃侯病逝，秦、楚、燕、齐、魏五国"出锐师各万人来会葬"②，给了赵国很大的面子。这说明，在整个肃侯当国时期，赵国基本上沿着向上的势头发展，经过近30年的苦心经营，已经在邯郸为中心的太行山两侧立定了脚跟。此时赵国的疆域，西自今陕西东北部，过黄河据有今山西的中部、东北部和东南部，再向东延至今河北的东南部和今山东的西北部，以及今之河南的北端。全境东北与东胡、燕交界，东部和中山、齐国接界，南部与卫、魏、韩接界，北部与林胡、楼烦接界，西部与秦、韩、魏交错接界。国都先在晋阳（今山西太原西南），赵献子一度迁至中牟（今河南鹤壁西），最后在赵敬侯时迁至邯郸（今属河北），成为举足轻重的诸侯国。

第三节　赵武灵王"胡服骑射"

公元前326年肃侯病逝后，他的儿子赵雍以少年继位，他就是后来的

① 司马迁：《史记》卷四三《赵世家》，中华书局1959年版，第1802页。

② 司马迁：《史记》卷四三《赵世家》，中华书局1959年版，第1803页。

武灵王。继位之初，因为年少，未能亲自执政，而听任“博闻师三人，左右司过三人”辅佐。“及听政，先问先王贵臣肥义，加其秩；国三老年八十，月致其礼”①。显示了这位青年国君善于处理各种关系的优长。接着，他娶韩国宗室之女为夫人，与最近的韩国建立睦邻友好关系。继位第八年（前318年）②，魏、韩、赵、中山、燕“五国相王”，即相约称王，提高自己的称谓。赵武灵王独持异议，认为“无其实，敢处其名乎!”③不接受“王”的头衔，仅让国人称自己为“君”，显示了较其他国君更为理智和清醒。九年（前317年），与韩、魏联合对秦国作战，结果惨败，赵军损失8万人。第二年，燕国发生“禅让”闹剧，灵王瞅准机会，将燕公子职从韩国招来，立为燕王，派兵送回燕国继位。此后，数次与秦国开战，败多胜少。十八年（前308年）秦武王在与力士孟说比赛举鼎时受伤身亡，灵王快速将秦公子稷从燕国迎至赵国，并派兵送回秦国继位，他就是昭襄王。灵王继位18年，虽然在对外战争中也有失手的时候，但其他举措都显示了他虑事之精，处事之当的睿智，在与其同时的列国诸王中，展现了不凡的眼光和能力。十九年，他巡视赵国北部边境，沿代郡一路向西，直达黄河岸边，登上黄华山，眺望周围地理环境，心潮难平。他召谋臣楼缓，倾吐心中的忧虑，决心变法：

> 我先王因世之变，以长南藩之地，属阻漳、滏之险，立长城，又取蔺、郭狼，败林人于荏，而功未遂。今中山在我腹心，北有燕，东有胡，西有林胡、楼烦、秦、韩之边，而无强兵之救，是亡社稷，奈何？夫有高世之名，必有遗俗之累。吾欲胡服。④

这番话表明，赵武灵王对他的国家面临的形势是有清醒认识的：处于四战之地的赵国，要想存在和发展壮大，必须顺应列国形势，锐意变法。而这个变法又必须以军事改革为突破口，于是他想到“胡服骑射”：因为赵国与强大的秦国为邻，周边散布着众多统称胡人的戎、狄之族。作为游牧的马背民

① 司马迁：《史记》卷四三《赵世家》，中华书局1959年版，第1803页。

② 这事件发生的确切年代，文献记载有歧义，另一记载为公元前323年。

③ 司马迁：《史记》卷四三《赵世家》，中华书局1959年版，第1804页。

④ 司马迁：《史记》卷四三《赵世家》，中华书局1959年版，第1806页。

族，胡人擅长骑射，迅疾如风，来去无踪，经常袭扰边境，对赵国造成很大威胁与破坏。与他们争衡，凭借原始的战车冲锋已经毫无胜算；而车战所需的资源更是耗费巨大，国力难以承受。只有学习胡人的骑射之术，建立一支精干的骑兵，再配合人数众多的步兵，才能在战场上发挥强大战力，有望夺取胜利。“胡服骑射”的具体内容是：命令军队采用胡人的服饰，改穿短装，束皮带，用带钩，戴着插有貂尾或鸟羽的冠，穿皮靴，训练在马上骑射的技术，以提升军队单兵的素质，增强整体的战斗力。显然，灵王改革选择的突破点是经过深思熟虑的。不过，这一改革开始就遇到很大阻力，但他决心排除干扰，全力推进改革进程。他首先与国相肥义达成共识，君臣协力，义无反顾、有条不紊地前行。他与肥义深入讨论改革：

> 武灵王平昼闲居，肥义侍坐，曰：“王虑事之变，权甲兵之用，念简、襄之迹，计胡、狄之利乎？”王曰：“嗣立不忘先德，君之道也；错质务明主之长，臣之论也。是以贤君静而有道便事之教，动有明古先世之功。为人臣者，穷有弟长辞让之节，通有补民益主之业。此两者，君臣之分也。今吾欲继襄王之业，启胡、翟之乡，而卒世不见也。敌弱者，用力少而功多，可以无尽百姓之劳，而享往古之勋。夫有高世之功者，必负遗俗之累；有独知之虑者，必被庶人之恐。今吾将胡服骑射以教百姓，而世必议寡人矣。”①

赵武灵王这里表述的观点是，君王与臣子各有不同的职掌，两者各司其职，良性互动，才能共创大业。而一旦君王改革旧俗，刷新政治，必然遇到保守势力和安于传统习俗百姓的反对。他估计，自己一旦宣布实行“胡服骑射”的改革，必然受到非议和阻挠。他希望肥义支持他的改革。肥义理解君王，同时讲出一番改革者必须力排众议、毅然决然、义无反顾的道理：

> 臣闻之，疑事无功，疑行无名。今王即定负遗俗之虑，殆毋顾天下之议矣。夫论至德者，不和于俗；成大功者，不谋于众。昔舜舞有

① 刘向：《战国策》，上海古籍出版社 1985 年版，第 653 页。

苗，而禹袒入裸国，非以养欲而乐志也，欲以论德而要功也。愚者暗于成事，智者见于未萌，王其遂行之。①

肥义的支持和鼓励，使武灵王明白自己找到了共襄改革的同道，于是决心将“胡服骑射”付诸实行：“寡人非疑胡服也，吾恐天下笑之。狂夫之乐，知者哀焉；愚者之笑，贤者戚焉。世有顺我者，则胡服之功未可知也。虽殴世以笑我，胡地中山吾必有之。”② 这里的赵武灵王在改革问题上显示了“虽千万人吾往矣”的气概。不过，此时的赵国，他的叔父公子成是一个颇具影响力的贵族，争取到他的支持，变法就会顺畅得多。但这位公子成却是比较保守的重臣，他们之间于是又发生了一场关于改革的激烈辩论。他先让王孙緤向公子成送上胡服，并转达自己实行胡服骑射的理由和决心：

寡人胡服，且将以朝，亦欲叔之服之也。家听于亲，国听于君，古今之公行也；子不反亲，臣不逆主，先王之通谊也。今寡人作教易服，而叔不服，吾恐天下议之也。夫制国有常，而利民为本；从政有经，而令行为上。故明德在于论贱，新政在于信贵。今胡服之意，非以养欲而乐志也。事有所出，功有所止。事成功立，然后德且见也。今寡人恐叔逆从政之经，以辅公叔之议。且寡人闻之，事利国者行无邪，因贵戚者名不累。故寡人愿募公叔之义，以成胡服之功。使緤谒之叔，请服焉。③

赵武灵王在这里论述了他对行政的基本观点，就是“制国有常，而利民为本；从政有经，而令行为上”，而“明德”和“信贵”又是行政顺利实施的条件。他恳切期望公子成襄赞变法，穿起胡服，与做国君的侄儿同一步调，为群臣百姓作表率。然而，这个公子成却是满脑子守旧意识，同他的侄儿唱起了反调：

① 刘向：《战国策》，上海古籍出版社 1985 年版，第 654 页。
② 刘向：《战国策》，上海古籍出版社 1985 年版，第 654—655 页。
③ 刘向：《战国策》，上海古籍出版社 1985 年版，第 655—656 页。

臣固闻王之胡服也，不佞寝疾，不能趋走，是以不先进。王今命之。臣固敢竭起愚忠。臣闻之，中国者，聪明睿智之所居也，万物财用之所聚也。圣贤之所教也，仁义之所施也。今王释此，而袭远方之服，变古之教，易古之道，逆人之心，畔学者，离中国，臣愿大王图之。①

在公子成看来，改穿胡服就是“变古之教，易古之道”，就是“逆人之心，畔学者，离中国”的大逆不道之行，是完全要不得的。听了使者的回报，武灵王亲赴公子成府第，将自己变法的理论和盘托出：

夫服者，所以便用也；礼者，所以便事也。是以圣人观其乡而顺宜，因其事而制礼，所以利其民而厚其国也。被发文身，错臂左衽，瓯越之民也。黑齿调题，鳀冠秫缝，大吴之国也。礼服不同，其便一也。是以乡异而用变，事异而礼易。是故圣人苟可以利其民，不一其用，果可以便其事，不同而礼。儒者一师而礼异，中国同俗而教离，又况山谷之便乎？故去就之变，知者不能一；远近之服，圣贤不能同。穷乡多异，曲学多辨。不知而不疑，异域己而不非者，公于求善也。今卿之所言者，俗也。吾之所言者，所以制俗也。今吾国东有河、薄洛之水，与齐、中山同之，而无舟楫之用。自常山以至代、上党，东有燕、东胡之境，西有楼烦、秦、韩之边，而无骑射之备。故寡人且聚舟楫之用，求水居之民，以守河、薄洛之水；变服骑射，以备其三胡、楼烦、秦、韩之边。且昔者简主不塞晋阳，以及上党，而襄王兼戎取代，以攘诸胡，此愚知之所明也。先时中山负齐之强兵，侵掠吾地、系累吾民，引水围鄗，非社稷之神灵，即鄗几不守。先王忿之，其怨未能报也。今骑射之服，近可以备上党之形，远可以报中山之怨，而叔也顺中国之俗以逆简、襄之意，恶变服之名，而忘国事之耻，非寡人所望于子！②

① 刘向：《战国策》，上海古籍出版社 1985 年版，第 656 页。

② 刘向：《战国策》，上海古籍出版社 1985 年版，第 657—658 页。

这里，武灵王以历史和现实的事实为例，论证了“乡异而用变，事异而礼易”的人类社会各种制度和礼仪变迁的规律，说明从事变革的执政者，不能一味从俗而必须“制俗”才能达到国富兵强的目标，在与列国和戎狄的博弈中自立存活、发展壮大。最后，不管思想上是真通还是假通，公子成最终接受侄儿的规劝，穿起胡服，站到变法一边。然而，赵武灵王变法遇到的阻力实在太大，而阻力又往往来自赵氏宗室贵族。除了公子成外，宗亲贵族中的赵文、赵造也出来反对变法。他们的反对意见几乎出自同一版本：

> 赵文进谏曰：“农夫劳而君子养焉，政之经也。愚者陈意而智者论焉，教之道也。臣无隐忠，君无蔽言，国之禄也。……当世辅俗，古之道也。衣服有常，礼之制也。修法无衍，民之职也。三者，先圣之所教，今君释此，而袭远方之服，变古之教，易古之道，故臣愿王图之。”

对于赵文显然出于保守从俗的反对变法的理由，赵武灵王进行了有力的反驳：

> 子言世俗之间。常民溺于习俗，学者沉于所闻。此两者，所以成官而顺政也，非所以观远而论始也。且夫三代不同服而王，五伯不同教而政。知者在教，而愚者制燕。贤者议俗，不肖者拘焉。夫制于服之民，不足与论心；拘于三俗之众，不足与致意。故势与俗化，而礼与变俱，圣人之道也。承教而动，循法无私，民之职也。知学之人，能与闻迁；达于礼之变，能与时化。故为己者不待人，制今者不法古，子其释之。①

赵武灵王在这里认定，“溺于习俗”和“沉于所闻”等因奉此地依照常规办事，是“成官而顺政”的官吏行政的常态，而具有“观远而论始”水平和能力的圣人、贤人，却不能拘泥于习俗和成规，而必须坚持“势与俗化”“礼

① 刘向：《战国策》，上海古籍出版社1985年版，第660—661页。

与变俱”的理论，只有“不待人”“不法古”“达礼变”“与时化”，才能将变法事业进行到底。

赵武灵王与赵造的辩论较之与赵文的辩论又深入一步：

> 赵造曰：“臣闻之，圣人不易民而教，知者不变俗而动。因民而教者，不劳而成功；据俗而动者，虑径而易见也。今王易初不循俗，胡服不顾世，非所以教民而成礼也。且服奇者志淫，俗辟者乱民。是以莅国者不袭奇辟之服，中国不近蛮夷之行，非所以教民而成礼者也。且循法无过，修礼无邪，臣愿王之图之。”

赵造反对变法的理由除了“不易民”“不变俗”和“循法无过，修礼无邪”的老调之外，又增加了反对“奇辟之服”和“蛮夷之行”的夷夏之辨的新套路。赵武灵王对这些似是而非的理由进行了有理有据的批驳：

> 王曰：“古今不同俗，何古之法？帝王不相袭，何礼之循？宓戏、神农教而不诛，黄帝、尧、舜诛而不怒。及至三王，观时而制法，因事而制礼，法令制度，各顺其宜；衣服器械，各便其用。故礼世不必一其道，便国不必法古。圣人之兴也，不相袭而王。夏、殷之衰也，不易礼而灭。然则反古未可非，而循礼未足多也。且服奇而志淫，是邹、鲁无奇行也；俗辟而民易，是吴、越无俊民也。是以圣人利身之谓服，便事之谓教，进退之谓节，衣服之制，所以齐常民，非所以论贤者也。故圣与俗流，贤与变俱。谚曰：‘以书为御者，不尽于马之情。以古制今者，不达于事之变。’故循法之功，不足以高世；法古之学，不足以制今。子其勿反也。”①

这里，赵武灵王以历史进化论为武器，进一步深入批判了以赵造为代表的反对变法的保守派的理论，为以“胡服骑射”为核心的变法作了理论上的充分阐发。这些观点几乎与商鞅的理论如出一辙。这一方面显示了商鞅变法理论

① 刘向：《战国策》，上海古籍出版社1985年版，第663页。

的巨大而深刻的影响，一方面更说明，当时各国的改革者，都带有不同程度的法家色彩，是"心有灵犀一点通"的。

赵武灵王通过选取周绍为傅即国君辅佐展现他对辅佐这一重臣的要求。周绍是一介布衣之士，以孝闻名。赵武灵王行县的时候知道了这个人，认为"父之孝子"，必然是"君之忠臣"，于是送胡服给他，要求他担任傅的重任。周绍认为"立傅之道六"，即傅应该具备的六个方面的品格与能力："知虑不躁达于变，身行宽惠达于礼，威严不足以易于位，重利不足以变其心，恭于教而不快，和于下而不危。"[①] 他自觉不具备这六方面的要求，所以拒绝了国君的要求。但赵武灵王认定，周绍既然能够讲出这六个方面，正说明他已经具备，所以还是执意任命他担任了这一职务。这表明，他对王国重臣的任命顾及了品格和能力两个方面，认识是比较深刻到位的。

依据现有文献资料，还难以梳理出赵国君臣完整系统的政治思想。以赵武灵王和肥义、公孙痤等为代表，他们的政治思想集中体现在对变法必要性和规律性以及对贤人治政的认识。赵武灵王以"胡服骑射"为突破口的变法很快取得显著成效，赵国在他治下发展成战国七雄中最强大的国家之一，成为与秦、齐鼎足而三的大国，在与列国和戎狄的争战中获得一连串的胜利，疆域扩大到今之山西、河北、内蒙古的许多地方，最盛时境内设了上党（在今山西和顺、榆社等县以南，南与韩国的上党郡相接）、雁门（在今山西北部神池、五寨、宁武等县以北及内蒙古部分地区）、云中（在今内蒙古大青山以南、黄河两岸及长城以北地区）、代（在今山西东北部与河北、内蒙古一部分地区）、安平（在今河北安平一带地区）等 5 郡。赵武灵王在战胜林胡、楼烦之后，又"筑长城，自代并阴山下，至高阙为塞"[②]。根据留存的遗迹判断，赵国修筑的长城有两条：一条在今内蒙古乌加河以北，沿今狼山一带展开；一条从今内蒙古乌拉特前旗向东，经包头北，沿乌拉山向东，沿大青山，经呼和浩特北、卓资和集宁南，一直延伸至今河北张北以南。这两条长城曾经有效地发挥了阻挡林胡、楼烦南下袭扰的作用。赵国在其存在的 170 多年间，致力于在农牧交界地区发展经济和文化，对中国历史的发展做

---

① 刘向：《战国策》，上海古籍出版社 1985 年版，第 669 页。

② 司马迁：《史记》卷一一〇《匈奴列传》，中华书局 1959 年版，第 2885 页。

出了独特贡献。

赵武灵王和其后有作为的几个国君，秉承改革发展的理念，择优选取了诸如肥义、蔺相如、廉颇、赵奢、李牧等著名将相，几度展现出良好的发展势头和恢宏的气度，在战场上几度与最强大的秦国叫板。在战国波谲云诡、血雨腥风的历史上写下了属于自己的辉煌篇章。当赵武灵王身穿胡服，跨下骏马，率领同样装束的一群赵国将士，如狂风般驰骋于赵国北部蜿蜒于崇山峻岭的长城线上时，那该是多么神异雄奇的一幅壮丽画卷！它标志的不仅仅是一场军事变革，而且更是华夏民族善于学习别人长处，取长补短，勇于进取的优长。此举也透出了胡、汉民族在草原与农耕交界处的互补与融合。

不过，赵武灵王却是一个聪明一世、糊涂一时的君王。继位 20 年后，他依恃改革焕发的进取精神和积累的巨大国力，东征西讨，创造了赵国历史上最兴盛的局面：

> 二十年，王略中山地，至宁葭；西略胡地，至榆中。林胡王献马。归，使楼缓之秦，仇液之韩，王贲之楚，富丁之魏，赵爵之齐，代相赵固主胡，致其兵。二十一年，攻中山。赵袑为右军，许钧为左军，公子章为中军，王并将之。牛翦将车骑，赵希并将胡、代。赵与之陉，合军曲阳，攻取丹邱、华阳、鸱之塞。王军取鄗、石邑、封龙、东垣。中山献四邑请和，王许之，罢兵。二十三年，攻中山。①

此一番征战，将赵国的势力大大向周边扩展，武功之盛，令列国侧目。然而，就在二十七年（前 299 年），赵武灵王做出了他一生最失败的一项决策：将国君位子传给公子赵何，而没有同时防范宗室贵族中可能出现的争夺君位的斗争。赵何就是赵惠文王，这位公子是后妃吴娃生的儿子，当时不足 10 岁，而原定的太子赵章已经成人，却未能继承王位，后来被封为安阳君，管理代郡，又让一个叫田不礼的臣子辅佐他。赵武灵王自称主父，全力经营西北地区，希图在有生之年再为儿孙辈开拓一片新的疆土。他率兵北略胡地，

① 司马迁：《史记》卷四三《赵世家》，中华书局 1959 年版，第 1806 页。

并在三年后灭掉中山国，大大巩固了北部边陲。正当他踌躇满志地准备继续开拓时，悲剧发生了。赵国臣子李兑看出王室内部即将出现争夺王位的危险，他劝担任国相的肥义预为准备，将执政大权交给在王室有重大影响的武灵王叔父公子成，以此避开逼近自己的危险：

> 李兑谓肥义曰："公子章强壮而志骄，党众而欲大，殆有私乎？田不礼之为人也，忍杀而骄。二人相得，必有谋阴贼起，一出身侥幸。夫小人有欲，轻虑浅谋，徒见其利而不顾其害，同类相推，俱入祸门。以吾观之，必不久矣。子任重而势大，乱之所始，祸之所集也，子必先患。仁者爱万物而智者备祸于未形，不仁不智，何以为国？子奚不称疾毋出，传政于公子成？毋为怨府，毋为祸梯。"肥义曰："不可。昔者主父以王属义也，曰：'毋变而度，毋异而虑，坚守一心，以殁而世。'义再拜受命而籍之。今畏不礼之难而忘吾籍，变孰大焉。进受严命，退而不全，负孰甚焉。变负之臣，不容于刑。谚曰'死者复生，生者不愧'。吾言已在前矣，吾欲全吾言，安得全吾身！且夫贞臣也难至而节见，忠臣也累至而行明。子则有赐而忠我矣，虽然，吾有语在前者也，终不敢失。"李兑曰："诺，子勉之矣！吾见子已今年耳。"涕泣而出。李兑数见公子成，以备田不礼之事。①

肥义是一个忠于武灵王也忠于惠文王的忠贞臣子，他认为不能辜负武灵王的信任与付托，无论有什么危险，他也必须坚守岗位，辅佐幼主执掌国政。李兑见他不听劝谏，转而与公子成密谋防备公子章与田不礼的异动。肥义也意识到逼近惠文王的危险，就嘱咐信期预作保护惠文王的准备。

> 异日肥义谓信期曰："公子与田不礼甚可忧也。其于义也声善而实恶，此为人也不子不臣。吾闻之也，奸臣在朝，国之残也；谗臣在中，主之蠹也。此人贪而欲大，内得主而外为暴。矫令为慢，以擅一旦之命，不难为也，祸且逮国。今吾忧之，夜而忘寐，饥而忘食。盗贼出

① 司马迁：《史记》卷四三《赵世家》，中华书局1959年版，第1813—1814页。

入不可不备。自今以来，若有召王者必见吾面，我将先以身当之，无故而王乃入。”信期曰：“善哉，吾得闻此也！”①

看来肥义的预作准备也就是宁肯牺牲自己也要保护惠文王的安全，并不是主动积极作为以粉碎政变阴谋。惠文王四年（前295年），赵武灵王在王宫朝见群臣，他让惠文王居王座主持朝见仪式，自己从旁观察宗室贵族和群臣的动向，“见其长子章傫然也，反北面为臣，诎于其弟，心怜之，于是乃欲分赵而王章于代，计未决而辍”。此时。赵武灵王似乎觉察自己让幼子继位的偏颇，准备给公子章一个代王之位维系两个儿子之间的平衡。然而，他不知道，即使如此也难以填满公子章的欲壑。因为一国之内，权力只能集中到一个王手里才能稳定。他的意图还未实施，公子章策动的政变即发生了，而正是在这次政变中，赵武灵王本不应该在此时终结的生命走到尽头：

主父及王游沙丘，异宫，公子章即以其徒与田不礼作乱，诈以主父令召王。肥义先入，杀之。高信即与王战。公子成与李兑自国至，乃起四邑之兵入距难，杀公子章及田不礼，灭其党贼而定王室。公子成为相，号安平君，李兑为司寇。公子章之败，往走主父，主父开之，成、兑因围主父宫。公子章死，公子成、李兑谋曰：“以章故围主父，即解兵，吾属夷矣。”乃遂围主父。令宫中人‘后出者夷’，宫中人悉出。主父欲出不得，又不得食，探爵鷇而食之，三月余而饿死沙宫。主父定死，乃发丧赴诸侯。②

一代英主赵武灵王最后的结局是活活饿死沙丘宫。这其中致他于死命的人物是两个权臣：公子成和李兑，一个是他的亲叔父，一个是他曾经信任的臣子李兑。由于他对发动政变的儿子公子章出于怜悯而接纳，指挥平叛的公子成和李兑出于保护自己只能将他与公子章一起置于死地。而这个他万万没有想到的结局恰恰是他自己的错误决策造成的。他的第一个错误是废长立

① 司马迁：《史记》卷四三《赵世家》，中华书局1959年版，第1814页。

② 司马迁：《史记》卷四三《赵世家》，中华书局1959年版，第1815页。

幼，违背了《周礼》规定的嫡长子继承制，尽管此时已经是“礼崩乐坏”，但《周礼》的一些规定早已深入人心，作为王位延续的嫡长子继承制度也已经被朝野认可，违背这个制度就可能带来极大风险。他的第二个错误是对公子章可能发动政变的图谋缺乏起码的警惕，当然也谈不到防止政变的预案。政变发生后，他应该支持公子成和李兑指挥的平叛行动，坚决与公子章切割开来，拒绝收留失败的公子章入宫。这样，他起码能够保住自己的生命。计不出此，一错再错，公子成和李兑从维护自己的利益出发，只能将他作为牺牲品了。而由于此时他们维护的是惠文王的君位，惠文王也只能牺牲自己亲爹的生命而在所不惜了。司马迁早就看到这一点，所以这样评论赵武灵王：

> 是时王少，成、兑专政，畏诛，故围主父。主父初以长子章为太子，后得吴娃，爱之，为不出者数岁，生子何，乃废太子章而立何为王。吴娃死，爱弛，怜故太子，欲两王之，犹豫未决，故乱起，以至父子俱死，为天下笑，岂不痛乎！①

正像历史上所有的伟人既有英明决策也有某些失误一样，赵武灵王也是一个将英明决策和严重失误结合于一身的人物。作为一代君王，他创造了赵国历史最辉煌的时代，他的死也标志这个时代的结束。此后，赵国开始了自己衰败的进程，在日益强大的秦国威压打击下，它的后辈就只能走向唱响悲哀的薤露之曲的结局了。

第四节　“连横”“合纵”互纠中赵国的依委

赵肃侯和赵武灵王当国时期，正是秦国最长寿的昭襄王执政的岁月，也是列国间“合纵”与“连横”两种政治外交策略斗争的关键时段。由于苏秦等纵横策士的运筹帷幄，东方六国联合抗秦的合纵之策一时风光无两，数次组织起数国对秦军的攻战，致使“秦兵不敢窥函谷关十五年”②。然而，由

① 司马迁：《史记》卷四三《赵世家》，中华书局 1959 年版，第 1815—1816 页。

② 司马迁：《史记》卷六九《苏秦列传》，中华书局 1959 年版，第 2262 页。

于此时中国历史的走向是统一，秦国的连横之策又恰恰契合了这一方向，所以最后是“连横”战胜“合纵”，东方六国一一被秦国击败，奏响的是悲怆的挽歌。而秦国则在一曲曲胜利的凯歌声中摘取了统一的硕果。

赵国曾经是合纵队伍中积极性很高的成员，因为它的国土部分与秦国接壤，亲身感受到秦国咄咄逼人的气势，所以在几次对秦国的攻战中它都是积极的参与者。然而，它又有自身的利益，与其他接壤的国家如燕、魏、韩、齐等也时而矛盾激化，有时也会诉诸武力，在战场上一争高下。在赵武灵王时期，赵国几乎同上述四国都发生过冲突，也几乎都有联合一国或数国对付另一国的情况发生。当时赵国的朝廷大臣中，有两种不同外交路线的争论：富丁主张联合齐、魏、韩三国一起攻秦，使齐、秦两国都因此疲惫，从而倚重赵国；楼缓则主张联合秦、楚对付齐国。赵武灵王认同楼缓的策略，所以支持楼缓到秦国任丞相。他之所以如此谋划，目的在于使齐、秦处于对峙战斗的局面，防止齐、秦联合使赵国处于不利地位。而赵国可以乘此时机灭亡中山国和攻略胡地，进一步推行“胡服骑射”的军事改革，扩大和增强赵国的国力和军力。赵武灵王如此决策具有明显的积极作用，一时间造成赵国与秦、齐成三强鼎立之势。在秦国猛烈的攻势下，韩、魏两国损失惨重，失去大片土地。赵惠文王十一年（前 288 年）左右，魏昭王通过赵国权臣奉阳君李兑的关系，入赵朝见惠文王，将葛孽（今河北肥乡西南）、阴成两地献给惠文王作为“养邑”，又把河阳（今河南孟州市西）及其附近的姑密献给奉阳君，作为他儿子的封地。于是赵、魏联手，一起进攻宋国。此时的宋国发生内乱，太子出走，宋王偃恢复君位，臣子中分为太子派和偃王派，互相诋毁攻讦，政情很不稳定。宋国的定陶（今属山东）为“天下之中”，是一座因商贸发展起来的富庶繁荣的城市，各大国都对其垂涎三尺。这时齐愍王想灭宋，赵国的奉阳君和秦相魏冉又都想夺取定陶作为自己的封地，于是各大国展开了对定陶的争夺战。在赵国与魏国联合攻宋的时候，秦国乘虚而入，攻取了赵国的梗阳（今山西太原西南）。到惠文王当国时期，“合纵”与“连横”的斗争已经进入尾声。惠文王十五年（前 284 年），发生了秦、燕、赵、韩、魏五国之师联合进攻齐国的战争，作为主力的燕军在乐毅指挥下深入齐境，连下 70 余城，使齐国面临灭亡的边缘。齐国一面据守即墨（今山东平度东）顽强抵抗，一面使出浑身解数破坏五国联盟。第二年，纵横策士苏厉站在齐国立场上向赵国发出了一封雄辩滔滔的书信：

臣闻古之贤君，其德行非布于海内也，教顺非洽于民人也，祭祀时享非数常于鬼神也。甘露降，时雨至，年谷丰熟，民不疾疫，众人善之，然而贤主图之。

今足下之贤行功力，非数加于秦也；怨毒积怒，非素深于齐也。秦赵与国，以强征兵于韩，秦诚爱赵乎？其实憎齐乎？物之甚者，贤主察之。秦非爱赵而憎齐也，欲亡韩而吞二周，故以齐餤天下。恐事之不合，故出兵以劫魏、赵。恐天下畏己也，故出质以为信。恐天下亟反也，故征兵于韩以威之。声以德与国，实而伐空韩，臣以秦计为必出于此。夫物固有势异而患同者，楚久伐而中山亡，今齐久伐而韩必亡。破齐，王与六国分其利也。亡韩，秦独擅之。收二周，西取祭器，秦独私之。赋田计功，王之获利孰与秦多？

说士之计曰："韩亡三川，魏亡晋国，市朝未变而祸已及矣。"燕尽齐之北地，去沙丘、巨鹿敛三百里，韩之上党去邯郸百里，燕、秦谋王之河山，间三百里而通矣。秦之上郡近挺关，至于榆中者千五百里，秦以三郡攻王之上党，羊肠之西，句注之南，非王有已。踰句注，斩常山而守之，三百里而通于燕，代马胡犬不东下，昆山之玉不出，此三宝者亦非王有已。王久伐齐，从强秦攻韩，其祸必至于此。愿王孰虑之。

且齐之所以伐者，以事王也；天下属行，以谋王也。燕秦之约成而兵出有日矣。五国三分王之地，齐倍五国之约而殉王之患，西兵以禁强秦，秦废帝请服，反高平、根柔于魏，反巠分、先俞于赵。齐之事王，宜为上佼，而今乃抵罪，臣恐天下后事王者之不敢自必也。愿王孰计之也。

今王毋与天下攻齐，天下必以王为义。齐抱社稷而厚事王，天下必尽重王义。王以天下善秦，秦暴，王以天下禁之，是一世之名宠制于王也。①

① 司马迁：《史记》卷四三《赵世家》，中华书局1959年版，第1817—1820页。

苏厉的说辞中，最能打动赵国君臣的是对秦国应对六国方略的分析，深刻指出六国中任何一国力量的削弱都对秦国有利。赵国对齐国用兵，削弱的是自身的力量，而赵国真正的敌人是秦国而非齐国；赵国加入秦、燕等国对齐国的攻伐，是亲者痛、仇者快的愚昧之举。这封书信果然使赵国君臣猛醒，决定退出攻伐齐国的军事行动。这一招使联合进攻齐国的五国联盟破裂，减轻了齐国的军事压力，使田单指挥齐军的反击取得成功。赵国关键时刻退出五国联盟的决策是正确的，保留齐国，一定程度上增加了东方六国集体抵抗秦军的力量。

第五节　蔺相如、廉颇与“将相和”佳话

赵惠文王（前298—前265年）当国的33年中，秦国对赵国的军事优势已经形成，面对秦军咄咄逼人的威势，赵国的基本战略方针是取守势，不惹事，小心翼翼地应付秦国的军事进攻和外交胁迫。在此期间，赵国得到著名的宝玉“和氏璧”，由此引起秦国与赵国之间的一场外交风波，也引出了一段“将相和”的佳话。

“和氏璧”有一个传奇的来历，刘向《新序》记载：

> 荆人卞和得玉璞而献之，荆厉王使玉尹相之，曰：“石也。”王以和为谩而断其左足。厉王薨，武王即位，和复奉玉璞而献之武王。武王使玉尹相之，曰：“石也。”又以为谩而断其右足。武王薨，共王即位，和乃奉玉璞而哭于荆山中三日三夜，泣尽而继之以血。共王闻之，使人问之，曰：“天下刑之者众矣，子刑何哭之悲也？”对曰：“宝玉而名之曰石，贞士而戮之以谩，此臣之所以悲也。”共王曰：“惜矣！吾先王之听难剖石而易，斩人之足，夫死者不可生，断者不可属，何听之殊也。”乃使人理其璞而得宝焉，故名之曰“和氏之璧”。①

赵国获得和氏璧的消息传到秦国，秦昭王为了得到这件宝贝，就用以

① 刘向：《新序》卷五，电子版文渊阁四库全书。

城换璧为名意欲轻而易举地骗取。赵国君臣计议如何应对这场外交活动，为选取出使秦国使者问题引出蔺相如：

赵惠文王时，得楚和氏璧。秦昭王闻之，使人遗赵王书，愿以十五城请易璧。赵王与大将军廉颇诸大臣谋：欲予秦，秦城恐不可得，徒见欺；欲勿予，即患秦兵之来。计未定，求人可使报秦者，未得。宦者令缪贤曰："臣舍人蔺相如可使。"王问："何以知之？"对曰："臣尝有罪，窃计欲亡走燕，臣舍人相如止臣，曰：'君何以知燕王？'臣语曰：'臣尝从大王与燕王会境上，燕王私握臣手，曰愿结友，以此知之。故欲往。'相如谓臣曰：'夫赵强而燕弱，而君幸于赵王，故燕王欲结于君。今君乃亡赵走燕，燕畏赵，其势必不敢留君，而束君归赵矣。君不如肉袒伏斧质请罪，则幸得脱矣。'臣从其计，大王亦幸赦臣。臣窃以为其人勇士，有智谋，宜可使。"①

当时，赵国臣子谁都明白，出使秦国是一项非常棘手的工作，面对强大的秦国，很可能是丧璧辱国，所以没有人敢于承担这一使命。宦者令缪贤推荐自己的舍人蔺相如，根据是他以特有的智慧帮助自己摆脱困厄。赵王认可缪贤推荐的人选，于是召见他，蔺相如透辟分析了此次外交活动方方面面的问题，表示了自己作为赵国使者"完璧归赵"的决心：

于是王召见，问蔺相如曰："秦王以十五城请易寡人之璧，可予不？"相如曰："秦强而赵弱，不可不许。"王曰："取吾璧，不予我城，奈何？"相如曰："秦以城求璧而赵不许，曲在赵。赵予璧而秦不予赵城，曲在秦。均之二策，宁许以负秦曲。"王曰："谁可使者？"相如曰："王必无人，臣愿奉璧往使。城入赵而璧留秦；城不入，臣请完璧归赵。"赵王于是遂遣相如奉璧西入秦。

在接着进行的这次外交折冲中，蔺相如的智慧和才能得以充分凸现：

① 司马迁：《史记》卷八一《廉颇蔺相如列传》，中华书局1959年版，第2439—2440页。

秦王坐章台见相如，相如奉璧奏秦王。秦王大喜，传以示美人及左右，左右皆呼万岁。相如视秦王无意偿赵城，乃前曰："璧有瑕，请指示王。"王授璧相如因持璧却立，倚柱，怒髮上冲冠，谓秦王曰："大王欲得璧，使人发书至赵王，赵王悉召群臣议，皆曰'秦贪，负其强，以空言求璧，偿城恐不可得'。议不欲予秦璧。臣以为布衣之交尚不相欺，况大国乎！且以一璧之故逆强秦之驩，不可。于是赵王乃斋戒五日，使臣奉璧，拜送书于庭。何者？严大国之威以修敬也。今臣至，大王见臣列观，礼节甚倨；得璧，传之美人，以戏弄臣。臣观大王无意偿赵王城邑，故臣复取璧。大王必欲急臣，臣头今与璧俱碎于柱矣！"相如持其璧睨柱，欲以击柱。秦王恐其破璧，乃辞谢固请，召有司案图，指从此以往十五都予赵。相如度秦王特以诈佯为予赵城，实不可得，乃谓秦王曰："和氏璧，天下所共传宝也，赵王恐，不敢不献。赵王送璧时，斋戒五日，今大王亦宜斋戒五日，设九宾于廷，臣乃敢上璧。"秦王度之，终不可强夺，遂许斋五日，舍相如广成传舍。相如度秦王虽斋，决负约不偿城，乃使其从者衣褐，怀其璧，从径道亡，归璧于赵。

秦王斋五日后，乃设九宾礼于庭，引赵使者蔺相如。相如至，谓秦王曰："秦自缪公以来二十余君，未尝有坚明约束者也。臣诚恐见欺于王而负赵，故令人持璧归，间至赵矣。且秦强而赵弱，大王遣一介之使至赵，赵立奉璧来。今以秦之强而先割十五都予赵，赵岂敢留璧而得罪于大王乎？臣知欺大王之罪当诛，臣请就汤镬，唯大王与群臣孰计议之。"秦王与群臣相视而嘻。左右或欲引相如去，秦王因曰："今杀相如，终不能得璧也，而绝秦赵之驩，不如因而厚遇之，使归赵，赵王岂以一璧之故欺秦邪！"卒廷见相如，毕礼而归之。①

在这场力量对比悬殊的外交折冲中，看似被动孱弱的赵国使者蔺相如事实上是巧妙地掌控着这场外交之战的主动权。他窥透秦昭王君臣的心理：他们认定赵国使者会在秦廷屈服，任凭他们轻易骗取和氏璧，因而麻痹大意，预料不到蔺相如有如此周密对付他们的方案。所以在看到秦国君臣无意

① 司马迁：《史记》卷八一《廉颇蔺相如列传》，中华书局1959年版，第2440—2441页。

奉还玉璧时，蔺相如以“璧有瑕”为由，将玉璧索回自己手中，又利用秦王珍惜玉璧的心理，以击柱碎璧阻止他们强行夺璧。再后，以“斋戒五日”隆重献璧为借口，派人将玉璧送回赵国，最后以牺牲自己的决心向秦王摊牌，而秦王在权衡“杀人而不得璧”的利弊之后，只能勉强放他们归国。蔺相如由此险中取胜，完成了近乎完美的“完璧归赵”的外交活动。在这场险象环生、惊心动魄的外交活动中，蔺相如始终掌控着整个活动进程的主动权，有理有节，进退有据，玩秦国君臣于股掌之上，展示了杰出的外交才干和卓越的应变能力。回归赵国后，蔺相如因功被任命为上大夫，进入赵国的高官行列。但此时的军事形势却出现对赵国不利的态势：“其后秦伐赵，拔石城。明年，复攻赵，杀二万人。”秦国于是利用此一形势，发出了要求赵王到渑池会盟的邀请。赵王知道如果前去会盟，很可能受到侮辱，因而畏葸不决，视会盟为畏途。廉颇、蔺相如认为不能示弱于秦，还是参加会盟为好。在做了最坏的准备之后，蔺相如陪同赵王到渑池与秦王相会，再一次展示了大智大勇的外交才干：

> 秦王使使者告赵王，欲与王为好会于西河外渑池。赵王畏秦，欲毋行。廉颇、蔺相如计曰：“王不行，示赵弱且怯也。”赵王遂行，相如从。廉颇送至境，与王诀曰：“王行，度道里会遇之礼毕，还，不过三十日。三十日不还，则请立太子为王，以绝秦望。”王许之，遂与秦王会渑池。秦王饮酒酣，曰：“寡人窃闻赵王好音，请奏瑟。”赵王鼓瑟。秦御史前书曰“某年月日，秦王与赵王会饮，令赵王鼓瑟”。蔺相如前曰：“赵王窃闻秦王善为秦声，请奉盆缻秦王，以相娱乐。”秦王怒，不许。于是相如前进缻，因跪请秦王。秦王不肯击缻。相如曰：“五步之内，相如请得以颈血溅大王矣!”左右欲刃相如，相如张目叱之，左右皆靡。于是秦王不怿，为一击缻。相如顾召赵御史书曰“某年月日，秦王为赵王击缻。”秦之群臣曰：“请以赵十五城为秦王寿。”蔺相如亦曰：“请以秦之咸阳为赵王寿。”秦王竟酒，终不能加胜于赵。赵亦盛设兵以待秦，秦不敢动。①

① 司马迁：《史记》卷八一《廉颇蔺相如列传》，中华书局1959年版，第2442页。

由于赵国君臣为此次会盟做了充分准备，特别是“盛设兵以待秦”，使秦国在会盟中加侮赵王的如意算盘落了空，也没有敢在军事上策划进攻赵国的行动。赵国的弱国外交，因蔺相如的谋划和关键时刻的无畏之举，取得了超出人们想象的成功。赵王自然要酬谢蔺相如的功劳：“既罢归国，以相如功大，拜为上卿，位在廉颇之右。”不料这一次封赏蔺相如之事却引起廉颇的震怒，由此引出一段“将相和”的佳话：

> 廉颇曰：“我为赵将，有攻城野战之大功，而蔺相如徒以口舌为劳，而位居我上，且相如素贱人，吾羞，不忍为之下。”宣言曰：“我见相如，必辱之。”相如闻，不肯与会。相如每朝时，常称病，不欲与廉颇争列。已而相如出，望见廉颇，相如引车避匿。于是舍人相与谏曰：“臣所以去亲戚而事君者，徒慕君之高义也。今君与廉颇同列，廉君宣恶言而君畏匿之，恐惧殊甚，且庸人尚羞之，况于将相乎！臣等不肖，请辞去。”蔺相如固止之，曰：“公之视廉将军孰与秦王？”曰：“不若也。”相如曰：“夫以秦王之威，而相如廷叱之，辱其群臣，相如虽驽，独畏廉将军哉？顾吾念之，强秦之所以不敢加兵于赵者，徒以吾两人在也。今两虎共斗，其势不俱生。吾所以为此者，以先国家之急而后私雠也。”廉颇闻之，肉袒负荆，因宾客至蔺相如门谢罪。曰：“鄙贱之人，不知将军宽之至此也。”卒相与驩，为之交。①

在处理与廉颇的关系上，蔺相如以国家利益为重的胸襟，忍让为怀的气度，千方百计避免冲突的举措，展示了一个智慧超群的宰辅形象；而廉颇的质直率真、鲁莽坦荡尤其是知错即改的品格，也得到鲜明的呈现。最后二人在国家利益至上的共识下结成生死与共的同僚，一起支撑起赵国后期的安全屏障。他们二人的事迹，被后人创作为《将相和》，成为久演不衰的一个经典剧目。

---

① 司马迁：《史记》卷八一《廉颇蔺相如列传》，中华书局1959年版，第2443页。

第六节　“触詟说赵太后”

公元前266年，赵惠文王病逝，他的儿子赵丹继位，他就是赵孝成王。此时，他的母亲赵太后掌控着国家相当的权力，国君和执政大臣都惧她三分。孝成王继位第二年，秦军大举伐赵，连夺3城。为了抵抗秦军来势汹汹的进攻，赵国派出使者向齐国求援，由此引出“触詟说赵太后”的一段著名故事。《战国策》和《史记》对此有着大体相同的记载：

> 赵太后新用事，秦急攻之。赵氏求救于齐。齐曰：“必以长安君为质，兵乃出。”太后不肯，大臣强谏。太后明谓左右：“有复言令长安君为质者，老妇必唾其面。”左师触詟愿见太后。盛气而揖之。入而徐趋，至而自谢，曰：“老臣病足，曾不能疾走，不得见久矣。窃自恕，恐太后玉体之有所郄也，故愿望见太后。”太后曰：“老妇恃辇而行。”曰：“日食饮得无衰乎？”曰：“恃鬻耳。”曰：“老臣今者殊不欲食，乃自强步，日三四里，少益嗜食，和于身也。”太后曰：“老妇不能。”太后之色少解。
>
> 左师公曰：“老臣贱息舒祺最少，不肖。而臣衰，窃爱怜之。愿令补黑衣之数，以卫王宫，没死以闻。”太后曰：“敬诺。年几何矣？”对曰：“十五岁矣，虽少，愿及未填沟壑而托之。”太后曰：“丈夫亦爱怜其少子乎？”对曰：“甚于妇人。”太后笑曰：“妇人异甚。”对曰：“老臣窃以为媪之爱燕后贤于长安君。”曰：“君过矣，不若长安君之甚。”左师公曰：“父母之爱子，则为之计深远。媪之送燕后也，持其踵为之泣，念悲其远也，亦哀之矣。已行，非勿思也，祭祀必祝之，祝曰：‘必勿使反。’岂非计久长，有子孙相继为王也哉？”太后曰：“然。”左师公曰：“今三世以前，至于赵之为赵，赵王之子孙侯者，其继有在者乎？”曰：“无有。”曰：“微独赵，诸侯有在者乎？”曰：“老妇不闻也。”“此其近者祸及身，远者及其子孙。岂人主之子侯则必不善哉？位尊而无功，奉厚而无劳，而挟重器多也。今媪尊长安之位，而封以膏腴之地，多予之重器，而不及今令有功于国。一旦山陵崩，长安君何以自托于

赵？老臣以媪为长安君计短也，故以为其爱不若燕后。”太后曰：“诺。恣君之所使之。”于是为长安君约车百乘质于齐，齐兵乃出。

子义闻之曰：“人主之子也，骨肉之亲也，犹不能恃无功之尊，无劳之奉，以守金玉之重也，而况人臣乎？”①

由于齐国的出兵，加上秦军又有着千里远征的不利因素，齐、赵两军联合对敌，暂时解除了赵国的困厄之局。这次军事行动伴随的“触詟说赵太后”故事，反映了时代变迁下各诸侯国王室内部利益关系的调整。赵太后最小的儿子长安君由于备受溺爱，得到许多封赏，处于养尊处优的特殊地位。正因为其地位尊贵，所以齐国提出出兵的条件是以长安君入齐为人质，这当然是一个有着一定危险性和自由受限的角色。太后出于母爱自然不会同意。朝臣们从国家利益出发的劝谏惹得太后震怒。这时，一个名叫触詟的老臣出场。他先从与太后拉家常开始，说明钟爱小儿子是人之常情，继而要求太后给他最小的儿子安排一个王宫警卫的工作，触詟的舐犊之情拉近了与太后的距离：最小的儿子是父母的命根子，所以百般呵护。在得到太后的心理契合以后，触詟转而委婉批评她对自己女儿燕后的爱是真爱，对长安君的爱是溺爱。因为真爱燕后，所以宁肯忍受长期与之离别的思念，希望她长住燕国得到燕王的宠爱，为之生儿育女，以巩固自己作为王后的地位。出于溺爱，不愿小儿子远赴危险之地，也就使之失去建功立业的机会。而没有建功立业，在“食有劳、禄有功”的爵位制度下是难以保住富贵利禄的。因此，真正爱这个小儿子，就应该让他去建功立业。否则，“位尊而无功，奉厚而无劳”的长安君，一旦离开太后的庇护，就寸步难行了。触詟这一番理义昭然、语重心长的话语，深深打动了赵太后，她立马让儿子带着百乘的车队去齐国作人质，从而促成了齐国出兵解救赵国危难的一桩国家大事。在这一事件中，触詟对太后晓之以理、动之以情的劝谏技巧，太后开始的感情用事，明白事理后的毅然决断，都得到惟妙惟肖的展现。《战国策》的这一段记述，既是中国历史上体现统治集团权利再分配关系的重要文献，也是中国文学史上一篇声情并茂的名文，具有永恒的魅力。

① 刘向：《战国策》，上海古籍出版社 1985 年版，第 768—772 页。

第七节　长平之战与赵国的一蹶不振

尽管战国后期的赵国有蔺相如、廉颇、赵奢、李牧等一批贤明的将相支撑着还能维持一个较强诸侯国的局面，但是，与赵武灵王时代作为与秦、齐相伯仲的三强之一的辉煌却难以延续了。赵惠文王时代的赵国，由于连年参与征战，国力极度消耗，政况国势不断下滑。赵惠文王在位33年于公元前266年去世，他的儿子赵丹继位，他就是孝成王。原来，在此前后，秦国将军事重点进攻的矛头由楚国转向魏国和韩国，秦军在白起等智勇双全的将军统帅下，频频发起攻势，连连得手，打得韩、魏两国丢盔卸甲，日蹙地百里。秦昭王四十三年（前264年），白起指挥秦军攻克韩国的陉城（今山西曲沃北）之后，又连下5城，斩首5万。第二年，白起指挥秦军发起新的攻势，夺取韩国的南阳太行道（今河南获嘉境），将南北狭长的韩国领土横腰斩断。接着，于第二年又夺取韩国的野王（今河南沁阳）。这样一来，韩国的上党郡（今山西以襄垣为中心的晋东南地区）就成为孤悬在秦赵之间的一块飞地。面对秦军的凌厉攻势，韩王只得屈服，忍痛将上党交给秦国。此时的上党郡守冯亭明白，在缺乏外力支援的情况下，凭一郡之力根本无法抵御秦军的进攻，前景只能是，或者拼死抵抗到底牺牲自己，或者束手投降秦军。这两种前景都是他不愿看到的。不得已而求其次，他选择投靠赵国，希图依靠赵国的军力与秦国抗衡。这样，一个利弊兼具的大事摆在赵国君臣的面前：接受还是拒绝上党的投靠？为此，赵国君臣进行了一场利弊得失的讨论：

> 冯亭守三十日，阴使人请赵王曰：“韩不能守上党，且以与秦，其民皆不欲为秦，而愿为赵。今有城市之邑七十，愿拜纳之于王，惟王才之。”赵王喜，召平阳君而告之曰：“韩不能守上党，且以与秦，其吏民不欲为秦，而皆愿为赵。今冯亭令使者以与寡人，何如？”赵豹对曰：“臣闻圣人甚祸无故之利。”王曰：“人怀吾义，何谓无故乎？”对曰：“秦蚕食韩氏之地，中绝不令相通，故自以为坐受上党也。且夫韩所以内赵者，欲嫁其祸也。秦被其劳，而赵受其利，虽强大不能得之

于小弱，而小弱顾能得之强大乎？今王取之，可谓有故乎？且秦以牛田水通粮，其死士皆列之于上地，令严政行，不可与战。王自图之！”王大怒曰：“夫用百万之众，攻战踰年历岁，未见一城也。今不用兵而得城七十，何故不为？”赵豹出。

王召赵胜、赵禹而告之曰：“韩不能守上党，今其守以与寡人，有城市之邑七十。”二人对曰：“用兵踰年，未见一城，今坐而得城七十，此大利也。”乃使赵胜往受地。

赵胜至曰：“敝邑之王，使使者臣胜，告太守有诏，使臣胜谓曰：‘请以三万户之都封太守，千户封县令，诸吏皆益爵三级，民能相集者，赐家六金。’”冯亭垂涕而免曰：“是吾处三不义也：为主守地不能死，而以与人，不义一也；主内之秦，不顺主命，不义二也；卖主之地而食之，不义三也。”辞封而入韩，谓韩王曰：“赵闻韩不能守上党，今发兵已取之矣。”韩告秦曰：“赵起兵取上党。”秦王怒，令公孙起、王𬺈以兵遇赵于长平。①

参与上党问题讨论的4个人，都是王室成员，属于赵国核心权力圈内举足轻重的人物。赵孝成王和赵胜、赵禹坚决主张接受冯亭纳献接收上党，反对者只有一个平阳君赵豹。赵豹显然是一个比较保守的人物，他认定冯亭的举措是将祸水引向赵国，如果接收上党，肯定引火烧身，加剧赵国与秦国的矛盾，结果一定是得不偿失。从最后的结局看，似乎赵豹的预言成真，而决定接收上党的其他三人则是造成长平之战赵国惨败的始作俑者。司马迁就是如此认识这一事件，将平原君赵胜定为罪人：“平原君，翩翩浊世之佳公子也，然未睹大体。鄙语曰‘利令智昏’，平原君贪冯亭邪说，使赵陷长平四十余万众，邯郸几亡。”② 仔细分析，并非如此。冯亭之所以违背韩国国君意旨将上党转交赵国，完全是出于对秦国的愤恨，并无加害于赵国的初衷。赵孝成王君臣三人坚决主张接收上党，也不是没有看到其中蕴含的危险：煮熟的鸭子飞到赵国的餐桌上，强大的秦国决不会善罢甘休。但反过来想：即使赵国

① 刘向：《战国策》，上海古籍出版社1985年版，第618—620页。

② 司马迁：《史记》卷七六《平原君列传》，中华书局1959年版，第2376页。

拒绝接收上党，秦国会因此萌生感激之心而不加兵于赵国吗？可以设想，赵孝成王君臣三人是充分考虑利弊得失后做出这一决策的：不接收上党，秦国占据该地后将秦国与赵国的边界向东推进 200 里以上，形成对赵国更有利的进攻态势；接收上党，使赵国与秦国的边界向西推进 200 里，而且这片山岭纵横、地形极其复杂的地域更可以成为抵抗秦军的坚固屏障。从战略上讲，接收的利大于害。所以，应该承认，赵国接收上党的决策总体上讲是对的，长平之战的失利是由于赵孝成王中了秦国的反间计，更是由于赵括愚蠢笨拙的指挥失当造成的。

本来接收上党是一项利大于弊的决策，但后续一系列决策的失误却成为赵国衰败过程中的重要标志。长平之战是发生在公元前 261—前 260 年的战国时期规模最大的一场战役。战役的基本情况和结局在“长平鏖战与白起惨死”一节中已经从秦军的角度进行了论析，这里仅从赵国的决策失误再加剖判。由于上党被韩国的上党守冯亭私自转给赵国，秦国自然出兵抢夺，赵国也不甘示弱，于是双方都在长平（今山西高平）集中倾国之力鏖战。赵军的统帅是老谋深算的将军廉颇，他知道赵军的优势是背靠赵国腹地，人力资源丰沛，后勤供应充足，利于长期坚守；秦国的优势是军力强大，士气高昂，但远离本土，后勤供应是短板，利于速决。所以在初战稍稍失利后，廉颇决策依靠深沟高垒长期据守，与屯兵坚城之下的秦军熬时间和耐力。这恰恰是针对秦军短板采取的最正确的战略战术方针。如果此一方针持续下去，秦军终有一天会熬不下去而撤军，那时赵军跟踪追击，即使不能完胜，至少也能打成平局。赵国借此进一步巩固对上党的占领和经营，秦军对赵国的攻势就能至少迟滞数年甚至十年以上。然而，秦国的反间计使少不更事的赵孝成王临阵易将，使同样少不更事的赵括代替廉颇指挥赵军，并采取了导致赵军全盘失败的最愚蠢的战略战术，从而使白起指挥秦军完成了他军事生涯的最后也是最出色的杰作，不仅打败赵军，而且坑杀降卒 40 万，使赵国多年训练积聚起来的武装力量几乎全军覆没。显然，长平之战无论对秦国还是对赵国都是具有标志意义的节点：秦国对东方六国压倒性的军事优势不可逆转，赵国从此一蹶不振，“三强”之一的地位一落千丈。

第八节　邯郸保卫战的险胜

不过，秦军在长平的胜利并不是轻而易举获得的。为了这个胜利，它也付出了极其沉重的代价：国内 15 岁以上的男子几乎全部赶上战场，军事物资几近消耗殆尽。秦军此时已经是强弩之末，无力再战了。聪明的执政者和军事统帅应该做的是停止战争，休整士卒，恢复国力和军力。然而，被胜利冲昏头脑的秦昭王认定残余的赵军已经无丝毫抵抗之力，秦军只要乘胜追击，即可以不费吹灰之力而攻取赵国国都邯郸，将赵国的大片土地变成秦国的郡县。于是做出继续进军的决策，命令王陵指挥秦军长驱直入进军赵国，几乎未遭遇任何抵抗即直抵邯郸城下，并向该城发起一波又一波的攻击行动。然而，令秦昭王和秦军将士出乎意料的是，他们的攻城行动遇到邯郸军民极其顽强的抵抗。秦军屯兵坚城之下，后续军力不继，后勤供应困难，士气低落，进攻屡屡受挫，形成骑虎难下的困局。这种局面只有指挥长平之战取得胜利的统帅白起事前料到了，所以他一开始就坚决主张放弃进军邯郸的军事行动，由此惹恼昭王，最后因此而被逼自杀。如果昭王开始就听从白起的意见，或者在进攻邯郸受阻后及时撤军，就不会有后来秦军在邯郸城下的溃败。可是，不少君王都是刚愎自用的品性，他们很少能够虚心纳谏，更难以承认自己的失误。他们最擅长的是文过饰非，嫁祸于他人。所以秦军在邯郸的军事行动一错再错，终于错失适时撤围而返的良机。

赵国尽管在长平之战中遭受重大失败，但其残余的将士却没有在秦军围攻国都时放下武器，而是上下一心，同仇敌忾，英勇无畏，拼死抵抗。邯郸的百姓，无论男女老幼，几乎全部参加到国都保卫战的行动中，甚至“战国四公子”之一、赵国最具影响力的大贵族平原君赵胜的夫人也组织一支贵族女兵从事战场服务。而由于秦国在长平之役后对东方六国摆出的更加严厉的威逼之势，使它们纷纷感受到逼近自己的危险，所以激发出强烈的团结抗秦的意愿。在这种情况下，赵国开始了紧张的寻求外援的外交斡旋，特别是争取被秦国威胁最大的魏、楚两国的援助。平原君奉命赴楚国求救兵，引出一个毛遂“颖脱而出”和李同英勇赴敌而战死的故事：

秦之围邯郸，赵使平原君求救，合从于楚，约与食客门下有勇力文武备具者二十人偕。平原君曰："使文能取胜，则善矣。文不能取胜，则歃血于华屋之下，必得定从而还。士不外索，取于食客门下足矣。"得十九人，余无可取者，无以满二十人。门下有毛遂者，前，自赞于平原君曰："遂闻君将合从于楚，约与食客门下二十人偕，不外索。今少一人，愿君即以遂备员而行矣。"平原君曰："先生处胜之门下几年于此矣？"毛遂曰："三年于此矣。"平原君曰："夫贤士之处世也，譬若锥之处囊中，其末立见。今先生处胜之门下三年于此矣，左右未有所称诵，胜未有所闻，是先生无所有也。先生不能，先生留。"毛遂曰："臣乃今日请处囊中耳。使遂蚤得处囊中，乃颖脱而出，非特其末见而已。"平原君竟与毛遂偕。十九人相与目笑之而未发也。

毛遂比至楚，与十九人论议，十九人皆服。平原君与楚合从，言其利害，日出而言之，日中不决。十九人谓毛遂曰："先生上。"毛遂按剑历阶而上，谓平原君曰："从之利害，两言而决耳。今日出而言从，日中不决，何也？"楚王谓平原君曰："客何为者也？"平原君曰："是胜之舍人也。"楚王叱曰："胡不下！吾乃与而君言，汝何为者也！"毛遂按剑而前曰："王之所以叱遂者，以楚国之众也。今十步之内，王不得恃楚国之众也，王之命悬于遂手。吾君在前，叱者何也？且遂闻汤以七十里之地王天下，文王以百里之壤而臣诸侯，岂其士卒众多哉，诚能据其势而奋其威。今楚地方五千里，持戟百万，此霸王之资也。以楚之强，天下弗能当。白起，小竖子耳，率数万之众，兴师以与楚战，一战而举鄢郢，再战而烧夷陵，三战而辱王之先人。此百世之怨而赵之所羞，而王弗知恶焉。合从者为楚，非为赵也。吾君在前，叱者何也？"楚王曰："唯唯，诚若先生之言，谨奉社稷而以从。"毛遂曰："从定乎？"楚王曰："定矣。"毛遂谓楚王之左右曰："取鸡狗马之血来。"毛遂奉铜盘而跪进之楚王曰："王当歃血而定从，次者吾君，次者遂。"遂定从于殿上。毛遂左手持盘血而右手招十九人曰："公相与歃此血于堂下，公等录录，所谓因人成事者也。"平原君已定从而归，归至于赵，曰："胜不敢复相士。胜相士多者千人，寡者百数，自以为不失天下之士，今乃于毛先生而失之也。毛先生一至楚，而使赵重于九

> 鼎大吕，毛先生以三寸之舌，强于百万之师。胜不敢复相士。”遂以为上客。

毛遂在楚国的王廷，使出似乎不合法度的激烈手段迫使楚王歃血为盟，终于达到搬取救兵的目的，他的善于审时度势的睿智和甘冒杀头危险的勇敢决断精神得到淋漓尽致的表现，由此创造了“颖脱而出”的成语，被万代传诵。其实，毛遂所以敢于如此放肆大胆，是他基于对楚国君臣思想和情绪的准确判断：楚国已经连续遭到秦国的重大打击，君臣上下都郁积着对秦国不共戴天的怒火，因而对合纵抗秦的说辞极易产生共鸣，这是毛遂成功的最根本原因。在邯郸保卫战最紧张的时候，一个忠勇睿智的壮士李同也站出来向平原君献策：

> 平原君既返赵，楚使春申君将兵赴救赵，魏信陵君亦矫夺晋鄙军往救赵，皆未至。秦急围邯郸，邯郸急，且降，平原君甚患之。邯郸传舍吏子李同说平原君曰：“君不忧赵亡邪？”平原君曰：“赵亡则胜为虏，何为不忧乎？”李同曰：“邯郸之民，炊骨易子而食，可谓急矣，而君之后宫有百数，婢妾被绮縠，余粱肉，而民褐衣不完，糟糠不厌。民困兵尽，或剡木为矛矢，而君器物钟磬自若。使秦破赵，君安得有此？使赵得全，君何患无有？今君诚能令夫人以下编于士卒之间，分功而作，家之所有尽散以飨士，士方其危苦之时，易德耳。”于是平原君从之，得敢死之士三千人。李同遂与三千人赴秦军，秦军为之却三十里。亦会楚、魏救至，秦兵遂罢，邯郸复存。李同战死，封其父为李侯。①

李同在关键时刻劝说平原君破家为国，组织起 3000 人的家兵开赴前线对敌，为赵国上下做出表率，对提升赵国军民的士气产生了巨大影响，对挽救邯郸危局起了举足轻重的作用。而李同的英勇牺牲，更展现了邯郸军民誓与国都共存亡的坚定意志和不屈精神。

---

① 司马迁：《史记》卷七六《平原君列传》，中华书局 1959 年版，第 2366—3369 页。

然而，由于秦的综合国力实在太过强大，乘长平之战胜利余威产生的效应仍然使列国惊悸。楚国救援大军尽管开出国门，但并未急速前行。魏国的安釐王虽然令将军晋鄙率10万大军前去救援，但对何时与秦军开战还是犹豫不决，所以魏军只是屯驻于边境观望，同时派说客辛垣衍秘密潜往赵国，通过平原君劝说赵王与秦国妥协，办法是尊秦王称帝，以满足其虚荣心换取秦国撤兵。而此时，齐国的著名士人鲁仲连正滞留邯郸，他是坚决主张抗秦的纵横策士。经过平原君引见，他与辛垣衍展开了一场“义不帝秦”的辩论：

> 秦围赵之邯郸，魏安厘王使将军晋鄙救赵。畏秦，止于荡阴，不进。魏王使客将军辛垣衍间入邯郸，因平原君谓赵王曰：“秦所以急围赵者，前与齐愍王争强为帝，已而复归帝，以齐故。今齐愍王已益弱。方今唯秦雄天下，此非必贪邯郸，其意欲求为帝。赵诚发使尊秦昭王为帝，秦必喜，罢兵去。”平原君犹豫未有所决。
>
> 此时鲁仲连适游赵，会秦围赵。闻魏将欲令赵尊秦为帝，乃见平原君曰：“事将奈何矣？”平原君曰：“胜也何敢言事？百万之众折于外，今又内围邯郸而不能去。魏王使将军辛垣衍令赵帝秦。今其人在是，胜也何敢言事？”鲁连曰：“始吾以君为天下之贤公子也，吾乃今然后知君非天下之贤公子也。梁客辛垣衍安在？吾请为君责而归之。”平原君曰：“胜请召而见之于先生。”平原君遂见辛垣衍曰：“东国有鲁连先生，其人在此，胜请为绍介而见之于将军。”辛垣衍曰：“吾闻鲁连先生，齐国之高士也。衍，人臣也，使事有职。吾不愿见鲁连先生也。”平原君曰：“胜已泄之矣。”辛垣衍许诺。
>
> 鲁连见辛垣衍而无言。辛垣衍曰：“吾视居此围城之中者，皆有求于平原君者也。今吾视先生之玉貌，非有求于平原君者，曷为久居此围城之中而不去也？”鲁连曰：“世以鲍焦无从容而死者，皆非也。今众人不知，则为一身。彼秦者，弃礼义而上首功之国也。权使其士，虏使其民。彼则肆然而为帝，过而遂正于天下，则连有赴东海而死矣，吾不忍为之民也！所为见将军者，欲以助赵也。”辛垣衍曰：“先生助之奈何？”鲁连曰：“吾将使梁及燕助之。齐、楚则固助之矣。”辛垣衍

曰：“燕则吾请以从矣。若乃梁，则吾乃梁人也，先生恶能使梁助之耶？”鲁连曰：“梁未睹秦称帝之害故也，使梁睹秦称帝之害，则必助赵矣。”辛垣衍曰：“秦称帝之害将奈何？”鲁仲连曰：“昔齐威王尝为仁义矣，率天下诸侯而朝周。周贫且微，诸侯莫朝，而齐独朝之。居岁余，周烈王崩，诸侯皆吊，齐后往。周怒，赴于齐曰：‘天崩地坼，天子下席，东藩之臣田婴齐后至，则斮之。’威王勃然怒曰：‘叱嗟而母婢也。’卒为天下笑。故生则朝周，死则叱之，诚不忍其求也。彼天子固然，其无足怪。”辛垣衍曰：“先生独未见夫仆乎？十人而从一人者，宁力不胜，智不若耶？畏之也。”鲁仲连曰：“然梁之比于秦若仆耶？”辛垣衍曰：“然。”鲁仲连曰：“然吾将使秦王烹醢梁王。”辛垣衍怏然不悦曰：“嘻，亦太甚矣，先生之言也！先王又恶能使秦王烹醢梁王？”

鲁仲连曰：“固也，待吾言之。昔者，鬼侯与鄂侯、文王，纣之三公也。鬼侯有子而好，故入之于纣，纣以为恶，醢鬼侯。鄂侯争之急，辨之疾，故脯鄂侯。文王闻之，喟然而叹，故拘之于牖里之库，百日而欲令之死。曷为与人俱称帝王，卒就脯醢之地也？齐闵王将之鲁，夷维子执策而从，谓鲁人曰：‘子将何以待吾君？’鲁人曰：‘吾将以十太牢待子之君。’维子曰：‘子安取礼而来待吾君？彼吾君者，天子也。天子巡狩，诸侯辟舍，纳于筦键，摄衽抱几，视膳于堂下，天子已食，退而听朝也。’鲁人投其钥不果纳。不得入于鲁，将之薛，假涂于邹。当是时，邹君死，闵王欲入吊。夷维子谓邹之孤曰：‘天子吊，主人必将倍殡柩，设北面于南方，然后天子南面吊也。’邹之群臣曰：‘必若此，吾将伏剑而死。’故不敢入于邹。邹、鲁之臣，生则不得事养，死则不得饭含。然且欲行天子之礼于邹、鲁之臣，不果纳。今秦万乘之国，梁亦万乘之国。俱据万乘之国，交有称王之名，睹其一战而胜，欲从而帝之，是使三晋之大臣不如邹、鲁之仆妾也。且秦无已而帝，则且变易诸侯之大臣。彼将夺其所谓不肖，而予其所谓贤；夺其所憎，而与其所爱。彼又将使其子女谗妾为诸侯妃姬，处梁之宫，梁王安得晏然而已乎？而将军又何以得故宠乎？”

于是，辛垣衍起，再拜谢曰：“始以先生为庸人，吾乃今日而知先生为天下之士也。吾请去，不敢复言帝秦。”秦将闻之，为郄军五十里。

适会魏公子无忌夺晋鄙军以救赵击秦，秦军引而去。于是平原君欲封鲁仲连。鲁仲连辞让者三，终不肯受。平原君乃置酒，酒酣，起前以千金为鲁连寿。鲁连笑曰："所贵于天下之士者，为人排患、释难、解纷乱而无所取也，即有所取者，是商贾之人也，仲连不忍为也。"遂辞平原君而去，终身不复见。①

这则鲁仲连"义不帝秦"的故事，是《战国策》中的名篇之一。在这个故事中，鲁仲连大义凛然，雄辩滔滔，以《周礼》作为衡量诸侯国之间关系的准则，从历史讲到现实，对"帝秦"的害处作了极其夸张的渲染，目的是坚定魏国和赵国君臣联合抗秦的意志，鼓励他们咬紧牙关，群策群力，将秦军从邯郸城下赶走。其实，鲁仲连据以立论的《周礼》此时已经崩塌，称王称霸的各个诸侯国君没有一个遵循它。而历史前进的步伐总是表现为对过去看似神圣事物的凌辱。春秋战国以来社会的发展，完全破坏了《周礼》维系的社会秩序，尤其是那个公、侯、伯、子、男的等级制度。当年称公称侯称大夫的战国七雄的国君们不是一个个都堂而皇之地称王了吗？这可是过去只有周王独享的称谓呀。社会的不断发展变化总是引起各种社会关系的新整合、新调度，强大的秦国要求得到各诸侯国的尊仰，看似霸道无忌，但其中蕴含着要求根据变化的形势调整等级秩序的合理诉求。备受当时和后世赞扬的鲁仲连这里展示的意识其实是落后保守的，他并不明了当时中国历史发展的趋势。无论他对秦国多么深恶痛绝，对"正义"的呼唤多么大言炎炎，也无法改变秦国欺小凌弱的局面，更无法阻止它统一的步伐。不过，他倡导的"排患、释难、解纷乱而无所取"的价值追求和狭义精神一直作为中国传统文化的优秀因子长期得到肯定和弘扬。

这场邯郸保卫战胜负的关键，是魏国是否出兵参战。因为此时的秦军已经筋疲力尽，几乎撑不下去了；而苦战经年的赵国军民也几乎到了山穷水尽的地步，处于崩溃的边缘，只要有一支有生力量加入一方，另一方必定难逃失败的下场。恰在此时，魏国的信陵君魏无忌通过魏王的夫人如姬窃得魏

① 刘向：《战国策》，上海古籍出版社 1985 年版，第 703—710 页。

王的兵符，迅速赶往驻荡阴（今河南汤阴）的魏军统帅部，杀死不服调遣的晋鄙，指挥魏军猛攻邯郸城下的秦军，久战疲惫的秦军在突如其来的魏军攻击下，只得落荒而逃。邯郸之围得解，赵国暂时从亡国的边缘被拉回来，得以再维持 30 多年苦苦煎熬的国运。信陵君魏无忌是魏安釐王的亲弟弟，他“窃符救赵”的故事被编排成各种戏剧剧目演出。郭沫若在抗日战争时期以此故事为蓝本写的历史剧《虎符》（又名《信睃君》），在大后方演出时引起轰动效应。

由于各种因素的交互作用，赵国最后在邯郸与秦军的交战中勉强获胜，暂时避免了亡国的危险。但是，这次获胜从一定意义上说不过是一次惨胜，是在长平之战的大败之后取得的一次扭转危局的契机而已，充其量也就是给它提供了一个短暂的喘息之机。这个延一夕之命的喘息之机能否被赵国君臣精准得当地使用，是决定它延续国祚时间长短的关键。

第九节　赵国的思想文化

赵国正式立国虽然不足 200 年，但它在思想文化上还是有着独特的贡献。在思想方面，以赵简子、赵武灵王和肥义、公孙痤等为代表的政治家，其思想集中体现在对变法必要性和规律性以及对贤人治政的认识。赵国有作为的几个国君，由此认识出发，择优选取了诸如公仲、肥义、蔺相如、公孙痤、廉颇、赵奢、李牧等著名将相，几度展现出良好的发展势头和恢宏的气度，在战场上几度与最强大的秦国较短量长。在战国波谲云诡、血雨腥风的历史上写下了属于自己的辉煌篇章。

赵国文化与燕国文化，共同表现了慷慨悲歌的一面，这就是侠义之人为知己者义无反顾、毅然赴死的情怀，这突出展现在豫让历尽艰辛为智伯复仇而刺杀赵简子不遂最后自杀的悲壮之举，也体现在荆轲刺秦王失败而在乱剑下毙命的气贯长虹的豪情，更体现在邯郸保卫战中赵国军民同仇敌忾、拼命搏战、誓死不屈、慷慨捐躯的无畏精神和爱国情怀。而赵国文化的最大成就，是它作为战国时代法家思想的摇篮之一，为百家争鸣的思想学术论坛孕育了两位思想家，一位是法家的先驱者慎到，一位是总结百家争鸣的儒学大师荀卿。他们都是生于赵国，游历天下，最后在齐国的稷下学宫完成了自己思想体系的创造。

一、慎到的思想

慎到（约前395—前315年），生于赵国，在稷下学宫的鼎盛时期进入学宫。后人一般将他与田骈一起论列。齐宣王、闵王当国年间，稷下黄老学派达到最兴盛的时期。彭蒙、慎到、接予、季真、田骈、环渊等黄老学派最负盛名的代表人物都在这一时期活跃在稷下学宫。其中彭蒙、接予、季真、环渊等人的事迹和学说都比较模糊，只有慎到和田骈的事迹和学说尚能依稀可辨。《荀子·非十二子》将二人归入"上法"一派的代表。《汉书·艺文志》将田骈归入道家，著录《田子》25篇，今已佚。将慎到归入法家，著录《慎子》42篇，现在只剩下7篇不足2000字的残本。但不少学者考证《管子》中的《内业》《心术上》《心术下》《白心》4篇可以视为2人的作品，能够作为研究他们思想的主要材料。慎到和田骈从老子的道论引申出刑名法术之学，即汉代人所说的"黄老道德之术"。他们首先从对老子"道"和"德"的解释建立起自己的宇宙观：

> 天之道，虚其无形，虚则不屈，无形则无所位迕（抵牾），无所位迕，故遍流万物而不变。德者道之舍（施行），物得以生。生知得以职（识）道之精。故德者得也。得也者谓得其所以然也。以无为之谓道，舍之之谓德，故道之与德无间，故言之者不别也。①

他们认为"道"是世界万物的本体，它空虚无形，无比深广，没有穷尽，因而能畅行无阻，遍及万物。"道"是万物生成的本源，它的最高的规律或道理就是"无为"，即一切顺其自然。"德"是"道"的体现，是万物自行运转，自生自灭，自我生成自我消失的过程。所以最后推出了"道"和"德"的经典定义："虚而无形谓之道，化育万物谓之德。"由于"道"的本性是"无为"，就进而引申为普遍和公平，而礼义和法度就体现了这种普遍和公平，它们也就是由"道"而生，因而也就具有了合理性和必然性："君臣父

① 《管子·心术上》，《诸子集成》6，上海书店1986年影印本，第220—221页。

子人间之事谓之义；登降揖让、贵贱有等、亲疏之体谓之礼；简物小未一道、杀戮禁诛谓之法。”① 对于德、义、礼、法与“道”的关系，《心术上》还有一段更深入的阐发：

故道之与德无间……间之至理，谓其所以舍也。义者，谓各处其宜也。礼者，因人之情，缘义之理，而为之节文者也。故礼者谓有理也。理也者，明分以喻义之意也。故礼出乎义，义出乎理，理因乎宜者也。法者，所以同出不得不然者也，故杀戮禁诛以一之也。故事督乎法，法出乎权，权出乎道。②

尽管绕了不少圈子，其实他们要说的也就是德、义、礼、法皆出乎“道”。在老子那里，德、义、礼、法是“道”被废弃以后出现的违反人类本性、溢出文明轨道的“恶”事物，而经过慎到和田骈的改造，德、义、礼、法就是“道”这个母体自然生出的具有合理性和必然性的健康活泼的婴儿了。

慎到和田骈在认识论上提出了虚静专一和“弃知去己”的观点。他们认为，要想认识“道”，就必须保持心灵的虚静专一：

道在天地之间也，其大无外，其小无内，故曰不远而难极也。虚之与人也无间，唯圣人得虚道，故曰并处而难得。世人之所职者精也，去欲则宣，宣则静矣。静则精，精则独立矣。独则明，明则神矣。……虚者无藏也，故曰去知则率奚求矣，无藏则奚没矣。无求无没则无虑，无虑则反复虚矣。③

这就是说，为了认识和体悟“道”，必须排除一切情感欲望和成见，使心灵保持空白“无藏”的“虚”的状态；还必须排除一切躁动和冲动，使心灵处于绝对静止和安定的“静”的状态；同时还必须排除一切杂念，使心灵保持绝对纯净集中的“一”的状态。在他们看来，心灵如同“馆舍”，对“道”

① 《管子·心术上》，《诸子集成》6，上海书店 1986 年影印本，第 219 页。
② 《管子·心术上》，《诸子集成》6，上海书店 1986 年影印本，第 221 页。
③ 《管子·心术上》，《诸子集成》6，上海书店 1986 年影印本，第 220 页。

的认识或体悟如同贵客，虚静和专一就如同打扫馆舍使之安静清爽，这样才能使贵客入住，正所谓“洁其宫，开其门，去私毋言，神明若存。纷乎其若乱，静之而自治”。而虚静专一的最终目的和最高境界是“弃知（智）去己”“去私”“无为”，进而与“道”融为一体：

> 过在自用，罪在变化。是故有道之君，其处也若无知。①
>
> 自用则不虚，不虚则仵（逆）于物矣；变化则为生，为生则乱矣。……君子之处也若无知，言至虚也。②

这里的“至虚”指的是一种心境，即认为自己一无所知和完全没有私心杂念的程度，只有这样，才能懂得“无为”的奥妙，做到“动静不离于理”。也就是说，达到这种极高的修养境界以后，人们就能够在认识过程中做到“道贵因”“物至则应”和“督言正名”，绝对遵循事物固有的规律，准确客观地反映事物的本来面貌，从而不犯主观主义和任意胡为的错误。

最后，慎到和田骈的理论落脚点归结为“事断于法”。在这一方面，慎到的思想更突出而鲜明。他认为，“法”是“道”的公正无私精神的体现，因而应该成为人人必须遵守的最高规范：

> 法虽不善，犹愈于无法，所以一人心也。夫投钩以分财，投策以分马，非钩策为均也，使得美者，不知所以德，使得恶者，不知所以怨，此所以塞愿望也。故蓍龟，所以立公识也；权衡，所以立公正也；书契，所以立公信也；度量，所以立公审也；法制礼籍，所以立公义也。凡立公，所以弃私也。③

在他看来，法虽然不是尽善尽美的，但因为它代表着必然和公道，任何人都没有超越法律规定的权利，所以能够抑制私情和调节欲望，从而保证社会的正常和有序的运行：

① 《管子·心术上》，《诸子集成》6，上海书店1986年影印本，第220页。

② 《管子·心术上》，《诸子集成》6，上海书店1986年影印本，第222页。

③ 《慎子·威德》，《诸子集成》6，上海书店1986年影印本，第2—3页。

法者所以齐天下之动，至公大定之制也。故智者不得越法而肆谋，辩者不得越法而肆议，士不得背法而有名，臣不得背法而有功。我喜可抑，我忿可窒，我法不可离也。骨肉可刑，亲戚可灭，至法不可阙也。①

为了使法能够得到正确的贯彻执行，必须反对舍法而“慕贤智”：

今也国无常道，官无常法，是以国家日缪。教虽成，官不足，官不足则道理匮，道理匮则慕贤智，慕贤智则国家之政要在一人之心矣。②

还必须反对舍法而任忠臣。因为历史事实证明“忠未足以救乱世，而适足以重非”③，所以治国主要不能依靠臣子对君主的忠心，而是倚靠他们遵守法令和恪尽职守：

明主之使其臣也，忠不得过职，而职不得过官。是以过修于身，而下不敢以善骄矜守职之吏；人务其治，而莫敢淫偷其事。官正以敬其业，和顺以事其上，如此，则至治矣。④

显然，慎到并不是完全否定臣子对君主的忠心，而是防止有人以“忠君”为名超越权限，违法乱纪。进而，他们还反对“舍法而以身治”，即要求君主也必须在法的范围内活动，而不能以个人意志实施赏罚。因为如果君主以个人意志实施赏罚，则必然导致“同功殊赏，同罪殊罚”，结果是私情横行，政治混乱。反之，“大君任法而弗躬，则事断于法矣。法之所加，各以其分，蒙其赏罚而无望于君也，是以怨不生而上下和矣”⑤。为了防止出现君主“舍法而以身治”的弊端，君主必须坚持“无为”的原则：

① 《慎子·逸文》，《诸子集成》6，上海书店1986年影印本，第13页。
② 《慎子·威德》，《诸子集成》6，上海书店1986年影印本，第2页。
③ 《慎子·治忠》，《诸子集成》6，上海书店1986年影印本，第4页。
④ 《慎子·治忠》，《诸子集成》6，上海书店1986年影印本，第5页。
⑤ 《慎子·君人》，《诸子集成》6，上海书店1986年影印本，第6页。

君臣之道，臣事事而君无事，君逸乐而臣任劳，臣尽智力以善其事，而君无与焉，仰成而已，故事无不治，治之正道然也。①

这里强调的是君主和臣下应该在法的范围内有一个职权上的明确分工，君主不应该越权干预臣下职权范围内的活动。但是，这并不是要求君主轻视势位和放弃本应属于自己的权力。慎到已经看到权位的重要性，他形象地说，如果君主没有居高临下的势位，就像蛇失去雾，飞龙失去云，就只能落得与蚯蚓局促于地上一样任人宰割，遑论什么统治国家。慎到等的重势的思想是战国时代封建专制主义中央集权和尊君抑臣思潮不断发展的反映，后来被韩非吸收并加以发展，成为他完整的法治理论的重要组成部分。不过，慎到道法相结合的法治思想与韩非思想还是有区别的，这主要体现在他虽然主张“任法”和“势位”，但并不主张君主绝对专制，《慎子·威德》就认为天下、国家大于天子和国君：

古者，立天子而贵者，非以利一人也，曰：“天下无一贵，则理无由通，通理以为天下也。”故立天子以为天下，非立天下以为天子也；立国君以为国，非立国以为君也；立官长以为官，非立官以为长也。②

不过，慎到在笃信法制权威和功效的前提下，并不否认“圣人”治国能够给国家和百姓带来福寿绵长的好处，在这方面，他又与韩非思想拉开了一定的距离：

周成王问鬻子曰：“寡人闻圣人在上位，使民富且寿，若夫富则可为也，若夫寿则在天乎？”鬻子对曰：“夫圣王在上位，天下无军兵之事，故诸侯不私相攻，而民不私相斗也，则民得尽一生矣。圣王在上，则君积于德化而民积于用力，故妇人为其所衣，丈夫为其所食，则民无冻饿，民得二生矣。圣人在上，则君积于仁，吏积于爱，民积于顺，

① 《慎子·民杂》，《诸子集成》6，上海书店 1986 年影印本，第 3—4 页。

② 《慎子·威德》，《诸子集成》6，上海书店 1986 年影印本，第 2 页。

则刑罚废而无夭遏之诛，则民得三生矣。圣王在上，则使人有时，而用之有节，则民无疠疾，民得四生矣。”①

慎到和田骈的黄老道法学说后来在黄老帛书《经法》《十大经》《称》和《道原》那里得到较充分的继承和发展，形成了西汉初年“因阴阳之大顺，采儒墨之善，撮名法之要”② 的黄老刑名之学，并被统治者采纳，成为西汉前期60年左右的治国理政的指导思想，发挥了比较积极的作用。

二、公孙龙的思想

公孙龙（约前325—前250年），赵国人，一生的主要经历是在赵国贵族、战国四公子③ 之一的平原君赵胜家做食客，后来被齐国的邹衍排挤，不知所终。公孙龙是战国思想流派中名家的主要代表人物之一，《汉书·艺文志》记载其著作有《公孙龙子》14篇，但流传至今的只有《名实论》《指物论》《白马论》《坚白论》《通变论》《迹府》等6篇。其中除《迹府》疑为后人辑录外，其余5篇基本上可认定出自公孙龙本人之手。

名家的主要贡献是推进了中国古代逻辑学的发展。战国名辩思潮的主要代表有三派，一是“合同异”派，代表人物是惠施；二是“离坚白派”，代表人物是公孙龙；三是墨辩派即“名实相兼派”，代表人物是墨家后学。

公孙龙作为“离坚白派”的最著名代表人物，其主要论点是以“坚白离”和“白马非马”表述的。《公孙龙子·迹府》记载了这样一个有趣的故事：

龙与孔穿会赵平原君家。穿曰：“素闻先生高谊，愿为弟子久，但不取先生以白马为非马耳！请去此术，则穿请为弟子。”龙曰：“先生之言悖。龙之所以为名者，乃以白马之论尔！今使龙去之，则无以教焉。且欲师之者，以智与学不如也。今使龙去之，此先教而后师之也；先教而后师之者，悖。且白马非马，乃仲尼之所取。龙闻楚王张繁弱之

---

① 《慎子·逸文》，《诸子集成》6，上海书店1986年影印本，第14页。

② 司马迁：《史记》卷一三〇《太史公自序》，中华书局1959年版，第3289页。

③ 四公子中的其他三人是齐国孟尝君、魏国信陵君和楚国春申君。

弓，载忘归之矢，以射蛟、兕于云梦之圃，而丧其弓。其左右请求之。王曰：‘止。楚王遗弓，楚人得之，又何求乎？’仲尼闻之曰：‘楚王仁义而未遂也，亦曰人亡弓，人得之而已，何必楚？’若此，仲尼异‘楚人’于所谓‘人’。夫是仲尼异‘楚人’于所谓‘人’，而非龙异‘白马’于所谓‘马’，悖。先生修儒术而非仲尼之所取，欲学而使龙去所教，则虽百龙，固不能当前矣。”孔穿无以应焉。①

显然，公孙龙是将“白马非马”视为自己学术的标识，是他绝对不能放弃的：

“白马非马”可乎？曰：“可。”曰：“何哉？”曰：“马者，所以命形也；白者，所以命色也。命色者非命形也，故曰‘白马非马’。”②

这里，公孙龙将白色和马的形体作为两个概念割裂开来，否认色与形在马身上的统一。如此，公孙龙在逻辑学上，一方面将事物的概念与事物本身割裂开来，认定概念可以离开具体事物独立存在；一方面将一般和个别绝对对立起来，认定一般可以离开个别而独立存在，从而使自己的逻辑学最后导向诡辩论。他说“物莫非指”，即所有事物都是概念，这恰恰颠倒了认识程序：概念是事物的反映，或说抽象，没有具体事物也就没有事物的概念。他坚持“白马非马”，认定个别不等于一般，揭示个别与一般的矛盾，自然有其深刻之处，但他将一般与个别的矛盾对立绝对化，否定它们之间的密切联系，否认一般不能离开个别而存在。他不明白，马这个一般离开各种具体颜色和形体的马是不存在的，但作为一个抽象的概念却可以存在于人们的意识中。他的《坚白论》进一步强化了概念离开具体事物的独立存在：

“坚白石三”，可乎？曰：“不可。”曰：“二可乎？”曰：“可。”曰：“何哉？”曰：“无坚得白，其举也二；无白得坚，其举也二。”曰：“得

① 《公孙龙子·迹府》，电子版文渊阁四库全书。

② 《公孙龙子·白马论》，电子版文渊阁四库全书。

其所白，不可谓无白；得其所坚，不可谓无坚。而之石也之于然也，非三也？”曰：“视不得其所坚而得其所白者，无坚也；拊不得其所白而得其所坚得其坚也，无白也。”①

这里，公孙龙利用人们视觉和触觉感知的差异，将白色和坚硬统一于石头的两种属性割裂开来。其实，“坚”和“白”作为两个概念都可以在人们的意识中存在，但在现实中，却不能离开具体事物单独存在。“坚”和“白”一定是某个具体事物的属性，对于石头来说，不是“坚白离”而是“坚白合”。公孙龙的“坚白离”在认识论上陷入唯心主义，其错误在于“把认识的某一个特征、方面、部分片面地、夸大地、iiderschwengliches（弟慈根）发展（膨胀、扩大）为脱离了物质、脱离了自然的、神化了的绝对”②。

公孙龙的“离坚白”显然是对惠施“合同异”的否定。“合同异”是对事物区别相对性的绝对化，“离坚白”是对事物质的稳定性的绝对化，二者最后是殊途同归，陷入诡辩论。他们有时向偏见发起挑战，有时又向真理发起挑战。公孙龙和惠施的理论，既含有真理的微粒，也带有违背常识的偏见，但在客观上，他们看似谬误的命题却共同推进了中国逻辑学的发展。正如列宁在《谈谈辩证法问题》一文中所评论的：“它无疑是一朵不结果实的花，然而却是生长在活生生的、结实的、真实的、强大的、全能的、客观的、绝对的人类认识这棵活生生的树上的一朵不结果实的花。”③

三、荀子的思想

（一）集儒学之大成的百科全书式学者和思想家

战国时期，较孟子稍后而与之齐名的另一位儒学大师是荀子，他是孙氏之儒的创始人。荀子（约前316—前235年），名况，字卿，西汉时期因避汉宣帝刘询讳，改荀为孙，所以又写作孙卿。荀姓是一个古老的姓氏，《国语·晋语》记载的黄帝25子中有12姓传之后世，荀是其中之一。西周分封时，曾封过一个荀国，在今之山西的临猗县，荀姓后来成为晋国的望

① 《公孙龙子·坚白论》，电子版文渊阁四库全书。

② 《列宁选集》第4卷（上），人民出版社1972年版，第715页。

③ 《列宁选集》第4卷（上），人民出版社1972年版，第715页。

族。荀子是战国时期的赵国（今山西临猗）人。他博学多才，少年时期即有名于时。15岁左右，游学于齐国，入稷下学宫。当时正是齐威王当政时期，稷下学宫云集着来自各诸侯国的著名学者，轮番讲学，互相辩诘，创造了浓厚的“百家争鸣”的氛围。荀子在这里广采博取，在学问上奠定了坚实的基础。大约在公元前279年前后，荀子离开齐国到楚国。此时，乐毅率燕、赵等五国之师伐齐，连下70余城，稷下学宫的文人学者风流云散。不久，齐国即墨守将田单指挥齐军大举反击，收复临淄。齐襄王即位后，重整稷下学宫，荀子于此时又回到齐国。由于老辈学者都已凋零，荀子在稷下学宫“最为老师”，“齐尚修列大夫之缺，而荀卿三为祭酒焉”。① 此后，荀子在齐国生活了十多年，大约在齐襄王死后的前264年，他离开齐国，应邀到秦国考察。他在对秦国的政治、军事、民俗和自然形势等多方面进行了详细考量后，认为经过商鞅变法的秦国蒸蒸日上，已经具备了统一中国的条件：

> 其固塞险，形势便，山林川谷美，天材之利多，是形胜也。入境，观其风俗，其百姓朴，其声乐不留污，其服不挑，甚畏有司而顺，古之民也。及都邑官府，其百吏肃然莫不恭俭、敦敬、忠信而不楛，古之吏也。入其国，观其士大夫，出于其门，入于公门，出于公门，归于其家，无有私事也，不比周，不朋党，倜然莫不明通而公也，古之士大夫也。观其朝廷，其间听决百事不留，恬然如无治者，古之朝也。故四世有胜，非幸也，数也。是所见也。故曰：佚而治，约而详，不烦而功，治之至也。秦类之矣。②

他建议秦昭王重用儒者，“力求止，义求行”，用“王道”统一中国。这一主张与秦国推行的以耕战为主要内容的国策相抵触，因而受到冷落。荀子见在秦国无事可为，又返回齐国。此时，齐国最后一个国君田建在位，母后专权，朝政日非。荀子劝说齐相“求贤”，刷新国政。因遭谗言，于前255年

① 司马迁：《史记》卷七四《孟子荀卿列传》，中华书局1959年版，第2348页。

② 王先谦：《荀子集解》，中华书局2013年版，第358页。

离齐赴楚，被春申君任为兰陵（今属山东）令。其后，因有人进谗，一度离楚赴赵国，与楚将临武君一起在赵孝成王前议兵。后经春申君敦请，又返回楚国，继续做兰陵令。公元前238年，春申君死于楚国内乱，荀子也废居兰陵。大约此后不久，这位80多岁的老人就寿终正寝，永远长眠在兰陵的土地上了。

荀子生活于战国时代的晚期，又长期在当时的学术文化中心的稷下学宫学习和讲学，熟悉各家学说，有着丰厚的学术积累，这就使他有条件对诸子百家学说加以批判继承，成为一个百科全书式的学者，一个集诸子百家之大成的思想家。郭沫若曾这样评论荀子："荀子是先秦诸子的最后一位大师，他不仅集了儒家的大成，而且可以说集了百家的大成。……他是把百家的学说差不多都融会贯通了。先秦诸子几乎没有一家没有经过他的批判。……这些固然表示他对于百家都采取了超越的态度，而在他的学说思想里面，我们明显地可以看得出百家的影响。或者是正面地接受与发展，或者是反面地攻击与对立，或者是综合地统一与衍变。"① 荀子写了《非十二子》一文，对它嚣、魏牟、陈仲、史鳟、墨翟、宋钘、慎到、田骈、惠施、邓析、子思、孟轲等进行了批判。在其他文章中，几乎对先秦诸子都进行了评判。他批评老子"有见于诎，无见于信"②。批评庄子"蔽于天而不知人"③，同时把老庄的"道"改造为自然界和人类社会的总规律，提出"明天人之分"和"制天命而用之"的思想。他批评宋钘"蔽于欲而不知得"④，同时吸收了宋尹学派关于"气"和礼法相结合的思想。他批评墨子"有见于齐，无见于畸"⑤，"蔽于用而不知文"⑥，同时吸收其"尚贤"的主张以及认识论和逻辑学的成果。他批评慎到"蔽于法而不知贤"，申不害"蔽于势而不知知"⑦，但也吸收了其法治的观点。荀子对于子思、孟子一派儒者也进行十分尖锐的批评，说他们"略法先王而不知其统，犹然而材剧志大，闻见杂博。案往旧造说，谓之

① 郭沫若：《十批判书·荀子的批判》，《郭沫若全集》历史编2，人民出版社1982年版，第213页。
② 王先谦：《荀子集解》，中华书局2013年版，第377页。
③ 王先谦：《荀子集解》，中华书局2013年版，第464页。
④ 王先谦：《荀子集解》，中华书局2013年版，第463页。
⑤ 王先谦：《荀子集解》，中华书局2013年版，第377页。
⑥ 王先谦：《荀子集解》，中华书局2013年版，第463页。
⑦ 王先谦：《荀子集解》，中华书局2013年版，第463页。

五行，其僻违而无类，幽隐而无说，闭约而无解”①。而对子张、子夏、子游等儒家学派亦斥为“贱儒”，并对他所谓的“贱儒”“俗儒”“陋儒”“腐儒”等严加抨击。在1974—1976年的“评法批儒”热潮中，有人一度将荀子从儒家阵营中拉出来，归入法家系列。这显然是一种强使荀子改换门庭的可笑之举。其实，荀子从来就明确标榜自己属于儒家学派，还自诩儒家的嫡系传人。而韩非在《显学篇》中也将其认定为儒家八派之一的领袖。最重要的是，《荀子》一书，处处以其鲜明的儒家学派意识阐述了自己的立场和理念，在在不离儒学的基本要义。如在《儒效》篇中，他将周公推尊为儒家的祖师爷，极尽讴歌颂扬：

> 大儒之效：武王崩，成王幼，周公屏成王而及武王以属天下，恶天下之倍周也。履天子之籍，听天下之断，偃然如固有之而天下不称贪焉；杀管叔，虚殷国，而天下不称戾焉；兼制天下，立七十一国，姬姓独占五十三人，而天下不称偏焉。教诲开导成王，使谕于道，而能揜迹于文、武。周公归周，反籍于成王，而天下不辍事周，然而周公北面而朝之。天子也者，不可少当也，不可以假摄为也。能则天下归之，不能则天下去之，是以周公屏成王而及武王以属天下，恶天下之离周也。成王冠，周公归周反籍焉，明不灭主之义也。周公无天下矣，乡有天下，今无天下，非擅也；成王乡无天下，今有天下，非夺也；变势次序节然也。故以枝代主而非越也，以弟诛兄而非暴也，君臣异位而非不顺也。因天下之和，遂文、武之业，明枝主之义，抑亦变化矣，天下厌然犹一也。非圣人莫之能为，夫是之谓之大儒之效。②

这里荀子极力颂扬周公秉持“大公”敢作敢为的品格，将其作为“大儒之效”的标杆人物予以表彰。这与孔子和孟子的立场是完全一致的。他进而将“天下之道”“百王之道”展现的真理归结为《诗》《书》《礼》《乐》《春秋》所承载：“《诗》言是，其志也；《书》言是，其事也；《礼》言是，其行也；

① 王先谦：《荀子集解》，中华书局2013年版，第110—111页。

② 王先谦：《荀子集解》，中华书局2013年版，第135—137页。

《乐》言是，其和也；《春秋》言是，其微也。”① 再进一步，就将孔子作为儒家创始人推尊至“善调一天下”的圣人：

> 彼大儒者，虽隐于穷阎漏屋，无置锥之地，而王公不能与之争名；在一大夫之位，则一君不能独畜，一国不能独容，成名况乎诸侯，莫不愿得一为臣；用百里之地而千里之国不能莫能与之争胜，笞棰暴国，齐一天下，而莫能倾也。是大儒之效也。其言有类，其行有礼，其举事无悔，其持险应变曲当，与时迁徙，与世偃仰，千举万变，其道一也。是大儒之稽也。其穷也，俗儒笑之；其通也，英杰化之，嵬琐逃之，邪说畏之，众人媿之。通则一天下，穷则独立贵名，天不能死，地不能埋，桀、跖之世不能污，非大儒莫之能立，仲尼、子弓是也。②

一方面，荀子在《宥坐》《子道》《法行》《哀公问》等篇章中，以极其赞赏的笔触记述了孔子及其弟子大量言论和事功；一方面，几乎在所有篇章中不断阐释孔子及儒家的基本理念，大大突出和丰富了仁、礼、民本、善政、圣君贤相、君子人格等儒家思想的内涵。这充分说明，荀子作为儒学在战国时代承先启后、树门立派的重要代表人物，在中国思想史，尤其是儒学史上做出了不可替代的贡献。

（二）“天人相分”

天人关系是中国思想家探索和论述的重要内容之一，“天人合一”又是其中最重要的表述。如果说，在孔子那里，天是人格神的上帝，人合于天是其基本内涵；在孟子那里，天尽管还未脱离人格神上帝的外衣，但人的主观能动性已经被大大提升，天合于人成为基本内涵，那么，在荀子那里，天就成为完全失去神性的自然界，天人关系的表述就成了“天人相分”。荀子的这个理论，具有多层意蕴。

第一层意蕴是，天就是客观存在的自然界，它脱离人的意识存在，不受人的制约运行；人虽然在自然界存在和生活，但可以自由自主的活动。二

① 王先谦：《荀子集解》，中华书局 2013 年版，第 158 页。

② 王先谦：《荀子集解》，中华书局 2013 年版，第 163—164 页。

者尽管有着密切的联系，但各自是独立的存在。只有明晰天人之分，才算是“至人”即洞彻事理的人：

天行有常，不为尧存，不为桀亡。应之以治则吉，应之以乱则凶。强本而节用，则天不能贫；养备而动时，则天不能病；修道而不贰，则天不能祸。故水旱不能使之饥渴，寒暑不能使之疾，祆怪不能使之凶。本荒而用侈，则天不能使之富；养略而动罕，则天不能使之全；倍道而妄行，则天不能使之吉。故水旱未至而饥，寒暑未薄而疾，祆怪未至而凶。受时与治世同，而殃祸与治世异，不可以怨天，其道然也。故明于天人之分，则可谓至人矣。①

第二层意蕴是，一切自然界的运动都是物质之间作用的结果，天就是不断发展变化的自然界。在物质运动之中和之外，都不存在一个神秘的主宰，“天地合而万物生，阴阳接而变化起”②，事物之间和事物内部的矛盾促成了事物的运动发展变化。宇宙的事物尽管千差万别，但都统一于共同的本原“气”：“水火有气而无生，草木有生而无知，禽兽有知而无义，人有气有生有义，故最为天下贵也。”③这里，荀子已经对无机物、有机物、植物、动物和人的区别进行了界定，认为事物的多样性统一于物质的“气”，这就坚持了唯物论的一元论。荀子同时认为事物的发展变化有自己的规律，这个规律就是“道”或“天道”，它不受任何外力的支配和主宰，社会的治乱兴废与天、地、时都没有关系：

治乱天邪？曰：日月星辰瑞历，是禹桀之所同也。禹以治，桀以乱，治乱非天也。时邪？曰：繁启蕃长于春夏，蓄积收藏于秋冬，是又禹桀之所同也。禹以生，桀以乱，治乱非时也。地邪？曰：得地则生，失地则死，是又禹桀之所同也，禹以治，桀以乱，治乱非地也。④

① 王先谦：《荀子集解》，中华书局 2013 年版，第 362—364 页。
② 王先谦：《荀子集解》，中华书局 2013 年版，第 433 页。
③ 王先谦：《荀子集解》，中华书局 2013 年版，第 194 页。
④ 王先谦：《荀子集解》，中华书局 2013 年版，第 362—364 页。

第三层意蕴是，天人尽管是相分的，尽管天有自己的运行规律即“天职”，但人仍然能够发挥自己的主观能动性，参与到天地的运行中，因为“人有其治”：

不为而成，不求而得，夫是之谓天职。如是者，虽深，其人不加虑焉；虽大，不加能焉；虽精，不加察焉；夫是之谓不与天争职。天有其时，地有其财，人有其治，夫是之谓能参。舍其所以参而愿其所参，则惑矣。①

第四层意蕴是，人虽然不能干预天的运行，但在顺应天运行规律的前提下，却可以获得“天功”。这里的关键是，清天君，正天官，备天养，顺天政，养天情，既“知其所为”，又“知其所不为”：

列星随旋，日月递炤，四时代御，阴阳大化，风雨博施，万物各得其和以生，各得其养以成，不见其事而见其功，夫是之谓神。皆知其所以成，莫知其无形，夫是之谓天。唯圣人为不求知天。天职既立，天功既成，形具而神生，好恶、喜怒、哀乐藏焉，夫是之谓天情。耳目鼻口形能，各有接而不相能也，夫是之谓天官。心居中虚以治五官，夫是之谓天君。财非其类，以养其类，夫是之谓天养。顺其类者谓之福，逆其类者谓之祸，夫是之谓天政。暗其天君，乱其天官，弃其天养，逆其天政，背其天情，以丧天功，夫是之谓大凶。圣人清其天君，正其天官，备其天养，顺其天政，养其天情，以全其天功。如是，则知其所为，知其所不为矣。②

第五层意蕴是，由于大多数人对天即自然界的物质本质认识不清，迷惑怪异天象物候，出于敬畏之心而神化天和各种怪异物候天象，对此，主政者可以顺应民心而加以文饰：

① 王先谦：《荀子集解》，中华书局2013年版，第364—365页。

② 王先谦：《荀子集解》，中华书局2013年版，第365—366页。

天不为人之恶寒也而辍冬，地不为人之恶辽远也而辍广……星坠、木鸣，国人皆恐。曰：是何也？曰：无何也，是天地之变、阴阳之化、物之罕至者也，怪之可也，畏之非也。夫日月之有蚀，风雨之不时，怪星之党见，是无世而不常有之。上明而政平，则是虽并世起，无伤也。……雩而雨，何也？曰：无何也。犹不雩而雨也。日月食而救之，天旱而雩，小筮而后决大事，非以为得求也，以文之也。故君子以为文，而百姓以为神。以为文则吉，以为神则凶也。①

第六层意蕴是，人在尊重、顺应自然规律的前提下，应该充分发挥自己的主观能动性，“制天命而用之”，向自然索取需要的物资：

大天而思之，孰与物畜而制之？从天而颂之，孰与制天命而用之？望时而待之，孰与应时而使之？因物而多之，孰与骋能而化之？思物而物之，孰与理物而勿失之也？愿于物之所以生，孰与有物之所以成？故错人而思天，则失万物之情。②

显然，在先秦儒家学派对天人关系的认识中，只有荀子展现了唯物论的底蕴，站在了哲学思维的制高点上。他最大的功绩是把殷周以来由孔孟继承的人格神的天还原为自然界，剥去了罩在它身上的一切神圣的灵光。

与唯物论的自然观相联系，荀子的认识论也具有朴素唯物论的特征。他认为，人有认识客观事物的能力，而客观事物也是可以认识的：“凡以知，人之性也；可以知，物质理也。以可以知人之性，求可以知物之理而无所疑止之，则没世穷年不能遍也。”③荀子已经意识到，人类的认识过程是以人的感觉器官接触外界事物产生感性认识开始的。他把感觉器官称之为“天官”，感觉器官接触外界事物就是“缘天官”，通过“缘天官”反映和认识事物就是“天官意物”④。荀子也看到了单纯感性认识的局限，即它只能反映事物外

① 王先谦：《荀子集解》，中华书局 2013 年版，第 368—374 页。
② 王先谦：《荀子集解》，中华书局 2013 年版，第 374—375 页。
③ 王先谦：《荀子集解》，中华书局 2013 年版，第 480 页。
④ 王先谦：《荀子集解》，中华书局 2013 年版，第 491 页。

表的映象，并且容易为假象所蒙蔽，如“从山上望牛者若羊”，“从山下望木者，十仞之木若著”。[①] 仅仅依靠感性经验还难以得到正确的认识，所以还必须依靠理性思维器官“天君”（心）来获得正确的认识，“心居中虚，以治五官，夫是之谓天君”[②]：“人何以知道？曰：心。”[③] 这个心相当于“大脑”。“心”具有理性认识的功能，这个认识过程被荀子定义为“征知”：“心有征知，征知，则待缘耳而知声可也，缘目而知形可也，然而征知必将待天官之当薄其类然后可也。五官薄之而不知，心征知而无说，则人莫不然谓之不知。”[④] 这说明荀子对感性认识和理性认识的关系已经有了朴素辨证的理解。他进而认定，在人的认识之路上有很多障碍，这就是“蔽”：“凡人之患，蔽于一曲而闇于大理。”[⑤] 他批评当时许多思想家之“蔽”，认为许多“蔽”阻碍了人准确认识事物：“欲为蔽，恶为蔽，始为蔽，终为蔽，远为蔽，近为蔽，博为蔽，浅为蔽，古为蔽，今为蔽。凡万物异则莫不相为蔽，此心术之公患也。”[⑥] 如何避免“蔽”呢？这就要求心做到“虚壹而静”：

> 心未尝不臧也，然而有所谓虚；心未尝不满也，然而有所谓一；心未尝不动也，然而有所谓静。人生而有知，知而有志。志也者，臧也。然而有所谓虚，不以所已臧害所将受谓之虚。[⑦]

荀子的这个“虚壹而静”的理念，显然受到田骈和慎到的影响。其内容就是屏除主观成见，屏除各种遮“蔽”，让心能够客观理性地对待和认识事物，得到事物的本真之相，最后达到对事物的最终真理即“道”的认识和把握：

> 万物莫形而不见，莫见而不论，莫论而失位。坐于室而见四海，处于今而论久远，疏观万物而知其情，参稽治乱而通其度，经纬天地

① 王先谦：《荀子集解》，中华书局 2013 年版，第 478 页。
② 王先谦：《荀子集解》，中华书局 2013 年版，第 366 页。
③ 王先谦：《荀子集解》，中华书局 2013 年版，第 467 页。
④ 王先谦：《荀子集解》，中华书局 2013 年版，第 493—494 页。
⑤ 王先谦：《荀子集解》，中华书局 2013 年版，第 456 页。
⑥ 王先谦：《荀子集解》，中华书局 2013 年版，第 458 页。
⑦ 王先谦：《荀子集解》，中华书局 2013 年版，第 467 页。

而材官万物，制割大理，而宇宙裹矣。恢恢广广，孰知其极！睪睪广广，孰知其德！涫涫纷纷，孰知其形！明参日月，大满八极，夫是之谓大人。夫恶有蔽矣哉！①

更为可贵的是，荀子把“行”引进了他的认识论，认为认识的目的不是“入乎耳，出乎口”，而是为了学以致用：“不闻不若闻之，闻之不若见之，见之不若行之，学至于行之而止矣。……故闻之而不见，虽情必谬；见之而不知，虽学必妄；知之而不行，虽敦必困。”② 荀子的“行”虽然仅指个人的活动特别是道德践履，还不是唯物论所指的实践的意义，但已经看到“行”在认识中的决定意义，应该说是中国古代认识论发展史上的一次飞跃。当然，与辩证唯物论的认识论相比，荀子的认识论还是直观和朴素的，他不了解认识从感性到理性到实践是一个辩证过程，更不了解认识是一个不断深化、循环往复以至无穷的过程。不过，应该看到，荀子的唯物论的认识论毕竟达到了那个时代的高峰，他的前辈和同辈无一人能望其项背。在对天人关系的探索中，先秦思想家几乎都给出了自己的答案。由于当时自然科学和社会发展水平的限制，大部分思想家对“天”的认识都没有完全摆脱神秘色彩，天作为法力无边的至上神的形象不时闪现。只有荀子将天还原为纯粹物质性的自然界，并以“制天命而用之”的结论达到那个时代认识的巅峰。

（三）“人性恶，善者伪也”

在人性论问题上，荀子对孟子的性善论进行了猛烈批判，并针锋相对地提出了性恶论。他把人性看作人与生俱来的生理本能，即与社会关系无关的、抽象的自然生物本性：“今人之性，饥而欲饱，寒而欲暖，劳而欲休，此人之情性也。”③“若夫目好色，耳好声，口好味，心好利，骨体肤理好愉佚，是皆生于人之情性者也，感而自然，不待事而生之者也。”④ 这种生理本能如不加以节制，任其发展，其社会性就必然是恶的了：

① 王先谦：《荀子集解》，中华书局 2013 年版，第 469 页。
② 王先谦：《荀子集解》，中华书局 2013 年版，第 168 页。
③ 王先谦：《荀子集解》，中华书局 2013 年版，第 516 页。
④ 王先谦：《荀子集解》，中华书局 2013 年版，第 517 页。

今人之性，生而有好利焉，顺是，故争夺生而辞让亡焉。生而有疾恶焉，顺是，故残贼生而忠信亡焉。生而有耳目之欲有好声色焉，顺是，故淫乱生而礼义文理亡焉。然则从人之性，顺人之情，必出于争夺，合于犯分乱理而归于暴。①

既然人生来就性恶，那么，“善”是从那里来的呢？荀子认为是在圣人教化下，学习礼义，对性恶进行改造的结果，“善者伪也”：

故必将有师法之化、礼义之道（导），然后出于辞让，合于文理，而归于治。用此观之，然则人之性恶明矣，其善者伪也。故枸木必将待檃栝、烝、矫然后直，钝金必将待砻、厉然后利。今人之性恶，必将待师法然后正，得礼义然后治。今人无师法则偏险而不正，无礼义则悖乱而不治。古者圣王以人之性恶，以为偏险而不正，悖乱而不治，是以为之起礼义，制法度，以矫饰人之情性而正之，以扰化人之情性而导之也。始皆出于治、合于道者也。今之人，化师法、积文学、道礼义者为君子；纵性情、安恣睢，而伟礼义者为小人。用此观之，然则人之性恶明矣，其善者伪也。②

荀子批评孟子的性善论是“不察乎人之性、伪之分”。在他那里，性与伪是截然不同的：“凡性者，天之就也，不可学，不可事；礼义者，圣人之所生也，人之所学而能、所事而成者也。不可学、不可事而在人者谓之性，可学而能、可事而成之在人者谓之伪。是性、伪之分也。”③这就是说，性是先天的恶，善是后天的伪，而由恶转善的关键则是圣人的“化性起伪”：

凡礼义者，是生于圣人之伪，非故生于人之性也。故陶人埏埴而为器，然则器生于个人之伪，非故生于人之性也。故工人斫木耳成器，然则器生于工人之伪，非故生于人之性也。圣人积思虑，习伪故，以

① 王先谦：《荀子集解》，中华书局2013年版，第513—514页。

② 王先谦：《荀子集解》，中华书局2013年版，第514页。

③ 王先谦：《荀子集解》，中华书局2013年版，第515页。

生礼义而起法度，然则礼义法度者，是生于圣人之伪，非故生于人之性也。①

显然，与孟子的性善论一样，荀子的性恶论也是一种抽象的人性论，并且有着不可克服的矛盾：既然人性都是恶的，圣人自然也不能例外，为什么他的人性不仅是善的并且还能据守礼义对百姓进行教化呢？章太炎就发现荀子人性论的矛盾之处，他在对比孟子与荀子人性论异同时就指出：

孟子论性有四端：恻隐为仁之端，羞恶为义之端，辞让为礼之端，是非为智之端。然四端中独辞让之心为孩提之童所不具，野蛮人亦无之。荀子隆礼，有见于辞让之心，性所不具，故云性恶，以此攻击孟子，孟子当无以自解。然荀子谓礼义辞让，圣人所为。圣人亦人耳，圣人之性亦本恶，试问何以能化性起伪？此荀子不能自圆其说也。反观孟子既云性善，亦何必重视教育，即政治亦何所用之。是故二家之说俱偏，唯孔子“性相近，习相远”之语为中道也。②

不过，较之孟子的性善论，性恶论有着更多的合理因素。这里荀子似乎隐隐地感到了，“正是人的恶劣的情欲——贪欲和权势欲成了历史发展的杠杆”③，而这种“恶”恰恰在当时的奴隶主和封建主身上得到了集中体现。以此为据，荀子理直气壮地“援法入儒”，并以人性恶作为实施礼法对人进行教化和强制其遵守礼法规范的根据。进一步引申，他认为社会环境对人性的改造有重要作用，“蓬生麻中，不扶自直，白沙在涅，与之俱黑”④。只要创造一种良好的外部环境，促使人人努力学习礼仪法度，就可以“化性起伪”，成为具有善性的人。所以他认为“君子居必择乡，游必就士”，为的是“防邪僻而近中正”。⑤ 由此出发，荀子特别强调学习在一个人改恶向善过程

① 王先谦：《荀子集解》，中华书局 2013 年版，第 516—517 页。
② 章太炎：《国学讲演录·诸子学略说》，江苏凤凰出版社 2008 年版，第 179—180 页。
③ 《马克思恩格斯选集》第 4 卷，人民出版社 1972 年版，第 233 页。
④ 王先谦：《荀子集解》，中华书局 2013 年版，第 6 页。
⑤ 王先谦：《荀子集解》，中华书局 2013 年版，第 7 页。

中的重要意义：

> 君子曰：学不可以已。青，取之于蓝而青于蓝；冰，水为之而寒于水。……木直中绳，輮以为轮，其曲中规，虽有槁暴，不复挺者，輮使之然也。故木受绳则直，金就砺则利，君子博学而日参省乎己，则知明而行无过矣。故不登高山，不知天之高也；不临深谿，不知地之厚也；不闻先王之言，不知学问之大也。……吾尝终日而思矣，不如须臾之所学也；吾尝跂而望焉，不如登高之博见也。登高而招，臂非加长也，而见者远；顺风而呼，声非加疾也，而闻者彰。假舆马者，非利足也，而致千里；假舟楫者，非能水也，而绝江河。①

与孔子和孟子一样，荀子作为一个成功的教育家，不断探索教育的规律，其中如对循序渐进规律和锲而不舍原则的论述，就启迪和沾溉了无数后来的青少年和学者，使他们在学习和探索知识、成功学问的路上不断砥砺前行：

> 积土成山，风雨兴焉；积水成渊，蛟龙生焉，积善成德，圣心备焉。故不积跬步，无以至千里；不积小流，无以成江海。麒麟一跃，不能十步；驽马十驾，功在不舍。锲而舍之，朽木不折；锲而不舍，金石可镂。②

不过，荀子对学习内容和目的的设定显示了他的儒家特色，这就是通过学习《诗》《书》《礼》《易》《乐》《春秋》，“化性起伪”，达到“君子”“圣人”的境界：“学恶乎始？恶乎终？曰：其数则始乎诵经，终乎读礼；其义则始乎为士，终乎为圣人。”③

（四）“群”论导出的历史观

在先秦儒家学派的思想家中，荀子是第一个提出“群”论的代表人物。

① 王先谦：《荀子集解》，中华书局 2013 年版，第 1—4 页。
② 王先谦：《荀子集解》，中华书局 2013 年版，第 8—9 页。
③ 王先谦：《荀子集解》，中华书局 2013 年版，第 13 页。

这个思想突出展示的是他的历史观：

> 水火有气而无生，草木有生而无知，禽兽有知而无义，人有气、有生、有知，亦且有义，故最为天下贵也。力不若牛，走不若马，而牛马为用，何也？曰：人能群，彼不能群也。人何以能群？曰：分。分何以能行？曰：义。故义以分则和，和则一，一则多力，多力则强，强则胜物，故宫室可得而居也。故序四时，裁万物，兼利天下，无他故焉，得之分义也。故人生不能无群，群而无分则争，争则乱，乱则离，离则弱，弱则不能胜物，故宫室不可得而居也，不可少顷舍礼义之谓也。能以事亲谓之孝，能以事兄谓之悌，能以事上谓之顺，能以使下谓之君。君者，善群也。群道当则万物皆得其宜，六畜皆得其长，群生皆得其命。故养长时则六畜育，杀生时则草木殖，政命时则百姓一，贤良服。圣王之制也，草木荣华滋硕之时则斧斤不入山林，不夭其生，不绝其长也；鼋鼍、鱼鳖、鳅鳣孕别之时，罔罟毒药不入泽，不夭其生，不绝其长也；春耕、夏耘、秋收、冬藏四者不失时，故五谷不绝而百姓有余食也；污池、渊沼、川泽谨其时禁，故鱼鳖优多而百姓有余用也；斩伐养长不失其时，故山林不童而百姓有余材也。圣王之用也，上察于天，下错于地，塞备天地之间，加施万物之上，微而明，短而长，狭而广，神明博大以至约。故曰：一与一是为人者谓之圣人。①

这段话表明，荀子已经认识到，第一，人类与自然界，包括植物界和动物界的根本区别是"人能群，彼不能群"，即人类组成了一个有组织的社会，所以能让自然界为人类服务，使善走多力的牛马乖乖地供人类驱使，因而"最为天下贵"。第二，人类之所以能组成社会，是因为能"分"，即能够使所有人各得其所，避免纷争；而其所以能够"分"，是因为有"义"，即形成社会共识的共同遵守的行为规范与伦理道德，有一整套礼法制度来规范人们的行为："丧祭、朝聘、师旅"，"贵贱、生杀、予夺"，"君君、臣臣、父父、子子、兄兄、弟弟、夫夫、妇妇"，"农农、士士、工工、商商"，实际上指的

① 王先谦：《荀子集解》，中华书局 2013 年版，第 194—196 页。

是封建的经济基础和上层建筑，即全套的封建制度。而这套制度又是永恒的："君臣、父子、兄弟、夫妇，始则终，终则始，与天地同理，与万世同久，夫是之谓大本。"① 第三，能够依"义"而行"分"，使群中之人和睦相处的是君王，只有他是"善群"的。第四，在君王主持下，人类社会按"群道"有序运行，就会收到"万物皆得其宜，六畜皆得其长，群生皆得其命"的效果。第五，君王是"上察于天，下错于地，塞备天地之间，加施万物之上，微而明，短而长，狭而广，神明博大以至约"的圣人，所以他有智慧和能力推动和指挥自然界和人类社会有序和谐地运行。显而易见，荀子的历史观是与孔子、孟子相同或相近的圣人史观，即认定人类社会只有在圣人主持下才能组织起来并正常有序地运行。这种历史观显然总体上属于唯心主义。不过，在荀子的唯心论历史观中，还蕴含着不少合理内核：他猜测到人类组成了一个有别于自然界的社会，这个社会是按照一定的规则有序运行的；这个社会必须使所有人都处于一个等级秩序的阶梯之上，各得其所；这个社会必须在一个君王主持的政府管理下运作，以达到和谐共生的目标。

（五）"隆礼重法"与惠民富民

荀子在政治思想上一方面继承了孔子的礼治观念，并且成为先秦礼学的集其大成者，极力突出"隆礼"；另一方面，他"援法入儒"，更多地使礼向法倾斜，提出了一套较完整的以王权为中心的封建专制理论。

荀子的关于礼的观点，集中展现在《礼论》《王制》等篇中。他认为礼是为"养人之欲，给人之求"而设定的分界线：

> 礼起于何也？曰：人生而有欲，欲而不得，则不能无求；求而无度量分界，则不能不争；争则乱，乱则穷。先王恶其乱也，故制礼义以分之，以养人之欲，给人之求，使欲必不穷乎物，物必不屈于欲，两者相持而长，是礼之所起也。故礼者，养也。刍豢稻粱、五味调香，所以养口也；椒兰芬苾，所以养鼻也；雕琢、刻镂、黼黻、文章。所以养目也；钟鼓、管磬、琴瑟、竽笙，所以养耳也；疏房、檖貌、越席、床笫、几筵，所以养体也。故礼者，养也。君子既得其养，又好其别。

① 王先谦：《荀子集解》，中华书局 2013 年版，第 193 页。

曷谓别？曰：贵贱有等，长幼有差，贫富轻重皆有称者也。[①]

在荀子看来，以“分”为原则的礼是“养天下之本”：

礼分均则不偏，势齐则不一，众齐则不使。有天有地而上下有差，明王始立而处国有制。夫两贵之不能相事，两贱之不能相使，是天数也。势位齐而欲恶同，物不能澹则必争，争则乱，乱则穷矣。先王恶其乱也，故制礼义以分之，使有贫富贵贱之等，足以相兼临者，是养天下之本也。[②]

这就是说，人的口、目、耳、体的自然需求都是合理的，都应该得到满足。但自然界的物质数量是一定的，如果人人都追求需要的无限满足，势必引起争端。而为了既使人们的欲望得到满足，又使这种欲望的无限膨胀得到抑制，就必须加以节制，而礼就是为这种节制的需要而产生的。如何节制呢？就是规定各色人所在的等级，使整个社会形成一个差序等级制度：“贵贱有等，长幼有差，贫富轻重皆有称。”扩而大之，礼既是社会和国家各种制度的准则，也成为界定各色人权利和义务的标准，即“人道之极”：

故绳墨诚陈矣，则不可欺以曲直；衡诚县矣，则不可欺以轻重；规矩诚施矣，则不可欺以方圆；君子审于礼，则不可欺以诈伪。故绳者，直之至；衡者，平之至；规矩者，方圆之至；礼者，人道之极也。[③]

人无礼则不生，事无礼则不成，国家无礼则不宁。[④]

荀子损益西周以来的礼乐制度，在规定各种祭祀制度的同时，特别强调对天地、祖先和君师的尊崇：

① 王先谦：《荀子集解》，中华书局2013年版，第409—410页。
② 王先谦：《荀子集解》，中华书局2013年版，第179—180页。
③ 王先谦：《荀子集解》，中华书局2013年版，第421页。
④ 王先谦：《荀子集解》，中华书局2013年版，第27页。

礼有三本：天地者，生之本也；先祖者，类之本也；君师者，治之本也。无天地恶生？无先祖恶出？无君师恶治？三者偏亡焉，无安人。故礼上事天，下事地，尊先祖而隆君师，是礼之三本也。①

故天者，高之极也；地者，下之极也；无穷者，广之极也；圣人者，道之极也。②

在此前提下，让自然界和人类社会的各种事物、各色人等都纳入差序格局，彼此和谐相处，从而使自然界和人类社会永远都在既定秩序中顺畅地运行，也就达到了荀子心目中“天人合一”的境界：

天地以合，日月以明，四时以序，星辰以行，江河以流，万物以昌，好恶以节，喜怒以当，以为下则顺，以为上则明，万物变而不乱，贰之则丧也。礼岂不至矣哉！立隆以为极，而天下莫之能损益也。③

荀子的隆礼思想显示了他对社会形成和谐秩序的渴望。由礼引申至仁，接续儒学仁礼互补的意蕴，将孔子政治思想的基本理念继承和弘扬开来。与孔子、孟子相比，荀子更重视刑罚在治国理政中的作用：

听政之大分：以善至者待之以礼，以不善至者待之以刑。两者分别则贤不肖不杂，是非不乱。贤不肖不杂则英杰至，是非不乱则国家治。若是，名声日闻，天下愿，令行禁止，王者之事毕矣。凡听，威严猛厉而不好假道人，则下畏恐而不亲，周闭而不竭，若是，则大事殆乎弛，小事殆乎遂。和解调通，好假道人而无所凝止之，则奸言并至，尝试之说锋起，若是，则听大事烦，是又伤之也。故法法而不议，则法之所不至者必废；职而不通，则职之所不及者必队。故法而议，职而通，无隐谋，无遗善，而百事无过，非君子莫能。故公平者，职之衡也；中和者，听之绳也。其有法者以法行，无法者以类举，听之尽也；

① 王先谦：《荀子集解》，中华书局 2013 年版，第 413 页。
② 王先谦：《荀子集解》，中华书局 2013 年版，第 422 页。
③ 王先谦：《荀子集解》，中华书局 2013 年版，第 420 页。

偏党而无经，听之辟也。故有良法而乱者有之矣；有君子而乱者，自古及今，未尝闻也。传曰："治生乎君子，乱生乎小人。"此之谓也。①

故奸言、奸说、奸事、奸能、遁逃反侧之民，职而教之，须而待之，勉之以庆赏，惩之以刑罚，安职则畜，不安职则弃。……才行反时者死无赦。②

在荀子心目中，由君子掌控的礼、法结合互补的原则是最好的执政理念，认真贯彻执行就是善政。这个善政首先体现在"法后王"：

王者之制：道不过三代，法不贰后王。道过三代谓之荡，法贰后王谓之不雅。衣服有制，宫室有度，人徒有数，丧祭械用皆有等宜，声则凡非雅声者举废，色则凡非旧文者举息，械用则凡非旧器者举毁。夫是之谓复古。是王者之制也。③

荀子坚持"法后王"的理论，表明他已经与孔子、孟子的思想拉开了一定距离，因为孔孟都是"言必称尧舜"的"法先王"理论的坚定信仰者，他们将人类最美好的时代锁定于远古。荀子所处的战国时代明显与远古有了较大的区隔，再继续"法先王"已经无法回应时代的诉求了。荀子敢于放弃"法先王"的儒家传统，毅然提倡"法后王"，表明他具有与时俱进的勇气和魄力。其次，体现在任人唯贤和赏罚分明：

请问为政？曰：贤能不待次而举，罢不能不待须而废，元恶不待教而诛，中庸民不待政而化。分未定也则有昭缪。虽王公士大夫之子孙，不能属于礼义，则归之庶人。虽庶人之子孙也，积文学，正身行，能属于礼义，则归之卿相士大夫。④

王者之论：无德不贵，无能不官，无功不赏，无罪不罚，朝无幸

① 王先谦：《荀子集解》，中华书局2013年版，第176—177页。

② 王先谦：《荀子集解》，中华书局2013年版，第176页。

③ 王先谦：《荀子集解》，中华书局2013年版，第187—188页。

④ 王先谦：《荀子集解》，中华书局2013年版，第175—176页。

位，民无幸生，尚贤使能而等位不遗，析愿禁悍而刑罚不过，百姓晓然皆知夫为善于家而取赏于朝也，为不善于幽而蒙刑于显也。夫是之谓定论。是王者之论也。①

任人唯贤和赏罚分明的思想，是先秦许多学派共有的理念，荀子强调这一理念，同时向厉行赏罚倾斜，显示了他向法家思想的靠拢，同时也体现在对儒家民本思想的弘扬：

马骇舆则君子不安舆，庶人骇政则君子不安位。马骇舆则莫若静之，庶人骇政则莫若惠之。选贤良，举笃敬，兴孝悌，收孤寡，补贫穷，如是，则庶人安政矣。庶人安政，然后君子安位。传曰："君者，舟也；庶人者，水也。水则载舟，水则覆舟。"此之谓也。故君人者欲安则莫若平政爱民矣，欲荣则莫若隆礼敬士矣，欲立功名则莫若尚贤使能矣，是君人者之大节也。②

荀子认定，民本的核心内容应该是"惠民"，而惠民的核心意蕴是"富民"，使他们衣食无虞，安居乐业。这就需要实行"富民"的财政经济政策：

王者之等赋、政事、财万物，所以养万民也。田野什一，关市几而不征，山林泽梁以时禁发而不税，相地而衰政，理道之远近而致贡，通流财物粟米，无有滞留，使相归移也。四海之内若一家，故近者不隐其能，远者不疾其劳，无幽间隐僻之国莫不趋使而安乐之。③

荀子有时也将他的富民政策概括为"节用裕民"，认为国富必须建立在民裕的基础之上：

足国之道，节用裕民而善藏其余。节用以礼，裕民以政。彼裕民，

① 王先谦：《荀子集解》，中华书局 2013 年版，第 188—189 页。

② 王先谦：《荀子集解》，中华书局 2013 年版，第 180 页。

③ 王先谦：《荀子集解》，中华书局 2013 年版，第 189—190 页。

故多余。裕民则民富，民富则提田肥以易，则出实百倍。……节用裕民，则必有仁义圣良之名，而且有富厚丘山之积矣。①

为了裕民，还应该给百姓一定数量的土地，并实行轻徭役、薄赋敛的政策：

量地而立国，计利而畜民，度人力而授事，使民必胜事，事必出利，利足以生民，皆使衣食百用出入相揜，必时臧余，谓之称数。……轻田野之税，平关市之征，省商贾之数，罕兴力役。无夺农时，如是，则国富矣。夫是之谓以政裕民。②

实行这样的财政经济政策，不仅能够达到富民的目的，而且能够促进百业兴旺，货畅其流：

故泽人足乎木，山人足乎鱼，农夫不斲削、不陶冶而足械用，工贾不耕田而足菽粟。故虎豹为猛矣，然君子剥而用之。故天之所覆，地之所载，莫不尽其美，致其用，上以饰贤良，下以养百姓而安乐之。③

与之相反的是"聚敛"，必将导致国富而民贫。其结果一定是灭亡：

故修礼者王，为政者强，取民者安，聚敛者亡。故王者富民，霸者富士，仅存之国富大夫，亡国富筐箧，实府库。筐箧已富，府库已实，而百姓贫，夫是之谓上溢而下漏，入不可以守，出不可以战，则倾覆灭亡可立而待也。故我聚之以亡，敌得之以强。聚敛者，召寇、肥敌、亡国、危身之道也，故明君不蹈也。④

① 王先谦：《荀子集解》，中华书局 2013 年版，第 209—210 页。
② 王先谦：《荀子集解》，中华书局 2013 年版，第 211—212 页。
③ 王先谦：《荀子集解》，中华书局 2013 年版，第 192 页。
④ 王先谦：《荀子集解》，中华书局 2013 年版，第 181—182 页。

而所有这一切惠民、利民、富民的政策措施，所要达到的最终目的是争取民心，即“夺人”，使民心悦诚服地为君王服务，甚至不惜以生命捍卫国家的安全；与之相联系，一个得到百姓拥戴的君王，“暴国”既无力也不敢加兵于他的头上：

王夺之人，霸夺之舆，强夺之地。夺之人者臣诸侯，夺之舆者友诸侯，夺之地者敌诸侯。臣诸侯者王，友诸侯者霸，敌诸侯者危。用强者，人之城守，人之出战，而我以力胜之也，则伤人之民必甚矣。伤人之民甚，则人之民恶我必甚矣；人之民恶我甚，则日欲与我人斗。人之城守，人之出战，而我以力胜之，则伤吾民必甚矣。伤吾民甚，则吾民之恶我必甚矣；吾民之恶我甚，则日不欲为我斗。人之民日欲与我斗，吾民日不欲为我斗，是强者之所以反弱也。①

刑政平，百姓和，国俗节，则兵劲城固，敌国案自屈矣；务本事，积财物，而勿忘栖迟薛越也，是使群臣百姓皆以制度行，则财物积，国家案自富矣。三者体此为天下服，暴国之君案自不能用其兵矣。②

最后，荀子将自己的政治思想归结为仁、义、威三者的有机结合，阐发的仍然是儒家思想的基本要义：

故天下莫不贵也；威眇天下，故天下莫敢敌也。以不敌之威，辅服人之道，故不战而胜，不攻而得，甲兵不劳而天下服。是知王道者也。知此三具者，欲王而王，欲霸而霸，欲强而强矣。③

实际上，荀子在中国政治思想史上，第一次将礼治、法治和人治有机结合在一起，为后来中国统一的封建王朝找到了最适宜的意识形态和治国理政模式，也就使荀学实质上成为历代君王治国理政的教科书。

---

① 王先谦：《荀子集解》，中华书局 2013 年版，第 182—183 页。

② 王先谦：《荀子集解》，中华书局 2013 年版，第 204 页。

③ 王先谦：《荀子集解》，中华书局 2013 年版，第 186—187 页。

（六）军事思想

在先秦历史上，伴随着文明的产生发展而出现的激烈战争，催生了一大批著名兵家和一大批卓越将帅，创造了中国兵学史和战争史上开端岁月的辉煌篇章。而此期兵家之外的不少政治家和思想家，也大都因战争而涉猎兵学，从黄帝、尧、舜、禹、汤、文、武、周公，到五霸、七雄之国的君主们，再到诸子百家的精英们，几乎都在其行政实践和著作中展示自己的军事思想。其中，法、墨、杂、纵横等学派的军事思想较为丰富，而儒、道、名、阴阳、农等家的军事思想则相对贫乏。但就是在相对贫乏的军事思想家中，也往往有着对某些兵学问题的精彩论述。此期儒家学派的三个代表人物孔子、孟子和荀子，尽管都标榜热衷俎豆而鄙薄军旅，倡导以仁义反对战争，但面对战争几乎天天上演的现实，他们也不能不推出自己因应战争的思考。他们中间，荀子是最关注和研究战争的儒学大师，他的《议兵篇》就集中展示了自己的军事思想。

《议兵篇》记载了他同赵孝成王、临武君、陈嚣、李斯等讨论兵学的对话，在彼此的相互辩诘中展现了他的兵学理念。

荀子的军事思想，首先坚守的是儒家学派的基本立场，认定政治重于军事，君王立于不败之地的不拔之基是仁义为本、修政亲民。当赵孝成王问"兵要"即兵学最核心的理念是什么时，临武君的回答是："上得天时，下得地利，观敌之变动；后之发，先之至。此用兵之要术也。"荀子的回答是："臣所闻古之道，凡用兵，攻战之本，在乎一民。弓矢不调，则羿不能以中微；六马不和，则造父不能以致远；士民不亲附，则汤武不能以必胜也。故善附民者，是乃善用兵者也。故兵要在乎善附民而已。"临武君认为荀子的上述观点不对，反驳说："兵之所贵者，势利也；所行者，变诈也，善用兵者，感忽悠暗，莫知其所从出。孙、吴用之，无敌于天下。岂必待附民哉?"针对临武君的观点，荀子全面阐发他的仁人之兵不可战胜的理论：

> 臣之所道，仁人之兵，王者之志也。君之所贵权谋、势利也；所行，攻夺变诈也：诸侯之事也。仁人之兵，不可诈也。彼可诈者，怠慢者也，路亶者也，君臣上下之间滑然有离德也。故以桀诈桀，犹巧拙有幸焉，以桀诈尧，譬之若以卵投石，以指挠沸，若赴水火，入焉

焦没耳。故仁人上下，百将一心，三军同力……故仁人之兵聚则成卒，散则成列，延则若莫耶之长刃，婴之者断；兑则若莫耶之利锋，当之者溃；圜居而方止，则若盘石然，触之者角摧，案角鹿埵、陇种、东笼而退耳。①

这里荀子与临武君的互诘显然是各话各说，谈论的议题指向实际上是不同的。临武君主要讲的是战争中制胜的战略战术，强调的是“诡道”的运用；而荀子主要讲的是战争中制胜的政治条件，强调的是“仁人上下、百将一心，三军同力”，而不是各种战术的具体运用。在他看来，仁义为本、修政亲民的诸侯国君王，既必须以亲贤施仁对待他的臣民，也必须以诚信施之于他的邻国及其百姓，这就必然远离“变诈”，拒绝“诡道”。荀子的这套理念，与当时激烈进行的战争中敌我双方普遍实施的“诡诈”伎俩是不相容的，所以当他的学生陈嚣提出“仁者爱人，义者循理，然则又何以兵为？凡所为有兵者，为争夺也”，认定以争夺为目标的战争与仁义是矛盾的时，他这样解释：

彼仁者爱人，爱人，故恶人之害之也；义者循理，循理，故恶人之乱之也。彼兵者，所以禁暴除害也，非争夺也。故仁人之兵，所存者神、所过者化，若时雨之降，莫不说喜。是以尧伐驩兜，舜伐有苗，禹伐共工，汤伐有夏，文王伐崇，武王伐纣，此二帝四王，皆以仁义之兵行于天下也。故近者亲其善，远方慕其德，兵不血刃，远迩来服；德盛于此，施及四极。②

在荀子的意识中，仁人之兵必然是正义之兵，仁人之战必然是正义之战，所以能够收到“近者亲其善，远方慕其德，兵不血刃，远迩来服”的效果，这样的征战一定能够轻而易举地取得胜利，根本无须“变诈”和“诡道”。荀子如此解释并没有说服他的另一个学生李斯。李斯以当时的秦国屡

① 王先谦：《荀子集解》，中华书局 2013 年版，第 315—317 页。

② 王先谦：《荀子集解》，中华书局 2013 年版，第 330—331 页。

屡战胜周边诸侯国为例，说明不施仁义、全凭兵家韬略和战术也能取胜："秦四世有胜，兵强海内，威行诸侯，非以仁义为之也，以便从事而已。"对此，荀子毫不留情地严加驳斥：

> 女所谓便者，不便之便也；吾所谓仁义者，大便之便也。彼仁义者，所以修政者也。政修则民亲其上，乐其君，而轻为之死。故曰："凡在于军，将率，末事也。"秦四世有胜，諰諰然常恐天下之一合而轧已也，此所谓末世之兵，未有本统也。故汤之放桀也，非其逐之鸣条之时也，武王之诛纣也，非以甲子之朝而后胜之也，皆前行素修也。此所谓仁义之兵也。今女不求之于本而索之于末，此世之所以乱也。①

荀子这里依然固执地认定，仁义是根本，将率是末事，以战争手段纵然一时取得成功也不能从根本上杜绝暴乱，所以只能归之于"索之于末"之列。当孝成王、临武君顺着荀子的思路"问王者之兵，设何道何行而可"时，荀子则不失时机地充分阐发儒家视为圭臬的国家治乱强弱的道理：

> 凡在大王，将率末事也。臣请遂道王者诸侯强弱、存亡之效，安危之势：君贤者其国治，君不能者其国乱；隆礼贵义者其国治，简礼贱义者其国乱。治者强，乱者弱，是强弱之本也。上足仰，则下可用也；上不仰，则下不可用也。下可用则强，下不可用则弱，是强弱之常也。隆礼效功，上也；重禄贵节，次也；上功贱节，下也；是强弱之凡也。好士者强，不好士者弱；爱民者强；不爱民者弱；政令信者强，政令不信者弱；民齐者强，民不齐者弱；赏重者强，赏轻者弱；刑威者强，刑侮者弱；械用兵革攻完便利者强，械用兵革窳楛不便利者弱；重用兵者强，轻用兵者弱；权出一者强，权出二者弱：是强弱之常也。②

这里荀子将国家强盛的条件归结为：君王贤明、深具才能、崇尚礼文、尊重

---

① 王先谦：《荀子集解》，中华书局2013年版，第331—332页。

② 王先谦：《荀子集解》，中华书局2013年版，第319—320页。

正义、国家平治、上足仰、下可用、崇尚事功、喜好贤士、抚爱百姓、政令有信、百姓齐一、赏赐隆重、刑罚威严、器械完好、慎于用兵、兵权专一。在他所列的这 17 项条件中，只有 3 项涉及军事，其余 14 项全是政治。这表明在荀子的心目中，政治是本，军事是末，军事绝对依附于政治，政治好军事一定好，政治坏军事一定失败。所以他认定，齐国的技击、魏国的武卒、秦国的锐士虽然都是训练有素的勇士并且一个比一个更骁勇善战，但却比不上齐桓公、晋文公的“节制”即严明的法纪，而这两个五霸中的佼佼者又比不上笃行仁义的商汤和周武王。从仁义为本出发，荀子将当时人们普遍赞颂的名将田单、庄跻、商鞅、乐毅贬得很低，认为他们玩弄的道术是偏倚、奸诈、权谋、颠覆，根本达不到君民、将帅与士卒的协和与齐一，他们统帅的士卒只能是“盗兵”，他们指挥的军事行动也不过是“盗兵”的恣意妄为。齐桓公、晋文公、楚庄王、吴王阖闾、越王勾践等所谓春秋五霸，尽管初步进入了礼教之域，但还达不到商汤、周文、武的仁义之境，所以他们只能成就霸业，而不能王天下。

其次，具体到军事，荀子认为一个优秀的将帅，必须具备“六术”“五权”“三至”和“五圹”的识见、品格和才能：

> 知莫大乎弃疑，行莫大乎无过，事莫大乎无悔。至无悔而止矣，成不可必也。故制号政令欲严以威；庆赏刑罚欲必以信；处舍收藏欲周以固；徙举进退欲安以重，欲疾以速；窥敌观变欲潜以深，欲伍以参；遇敌决战必道吾所明，无道吾所疑；夫是之谓六术。无欲将而恶废，无急胜而亡败，无威内而轻外，无见其利而不顾其害，凡虑事欲熟而用财欲泰，夫是之谓五权。所以不受命于主有三：可杀而不可使处不完，可杀而不可使击不胜，可杀而不可使欺百姓，夫是之谓三至。凡受命于主而行三军，三军既定，百官得序，群物皆正，则主不能喜，敌不能怒，夫是之谓至臣。虑必先事而申之以敬，慎终如始，终始如一，夫是之谓大吉。凡百事之成也必在敬之，其败也必在慢之。故敬胜怠则吉，怠胜敬则灭。计胜欲则从，欲胜计则凶。战如守，行如战，有功如幸。敬谋无圹，敬事无圹，敬吏无圹，敬众无圹，敬敌无圹：夫是之谓五无圹。慎行此六术、五权、三至而处之以恭敬无圹，夫是之谓

天下之将，则通于神明矣。①

这里荀子所推尊的“六术”是：1. 法制、政令要做到严格而具有威慑力；2. 庆赏、刑罚要做到确切而坚实；3. 驻军、仓库要做到周密而牢固；4. 部队转移、进退既要做到安泰而稳重，又要做到迅速而隐秘；5. 侦察敌情、观察变化，要做到深入而隐蔽，充分知悉其错综而又复杂的实际情况；6. 遇到敌情，决定战略战术，必须根据已经明晰的实际情况，而不能根据怀疑想当然地盲目行动。这六种方术涉及军队纪律、赏罚规则、后勤供应、行军安排、情报获取、敌情处置等诸多方面，包含了战略战术的一些基本理论和原则。荀子强调的“五权”是：1. 不要喜爱行动而厌恶止息；2. 不要急于取胜而忘掉失败；3. 不要专注内部而轻视敌方；4. 不要光顾利益而忘却危害；5. 思考要周密审慎，用财要大度仗义。五权显示了荀子在军事谋划和指挥上的辩证意识，凡事考虑正反两面，预设两种可能，做好两种准备，只有如此才能进退有据，立于不败之地。荀子钟情的“三至”是指将帅拒绝君王授命的三项基本原则：1. 宁可被杀戮也不使自己统帅的军队驻扎在守备不坚固的地方；2. 宁可被杀戮也不使自己统帅的军队去进攻无法战胜的敌人；3. 宁可被杀戮也不可使自己统帅的军队去欺压百姓。这三项内容是“君命有所不受”的原则，体现的是作为将帅必须坚持的爱民、制胜和体恤士卒的原则。在荀子看来，这是将帅应该遵循的行为准则，也就是底线。荀子特别要求将帅时刻保持警戒状态，拒绝疏忽怠慢，防止欲望过度，警惕立功后的忘乎所以，做到谋虑、事务、官吏、群众、敌人五个方面的问题都“无圹”，即要求这五个方面的工作件件落到实处，条理清晰，面面俱到。这些内容，加上前面提到的器械完好、慎于用兵、兵权专一等要求，显示了荀子在战略战术方面的准则意识、缜密思考、周全把控和正确运筹。

再次，荀子还十分强调军纪和一系列克敌制胜原则的重要性。当临武君问王者应该有怎样的“军制”时，他这样回答：

将死鼓，驭死辔，百吏死职，士大夫死行列。闻鼓声而进，闻金

① 王先谦：《荀子集解》，中华书局2013年版，第327—328页。

声而退，顺命为上，有功次之。令不进而进，犹令不退而退也，其罪惟均。不杀老弱，不猎禾稼，服者不禽，格者不舍，犇命者不获。凡诛，非诛其百姓也，诛其乱百姓者也。百姓有扞其贼，则是亦贼也。以故顺刃者生，苏刃者死，奔命者贡。微子开封于宋，曹触龙断于军，殷之服民，所以养生之者也，无异周人。故近者歌讴而乐之，远者竭蹶而趋之，无幽间辟陋之国莫不趋使而安乐之，四海之内若一家，通达之属莫不从服，夫是之谓人师。《诗》曰：'自西自东，自南自北，无思不服。'此之谓也。王者有诛而无战，城守不攻，兵格不击。上下相喜则庆之。不屠城，不潜军，不留众，师不越时。故乱者乐其政，不安其上，欲其至也。①

这里荀子强调的是，所有将帅士卒，都必须忠于职守，必要时以身殉职；都必须严守军纪，令行禁止，不留丝毫通融的余地；还要爱护战区的百姓，不杀戮老弱，不毁坏庄稼；对顺从的敌人不擒拿，对归降的人不捕获，但对拼死抵抗的人不饶恕；对敌人固守的城郭不攻打，对还抱团抵御的敌方士卒百姓不出击；对敌方官兵上下协和者送去祝福；不毁坏城郭，不伏击敌人；用兵作战尽量速战速决，不打旷日持久的消耗战，不在国外留驻重兵。从荀子强调的这些"军制"内容，可以看出他要求将帅士卒要纪律严明，爱护百姓，区别对待不同情况的敌人，注意瓦解敌军，特别要杜绝久拖不决的对外战争，以避师老兵疲，转胜为败。这些内容，除军纪外，也涉及不少战略战术方面的问题，都被他视为克敌制胜的原则和条件。

上面以《议兵篇》为据，简略检视了荀子的军事思想。从中可以清楚地看出，荀子是完全以儒家的立场看待军事、思谋战争，极力强调军事从属政治，战争服务于正义的目标，仁义为本，将率为末。他强调战争的正义性质，认定仁义无敌，无往而不胜。他特别重视军纪，要求将帅士卒忠于职守、严格纪律、爱护百姓，不滥杀无辜，不毁坏财物。他也注重战略战术的某些方面，如提出六术、五权、三至和五不圹等内容，其中既不乏朴素唯物论和辩证法的因素，也显示了他在战略战术方面的一些真知灼见。然而，荀

① 王先谦：《荀子集解》，中华书局 2013 年版，第 328—330 页。

子的军事思想与几位兵学巨擘如孙武、吴起等相比，总体上是比较贫乏的。他强调战争的正义性质，强调仁义为本，强调战争从属政治，虽然都具有积极意义，但他对政治、仁义决定战争胜负的理解是片面的，缺乏辩证思维。他不理解政治与战争的关系是辩证的，两者紧密联系又各自独立，各自具有不同的内涵，二者是不能互相代替的。正义是决定战争胜利的重要和必要条件，但又不是唯一条件，仅仅靠正义并一定能够取胜。因为制胜的因素和条件是多方面的，非正义战争的一方有时也能够取胜。荀子对战略战术的探索更多缺失，特别是拒绝在战争中运用“诡道”更是迂腐之论。因为战场上的“诡道”运思是取胜的重要条件，是将帅战略战术水平高下优劣的重要标志。拒绝诡道的宋襄公在战场上一败涂地，被毛泽东讥讽为“蠢猪式的仁义道德”。荀子虽然生活在战争频仍的战国时代，但他却一生与战阵无缘，既没有参与具体战役的谋划，更没有亲临前线指挥战斗，对战争的凶险、残酷和瞬息万变的机遇捕捉相对隔膜。他的军事思想基本上是停留在书斋里的坐而论道，因而有时展露不谙腠里的书呆子气息。所以，荀子虽是一个顶尖的思想家，却只能算末流的军事家。对于军事，他犹如一个站在花园围墙之外的外行人，仅仅是对园内花木做了一点浮光掠影的评点而已。不过，中国历史仿佛是同儒家大师们开玩笑，它没有按照“仁者无敌”的预言走向他们倾情的仁义统一之路，而是在秦王嬴政的运筹下让将帅们指挥的虎狼之师以看似不义的战争手段将六国的抵抗纳在血泊中，使兵家的韬略、智谋和勇敢高奏了一曲胜利的凯歌。

（七）君子人格

与孔子、孟子一样，荀子也特别重视君子人格的修养。在《荀子》32篇文章中，几乎每篇都提及君子人格问题，而在《劝学》《修身》《不苟》《荣辱》等篇中，更是集中对这一问题进行论述。首篇《劝学》则以“君子曰”拉开全书的帷幕。显然，在荀子等儒家学派眼里，这是一个需要着力探索的重要问题之一。

荀子认定，君子之所以成为君子，最根本标志的是遵礼崇师，以礼法作为自己行为的准则，以从师那里获得礼法的全部知识和学问为荣：

> 礼者，所以正身也；师者，所以正礼也。无礼何以正身？无师，吾

安知礼之为是也？礼然而然，则是情安礼也；师云而云，则是知若师也。情安礼，知若师，则是圣人也。故非礼，是无法也；非师，是无师也。不是师法而好自用，譬之是犹以盲辨色、以聋辨声也，舍乱妄无为也。故学也者，礼法也。夫师，以身为正仪而贵自安者也。①

扁善之度，以治气养生则后彭祖，以修身自名则配尧、禹。宜于时通，利以处穷，礼信是也。凡用血气、志意、知虑，由礼则治通，不由礼则勃乱提僈；食饮、衣服、居处、动静，由礼则和节，不由礼则触陷生疾；容貌、态度、进退、趋行，由礼则雅，不由礼则夷固辟违，庸众而野。故人无礼则不生，事无礼则不成，国家无礼则不宁。②

自然，君子治理国家和社会，也是以礼义为准绳，屏除“治乱”，达到“治治”之境：

君子治治，非治乱也。曷谓邪？曰：礼义之谓治，非礼义之谓乱也。故君子者，治礼义者也，非治非礼义者也。然则国乱将弗治与？曰：国乱而治之者，非案乱而治之之谓也，去乱而被之以治；人污而修之者，非案污而修之之谓也，去污而易之以修。故去乱而非治乱也，去污而非修污也。治之为名，犹曰君子为治而不为乱，为修而不为污也。③

荀子从“人性恶”的前提出发，认为所有人的人性原本都是相同的，后来之所以出现君子小人的分野，是因为后天学习修为的差异，即“注错”（学习积累）当与不当的问题。“注错”当则成为君子，“注错”不当则成为小人恶人：

荣辱之大分，安危利害之常体。先义而后利者荣，先利而后义者辱；荣者常通，辱者常穷；通者常制人，穷者常制于人；是荣辱之大分也。材悫者常安利，荡悍者常危害；安利者常乐易，危害者常忧险；乐

① 王先谦：《荀子集解》，中华书局 2013 年版，第 39—40 页。

② 王先谦：《荀子集解》，中华书局 2013 年版，第 25—27 页。

③ 王先谦：《荀子集解》，中华书局 2013 年版，第 52 页。

易者常寿长，忧险者常夭折；是安危利害之常体也。夫天生烝民，有所以取之。志意致修，德行致厚，智虑致明，是天子之所以取天下也。政令法，举措时，听断公，上则能顺天子之命，下则能保百姓，是诸侯之所以取国家也。志行修，临官治，上则能顺上，下则能保职，是士大夫之所以取田邑也。修法则、度量、刑辟、图籍，不知其义，谨守其数，慎不敢损益也，父子相传，以持王公，是故三代虽亡，治法犹存，是官人百吏之所以取禄秩也。孝悌原悫，軥录疾力，以敦比其事业而不敢怠傲，是庶人之所以取暖衣饱食，长生久视，以免于刑戮也。饰邪说，文奸言，为倚事，陶诞、突盗，惕、悍、憍、暴，以偷生反侧于乱世之间，是奸人之所以取危辱死刑也。其虑之不深，其择之不谨，其定取舍楛僈，是其所以危也。材性知能，君子小人一也。好荣恶辱，好利恶害，是君子小人之所同也，若其所以求之之道则异矣。小人也者，疾为诞而欲人之信己也，疾为诈而欲人之亲己也，禽兽之行而欲人之善己也。虑之难知也，行之难安也，持之难立也，成则必不得其所好，必遇其所恶焉。故君子者，信矣，而亦欲人之信己也；忠矣，而亦欲人之亲己也；修正治辨矣，而亦欲人之善己也。虑之易知也，行之易安也，持之易立也，成则必得其所好，必不遇其所恶焉。是故穷则不隐，通则大明，身死而名弥白。小人莫不延颈举踵而愿曰："知虑材性，固有似贤人也。"夫不知其与己无以异也，则君子注错之当，而小人注错之过也。①

端悫顺弟，则可谓善少者矣；加好学逊敏焉，则有钧无上，可以为君子者矣。②

因为荀子笃信君子是由自己修养而成的，所以他特别看重个人的自我修养，要求在选师择友方面慎之又慎，对那些"谄谀我者"以"贼"视之，坚决拒之门外：

① 王先谦：《荀子集解》，中华书局 2013 年版，第 68—72 页。

② 王先谦：《荀子集解》，中华书局 2013 年版，第 40 页。

故非我而当者，吾师也；是我而当者，吾友也；谄谀我者，吾贼也。故君子隆师而亲友，以致恶其贼。好善无厌，受谏而能诫，虽欲无进，得乎哉！小人反是，致乱而恶人之非己也，致不肖而欲人之贤己也，心如虎狼，行如禽兽而又怨人之贼已也。谄谀者亲，谏诤者疏，修正为笑，至忠为贼，虽欲无灭亡，得乎哉！①

在具体修养方法方面，荀子推出“治气养心之术”，以崇师为前提，以遵礼为标准，修为自己的品格言行，在矛盾中寻找平衡，以达到最佳的“中庸”之境，能够使品格圆融，行为恰到好处：

治气养心之术：血气刚强，则柔之以调和；知虑渐深，则一之以易良；勇胆猛戾，则辅之以道顺；齐给便利，则节之以动止；狭隘偏小，则廓之以广大；卑湿、重迟、贪利，则抗之以高志；庸众驽散，则刦之以师友；怠慢僄弃，则炤之以祸灾；愚款端悫，则合之以礼乐，通之以思索。凡治气养心之术，莫径由礼，莫要得师，莫神一好。夫是之谓治气养心之术也。②

君子宽而不僈，廉而不刿，辩而不争，察而不激，寡立而不胜，坚强而不暴，柔从而不流，恭敬谨慎而容，夫是之谓至文。③

君子易知而难狎，易惧而难胁，畏患而不避义死，欲利而不为所非，交亲而不比，言辩而不辞。荡荡乎，其有以殊于世也。④

君子崇人之德，扬人之美，非谄谀也；正义直指，举人之过，恶非毁疵也；言己之光美，拟于舜、禹，参于天地，非夸诞也；与时屈伸，柔从若蒲苇，非慑怯也；刚强猛毅，靡所不信，非骄暴也。以义变应，知当曲直故也。⑤

① 王先谦：《荀子集解》，中华书局 2013 年版，第 24—25 页。

② 王先谦：《荀子集解》，中华书局 2013 年版，第 29—31 页。

③ 王先谦：《荀子集解》，中华书局 2013 年版，第 47—48 页。

④ 王先谦：《荀子集解》，中华书局 2013 年版，第 46 页。

⑤ 王先谦：《荀子集解》，中华书局 2013 年版，第 48—49 页。

荀子还认为，君子除了具备“治气养心之术”而外，还应该具有“操术”，即治理国家和社会的理论和方法：

君子位尊而志恭，心小而道大，所听视者近而所闻见者远。是何邪？是操术然也。故千人万人之情，一人之情是也；天地始者，今日是也；百王之道，后王是也。君子审后王之道而论于百王之前，若端拜而议。推礼义之统，分是非之分，总天下之要，治海内之众，若使一人，故操弥约而事弥大。五寸之矩，尽天下之方也。故君子不下室堂而海内之情举积此者，则操术然也。①

荀子进而认定，君子在遵礼行法中还需要保持始终不渝的定力，不受任何干扰：“君子行不贵苟难，说不贵苟察，名不贵苟传，唯其当之为贵。”② 认准目标，坚定前行。既能杜绝富贵利禄的引诱，也能经得起贫贱、劳苦、困难的磨炼和考验，秉持以德抗位的初衷，我行我素，坦荡磊落，只求内心之安然与疏朗：

志意修则骄富贵，道义重则轻王公，内省则外物轻矣。传曰：“君子役物，小人役于物。”此之谓也。身劳而心安，为之；利少而义多，为之。事乱君而通，不如事穷君而顺焉。故良农不为水旱不耕，良贾不为折阅不市，士君子不为贫穷怠乎道。③

体恭敬而心忠信，术礼义而情爱人，横行天下，虽困四夷，人莫不贵。劳苦之事则争先，饶乐之事则能让，端悫诚信，拘守而详，横行天下，虽困四夷，人莫不任。体倨固而心执诈，术顺墨而精杂汙，横行天下，虽达四方，人莫不贱。劳苦之事则偷儒转脱，饶乐之事则佞充而不曲，辟违而不悫，程役而不录，横行天下，虽达四方，人莫不弃。④

① 王先谦：《荀子集解》，中华书局 2013 年版，第 56—57 页。
② 王先谦：《荀子集解》，中华书局 2013 年版，第 43 页。
③ 王先谦：《荀子集解》，中华书局 2013 年版，第 31—32 页。
④ 王先谦：《荀子集解》，中华书局 2013 年版，第 32—35 页。

君子之求利也略，其远害也早，其避辱也惧，其行道理也勇。君子贫穷而志广，富贵而体恭，安燕而血气不惰，劳倦而容貌不枯，怒不过夺，喜不过予。君子贫穷而志广，隆仁也；富贵而体恭，杀势也；安燕而血气不惰，柬理也；劳倦而容貌不枯，好交也。怒不过夺，喜不过予，法胜私也。①

再进一步，荀子将君子修养的功夫锁定于“诚”，而这个诚的核心内容就是“唯仁之为守，唯义之为行”。这显然已经回到了孔子、孟子等儒学大师的中心议题：

君子养心莫善于诚，致诚则无他事矣，唯仁之为守，唯义之为行。诚心守仁则形，形则神，神则能化矣；诚心行义则理，理则明，明则能变矣。变化代兴，谓之天德。天不言而人推高焉，地不言而人推厚焉，四时不言而百姓期焉。夫此有常，以至其诚者也。君子至德，嘿然而喻，未施而亲，不怒而威。夫此顺命，以慎其独者也。善之为道者，不诚则不独，不独则不形，不形则虽作于心，见于色，出于言，民犹若未从也，虽从必疑。天地为大矣，不诚则不能化万物；圣人为知矣，不诚则不能化万民；父子为亲矣，不诚则疏；君上为尊矣，不诚则卑。夫诚者，君子之所守也，而政事之本也。唯所居以其类至，操之则得之，舍之则失之。操而得之则轻，轻则独行，独行而不舍则济矣。济而材尽，长迁而不反其初则化矣。②

正因为如此，所以君子应该警惕“诚”的对立面，同时力图避免“偏伤之患”：

公生明，偏生闇，端悫生通，诈伪生塞，诚信生神，夸诞生惑。此六生者，君子慎之，而禹、桀所以分也。③

① 王先谦：《荀子集解》，中华书局2013年版，第41—42页。
② 王先谦：《荀子集解》，中华书局2013年版，第53—56页。
③ 王先谦：《荀子集解》，中华书局2013年版，第59—60页。

欲恶取舍之权：见其可欲也，则必前后虑其可恶也者；见其可利也，则必前后虑其可害也者；而兼权之，熟计之，然后定其欲恶取舍。如是，则常不失陷矣。凡人之患，偏伤之也。见其可欲也，则不虑其可恶也者；见其可利也，则不顾其可害也者。是以动则必陷，为则必辱，是偏伤之患也。①

荀子在论述君子人格的过程中，不时拿出小人作为对立面，以展示君子与小人的根本不同，以求在对比映照中进一步彰显君子的伟大和小人的卑微：

君子能亦好，不能亦好；小人能亦丑，不能亦丑。君子能则宽容易直以开道人，不能则恭敬缚绌以畏事人；小人能则倨傲僻违以骄溢人，不能则妒嫉怨诽以倾覆人。故曰：君子能则人荣学焉，不能则人乐告之；小人能则人贱学焉，不能则人羞告之。是君子小人之分也。②

君子，小人之反也。君子大心则天而道，小心则畏义而节；知则明通而类，愚则端悫而法；见由则恭而止，见闭则敬而齐；喜则和而理，忧则静而理；通则文而明，穷则约而详。小人则不然，大心则慢而暴，小心则淫而倾，知则攫盗而渐，愚则毒贼而乱；见由则兑而倨，见闭则怨而险；喜则轻而翾，忧则挫而慑；通则骄而偏，穷则弃而儑。③

快快而亡者，怒也；察察而残者，忮也；博而穷者，訾也；清之而俞浊者，口也；豢之而俞瘠者，交也；辩而不说者，争也；直立而不见知者，胜也；廉而不见贵者，刿也；勇而不见惮者，贪也；信而不见敬者，好剸行也；此小人之所务而君子之所不为也。④

有狗彘之勇者，有贾盗之勇者，有小人之勇者，有士君子之勇者；争饮食，无廉耻，不知是非，不辟死伤，不畏众强，恈恈然唯利饮食之见，是狗彘之勇也。为事利，争货财，无辞让，果敢而振，猛贪而戾，恈恈然唯利之见，是贾盗之勇也。轻死而暴，是小人之勇也。义

① 王先谦：《荀子集解》，中华书局2013年版，第60页。
② 王先谦：《荀子集解》，中华书局2013年版，第46—47页。
③ 王先谦：《荀子集解》，中华书局2013年版，第49—51页。
④ 王先谦：《荀子集解》，中华书局2013年版，第63—64页。

之所在，不倾于权，不顾其利，举国而与之不为改视，重死持义而不挠，是士君子之勇也。[①]

有通士者，有公士者，有直士者，有悫士者，有小人者。上则能尊君，下则能爱民，物至而应，事起而辨，若是，则可谓通士矣。不下比以闇上，不上同以疾下，分争于中，不以私害之，若是，则可谓公士矣。身之所长，上虽不知，不以悖君，身之所短，上虽不知，不以取赏，长短不饰，以情自竭，若是，则可谓直士矣。庸言必信之，庸行必慎之，畏法流俗而不敢以其所独甚，若是，则可谓悫士矣。言无常信，行无常贞，唯利所在，无所不倾，若是，则可谓小人矣。[②]

荀子的君子人格论，在继承孔子、孟子思想的基础上，又进行了丰富和发展。一方面加强了君子的法制意识，一方面加重了君子后天的修养理念，使孔子、孟子创立的君子人格理论更加臻于完善，更加具备实践的品格。

另外，还应该提及，荀子不仅是一位学识渊博的大思想家，而且在中国文学史上也占有一定的地位。他是先秦散文四大家之一，其文以浑厚谨严的风格与孟子、庄子和韩非等人的散文一起共领时代的风骚。荀子还用当时民间喜闻乐见的曲调宣传自己的理论，创作了《成相篇》，以六句组成一章，以有韵无韵相结合的方式，编出朗朗上口的词句，成为我国最古的“鼓儿词”，也是后世大鼓书的开端。

（八）巨大而深远的影响

荀子不仅是孟子之后在当时影响最大的儒学大师，也是对后世产生了深远影响的思想家。清朝末年在“戊戌变法”运动中牺牲的“六君子”之一的谭嗣同，在其著名的著作《仁学》中就认定：“两千年之政，秦政也；两千年之学，荀学也。”在先秦儒学大师行列中，他是与孔子、孟子鼎足而三的巨星。在四库全书中他出现的频次也仅次于孔子和孟子：荀卿在2223卷中出现3623次，荀子在2007卷中出现3344次。不过，与对孔子、孟子几

① 王先谦：《荀子集解》，中华书局2013年版，第65—66页。
② 王先谦：《荀子集解》，中华书局2013年版，第57—59页。

乎一片颂扬不同，后世对荀子的评价却呈现严重分歧。唐朝以前，学者和思想家对荀子基本上持肯定态度，如韩愈虽然指出他思想中掺杂了“霸道”意识，相较孔子、孟子不够纯正，但也只是“大醇小疵”，仍不失为与孟子同等重要的儒学大师：

> 昔者孟轲好辩，孔道以明辙天下，卒老于行。荀卿守正，大论是弘，逃谗于楚，废死兰陵，是二儒者，吐辞为经，举足为法，绝类离伦，优入圣域。①

同是唐朝的杨倞在《注荀子序》中，表述了与韩愈同样的观点，认定他与孟子是战国时代儒学祭坛上耀眼的双璧：

> 昔周公稽古三五之道，损益夏殷之典，制礼作乐，以仁义理天下，其德化刑政存乎《诗》。至于幽、厉失道，始变《风》变《雅》作矣。平王东迁，诸侯力政，逮五霸之后，则王道不绝如线。故仲尼定《礼》《乐》，作《春秋》，然后三代遗风弛而复张，而无时无位，功烈不得被于天下，但门人传述而已。陵夷至于战国，于是申、商苛虐，孙、吴变诈，以族论罪，杀人盈城。谈说者又以慎、墨、苏、张为宗，则孔氏之道几乎息矣。有志之士所为痛心疾首也。故孟轲阐其前，荀卿振其后，观其立言指事，根极理要，敷陈往古，掎挈当世，拨乱兴理，易于反掌，真名世之士，王者之师。又其书亦所以羽翼六经，增光孔氏，非徒诸子之言也。②

宋朝是中国史学最发达的朝代之一，也是疑古之风盛行的时代之一。在对荀子赞颂的同时，也出现贬义奔放的声音。宋初三先生之一的孙复、史坛领袖司马光、文坛领袖欧阳修，都对荀子赞扬有加。孙复将其推尊为孔子之后儒家的“五贤”之一：

---

① 《东雅堂昌黎集注》卷一二《进学解》，电子版文渊阁四库全书。

② 杨倞：《注荀子序》，电子版文渊阁四库全书。

自夫子殁，诸儒学其道得其门而入者鲜矣，惟孟轲氏、荀卿氏、扬雄氏、王通氏、韩愈氏而已，彼五贤者，天俾夹辅于夫子者也。①

司马光赞扬他与扬雄同为“排攘众流，张大正术”的巨擘：

臣伏以战国以降，百家蠭起，先王之道荒塞不通，独荀卿、扬雄排攘众流，张大正术，使后世学者坦知去从。②

欧阳修也认定荀子的学说“贬异扶正”，他是“最近于圣人”的儒学大师：

荀卿子独用诗书之言，贬异扶正，著书以非诸子，尤以劝学为急。荀卿，楚人，尝以学干诸侯，不用退老兰陵。楚人尊之。及战国平，三代诗书未尽出，汉诸大儒贾生、司马迁之徒莫不尽用荀卿子，盖其为说最近于圣人而然也。③

应该说，所有这些肯定荀子的观点基本上都是正确的，因为在先秦儒学史上，与孔子、孟子能够同列并肩者，也只有荀子而已。然而，在宋朝贬低荀子的声音几乎高过褒扬他的声音。这其中，二程开其端，苏轼、王安石继其后，煽动激扬，变本加厉，使贬斥荀子的声浪甚嚣尘上。二程认为：“荀卿才高学陋，以礼为伪，以性为恶，不见圣贤，虽曰尊子弓，然而时相去甚远，圣人之道至卿不传。”④ 他们指责韩愈的“大醇小疵”的评价是“责人甚恕”，荀子不是“小疵”，而是“大驳”：“荀卿才高，其过多；扬雄才短，其过少。韩子称其大醇，非也。若二子可谓大驳矣，然韩子责人甚恕。”⑤ 苏轼写了《荀卿论》，不仅全面否定了荀子的理论和学说，而且将李斯建议秦

① 孙复：《孙明复小集・上孔给事书》，电子版文渊阁四库全书。
② 司马光：《传家集》卷一八《乞印行荀子扬子法言状—皇佑二年上》，电子版文渊阁四库全书。
③ 欧阳修：《文忠集》卷四一《郑荀改名序》，电子版文渊阁四库全书。
④ 朱熹编：《二程外书》卷一〇，电子版文渊阁四库全书。
⑤ 《二程遗书》卷一八，电子版文渊阁四库全书。

始皇“焚书坑儒”的惨剧也算在了荀子头上：

> 荀卿者，喜为异说而不让，敢为高论而不顾者也。其言愚人之所惊，小人之所喜也。……其为人必也刚愎不逊，而自许太过。彼李斯者，又特甚者耳。今夫小人之为不善，犹必有所顾忌，是以夏商之亡，桀纣之残暴，而先王之法度、礼乐刑政，犹未至于绝灭而不可考者，是桀纣犹有所存而不敢尽废也。彼李斯者，独能奋而不顾，焚烧夫子之六经，烹灭三代之诸侯，破坏周公之井田，此亦必有所恃者矣。彼见其师历诋天下之贤人自是其愚，以为古先圣王皆无足法者，不知荀卿特以快一时之论，而荀卿亦不知其祸之至于此也。[①]

王安石也写了专门论荀子的文章，认为他对子思、孟子的非议是完全站不住脚的，进而认定荀子绝不是孟子思想的继承者：“荀卿生于乱世，而遂以乱世之事量圣人，后世之士尊荀卿以为大儒而继孟子者，吾不信矣。”[②]之后，宋朝紧跟这些大人物推波助澜、不断标出贬斥荀子新观点的人实繁有徒。王应麟直斥：“荀卿著书，其失有三：曰性恶也，曰法后王也，曰非子思孟子也。”[③]张九成则干脆将“焚书坑儒”的思想渊源追踪至荀子那里：

> 荀卿有性恶礼伪之说，此亦学不精微、思不深眇、雷同苟简之病也。不知其说一行，其弟子李斯祖述之，得志于秦，以性为恶，乃行督责之政；以礼为伪，乃焚六经之籍，坑天下之儒。荀卿亦岂谓其学遂至于此哉？故罪嬴秦者当罪李斯，而罪李斯者当罪荀卿，罪荀卿者当罪其学不精微、思不深眇、遽立名言以乱天下。[④]

对于苏轼等人贬斥荀子的观点，宋朝人持不同意见者也发出自己的声音，其中黄震就全面肯定韩愈的观点，对苏轼的观点力予驳正，直认苏轼重

① 《东坡全集》卷四三，电子版文渊阁四库全书。

② 王安石：《临川文集》卷六四，电子版文渊阁四库全书。

③ 王应麟：《通鉴答问》卷二，电子版文渊阁四库全书。

④ 张九成：《孟子传》卷二六，电子版文渊阁四库全书。

蹈纵横家的窠臼：

余读荀卿书，然后知昌黎公之不可及，虽欧阳子最尊昌黎公，其议论亦有时而异者，大抵诵述正论于义理，开明之日易辨明正理，于是非迷谬之世难，自战国纵横之说兴而处士横议之风炽，极而至于庄周，并收一世之怪，大肆滑稽之口，以戏薄尧舜禹汤文武周公孔子之道，而天下之正理世无复知于斯时也。知尊王而贱霸，知尊孔氏而黜异端，孟子之后仅有荀子一人，而世不称荀子何哉？盖尝考其故，由汉及唐皆尊老庄，其间溢出而为禅学者，亦庄老之余涨，而荀子尝斥老聃为知诎而不知伸，斥庄周为蔽于天而不知人，其说正由汉及唐之学者相背驰，宜其不之称也。独一昌黎公奋自千载无传之后，破除千载谬迷之说，尊孟子以续孔氏，而表荀子以次孟子，卓哉正大之见！孔孟以来一人而已。其关系正邪之辨为何如哉？迨至我朝，理学大明，三尺孺子亦知向方矣。老苏以杰然不世出之才，反独远追战国纵横之学，此与荀子正相南北，识者已疑之，欧阳子一见乃惊叹以为荀子。夫荀子明儒术于战国纵横之时，而老苏祖纵横于本朝，崇儒之日同耶异耶？而谓苏为荀耶？或者特于其文而言之耶？①

元代学者侯克中也持全面否定荀子的观点，他在一首诗中就认定荀子的思想与孔子是完全背道而驰，不是“大醇小疵”，而是通体为疵：

荀卿意欲祖宣尼，立论胡为自背驰。杂伯纯王如有见，议兵强国似无知。当时言性非邹孟，继世传心是李斯。天理不明人事谬，更将何处较醇疵。②

明朝大儒方孝孺，因拒绝为明成祖起草即位诏书而遭到最残酷的惩罚，也赢得了时人和后世的倾情颂赞。他判定荀子的思想和学说尽管表面上“近

① 黄震：《黄氏日抄》卷五五《荀子》，电子版文渊阁四库全书。

② 侯克中：《艮斋诗集》卷一《荀子》，电子版文渊阁四库全书。

似中正之论”，而实际上已经远离孔子开创的儒学的大道：

> 若荀卿者，剽掠圣人之余言，发为近似中正之论，肆然自居于孔子之道而不疑，沛乎若有所宗，渊乎执之而无穷，尊王而贱霸，援尧舜摭汤武鄙桀纣，俨若儒者也。及要其大旨，则谓人之性恶、以仁义为伪也，妄为蔓衍不经之辞，以蛆蠹孟子之道，其区区之私心，不过欲求异于人而不自知，卒为斯道谗贼也。葢数家者偏驳不伦，故去之也易；荀卿似乎中正，故世多惑之。惜无孟子者出以纠其谬，故其书相传至今。①

明朝大文学家归有光充分肯定荀子的贡献，认为他是“与孟子并驰”的儒学大师，由于宋儒的“诋黜”而不被人重视，是极不公平的：

> 当战国时，诸子纷纷著书，惑乱天下。荀卿独能明仲尼之道，与孟子并驰，顾其为书者之体，务富于文辞，引物连类蔓衍夸多，故其间不能无疵。至其精造，则孟子不能过也。自扬雄、韩愈皆推尊之以配孟子。迨宋儒颇加诋黜，今世遂不复知有荀氏矣。悲夫！学者之于古人之书能不惑于流俗而求自得于心者，盖少也。②

仔细看来，从宋朝开启的对于荀子的鞭笞实在有点洗垢索瘢的味道，显然是不公平的。清朝以后，此风渐戢，乾嘉诸老，都认定他的博大精深。晚清为之作《集解》的王先谦，更极力为之辩诬，充分肯定其作为儒学正宗的地位：“荀子论学论治，皆以礼为宗，反复推详，务明其指趣，为千古修道立教所莫能外。”③ 这应该是一种切中肯綮的卓见。

荀子及其著作所展现的思想，是儒学发展史上具有里程碑意义的创新之论。他之看似脱离孔子、孟子正道的理论探索，正彰显他力图因应时代诉求的努力。他之“援法入儒”，更是为了使儒学适应变化的社会现实而对其

① 方孝孺：《逊志斋集》卷四《读荀子》，电子版文渊阁四库全书。

② 归有光：《震川集》卷一《荀子序录》，电子版文渊阁四库全书。

③ 王先谦：《荀子集解·序》，中华书局 2013 年版，第 1 页。

做的精心改造，表现了与时俱进的理论自觉。正是由于他的努力，才使儒学摆脱了“迂远而阔于事情”的局限，建构起适应未来社会需求的思想体系，这就是所谓“外儒内法”“德主刑辅”的理论，也就是谭嗣同所指认的“两千年之学”的荀学。秦汉以后的历代王朝，尽管在统治思想和意识形态上打的是“孔孟之道”的旗号，但实际上，真正指导国家行政运作和社会生活行进的是荀学。遗憾的是，秦始皇建立中国历史上第一个真正大一统的王朝后，没有认识荀学的价值，更没有用它作为自己行政的指导思想，一方面以二世而亡的代价对自己的错误作了惩罚，一方面则以深刻的历史教训让汉以后的统治者选择了荀学作为自己行政的指导方针。荀子泉下有知，他应该发出会心的微笑。

第五章　秦王嬴政统一中国

第一节　全国统一大势的形成

春秋战国的五个半世纪，是中国古代社会变化最剧烈的时代。从政治上讲，中央集权的行政体制代替了授民授疆土的封邑管理制，从贵族专权、“世卿世禄”过渡到以任免为特征的官僚体制。从经济上讲，以地主土地所有制（国有、私有并存）代替奴隶主贵族多级占有的“井田制”，从“工商食官”过渡到私人工商业比较自由发展并空前繁荣的局面。而涵盖了深刻的政治经济内容，遍及各诸侯国的变法运动，是一场从上层建筑到经济基础的封建化运动，变法成功的标志是封建制度的确立。伴随着经济政治变革的是列国之间的争霸战争和兼并战争，它使数以百计的大小不等的诸侯国并入几个封建大国，从而实现了区域性的统一。剧烈的政治经济变革，残酷的战争，科学文化成果的积累，促成了思想文化领域的“百家争鸣”思潮的勃兴。而所有这一切，极大地促进了民族的融合，统一的中华民族的雏形——华夏族已经出现在广袤的中原大地上。以上诸多因素构成了一个共同的历史趋向，这就是由列国纷争走向全国统一。这种历史趋向，当时的许多思想家已经感触到了，所以当孟子来到梁国（即魏国），梁惠王问他“天下何乎定”时，孟子十分肯定地以三个字回答：“定于一。”[①] 即统一能够带来国家社会的安定。这里孟子的高明之处在于，他用最简洁的语言将很多人感触到但却未能表述的历史趋势说破了。

战国时期，由于生产力的发展和经济的日益繁荣，使各地发生了越来

① 《孟子·梁惠王上》，《十三经注疏》，中华书局1980年版，第2670页。

越密切的联系和交流，从而形成了对统一的强大推动力。到战国中后期，全国形成了各具特色、彼此联系的东西南北中五大经济区。东方为齐鲁经济区，地域为今之山东全境与河北南部，以齐国为主，盛产鱼盐铜铁桑麻，工商业发达，号称“冠带衣履天下”。南方经济区涵盖淮河下游、长江中下游以及南方广大地区，即原来的楚、吴、越三国。这里地广人稀，河湖纵横，资源富饶，商贸发达，农业稍显滞后。西方经济区包括关中、巴蜀和西北地区，为周、秦的发祥地，有较发达的农业、牧业和工商业。北方经济区包括燕国、赵国北部和中山地区。其北部、西北部、东北部与游牧民族接壤，牧业发达，农业相对粗放。中原经济区指黄河中游地区，包括韩、魏、宋、卫和赵国南部。这里是夏、商、西周三代的中心区域，有发达的农业与活跃的商贸。由于五大经济区各有特点，物产不同，具有较强的互补性。尽管春秋战国时期列国间此疆彼界，关卡林立，但因为各地百姓生产与生活的需要，商人们还是在利益驱动下，突破关卡，车船周流天下，将各地的土特产品贩运到紧缺地区，促进了不同地区的物资交流，大大丰富了各地百姓的生活。正如司马迁所说：

> 夫山西饶材、竹、谷、纑、旄、玉石；山东多鱼、盐、漆、丝、声色；江南出柟、梓、姜、桂、金、锡、连、丹沙、犀、瑇瑁、珠玑、齿革；龙门、碣石北多马、牛、羊、旃裘、筋角；铜、铁则千里往往山出棊置；此其大较也。皆中国人民所喜好，谣俗被服饮食奉生送死之具也。故待农而食之，虞而出之，工而成之，商而通之。此宁有政教发征期会哉？人各任其能，竭其力，以得所欲。故物贱之征贵，贵之征贱，各劝其业，乐其事，若水之趋下，日夜无休时，不召而自来，不求而民出之。岂非道之所符而，自然之验邪？①

正因乎此，在中原的市场上可以买到东方的鱼盐蚕丝，西方的竹木玉石，南方的犀象珠玑，北方的牛羊马驼、皮革毡裘。而在秦国咸阳的宫廷里，更是陈列着来自全国各地的奇珍异宝。对此，李斯在《谏逐客书》中有一段十分

① 司马迁：《史记》卷一二九《货殖列传》，中华书局 1959 年版，第 3253—3254 页。

生动的描述：

> 今陛下致昆山之玉，有随、和之宝，垂明月之珠，服太阿之剑，乘纤离之马，建翠凤之旗，树灵鼍之鼓。此数宝者，秦不生一焉，而陛下说之，何也？必秦国之所生然后可，则是夜光之璧不饰朝廷，犀象之器不为玩好，郑、卫之女不充后宫，而骏良駃騠不实外厩，江南金锡不为用，西蜀丹青不为采。所以饰后宫充下陈娱心意说耳目者，必出于秦然后可，则是宛珠之簪，傅玑之珥，阿缟之衣，锦绣之饰不进于前，而随俗雅化佳冶窈窕赵女不立于侧也。①

正因为列国的商贸往来比较频繁，才涌现出一批因从事商贸活动而致富的大工商业者。其中，三致千金的范蠡，结驷连骑、与国君分庭抗礼的子贡，深谙治生之术、贱买贵卖的白圭，经营畜牧业致富的乌氏倮，开采丹砂致富的巴蜀寡妇清，靠煮盐起家的猗顿，以冶铁发家的郭纵，还有经商不忘国事的弦高，以巨额财富投机政治的吕不韦，皆有名于时，成为经济领域的弄潮儿，甚至涉足政治外交，让诸侯国君刮目而视。经济的发展，各地区频繁的物资交流，迫切要求打破列国林立的此疆彼界，迫切需要一个和平的外部环境。这只有在统一的国度里才能实现。

春秋战国时期，既是经济文化大发展的时代，也是民族大融合的时代，经过500多年的民族大融合，到接近战国结束的时代，中华民族的前身华夏族已经破茧而出，基本上形成了一个经济联系紧密、思想文化趋同、意识形态接近的多民族共同体。本来，在中国古代文明初现，奴隶制国家刚刚诞生的时候，其国家形态即是由氏族部落尤其是部落联盟发展而来的奴隶制王国。“禹合诸侯于涂山，执玉帛者万国”②，这数以千百计的“国”就是由一个又一个氏族部落和部落联盟组成的。远在夏王朝建立之前，华夏大地上就形成了几个大的部族集团，其中最大的有以下几个：1. 古东夷集团，传说中的太昊、少昊、伯益、皋陶、颛顼、帝喾等就属于这一族群。2. 古羌人集团，

① 司马迁：《史记》卷八七《李斯列传》，中华书局1959年版，第2542页。

② 杨伯峻：《春秋左传注》，中华书局2006年版，第1642页。

他们奉炎帝为始祖，传说中的共工、四岳、烈山氏即属于这一族群。3. 古蛮人集团，该集团以盘瓠为祖先，长江流域及南方众多以蛮为号的氏族和部落都属于这一族群，三苗是其主要组成部分。4. 古戎狄集团，该集团奉黄帝为祖先，占据黄河中游地区，后来发展为夏人集团。这些族群之间，既互相斗争又互相联合，并在斗争与联合中不断融合，结果形成了中国最初的国家形态族邦联盟——夏朝。最早建立中央王朝的夏后氏族群，包括有扈氏、斟鄩氏、斟灌氏、有莘氏等。在其周围，分布着颛顼族群，包括祝融八姓、昆吾、顾氏、韦氏等。另外还有诸夷人族群，包括有虞氏、有鬲氏、有仍氏、有缗氏、有施氏、有易氏、有修氏等。经过夏朝 400 多年的斗争融合，到商朝代替夏朝时，就形成了奴隶制的方国联合体。商王朝居于中原，它的周围是许多称为“方”的族群，在甲骨文中出现的达 70 多个。如西北地区有土方、𢀛方、𢀛方、鬼方等，他们大都是游牧民族，曾同商王朝进行过激烈的战争。南方的江汉地区是由蛮人组成的荆楚，江淮之间为群舒。东方地区为夷方，甲骨文又称人方，是一个比较庞大和强盛的族群。西周在灭商建立中原王朝的过程中，据《逸周书·世俘解》记载，共灭掉 99 国，降服 652 国，这些被灭掉和降服的“国”，都是商族和其他族群建立的方国。周朝建立以后，通过大分封将姬姓贵族和其他异姓贵族分封到全国各地去统治当地的族群，加速了民族融合的步伐。从西周到春秋，在中原大地和周王国的周边地区，活跃着一大批除统治民族之外的少数民族，见于记载的数以百计。如山东半岛的莱夷族群，淮河流域的淮夷族群，长江下游的吴、越族群，长江、汉水流域的荆蛮族群，长江上游的巴、蜀族群，长江以南的扬、越族群，西方北方的戎、狄族群等等。春秋时期，一方面诸侯国之间斗争激烈，一方面中原华夏族与周边和深入内地的夷、狄之间斗争也很激烈，所谓“南夷与北狄交，中国之不绝若线”。因此齐桓公在争霸战争中才提出“尊王攘夷”的口号。然而，正是由于争霸战争和战国时期的兼并战争，加上统治民族与少数民族的战争，特别是各民族间日益扩大的经济文化交流，极大地加速了民族融合的步伐，形成了东方齐国、北方燕国与赵国、西方秦国、南方楚国和东南方的吴、越等民族融合的中心。到战国快结束的时候，昔日出现于《左传》等史籍上的少数民族，如莱夷、淮夷、吴、越、荆蛮、巴、蜀、戎、狄等，皆融入了一个人数众多、经济文化高度发展的主体民族——华夏族。这个有着共同地域、共同语言，较为接近的经济文化生活和较为相近的心理特征的民族共同体，就成为中国走向真正统一的基础。

春秋战国时期是思想文化获得高度发展的时代，“百家争鸣”的思想辩诘，加强了各种思想学术观点之间的交流与融合。尽管诸子百家对不少问题的看法大相径庭，但涉及国家民族的统一，却基本上都表示了比较一致的理念。儒、墨、法等学派更是表示了强烈的大一统的愿望。战国后期，荀子学说已经表现了鲜明的综合百家的特点，吕不韦招揽宾客编著的《吕氏春秋》，更以兼综百家的“杂家”特色显示了为统一王朝寻求治国方略的良苦用心。自西周以降，大一统的观念越来越成为神州大地各民族的共识。你看，春秋时期，周天子虽然权势日蹙，偏居洛邑一隅，专看诸侯大国的脸色行事，甚至惶惶不可终日，但称雄一时的齐桓公、晋文公却只能在“尊王攘夷”的旗号下建立自己的霸业。原因就在于，周天子“天下共主”的形象还能发挥无形的力量。战国时期，统一的观念进一步强化，不仅华夏族认为自己是中国的主人，而且各少数民族也自觉认同与华夏族的亲缘关系。如匈奴人就认为自己是“夏后氏之苗裔”，南方的蛮族将自己的祖先追溯至高辛氏的女儿，西羌人则把三苗认作祖宗，并与姜尚攀上血缘关系。华夏族及其周围的少数民族共同发展起来的文化上的认同感，是一种强大无比的凝聚力，一种历久弥坚的统一向心理念，对于促进中国统一起着与政治、经济和军事同样重要的作用。

总起来看，历史发展到战国中后期，中国统一的形势已经形成，战国七雄中不乏觊觎统一果实的雄主，他们也都平等地拥有这种权力，但最后摘取统一硕果的却是六世坚持改革，百年之中砥砺前行的秦国和它的横空出世的国君嬴政。

第二节　嬴政登上秦国王位

秦庄襄王继位三年即于公元前 247 年病逝，他遗下的秦王之位由他 13 岁的儿子嬴政继承。然而，这个嬴政究竟是不是他的儿子，却是历史上延续至今的聚讼纷纭的话题之一。原因是，司马迁撰写的《史记》一书，就给出了两种答案。

《史记·秦始皇本纪》记载：

> 秦始皇帝者，秦庄襄王子也。庄襄王为秦质子于赵，见吕不韦姬，悦而取之，生始皇。以秦昭王四十八年（前259年）正月生于邯郸。及生，名为政，姓赵氏。①

《史记·吕不韦列传》记载：

> 吕不韦取邯郸诸姬绝好善舞者与居，知有身。子楚从不韦饮，见而说之，因起为寿，请之。吕不韦怒，念业已破家为子楚，欲以钓奇，乃遂献其姬。姬自匿有身，至大期时，生子政。子楚遂立姬为夫人。②

这里的两种记载，出自司马迁一人之手。至于他为什么保留这一互相矛盾的记载，后人很难臆测。大概因为当时流传这样两种说法，司马迁故意保留，以让后人评判吧？从史源学的角度讲，《史记·吕不韦列传》是记载嬴政为吕不韦之子的最早文献。至于司马迁何所本，截至今天，还没有发现与之有关的史料。司马迁之后，所有认定嬴政为吕不韦之子的历史著作，其史源概出自司马迁的这一记述。北宋司马光等编纂《资治通鉴》时，就将《史记·吕不韦列传》的记载几乎一字不易地转录其中。由于《史记》和《资治通鉴》是影响久远的两部历史巨著，其所记吕不韦和嬴政之间的交集又颇具传奇性和戏剧性，容易引发人们的兴味与遐思，因而被以后的史学著作一再征引，更被晚近大量的小说、戏曲和电视剧尽情地渲染。不过，现存记载吕不韦事迹的最早的文献《战国策》不仅没有记载此事，而且连一点暗示的意思也没有。司马迁的《史记》在《战国策》之后平添上一段吕不韦与秦始皇母亲的风流韵事，徒然制造了混乱。根据各种情势分析，嬴政为吕不韦儿子之事存在的可能性微乎其微。司马迁之后，一些严肃的史学著作已经提出了质疑。明朝人汤聘尹在其所著《史稗》中认定此事为“战国好事者为之”：

① 司马迁：《史记》卷六《秦始皇本纪》，中华书局1959年版，第223页。

② 司马迁：《史记》卷八五《吕不韦列传》，中华书局1959年版，第2508页。

异人请妇，至大期而诞子，未必请之时遽有娠也。虽有娠，不韦其肯轻泄之？而亦孰从知之？果有娠而后献，当始皇在赵，母子俱匿，其姬独不能语子以吕氏之胤，如齐东昏妃子之于萧缵耶？如语之故，始皇必不忍一本之系，何至忿然曰："君何亲于秦，号为仲父？"以奉先王之功，且躬出其后，而俾之迁蜀以死？虽宾客游说万端，而莫之阻，亦自知嬴非吕也。然则吕易嬴之说，战国好事者为之。

还是明朝人的王世贞在《读书后辨》中对这一说法的来源作了自己的解读：

毋亦不韦故为之说而泄之始皇，使知其为真父，长保富贵耶？抑其客之感恩者故为是以骂始皇，而六国之亡人，侈张其事，欲使天下之人，谓秦先六国亡也？不然，不韦不敢言，太后复不敢言，而大期之子，乌知其非嬴出也？

也是明朝人的梁玉绳在《史记志疑》中直认此事源于后人"误读《史记》"：

《史》云：姬自匿有身，至大期生子政。《集解》徐广曰：期，十二月也。梁氏曰：《左氏·僖十七》，孕过期。《疏》云：十月而产，妇人大期。则大期乃十月之期，不作十二月解。即如《史记》十二月曰大期，夫不及期可疑也，过期尚何疑？若谓始皇之生，本不及期，隐之至大期而乃以生子告，则子楚决无不知之理。岂非欲盖弥彰乎？只缘秦犯众怒，恶尽归之，遂有吕政之讥。史公《本纪》特书始皇之年月，而于此更书之，犹云世皆传不韦献匿身姬，其实秦政大期始生也，别嫌明疑，合于《春秋》书子同生之义，人自误读《史记》耳。

以上三位史学家皆以情理判断，否认了《史记·吕不韦列传》记载的真实性，显然是比较有说服力的。郭沫若也认为吕为政父之说十分荒唐："第一，仅见《史记》而为《国策》所不载，没有其他的旁证。第二，和春申君与女环的故事，如像一个刻板印出来的文章，情节大类小说。第三，《史记》的本文即互相矛盾而又无法说通。”[①] 郭文指出其矛盾之处：既说政母为邯郸歌姬，又说其为“赵豪家女”，因而难以说通。他进而推断这一离奇故事的编造者为西汉初年的吕氏族人：“我认为是西汉初年吕后称制的时候，吕氏之族如吕产、吕禄辈仿照春申君与女环的故事编造的。其目的是为吕氏篡政寻找历史根据。”[②] 马非百对此事进行了较为详细的辨析：

> 假如以《策》所载，不韦游秦，在孝文王时，则始皇乃生于昭王四十八年正月，已为十龄之幼童，一切诬蔑，皆将失其依据，自可不辩自明。况《国策》一书，素喜采摭人家阴私，逞为快论。故宣太后宠爱魏丑夫，欲以殉葬，及其与楚使应对，竟以床笫之间为喻，亦皆直书不讳。如果不韦当日有纳姬之举，岂肯漏而不载哉？[③]

前贤关于此事的辨析，应该说已经清楚明白。这里需要补充的一点最重要的佐证是：嬴政是不是庄襄王的儿子，庄襄王自己最心知肚明。他既然立嬴政为王位继承人，说明他确认嬴政与自己的血缘关系，否则，他还另有能够准确认定为自己血胤的儿子，他是绝不会让自己的血统出现不确定性的。显然，在没有新的资料发现之前，可以断定嬴政的身世与吕不韦是风马牛不相及的。依《战国策》和《史记·秦始皇本纪》的记载，嬴政的身世是明晰的：他是秦国为质于赵国的孝文王之子异人的儿子，其母为赵国豪家之女。嬴政出生于公元前259年，其时他的父亲作为人质住在邯郸，处于赵国的严密监视之下，形同囚徒，百无聊赖，且随时有性命之忧。他当时大概只想脱出困厄，回到自己的国家。以他当时在20多位兄弟中的地位，秦王的宝座离他还相当遥远。他绝不敢想自己有朝一日会承袭秦王大位，更不敢想自己这个降生于邯郸凄苦岁月里的儿子会是未来统一中国的英主。直到他遇到濮阳大贾吕不韦，才彻底改变了自己的命运，也为儿子铺设了一条通向统一帝国的康庄大道。

在《吕不韦的精心运作和秦庄襄王的顺利继位》一节中，我们已经对

---

① 《郭沫若全集》历史编2，人民出版社1982年版，第393页。

② 《郭沫若全集》历史编2，人民出版社1982年版，394页。

③ 马非百：《秦集史》上，中华书局1982年版，第214—215页。

嬴政之父获得王位的传奇故事作了论述，而他的继承王位也就保证了嬴政的继承权。历史地观察，嬴政最后能够登上秦国的王位，是天时与人谋诸多因素结合的结果，是必然性与偶然性的统一。嬴政身上的嬴姓血统是他的天时和必然性，因为根据当时王位继承的原则，他恰恰属于秦国王位继承人的选择范围。然而，除此之外，他的继承权的最后实现，却是由人谋和许多偶然因素促成的。

由于秦昭襄王特别富于春秋，活了 75 岁，在位 56 年，就使他预立的太子未能继承王位先他而去，致使遗下的太子之位轻而易举地落到了嬴政祖父的头上。而如果昭襄王先太子而去，嬴政祖父孝文王无论有多大本事也与王位无缘。孝文王因为兄长早逝而承接太子之位，他的继位已经有点天上掉馅饼撞上大运的味道。孝文王为太子时，他的长子子傒也被预立为继承人。如果他顺利接班，嬴政的父亲也就与王位无缘，中国历史上自然也就没有了一个名叫嬴政的秦始皇帝。本来，子傒作为长子、孝文王的法定继承人，又有杜仓等朝中重臣为辅佐，在内外臣民中已经树立起未来君王的形象。不出意外，他接班顺理成章。然而，此时恰巧发生了一系列意外之事。首先是吕不韦的出现。此人是发了大财的富商大贾，却偏偏不安于作为富豪的富贵尊荣，而是以经商的意识与手段利用财力去从事政治活动。他锐敏地发现了落魄的王孙公子异人这一“奇货”，在异人都还没有意识到自己价值的情况下，吕不韦却意识到他作为一件“商品”的巨大开发利用价值，他决定冒险开发利用。其次是异人的出现。他是一个生命时刻处在危险中的落难王孙，一直渴望摆脱自己朝不保夕的境遇，但他自己却没有力量和能力。正当他苦闷彷徨、束手无策之时，吕不韦作为一个愿出巨资的开发商自动前来投效。这自然使异人喜出望外，二人一拍即合。异人也毫不犹豫地抛出被开发的条件，信誓旦旦地保证：“必如君言，请得分秦国与君共之。”再次，就是华阳夫人一族的出现。华阳夫人作为楚国的美女嫁给孝文王后，立即成了他不可须臾离的人物，很可能是具有“回眸一笑百媚生，六宫粉黛无颜色”的魅力。而由于她的缘故，她的姊妹兄弟也得以布列朝堂，成为秦国炙手可热的权贵。这位华阳夫人尽管使孝文王神魂颠倒，但却没有子嗣，而这一点恰恰是异人得以争夺太子之位的条件。吕不韦看准了这一点，先以重金收买华阳夫人的姐弟，再以金钱和日后的太后尊位打动华阳夫人，使其通过强劲的枕边风劝说夫君改易太子。而最后的一着险棋显然是孝文王。这位名叫嬴柱的孝文王一直在他雄才大略而又长寿的父亲昭襄王的阴影下生活，既缺乏帝王的气度，更缺少帝王的谋略。大概终日沉湎酒色，过着温柔乡里的王孙公子醉生梦死的生活。在有关秦国的文献中，我们找不到这位活了 53 年的王孙公子建立任何功业的记载。而这一时期，恰恰是秦国经济迅速发展、军力极度张扬、对东方六国的进击屡屡取得成功的时期。一个无所作为的王子，也是最容易被美人牵着鼻子走的人。吕不韦对此显然有着深刻的了解，所以才将赌注押在华阳夫人身上。果然，华阳夫人劲吹的枕边风奏效了，改易太子的最关键的一步险棋走通。你想，如果这位孝文王是一位如同秦始皇和汉武帝一样的强势帝王，只把后妃作玩物，不准她们干预国家重大决策，吕不韦、异人、华阳夫人的合谋就不可能得逞。这一“如果”没有出现，异人也就顺利地成为争夺太子之位的胜利者。由于异人同赵姬有着患难与共的情感，加上嬴政是他的嫡长子，所以嬴政也就毫无阻碍地成为王位继承人。嬴政于昭襄王四十八年（前 259 年）生于赵都邯郸并在那里度过童年时代。这一时期，秦国与东方六国之间攻伐频繁，其父作为人质的生涯时时都有生命危险。嬴政母子随侍在侧，也是日日处于惊惧不安之中。据《史记・吕不韦列传》记载，他们母子在秦、赵两国的激烈斗争中差点成为牺牲品：

> 秦昭王五十年，使王齮围邯郸，急，赵欲杀子楚。子楚与吕不韦谋，行金六百斤予守者吏，得脱，亡赴秦军，遂得以归。赵欲杀子楚妻子，子楚夫人赵豪家女也，得匿，以故母子竟得活。秦昭王五十六年，薨，太子安国立为王，华阳夫人为王后，子楚为太子。赵亦奉子楚夫人及子政归秦。①

秦庄襄王异人至少是聪敏明断之人。他碰到吕不韦，毅然将改变自己命运的重任托付于他，给予完全的信赖，任其精心运作，使自己由一个看起来与王位无缘的落魄王孙，出人意料地成为王位继承人。继位以后，他实践对吕不韦的承诺，任命他为秦国相，让其全盘掌控和处理军国大政。他虽然

① 司马迁：《史记》卷八五《吕不韦列传》，中华书局 1959 年版，第 2509 页。

在位仅仅 3 年，但在吕不韦的辅佐下，还是将秦国的统一大业向前推进了一步。特别是，由于他立赵姬为王后，立嬴政为太子，就使嬴政顺理成章地继承了王位。从一定意义上讲，异人最大的贡献就是同赵姬生下嬴政，并为他顺利地登上王位铺设了一条十分顺畅的道路，由此使中国历史第一次走向真正统一之路的时候有了一位盖世的英主使之加快了前进的步伐。

嬴政诞生于战国时代的烽火岁月，从出生之日起就过着危险四伏的人质家庭的生活。大概从记事时起，他就目睹了数不清的刀光剑影，似懂非懂地经历了无数的宫廷内外的明争暗斗。他过早地接触到政治斗争以及与之相伴的阴谋诡计和残酷无情，也过早地泯灭了童心，失掉了爱心，日日耳濡目染的就是武力与权力的为所欲为和纵横捭阖。这一切，对于塑造嬴政坚强笃定和刚愎自用的性格无疑起了重要的作用，也深深影响了他后来帝王的生涯和一系列的重大决策。公元前 247 年五月，庄襄王抛下了他难以割舍的如花似玉的夫人和两个年幼的儿子，抛下了蒸蒸日上的江山社稷，以 33 岁的盛年撒手人寰。13 岁的嬴政在群臣犹如雷鸣海啸般山呼万岁的颂声中登上了咸阳宫中那金碧辉煌的龙座。秦国自商鞅变法以来，150 多年间，6 代君王，一直在改革中奋斗，在奋斗中改革，使秦国由僻处西陲一隅的小国，一跃而陡升为战国七雄中经济最发达、军力最强大的诸侯大国。“六世余烈”即将结出诱人的统一六国的硕果。登上王位的这位 13 岁的少年王子，不管他意识到与否，他都要摘取这枚硕大的即将成熟的果实。历史为他安排的，是一系列严峻的挑战和一连串胜利的机遇。在残酷的斗争中和成功的喜悦中，一代历史巨人在渭水之滨的宫廷里，开始了他具有重大历史意义的政治生涯和人生之旅。

第三节　嬴政首展谋略：剿灭嫪毐集团

庄襄王死后，嬴政继位，他就是后来的秦始皇帝。登基伊始，他“尊吕不韦为相国，号称仲父”，吕不韦达到了他政治权力的巅峰。如果说，庄襄王在位的 3 年，吕不韦无论在事实上还是名分上都是他辅佐的话，那么，从嬴政继位到第十年（前 237 年）吕不韦免相前的 9 年多时间内，吕不韦就成为秦国实际的当政者。这期间秦国一系列的政治军事行动，概由吕不韦主持进行。在军事上，吕不韦继续加大对东方六国征伐的力度。可以说是年年有新动作，岁岁有新进展，钲鼓声频，马蹄声碎。《史记·秦始皇本纪》记载：

秦王政元年（前 246 年），将军蒙骜平定晋阳（今山西太原南）反叛。

二年（前 245 年），将军麃公攻卷（魏地，今河南原阳西），斩首 3 万。

三年（前 244 年），将军蒙骜攻韩，取 13 城，复进攻魏国的畼和有诡。

四年（前 243 年），将军蒙骜攻取魏国的畼和有诡。

五年（前 242 年），将军蒙骜攻取魏国的酸枣（今河南延津西南）、燕（今河南延津东北）、虚（今河南延津东北）、长平（今山西高平北）、雍丘（今河南杞县）、山阳（今河南焦作）等 20 余城，初置东郡。

六年（前 241 年），韩、魏、赵、卫、楚组织五国联军进攻秦国，夺取寿陵（今属河北）。秦军大举反击，夺取卫（今河南沁阳北），迫使魏君角率其支属徙居野王（今河南沁阳），以避秦军进击的犀利锋芒。

七年（前 240 年），秦军继续东向进击，将军蒙骜战死。蒙骜是齐国蒙（今山东蒙阴）人，在秦昭襄王时投奔秦国，成为英勇善战的名将，多次率秦军出征，取得一系列辉煌战果。他的后辈蒙武、蒙恬、蒙毅等也为秦国的统一大业屡建奇功。这一年，秦军进击燕国龙、孤（今河北唐县北）、庆都（今河北唐县），还兵攻汲（今河南汲县西）。这是一次跨国远征，说明秦军已经强大到能够讨伐任何打击对象了。

八年（前 239 年），嬴政胞弟长安君成蟜奉命率秦军进击赵国，中途反叛，意欲夺取王位，嬴政发兵讨伐叛军，长安君自杀，死于屯留（今山西屯留南）。他麾下的军吏皆遭斩首，其封邑的百姓也被迁徙临洮（今甘肃岷县）。这是嬴政继位后秦国宗室内部的一场争夺王位的斗争。此年嬴政已经 21 岁，他显然是在与吕不韦的谋划下战胜其胞弟的。此事史书记载太简单，其中真相已经难以厘清。此时的长安君不足 20 岁，他的夺取王位的谋划肯定是在部分宗室贵族和权臣的撺掇、鼓动、参与下进行的。据各种情势推断，其中最重要的核心人物应该是吕不韦的政敌。

九年（前 238 年），秦军攻取魏国的垣（山西垣曲东南）与蒲阳（今山西隰县）。

秦王嬴政继位之时，“秦地已并巴、蜀，越宛有郢，置南郡矣；北收上郡以东，有河东、太原、上党郡；东至荥阳，灭二周，置三川郡”[1]，形成了对东方六国咄咄逼人之势。吕不韦凭此有利态势，从秦始皇元年至九年，年年发动对六国的军事行动，几乎都取得了胜利。这些军事行动的最大成果，就是在新占领的土地上设置了东郡，建立起进一步推进秦国东向发展的前哨。此时的秦国，北以河东、上党两郡从西北方向威逼韩、赵、魏，中以三川、南郡隔断楚与三晋的联系，大大拓宽了东向进兵的走廊，同时北胁三晋，南威荆楚。而以濮阳为中心的东郡的建立，不啻在齐、楚、韩、赵、魏五国间打进一只强有力的楔子，使秦国直接与齐国接壤，便于对齐国施加外交与军事压力。这不能不说是秦国取得的一次具有战略意义的胜利。东郡的建立以及为此而实施的一系列征战，充分显示了吕不韦的军事才干，尤其是他不凡的战略眼光。吕不韦执政时期的另一项重大举措是实施入粟拜爵之策，这是为战争储备粮食的强有力措施。这一措施尽管后来在执行时产生许多弊端，但在当时其积极作用应该是主要的。吕不韦的行政措施和军事行动使秦国在完成中国统一的道路上迈出了一大步，他的功绩是应该充分肯定的。吕不韦此期的活动，绝不是一些学者认定的所谓“复辟奴隶制度”，“延误了中国统一的进程”，而是具有重大进步意义的举措。

吕不韦大约在秦始皇八年左右完成了他主持编纂的《吕氏春秋》，这时他以相国的职务执掌秦国政柄已达 11 年之久。这期间，他几乎不受任何制约地在秦国发号施令，一言九鼎，权倾朝野。他家僮万人，食客数千，封邑 10 万户，其拥有的财富已经大大超过经商的回报。此时的吕不韦，权势如日中天，达到了顶点。他权利双收，威名远扬。他此时组织宾客编著《吕氏春秋》，实在也是企图为万世立法，建立起一个包罗万象的思想学术体系，以求永垂千古。然而，好像应了他自己的话——“物极必反，盈则必亏”，处于巅峰的吕不韦即将陷入深渊。不过，他自己还浑然不觉，因为巨大成功的花环已经使他双目迷离，辨不清东西南北了。

吕不韦碰上了嫪毐案，这是一个他无论如何也躲不过去的置他于死命的陷阱。这一案件是与嬴政的母亲，那位风流成性的王太后连在一起的。

在上面的叙述中我们已经认定，秦王嬴政的生父应该是成为秦庄襄王

① 司马迁：《史记》卷六《秦始皇本纪》，中华书局 1959 年版，第 223 页。

的异人，吕不韦与嬴政不会有血缘上的联系。然而，由于王后曾经是吕不韦的“邯郸姬”，吕不韦因为与庄襄王有莫逆之交而将其转让。异人死后，吕不韦以顾命大臣的身份，以“仲父”的名号辅佐嬴政，他与嬴政母亲接触的机会就多了起来。此时吕不韦与赵姬旧情复燃是完全有可能的。因为一边是30岁左右寡居的王太后，一边是正值盛年的相国吕不韦，并且这位相国还是有恩于他们母子的一位风流倜傥的政治家，一位与之有着十数年交往的老情人。如果说，在异人在世时他们纵然心有灵犀也难以沟通的话，那么，在异人去世之后，他们沟通的机会与条件显然是很多的，他们很有可能在此后成为一对难分难舍的情人。《史记·吕不韦列传》记载的“秦王年少，太后时时窃私通吕不韦”，不见得就是出于后人的编造。但是，太后与吕不韦都明白，宫禁森严，随着嬴政年龄增大，他们偷情暴露的危险也日益增大。为了避祸，吕不韦抽身而退显然就是最明智的选择。而为了满足太后的需要，吕不韦送给太后一个假宦官也是顺理成章的事。于是便有了吕不韦本传的如下一段记载：

> 始皇帝益壮，太后淫不止。吕不韦恐觉祸及己，乃私求大阴人嫪毐以为舍人，时纵倡乐，使毐以其阴关桐轮而行，令太后闻之，以啖太后。太后闻，果欲私得之。吕不韦乃进嫪毐，诈令人以腐罪告之。不韦又阴谓太后曰：“可事诈腐，则得给事中。”太后乃阴厚赐主腐者吏，诈论之，拔其须眉为宦者，遂得侍太后。太后私与通，绝爱之。有身，太后恐人知之，诈卜当避时，徙宫居雍。嫪毐常从，赏赐甚厚，事皆决于嫪毐。嫪毐家僮数千人，诸客求宦为嫪毐舍人千余人。①

对于这样一段颇带传奇色彩的记载，不少论者持怀疑态度，马非百否认嫪毐是吕不韦引荐给太后的，而认定他是太后在邯郸时的情人：“嫪毐者亦邯郸人。太后居邯郸时绝幸爱之。及太后归秦，毐亦偕来，为宦者，遂得侍太后。”② 这一说法没有史料支持，显系一种推断。马先生一方面力主吕不韦

① 司马迁：《史记》卷八五《吕不韦列传》，中华书局1959年版，第2511页。
② 马非百：《秦集史》上，中华书局1982年版，第109页。

与赵姬有染，一方面又认定嫪毐与赵姬在邯郸时已经私通。这恐怕很难说得通。邯郸时期，作为豪家之女的赵姬自嫁于异人后即终日与之厮守一起，吕、嫪与之私通的可能性微乎其微。倒是异人死后吕不韦将嫪毐作为礼物送给太后似乎更符合情理。郭沫若先生解释说：《史记》“介绍嫪毐的一节，完全像《金瓶梅》一样的小说，我看，这可能是出于嫪毐的捏诬反噬”①。这一论断亦不过是推测之词。马、郭都想为吕不韦洗刷，仿佛一旦承认他与太后的暧昧关系，就会影响到他的形象。这大可不必。秦国地处西陲，与戎狄杂处，在两性关系上比较随便。如昭王的母亲宣太后就与义渠王有染，并且生了两个儿子。她同时又酷爱面首魏丑夫，死时还想拿他殉葬。赵姬在异人死后的作为，几与宣太后无异。嬴政或许早就知晓，如果不牵扯权力之争，他也不至于发难。

吕不韦找嫪毐代替自己与太后私通，自以为找到了一个万全之策：一方面自己能够全身而退，避免了一旦事泄的尴尬与危险；一方面也使太后有一个新宠服务，不会忌恨自己。然而，颇有商人计算意识的吕不韦，这次却打错了如意算盘。尽管嫪毐曾是吕不韦的舍人，又经他的推荐成为太后的面首，一时宠贵莫比，照理应该对吕不韦感恩戴德了吧？但是，吕不韦忘记了，商人只讲交易，只认利益，从不讲情谊与道德。特别是，具有法家政治传统的秦国，人与人之间“刻薄寡恩”，世态炎凉，利尽则交亡。嫪毐既然攀上了高枝，对昔日的主人自然也就可以弃之如敝履。这样一来，吕不韦与嫪毐，就可能由昔日的主人与奴才的关系，变成了你死我活的竞争关系。嫪毐以假宦官入主太后之宫以后，很快获得太后的宠幸，一连生下两个儿子。此后的嫪毐有恃无恐，他不满足于面首的地位，于是千方百计招揽宾客，并假太后之名，特别假太后之手从嬴政和吕不韦那里索要权利。秦始皇八年（前239年），“嫪毐封为长信侯。予之山阳地，令毐居之。宫室车马衣服苑囿驰猎恣毐。又以河西太原郡更为毐国”②。嫪毐的权势达到了顶点，他也就面临着覆灭的下场了。其实，嫪毐之类丑角走向灭亡是必然的，因为这种结果完全是咎由自取。本来，吕不韦给他安排的角色是十分简单而又明确的：

① 《郭沫若全集》历史编2，人民出版社1982年版，第396页。

② 司马迁：《史记》卷六《秦始皇本纪》，中华书局1959年版，第227页。

名义上的宦官，实际上的面首，只要能够满足太后的需要，讨得太后的欢心就可以了。富贵当然可以得一点，但不宜太多；权利也可以要一点，但不能太大，更不可张扬。关键是不能暴露自己的真实身份。只有一切低调处理，才有较高的安全系数。如果嫪毐有自知之明，一直安于其位，使朝野甚至不知有此人存在，他的安全还是有保证的：因为既然嬴政对此睁一眼、闭一眼，其他臣子也不会借机生事。退一步讲，嫪毐即使做不到低调韬晦，而是略有张扬，让不少人知道他是太后的面首，但不参与权利的争夺，他仍然具有较高的安全系数。因为人们，尤其是权利中人，只要不感到自己的权利受到威胁，有被窃夺的危险，就不会开罪嫪毐而冒犯太后。然而，这个嫪毐实在太无自知之明，他不安于自己的地位，总想凭恃与太后的床笫之欢索取越来越多的权利和财富。他已经获得厚重的赏赐，得到越来越多的权利，“事皆决于嫪毐”，他仍不知厌足。他已经富可敌国，封侯赏地，拥有家僮数千人和数以千计的宾客，他还是欲壑难平，又异想天开地企图让自己的儿子取得嬴政的国君之位。他的贪得无厌不仅侵犯了权臣的利益，而且威胁到嬴政的王位，这样一来，他就将自己置于矛盾的焦点，成为众矢之的，等待他的也就只能是灭亡了。秦王政八年（前 239 年），嫪毐获得长信侯的封爵与太原郡的封邑后，他得意忘形，不仅大事张扬，而且进而谋划让自己与太后生的儿子取得王位。这就使他与嬴政和其他朝臣的冲突不可避免了。刘向《说苑·正谏》记载：“毐专国事，浸益骄奢，与侍中左右贵臣俱博饮，酒醉，争言而斗，瞋目大叱曰：‘吾乃皇帝之假父也，窭子何敢乃与我亢？’所与斗者走，行白皇帝。皇帝大怒。”① 其飞扬跋扈之态可见一斑。《史记·吕不韦列传》这样记载：

始皇九年，有告嫪毐实非宦者，常与太后私乱，生子二人，皆匿之。与太后谋曰：“王即薨，以子为后。”于是秦王下吏治，具得情实，事连相国吕不韦。九月，夷嫪毐三族，杀太后所生两子，而遂迁太后于雍。诸嫪毐舍人皆没其家而迁之蜀。②

① 董治安等：《两汉全书》第九册，山东大学出版社 2006 年版，第 5491 页。

② 司马迁：《史记》卷八五《吕不韦列传》，中华书局 1959 年版，第 2512 页。

《史记·秦始皇本纪》对此有更详细的记载：

> 九年……四月……长信侯毐作乱而觉，矫王御玺，及太后玺以发县卒及卫卒、官骑、戎翟君公、舍人、将欲攻蕲年宫为乱。王知之令相国昌平君、昌文君发卒攻毐。战咸阳，斩首数百，皆拜爵，及宦者皆在战中，亦拜爵一级。毐等败走。即令国中：有生得毐，赐钱百万；杀之，五十万。尽得毐等。卫尉竭、内史肆、佐弋竭、中大夫令齐等二十人皆枭首。车裂以徇，灭其宗。及其舍人，轻者为鬼薪。及夺爵迁蜀四千余家，家房陵。①

综合以上资料，可以推断嫪毐事件的大致眉目：1. 嫪毐的专恣张扬引发众怒，其中有人向嬴政告发。2. 嫪毐狗急跳墙，矫王命发动叛乱，铤而走险，企图取嬴政之位而代之。王后在此事件中处境尴尬，不知所措。3. 嬴政毅然决定平叛，命相国指挥平叛的军事行动，于是就有了咸阳街头的一场血战。4. 嫪毐及其党徒惨败，其中重者夷三族，轻者流放，迁蜀者 4000 余家，可见牵连之广。5. 太后为自己不检点的行为付出了沉重代价：自己遭软禁，与嫪毐所生的两个儿子也被扑杀。嫪毐事件不是什么奴隶主与封建主之间的阶级斗争，而是一场典型的宫闱之祸、权力之争。嫪毐的失败实在是咎由自取，罪有应得。因为他的发迹不是靠文韬武略，而是凭借太后的宠幸。但他不知收敛，恃宠而骄，横行不法，甚至觊觎嬴氏宗族经历数百年奋斗而得来的王权和江山社稷，实在太不自量力了。他的毁灭，仅仅标志着一出污秽至极的丑剧的落幕而已。在中国走向统一的进程中，历史需要一个强大的王权掌控方向，排除干扰，嫪毐之流显然是必须清除的妨碍统一的毒瘤。

对嫪毐事件的处理，第一次展示了嬴政这位青年国王的果断与魄力，而在中国由分裂走向统一的关键节点上，历史特别钟爱统一之王的这种刚毅果决的品格。

---

① 司马迁：《史记》卷六《秦始皇本纪》，中华书局 1959 年版，第 227 页。

第四节　吕不韦集团的败亡

嫪毐事件也改变了吕不韦的命运。不管他是否意识到，死神已经向他步步靠近并发出狰狞的狂笑。嫪毐案发之时，嬴政似乎还未觉察吕不韦与嫪毐的密切关联。据郭沫若考证，嬴政任命的平叛统帅之一相国昌平君，就是吕不韦[①]，可见当时对他还是信任的。及至抓获嫪毐，加以审讯，大概嫪毐就和盘托出了吕不韦与太后的关系，以及他由吕不韦舍人进入宫廷服侍太后的全过程，其中或许不乏添枝加叶恶意中伤之辞，于是“事连相国吕不韦”。郭沫若认定，主要由于嫪毐的“反噬”使吕不韦蒙上了有口莫辩的不白之冤。其实，不用“反噬”，只要嫪毐实话实说，供出他由吕不韦舍人如何变成假宦官、真面首的实情，吕不韦也就难逃干系了。吕不韦既然被牵进嫪毐案，嬴政也就有了惩罚他的理由：“王欲诛相国，为其奉先王功大，及宾客辩士为游说者众，王不忍致法。”算是暂时放他一马，但此事过后，吕不韦“仲父”的形象肯定在嬴政心目中完全坍塌。所以第二年，他就趁机出手：“免相国吕不韦，及齐人茅焦说秦王，秦王乃迎太后于雍，归复咸阳，而出文信侯就国河南。”然而，吕不韦虽然就国河南闭门思过，但他毕竟是蜚声列国的大名人，并且曾为秦国的强盛立下了汗马功劳，因而尽管失去官位，却余威犹在，依然成为各诸侯国关注的焦点，成为诸侯国君争相敦请的“奇货”，他们显然期望借吕不韦曾经的威灵为自己增加在列国的分量：“岁余，诸侯宾客使者相望于道，请文信侯。”诸侯国君没有想到，他们这样做的结果，恰好加速了吕不韦灭亡的步伐，嬴政绝不会让这只落入陷阱的老虎重添新翼危害自己：“秦王恐其为变，乃赐文信侯书曰：‘君何功于秦？秦封君河南，食十万户。君何亲于秦？号称仲父。其与家属徙处蜀！’吕不韦自度稍侵，恐诛，乃饮鸩而死。”[②] 这一年是秦王政十二年（前235年）。吕不韦死后，他的宾客无论临葬与否，都受到严厉惩罚：“十二年，文信侯不韦死，窃葬。其舍人临者，晋人也逐出之；秦人六百石以上夺爵，迁；五百石

① 《郭沫若全集》历史编2，人民出版社1982年版，第397页注。

② 司马迁：《史记》卷八五《吕不韦列传》，中华书局1959年版，第2513页。

以下不临，迁，勿夺爵。自今以来，操国事不道如嫪毐、不韦者籍其门，视此。”① 一生轰轰烈烈、位极人臣、权倾朝野、享尽人间荣华富贵的吕不韦最后在绝望中自杀身亡，被一抔黄土掩埋于河南洛阳北邙山下的大道旁边。伴随他长眠的是北邙山上的春花秋月，以及万里黄河奔腾不息的涛声。

吕不韦是一个极富传奇色彩的人物。他虽以经商起家，但却以投机政治开始了自己不平凡的人生之旅。他以精确的算计一步步施展自己的谋划，每一步都取得了预期的成功。当他将异人、嬴政父子两代送上王位，而他本人也以相国之尊执掌秦国的政柄时，他大概认定权位与富贵铁定会伴随自己直到寿终正寝了。然而，此后吕不韦的算计就开始失灵了，因为他遇到的敌对势力是他始料不及的。他低估了反对他的力量，最后被这些力量推向毁灭之路。

吕不韦遇到的第一支反对力量是秦国的旧贵族。不错，秦国历史上有着较开放的用人传统，不少客卿如百里奚、商鞅、张仪、甘茂、白起、范雎、蔡泽、李斯以及蒙骜、蒙武、蒙恬、蒙毅父子兄弟等非秦国人而受到重用。但是，秦国贵族并不甘心军政大权被外国客卿把持，他们不时抓住机会向客卿发难，或取代，或驱逐，或诛杀，使不少客卿抱恨终天。吕不韦依恃王权荣登相位，大权独揽，几可为所欲为。然而，他却忽略了在他旁边还有强大的贵族势力，他们在秦国树大根深，历史悠久，与秦国的王廷有着割不断的血缘联系，也能产生重大的影响。他们对吕不韦握有重权并不心甘情愿，而是一直暗中窥视他的一言一行，每时每刻都盼他失势倒台。当吕不韦被牵进嫪毐之案时，秦国的贵族势力必定是幸灾乐祸，极尽落井下石、推波助澜之能事，为将吕不韦势力彻底清除朝堂而奔走呼号、助力发威。

吕不韦遇到的第二支反对力量是嫪毐集团。本来，嫪毐不过是吕不韦的舍人，一个无德无才的流氓无赖，他只是凭借漂亮的脸蛋和强健的身躯赢得了太后的宠幸，而这个角色还是吕不韦为他精心安排的。照理他应该感谢吕不韦并扮演好这个角色。但是，这个嫪毐却是中山狼的品性，得到太后的宠爱后，他的野心就急剧膨胀，不仅侵夺吕不韦的相权，甚至还觊觎王权，“事皆决于嫪毐”。在他周围，麇集着一批流氓、打手和善于钻营的利禄

① 司马迁：《史记》卷六《秦始皇本纪》，中华书局 1959 年版，第 231 页。

之徒，骄横不法，胡作非为。这样，嫪毐就由吕不韦的奴才异化为吕不韦的对立面。嫪毐根本不把自己昔日的主人放在眼里，他的党徒更是狗仗人势，双方于是日趋对立，成为势如水火的两大权势集团。这两大权势集团的对立和斗争不仅秦国朝野皆知，连别国一些信息灵通人士也时有所闻。《战国策·魏策四》有如下一段记载：

> 秦攻魏急。或谓魏王曰："今王能用臣之计，亏地不足以伤国，卑体不足以苦身，解患而怨报。秦四境之内，执法以下至于长挽者，故毕曰：与嫪氏乎？与吕氏乎？虽至于门闾之下，廊庙之上，犹之如是也。今王割地以赂秦，以为嫪毐功；卑体以尊秦，以因嫪毐。王以国赞嫪毒，以嫪毒胜矣。王以国赞嫪毐氏，太后之德王也，深于骨髓，王之交最为天下上矣。秦、魏百相交也，百相欺也。今由嫪氏善秦而交为天下士，天下孰不弃吕氏而从嫪氏？天下必舍吕氏而从嫪氏，则王之怨报矣。"①

这两大集团的斗争极易暴露彼此龌龊丑恶的一面，从而为秦王诛除他们制造了口实。而这两个集团即使在面临灭顶之灾的时候，也没有忘记找机会给对方一击。当嫪毐集团阴谋败露，吕不韦肯定是喜忧参半：喜的是可以借机消灭这个竞争对手，忧的是暴露自己与嫪毐那见不得人的幕后谋划，害怕与嫪毐集团同归于尽。嫪毐反叛之形乍现，秦王即命两相国督兵平叛。不消说吕不韦是积极参与了这一军事行动的。除了必须服从秦王的命令外，吕不韦很可能也打着自己的小算盘：迅速消灭嫪毐集团，杀人灭口，使自己与嫪毐的关系免于暴露。然而，嫪毐本人并没有死于双方的对战中，而是被生擒了。他一番兜底的交代，吕不韦与太后以及嫪毐的关系全部曝光，"事连相国吕不韦"。嫪毐临死前可能还在得意地窃笑：我死了，你也活不成！果不其然，盛怒中的秦王打算将吕不韦同嫪毐一起送上断头台，只是因为说项者众，又念及他辅佐父子两代的功劳，暂时宽恕了他。第二年，随着嫪毐一案全部真相的明晰，秦王再也不能容忍吕不韦留在相国的位子上。秦王政十

① 刘向：《战国策》，上海古籍出版社 1985 年版，第 920 页。

年（前 237 年），吕不韦免相。接着，齐人茅焦为太后辩护，使秦王回心转意，恢复了母子亲情。其间，太后与嫪毐余孽及其同情者，想必一面为太后洗刷，一面继续向吕不韦身上泼脏水，进一步加深秦王对吕不韦的忌恨。这些活动显然奏效了。在太后回归咸阳的同时，吕不韦却不得不按照秦王的诏令“就国河南”。至此，吕不韦基本上失掉了在秦国经营多年的根基，而他与嫪毐集团的怨结还没有解除。十二年（前 235 年），当吕不韦在秦王的威逼下结束自己生命的时候，嫪毐那些流放蜀地的舍人却又回归咸阳了。这两个集团势力的此消彼长，透出了他们之间你死我活的尖锐斗争的信息。这个斗争的结果是两个集团的同归于尽。最大的受益者不是别人，而是为集权于一身殚精竭虑的秦王嬴政。

吕不韦遇到的第三支反对力量，也是最大的反对力量是秦王嬴政。嬴政虽然不是吕不韦的儿子，但吕不韦却是嬴政除父母之外最亲近的人。吕不韦看着他出生，看着他与父母一起在邯郸过着囚徒般的日子。回归咸阳后，又看着他成长为一个任性执拗的少年。再后，又看着他 13 岁登上王位，直至亲政，成为一个大气雄才、多谋善断、敢作敢为、残酷无情的青年国王。在这一过程中，吕不韦对嬴政当仁不让地负起“保傅”之责，精心佑护，悉心教导，按照他心目中英明君王的形象进行培养。从一定意义上讲，他组织人编写的《吕氏春秋》，就是他留给嬴政的一部人生与帝王的教科书。吕不韦对嬴政的关爱和期许超过父亲对亲生儿子的热望。他简直把嬴政视为自己生命的延续。特别在庄襄王死后，身为“仲父”的吕不韦在潜意识中已经将自己定位为嬴政的生身父亲了。然而，吕不韦如此认知却是大错特错了。不要说他不是嬴政的亲生父亲，就算他真是嬴政的亲爹，嬴政也不会事事顺着他，如同百姓一样，亲生父子之间也会产生矛盾，何况他们之间并不存在这一层血缘关系。嬴政从孩提时代起，就目睹了相国的专权自恣。登基之后，他作为国王的意识肯定与日俱增。而吕不韦却一直以父亲的身份，喋喋不休，不厌其烦地尽其教导的责任，这种情况势必让嬴政日生反感。嬴政已经由一个不谙世事的儿童变成可以为所欲为的国王了。这时，大概除了自己的生身母亲外，他已经把所有人都看成自己的臣子，并且要求他们以对待国王的忠贞和礼仪对待自己。吕不韦的最大失误在于：当嬴政已经完成了由孩提到国王的角色转变以后，他却没有完成由“仲父”到臣子的角色转换。如此一来，二人之间的冲突也就不可避免了。在长大成人的嬴政眼里，吕不韦已经不是昔日和蔼可亲的“仲父”，而是横亘在自己前进路上的绊脚石。他时刻想找一个推开吕不韦的理由，终于等来了嫪毐事件。其实，即使不发生嫪毐事件，嬴政也会以别的理由将吕不韦集团清除掉，至少也要剥夺他的权力。吕不韦的悲剧在于：作为一个政治家，他只知进不知退。他虽然聪明绝顶，精于计算，在为异人谋取王位的策划中步步成功，并终于为自己谋到了人臣的最高职位，实现了权力、荣誉、财富并于一身的理想。但是，登上最高官位的吕不韦却权令智昏、利令智昏，失去了往日审时度势的本领，在应该急流勇退的时候没有勇退，对于权势的贪恋使他成为嬴政必须清除的对象。如果他明白秦国的权力只能属于秦王，而他手中的权力只不过来自王权的授予。现在秦王要收回这一权力，他就应该心悦诚服地奉还，告老回家颐养天年。吕不韦计不出此，已经犯下了一个绝大的错误，使自己陷于被动。嫪毐事件之后，他更应该罪己辞职，真诚地向嬴政悔罪，求得他的谅解。他不这样做，已经被动，因为自动辞相和被动免相，其间的差距难以道里计。此时的吕不韦大概还在想着自己的功劳，以为嬴政离开他秦国就运转不下去了，所以仍然赖在相位上不走。结果等来的是免相和就国河南的封地，说明此时的嬴政已经弃他如敝履。不过，即使如此，吕不韦的处境还未到最危险的时候。如果他此后闭门谢客，虔诚思过，不与外事，不时送上虔诚忏悔的上书，也许秦王不至于非置他于死命不可。可是，吕不韦回到封地后并不行韬晦之计，相反，而是频繁地接待各诸侯国的使者宾客，这在客观上无异于向人们显示自己还拥有很大的影响和威势，而这正是秦王最忌讳的事情。至此，秦王对这位曾经的“仲父”恩断义绝，再也无法容忍，决心逼他自尽，吕不韦的悲剧也就不可挽回地上演了最后的一幕——自杀身死。

吕不韦的生命本不该如此早的结束，可是，悲剧毕竟发生了，一个绝顶聪明的商人凭借自己的机智权谋和精心运作取得了那个时代最大的政治上的成功，但又因自己的一再失误而使骄人的荣华富贵化为过眼云烟。政治的残酷无情和不可捉摸再一次让人们开了眼界。

作为极具传奇色彩、兴勃亡忽、集大喜大悲于一身的人物，吕不韦自然成为后人热评的对象，但总的趋向都停留在道德谴责的层次上，深入的历史辨析则寥寥无几。如汉朝的扬雄将其视为“穿窬之雄”[1]，元朝的胡震则大骂他“悖理伤道，遗臭万世”[2]。宋朝的刘克庄在一首诗中，将其判定为窃国的奸佞：“豫建无长虑，旁窥有贩心。绝嬴由吕相，继马乃牛金。”[3]元朝的侯克中在其诗中亦表达了同样的观点：

> 七国纷纷走战尘，是非颠倒乱天真。老商正欲居奇货，太子适来求美人。秽德岂宜称仲父，狡谋殊不鉴春申。利之为物诚何物，解买嬴秦作吕秦。[4]

宋朝的真德秀对吕不韦的活动进行细密的心理分析，也得出其为奸猾狡诈“大盗”的结论，他甚至将孝文王、庄襄王之死也推断为吕不韦的谋害：

> 吕不韦非直大贾，盖大盗也。方其见子楚曰“奇货可居”，固料己之能使子楚得国，又能移子楚之国为己之国矣。其捐千金也，非轻利也，谓其利有百乎此也。其献姬也，非能割己之欲也，谓其所欲有万乎此也。史称子楚之请姬也，不韦怒，既不获，已与之，夫不韦不出他姬而饮子楚，而以娠者饮子楚，固知其见而悦，悦而请，请而与之，则异时得国者，吾之子也。其献也，所欲而非强也；其怒也，伪而非情也，包藏深而布置远，非子楚不能察，虽后之作史者犹莫之察也。且孝文之立三日而薨，庄襄之立三年而薨，岂其偶然邪？抑必有其故矣。夫以不韦之智，巧能使子楚外入，超在内二十余公子而得国，安知其不能速二君之死而趣立其子乎？子政立则嬴氏之国转而吕氏有矣。盖自子楚之嗣至此，不二十年而吕氏得国，故先儒以谓始皇既立，伯翳之祀已绝，史氏纪录宜曰后秦可也。秦自孝公以至昭王，国势日益雄张，尝合五国之师、百万之众攻之而不能克，而不韦以一女子，从容

① 扬雄：《法言》卷八，电子版文渊阁四库全书。
② 胡震：《周易衍义》卷九，电子版文渊阁四库全书。
③ 刘克庄：《后村集》卷一五《吕不韦》，电子版文渊阁四库全书。
④ 侯克中：《艮斋诗集》卷三《吕不韦》，电子版文渊阁四库全书。

谈笑夺其国于衽席之间，故曰不韦非独大贾，盖大盗也。①

真德秀的立论完全建立在嬴政是吕不韦之胤的基础上，从而使其论断大打折扣。明朝的王世贞在《书吕不韦黄歇传后》一文中，对吕不韦手段的秽、卑、巧进行深入剖析，但对其与嬴政的所谓亲子关系持怀疑态度，展示了清醒的理智：

> 自古至今，以术取富贵秉权势者，无如吕不韦之秽且卑，然亦无有如不韦之巧者也。凡不韦之所筹筴，皆凿空至难，期而其应若响，彼固自天幸，亦其术有以摄之。至于御倡而知其孕必取三月进之子楚，又大期而始生政，于理为难信。毋亦不韦故为之说而泄之秦皇，使知其为真父而长保富贵邪？抑亦其客之感恩者故为是以詈秦皇，而六国之亡人侈张其事，欲使天下之人谓秦先六国而亡也？不然，不韦不敢言，太后复不敢言，而大期之子人乌从而知其非嬴出也？②

这些基于道德的评判和詈骂，显然对吕不韦有欠公允。因为对秦国的发展壮大而言，吕不韦应是一个功大于过的人物。在他身上，“卑劣的贪欲和权势欲是历史发展杠杆”的理论能够得到典型的诠释。

秦王嬴政在登基12年后，在他25岁以前，一方面在军事斗争中取得重大进展，进一步巩固和强化了秦国对六国的绝对优势，一方面痛快淋漓地歼灭了影响他集中权力的两大权势集团，消除了国内的最大隐患。如此一来，他就能毫无阻碍地贯彻自己的意志，如身使臂地行使自己的权力，加快推进统一六国的进程。当嫪毐和吕不韦两大权势集团在秦国政坛上消失得无影无踪时，踌躇满志的嬴政就以空前恢宏的气势，吹响了最后灭亡六国的进军号，中国历史上第一次真正的大统一时代，犹如初升的朝阳以万道霞光展现在地平线上。

① 真德秀：《大学衍义》卷一七，电子版文渊阁四库全书。
② 王世贞：《读书后》卷一，电子版文渊阁四库全书。

第五节　郑国入秦与李斯谏"逐客"

秦王政十年（前237年），嫪毐案刚刚结束，又发生了"逐客"事件。此事的导火线是郑国间谍案的暴露。郑国是韩国最有名的水利工程师，当时驰誉列国。秦王嬴政继位后，秦国对东方六国的征伐不断增强，使处于四战之地的韩国首当其冲，终日穷于应付，备受兵燹之苦。日夜思谋摆脱困境的韩国君臣，知道秦国君臣喜欢大兴土木，从事各种建设事业，于是想出了一个促使秦国耗费国力的办法，派郑国到秦国去，劝诱秦王兴修水利，让秦国将大量人力财力用于水利工程，以减缓秦军东向进军的势头。结果是郑国入秦不久，他建议兴建的水利工程刚刚开始，其意图就被发觉。不过郑国并未因此命丧黄泉，而是继续实施建设计划，进而完成了一项造福千载的旷世的水利工程。此事的经过情形，《史记·河渠书》有较详细记载：

> 而韩闻秦之好兴事，欲罢之，毋令东伐。乃使水工郑国间说秦，令凿泾水自中山西邸瓠口为渠，并北山东注洛三百余里，欲以溉田。中作而觉，秦欲杀郑国。郑国曰："始臣为间，然渠成亦秦之利也。"秦以为然，卒使就渠。渠就，用注填阏之水，溉泽卤之地四万余顷，收皆亩一钟。于是关中为沃野，无凶年，秦以富疆，卒并诸侯，因命曰郑国渠。①

这显然是一桩坏心办好事的例子。韩国希冀以开渠消耗秦国的财力物力，却不知秦国完全有充裕的人力和财力办成此事，加之郑国技术高明，工程设计合理，施工督率有方，结果顺利地完成了一项造福万民的千古工程。不仅没有达到疲惫秦国的目的，反而促进秦国的粮食增产，民生富裕，成为秦国完成统一大业的重要原因之一。秦王嬴政知悉韩国用间的意图后，并没有迁怒于郑国，而是听信他的辩护，顺水推舟地支持郑国成就了这一伟业。这充分显示了嬴政的帝王气度和从谏如流的品性。然而，此事暴露后，却引起秦国

① 司马迁：《史记》卷二九《河渠书》，中华书局1959年版，第1408页。

贵族的一片哗然。他们一直对客卿在秦国担任重要职务耿耿于怀，现在既然出了个间谍郑国，其他外国客卿也都值得怀疑。特别此时的嫪毐、吕不韦案正闹得沸沸扬扬，他们都不是秦国人，正好说明客卿心怀异志，不可信赖。这些宗室贵族一起向嬴政进谏："诸侯人来事秦者，大抵为其主游间于秦耳，请一切逐客。"① 显然，在秦贵族的眼里，所有客卿都难脱间谍的嫌疑。几个突发事件叠加在一起，使秦王震怒异常，立即下令"大索，逐客"，要求所有在秦国的客卿一律限期离开，卷铺盖走人。楚国人李斯亦在被逐之列。他在束装就道的同时，向秦王呈上了精心撰写的《谏逐客书》，不料这一纸上书，竟使秦王回心转意，毅然收回成命，这也给李斯带来命运的转折。李斯何许人？为什么他的上书有如此回天之力？

李斯（？—前 208 年），楚国上蔡（今属河南）人，曾师从荀子"学帝王之术"。学成之后，他放眼列国形势，认定东方六国日益削弱，只有秦国蒸蒸日上，肯定能够完成统一大业，他于是决定到那里施展才干，猎取富贵利禄。李斯到秦国的时候，正逢秦王嬴政继位，相国吕不韦大权独揽。他毫不犹豫地投到吕不韦门下做舍人。由于李斯眼光卓异，思维缜密，办事干练，出手不凡，很快讨得吕不韦的赏识，继而被推荐给秦王，入宫做了郎官，从而有了与秦王近距离相处的机会。大概因为二人年龄相近，秦王又惊异于李斯的才华和谋略，二人关系日趋密切。一次，李斯瞅准机会，向秦王进谏，建议秦国抓住有利时机，加快统一六国的步伐：

> 胥人者，去其几也。成大功者，在因瑕衅而遂忍之。昔者秦穆公之霸，终不东并六国者，何也？诸侯尚众，周德未衰，故五伯迭兴，更尊周室。自秦孝公以来，周室卑微，诸侯相兼，关东为六国，秦之乘胜役诸侯，盖六世矣今。诸侯服秦，譬若郡县。夫以秦之强，大王之贤，由灶上骚除，足以灭诸侯，成帝业，为天下一统，此万世之一时也。今怠而不急就，诸侯复强，相聚约从，虽有黄帝之贤，不能并也。②

---

① 司马迁：《史记》卷八七《李斯列传》，中华书局 1959 年版，第 2541 页。

② 司马迁：《史记》卷八七《李斯列传》，中华书局 1959 年版，第 2540 页。

这一建议不消说正中秦王下怀，李斯因此被任命为长史，成为秦王决策圈里不可须臾离的重要人物。恰在此时，发生了嫪毐、吕不韦案。在两家党徒遭受严厉惩罚的情况下，曾有吕不韦舍人背景的李斯却安然无恙。个中原因，郭沫若认为是由于李斯“卖主求荣”，背叛了吕不韦。这种推测尽管有一定道理，但却没有直接证据。比较合理的解释应该是，李斯自从进入秦王宫廷，就逐渐疏远了吕不韦。以李斯之聪敏，肯定会发现秦王与吕不韦之间的不和谐音符越来越多。他明白谁更能保障自己的荣华富贵，因而在嫪毐、吕不韦案发生时采取避祸甚至落井下石的态度是完全可能的。

李斯在束装就道、离开秦国前夕，执意向秦王呈上《谏逐客书》，一方面是心有所感，不得不发；另一方面更是寄希望于秦王的回心转意，收回成命，将其召回。因为在他看来，失去已经取得的官位，美好的前程化为泡影，实在太可惜了。应该承认，《谏逐客书》的确是一篇充满雄辩色彩的名文，具有极强的感染力与说服力。文章第一段，李斯着重论述开放的用人政策是秦国的传统，而众多的外国客卿为秦国的发达走强贡献了自己的智慧谋略，他们无负于秦，而是有大功于秦：

> 臣闻吏议逐客，窃以为过矣。昔缪公求士，西取由余于戎，东得百里奚于宛，迎蹇叔于宋，求丕豹、公孙支于晋。此五子者，不产于秦，而缪公用之，并国二十，遂霸西戎。孝文用商鞅之法，移风易俗，民以殷盛，国以富强，百姓乐用，诸侯亲服，获楚、魏之师，举地千里，至今治强。惠王用张仪之计，拔三川之地，西并巴、蜀，北收上郡，南取汉中，包九夷，制鄢、郢，东据成皋之险，割膏腴之壤，遂散六国之从，使之西面事秦，功施到今。昭王得范雎，废穰侯，逐华阳，强公室，杜私门，蚕食诸侯，使秦成帝业。此四君者，皆以客之功。由此观之，客何负于秦哉！向使四君却客而不内，疏士而不用，是使国无富利之实而秦无强大之名也。

接着，李斯以轻松的笔调，历数秦王所接受之珍宝、名马、美女、音乐，大都非秦所产，但秦王一律不加拒绝，而是如醉如痴地笑纳和享用：

今陛下致昆山之玉，有随、和之宝，垂明月之珠，服太阿之剑，乘纤离之马，建翠凤之旗，树灵鼍之鼓。此数宝者，秦不生一焉，而陛下说之，何也？必秦国之所生然后可，则是夜光之璧不饰朝廷，犀象之器不为玩好，郑、卫之女不充后宫，而骏良駃騠不实外厩，江南金锡不为用，西蜀丹青不为采。所以饰后宫充下陈娱心意说耳目者，必出于秦然后可，则是宛珠之簪，傅玑之珥，阿缟之衣，锦绣之饰不进于前，而随俗雅化佳冶窈窕赵女不立于侧也。夫击瓮叩缶弹筝搏髀，而歌呼呜呜快耳目者，真秦之声也；郑、卫、桑间、昭、虞、武、象者，异国之乐也。今弃击瓮叩缶而就郑卫，退弹筝而取昭虞，若是者何也？快意当前，适观而已矣。

最后，李斯进一步说明，秦国只有继续实行开放的人才政策，以海纳百川的胸怀吸纳列国的贤才，才能集合众智，群策群力，完成统一大业。否则，国家就危险了：

今取人则不然。不问可否，不论曲直，非秦者去，为客者逐。然则是所重者在乎色乐珠玉，而所轻者在乎人民也。此非所以跨海内制诸侯之术也。臣闻地广者粟多，国大者人众，兵强则士勇。是以太山不让土壤，故能成其大；河海不择细流，故能就其深；王者不却众庶，故能明其德。是以地无四方，民无异国，四时充美，鬼神降福，此五帝、三王之所以无敌也。今乃弃黔首以资敌国，却宾客以业诸侯，使天下之士退而不敢西向，裹足不入秦，此所谓“藉寇兵而赍盗粮”者也。夫物不产于秦，可宝者多；士不产于秦，而愿忠者众。今逐客以资敌国，损民以益雠，内自虚而外树怨于诸侯，求国无危，不可得也。①

由于此文说理透辟，有论有据，特别是自始至终都是站在秦王的立场上，处处为秦国的强盛壮大着想，所以能够深深打动秦王。秦王阅书毕，当机立断，一面宣布收回逐客令，一面派人追回李斯。此时的李斯已经行至骊邑

① 司马迁：《史记》卷八七《李斯列传》，中华书局1959年版，第2543—2546页。

（今陕西临潼境），得到令他返回的消息，自然喜出望外。他急急返回咸阳，秦王仍让他任长史之职，继续留在身边服务。

逐客事件是秦国宗室贵族最后一次制造的排外事件，是他们狭隘的地域观念和宗法观念的一次大暴露。由于秦国历史上一直存在较开放用人的传统，众多客卿在秦国政治和军事上曾多次发挥重要甚至关键的作用，因而李斯的一纸上书能够很快使秦王悔悟，不仅李斯返回，其他被逐者也被一一追回，从而为秦国保留了一大批政治、军事和外交人才，为即将开始的大规模统一战争和统一之后的各项事业准备了人才方面的条件。这一事件表明，此时的秦王嬴政有着清醒的头脑和从善如流的品格，正处于他生命史上最朝气勃勃的岁月。

这次事件也使李斯脱颖而出。因为声情并茂的《谏逐客书》展示了他过人的才华和无与伦比的胆识，大大增强了他在秦王心目中的地位，扩大了他在同僚中的威望和影响。从此，李斯进入秦国决策层的核心，在秦国完成统一大业和统一以后的重大决策中起着越来越大的作用。

第六节　韩非冤死，思想绽放

一、韩非其人

（一）悲剧人生

公元前234年，25岁的秦王嬴政，即后来的秦始皇帝已经继位13年。3年前，他果断地诛除了嫪毐和吕不韦集团，巩固和加强了国内的统治。此时，他指挥的秦军，在名将王翦、蒙敖、桓𬺈的统帅下，正以多路向关东六国进击。这时以中国救主顾盼自雄的嬴政，头脑中正规划着一幅庞大的统一帝国的蓝图。有一天，他读着从东方传来的《孤愤》《五蠹》等文章，被其中深邃犀利的思想锋芒所触动，不禁拍案叫绝："嗟乎！寡人得见此人与之游，死不恨矣。"[①] 在一旁的舍人李斯告诉他，写这些文章的人叫韩非，是他在荀子门下读书时的同窗，现在韩国。嬴政为了得到韩非，毅然下令伐韩。

① 司马迁：《史记》卷六三《老子韩非列传》，中华书局1959年版，第2155页。

在秦军的强大攻势面前，韩国只得乖乖地交出韩非。然而，韩非毕竟是韩国的贵族公子，对自己的祖国还是有感情的，此前他曾与韩王密谋弱秦存韩的计划。入秦以后，他立即上书秦王，极力强调韩国对秦国既忠心而又有功："韩事秦三十余年，出则为扞蔽，入则为席荐。秦特出锐师取韩地而随之，怨悬于天下，功归于强秦。"接着，力陈秦国的主要危险来自赵国，要求秦国放弃攻韩，全力图赵：

> 今贱臣之愚计：使人使荆，重币用事之臣，明赵之所以欺秦者；与魏质以安其心，从韩而伐赵，赵虽与齐为一，不足患也；二国事毕，则韩可以移书定也。是我一举，二国有亡形，则荆、魏又必自服矣。故曰："兵者，凶器也。"不可不审用也。以秦与赵敌衡。加以齐，今又背韩而未有以坚荆、魏之心。夫一战而不胜，则祸构矣。计者，所以定事也，不可不察也。韩、秦强弱在今年耳。且赵与诸侯阴谋久矣。夫一动而弱于诸侯，危事也；为计而使诸侯有意伐之心，至殆也；见二疏，非所以强于诸侯也。臣窃愿陛下之幸熟图之！夫攻伐而使从者间焉，不可悔也。①

这个上书的用意，当然瞒不过李斯。当秦王将韩非的上书交给李斯阅看时，李斯立即揭露其中蕴含的存韩弱秦之计，并针锋相对地提出对付韩国的办法：

> 诏以韩客之所上书，书言"韩之未可举"，下臣斯，甚以为不然。秦之有韩，若人之有心腹之病也。虚处则㤥然，若居湿地，着而不去，以极走则发矣。夫韩虽臣于秦，未尝不为秦病，今若有卒报之事，韩不可信也。秦与赵为难，荆苏使齐，未知何如。以臣观之，则齐、赵之交未必以荆苏绝也；若不绝，是悉赵而应二万乘也。夫韩不服秦之义而服于强也，今专于齐、赵，则韩必为腹心之病而发矣。韩与荆有谋，诸侯应之，则秦必复见崤塞之患。非之来也，未必不以其能存韩也，

① 王先慎：《韩非子集解》，中华书局2013年版，第14—16页。

为重于韩也。辩说属辞，饰非诈谋，以钓利于秦，而以韩利窥陛下。夫秦、韩之交亲，则非重矣，此自便之计也。臣视非之言，文其淫说，靡辩才甚。臣恐陛下淫非之辩而听其盗心，因不详察事情。今以臣愚议：秦发兵而未名所伐，则韩之用事者以事秦为计矣。臣斯请往见韩王，使来入见：大王见，因内其身而勿遣，稍召其社稷之臣，以与韩人为市，则韩可深割也。因令象武发东郡之卒，窥兵于境上而未名所之，则齐人惧而从苏之计，是我兵未出而劲韩以威擒，强齐以义从矣。闻于诸侯也，赵氏破胆，荆人狐疑，必有忠计。荆人不动，魏不足患也，则诸侯可蚕食而尽，赵氏可得与敌矣。愿陛下幸察愚臣之计，无忽。①

李斯的分析戳穿了韩非存韩弱秦的谋略，秦王自然对韩非心存疑忌，这是后来李斯进谗能够置其于死地的主要原因。所以，尽管后来韩非与秦王谈得比较投机，秦王对他那套理论深为佩服，但总是对他不十分放心，对如何使用他难以决断。这时，嫉妒心特重的李斯和姚贾乘机陷害韩非，进谗言说："韩非，韩之诸公子也。今王欲并诸侯，非终为韩不为秦，此人之情也。今王不用，久留而归之，此自遗患也，不如以过法诛之。"② 秦王于是下令将韩非下狱。李斯乘机进毒药，逼其自杀。韩非自知存韩之谋被揭穿，深感辩白无路，就仰药自杀了。当秦王后悔派人去狱中赦免韩非时，看到的已经是韩非发冷的尸体。韩非之死，不应该全然归咎于李斯、姚贾的进谗，韩非存韩弱秦之论是成因，李斯、姚贾进谗是诱因，秦王嬴政的决断是主因。不过，韩非尽管死于非命，但他集其大成的法家理论却被秦王嬴政全盘接受，成为他建国行政的教科书。

由于历史上留下来的资料十分简单而又互相抵牾，以致关于韩非的生平事迹难以得到完整详细的了解。我们只知道他出身于韩国贵族，"为人口吃，不能道说，而善著书"。他与李斯一起师事荀子，学问远胜李斯。他见韩国政治腐败，改革不力，在强秦进攻面前一再割地受辱，多次上书韩王，提出修明法度、求贤任能、赏罚分明等富国强兵的建议，但不为韩王所纳。

① 王先慎：《韩非子集解》，中华书局 2013 年版，第 17—19 页。

② 司马迁：《史记》卷六三《老子韩非列传》，中华书局 1959 年版，第 2155 页。

韩非忿激之余，写了《孤愤》《五蠹》《内外储》《说林》《说难》等十余万言，完成了封建法制理论的系统化工作。可惜他的故国已经没有条件实行他的理论，而最有条件实行他理论的秦国却以断头台接待了这位踌躇满志的思想家。他是在没有看到自己理想实现的情况下，含恨赍志以殁的。他的卒年（前 233 年）是清楚的，而生年则众说纷纭。有人说他生于韩釐王十五年（前 281 年）前后，寿在 40—50 岁之间；有人说他生于韩釐王初年，寿在 60 岁左右；也有人主张他生于韩襄王末年（前 269 年），其寿不小于 65 岁。

（二）对前人思想的继承与发展

任何思想都不是凭空产生的。除了政治和经济的条件之外，还必须有可供批判继承的思想资料。而春秋末至战国时代的思想前辈，已经为韩非准备了必要的思想资料。中国地主阶级法制思想的产生，是同土地私有制的产生和新兴地主阶级势力的成长相适应的。与此相应产生的法家先驱人物是李悝、吴起、商鞅、申不害、慎到等。李悝是战国初年魏文侯的老师，写过著名的《法经》，这部以盗、贼、捕、囚、杂、具等六章组成的法律文本，是我国历史上第一部较完备的成文法典，对后世产生了相当大的影响。

稍后于李悝的吴起，是新兴地主阶级杰出的政治家和军事家。他曾襄助魏文侯和魏武侯厉行改革，创设常备兵，使战国初期的魏国一度居于首强地位。后来吴起又相楚悼王实行封建的变法运动，使楚国迅速强大，但不久因悼王逝世，旧贵族反扑，吴起以身殉职。后于吴起的商鞅，曾在秦国主持了战国七雄中最为彻底的变法，结果是“行之十年，秦民大悦”，“乡邑大治”。虽然后来商鞅也被旧贵族“车裂”而死，但他的改革却为秦国的迅速崛起奠定了基础。因为商鞅重视用法“齐一制度”，推行政令，奖励有功，惩罚有过，并且特别强调“轻罪重罚”，所以被认定为重法的政治家。与商鞅差不多同时的申不害曾做过韩昭侯的相。他“内修政教，外应诸侯”，取得了“国治兵强”的显著政绩，“申子之学，本于黄老，而主刑名”。[①] 他特别重视“术”的理论，从另一个角度为封建专制政权提供了思想武器。他认为，为了加强君权必须以“术”驾驭群臣，办法是“君操其本，臣操其末。君治其要，臣行其详”，以便使君主“操生杀之权，课群臣之能”。与孟子同

① 司马迁：《史记》卷六三《老子韩非列传》，中华书局 1959 年版，第 2146 页。

时的慎到是一个重“势”的法家人物。他最先意识到法与势的关系，即法与政治权力的关系。他认为无论多么完备的法制，如不凭借强大的政治权力也是无法推行的。他说，飞龙乘云翱翔，腾蛇在雾中游弋，待到云消雾散，龙蛇落到地上，就与蚯蚓没有什么不同了。这是因为它们失掉了凭借。贤人屈从于不肖者，是因为权轻位卑；不肖者所以能使贤人屈从，是由于权重位尊。尧如果是一个匹夫，尽管他道德高尚，连三个人也管不了。夏桀纵然暴虐无道，但因为他是天子，也就可以凭借权势把天下搞得乱纷纷。由此可知势力权位的重要，而贤明和智慧却不值得羡慕。

韩非主要继承的是先秦法家先驱者的理论：商鞅的“法”，申不害的“术”，慎到的“势”，都被他冶为一炉，他由此成为法家思想的集大成者。韩非通过撰写《解老》《喻老》，充分吸纳并批判改造了老子的自然观和无为思想，发展了先秦以来的唯物论和无神论思想，为他的法制主义找到了一个坚实的自然哲学基础，所以司马迁说他“喜刑名法术之学，而其归本于黄老”。韩非还继承和发展了荀子的唯物论、历史进化论、性恶论和隆礼重法论，为自己的法制主义理论找到历史学和社会学的根据。事实上，正是荀子与韩非这一对师徒共同架设了一座由礼制到法制的思想过渡的桥梁。另外韩非也在形式上继承了墨家“尚同”的理念，把“上同而下不比”① 作为君王专制独裁的法理根据，将“明是非之分，审治乱之纪，明同异之处，察名实之理，处利害，决嫌疑”② 等作为法制理论的逻辑证明。韩非尽管对儒家学派进行猛烈抨击，但他还是自觉不自觉地吸取了儒学的某些理念与方法，如“制名以指实，上以明贵贱，下以辨异同”③、“叩其两端竭焉”④ 等。事实说明，韩非作为先秦法家学说的最后一位大师，他在《显学篇》中虽然批判了法家以外的几乎所有思想流派，但他并不拒绝其他思想流派中对自己有用的东西而尽量吸纳。他的思想之所以博大精深，与他善于吸收前人成果是有直接关系的。

韩非的著作《韩子》，亦称《韩非子》，现存 55 篇。尽管它是先秦古籍

① 吴毓江：《墨子校注》，中华书局 2006 年版，第 108 页。
② 吴毓江：《墨子校注》，中华书局 2006 年版，第 627 页。
③ 王先谦：《荀子集解》，中华书局 2013 年版，第 491 页。
④ 《论语 · 子罕》，《十三经注疏》，中华书局 1980 年版，第 2490 页。

中窜乱较少的著作之一，但对其真伪，学术界也有几种不同的说法。有人认为所有篇章皆出自韩非本人之手；有人认为只有《史记》记载的《孤愤》《五蠹》《内外储》等6篇以及《说林》《说难》等10篇出自韩非，其余皆属窜入者。另外还有其他数种看法。我们认为，除了《忠孝》《人主》《饬令》《心度》《制分》为法家后学著作，《初见秦》《存韩》《难言》《爱臣》为战国纵横家著作外，其余46篇，大体都出自韩非之手，应该作为研究他思想的重要依据。

韩非虽然同他的前辈吴起、商鞅一样做了地主阶级进步事业的殉道者，但是，他们创建的法制理论却为后来的封建统治者所笃行，在中国历史上产生了深远影响。秦王嬴政尽管误信谗言冤死了韩非，但他统一中国后创设的许多制度和政策措施，不少都是以韩非的理论为基础的。

韩非思想的优长和缺失都很突出，但他身后的评价基本上是贬多于褒。原因在于，一是他鼓吹"性恶论"，认定"私利"主导所有人的行动，屏弃道德伦理亲情的存在及其积极作用。二是他坚持君王的绝对专制论，否定"仁政""德治"的存在及其积极作用。近代以来，除了章太炎对其大加肯定外，王先谦也对他的思想作了有条件的肯定：

> 韩非处弱韩危极之时，以宗属疏远，不得进用。目击游说纵横之徒，颠倒人主以取利，而奸猾贼民，恣为暴乱，莫可救止，因痛嫉夫操国柄者，不能伸其自有之权力，斩割禁断，肃朝野而谋治安。其身与国为体，又烛弊深切，无繇见之行事，为书以著明之。故其情迫，其言覈，不与战国文学诸子等。迄今览其遗文，推迹当日国势，苟不先以非之言，殆亦无可为治者。仁惠者，临民之要道，然非以待奸暴也。孟子导时王以仁义，而恶言利，今非之言曰："世之学术者说人主，不曰乘威严以困奸衺，而皆曰仁义惠爱。世主亦美仁义之名，而不察其实。"盖世主所美，非孟子所谓仁义；说士所言，非仁义即利耳。至劝人主用威，唯非宗属乃敢言之。非论说固有偏激，然其云明法严刑救群生之乱，去天下之祸，使强不凌弱，众不暴寡，耆老得遂，幼孤得长，此则重典之用而张弛之宜，与孟子所称及闲暇明政刑，用意岂异耶！既不能行之于韩，而秦法闇与之同，遂以钼群雄，

有天下。[①]

应该承认，作为晚清大儒的王先谦，对韩非的评价基本上还是比较公允的。

二、韩非的法治思想体系

（一）唯物论的自然观

老子的思想体系虽然属于客观唯心论，但他摈弃了天地鬼神的作用，第一次以“道”作为天地的主宰。特别是他的辩证法思想丰富了人类对自然和社会的认识。韩非批判改造了老子的“天道无为”思想，提出了自己唯物论的自然观。他认为“道”“与天地之剖判也俱生”，“天得之以高，地得之以藏，维斗得之以成其威，日月得之以恒其光”，这里的“道”显然还带着从老子那里脱胎而来的痕迹，但他又说：“道者，万物之所然也，万理之所稽也。理者，成物之文也；道者，万物之所以成也。……万物各异理，而道尽稽万物之理。”[②] 这里韩非把“理”说成具体事物的规律，把“道”看成宇宙万事万物的总规律。“道”含蓄着“理”，是“理”的总汇。应该说，对“理”这一范畴的阐发，是韩非对唯物论的新贡献。韩非坚信万事万物都有自己的“理”，宇宙有自己的总规律，因而也坚信事物的发展有自己的规律，这就是他所说的“定命”和“信数”。他认为天下信数有三，一是人的智慧无法实现的，二是人的勇力无法达到的，三是人在强大和威势面前无法取胜的。只有“因可势”，“求易道”，即利用可以成事的客观条件和形势，才能“用力寡而功名立”[③]，取得各种事业的成功。他认定贤明君主立功成名必须具备四个条件：天时、人心、技能、势位。他说，天时不利，虽有十个尧这样的圣人，也不能在严冬使禾生一穗；人心不顺，虽有贲、育这样的勇士也无法取得对敌斗争的胜利。他的结论是：“得天时则不务而自生，得人心则不趋而自劝；因技能则不急而自疾，得势位则不进而成名。”[④] 这里。韩非从实践的角度说明办任何事情都必须遵循事物本有的客观规律。韩非虽然指出

---

① 王先慎：《韩非子集解·序》，中华书局 2013 年版，第 2 页。

② 王先慎：《韩非子集解》，中华书局 2013 年版，第 156 页。

③ 王先慎：《韩非子集解》，中华书局 2013 年版，第 212 页。

④ 王先慎：《韩非子集解》，中华书局 2013 年版，第 223 页。

人的行动必须受制于客观必然性，但他却避免了老子强调“清静无为”而忽视人的主观能动性的缺点。他认为人既不能做违反客观规律的狂人，也不应该无所事事，一味等待自然的恩赐。而应该利用天赋的聪明睿智，在自然条件许可范围内，发挥自己的主观能动的作用。这一思想蕴含着朴素唯物论和辩证法的因素。

从唯物论的自然观出发，韩非坚定地站在无神论立场上，驳斥了当时流行的鬼神可以决定吉凶，卜筮能够预测祸福的宗教迷信思想，否定了以星象变化妄测国家兴亡和战争胜负的占星术。他用历史事实揭穿卜筮的欺骗性。在《饬邪》中，他说，赵国攻打燕国时，凿龟求卜，得兆“大吉”，燕国迎战赵国，同样凿龟求卜，得兆也是“大吉”。但两国交战的结果，燕国两次都打了败仗；赵国相信卜筮，先胜燕国，再胜齐国，但与秦国交战时却一败涂地。燕、赵交战时，难道是燕国的龟不灵，而赵国的龟灵吗？赵国的龟既然灵，为什么与秦国交战时就不灵了呢？韩非又以越王勾践的故事为例，证明恃龟不如靠人：开始，勾践恃大朋之龟，但与吴国交战时败北，自己也成了吴国的俘虏，受尽凌辱。归国以后，再也不凿龟问卜，而是“卧薪尝胆”，十年生聚，十年教训，“明法亲民以报吴”。后来，不仅灭掉吴国，雪会稽之耻，而且北上中原争霸，俨然成为新的霸主。韩非还讥讽那些幻想长生不老的侯王，他们的巫祝虽然天天焚香作法，预祝千秋万岁，但并不能延年益寿。燕王曾派人向传“不死之道”的仙人学习，但还未来得及学习，仙人自己却一命呜呼，燕王怪罪派去的人贻误大事而将之处以极刑。韩非对此嘲笑说：“夫信不然之物而诛无罪之臣，不察之患也。且人之所急，无如其身，不能自使其无死，安能使王长生哉？”① 韩非又以确凿的事实，嘲弄了占星术的虚妄：魏国曾连年东向攻齐，迭克陶、卫，取得一连串胜利。后来转而西向攻秦，却连吃败仗，损兵失地。这难道是因为丰隆、五行、太一、王相、六神、岁星等吉星都在西方，因而成为魏国的守护神吗？难道又因为天缺、弧逆、刑星、荧惑、奎台等凶星都在东方，因而造成对秦国作战的不利吗？这些事实说明，天上星宿的方位，根本不能决定国家盛衰的命运。韩非的结论是：“龟荚鬼神不足举胜，左右背乡不足以专战。然而恃之，愚莫

① 王先慎：《韩非子集解》，中华书局 2013 年版，第 290—291 页。

大焉。”[①]“用时日，事鬼神，信卜筮，而好祭祀者，可亡也。”[②]韩非还进而从唯物论自然观出发，批判了当时流行的所谓生死祸福是出自上天奖励或惩罚的天人相与论。他认为生死祸福是由人自身的行为造成的，与上天没有任何关系：“祸难生于邪心，邪心诱于可欲。可欲之类，进则教良民为奸，退则令善人有祸。”[③]另外，由于人们忧愁难耐，精神错乱，思虑不周而造成的行为过失也同样能够给人带来灾祸。而幸福的来源则是由于人们自己“行端正”“思虑熟”“得事理”，因而办事成功，福寿两全。这里，韩非竭力把生死祸福的成因从天上拉回人间，从人自身的思想和行为中去寻觅。虽然他不可能从社会经济和阶级的分野来解释生死祸福，而把它单纯归因于个人的思想和行为，但较之那些上帝决定的神道说教，毕竟是前进了一大步。他还认定，只要政治清明，“内无痤疽瘅痔之害，而外无刑罚法诛之祸”[④]，人们就不会遭到无妄之灾，鬼神迷信也就没有市场了。尽管韩非在这里把消灭鬼神迷信看得过于简单、容易，不了解鬼神迷信的产生有着深刻的社会根源和认识根源，但是，他对鬼神迷信的批判，还是有着重大进步意义的。

（二）“参验”的唯物主义认识论

事物是否能够认识？人有没有认识事物的能力？人的认识怎样反映客观实际？如何判断认识的正确与错误？对这一连串的认识论的主要问题，韩非基本上作了唯物论的回答。他认为天地万物的“所以然之道”和“所以然之理”都是客观存在的，是可以认识的。而人也是有认识事物的能力的：“聪明睿智，天也；动静思虑，人也。”[⑤]人类认识事物的器官虽是天生的，认识事物却是人的主观能动行为：“思虑熟则得事理”，“得事理则必成功”。[⑥]这就是说，认识事物首先靠耳、口、目、鼻等“天官”“空窍”接触事物，获得感性认识，同时也要靠“心”的思虑使认识得到深化。韩非已经接触到检验认识和行动是否正确的标准问题。他认为，判定言论、意见是否正确，

① 王先慎：《韩非子集解》，中华书局 2013 年版，第 131 页。
② 王先慎：《韩非子集解》，中华书局 2013 年版，第 117 页。
③ 王先慎：《韩非子集解》，中华书局 2013 年版，第 154 页。
④ 王先慎：《韩非子集解》，中华书局 2013 年版，第 147 页。
⑤ 王先慎：《韩非子集解》，中华书局 2013 年版，第 161 页。
⑥ 王先慎：《韩非子集解》，中华书局 2013 年版，第 144 页。

要看其是否符合“形名参同”。如臣下发言、行事，言必有名，事必有形，据形验名，就是“形名参同”：“有言者自为名，有事者自为形。形名参同，君乃无事焉，归之其情。”① 由此韩非主张对当时各家学派的言论，必须根据历史和事实加以“参验”。凡是缺乏历史和事实根据的理论，就是虚妄的谬论。如按此行事，就是欺骗行为。进而，韩非认定，判断言行是否正确，归根结底是看其在实践中的“功用”：“夫言行者，以功用为之的彀者也。”② 他以许多生动的故事来证明自己的理论：在齐国的稷下学宫中，有一个叫兒说的辩者持“白马非马”之说，折服了在场的所有学者。但当他乘白马过关的时候，还要按照马的毛色交过关税。韩非批评说，如果凭借虚浮言辞来辩论，口才好的人能辩胜全国人的口；如果按照形象考察实际，就无法欺诈一个人。他进而批判阴阳家的“闳大不经”之谈，嘲笑他们无法验证的言论不过是一种“画鬼”的伎俩。他说，画犬马最难，画鬼魅最容易。因为谁也没有见过鬼魅，所以可以随心所欲地乱画。犬马天天可见，画不像是不行的。当然，阴阳五行家思想中也包含着运动变化的朴素辩证法理念，把他们全部说成画鬼惑众的骗子显然有失偏颇。韩非还讲过两个故事，说明任何言行都必须看效果：秦国国君将自己的女儿嫁给晋国的国君，同时陪送了 70 个漂亮的媵女，结果晋人爱其媵而贱公女。这样，秦国以嫁女维持两国友好关系的目的就没有达到。韩非批评这是“善嫁妾”而非“善嫁女”。楚人把一颗珍珠装在一只极其漂亮的盒子里，“为木兰之椟，熏以桂椒，缀以珠玉，饰以玫瑰，辑以翡翠”③，结果郑人买了盒子而退还珍珠，这就是有名的“买椟还珠”的故事。韩非认为，这些行动都没有达到预期的目的，说明行动本身是错误的。言行必须以“功用”为“的彀”的思想，隐含着以实际效果为检验言辞行为标准的科学认识。对此，他有这样一段经典表述：

夫视锻锡而察青黄，区冶不能以必剑；水击鹄鴈，陆断驹马，则臧获不疑钝利。发齿吻形容，伯乐不能以必马；授车就驾而观其末涂，则臧获不疑驽良。观容服，听辞言，仲尼不能以必士；试之官职，课其功

① 王先慎：《韩非子集解》，中华书局 2013 年版，第 28 页。
② 王先慎：《韩非子集解》，中华书局 2013 年版，第 430 页。
③ 王先慎：《韩非子集解》，中华书局 2013 年版，第 287 页。

伐，则庸人不疑于愚智。[①]

韩非还以一个“以子之矛攻子之盾”的故事，把矛盾的概念第一次引入认识领域。他认为人的思维必须符合形式逻辑的要求，不能陷入自相矛盾。由此引申，他认为君主应该善于听取不同意见并从各种互相对立的意见中判断其中哪一种符合实际，千万不要只听一种意见。如果一个君主经常听到的只是一种声音，那么这种声音即使将他引导到完全错误的道路上，他也不易发觉。最后，韩非认为，在“上有所好，下必甚焉”的社会风气中，国君更要有自知之明。他说，“故知之难，不在见人，在自见”，“志之难也，不在胜人，在自胜也”[②]。也就是说，人君要对自己保持清醒的头脑，要敢于同自己的错误做斗争。他又说，良药苦口利于病，“忠言拂于耳”[③]，但聪明的君主还是要听，因为它能够使事业取得成功。他还讲了一个齐王好紫衣的故事，说明以身作则的重要性。由于齐王喜好紫衣，全国上下争相穿用，结果弄到全国紫色布匹价昂缺货。后来齐王纳谏弃紫衣，情况立即发生变化：当天，郎中不穿紫衣了。当月，国都官员百姓不穿紫衣了。当年，齐国境内之民无人再穿紫衣了。这个故事中隐喻的道理，至今仍然发人深思。总之，韩非的唯物论认识论，强调了“参验”和功用，达到了当时的最高水平。

（三）今胜于昔的历史进化观

在先秦诸子中，绝大部分人都把人类的黄金时代放在遥远的古代社会。以孔子、孟子为代表的儒家鼓吹尧舜和三代的理想。墨翟为代表的墨家则讴歌大禹时代的“尚同”和“尚贤”；老子和庄子为代表的道家更是赞扬“小国寡民”和“同与禽兽居，族与万物并”的“至德之世”。中国传说时代的圣帝名王及其事迹，绝大多数都是在这一时期按不同理想编造出来的。韩非作为新兴地主阶级的代言人，相信自己阶级的力量，对未来充满信心，因而继承和发展了荀子的历史进化观，批判了儒、墨、道“法先王”的历史观。

首先，韩非认为，历史既不是一成不变的简单重复，更不是今不如昔的一代不如一代的倒退，而是一个由低级向高级的连续不断的发展过程。他

① 王先慎：《韩非子集解》，中华书局2013年版，第504页。

② 王先慎：《韩非子集解》，中华书局2013年版，第181—182页。

③ 王先慎：《韩非子集解》，中华书局2013年版，第288页。

将中国历史划分为四个发展阶段：上古之世、中古之世、近古之世和当今之世。上古指有巢氏构木为巢、燧人氏钻木取火的时代，中古指鲧、禹父子治水的时代，近古指汤、武征伐的时代，当今指春秋战国五霸七雄争霸兼并的时代。韩非还描绘了各个时代不同的特点和风貌。他说，“古人亟德，中世逐于智，当今争于力”①。时代不同，历史条件不同，治国的法术也应该不同。时代进入了中古，如果还有人提倡构木为巢、钻木取火，必然被鲧、禹所耻笑；时代进入近古，如果还有人无故决渎排水，必然被汤、武所耻笑；时代进入当今，如果还有人讴歌尧舜汤武的道德功业，也就必然为“新圣”所耻笑了。他的结论是：“圣人不期修古，不法常可，论世之事，因为之备。”② 他讽刺说，儒家“法先王”“行仁义”的治国方法，在当时不过是“守株待兔”和“尘饭涂羹”之类的空想而已。

其次，韩非努力排除天命、神道史观，竭力探索历史的规律和决定力量。韩非以前及其同时代的许多思想家，大力鼓吹“天生民而作之君，作之师”的神道史观，国君被誉称“天子”，自然界和人类社会的一切发展变化都被说成老天爷有目的的安排。韩非上承荀子，把天神从历史领域驱除出去，将历史还原为人类自身的历史。他说：“上古之世，人民少而禽兽众，人民不胜禽兽虫蛇。有圣人作，构木为巢，以避群害，而民悦之，使王天下，号曰有巢氏。民食果蓏蚌蛤，腥臊恶臭而伤腹胃，民多疾病，有圣人作，钻燧取火，以化腥臊，而民悦之，使王天下，号曰燧人氏。”③ 韩非如此对上古社会进化的描绘，“确是道破了原始社会的实际”④。这里，韩非虽然把原始社会的一些重大发明与所谓“圣人”联系在一起，但他的描述，比起同时代的其他思想家，毕竟更接近历史实际。进而，他说，尧做国王的时候，吃着粗劣的食物，喝着藜藿做的羹汤，冬天穿鹿皮，夏天穿麻布衣服。今天，就是看门的小官的衣食住行也比他强多了。禹做国王管理天下的时候，手持耒叉带领人民干活，终日劳累，以致大腿上无肉，小腿上不生毛。今天，就是一般奴隶的劳动也不过如此。这样看来，古人辞去天子，不过像

① 王先慎：《韩非子集解》，中华书局 2013 年版，第 467 页。
② 王先慎：《韩非子集解》，中华书局 2013 年版，第 484 页。
③ 王先慎：《韩非子集解》，中华书局 2013 年版，第 483 页。
④ 《郭沫若全集》历史编 2，人民出版社 1982 年版，第 366 页。

今天辞掉一个看门人的俸禄和抛却奴隶的辛劳罢了。因此，古代“禅让”天下的事是不值得过多赞扬的。可今天一个县令，即使他死后，他的子孙也可以世世代代坐马车，享受尊荣。所以就辞让而言，古人可以轻而易举地辞去天子的尊位，而今人却难以舍弃辞去一个小小的县令。这是因为实际利益厚薄不同的缘故。他的结论是：“是以古之易财，非仁也，财多也；今之争夺，非鄙也，财寡也。轻辞天子，非高也，势薄也；重争土囊，非下也，权重也。”① 这意思是说，古人所以不争权，因为无利可图，而今人所以争权，是因为有财有势可图。韩非从经济生活的影响来分析道德的时代性质，正是体现了他的唯物主义精神，由此他把国家盛衰、社会治乱的原因归结到社会经济问题。所以他认为必须强迫人民努力生产，大量增加社会财富，才能给社会的繁荣、美好道德的推行、国家社会的安定奠定基础。进而他激烈反对当时的文学之士、言谈之士、道德之士、工商之民、游侠之士，其中一个重要原因就是这些人脱离农业生产，“用力者寡则国贫，此世之所以乱也”②。由此出发，他主张重本抑末，奖励耕战，大力发展经济。可以看出，韩非在这里继承了《管子》“仓廪实则知礼节，衣食足则知荣辱”的观点，看到了物质生活对国家治乱、道德风尚的影响，这比之儒家空谈仁义的说教，合理的因素似乎更多一点。但是，韩非为了论证以暴力为后盾的封建专制主义的进步性，却将物质与道德的关系绝对化了。在《五蠹》中，他认为人口的增长快于财富的增长，社会上人口愈多则财富愈少。财富愈少，则争夺就愈激烈。而社会的动乱就是因人口的迅速增加引起的。这里，韩非的可贵之处，在于看到了人口增长与经济发展的关系，特别是人口增长与社会财富分配之间的矛盾。但是，把社会动乱的原因单纯归结为人口的大量增加，则显然是错误的。因为在阶级社会里，社会动乱的根本原因是统治阶级无限制的压迫和剥削。

最后，韩非把历史的根本动力归结为人类对一己私利的无厌追求。“性恶论”是他这一理论的出发点。韩非认为，人性是随着历史的发展而变化的。远古之人无利可图，所以敦朴愚蠢；今之人有利可图，所以狡诈智慧。

---

① 王先慎：《韩非子集解》，中华书局2013年版，第486页。

② 王先慎：《韩非子集解》，中华书局2013年版，第494页。

而所有人所刻意追求的东西，不外乎名和利："人无羽毛，不衣则犯寒；上不属天，而下不着地，以肠胃为根本，不食则不能活，是以不免于欲利之心。"① "利之所在民归之，名之所彰士死之。"② 不仅一般人和士君子追逐名利，那些拥有巨量财富和据有极大权力的贵族们，更是经常演出弑父杀兄、篡位逼宫之类骨肉相残的丑剧。在韩非看来，所有的社会关系都离不开名和利，如王良爱马，是为了让它驰骋疆场；勾践爱民，是为了让他们拼死鏖战，以雪会稽之耻；医生吮吸病人的伤口，并非因为他同患者有着骨肉亲情，而为了收取高昂的酬劳；造车的工匠，希望人人富贵，做棺材的工匠，则盼着人人早死。这也并不是因为造车者仁慈而做棺者残忍，而是因为人不富贵车子卖不出，人不死亡棺材卖不掉。棺材匠并不是憎恶人，而是因为他的利益恰恰与人的死亡联系在一起。在韩非眼里，普天之下都是为私利活动的人，人与人之间的关系都是建筑在利害基础上：佣工与雇主，父亲与儿子、丈夫与妻子、同事和朋友、君主和臣子，都是以利益的锁链连在一起的。韩非撕破了儒家精心锻造的"君仁臣忠""父慈子孝""兄友弟恭""夫义妇顺"等温情脉脉的道德伦理的纱幕，将其还原为争权夺利、尔虞我诈的赤裸裸的利害关系。而人类的历史，也就势必是在各种不同的人群日日追逐名利的推动下，一步一步走过来的。所以，君主应该利用人人趋利避害的本性，用严明的赏罚驱使臣子、官吏和人民为自己效力。他的法制主义理论正是奠基于这种"性恶论"基础之上，而法的功效也正是因为契合了人类趋利避害的本性。由此出发，他鼓吹强力，鄙视贫弱，鼓励人们以强以力致富致贵，反对救济贫弱群体：

> 是故力多则人朝，力寡则朝于人，故明君务力。夫严家无悍虏，而慈母有败子，吾以此知威势之可以禁暴，而德厚之不足以止乱也。夫圣人之治国，不恃人之为吾善也，而用其不得为非也。③
>
> 无丰年旁入之利，而独以完给者，非力则俭也；与人相若也，无饥馑疾疚祸罪之殃，独以贫穷者，非侈则墯也。侈而墯者贫，因力而俭

① 王先慎：《韩非子集解》，中华书局2013年版，第155页。

② 王先慎：《韩非子集解》，中华书局2013年版，第283页。

③ 王先慎：《韩非子集解》，中华书局2013年版，第504页。

者富。今上征敛于富人以布施于贫家，是夺力俭而与侈堕也，而欲索民之疾作而节用，不可得也。①

韩非“性恶论”的合理因素，在于他看到了人人都有自己的物质利益，而他的错误在于把这种对物质利益的追求绝对化，把唯利是图看成永远不变的人性，认定“丛林法则”是永恒的法则，错误地否定了人类社会确实存在的超越物质利益的人类亲情和超越生死的道德情操。从一定意义上说，韩非的“性恶论”是战国时代商品经济得到较大发展的产物。然而，由于它太少伪饰，太赤裸裸，特别是太绝对化，因而对维护封建统治的长治久安不利。所以在秦朝以后，中国的封建统治者虽然在事实上接受和运用韩非的法制理论，但并不张扬他的“性恶论”，而是更多地宣扬孟子的“性善论”。因为“性善论”把人追求名利说成后天才有，不是人的本性；人的本性是由“善端”扩展而向善的，所有人都可以通过修养自觉向善，回归本性。这种理论尽管同样不尽科学，但比“性恶论”要高明得多。

总之，韩非的历史观虽然最终不能超越历史唯心论的局限，但是，由于他倡导今胜于昔的历史进化论，批驳了君权神授的宗教迷信，从人类的经济生活寻找历史发展的动因，鼓吹“世异备变”的不断变革的理念，这就适应了当时新兴地主阶级变革现实的要求，在先秦晚期社会急剧变化的历史条件下，它的进步作用是主要的。

（四）法、术、势相结合的法制思想

韩非总结了他的法家前辈的思想，第一次明确阐述了法、术、势三者之间不可分割的联系。他认为，为了推行封建的政治变革，必须实行严酷的法制。他批判申不害只讲“术”不重法的弊端是：“不擅其法，不一其宪令，则奸多故。”② 但是推行法制的前提是掌控国家权力，即必须有“势”。但有法有势而无“术”，还不足以对付叛逆臣子的擅权篡弑，极易造成大权旁落。所以人君又必须有术。他指出，法虽然可以使国家富强，“然而无术以知奸，则以其富强也资人臣而已”。所以术与法关系极其密切：“君无术则弊于上，

① 王先慎：《韩非子集解》，中华书局 2013 年版，第 501 页。

② 王先慎：《韩非子集解》，中华书局 2013 年版，第 433 页。

臣无法则乱于下。此不可一无，皆帝王之具也。”① 法、术、势三者互为条件，互相补充，构成新兴地主阶级完整的法制思想体系。

韩非认定，法是国家根本的规章制度，是除了人君之外所有臣民都须一体遵守的根本大法，是衡量一切是非曲直的唯一标准，是保证国家和社会长治久安的唯一凭借，是使全国臣民“人力尽而功名立”的万能法宝，是治国理民的头号利器：

故明主之国，无书简之文，以法为教；无先王之语，以吏为师。②

巧匠目意中绳，然必先以规矩为度；上智捷举中事，必以先王之法为比。故绳直而枉木斵，准夷而高科削，权衡县而重益轻，斗石设而多益少。故以法治国，举措而已矣。法不阿贵，绳不挠曲。法之所加，智者弗能辞，勇者弗敢争。刑过不避大臣，赏善不遗匹夫。故矫上之失，诘下之邪，治乱决缪，绌羡齐非，一民之轨，莫如法。属官威民，退淫殆，止诈伪，莫如刑。刑重则不敢以贵易贱，法审则上尊而不侵；上尊而不侵则主强而守要，故先王贵之而传之。③

国无常强，无常弱。奉法者强则国强，奉法者弱则国弱。④

而圣人者，审于是非之实，察于治乱之情也。故其治国也，正明法，陈严刑，将以救群生之乱，去天下之祸，使强不凌弱，众不暴寡，耆老得遂，幼孤得长，边境不侵，君臣相亲，父子相保，而无死亡系虏之患，此亦功之至厚者也。⑤

释法术而心治，尧不能正一国；去规矩而妄意度，奚仲不能成一轮；废尺寸而差短长，王尔不能半中。使中主守法术，拙匠守规矩尺寸，则万不失矣。君人者能去贤巧之所不能，守中拙之所万不失，则人力尽而功名立。⑥

---

① 王先慎：《韩非子集解》，中华书局 2013 年版，第 433 页。
② 王先慎：《韩非子集解》，中华书局 2013 年版，第 494 页。
③ 王先慎：《韩非子集解》，中华书局 2013 年版，第 40—41 页。
④ 王先慎：《韩非子集解》，中华书局 2013 年版，第 33 页。
⑤ 王先慎：《韩非子集解》，中华书局 2013 年版，第 109—110 页。
⑥ 王先慎：《韩非子集解》，中华书局 2013 年版，第 209 页。

人主使人臣虽有智能不得背法而专制，虽有贤行不得踰功而先劳，虽有忠信不得释法而不禁，此之谓明法。①

故明主之国，无书简之文，以法为教；无先王之语，以吏为师；无私剑之捍，以斩首为勇。是境内之民，其言谈者必轨于法，动作者归之于功，为勇者尽之于军。是故无事则国富，有事则兵强，此之谓王资。②

在韩非看来，法的特点是“明”：“编著之图籍，设之于官府，而布之于百姓。”③要广泛宣传，做到家喻户晓，使全国臣民都明白自己行为的底线在哪里，严格约束自己不做违法之举，同时尽力做法所鼓励和倡导的立功受赏之事：

明主之表易见，故约立；其教易知，故言用；其法易为，故令行。三者立而上无私心，则下得循法而治，望表而动，随绳而斲，因攒而缝。如此则上无私威之毒，而下无愚拙之诛。故上居明而少怒，下尽忠而少罪。④

法的主要功能是赏罚，并具体规定了赏罚的依据。在《韩非子》一书中，对赏罚的论述是不厌其烦、反复不断、再三再四的。他绝对认定，无论是对于官吏，还是对于一般平民百姓，赏和罚的两手是最好的挟制他们的工具，所以是不可须臾离的“邦之利器”。与之相对应，儒家所倾心倡导的仁义则是搞乱国家、迷惑臣民的“歪理邪说”：

法者，宪令著于官府，刑罚必于民心，赏存乎慎法，而罚加乎奸令者也。⑤

① 王先慎：《韩非子集解》，中华书局2013年版，第126页。
② 王先慎：《韩非子集解》，中华书局2013年版，第494页。
③ 王先慎：《韩非子集解》，中华书局2013年版，第415页。
④ 王先慎：《韩非子集解》，中华书局2013年版，第221页。
⑤ 王先慎：《韩非子集解》，中华书局2013年版，第433页。

明主之所导制其臣者，二柄而已矣。二柄者，刑、德也。何谓刑德？曰：杀戮之谓刑，庆赏之谓德。为人臣者畏诛罚而利庆赏，故人主自用其刑德，则群臣畏其威而归其利矣。

人主将欲禁奸，则审合刑名者，言与事也。为人臣者陈而言，君以其言授之事，专以其事责其功。功当其事，事当其言，则赏；功不当其事，事不当其言，则罚。①

赏罚者，邦之利器也，在君则制臣，在臣则胜君。君见赏，臣则损之以为德；君见罚，臣则益之以为威。人君见赏而人臣用其势，人君见罚而人臣乘其威。故曰："邦之利器不可以示人。"②

世主美仁义之名而不察其实，是以大者国亡身死，小者地削主卑。何以明之？夫施贫困者，此世之所谓仁义；哀怜百姓，不忍诛罚者，此世之所谓惠爱也夫。有施与贫困，则无功者得赏；不忍诛罚，则暴乱者不止。国有无功得赏者，则民不外务当敌斩首，内不急力田疾作，皆欲行货财，事富贵，为私善，立名誉，以取尊官厚俸。故奸私之臣愈众，而暴乱之徒愈胜，不亡何待！夫严刑者，民之所畏也；重罚者，民之所恶也。故圣人陈其所畏以禁其衺，设其所恶以防其奸，是以国安而暴乱不起。吾以是明仁义爱惠之不足用，而严刑重罚之可以治国也。无捶策之威，衔橛之备，虽造父不能以服马；无规矩之法，绳墨之端，虽王尔不能以成方圆；无威严之势，赏罚之法，虽尧舜不能以为治，今世主皆轻释重罚严诛，行爱惠，而欲霸王之功，亦不可几也。故善为主者，明赏设利以劝之，使民以功赏而不以仁义赐；严刑重罚以禁之，使民以罪诛而不以爱惠免。是以无功者不望，而有罪者不幸矣。③

明主之道不然，设民所欲以求其功，故为爵禄以劝之；设民所恶以禁其奸，故为刑罚以威之。庆赏信而刑罚必，故君举功于臣，而奸不用于上，虽有竖刁，其奈君何？且臣尽死力以与君市，君垂爵禄以与臣市，君臣之际，非父子之亲也，计数之所出也。④

---

① 王先慎：《韩非子集解》，中华书局 2013 年版，第 42—44 页。

② 王先慎：《韩非子集解》，中华书局 2013 年版，第 170 页。

③ 王先慎：《韩非子集解》，中华书局 2013 年版，第 383 页。

④ 王先慎：《韩非子集解》，中华书局 2013 年版，第 112 页。

圣人之所以为治道者三：一曰利，二曰威，三曰名。夫利者所以得民也，威者所以行令也，名者上下之所同道也。①

韩非有时也把法令叫作“名”，依据法令进行的赏罚叫作“刑”。法是赏罚的标准，“名”是“刑”的根据，“刑”必须合乎“名”，所以韩非的法制又叫“刑名之术”。韩非还鼓吹一种类似法律面前人人平等的理念：“法不阿贵，绳不挠曲。法之所加，智者弗能辞，勇者弗敢争。刑过不避大臣，赏善不遗匹夫。”② 这里讲的臣与民、官与百姓面前一律平等的话，目的在于破除奴隶制世官世禄的等级制度，代之以“使法择人，不自举也”③ 为原则的官吏选取制度，做到“内举不避亲，外举不避仇”④，经过实践考验，“论之于任，试之于事，课之于功”⑤，以便使大批出身于新兴地主阶级和平民百姓的人才得以涌现。韩非并不完全否定贤人，但却极力反对贤人政治，主张“任法不任贤”。韩非继承商鞅“以刑止刑”的观点，力主重刑厚赏：

是以赏莫如厚而信，使民利之；罚莫如重而必，使民畏之；法莫如一而固，使民知之。故主施赏不迁，行诛无赦。誉辅其赏，毁随其罚，则贤不肖俱尽其力矣。⑥

重一奸之罪而止境内之邪，此所以为治也。重罚者盗贼也，而悼惧者良民也，欲治者奚疑于重刑！若夫厚赏者，非独赏功也，又劝一国。受赏者甘利，未赏者慕业，是报一人之功而劝境内之众也，欲治者何疑于厚赏！⑦

故明主之治国也，适其时事以致财物，论其税赋以均贫富，厚其爵禄以尽贤能，重其刑罚以禁奸邪；使民以力得富，以事致贵，以过受

① 王先慎：《韩非子集解》，中华书局 2013 年版，第 447 页。
② 王先慎：《韩非子集解》，中华书局 2013 年版，第 41 页。
③ 王先慎：《韩非子集解》，中华书局 2013 年版，第 37 页。
④ 王先慎：《韩非子集解》，中华书局 2013 年版，第 441—442 页。
⑤ 王先慎：《韩非子集解》，中华书局 2013 年版，第 409 页。
⑥ 王先慎：《韩非子集解》，中华书局 2013 年版，第 489 页。
⑦ 王先慎：《韩非子集解》，中华书局 2013 年版，第 456 页。

罪，以功致赏而不念慈惠之赐，此帝王之政也。[①]

韩非坚信，重赏严罚既利于君，也利于民，奸邪者畏于刑而不敢作奸犯科，百姓因追求厚赏而甘愿身赴国难。不过韩非的法制思想的着重点并不是厚赏而是重罚，它的“轻罪重罚”的原则集中表现了法家极度的“刻薄寡恩”和残酷无情。因为罚的对象主要是一般百姓，在实行过程中，它必然要引起劳动人民的激烈反抗。秦王朝是实践韩非法制主义思想的典型之一，它之所以在统一六国 15 年后即被农民起义军送上不归路而覆社灭宗，显然与它实行的“重罚”的制度和政策有关。

韩非的“术”是“藏之胸中，以偶众端而潜御群臣”的工具。在涉及法与术的区别时，韩非准确阐明：

人主之大物，非法则术也。法者，编着之图籍，设之于官府，而布之于天下者也。术者，藏之于胸中，以偶众端，而潜御群臣者也。故法莫如显，而术不欲见。是以明主言法，则境内卑贱莫不闻知也，不独满于堂；用术，则亲爱近习莫之得闻也，不得满室。[②]

韩非的“术”蕴含三个方面的内容。第一，是君王高居尊位，不做具体事情，“圣人不亲细民，明主不躬小事”[③]，“无为而治”，知人善任，“因任而授官，循名而责实”，以用人之智，用人之能。虽然君主自己不见得智和贤，但只要能用正确的方法使智者贤者为我所用，就可以收到“臣有其劳，君有其成功”的效果。只要对臣下“以言授事”“以事责功”，赏罚并用，就可以得到想要的一切：

明君无为于上，群臣竦惧乎下。明君之道，使智者尽其虑，而君因以断事，故君不穷于智；贤者敕其材，君因而任之，故君不穷于能；有功则君有其贤，有过则臣任其罪，故君子不穷于名。是故不贤而为

① 王先慎：《韩非子集解》，中华书局 2013 年版，第 460 页。

② 王先慎：《韩非子集解》，中华书局 2013 年版，第 415 页。

③ 王先慎：《韩非子集解》，中华书局 2013 年版，第 371 页。

贤者师，不智而为上智者正。臣有其劳，君有其成功，此之谓贤主之经也。①

韩非进而指出人主有“五壅”，而这些“壅”都是由于臣子掌控权力为谋私利擅自行动构成的，所以人主必须破除这些“壅”，才能维护自己的利益：

是故人主有五壅：臣闭其主曰壅，臣制财利曰壅，臣擅行令曰壅，臣得行义曰壅，臣得树人曰壅。臣闭其主则主失位，臣制财利则主失德，臣擅行令则主失制，臣得行义则主失名，臣得树人则主失党。此人主之所以独擅也，非人臣之所以得操也。人主之道，静退以为宝。不自操事而知拙与巧，不自计虑而知福与咎。是以不言而善应，不约而善增。言已应则执其契，事已增则操其符。符契之所合，赏罚之所生也。故群臣陈其言，君以其言授其事，以事责其功。功当其事，事当其言则赏；功不当其事，事不当其言则诛。明君之道，臣不陈言而不当。是故明君之行赏也，暧乎如时雨，百姓利其泽；其行罚也，畏乎如雷霆，神圣不能解也。故明君无偷赏，无赦罚。赏偷则功臣堕其业，赦罚则奸臣易为非。是故诚有功则虽疏贱必赏，诚有过则虽近爱必诛。近爱必诛，则疎贱者不怠，而近爱者不骄也。②

第二，君王还必须坚持和维护高度专制主义中央集权的行政体制。一方面君王必须“独断专行”：“独视者谓明，独听者谓聪，能独断者故可以为天下主。”③ 执掌国家大政方针的决策权，以便提纲挈领、执简御繁，牢牢地掌控政治中枢，号令一切。这就是所谓“事在四方，要在中央，圣人执要，四方来效”④。第三，专讲以阴谋诡计和各种酷烈的手段制御臣子的法术。韩非从“性恶论”出发，认为人与人之间根本不存在信赖和忠诚，一切人都围绕着权力和名利勾心斗角、你争我夺。因此，君主对任何人都不能信任，而必须

① 王先慎：《韩非子集解》，中华书局 2013 年版，第 29—30 页。
② 王先慎：《韩非子集解》，中华书局 2013 年版，第 31—32 页。
③ 王先慎：《韩非子集解》，中华书局 2013 年版，第 348 页。
④ 王先慎：《韩非子集解》，中华书局 2013 年版，第 47 页。

严加防范。尤其是对群臣，更必须加意提防，“人主者不操术，则威势轻而臣擅名”[①]。他详细分析人臣作奸犯科的八种成奸之术：

> 凡人臣之所道成奸者有八术：一曰在同床。何谓同床？曰：贵夫人，爱孺子，便僻好色，此人主之所惑也。托于燕处之虞，乘醉饱之时，而求其所欲，此必听之术也。为人臣者内事之以金玉，使惑其主，此之谓同床。二曰在旁。何谓在旁？曰：优笑侏儒，左右近习，此人主未命而唯唯，未使而诺诺，先意承旨，观貌察色，以先主心者也。此皆俱进俱退，皆应皆对，一辞同轨以移主心者也。为人臣者内事之以金玉玩好，外为之行不法，使之化其主，此之谓在旁。三曰父兄。何谓父兄？曰：侧室公子，人主之所亲爱也；大臣廷吏，人主之所与度计也。此皆尽力毕议，人主之所必听也。为人臣者事公子侧室以音声子女，收大臣廷吏以辞言，处约言事，事成则进爵益禄以劝其心，使犯其主，此之谓父兄。四曰养殃。何谓养殃？曰：人主乐美宫室台池，好饰子女狗马以娱其心，此人主之殃也。为人臣者尽民力以美宫室台池，重赋敛以饰子女狗马，以娱其主而乱其心，从其所欲而树私利其间，此谓养殃。五曰民萌。何谓民萌？曰：为人臣者散公财以说民人，行小惠以取百姓，使朝廷市井皆劝誉已，以塞其主而成其所欲，此之谓民萌。六曰流行。何谓流行？曰：人主者固壅其言谈，希于听论议，易移以辩说。为人臣者求诸侯之辩士，养国中之能说者，使之以语其私，为巧文之言，流行之辞，示之以利势，惧之以患害，施属虚辞以坏其主，此之谓流行。七曰威强。何谓威强？曰：君人者，以群臣百姓为威强者也。群臣百姓之所善则君善之，非群臣百姓之所善则君不善之。为人臣者聚带剑之客，养必死之士以彰其威，明为已者必利，不为已者必死，以恐其群臣百姓而行其私，此之谓威强。八曰四方。何谓四方？曰：君人者国小则事大国，兵弱则畏强兵，大国之所索，小国必听，强兵之所加，弱兵必服。为人臣者重赋敛，尽府库，虚其国以事大国，而用其威求诱其君；甚者举兵以聚边境而制敛于内，薄者数内大

① 王先慎：《韩非子集解》，中华书局2013年版，第372页。

使以震其君，使之恐惧，此之谓四方。凡此八者，人臣之所以道成奸，世主所以壅劫，失其所有也，不可不察焉。明君之于内也，娱其色而不行其谒，不使私请。其于左右也，使其身必责其言，不使益辞。其于父兄大臣也，听其言也必使以罚任于后，不令妄举。其于观乐玩好也，必令之有所出，不使擅进，不使擅退，群臣虞其意。其于德施也，纵禁财，发坟仓，利于民者必出于君，不使人臣私其德。其于说议也，称誉者所善，毁疵者所恶，必实其能，察其过，不使群臣相为语。其于勇力之士也，军旅之功无踰赏，邑斗之勇无赦罪，不使群臣行私财。其于诸侯之求索也，法则听之，不法则距之。①

显然，韩非是以最阴暗的心理看待君臣关系，将所有人都看作防范的对象。所以，他执意认定，君主除了自己，对其他任何人都不可信任，因为即使是自己的父兄、妻子、儿女和最亲近的臣子，他们也有与你不同的个人的利益，而为了获取这种利益，他们什么危害君王的事都敢做：

人主之患在于信人，信人则制于人。人臣之于其君，非有骨肉之亲也，缚于势而不得不事也。故为人臣者窥觇其君心也，无须臾之休，而人主怠傲处其上，此世所以有劫君弑主也。为人主而大信其子，则奸臣得乘于子以成其私，故李兑傅赵王而饿主父。为人主而大信其妻，则奸臣得乘于妻以成其私，故优施傅丽姬杀申生而立奚齐。②

因此，必须研究和掌握对君王至关重要的“安术”和“危道”：

安术有七，危道有六。安术：一曰赏罚随是非，二曰祸福随善恶，三曰死生随法度，四曰有贤不肖而无爱恶，五曰有愚智而无非誉，六曰有尺寸而无意度，七曰有信而无诈。

危道：一曰斲削于绳之内，二曰断割于法之外，三曰利人之所害，

① 王先慎：《韩非子集解》，中华书局 2013 年版，第 57—60 页。

② 王先慎：《韩非子集解》，中华书局 2013 年版，第 122 页。

四曰乐人之所祸，五曰危人之所安，六曰所爱不亲所恶不疏。如此，则人失其所以乐生而忘其所以重死，人不乐生则人主不尊，不重死则令不行也。①

而为了避免臣下的危害，君王就必须运用“七术”和“六微”来侦察他们的动向，运用只有自己熟悉的“术”来击破他们的图谋不轨的阴谋和行动：

主之所用也七术，所察也六微。七术：一曰众端参观，二曰必罚明威，三曰信赏尽能，四曰一听责下，五曰疑诏诡使，六曰挟知而问，七曰倒言反事。此七者，主之所用也。②

六微：一曰权借在下，二曰利异外借，三曰托于似类，四曰利害有反，五曰参疑内争，六曰敌国废置。此六者主之所察也。③

怀着极其阴暗的心理，韩非认定，人君不要期望得到人民的爱戴，而必须具有“使人不得不爱我之道”④，即握有使人为我所用的办法。他要求人君平时“无为无见”，不要暴露自己的思想倾向，使臣下感到神秘莫测，产生畏惧，不敢产生危害君主的念头。对于权大位尊的大臣，则要采用如扣留妻子亲人做人质以及其他严加督责的办法，使之小心行事，从而保持君主威慑的形象。一旦发现他们有异心，立即加以惩罚：或径直杀掉；或以毒药暗害；或交给他的仇人加害。对于一般臣子，则要他们互相监视，互相牵制，“以十得一”⑤。韩非认为如此一来，搞得臣子人人自危，谁也就不敢背着君主干坏事了。韩非“术”的这一部分，突出表现了君主的极端残酷无情、阴险狡诈，也开启了后代特务哲学的张本，显然是不足取的。

韩非继承慎到的学说，充分认识到“势”即权力的重要性，因为它不仅是实行法和术的凭藉，而且也是法和术服务的对象。他把“势”分成“自

① 王先慎：《韩非子集解》，中华书局 2013 年版，第 212—213 页。
② 王先慎：《韩非子集解》，中华书局 2013 年版，第 227 页。
③ 王先慎：《韩非子集解》，中华书局 2013 年版，第 258 页。
④ 王先慎：《韩非子集解》，中华书局 2013 年版，第 107 页。
⑤ 王先慎：《韩非子集解》，中华书局 2013 年版，第 478 页。

然之势”和“人为之势”。尧舜得势，桀纣不能乱；桀纣得势，尧舜不能治，这就是“自然之势”，不是人力所能为的。但是，如尧舜这样的贤君和桀纣这样的暴君都不过“千世而一出”，在历史上应属特例。大多数时期执政的君主，基本上都是“上不及尧舜，而下亦不为桀纣”的“中君”。他们要想取得统治的成功，则必须依着“人为之势”，即“抱法处势”：“抱法处势则治，背法去势则乱。”① 这就要求君主必须牢牢地控制住政权，并运用政权的力量去行法用术。他一再推崇、充分肯定“势”的重要性：

> 慎子曰：“飞龙乘云，腾蛇游雾，云罢雾霁，而龙蛇与螾蚁同矣，则失其所乘也。贤人而诎于不肖者，则权轻位卑也；不肖而能服于贤者，则权重位尊也。尧为匹夫不能治三人，而桀为天子能乱天下。吾以此知势位之足恃，而贤智之不足慕也。夫弩弱而矢高者，激于风也；身不肖而令行者，得助于众也。尧教于隶属而民不听，至于南面而王天下，令则行，禁则止。由此观之，贤智未足以服众，而势位足以缶贤者也。”②
>
> 今以国位为车，以势为马，以号令为辔，以刑罚为鞭策，使尧舜御之则天下治，使桀纣御之则天下乱，则贤不肖相去远矣。……夫尧、舜生而在上位，虽有十桀、纣不能乱者，则势治也；桀、纣亦生而在上位，虽有十尧、舜而亦不能治者，则势乱也。故曰：“势治者则不可乱，而势乱者则不可治也。”此自然之势也，非人之所得设也。③

在韩非看来，只有紧紧掌握政权所具有的强大权力，势大位尊，君王才有充足的资源与臣民进行利益交换，让他们出“死力”忠顺地为自己服务：

> 夫有材而无势，虽贤不能制不肖。故立尺材于高山之上，则临千仞之溪，材非长也，位高也。桀为天子，能制天下，非贤也，势重也。

① 王先慎：《韩非子集解》，中华书局2013年版，第428页。

② 王先慎：《韩非子集解》，中华书局2013年版，第423—424页。

③ 王先慎：《韩非子集解》，中华书局2013年版，第426—427页。

尧为匹夫，不能正三家，非不肖也，位卑也。千钧得船则浮，锱铢失船则沉。非千金轻锱铢重也，有势之与无势也。故短之临高也以位，不肖之制贤也以势。人主者，天下一力以共载之，故安；众同心以共立之，故尊；人臣守所长，尽所能，故忠。以尊主主御忠臣，则长乐生而功名成。名实相持而成，形影相应而立，故臣主同欲而异使。①

韩非进而认定，君主必须大权独揽，正像王良造父不能共辔而御一样，君与臣也不能共权而治，因为“一家二贵，事乃无功；夫妻持政，子无适从”②。人君据势的关键在于掌握刑、赏两大权柄，以残酷的杀罚对付叛逆的臣子和人民，以重赏奖励恭顺尽力的奴才。韩非在势问题上的认识较慎到更进了一步。他将君王与臣民的关系看成纯粹的利益关系，显然是一种偏颇，但他认为应该加强中央集权，强调君王掌控权力，乾纲独断，还是具有一定的积极意义。因为在即将走向统一的幅员辽阔的中国，没有一个中央集权的行政体制是很难顺畅实施各项政务运作的。

总之，韩非作为先秦时代最后一位法学大师，完成了先秦法家理论的完整化和系统化，适应了新兴地主阶级建立专制主义中央集权体制的要求，为建立封建的统一王朝奠定了理论基础。他的思想，既表现了新兴地主阶级在上升时期的虎虎生气，也显示了为剥削阶级辩护的那种特有的坦率和真诚。但是完全按照韩非理论建立的秦王朝二世而亡的事实，暴露了韩非学说严重的局限性，证明仅靠严刑峻法还不足以使封建统治长治久安。鉴于秦朝的教训，后来的封建统治者大都采取“内法外儒”、镇抚兼施的统治方略。应该指出，依照韩非的理论建构的专制主义中央集权的体制，在中国历史上，一方面为封建经济的发展，尤其是国家的统一起了积极的促进作用，而在另一方面，又表现出严重的弊端，如本质上的人治传统、官本位、决策失误、腐败盛行等，特别到封建社会后期，它还严重阻碍了资本主义萌芽的成长，延缓了中国历史发展的步伐。这一些弊端，显然不能完全由韩非负责，但作为始作俑者，他也有不可推卸的责任。不过，从历史唯物主义出发，我

① 王先慎：《韩非子集解》，中华书局 2013 年版，第 223—224 页。

② 王先慎：《韩非子集解》，中华书局 2013 年版，第 55 页。

们更需要历史地看待韩非的思想及其学说。在先秦时期，他是建构完整法制思想体系的大师，他的思想和行动，是同封建社会初期的历史进步连在一起的，而在整个中国古代社会里，他所论定的那些最基本的行政原理也发挥了历久不衰的积极作用，所以他不失为中国古代历史上一位具有重要影响的思想家。

三、贬多于褒的后世评论

尽管秦始皇对韩非的法家学说佩服得五体投地，尽管他遵循韩非的理论取得了统一六国和建立专制主义中央集权行政体制的空前成功，然而，由于秦朝二世而亡，法家学说的弊端暴露无遗，所以西汉初期掀起一个持续时间较长的反思秦朝灭亡教训的思潮，对申不害、慎到、商鞅、韩非为代表的法家学说及其实践的典型代表的秦朝进行了不遗余力的批判。此后历史上，为之讲好话者已经很少、专肆褒扬者更是寥寥无几了。

司马谈在《论六家要旨》中对法家主要是韩非思想的评价还比较公正："法家不别亲疏，不殊贵贱，一断于法，则亲亲尊尊之恩绝矣。可以行一时之计，而不可长用也，故曰'严而少恩'。若尊主卑臣，明分职不得相逾越，虽百家不能改也。"① 司马迁受其父亲影响，在为韩非写传时也并未全盘否定他："韩子引绳墨，切事情，明是非，其极惨礉少恩。"② 还基本上肯定了其法制思想的优长之处。其后。历代抨击韩非者集中指斥他的"刻薄寡恩"，无视人间的道德亲情的弊端。如《盐铁论》中记载的贤良文学们就批评说："韩非非先王而不遵，舍正令而不从，卒蹈陷穽，身幽囚，客死于秦。本夫不通大道而小辩，斯足以害其身而已。"③ 唐朝的魏征在与唐太宗的对话中，君臣二人共评韩非，认定其思想学说只是"救一时之弊"的权宜之计，决不能作为常态化的执政理念：

> 对周孔儒教商韩刑法，太宗曰："周孔儒教非乱代之所行，商韩刑法实清平之粃政。道既不同，固不可一概也。"公对曰："商鞅、韩非、

---

① 司马迁：《史记》卷一三〇《太史公自序》，中华书局 1959 年版，第 3291 页。

② 司马迁：《史记》卷六三《老子韩非列传》，中华书局 1959 年版，第 2156 页。

③ 王利器：《盐铁论校注》，中华书局 2015 年版，第 630 页。

申不害等，以战国纵横间谍交错，祸乱易起，谲诈难防，务深法峻刑以遏其患，所以权救于当时，固非致化之通轨。”①

如果说唐朝君臣还能肯定法家学说在非常时期能够发挥治国理政的功效，那么，宋朝之后的思想家就几乎将其判定为一无是处了。司马光、苏轼、欧阳修等重量级文人学士集中斥责他违背道德亲情，趣利残民：“申商韩非之学，违道而趣利，残民以厚主，其说至陋也。”② 同时代的苏颂也斥责“韩非险薄刻覈，背六经帝王之旨”③。李朴则指出其尊君卑臣苛虐百姓的一面：

建中靖国元年（1101年）李朴上奏：后世有若韩非、商鞅者，没始道其君以胜天下之事，其言曰：“权势法制者，人主之操术，彼天下者必于我而听命者也。”而屑屑若是。是以天下为匹夫役也。故或胜之以击断，或胜之以裒剥，或胜之以战斗，安忍自恣仇雠其民，民不胜其害，则相与合天下而胜之矣。④

宋朝有的学者进而抨击韩非人格卑微，身为韩国人而肆意媚秦，危害自己的母国，实在可耻至极了：

非本韩国诸公子，胡乃人形心蝮虺身。既入秦而媚秦，肆无忌惮，浮商李狂言，著书三十篇。读者能无污唇齿？且言仁义不足用，唯有严刑堪致治，斯言岂足称，人言反悖经常，灭天理，助秦为虐。犹庶几名教不容，良可耻。⑤

清朝大学士陈廷敬对韩非的严刑峻法治国理念更是深恶痛绝：

① 王方庆：《魏（征）郑公谏录》卷三，电子版文渊阁四库全书。
② 《东坡全集》卷三四《六一居士集叙》，电子版文渊阁四库全书。
③ 苏颂：《苏魏公文集》卷五三，电子版文渊阁四库全书。
④ 杨士奇等：《历代名臣奏议》卷四三，电子版文渊阁四库全书。
⑤ 释文珦：《潜山集》卷五《读韩非子》，电子版文渊阁四库全书。

韩非任法，其言悖理害道者多矣。至有曰“严刑重罚者，民之所恶也；而国之所以治也。哀怜百姓，轻刑罚者民之所喜，而国之所以危也”。又曰“仁义惠爱不足用，严刑重罚可以治国”，尤悖妄之甚。①

在对韩非的一片声讨中，一些诗人间或露出丝丝同情的心绪。如陶渊明的诗《韩非》：

丰狐隐穴，以文自残。君子失时，白首抱关。巧行居灾，忮辨召患。哀矣韩生，竟死说难。②

明朝的薛惠将韩非的冤死与屈原的遭流放相提并论，这可能是对他最高的推尊了：

生才良不幸，处世诚独难。扬蛾兴妒阶，怀璧贾罪端。灵均既见放，韩非亦自残。奉身失所从，慷慨使我叹。③

与文人学士对韩非一味地道德声讨不同，深昧执政甘苦的皇帝倒是对韩非的法制学说有着发自内心的赞誉。如康熙皇帝就称赞韩非“道德刑名之利害所见朗彻，而辞笔亦沉鸷绝伦”④。而乾隆皇帝则通过诗句表达了对韩非中央集权的理念的赞赏：

清河桥过换乘车，□里狐奴路匪赊。欣看绿云麦抽颖，未飞白雪柳蜕芽。行宫莅止余几暇，疆吏宣传问政差。却忆韩非有良喻，不能委法治三家。⑤

① 陈廷敬：《午廷文编》卷二四，电子版文渊阁四库全书。

② 《陶渊明集》卷五，电子版文渊阁四库全书。

③ 薛惠：《明诗综》卷四〇《效阮公咏怀》七首之一，电子版文渊阁四库全书。

④ 《圣祖仁皇帝御制文第三集》卷四〇《古文评论·韩非论》，电子版文渊阁四库全书。

⑤ 《御制诗四集》卷八八《顺义县行宫晚坐》，电子版文渊阁四库全书。

历代对韩非贬斥多于褒奖的评论，更多展示的是后人的偏见。韩非及其学说，既有其凸现集权和法制的优长，也有其忽视文教化民和道德育人的显著缺失，但总体上仍不失为贡献了深邃博大思想的伟人。

第七节　灭韩亡赵，尉缭闪出

秦王嬴政登基的第 17 年，是公元前 230 年，这一年，他 30 岁。由于清除了嫪毐和吕不韦两大权势集团，他已经完全掌控了秦国的军政大权，可以随心所欲地贯彻自己的意志，没有任何人能够对他的行政掣肘。于是，嬴政充分利用“六世余烈”积累的财富和多年征伐形成的对六国的绝对军事优势，开始了有计划的次第翦灭六国的军事行动。恰在此时，有两个重要人物向他献上了吞灭六国、完成统一的谋略。这两个人物，一个是李斯，一个是尉缭。李斯在上《谏逐客书》后，得到秦王的空前信任。他借机向秦王献上反间计：“阴遣辩士赍金玉游说诸侯，诸侯名士可下以财者厚遗结之，不肯者利剑刺之，离其君臣之计，然后使良将随其后，数年之中，卒兼天下。”① 尉缭是魏国大梁（今河南开封）人，生卒年不详，从其曾与梁惠王（前 369—前 319 年）论兵和在秦王嬴政（前 246—前 210 年）麾下任国尉的经历看，他显然是一个高寿之人。传世的历史文献有关他事迹的记载很少，只在《史记·秦始皇本纪》中留下如下唯一一段史迹，作为当时著名的军事家，他从魏国来秦国做客卿，以求得到重用，于是适时向秦王献上反间计：

> （秦王十年·前 237 年）大梁人尉缭来，说秦王曰：“以秦之强，诸侯譬如郡县之君，臣但恐诸侯合从，翕而出不意，此乃智伯、夫差、湣王之所以亡也。愿大王毋爱财物，赂其豪臣，以乱其谋，不过亡三十万金，则诸侯可尽。”秦王从其计，见尉缭亢礼，衣服食饮与缭同。缭曰：“秦王为人，蜂准，长目，挚鸟肩，豺声，少恩而虎狼心，居约易出人下，得志亦轻食人。我布衣，然见我常身自下，天下皆为虏矣。不可与久游。”乃亡去。秦王觉，固止，以为秦国尉，卒用

① 司马光等：《资治通鉴》卷六《秦纪》一，中华书局 1956 年版，第 218 页。

其策。①

可能是他的献策特别迎合了秦王的预谋，所以秦王给他国尉的要职，此人后来也就以尉缭名世了。不过，由于他对秦王有自己的看法，认定他“不可与久游”，尽管秦王给他充分的信任和崇高的礼遇：“见尉缭亢礼，衣服食饮与缭同。”也没能留住他。大概他在秦国国尉任上干了不长时间即悄悄地远引高蹈，不知所终，估计他寿限当在 90 岁以上。以其杰出的军事才干，他本来可以在秦统一六国的军事行动中建立辉煌功业，但出于“道不同不相为谋”的认知，此人很快消失得无影无踪，史书中再也见不到他活动的记载。不过，他给秦王嬴政贡献的扫灭六国的战略谋划得到秦国君臣的首肯并得以认真实施。正是军事进攻和间谍离间两策交互为用，使秦国以十年之功完成了中国历史上第一次真正的统一。就此而言，尉缭功不可没。尤其值得珍视的是，作为军事家的尉缭留下一部颇有特色的兵书《尉缭子》，成为中国古代的兵学宝典之一。

尉缭的著作《尉缭子》是先秦时期流传下来的一部著名兵书，最早见于《汉书·艺文志》，此后历代均有著录。北宋神宗元丰年间，它与《孙子》《吴子》《司马法》《六韬》《黄石公三略》《李卫公问对》一起编入《武经七书》，成为宋朝武官必读的军事教科书。由于他在梁惠王和秦王政时期出现，年龄跨度太大，所以引起后世学者对其书其人的怀疑。1972 年山东临沂银雀山汉墓出土的竹简中有《尉缭子》残篇，对其书的怀疑似可解除。其人的年龄虽仍有疑问，但只要承认他是寿超 90 岁的老人，他作为该书的作者也可以确定。

《尉缭子》是流传至今的先秦时期的最后一部兵书，从一定意义上说，它是先秦兵学的总结者，内容比较丰富，如进步的战争观、对战略决策、优秀将帅、军队什伍编制和灵活多变的“奇正”战术的重视，对以“权”为核心的用兵之道的探索，以及对先秦重要人物、重大历史事件，特别是对《孙子》《吴子》等著作的记载和阐述，对于研究先秦的历史尤其是兵学史，都有不可替代的积极意义。

---

① 司马迁：《史记》卷六《秦始皇本纪》，中华书局 1959 年版，第 230 页。

尉缭不仅倾心于军事问题的研究，而且从兵学角度对国家和社会治理也多有阐发。例如，在《原官》中，他就论述了许多有关国家政治和社会的理论：

> 官者，事之所主，为治之本也。制者，职分四民，治之分也。贵爵富禄必称，尊卑之体也。好善罚恶，正比法，会计民之具也。均地分，节赋敛，取与之度也。程工人，备器用，匠工之功也。分地塞要，殄怪禁淫之事也。守法稽断，臣下之节也。明法稽验，主上之操也。明主守，等轻重，臣主之根也。
>
> 明赏明省，畏诛重奸，止奸之术也。审开塞，守一道，为政之要也。下达上通，至聪之听也。知国有无之数，用其仂也。知彼弱者，强之体也。知彼动者，静之决也。官分文武，惟王之二术也。①

这里讲了国家设官分职、文武分途对于治理国家和社会的重要意义，谈到爵禄、奖惩、人口、税收、农民种田、工匠制器、申明法令、官吏分工、统一政策标准、上下情畅通、国家财政收入与分配以及知己知彼等的必要性，涉及了国家和社会治理的方方面面，都是很有价值的见解。

尉缭继承和发扬孙武、吴起、孙膑等先秦兵家坚持的唯物论，反对在军事领域迷信天时阴阳等各种禁忌，反对以卜筮决定吉凶和指导战争行动，认定战争属于“人事”，应该由人来决定：

> 梁惠王问尉缭子曰：“吾闻黄帝有《刑德》，可以百战百胜，有之乎？”尉缭子对曰：“不然，黄帝所谓《刑德》也，以刑伐之，以德守之，非世之所谓《刑德》者，天官、时日、阴阳、向背者也。黄帝者，人事而已矣。……由是观之，天官、时日，不若人事也。”②

他以武王伐纣成功为例，说明战争的胜负主要取决于对战双方的人事修为，

① 李兴斌等：《武经七书新译》，齐鲁书社2018年版，第166页。

② 李兴斌等：《武经七书新译》，齐鲁书社2018年版，第131页。

决定于将帅的精心谋划，而不能靠“合龟兆，视吉凶，观星辰风云之变”：

> 武王伐纣，师渡盟津，右旄左钺，死士三百，战士三万。纣之陈亿万，飞廉、恶来身先戟斧，陈开百里。武王不罢士民，兵不血刃，而克商诛纣，无祥异也，人事修不修而然也。今世将考孤虚，占咸池，合龟兆，视吉凶，观星辰风云之变，欲以成胜立功，臣以为难。①

尉缭的最后结论是：“举贤用能，不时日而事利；明法审令，不卜筮而获吉；贵功养劳，不祷祠而得福。故曰：天时不如地利，地利不如人和。古之圣人，谨人事而已。”② 从人事为本出发，尉缭继承儒家的民本思想，将战争的目的锁定在“为民”，充分坚持和阐发了战争“吊民伐罪”的正义性质，实际上将战争认定为执行政治任务的工具：

> 凡兵不攻无过之城，不杀无罪之人。夫杀人之父兄，利人之财货，臣妾人之子女，此皆盗也。故兵者，所以诛暴乱、禁不义也。兵之所加者，农不离其田业，贾不离其肆宅，士大夫不离其官府，由其武议在于一人，故兵不血刃而天下亲焉。③
>
> 兵者，凶器也；战者，逆德也；争者，事之末也；王者，伐暴乱而定仁义也。战国所以立威侵敌，弱国之所以不能废也。④
>
> 故兵者，凶器也；争者，逆德也；将者，死官也。故不得已而用之。⑤

在他看来，如果一个诸侯国的统治者暴虐无道，搞得“(上失天时，下失)地利，中失民情。夫民饥者不得食，(寒)者不得衣，劳者不得息”⑥，讨伐

① 李兴斌等：《武经七书新译》，齐鲁书社 2018 年版，第 157 页。

② 李兴斌等：《武经七书新译》，齐鲁书社 2018 年版，第 158 页。

③ 李兴斌等：《武经七书新译》，齐鲁书社 2018 年版，第 157 页。

④ 李兴斌等：《武经七书新译》，齐鲁书社 2018 年版，第 194 页。

⑤ 李兴斌等：《武经七书新译》，齐鲁书社 2018 年版，第 157 页。

⑥ 李兴斌等：《武经七书新译》，齐鲁书社 2018 年版，第 134 页。

他就是正义的战争。正义的战争必定得到百姓的拥护，收到“兵不血刃而天下亲”，即“不战而胜”的结果：“十万之师，日费千金。故百战百胜，非善之善也；不战而胜，善之善也。”①

为了取得战争的胜利，除了彰显战争的正义性质之外，最根本的是君王的行政必须使民众得到看得见的实际利益，让参战的士卒为了自己和家族的利益而拼死搏战：

> 励士之道，民之生不可不厚也；爵列之等，死丧之礼，民之所以营也，不可不显也；田禄之实，饮食之粮，亲戚同乡，乡里相劝，死丧相救，丘墓相认，民之所以归，不可不速也。必因民之所生以制之，因其所营以显之，因其所归以固之。如此。故什伍如亲戚，阡陌如朋友，故止如堵墙，动如风雨，车不结轨，士不旋踵，此本战之道也。
>
> 王国富民，霸国富士，仅存之国富大夫，亡国富仓府。②

为了达到富国强兵的目标，尉缭继承了法家奖励耕战的思想，要求百姓全身心投入男耕女织的生产活动，为国家和社会创造财富。进而还要求百姓“无私”，一心一意耕织，杜绝饮酒玩乐之类的欲望和享受：

> 凡治人者何？曰：非五谷无以充腹，非丝麻无以盖形。故充腹有粒，盖形有缕。夫在芸耨，妻在机杼，民无二事，则有储蓄。夫无雕文刻镂之事，女无绣饰纂组之作。木器液，金器腥，圣人饮于土食于土，故埏埴以为器，天下无费。今也，金木之性不寒，而衣绣饰；马牛之性食草饮水，而给菽粟。是治失其本，而宜设之制也。春夏夫出于南亩，秋冬女练于布帛，则民不困。今裋褐不蔽形，糟糠不充腹，失其治也。古者土无肥硗，人无勤惰，古人何得而今人何失耶？耕有不终亩，织有日断机，而奈何饥寒？盖古治之行，今治之止也。
>
> 夫所谓治者，使民无私也。民无私则天下为一家，而无私耕私织，

① 李兴斌等：《武经七书新译》，齐鲁书社2018年版，第134页。

② 李兴斌等：《武经七书新译》，齐鲁书社2018年版，第144页。

共寒其寒，共饥其饥。故如有子十人，不加一饭；有子一人，不损一饭，焉有喧呼耽酒以败善类乎？民有轻佻，则欲心兴，争夺之患起矣。横生于一夫，则民私饭有储食，私用有储财。民一犯禁，而拘以刑治，乌在其为人上也。

善政执其制，使民无私。为下不敢私，则无为非者矣。反本缘理，出乎一道，则欲心去，争夺止，囹圄空。野充粟多，安民怀远，外无天下之难，内无暴乱之事，治之至也。①

兵家往往与强调制度、法纪制约和赏罚同功的法家思想产生共鸣。如果说在国家和社会治理中制度、法纪和赏罚有其重要作用，那么，在军队统御、战场对敌拼搏时，其重要性就更加一层。所以尉缭一再不厌其烦地强调法制、号令、赏罚的重要意义：

民非乐死而恶生也，号令明，法制审，故能使之前。明赏于前，决罚于后，是以发能中利，动则有功。

吾用天下之用以为用，吾制天下之制以为制。修吾号令，明吾赏罚，使天下非农无所得食，非战无所得爵，使民扬臂争出农战而天下无敌矣。②

尉缭在赏罚问题上，甚至提出“杀之贵大，赏之贵小”的原则，使百姓和士卒完全按照君王的意愿行事，发挥出最大的潜能：

凡诛者，所以明武也。杀一人而三军震者，杀之；赏一人而万人喜者，赏之。杀之贵大，赏之贵小。当杀而虽贵重，必杀之，是刑上究也；赏及牛童马圉者，是赏下流也。夫能刑上究、赏下流，此将之武也。故人主重将。③

① 李兴斌等：《武经七书新译》，齐鲁书社 2018 年版，第 168—169 页。

② 李兴斌等：《武经七书新译》，齐鲁书社 2018 年版，第 138—139 页。

③ 李兴斌等：《武经七书新译》，齐鲁书社 2018 年版，第 157 页。

尉缭还制定出约束兵民的12项制度，细化他们的行动规范，并将其视为“人君必胜之道”，目的就是达到“威服天下”：

> 臣闻人君有必胜之道，故能并兼广大，以一其制度，则威加天下。有十二焉：一曰连刑，谓同罪保伍也；二曰地禁，谓禁止行道，以网外奸也。三曰全车，谓甲首相附，三五相同，以结其联也；四曰开塞，谓分地以限，各死其职而坚守也；五曰分限，谓左右相禁，前后相待，垣车为固，以逆以止也；六曰号别，谓前列务进，以别其后者，不得争先登不次也；七曰五章，谓彰明行列，始卒不乱也；八曰全曲，谓曲折相从，皆有分部也；九曰金鼓，谓兴有功，致有德也；十曰陈车，谓接连前矛，马冒其目也；十一曰死士，谓众军之中有材力者，乘于战车，前后纵横，出奇制敌也；十二曰力卒，谓经其全曲，不麾不动也。此十二者教成，犯令不舍。兵弱能强之，主卑能尊之，令弊能起之，民流能亲之，人众能治之，地大能守之。国车不出于阃，组甲不出于橐，而威服天下矣。①

这些规定透出的已经是浓烈的法家专制集权的气味了。

尉缭认为将帅对于战争的胜负具有重要的意义，甚至起决定作用。所以一方面强调任人唯贤，要求把智能卓异者选拔到关键岗位上，一方面强调将帅必须以身作则，爱护士卒，与之共艰危，同生死。只有将帅与士卒上下同心，患难与共，才能保证军队具有持久的战斗力，无往而不胜：

> 夫勤劳之师，将必从己先。故暑不立盖，寒不重裘，有登降之险，将必下步。军井通而后饮，军食熟而后食，军垒成而后舍，劳佚、必以身度之。如此，则师虽久不老，虽老不弊。故军无损卒，将无惰志。②

---

① 李兴斌等：《武经七书新译》，齐鲁书社2018年版，第190页。

② 李兴斌等：《武经七书新译》，齐鲁书社2018年版，第144—145页。

尉缭进而认定，将帅能够让士卒服从命令、拼命杀敌的条件有两个，一是将帅爱护士卒，使他们感到温暖并力求回报；二是将帅威严有度使之畏惧而甘愿奉命献身：

夫民无两畏也。畏我侮敌，畏敌侮我。见侮者败，立威者胜。凡将能其道者，吏畏其将也；吏畏其将者，民畏其吏也；民畏其吏者，敌畏其民也。是故知胜败之道者，必先知畏侮之权。夫不爱说其心者，不我用也；不威严其心者，不我举也。爱在下顺，威在上立，爱故不二，威故不犯。故善将者，爱与威而已。①

尉缭认为，战争的最终目的虽然是维护社会正义、为国利民，但直接目标却是夺取胜利，而夺取胜利的方法和层次有道胜、威盛和力胜之别。君王只有掌握了这些原则并灵活运用，才能取得预期的成功：

凡兵有以道胜，有以威胜，有以力胜。讲武料敌，使敌之气失而师散，虽刑全而不为之用，此道胜也。审法制，明赏罚，便器用，使民有必战之心，此威胜也。破军杀将，乘闉发机，溃众夺地，成功乃返，此力胜也。王侯知此，所以三胜者毕矣。②

他进一步认定，将帅指挥士卒取得胜利，主要是靠高昂的士气，而保持高昂士气、克敌制胜的前提是领帅机关战前料敌准确和正确决策形成的优势：

夫将之所以战者，民也；民之所以战者，气也。气实则斗，气夺则走。刑未加，兵未接，而所以夺敌者五：一曰庙胜之论，二曰受命之论，三曰踰垠之论，四曰深沟高垒之论，五曰举陈加刑之论。此五者，先料敌而后动，是以击虚夺之也。③

① 李兴斌等：《武经七书新译》，齐鲁书社 2018 年版，第 149 页。
② 李兴斌等：《武经七书新译》，齐鲁书社 2018 年版，第 143 页。
③ 李兴斌等：《武经七书新译》，齐鲁书社 2018 年版，第 143 页。

这其中讲的是朝廷正确决策、简拔卓异将帅、部队行动迅速、防御设施坚固和战前准备充分等五个方面。尉缭进一步指出，士气高昂的最集中表现是将帅和士卒在战场上奋不顾身、有敌无我、不怕牺牲的精神：“兵有五致：为将忘家，踰垠忘亲，指敌忘身，必死则生，急胜为下。百人被刃，陷行乱陈；千人被刃，擒敌杀将；万人被刃，横行天下。”① 这的确抓住了决定战争胜负的重要因素。

另外，在战术方面，尉缭也有很多具体阐发。如《守权》就论述了防守城市需要遵循的基本原则：

> 凡守者，进不郭圉，退不亭障，以御战，非善者也。豪杰英俊，坚甲利兵，劲弩韧矢，尽于郭中，乃收窖廪，毁折入此，令客气十百倍，而主之气不半焉，敌攻者伤之甚也。然而世将弗能知。
>
> 夫守者，不失其险者也。而守者不出，出者不守。守法：城一丈，十人守，之工食不与焉。一而当十，十而当百，百而当千万。故为城郭者，非妄费于民聚土壤也，诚为守也。千丈之城，则万人之守。池深而广，城坚而厚，士民众选，薪食给备，弩劲矢韧，矛戟称之，此守策也。
>
> 攻者不下十余万之众乃称。其有必救之军，则有必守之城；无必救之军，则无必守之城。若彼城坚而救诚，则愚夫僮妇，无不蔽城尽资血城者。期年之城，守余于攻者，救余于守者。若彼城坚而救不诚，则愚夫僮妇，无不守陴而泣下，此人之常情也。遂发其窖廪救抚，则亦不能止矣必。鼓其豪杰俊雄，坚甲利兵，劲弩韧矢并于前，则幼么毁瘠者并于后。五万之众城必救，关之其后，出要塞，但击其后，无通其粮食，中外相应。此救而示之不诚，则倒敌而待之者也。后其壮，前其老，彼敌无前，守不得而止矣。此守权之谓也。②

这里，尉缭阐述了守城的基本战术原则：集中优势兵力、储备精良武器和粮

① 李兴斌等：《武经七书新译》，齐鲁书社 2018 年版，第 190 页。
② 李兴斌等：《武经七书新译》，齐鲁书社 2018 年版，第 153 页。

食等军需物资于城内，拆毁城外房屋，扫清射界，使守军保持高昂士气；将守城部队和出击部队分成两部分，各司其职，依靠坚城深池和丰厚物资进行抵抗；同时，在城外，还要有必需的救援力量与城内守军互相支援，因为守城之战往往旷日持久，数月、一年甚至数年，长时间维持城内守军的士气是很困难的。只有援军不时地发起攻势，使守军看到胜利的前景，才能保持士气持久不衰。这就是守住城市的最有效战法。《尉缭子》一书中关于具体战术的论述还有不少。作为春秋战国时代最后一部兵学宝典，《尉缭子》尽管在总体的战略建构、全面的战术把控方面没有超越《孙子兵法》，但他根据战国时期不断发展变化的社会现实，在战略战术的许多方面都较此前的兵学著作有所发展和创新，成为兵学史上不可或缺的名篇。

秦王接受李斯和尉缭的建议，巧妙使用反间计离间六国君臣，以配合强势进兵的军事行动。他将第一个攻击目标锁定当时在六国中力量最弱、疆域最小，且处于四战之地的韩国。韩国是公元前 403 年韩、赵、魏三家大夫共同分割晋国以后建立起来的一个诸侯国，一度拥有今之山西南部、河南中西部一块南北狭长的疆域。在战国七雄中，它是实力最弱小的国家，又夹在秦、楚、赵、魏等强国中间，既无险可守，又无强大的国力、军力可恃，因而时时处在被邻国欺凌的境地，左支右绌，穷于应付，在战争中屡屡败绩。至公元前 237 年（秦王十年），韩国北部已失去上党地区，只剩下洛阳至南阳（均属今之河南）的一小片国土，日日在惊惧不安中苟延残喘。李斯认定韩国不堪一击，就建议将第一个攻击目标锁定韩国。韩王安知悉秦国进攻矛头所向，即同韩非谋划自保之策。公元前 233 年，秦国正同赵国在宜安（今河北石家庄附近）等地激战。与此同时，秦王又以武力向韩国索要韩非。韩王看准机会，一面向秦国“纳地效玺，请为藩臣”，一面送韩非入秦，以缓解秦国的压力。韩非入秦后，向秦王上书，要求秦国不要将进攻的矛头对准韩国，而赵国才是秦国最大威胁。不料韩非存韩弱秦的谋划被李斯窥透，韩非本人也因李斯、姚贾的进谗而死于非命。韩国君臣并不高明的自救努力遭到挫折。秦王十六年（前 231 年），韩国面对秦国的压力，再次以妥协寻求自保，向秦国献出了南阳地。至此，韩国只剩下洛阳周边的一小片地盘，已经完全失去了与秦军抗衡的能力。第二年，秦王派内史腾，一个首都的行政长官指挥秦军实施灭韩的行动。大概只经过一点象征性的战斗，韩国最后一个都城郑（今河南新郑）就被攻克了。韩王安乖乖地做了俘虏，秦国在韩国故地设置了颍川郡。

韩国之所以成为秦国灭亡的第一个诸侯国，原因在于，它在七国中面积最小，人口最少，经济和军事力量最弱，根本没有抵御秦军进攻的能力。特别是在韩国立国的170多年中，从来没有进行一次较彻底的封建化改革，这就严重限制了它的发展。再加上地理位置处于四战之地，就使它处于最害怕攻击而又最容易受到攻击的状态。秦军决定首先灭亡它，是因为这一军事行动轻而易举，并且能够带来明显效果：一方面灭韩能够造成对其他诸侯国的震慑，一方面在军事上也打开了通向东方的门户，一举数得，是用力少收获大的明智决策。秦军获得韩国故地，用力虽少，却是一次重大的战略胜利。四战之地对弱国弱军来说十分不利，但对强国强军来说却又成为特别有利的条件。因为它可以凭此条件，迅速调动军队，向它认为最有利的方向进击。

秦国在实施灭韩计划的同时，也把军事打击的重点锁定赵国。这是因为，赵国自赵武灵王“胡服骑射”以来，一直是一个军力比较强大的诸侯国，曾同秦国进行过多次惨烈的战争，其中规模特别巨大、持续时间又特别长的长平之战，尽管使赵国的40万大军损失殆尽，但也使秦国为此付出了极其惨重的代价。而且，此时的赵国不仅仍然保有一支较强的军队，并且还有李牧之类谋略出众、骁勇善战的将军。所以，秦国对赵国不敢掉以轻心，而是全力以赴地进行每一次战役。秦王十一年（前236年），乘赵国伐燕兵力分散之机，秦国派将军王翦、桓齮、杨端和率兵进攻赵国的邺城（今河北磁县南）一带，夺取9城之后，王翦攻取阏与（今山西和顺）、撩阳（今山西左权），桓齮攻取邺、安阳（今属河南）。这一年，赵悼襄王去世，其子迁继位，他就是幽缪王。其母出身妓女，为赵王宠爱，爱屋及乌，遂废嫡子嘉而立迁。这位新国王“素以无行闻于国”，在臣民中威望极低。他的继位，对赵国实在是弊大于利。秦王十三年（前234年），桓齮奉命伐赵，双方激战于平阳（今河北磁县东），赵军大败，10万将士战死疆场，连赵军统帅扈辄也未能幸免。赵王在危机之机，只得请出李牧，任他为大将军，统率残余赵军与秦军鏖战，果然取得胜利，暂时阻止了秦军的攻势。李牧何许人？他为什么能够扭转战局，转败为胜？

李牧是赵国名将，长期担任赵国北部边陲的防务。他防御匈奴的策略是以静制动：对匈奴一般的小规模入侵据城防守，不主动出击，使之所获少而疲于战。这样，尽管匈奴入侵扰边事件不断发生，但并未造成大的危害。李牧这种看似怯战的应战策略使许多人不理解。赵悼襄王一怒之下将他撤职了。史书这样记载：

> 李牧者，赵之北边良将也。常居代雁门，备匈奴，以便宜置吏，市租皆输入莫府，为士卒费。日击数牛飨士，习射骑，谨烽火，多闲谍，厚遇战士。为约曰："匈奴即入盗，急入收保，有敢捕虏者斩。"匈奴每入，烽火谨，辄入收保，不敢战。如是数岁，亦不亡失。然匈奴以李牧为怯，虽赵边兵亦以为吾将怯。赵王让李牧，李牧如故。赵王怒，召之，使他人代将。①

赵王派别人代李牧统帅赵国北部边兵，此人一改李牧的防守策略，"匈奴每来，出战。出战，数不利，失亡多，边不得田畜"。赵王此时才认识到李牧的高明，复请他出山，"牧杜门不出，固称疾"。赵王坚持让他统兵。李牧说："王必用臣，臣如前，乃敢奉令。"王答应了，李牧于是重新主持赵国北部边陲的防务。不久，他督率边兵与匈奴作战，打了一次空前的漂亮仗，为边疆地区赢得了十多年的和平与安宁：

> 李牧至，如故约。匈奴数岁无所得。终以为怯。边士日得赏赐而不用，皆愿一战。于是乃具选车得千三百乘，选骑得万三千匹，百金之士五万人，彀者十万人，悉勒习战。大纵畜牧，人民满野。匈奴小入，佯北不胜，以数千人委之。单于闻之，大率众来入。李牧多为奇陈，张左右翼击之，大破杀匈奴十余万骑。灭襜褴，破东胡，降林胡，单于奔走。其后十余岁。匈奴不敢近赵边城。②

① 司马迁：《史记》卷八一《廉颇蔺相如列传》，中华书局1959年版，第2449页。
② 司马迁：《史记》卷八一《廉颇蔺相如列传》，中华书局1959年版，第2450页。

原来李牧是以怯示形，麻痹匈奴。同时结恩将士，使之甘愿拼死一战。他的策略大获成功，一次就击杀匈奴十余万骑，使匈奴十余年不敢接近赵国边城。由此，李牧的谋略、机智和骁勇也闻名匈奴和列国之间。

此时，面对秦军的大举进攻，赵王迁自然想到李牧，将挽救危局的希望寄托在他的身上，于是任命他为大将军，全权指挥赵军与秦军搏战。李牧果然不负重托，督兵与秦军大战于宜安、肥下（均在今河北晋州市西），赵军大获全胜，秦军败退，桓齮只得作为败军之将返回秦国。赵王封李牧为武安君，其声望达到顶点，成为赵国依赖的军事干才。秦军对伐赵的失利当然不会善罢甘休。秦王十五年（前232年），秦国又一次兵分两路伐赵。一路攻至邺（今河北磁县南），一路攻至太原（今属山西），夺取了狼孟（今山西阳曲）、番吾（今河北灵寿南）二城。李牧率军迎敌，秦军再次败北。秦王知道李牧是秦军攻破赵国的最大障碍，决定用反间计将其诛除。此后两年，秦军暂时停止对赵国的攻伐，思谋以反间计离间赵国国君与李牧的关系，配合军事进攻完成对赵国的最后一击。

秦王十七年（前230年），秦军轻而易举地灭掉韩国。这一年，赵国遭遇空前的大饥荒，国力大大削弱。秦军认定伐赵的最佳时机来临，立即对其发动了大规模的进攻。秦军兵分两路，一路由王翦统帅上地兵越太原郡向东进击，攻克井陉（今河北石家庄西），打开了从北部进入赵国的门户，一路由杨端和统帅河内兵向东北方向进击，从南部直捣赵国首都邯郸（今属河北）。赵国以李牧、司马尚两将军分别率军迎敌。在此关键时刻，秦国的反间计获得成功，赵王中计，自毁长城，除掉了这两位卓越的统帅："秦多与赵王宠臣郭开金，为反间，言李牧、司马尚欲反。赵王乃使赵葱及齐将颜聚代李牧。李牧不受命，赵使人微捕得李牧，斩之。废司马尚。"① 秦国就这样假赵人之手除去了劲敌李牧，也就加快了赵国末日的来临。果然，李牧死后3个月，秦王十九年（前228年）初，从井陉攻入赵国的王翦一军即直扑邯郸。赵军一触即溃，赵王任命取代李牧、司马尚的两位将领，赵葱被杀，颜聚逃亡，邯郸被攻克，赵王迁成为秦军的俘虏。他为自己的蠢行付出的是亡国灭宗的代价。赵王的哥哥太子嘉率宗族百余人逃至代（今河北蔚县），自

① 司马迁：《史记》卷八一《廉颇蔺相如列传》，中华书局1959年版，第2451页。

立为代王，收拢陆续逃来的赵国士卒和百姓，依附燕国，屯兵上谷，苟延残喘，冀延赵氏一息之余脉。由于此时的代王嘉兵微将寡，又退居边远之地，不能给秦军带来威胁，而秦军的主要攻击目标正指向燕、楚等国，无暇他顾，就暂时放他一马。直至秦王二十五年（前222年），秦将王贲在灭燕回军途中，才顺便攻取代地，俘虏了代王嘉。于是，嬴赵的最后嫡裔也失去最后一小块赖以延续祖宗香火的基地，它被同姓的嬴秦从地图上抹掉了。

第八节　嬴赵灭亡之因透析

赵国自公元前403年立国，至公元前229年灭亡，历经175个春秋，曾在今之河北、山西、内蒙古交界之地创造了灿烂的历史文化，为战国时代中华文明的发展做出了独特的贡献。它的灭亡，除了不可抗拒的历史必然性，即统一的潮流外，其他各种看似偶发的原因就为必然性的实现搭建了桥梁，铺设了通路。

首先，是赵国地理因素的缺陷。赵国地处当时的中国北部，一方面气候偏寒冷，土壤也较贫瘠，发展经济的条件远逊于秦、齐、楚等国，连韩、魏也比不上。这就使其财富的积累迟缓而艰难，相对孱弱的国力很难支持持久而残酷的战争。另一方面，由于赵国与许多少数民族相邻、杂处，它不仅经常与秦、魏、韩、燕、齐等诸侯国交战，而且不时与周边少数民族发生冲突。在战国七雄中，大概除了秦国进行的征战最多外，赵国征战之多也绝对超过其他五国。长期的战争，即使它消耗了大量人力物力，又使它无暇顾及内部的封建化改革，再加上自然条件的限制，就使其经济的发展远较秦、楚、魏、齐等国逊色，也就缺乏长期支持战争的韧劲。尤其是长平之战以后，它元气大伤，一蹶难再振。

其次，赵国的封建化改革较之秦、齐、楚、魏等国，无论是深度、广度和力度都显著逊色。赵武灵王的“胡服骑射”，主要着眼于军制改革，其他政治、经济等更重要方面的改革，有些根本就没有涉及，而涉及者也是浅尝即止，没有深入持久地进行下去。这就使赵国民众潜藏的生产积极性和创造性未能充分发挥和绽放。与经过彻底封建化改革的秦国相比，它的制度优势只能等而下之，而这一方面恰恰是影响其他诸多方面的根本因素。

再次，军事上一再失误。赵武灵王之后，赵孝成王时期进行的长平之战，是赵国下的最大一着臭棋。本来在廉颇指挥下有望取胜的一场赌国家命运的决战，因赵王任用赵括为将而逆转，使赵国多年积累的武装力量的精英几乎全部毁于一旦，致使它从此再也难以恢复到昔日的最佳状态。长平之战以后，赵国本应该力避强加于头上的一切战争，韬光养晦，休养民力，整顿士伍，培植国基，但它仍然积极参与一连串的战争，除了与秦国屡屡发生战争之外，它还多次与齐、燕、魏等毗邻诸侯国对战，致使百姓不得休息，将士疲于奔命，国力一耗再耗。在这种情况下，它所参与的战争，也几乎都是胜少败多，国力、民力、军力不断消耗，几至难乎为继。

最后，也是最重要的，是赵国在人事处置方面的一再失误。一世英明的赵武灵王晚年犯了一个影响赵国后来兴盛衰败的大错，在王位继承上废嫡立幼，自己在公子章发动的政变中又优柔寡断，处置失当，不仅使自己饿死沙丘宫，而且从此使赵国王室分裂，内部矛盾重重，失去改革之初集合众智、凝聚共识、上下一心、团结奋斗的气势。尤其是到了晚期，赵国政治的腐败更是日甚一日，赵悼襄王重蹈赵武灵王覆辙，废嫡立庶，改易太子，导致王室内部进一步分裂。赵王迁继位后，兄弟失和，内争不息。他重用的宠臣郭开，竟成为接受秦国贿赂、自愿为敌国效力的内奸。而在赵国生死存亡的关键时刻，又临阵易将，并将李牧这样的国之干城捕杀，自毁长城。如此一来，赵国灭亡的步伐就大大加快了。当王翦统帅的大军攻破井陉要隘，突然出现在黄河下游平原的边缘地带，赵国已经无险可守，即使李牧仍然全权指挥赵军，也不能改变其劣势地位，赵国灭亡的时日可能延后，但灭亡的结局却是无法改变的。

由于赵国的灭亡与名将李牧的被冤杀具有直接联系，所以李牧和他之前的赵国名将廉颇一起就成为后世颂扬歌咏的对象。唐朝诗人李白在一首《古风》中，哀叹当时没有李牧这样智勇超群的良将，致使唐朝对戎虏的战争屡屡失利，“边人饲豺虎”：

胡关绕风沙，萧索竟终古。木落秋草黄，登高望戎虏。荒城空大漠，边邑无遗堵。白骨横千秋，嵯峨蔽榛莽。借问谁凌虐，天骄毒威武。赫怒我圣皇，劳师事鼙鼓。阳和变杀气，发卒骚中土。三十六万人，哀哀泪如雨。且悲就行役，安得营农圃。不见征戍儿，岂知关山苦。李牧今不在，边人饲豺虎。①

同为唐朝人的周昙将赵国被秦灭亡归因于失去廉颇和李牧这样的名将："秦袭邯郸岁月深，何人沾赠郭开金。廉颇还国李牧在，安得赵王为尔擒。"② 宋朝一直为对契丹、女真和党项等少数民族的战争所牵累而疲惫不堪，所以很多诗人怀念李牧这样安边制胜的将军。苏轼呼唤"艰危思李牧"③。刘克庄则认定李牧如不被冤杀，秦军就难以灭亡赵国："说客为秦谍，君王信郭开。向令名将在，兵得到丛台？"④ 司马光也以《李牧》一诗慨叹赵因失去李牧招致亡国的千年遗憾：

椎牛飨壮士，拔距养奇才。虏帐方惊避，秦金已暗来。旌旗移幕府，荆棘蔓丛台。部曲依稀在，犹能话郭开。⑤

金朝的赵秉文在《丛台赋》中，抒发了对赵国君王误信奸佞、冤屈忠臣良将而导致亡国的愤慨："后世之君不能起廉颇于未衰，干将之剑刃能诛忠魂于李牧兮，不能断谗舌于郭开，系梁栋兮既折，噫大厦兮将颓，非一台足悲，国无人吁可悲。"⑥ 元朝的倪瓒将李牧与岳飞同列并赞，悲叹奸臣误国、忠贞罹难的历史悲剧：

丹枫落日隐荒祠，萧瑟清秋志士悲。复国岂期谗卖国，出师何遽诏班师。少康一旅应无计，李牧多功徒尔为。汩汩江流写余恨，可怜宋祚亦终移。⑦

① 《御定全唐诗》卷一六一，电子版文渊阁四库全书。
② 《御定全唐诗》卷七二八，电子版文渊阁四库全书。
③ 《东坡全集》卷二《次韵张安道读杜诗》，电子版文渊阁四库全书。
④ 刘克庄：《后村集》卷一四《李牧》，电子版文渊阁四库全书。
⑤ 吕祖谦：《宋文鉴》卷二三，电子版文渊阁四库全书。
⑥ 《御定历代赋汇》卷一〇八，电子版文渊阁四库全书。
⑦ 倪瓒：《清閟阁全集》卷六《赋岳鄂王墓》，电子版文渊阁四库全书。

明朝时期，北方的边患频仍，蒙古、瓦剌、满族相继逼近长城一线，烽烟屡起，塞上血雨腥风。这一切，刺激着文人学士怀念历史上那些为国御敌的名将和他们旷世的功业，李牧自然是被歌咏的重要人物之一。杨基在《晓度雁门关》一诗中呼唤李牧式的名将出现在边关峰峦："关山迢递朔云高，风紧霜华积毳袍。此地宣威称李牧，有谁再退北羌豪。"① 胡奎的两首诗同样呼唤李牧式的名将保边御敌：

> 李牧守边日，屯兵雁门关。椎牛飨将士，十年戎马闲。黄云覆沙漠，白云漫天山。狼烽日以远，骍弓不敢弯。后来防秋戍，思之应腼颜。②
>
> 受降城外雨潇潇，闻说羌人款圣朝。李牧守边今第一，铙歌须制汉家谣。③

何乔新骑马登临雁门关，面对李牧荒垒、晋王碑碣，缅怀他们的功业，不由得抒发出无限感慨：

> 征骑萧萧度雁关，危峦绝巘力跻攀。东瞻帝阙祥云里，北望戎庭落照间。李牧荒垒烟树老，晋王碑在雨苔斑。临风慷慨怀前烈，抚剑长歌一怆颜。④

王世贞对李牧和郭开忠奸的不同结局发出浩叹："忠臣不可为，良臣不可求。李牧却秦师，功多不封侯。朝谗进郭开，夕骨委荒丘。千金卖社稷，举宗托仇雠。"⑤ 彭年在《庚申秋书事》诗中，希望朝廷筹策边疆事务，应该学习李牧，不惹事，但应变有方，确保边塞的和平局面："内瘢传焚廿四坊，锦云花队一朝亡。渥洼未见来天马，檕木无闻贡白狼。此日朝廷思李牧，他

① 杨基：《眉菴集》卷一一，电子版文渊阁四库全书。

② 胡奎：《斗南老人集》卷一《李牧》，电子版文渊阁四库全书。

③ 胡奎：《斗南老人集》卷五《寄何尹》，电子版文渊阁四库全书。

④ 何乔新：《椒邱文集》卷二四《过雁门关作》，电子版文渊阁四库全书。

⑤ 王世贞：《弇州四部稿》卷五《怨诗行》，电子版文渊阁四库全书。

时文簿抑扬汤。运筹急为楤长策，薄伐宜城古朔方。”① 清朝的魏学渠写了一首《邯郸怀古》，回顾赵国的历史，抒发“人世有代谢，往来成古今”的兴亡之感，其中歌颂了廉颇和李牧的功业与品格：

> 黄花白雪悲风扫，我来驱马邯郸道。城中游侠不闻名，楼上女儿为谁好？君不见赵王全盛时，太行为城漳为池。丛台歌吹青云耸，平原车骑白日驰。白日青云交结是，廉颇意气相为死。挟弹鸣鞭出国门，杀人报仇在都市。宾客慕义来山东，慷慨却敌不为功。李牧椎牛守太谷，主父变服入云中。沧桑世事须臾改，舞馆歌梁竟何在？英雄白骨归荒丘，少妇红颜失精彩。把酒临风且放歌，年年秋水涨滹沱。古来凭吊邯郸者，亦逐茫茫东逝波。②

赵国虽然被它的同姓族裔灭亡，但它创造的慷慨悲歌的燕赵文化却作为因子融入中华传统文化的洪流之中，继续发挥其积极作用。而嬴赵的后裔在未来中国的历史上，更是代有名人，并且在第10—13世纪300多年的岁月里，建立起两宋王朝，创造了高度发达、独步世界的经济和极具特色、辉煌绚丽的思想文化。

第九节　荆轲刺秦王与燕国的灭亡

秦王政十九年（前228年），王翦统帅的秦军灭赵以后，迅速转军北上，屯大军于中山（今河北定县），准备随时对燕国发起进攻。此时的燕国正是燕王喜在位。面对秦大军压境，燕国上下一片恐慌。为了破坏秦军对燕国的进兵，燕太子丹谋划了荆轲刺秦王的一段脍炙人口的故事。

燕太子丹是燕王喜的儿子，与秦王嬴政年龄相当或略大一点，年轻时也曾作为人质居于赵国首都邯郸。其时秦公子异人亦为人质居于邯郸。这样他们的人生经历就发生交集。大概同属天涯沦落人的缘故，嬴政少年时代就

① 朱彝尊：《明诗综》卷五五，电子版文渊阁四库全书。

② 沈季友编：《檇李诗系》卷二五，电子版文渊阁四库全书。

与燕丹相处甚欢。嬴政立为秦王后，燕丹又转去秦国做人质。他以为嬴政与自己曾是少年时代两小无猜的朋友，现在嬴政一定会善待自己。不料嬴政会见他时大摆国王的威风，对他的态度极其傲慢无礼。燕丹很受刺激，乘机逃回燕国后发誓报仇雪耻。可是，因为燕国僻处北方，国小力微，燕丹虽有报仇之心，但却无计可施。秦王政十九年（前228年），秦大军兵临燕境，“燕君臣皆恐祸之至”。燕丹向其师傅鞠武讨教。鞠武分析形势，认为必须忍耐，不能轻举妄动：

> 秦地徧天下，威胁韩、魏、赵氏，北有甘泉、谷口之固，南有泾、渭之沃，擅巴、汉之饶，右陇、蜀之山，左关、殽之险，民众而士厉，兵革有余。意有所出，则长城之南，易水以北，未有所定也。奈何以见陵之怨，欲批其逆鳞哉！①

他认为燕国距秦较远，秦对燕一时鞭长莫及，所以燕国应该以静观形势、等待机会、从长计议为上策，切不可凭一时之怨率性而行，激怒秦国。不久，秦国将军樊於期因得罪秦王而亡命燕国，被燕丹收留。鞠武认为燕国不应收留樊於期，因为一旦秦国为此事怪罪燕国，就得不偿失了。他认定，万全之策还是以合纵共同对抗秦国为妙：

> 夫以秦王之暴而积怒于燕，足为寒心，又况闻樊将军之所在乎？是谓‘委肉当饿虎之蹊’也，祸必不振矣！虽有管、晏，不能为之谋也。愿太子疾遣樊将军入匈奴以灭口。请西约三晋，南连齐、楚，北购于单于，其后乃可图也。②

鞠武为燕丹贡奉的这个合纵的老谱虽然并不新鲜，但除此之外，实在也没有其他更好的办法。燕丹认为师傅的建议“迂远而阔于事情”，难救当务之急，要求师傅为他设计一个立时见效的方案：“太傅之计，旷日弥久，心惛然，

---

① 司马迁：《史记》卷八六《刺客列传》，中华书局1959年版，第2528页。

② 司马迁：《史记》卷八六《刺客列传》，中华书局1959年版，第2529页。

恐不能须臾。且非独于此也，夫樊将军穷困于天下，归身于丹，丹终不以迫于强秦而弃所哀怜之交，置之匈奴，是固丹命卒之时也，愿太傅更虑之。”鞠武感到自己的设计不合太子之意，于是向他推荐了“智深而勇沉”的田光，请他帮太子谋划。而由这位田光引出了后来刺秦王的主角荆轲。

荆轲祖居齐国，后徙居卫国，卫人称其为卫卿。再后他徙居燕国，燕人称其为荆卿。他“好读书击剑”，是侠客中人。燕国处士田光很欣赏荆轲，与之结交：

> 荆轲既至燕，爱燕之狗屠及善击筑者高渐离。荆轲嗜酒，日与狗屠及高渐离饮于燕市，酒酣以往，高渐离击筑，荆轲和而歌于市中，相乐也，已而相泣，旁若无人者。荆轲虽游于酒人乎，然其为人沈深好书；其所游诸侯，尽与其贤豪长者相结。其之燕，燕之处士田光先生亦善待之，知其非庸人也。①

这位田光亦属于侠客之流，此时已是垂暮之年，他与荆轲惺惺相惜，深相结纳。当燕丹请他与之谋划弱秦的大计时，他深感知遇之恩，于是为他推荐荆轲承担重任。他在将燕丹之谋转告荆轲之后，因燕丹嘱其勿泄二人之谋，即毅然自杀。荆轲与燕丹相见，燕丹“避席顿首”，向荆轲和盘托出了派勇士刺杀秦王的计划：

> 今秦有贪利之心，而欲不可足也。非尽天下之地，臣海内之王者，其意不厌。今秦已虏韩王，尽纳其地。又举兵南伐楚，北临赵；王翦将数十万之众距漳、邺，而李信出太原、云中。赵不能支秦，必入臣，入臣则祸至燕。燕小弱，数困于兵，今计举国不足以当秦。诸侯服秦，莫敢合从。丹之私计愚，以为诚得天下之勇士使于秦，窥以重利；秦王贪，其势必得所愿矣。诚得劫秦王，使悉反诸侯侵地，若曹沫之与齐桓公，则大善矣；则不可，因而刺杀之。彼秦大将擅兵于外而内有乱，则君臣相疑，以其间诸侯得合从，其破秦必矣。此丹之上愿，而不知

① 司马迁：《史记》卷八六《刺客列传》，中华书局1959年版，第2528页。

> 所委命，唯荆卿留意焉。[①]

这一冒险刺杀秦王的谋划得到荆轲的许诺之后，燕丹惊喜若狂，心花怒放，“于是尊荆轲为上卿，舍上舍。太子日造门下，供太牢具，异物间进，车骑美女恣荆轲所欲，以顺适其意”，将挽救燕国危亡的“宝”统统压在了荆轲身上。

但是，荆轲恣意享用燕丹提供的一切，却迟迟不提实施刺杀计划之事，燕丹只能耐心等待。秦王政十九年（前228年），王翦统帅的秦军灭赵之后，兵临燕境，燕国面临的形势十分危机。燕丹再也按捺不住，随即请求荆轲尽快实施原定的计划：“秦兵旦暮渡易水，则虽欲长侍足下，岂可得哉？”这时，荆轲提出具体实施刺杀秦王的谋划，但要求燕丹必须创造使秦王相信刺客并得以接近他的条件：

> 今行而毋信，则秦未可亲也。夫樊将军，秦王购之金千斤，邑万家。诚得樊将军首与燕督亢之地图，奉献秦王，秦王必说见臣，臣乃得有以报。[②]

燕丹对荆轲要求樊於期自杀一事十分为难，认为于情于理都难以启齿。荆轲知道，只有以这位秦国逃亡将军的头颅作为见面礼，才能够得见秦王，刺杀密谋也才有实施的基本条件。荆轲于是亲见樊於期，劝他为了报仇献出自己的头颅。《史记·刺客列传》有一段关于二人会面的十分传神的记载，凸现了二人个性鲜明的形象：

> 荆轲知太子不忍，乃遂私见樊於期曰：“秦之遇将军可谓深矣，父母宗族皆为戮没。今闻购将军首金千斤，邑万家，将奈何？”於期仰天太息流涕曰：“於期每念之，常痛于骨髓，顾计不知所出耳！”荆轲曰：“今有一言可以解燕国之患，报将军之仇者，何如？”於期乃前曰：“为

---

① 司马迁：《史记》卷八六《刺客列传》，中华书局1959年版，第2531页。

② 司马迁：《史记》卷八六《刺客列传》，中华书局1959年版，第2532页。

之奈何?”荆轲曰:“愿得将军之首以献秦王,秦王必喜而见臣,臣左手把其袖,右手揕其胸,然则将军之仇报而燕见陵之愧除矣。将军岂有意乎?”樊於期偏袒搤捥而进曰:“此臣之日夜切齿腐心也,乃今得闻教!”遂自刭。太子闻之,驰往,伏尸而哭,极哀。既已不可奈何,乃遂盛樊於期首函封之。①

得到樊於期的头颅,荆轲认为与秦王见面的礼物已备齐,又以重金购得赵国徐夫人制造的伤人立死的匕首,同时又以杀人不眨眼的燕国勇士秦舞阳为荆轲副手,让他们一起去完成这一成功与否都不能生还的重任。再后来,就有了易水之畔一场慷慨悲壮、催人泪下的送别场面:

太子及宾客知其事者,皆白衣冠以送之。至易水之上,既祖,取道,高渐离击筑,荆轲和而歌,为变征之声,士皆垂泪涕泣。又前而歌曰:“风萧萧兮易水寒,壮士一去兮不复还!”复为羽声忼慨,士皆瞋目,发尽上指冠。于是荆轲就车而去,终已不顾。②

荆轲、秦舞阳带着燕国的督亢地图和樊於期的首级,顺利来到秦国首都咸阳。他们先以“千金之资币物”贿赂秦王宠臣蒙嘉,请他为之疏通说项,以便得以晋见秦王。受贿的蒙嘉对秦王说了一段极能投其脾性的话:

燕王诚振怖大王之威,不敢举兵以逆军吏,愿举国为内臣,比诸侯之列,给贡职如郡县,而得奉守先王之宗庙。恐惧不敢自陈,谨斩樊於期之头,及献燕督亢之地图,函封,燕王拜送于庭,使使以闻大王,唯大王命之。③

秦王嬴政听了,喜不自胜。他认为秦国巨大的军事压力,特别是灭赵、灭韩的战胜之威,逼使日益孱弱的燕国在他面前屈服,乃是顺理成章之事。既然

① 司马迁:《史记》卷八六《刺客列传》,中华书局1959年版,第2532—2533页。

② 司马迁:《史记》卷八六《刺客列传》,中华书局1959年版,第2534页。

③ 司马迁:《史记》卷八六《刺客列传》,中华书局1959年版,第2534页。

不战而胜，燕国使者又送上叛臣首级以及督亢地图等厚礼，当然应该为荆轲一行举行一个隆重的晋见仪式。此时的秦王正被一连串的胜利陶醉得忘乎所以，根本不会想到一个刺杀他的密谋就要在他面前演出。在《史记·刺客列传》中，司马迁以他生动传神的笔触，为后世留下了这场刺杀案的全景式的画面：

> 秦王闻之，大喜，乃朝服，设九宾，见燕使者咸阳宫。荆轲奉樊於期头函，而秦舞阳奉地图匣，以次进。至陛，秦舞阳色变振恐，群臣怪之。荆轲顾笑舞阳，前谢曰："北蕃蛮夷之鄙人，未尝见天子，故振慑，愿大王少假借之，使得毕使于前。"秦王谓轲曰："取舞阳所持地图。"轲既取图奏之，秦王发图，图穷而匕首见。因左手把秦王之袖，而右手持匕首揕之。未至身，秦王惊，自引而起，袖绝。拔剑，剑长，操其室。时惶急，剑坚，故不可立拔。荆轲逐秦王，秦王环柱而走。群臣皆愕，卒起不意，尽失其度。而秦法，群臣侍殿上者不得持尺寸之兵，诸郎中执兵皆陈殿下，非有诏召不得上。方急时，不及召下兵，以故荆轲乃逐秦王。而卒惶急，无以击轲，而以手共搏之。是时侍医夏无且以其所奉药囊提荆轲也。秦王方环柱走，卒惶急，不知所为，左右乃曰："王负剑！"负剑，遂拔以击荆轲，断其左股。荆轲废，乃引其匕首以擿秦王，不中，中铜柱。秦王复击轲，轲被八创。轲自知事不就，倚柱而笑，箕倨以骂曰："事所以不成者，以欲生劫之，必得约契以报太子也。"于是左右既前杀轲，秦王不怡者良久。已而论功，赏群臣及当坐者各有差，而赐夏无且黄金二百镒，曰："无且爱我，乃以药囊提荆轲也。"①

这悲壮的一幕结束了，秦王有惊无险，逃过了燕丹和荆轲等精心设计的密谋刺杀。不过，这一幕给他留下的印象实在太深刻了，以致全国统一的公元前221年，已经登上皇帝宝座、日理万机的秦始皇，也没有忘记对燕丹和荆轲的余党发出通缉令。荆轲的挚友高渐离是一位善于击筑的音乐家，自然也在

---

① 司马迁：《史记》卷八六《刺客列传》，中华书局1959年版，第2534—2535页。

通缉之列。他“变名姓为庸保”，但因为耐不住寂寞，时常“击筑而歌，客无不流涕”。声闻秦始皇，被召至咸阳，但被人认出，“秦皇帝惜其善击筑，重赦之，乃矐其目”，让他为自己击筑取乐，听者“未尝不称善”，可见他的演奏技艺已经达到相当高的水准。然而，此时的高渐离并没有消除对秦始皇的仇恨。他利用秦始皇的麻痹心理，日益装出极其恭顺的样子，找机会接近秦始皇。同时“乃以铅置筑中，复进得近，举筑扑秦皇帝，不中”①，即刻被诛杀。高渐离义无反顾地举筑一击，为燕丹、荆轲之谋划上了最后的句号。

燕丹与荆轲刺杀未遂之举，无疑深深激怒了秦王。他立即下令增兵至赵地，统由王翦指挥，全力伐燕。在易水之西与燕军和代王指挥的代军激战，大获全胜。第二年十月，王翦攻克燕都蓟城（今北京）。燕王喜和太子丹率残余燕军退保辽东。秦将军李信奉命跟踪追击。代王嘉认为秦王最恨太子丹，劝燕王忍痛杀燕丹以延缓秦军的攻势。燕丹知悉代王的损招，即逃匿衍水避难，但还是被燕王派人追至杀死，准备将其头颅献给秦王塞责。恰在此时，秦军进攻的重点转向楚国和魏国，使逃到辽东的燕国残余势力暂时得到喘息机会。直到秦王政二十五年（前 222 年），秦国在灭楚以后，又派王贲进攻辽东，俘虏了燕王喜，最后扫灭了燕国的残余力量，标志了燕国的彻底灭亡。

由于燕国的灭亡伴随着荆轲刺秦王，无形中增加了它的悲壮色彩。对太子丹和荆轲谋划的刺秦王一事，后来人有着很多歧义的看法。不少人持同情的态度，将荆轲等人誉为失败的英雄，古代最有代表性的是司马迁。他写了《刺客列传》，以无限崇敬的激情为古代的刺客曹沫、专诸、豫让、聂政、荆轲立传，塑造了“士为知己者死”的刺客们的生动形象。他们“已诺必诚”、视死如归、慷慨赴义的品格和行动展示了人性中“舍生取义”、壮怀激烈的光彩的一个侧面。他说：“自曹沫至荆轲五人，此其义或成或不成，然其立意较然，不欺其志，名垂后世，岂妄也哉!”② 荆轲自然也成了历代诗人歌颂的对象，如元朝人张宪写的《荆卿叹》就极力颂扬他“重然诺”的大丈夫精神：

① 司马迁：《史记》卷八六《刺客列传》，中华书局 1959 年版，第 2537 页。

② 司马迁：《史记》卷八六《刺客列传》，中华书局 1959 年版，第 2538 页。

白虹贯赤日，易水生凄风。燕人尽悲愤，相送冀城中。筑声何惨慽，歌意哀无穷。岂不念即往，立揕嬴政胸。徘徊有所待，匪畏秦帝雄。自恨剑术疏，未易了君事。秣马膏吾车，我友从不至。奈何遽相促，苦未知人意。丈夫重然诺，断臂死不辞。但怜樊将军，九泉终见疑。咄彼死灰儿，曷足同等夷。①

现代大文豪郭沫若写了8部著名的历史剧《屈原》《棠棣之花》《虎符》《筑》《蔡文姬》《武则天》《孔雀胆》《南冠草》，其中两部取材于《刺客列传》。一部是《棠棣之花》，塑造了聂政、聂荣姐弟的侠义形象。一部是《筑》，又名《高渐离》，塑造了燕太子丹、荆轲和高渐离的崇高形象。在这两部剧中，郭沫若都是将他们作为社会正义的代表、作为慷慨赴义的英雄加以尽情歌颂的。这两部历史剧尽管注入了郭沫若反对国民党反动派法西斯专政的现代意识，但因其将正义的承担者交给了刺客，无形中肯定了他们的事业与品格。对太子丹、荆轲以及刺客持否定态度者以司马光为代表。他说：

燕丹不胜一朝之忿以犯虎狼之秦，轻虑浅谋，挑怨速祸，使召公之庙不祀忽诸，罪孰大焉！而论者或谓之贤，岂不过哉！夫为国家者，任官以才，立政以礼，怀民以仁，交邻以信；是以官得其人，政得其节，百姓怀其德，四邻亲其义。夫如是，则国家安如盘石，炽如焱火，触之者碎，犯之者焦，虽有强暴之国，尚何足畏哉！丹释此不为，顾以万乘之国，决匹夫之怒，逞盗贼之谋，功隳身戮，社稷为墟，不亦悲哉！夫其膝行、蒲伏，非恭也；复言、重诺，非信也；糜金、散玉，非惠也；刎首、决腹，非勇也。要之，谋不远而动不义，其楚白公胜之流乎！荆轲怀其豢养之私，不顾七族，欲以尺八匕首强燕而弱秦，不亦愚乎！故扬子论之，以要离为蛛蝥之靡，聂政为壮士之靡，荆轲为刺客之靡，皆不可谓之义。又曰："荆轲，君子盗诸。"善哉！②

① 张宪：《玉笥集》卷一，电子版文渊阁四库全书。

② 司马光等：《资治通鉴》卷七《秦纪二》，中华书局1956年版，第231—232页。

以上司马光之论，尽管带着儒家知识分子的迂阔之气，但其评论从总体上看是相当有见地的。刺客，尤其是荆轲之流，无论其思想还是行动，都不值得肯定。原因在于，第一，刺客认为刺杀某个暴君或政要就能够改变历史的走向，或改变两个对立集团的力量对比，这显然是错误的。他们并不了解，历史的发展有自己的规律，有其不以个人意志为转移的客观必然性，刺杀某一个或某几个人物，即使成功了，最多只能造成历史发展的波折，或加速或延缓历史的进程，但却不能改变历史的航向。以荆轲刺秦王为例：假如秦王嬴政真的被刺杀，也只能满足太子丹复仇之愿，却丝毫不能改变整个列国的政治形势，不能改变统一的历史趋势和这种趋势代表的基本格局，也不能改变秦、燕两国的力量对比，更不会挽救燕国的灭亡。秦王纵使死去，秦国宗室贵族中也会找到新的秦王人选，他同样会领导秦国军民完成统一大业。第二，刺客的信条是“士为知己者死”，而这个“知己”的标准就是有恩或相信自己，只要如此，他就会对这个知己感恩戴德，甚至不惜牺牲自己的生命为之报仇雪恨。他们并不问知己让自己干的事情正义与否，他们的牺牲是否值得？而认为只要完成了知己的嘱托，就算实现了人生价值。显然，他们的人生定位本身就是非理性的。燕太子丹不谙天下之势，妄图以一次冒险刺杀秦王的行动阻止秦国统一的步伐，以挽救燕国灭亡的命运，这纯粹是痴心妄想。荆轲更是不了解他所处时代的根本特点，不了解走向统一的历史大势。他误认为自己所处的时代与五霸争强的春秋时代没有什么区别，认定周礼所维持的秩序，列国间通过会盟所达成的信义还是各国共同遵守的规范。他自己正是以第二个曹沫自居，幻想通过劫持秦王成功让其答应归还所侵列国的土地，这实在不啻痴人说梦。明朝的孙蕡在《荆轲》一诗中就将此点明了：“悲歌慷慨发冲冠，上殿披图却胆寒。生劫诅盟缘底事，错将秦政比齐桓。”① 不必说荆轲劫持秦王成功的希望甚小，即令侥幸成功，秦王在匕首威逼下答应他提出的条件，事后也不可能兑现。因为此时的秦王已经将昔日列国视为神圣的天下共主的东周君废掉，并且已经稳操统一的胜券，他还惧怕什么五霸时代的行为规范吗？第三，实际上，燕太子丹和荆轲策划的这次刺杀秦王的行动，代表的是一小撮逆历史潮流而动的反对统一的

① 孙蕡：《西庵集》卷七，电子版文渊阁四库全书。

死硬分子的垂死挣扎。他们自己已经没有什么可恃的军事力量对抗统一的潮流，又不甘心失去自己割据称雄的“国家”，于是寄希望于一次几乎没有任何成功可能的冒险。其行动表面上看来，悲则悲矣，壮则壮矣，但却是一次毫无历史进步意义的蠢行。当荆轲“倚柱而笑”，在生命即将终结之前大骂秦王时，他肯定认为自己会成为一个名垂千古的英雄人物，他的确可以含笑于九泉了。但他的悲剧恰恰在于，他悲壮的行动绝对不能纳入历史的进步潮流，而正是相反。历史是不会将捍卫社会正义英雄的桂冠授予荆轲这类人物的。

燕国是周武王伐纣灭商后分封召公奭建立的诸侯国，至燕王喜于公元前222年被秦军俘获，共传42代800多年，比周朝的历史还长。燕国长期在中国的北方繁衍生息，是西周至战国时期北方民族融合的中心，为中国北部地区的开拓发展做出了巨大贡献，创造了颇具特色的燕赵文化的重要组成部分。在战国七雄中，它与韩国是其中较弱小的诸侯国。但因地处边陲，远离秦国，所以被灭亡的时间也较晚。由于召公奭是武王、成王时期的著名政治家，曾与周公旦分治周朝的西部和东部，政绩卓著，深得治下百姓的拥戴，留下《甘棠》之思的佳话，所以司马迁将其传国之久归结为召公之仁：

> 召公奭可谓仁矣！甘棠且思之，况其人乎？燕外迫蛮貉，内措齐、晋，崎岖强国之间，最为弱小，几灭者数矣。然社稷血食者八九百岁，于姬姓独后亡，岂非召公之烈邪！①

其实，燕国灭亡较之韩、赵、魏、楚都滞后的原因很简单，就是因为它僻处东北边陲，距秦国最远而弱，在秦国统一的进程中，它被排在了较后的位置。如果燕丹不策划荆轲刺秦王的冒险之举，它的灭亡很可能排在最后。

① 司马迁：《史记》卷三四《燕召公世家》，中华书局1959年版，第2396页。

第十节　魏国降秦

魏国也是公元前 403 年建立的诸侯国。魏文侯时期（前 445—前 396 年），他任用李悝变法，在七国中最早开启了封建化进程，国力迅速增强。他又任命西门豹为邺令，破除迷信，兴修水利，改造盐碱地，大力发展农业生产。任命吴起为将军，创设“魏武卒”，军事力量亦空前强大。魏军东征西讨，迭获胜利，很快跃居七雄之首。它的国土横跨中原腹地，南至今之河南中部，与楚国搭界。北至今之河北、河南交界处，西北至今之山西中部，与赵国为邻。东至今之山东西部，与齐国分界。西部一部分与韩国接壤，一部分与北部的走廊连接，与秦国为邻。在黄河两岸的今之山西、陕西的中部，以及河南的大部分地区，汇聚成广袤的沃土。魏国由于占据较为有利的地理位置，加之实行封建化改革较早，因而从战国初期至中期，一直是七雄中举足轻重的强国。然而，战国中期以后，魏国遇到了日益强大的秦、齐等国的挑战。经过桂陵、马陵以及与秦国的几次大战，魏国就被从首强的位子上赶了下来，国土日朘月削，至秦王嬴政继位时，它已经沦落为被动挨打的弱国之列。在秦军的强大攻势面前，几乎连招架的力量也没有了。

秦王政四年至五年（前 243—前 242 年），蒙骜率秦军伐魏，连克酸枣（今河南原阳东）、燕、虚（均在今河南延津东北）、长平（今河南西华北）、雍丘（今河南杞县）、山阳（今河南焦作）等 30 余城，前锋直逼国都大梁（今河南开封）。秦王政六年（前 241 年）魏国参加了由楚国为纵约长的最后一次五国联合攻秦的军事行动，结果以失败而告终。此后，秦军进一步加大了对魏国的军事压力和逐步蚕食，它的国土只剩下从大梁到朝歌（今河南淇县）的一小片南北斜长的地盘。它面临的形势正如朱英对春申君所分析的“旦暮亡”①。还是在这一年，蒙骜攻克朝歌，魏国北部的门户洞开。第二年，秦军继续南进，攻取汲（今河南汲县西）。秦王政九年（前 238 年），秦军从魏国东北方向进攻，攻克垣、蒲二城（均在今河南长垣县境）和衍地（今河

① 司马迁：《史记》卷七八《春申君列传》，中华书局 1959 年版，第 1559—1560 页。

南郑州北）。此后五六年间，一方面因为秦军的进攻重点移向赵国，另一方面秦王又忙于处理嫪毐、吕不韦事件，暂时放松了对魏国的攻势，魏国获得暂时苟安的岁月。秦王政十六年（前 231 年）以后，秦国开始对东方六国更大规模的征伐。这一年，魏国见韩国献出南阳给秦国示好，它也赶快献出一块土地表示忠心。此时的魏国已经处于秦军的严密监控之下，什么时候让它灭亡，只待秦军任意选择时日了。秦王政二十一年（前 226 年）王贲率秦军伐楚，夺取 10 余城。第二年，他又率秦军大举伐魏，全力围攻大梁。面临生死存亡的最后关头，魏国军民还是进行了顽强的抵抗，秦军攻势一度受阻。王贲根据大梁地势较低的特点，引水灌城。土筑城墙经过三个月的浸泡，终于塌陷，养精蓄锐的秦军冲入城内，很快打垮了疲惫不堪的魏国守城军民的抵抗。魏王假出宫投降，魏国宣告灭亡。

曾经称雄中原半个世纪之久的魏国，在立国 178 年之后亡国。由于后期的魏国已经十分虚弱，秦军没用太大的力量，也没有经过特别惨烈的战斗，仅凭一汪河水的三月之功，灭魏的战绩就记在了王贲的功劳簿上，这实在就是“水到渠成”了。魏国的灭亡再次显示了统一潮流的巨大力量。这种统一的历史必然性，司马迁在写史时已经感悟到了。他说：

> 吾适大梁之墟，墟中人曰：“秦之破梁，引河沟而灌大梁，三月城坏，王请降，遂灭魏。”说者皆曰魏以不用信陵君故，国削弱至于亡，余以为不然。天方令秦平海内，其业未成，魏虽得阿衡之佐，曷益乎？①

第十一节 平楚之战

楚国是在长江中游逐渐发展起来的诸侯大国，具有悠久的历史和灿烂的文化。《史记·楚世家》将其王室的祖先追溯至传说中的五帝之一的颛顼，但比较可靠的记载应该是周成王封熊绎于楚蛮，姓芈氏，这是楚国立国之始。此后，经历西周、春秋、战国近千年的岁月，楚国一方面以江汉平原为根据地，向东、西、南三个方向发展，逐步融合了长江流域和长江

① 司马迁：《史记》卷四四《魏世家》，中华书局 1959 年版，第 1864 页。

以南数以百计的少数民族，创造了独特的荆楚文化。一方面不断向北发展，虎视中原。五霸之一的楚庄王曾率军至洛邑近郊，问周天子“鼎之轻重”；也曾饮马黄河，与中原诸侯国争夺霸权。到战国时期，楚国已经发展成为七雄中幅员最辽阔的诸侯国，势力一度达到今之山东南部、江苏东部、安徽、江西、河南南部、湖南、两广、贵州以及陕西南部。它既是南方民族融合的中心，又是南北文化交流的桥梁，在中华民族发展史上做出了巨大贡献。

不过，由于楚国内部民族矛盾比较复杂，统治集团内部斗争比较激烈，加之封建化的改革不彻底，就使它非常雄厚的自然资源、人力资源没有能够形成强大的国力和战力。当秦国在关中崛起后，楚国在同它的斗争中逐步处于下风。但是，在秦国平定六国的既定顺序中，楚国是被排在后边的。这不仅因为在地理上楚国广阔而辽远，在三晋未平定前对其用兵有诸多不便，而且更因为楚国的军力也较其它诸侯国相对强大，将其放在最后，在军事上也更容易取得成功。秦王政二十一年（前 226 年），秦国已灭韩、赵，燕国只剩下退居辽东的残余势力，虚弱不堪的魏国也是亡在旦夕。秦王于是将下一个攻取目标锁定在了楚国。他先派王贲对楚国发起试探性进攻，夺取 10 余城，这大概给他留下楚国比较容易解决的印象。他随即命令王贲转兵伐魏，决定将平楚的重任交给李信或王翦。他先问李信：“吾欲取荆，于将军度用几何人而足？”李信回答：“不过用二十万人。”秦王转而问王翦用多少人，王翦回答：“非六十万人不可。”秦王对李信的回答十分赞赏，而对王翦的回答很不满意。他说：“王将军老矣，何怯也！李将军果势壮勇，其言是也。”此时秦王赞赏李信不是没有来由的。这位李信“年少壮勇，尝以兵数千逐燕太子丹至于衍水中，卒破得丹，始皇以为贤勇”①。秦王与李信，二人年龄相近，风华正茂，正是豪气冲天的时候。既然 20 万军队能够攻下楚国，何必动用 60 万大军劳师糜饷呢！秦王于是于二十二年（前 225 年）命李信与蒙恬共率 20 万兵马出征楚国。兵分两路，李信攻平舆（今河南平舆北），蒙恬攻寝（今安徽临泉），均取得重大进展。李信又转兵攻焉郢（今河南淮阳），破之，与蒙恬顺利在城父（今安徽亳州）会师。但是，与秦军

① 司马迁：《史记》卷七三《白起王翦列传》，中华书局 1959 年版，第 2339 页。

周旋的楚军并未失去主动，他们紧随秦军之后，三天三夜不宿营，寻找秦军破绽，抓住战机，大破李信军。紧接着，连破秦军两座营垒，斩杀7都尉，秦军大败而逃。消息传到咸阳，秦王怒而清醒，一方面意识到李信少不更事，轻敌冒进，铸成大错，一方面也佩服王翦的老谋深算和先见之明。此时的王翦一气之下回了老家频阳（今陕西富平北）。秦王于是亲自登门谢罪，恭请王翦出山统兵："寡人以不用将军计，李信果辱秦军。今闻荆兵日进而西，将军虽病，独忍弃寡人乎！"王翦一开始坚决加以拒绝，后看到秦王态度诚恳，又答应出兵60万，遂受命统兵出征。这一天，王翦率60万大军浩浩荡荡离开咸阳，秦王亲自送至灞上："王翦行，请美田宅园池甚众。始皇曰：'将军行矣，何忧贫乎？'王翦曰：'为大王将，有功终不得封侯，故及大王之向臣，臣亦及时以请园池为子孙业耳。'"[①]王翦率军出函谷关以后，又接连五次派出使者向秦王请求良田美宅。对于王翦的做法，他的幕僚中也有人不理解，当面对他说："将军之乞贷，亦已甚矣。"王翦意味深长地说："不然。夫秦王怚而不信人。今空秦国甲士而专委于我，我不多请田宅为子孙业以自坚，顾令秦王坐而疑我邪？"[②]这一段话，显示王翦不仅是一位老谋深算的军事统帅，而且还是一位深谙政治权术、洞悉秦王品性心态的政治家。他用在别人看来小题大作、贪财好利的行动坚定了秦王对自己的信任，以便放手让自己不受掣肘、随心所欲地用兵布阵，去夺取胜利。

王翦赶到前线，接替李信全权指挥平楚的军事行动，"荆闻王翦益军而来，乃悉国中兵以拒秦"，这正是王翦需要的态势：集中的楚军正好被集中歼灭。王翦来到军中，下令"坚壁而守之"，任凭楚军如何叫骂挑衅，也紧闭营门，不肯出战。"王翦日休士洗沐，而善饮食抚循之亲与士兵同食"，即用养精蓄锐的办法增强秦军的战斗力。过了一段时间，"王翦使人问军中戏乎？"得到的回答是士卒们在做"投石超距"的游戏。王翦十分高兴，断定士气可用，决定出战。恰在此时，因多日挑战而疲惫不堪、士气低落的楚军开始撤营东行。王翦于是命精锐为前锋，全线追击，大破楚军。一路追奔至

① 司马迁：《史记》卷七三《白起王翦列传》，中华书局1959年版，第2340页。

② 司马迁：《史记》卷七三《白起王翦列传》，中华书局1959年版，第2340页。

蕲南（今安徽宿县南），杀楚军统帅项燕，楚军无帅，四处逃窜，失去抵抗能力，秦军“乘胜略定荆地城邑”。而后经过年余的持续追剿，完全平定了楚人的抵抗。秦王政二十四年（前223年），王翦、蒙武指挥的秦军俘虏了楚王负刍，于楚地设置郡县，又乘胜南征百越，将秦国的领土扩展至长江流域与珠江流域的接合部。

王翦的平楚之役，是他军事生涯的最后杰作。他知道，尽管此时的楚国已经今不如昔，但在当时的列国中，仍然是最不可小觑的力量，所以决不能掉以轻心。在出兵人数上，他敢于坚持自己意见，为此不惜得罪秦王而毫不妥协。待秦军因不听自己的意见受挫，秦王亲自登门请其出山时，他为坚定秦王对自己的信任，又不惜装出贪婪相，取得秦王的绝对信任，从而得以完全掌控秦军的指挥权。而后，他一面休士享卒，激励士气，一面麻痹楚军，堕其锐气，创造最佳战机，掌握战场主动权，一战而胜，连续追击，不给楚军喘息之机，只用一年的时间，就把偌大的楚国全境收入囊中。王翦与白起，前后辉映，成为在秦国统一六国征战中功勋最为卓著的将帅。而他的政治智慧则远远超过白起，所以能得到与功劳相当的荣华富贵，并得以颐养天年，优游岁月至寿终正寝。

第十二节　齐王出降

秦王政二十五年（前222年），秦军已经灭掉韩、赵、魏、燕、楚五国，只剩下一个齐国在东方拥兵自保。它此时已经无力与秦国竞争，只求秦国进军的步伐停止在自己的国门之外。然而，此时的秦军正是气势如虹，它不可能停下进军的步伐，而是马上就要敲响进军的战鼓，齐国的末日不期而至了。

从西周分封开始，齐国就是雄踞山东半岛的东方大国。远在姜齐时代，它就以管仲相桓公时期的改革，加速了自己发展的步伐，利用得天独厚的自然资源，开发鱼盐之利，发展农业、手工业和商贸业，经济很快繁荣起来，成为五霸之首。田齐代姜齐以后，齐威王时期大力推行封建化改革，国力空前强大，文化高度发达，稷下学宫成为当时全国的文化中心。齐国一度成为与秦国相伯仲的最强大的诸侯国之一。战国中期的齐、燕之战虽然使齐国元气大伤，但由于它占有优越的地理位置，与秦国发生战争的机会较少，加之原有的经济基础雄厚，所以一直是一个经济发达、军力强大的举足轻重的大国。

秦王嬴政继位后，一直加紧对东方用兵，三晋首当其冲。齐国因为一时感受不到秦国的威胁，就采取保境安民的策略：既与秦国保持睦邻友好关系，也与其他国家维持和平局面，由此使齐国有了几十年相对安定的时期。齐国安于这种保守主义的政策，很少参加其他国家联合对抗秦国的军事行动，实际上也等于间接帮助了秦国，使它各个击破的战略迅速获得了成功。当秦军顺利灭掉三晋和楚、燕五国，把进攻的矛头对准齐国的时候，它已经是茕茕孑立、势单力薄，灭亡的命运也就铁定不可挽回了。

公元前264年，是秦昭襄王四十三年，秦王嬴政出生前五年，年幼的齐王建继位，其母君王后当权。她确立了保守主义的立国原则："事秦谨，与诸侯信，以故建立四十余年不受兵。"① 公元前249年，君王后虽然病逝，但她确立的立国原则继续得以贯彻执行。

秦王在对三晋用兵时，也没有完全将齐国置诸脑后。为了将来能够顺利攻取齐国，秦国不惜重金，从齐国统治集团中收买间谍，精心培育出一个以齐国丞相后胜为首的势力强大的亲秦集团。后胜贪财谋私，"多受秦间金玉，使宾客入秦，皆为变辞，劝王朝秦，不修攻战之备"②。齐王建是一个缺乏主见、懦弱无能的君王，晚年几乎处于亲秦派官员的包围中，尽管面对的形势日益严峻，却根本没有考虑战守问题。秦王政二十五年（前222年），王贲统率的秦军在俘虏代王嘉以后，立即南下向齐国进军。而三年前也是王贲统率的灭魏的秦军，其中的一部分早已进驻历下（今山东济南），随时可以向齐军发动攻势。这时，齐国内部发生了一场抗秦还是朝秦的争论。在后胜为首的亲秦派官员的劝诱下，齐王建决定入秦朝拜。这显然也是秦国的如意算盘：秦国打算待齐王入秦，即胁迫他签约投降，以达到不战而下齐国的目标。这时，雍门司马站出来，力劝齐王不要入秦。他问："所为立王者，为社稷也？为王耶？"齐王回答"为社稷"。司马再问："为社稷立王，王何

① 刘向：《战国策》，上海古籍出版社1985年版，第472页。

② 刘向：《战国策》，上海古籍出版社1985年版，第473页。

以去社稷而入秦?”齐王悟出其中的道理，决定不入秦，但也没有确定坚决抗秦的方针。这时，即墨大夫入见齐王，建议他树起坚决抗秦的旗帜，收揽三晋、楚国的残余反秦力量，与秦军周旋到底：

> 齐地方数千里，带甲百万。夫三晋大夫皆不便秦，而在阿、鄄之间者百数，王收而与之百万之众，使收三晋之故地，即临晋之关可以入矣；鄢、郢大夫不欲为秦，而在城南下者百数，王收而与之百万之师，使收楚故地，即武关可以入矣。如此，则齐威可立，秦国可亡。夫舍南面之称制，乃西面而事秦，为大王不取也。①

这位即墨大夫，显系一纵横家者流，他将当时残存的反秦力量吹得神乎其神，强大无比，将反秦斗争之反败为胜之举说得易如反掌，仿佛只要齐王登高一呼，全国立即就会形成反秦的狂潮。而实际上却不过是白日梦呓。当时的实际情况是，纵使齐国使出浑身解数，联合其他反秦残余势力形成联合战线，抗秦也不会取得成功。这不仅因为齐、秦力量对比齐国处于绝对劣势，而且更因为统一的潮流反映了历史发展的方向，也符合绝大多数百姓的利益。对抗统一的逆历史潮流之动不可能形成对抗秦军的优势。

秦王政二十六年（前 221 年），平定燕国的王贲、李信统率的秦军南下到达齐国西境，与已经屯兵历下（今山东济南）的秦军合力猛攻防守疏忽的齐军，取胜后迅速向齐都临淄推进。由于此时齐国内部战降两派还在争论不休，且投降派占了优势，致使齐都临淄简直成为不设防的城市。面对“猝入临淄”的秦军，齐国军民停止了无望的抵抗，秦军几乎兵不血刃就完成了对齐国首都的占领。不过，此时的秦军尽管占领临淄，但齐国广大的领土却还由齐军驻守，如果齐王领导军民坚决抵抗，秦军讨平齐国全境还需费些时日，并且还要付出血的代价。秦国于是派出使者陈驰，以五百里封地为诱饵，劝齐王投降。齐王建知道大势已去，在秦人的威逼利诱下，宣布投降。秦国当然不会兑现封地的承诺，之后将齐王建迁至共地（今河南辉县），囚在一个长满松柏的林子里，断绝饮食，让其活活饿死了。

---

① 刘向：《战国策》，上海古籍出版社 1985 年版，第 474 页。

齐国是东方大国，拥有完全超过三晋和燕国的军事力量，而秦国的平齐之役却最为顺利，几乎没有经过什么大的战斗，齐国全境就插上了秦国的军旗，这种局面之所以出现，投降派在齐国统治集团内部占据上风是重要原因，但秦灭其他五国后已经形成的强大威势致使齐国上下笼罩着无望和失败的情绪，他们的心理防线已经彻底崩溃，应当是更重要的原因。

至此，秦国经过10年征战，将六国尽收囊中，第一次完成了中国历史上的真正统一，实现了对中国广袤领土的直接有效治理。

司马光对六国灭亡的原因曾做过如下评论：

> 从衡之说虽反覆百端，然大要合从者，六国之利也。昔先王建万国，亲诸侯，使之朝聘以相交，飨宴以相乐，会盟以相结者，无他，欲其同心橹力以保家国也。向使六国能以信义相亲，则秦虽强暴，安得而亡之哉！夫三晋者，齐、楚之藩蔽；齐、楚者，三晋之根柢；形势相资，表里相依。故以三晋而攻齐、楚，自绝其根柢也；以齐、楚而攻三晋，自撤其藩蔽也。安有撤其藩蔽以媚盗，曰“盗将受我而不攻”，岂不悖哉！①

司马光之论，在中国古代思想学术界具有相当的代表性，其实是相当迂阔的书生之见。他的论点主要集中在两个方面：一曰六国的失败在于未能真诚合纵以抗秦；二曰秦的统一是强暴与邪恶的胜利。的确，战国以苏秦为代表的合纵论者，曾为六国设计了十分周密翔实的集体联兵抗秦的计划，也组织过不止一次的共同抗秦的军事行动，但事与愿违，除了个别时候取得一些成功之外，最后的结果是全盘失败。原因其实非常简单，合纵之策对抗的是统一的历史潮流，无论它一时显得多么声势浩大，都不可能阻挡中国统一的潮流，因为这个潮流是当时社会经济发展的要求，也是人心所向。同时，合纵之论虽然看起来正义凛然，颇具鼓舞人心的魅力，但由于它很难将不同的利益集团完全整合在一起，合纵也就只能显一时之效，奏一时之功。它之最后破产是不以人们的意志为转移的。因为合纵从其产生

① 司马光：《资治通鉴》卷七《秦纪二》，中华书局1956年版，第234页。

那天起，参加者怀抱的目的就不完全一致，而是千差万别。不需要秦国从中破坏，合纵者内部的利益纷争也会使他们兵戎相见。不可否认，秦国在完成统一的过程中的表现似乎是“邪恶”的：它倚恃强大的武力，毅然灭掉曾是“天下共主”的周王室；随时随地将屠刀架在弱小国家的脖子上，杀戮士卒，荼毒百姓，劫掠财物，毁社灭宗，将一个又一个的君王送上断头台；它凌辱以周礼为核心构筑的全部社会秩序、文明规范和道德信条，狡猾奸诈，反复无常，出尔反尔，背信弃义、唯利是图，唯力是视，在东方六国臣民中形成了无以复加的“反道德”形象。历史的现象是如此地矛盾：秦国在推动社会进步和历史发展时使用的是极不文明的手段；在将六国割据地区纳入统一的文明发展轨道时播下的却是仇恨的种子。这就是为什么“暴秦”成为当时和其后人们心目中挥之不去的“恶谥”。这个千百年来积压在历史文献中的矛盾之结，只有运用马克思主义的历史唯物论才能够得到正确的解释。恩格斯在《路德维希·费尔巴哈和德国古典哲学的终结》中说：

> 黑格尔指出：“人们以为，当他们说人本性是善的这句话时，他们就说出了一种很伟大的思想；但是他们忘记了，当人们说人本性是恶的这句话时，是说出了一种更伟大得多的思想。”在黑格尔那里，恶是历史发展的动力借以表现出来的形式。这里有双重的意思：一方面，每一种新的进步都必须表现为对某一种神圣事物的亵渎，表现为对陈旧的、日渐衰亡的、但为习惯所崇奉的秩序的叛逆；另一方面，自从阶级对立产生以来，正是人的恶劣的情欲——贪欲和权势欲成了历史发展的杠杆。①

恩格斯在《家庭、私有制和国家的起源》中又说：

> 卑劣的贪欲是文明时代从它存在的第一日起直至今日的动力：财富，财富，第三还是财富，——不是社会的财富，而是这个微不足道的

① 《马克思恩格斯选集》第四卷，人民出版社1972年版，第233页。

单个的个人的财富，这就是文明时代唯一的，具有决定意义的目的。[①]

秦王嬴政和他的秦国，更准确些说是以他为首的那个利益集团，为了追逐权力和财富，使用看起来最不道德的手段，以空前的暴力与欺诈，完成了中国古代史上第一次真正意义的统一，从而“充当了历史的不自觉的工具”[②]。历史一直是在血和火的淬炼中前进，社会的发展，文明的进步，都要付出代价。秦朝的统一是通过残酷的战争手段完成的，这个统一却是中国历史发展的一个里程碑式的标志。不管秦始皇和他的利益集团出于什么目的，历史将永远赞颂和肯定他们完成统一的功勋。

① 《马克思恩格斯选集》第四卷，人民出版社 1972 年版，第 173 页。

② 《马克思恩格斯选集》第二卷，人民出版社 1972 年版，第 68 页。

儒家文明省部共建协同创新中心研究成果

山东大学儒学高等研究院重点学科

建设经费资助项目

少昊之裔嬴族史

下

孟祥才 著

SHAOHAO ZHI YI YINGZU SHI

人民出版社

第六章　秦朝统一中国原因辨析

第一节　"天时"与"民心"

"秦王扫六合，虎视何雄哉"。从公元前230年至前221年，共10个春秋，3650多个日日夜夜，秦王嬴政和他麾下的文臣武将，精心谋划，运筹帷幄，南征北战，西伐东讨，依次平定了韩、赵、魏、燕、楚、齐六个诸侯国，为历时两个半世纪的战国时代画上了一个空前硕大的句号。10年之中，在秦王统一全国的历史进程中，尽管也出现一些波折，遭遇一些危险，但总体上是势如破竹，所向披靡，犹如风卷残云，摧枯拉朽，秦军兵锋所及，奏响的几乎都是胜利的凯歌。秦的统一为什么如此顺利？从客观方面讲，秦的统一是顺天时而应人心，从主观方面讲，是秦王嬴政君臣以其超人的智谋和不懈的持之以恒的努力最大限度地回应了时势的要求。

在前面的述论中，我们已经从政治变革、经济发展、民族融合、思想文化变迁等诸多方面阐释了战国以来统一趋势的形成。这一统一趋势，就是秦王可资利用的最大的"天时"。而这种天时，对战国七雄中的任何一国来说，都是可以公平利用的机遇。关键在于自己如何创造最好的顺应和利用天时的条件。平心而论，在商鞅变法以前，秦国顺应天时的条件并不是最好的。例如，魏国地处中原，最早实行变法，国力蒸蒸日上，英勇善战的"魏武卒"，在吴起、庞涓等名将指挥下，兵锋所向，在兼并战争中迭获胜利，位居首强，一时间声势莫比。楚国地处江汉平原，幅员辽阔，物产丰饶，自然条件优越，时常"问鼎中原"，饮马黄河，向中原诸国发起一次又一次的挑战。齐国地处山东半岛，人口众多，农业发达，又独擅山海之利，鱼盐矿产资源得天独厚，文化教育为诸国之冠。齐威王推行改革以后，国力走强，西向争锋，咄咄逼人，桂陵、马陵两次战役，将魏国从首强的位子上推下去，一时号令中原，极尽风光。然而，这些诸侯国的发展势头，由于种种原因都没有持续下去。战国中期以后，当秦国乘商鞅改革的东风破浪直前时，东方六国则相形见绌，与秦国的距离越拉越大，只有秦国保持着越来越强劲的发展势头，创造了顺应天时的最好条件。

秦国在商鞅变法前就开始进行改革，如秦献公元年（前384年）宣布“止从死”，废除通行达3个世纪的野蛮的人殉制度。献公十年（前375年），又实行“为户籍相伍”，将农民编制于国家的网络中，进而推行县制，逐步废除世卿世禄制度。而自孝公重用商鞅进行变法以来，以后六代君主，无论在位时间长短，都没有放弃改革的努力。商鞅主持了秦国历史上也是战国历史上规模最大、内容最全、历时最久、成效最显著的一次封建化改革，奠定了秦国日后发展的基础。此后，惠文君二年（前336年），“初行钱”，进一步促进商品生产的发展和流通。惠文君十年（前328年），开始在朝廷中央设相邦一职，对国家机构进行改造，逐渐建立起专制主义中央集权的行政体制，大大提升了政权运作的效率。惠文君十三年（前325年），开始称王，自动提高称谓的层次，与周天子的称谓已没有区别。秦武王二年（前309年），初置丞相，进一步强化中央政府职能。秦武王四年（前307年），初置将军，在职官的文武分途上迈出了重要一步，进一步提升了各级官吏的专业化水平。秦昭襄王在位达56年之久，是在位时间最长的秦王，也是东征西讨，为秦国拓展疆土最多的秦王。在内政方面，昭襄王最大的动作是于四十一年（前266年）废宣太后，逐穰侯、高陵、华阳、泾阳君于关外，以魏国人范雎为丞相，改变了近40年宗室贵族专权的局面，在加强王权方面迈出了重要的一步。孝文王尽管继位三日即死去，但他还是下了一道命令：“赦罪人，修先王功臣。褒厚亲戚，弛苑囿。”[①] 庄襄王在公元前249年继位后，也下令“赦罪人，修先王功臣，施德厚骨肉而布惠于民”[②]。秦王嬴政继位以后，尤其是诛除嫪毐、吕不韦两大权势集团以后，进一步加强了国君的权力，使国君成为绝对的权力中心，国家大政方针的最高决策者。由于六世

① 司马迁：《史记》卷五《秦本纪》，中华书局1959年版，第219页。

② 司马迁：《史记》卷五《秦本纪》，中华书局1959年版，第219页。

以来一直坚持改革的方针，就使秦国的各项制度、政策和各种措施都能较好地适应不断变化的形势，与六国相较，能够处处占尽先机，从而既顺应了天时的诉求，也回应了民心的需要。

从政治上看，自商鞅变法以来，秦国就逐步建立和完善了一套自上而下的专制主义中央集权的行政体制，王权日渐强化，成为国家大政方针的决策中心。王国中央建立了以丞相为首的政府机构，成为全国行政运转的中心。地方上全力推行郡县制，基本上废除了分封制，使宗室贵族在国家政治生活中的作用日益缩小。如此一来，秦国就有了一批忠于职守、精干高效的官吏队伍，从而也有了高度灵活的行政运作机制，保证了秦国在频繁的军事征伐进程中，有了一个可靠的后勤支撑体系。这既维系了后方正常的生产生活秩序，又使前方得到充足的兵员和物资供应。荀子入秦，应侯范睢问他："入秦何见?"他的回答对秦国的方方面面都发出了由衷的赞扬：

> 其固塞险，形势便，山林川谷美，天材之利多，是形胜也。入境，观其风俗，其百姓朴，其声乐不留污，其服不挑，甚畏有司而顺，古之民也。及都邑官府，其百吏肃然莫不恭俭、敦敬、忠信而不楛，古之吏也。入其国，观其士大夫，出于其门，入于公门，出于公门，归于其家，无有私事也，不比周，不朋党，倜然莫不明通而公也，古之士大夫也。观其朝廷，其间听决百事不留，恬然如无治者，古之朝也。故四世有胜，非幸也，数也。是所见也。故曰：佚而治，约而详，不烦而功，治之至也。秦类之矣。①

这里，荀子认定，秦国是当时列国中从自然条件到吏治都是最好的诸侯国，已经接近"治之至也"的境界。作为一个笃信儒家学说的思想家，荀子客观公正的赞扬已经全面展示了秦国对于其他六国的优势。它之能够最后灭亡六国，顺利摘取统一的果实，显然根植于自身政治上的优长。

从经济上看，秦国一直以关中平原为中心，这里气候温和，土地肥沃，河渠纵横，灌溉便利。特别是郑国渠凿通以后，进一步扩大了农田受益面

① 王先谦：《荀子集解》，中华书局 2013 年版，第 358 页。

积，使关中成为名副其实的粮仓。所以司马迁说："关中之地，于天下三分之一，而人众不过什三；然量其富，什居其六。"① 在向六国大规模进军前的秦惠文王后元九年（前326年），秦将司马错率兵灭蜀，后在今之四川、重庆设立蜀、巴二郡。蜀郡地处成都平原，自然条件特别优越，李冰父子修筑都江堰之后，使这里的农田实现自流灌溉，由此获得"天府之国"的称号。巴郡地控长江最险之段，境内河渠纵横，物产丰饶，沿长江水道出川极其便捷。蜀郡、巴郡与关中一起，以其源源不断输出的人力和财富，支持了秦国统一事业的巨大开支。此外，经过秦国六世以来的不断征伐，到嬴政亲政时，秦国不仅拥有了关中、巴、蜀这样的财富之区，而且组建和占领陇西、北地、陶郡、黔中、雁门、云中、汉中、南郡、南阳、三川、河东、太原、上党、东郡等原六国的许多地盘，土地面积也与六国的总和不相上下了。特别是，自商鞅变法以来，奖励耕战成为秦国的基本国策。不仅原秦国之民努力生产，发展经济，而且不少新占领区的百姓也积极发展生产以响应秦国的政策。在农业经济迅速发展的基础上，秦国也相应发展了手工业和商贸事业，如秦惠文君二年（前336年）秦国"初行钱"，以后发行大量的方孔无郭的"半两"钱作为货币，大大促进了商贸事业的发展。如此一来，秦国的经济实力就完全压倒了六国，从而为秦国的统一事业提供了雄厚的物质基础。

从军事制度看，秦国也远远优于六国。自商鞅设立军功爵位制以来，秦国形成了一套行之有效的对从军士卒和军官的奖励制度与各种激励措施，从荣誉、升迁、财产、抚恤等多个方面构成了较完整的激励机制。这就一方面使秦国有了源源不竭的兵员供应，另一方面也使秦国军队成为由最英勇善战的士卒组成的无敌劲旅。同时，秦国在官制上较早实行文武分途，在长期的战争中锻炼出一批智勇双全的将军。再加上对军事统帅又给予充分的信任，让他们在战场上享有指挥的全权，这就使秦军的作战效能大大优于六国的军队。

从地理条件上看，秦国较之六国也是得天独厚。这一点，许多人都看到了。如苏秦见秦惠王时，开口就讲了如下一段话：

---

① 司马迁：《史记》卷一二九《货殖列传》，中华书局1959年版，第3262页。

> 大王之国，西有巴、蜀、汉中之利，北有胡貉、代马之用，南有巫山、黔中之限，东有肴、函之固。田肥美，民殷富，战车万乘，奋击百万，沃野千里，蓄积饶多，地势形便，此所谓天府，天下之雄国也。①

范雎见秦昭襄王时，也讲过类似的话：

> 大王之国，北有甘泉、谷口，南带泾、渭，右陇、蜀，左关、阪，战车千乘，奋击百万。②

当时的纵横策士们到各国去，照例都是对该国进行一番打动君王的赞扬，其中不乏言过其实的夸饰之辞。但就地理优势而言，他们对秦国的颂扬超过了其他任何国家，可见秦国地理形势的优越已经成为当时人们的共识。秦国腹地关中，的确是一个进可攻、退可守的风水宝地。后来扩展至汉中、巴、蜀，地理形势更加优越。因为关中西部尽管是戎、狄等少数民族聚居区域，但早在春秋时期已经基本上被秦国征服，此后则逐渐融合到秦民之中，终战国之世，他们再也没有给秦国制造麻烦。与秦国北部接壤的匈奴族，虽然与秦国也有一些冲突，秦国为此也修筑长城进行防御，但在战国时期，匈奴并未对秦国构成太大的危害。秦国东部有黄河、华山、熊耳山等河山，形成了天然屏障，其中的几个通道是函谷关、临晋关、武关等险要的隘口，都被秦军牢牢掌控，成为"一夫当关，万夫莫开"的军事要地。巴、蜀地区更是一个比较封闭的地方，与它接壤的是楚国。不要说楚国无力向该地进攻，即使它有能力，三峡险峻的山岭与湍急的江流也足以使其望而却步。正因为有如此优越的地理环境，使秦国有了一个稳定、富饶的后方根据地。在整个战国时代，关东各国合纵的联军在声势最大的时候，也不过向函谷关和武关的城楼上放几支箭，摇旗呐喊几声而已。尽管战国时期几乎无日无战事，但在关中、汉中、巴、蜀等地，却是百年不睹兵燹尘烟。这种和平的环境，为

① 刘向：《战国策》，上海古籍出版社 1985 年版，第 78 页。
② 刘向：《战国策》，上海古籍出版社 1985 年版，第 189 页。

秦国百姓创造了良好的生产和生活条件，从而也使这些地区能够长期为秦国的统一战争提供稳定的兵员和物资。

反观东方六国，几乎任何一国的土地上都不同程度地遭遇战争，有的国家的国都甚至多次毁于战火，不得不数次迁徙，百姓流离失所，生产被迫中断，它们支持长期战争的能力远逊于秦国。

历史事实表明，在战国时期，只有秦国以其优越的地理条件，不断变革的人为谋划，最大限度地顺应了走向统一的大势，从而顺利地完成了统一的任务。

秦国顺应“天时”的一切活动，同时也回应了民心渴望统一的诉求。从春秋到战国，几百年间，百姓几乎都是在频繁的战乱中度过的，他们对和平和统一的期盼，形成了无形的但是强大的力量。这个力量推动了各民族的融合，凝聚了各个民族、阶级和集团的共识，进而汇聚成强有力的舆论，在诸子百家的思想学说中得到有力的回应和共鸣。然而，尽管当时从墨子、孟子等人那里发出了强烈的反战的呼声，鼓吹走和平统一的道路，这呼声自然也反映了广大百姓的愿望；但是，和平统一之路在当时却是走不通的。这是因为，第一，当时不存在一个各诸侯国共同承认的共主，没有一个能够团结大多数国家、协调各方面利益的核心。秦王嬴政灭周前，虽然还有一个周王室，但此时它不仅已经失去西周时期的权威，连齐桓、晋文“尊王攘夷”时代的风光也一去不复返了。因为在其灭亡前，周王室已经沦落为纵横不过百里、靠仰仗大国鼻息生存的蕞尔小国。当嬴政灭亡它时，在列国间连细微的涟漪也没有出现，更不要说有什么正义凛然的讨伐之声了。周王室灭亡了，环顾宇内，短期内不可能出现一个足以号令一切的政治中心。当时真是一个多中心而又无中心的时代。第二，经过几百年的争霸与兼并战争形成的战国七雄，是七个政治中心，它们互不统属，各自为政，虽有强弱大小之分，却没有高下等级之别。它们不承认谁是宗主，彼此间尽管有不间断的外交折冲，人质互换，“秦晋之好”，但实质性的对话却是通过枪刀剑戟进行的。所以，揆诸形势，战国时期和平统一的大门始终无法开启。不得已而求其次，以武力统一也就是历史的无奈选择了。既然只能走武力统一一条路，那么，谁能以武力完成统一都是顺应民心之举。恰恰是战国开局之时看起来政治经济都比较落后，文化也不发达，甚至被东方诸侯国讥讽为“夷狄之国”的秦国最后成为统一大业的主人。这表明，历史的发展是在不平衡中前进的，锐意改革者往往能够创造后来居上的奇迹。对于秦国应天时、顺民心，不停顿地改革所取得的优于六国的成就，秦昭襄王时期的荀子，曾以其亲身见闻，用一句话做了很好的总结："故四世有胜，非幸也，数也。"[①] 这个"数"就是"天时"和"民心"。

与秦国相比，虽不能说东方六国都没有应天时顺民心的任何举措，但它们的举措却都不能与秦国同日而语。以变法为例，尽管东方六国实施变法的时间大都早于秦国，然而，这些国家的变法，或如魏国虽开风气之先却不能坚持下去，在魏文侯之后即逐渐减弱了发展势头；或如楚国的变法，虽然在悼王、吴起主持下一时搞得轰轰烈烈，让国内震撼，使邻国侧目，却在悼王死后人亡政息；或如齐国在威王时大事兴革，却因制度的变革不力后劲不足；或如燕、赵、韩等国变法仅在某些领域进行，而效果也不理想。总之，东方六国的变法，在深度、广度、力度和长期坚持等方面较之秦国均有很大差距，其效果自然就更加逊色了。

从政治上看，六国虽然也基本上建立起中央集权的行政体制，但是，由于变法不彻底，旧贵族仍有相当大的势力，对国家政权仍有着很大的控制力和影响力。如"战国四公子"就是宗室贵族势力的典型代表。孟尝君曾任齐相，不仅左右齐国的政治，而且有强大的经济力量。他在封地上放高利贷，盘剥百姓。他有食客数千人，为之提供衣食住行等各种服务。春申君曾为楚相多年，一度牢牢地掌控了楚国政权。他还将李园之妹纳为妾，待其怀孕后再献给无子的楚王，改变了楚国嫡裔的血胤。尽管春申君最后死于李园的密谋，但他的儿子还是登上了楚国的王位。平原君长期为赵相，在赵国政治舞台上有着举足轻重的地位，连国君也看他的眼色行事。大名鼎鼎的信陵君一度任魏相，成为与国君分庭抗礼的巨擘。他"窃符救赵"的故事脍炙人口，为各种剧种提供了动人心弦的素材。这些人把持朝政，"政出多门"，大大削弱了国君的权威，妨碍了中央集权行政体制的有效运作，所以杨雄在《法言》中直斥他们为"奸臣窃国命"。

从经济上看，由于六国变法不彻底，奴隶制残余在生产关系中大量保

① 王先谦：《荀子集解》，中华书局2013年版，第358页。

留下来，这势必使生产者的积极性得不到充分发挥，也就使六国的经济潜能得不到充分释放。如楚国丰富的资源优势没有变成经济优势，齐国本已发达的工商经济，鱼、盐、矿之利没有得到持续开发，再加上战争的影响和六国处于各自为政状态，它们就无法组织和调动起来与秦国相抗衡的经济实力。

从军事上看，虽然六国统治者无不重视武装力量建设，各国也大都拥有一支有相当战斗力的部队；但是，无论就军队的数量还是质量而言，六国中任何一个国家都不能单独与秦国对抗，而由于利益的冲突，六国又不可能组织起统一抗秦的力量，几次合纵的失败说明六国的军力在秦军面前只能甘拜下风，即使声势最浩大的一次合纵，五国之师面对秦军据守的函谷关，也只能扣关而无法破关。

与秦国相比，东方六国既不占天时，亦不占地利。中原的三晋都与秦国接壤，使秦军随时可以向其薄弱环节进攻。韩国国小民贫，又处于四战之地，无险可守，所以最早灭亡。赵国虽有太行之险，一度“太行为城，漳水为池”，牛气烘烘，但在秦国据有太原、上党等地之后，已经据有太行天险，处于居高临下的有利位置，赵国领土的大部分都暴露在秦国的兵锋之下，所以当王翦之军突破唯一的井陉要隘以后，国都邯郸的保卫战也只能是一场绝望的挣扎而已。魏国的地理环境本来较韩、赵两国优越，所以魏武侯在与臣子游于西河时大吹“河山之险”①。当时，魏国西有黄河之险，南有群山之障，与秦军对峙的地理条件还是相当优越的。然而，由于魏国在用人上的失误，这些“河山之险”很快落入秦国之手。到战国后期，魏国在连连失地之后只能局促于四面无险可守的大梁及其周围的一小片土地上，终于在秦军的水攻之下兵败国亡。燕国地处黄河下游平原的北端，背靠连绵起伏的燕山山脉。秦军由南向北进攻，燕国犹如一个大簸箕南向敞开了门户，根本无险可守。东方六国中，楚国的地理位置最为优越。它地域广大，地形复杂，既有河湖密布的江汉平原，又有崎岖险峻的桐柏山、荆山、巫山，有着广阔的回旋余地。可惜由于其他条件的限制，楚军在与秦军的角逐中未能充分发挥这些地理优势。齐国在六国中也算有较好的地理优势：它西北有黄河，西南至东南有连绵的泰山、沂山、蒙山，但由于战国后期齐国一直推行军事保守主

① 刘向：《战国策》，上海古籍出版社 1985 年版，第 781 页。

义路线，加上内部的妥协投降势力占了上风，没有利用优越的地理条件采取积极防御的战略，结果是秦军进驻历下，陈兵国门，而齐军却无动于衷，熟视无睹，最后在秦军的突袭面前不战而降，使优越的地理条件白白失掉效用。

不仅如此，六国的割据也不顺民心。一方面，战国后期，秦对六国的战争就其实质而言是统一对割据的战争，六国对秦国的抵抗毫无进步意义可言，因而从总体上看于时势背谬，于民心不顺；另一方面，六国改革不力，政治昏暗，各国统治集团内部矛盾重重，统治集团与百姓的矛盾更因横征暴敛而日益激化。这样，六国的统治就很难得到百姓的拥护。尽管秦对六国的战争也十分残酷，普通百姓深受其害，但百姓也未能与统治集团团结一致抵抗秦军的进攻。他们对杀戮百姓的秦军自然十分痛恨，而对肆意盘剥百姓的本国统治者也没有什么好感，因而在秦军的进攻面前往往作壁上观。离开了百姓的支持，六国的失败只能是意料中的必然。

第二节　战略与战术

尽管秦国的统一大业既应天时又顺民心，但是，由于统一事业是通过武力征服的方式进行的，形式上又是国与国之间的攻伐，所以它遇到的是六国军队有组织的节节抵抗，有的抵抗还相当顽强。没有一套正确的战略战术也是无法取胜的。秦国经过几代君王和将帅在实践中的不断探索，到嬴政继位时已经形成了进行武力统一的比较完备的战略、策略和战术。

秦国统一六国的战略是：通过武力征服逐次灭亡六国，实现统一中国的最终目标。为达此目的，始终坚持以“连横”破坏“合纵”，实施“远交近攻”之方略，运用强大的武装力量，由近及远，先弱后强，由易及难，梯次推进，各个击破。远在秦昭襄王时期，秦与六国展开的“连横”与“合纵”的斗争已经达到白热化程度。当时，六国联合抗秦，成为秦国统一事业的最大障碍，秦国于是采纳张仪之计，娴熟地运用“连横”之策，通过种种纵横捭阖的手段，破解六国的“合纵”之谋。经过几番辗转反侧的较量，到嬴政继位后，“连横”对“合纵”的斗争已经取得决定性胜利。秦王政六年（前241年），楚、韩、赵、魏、卫五国之师最后一次联合攻秦，兵临函谷关。

待秦军开关迎敌，五国之师立即四散溃逃。此后 20 多年间，东方六国再也无法组织起一次联合抗秦的军事行动，而是基本上采取相机抵抗，适时妥协，以求自保、苟延残喘的保守策略。这样一来，秦在对六国的战争中就完全掌握了主动权。打谁？在什么地方打？什么时候打？打到什么程度？都由秦国决定。六国只能被动地应对秦国的进攻，胜负之势也就不言而喻了。

掌握了战略主动权的秦国，开始有计划地推行由近及远、由易及难、稳步推进、各个击破的战略方针。这个战略方针，最早是由秦昭襄王时期的范雎提出来的，其要旨是“远交而近攻”[①]。昭王及其后继者都认可并积极推行这一战略并取得明显成效，至秦王嬴政接掌政权时，与秦国接壤的韩、赵、魏、楚等国的不少领土已经变成秦国的郡县。此时，秦国的综合国力已经大大超过六国，但秦军依然执行昭王时期确定的这个战略方针，并没有采取多头并进的进击计划。秦王政十七年（前 230 年）由内史腾率军灭掉距秦最近且实力最弱的韩国。第二年，秦国派出王翦、杨端和分别统率的两路大军进攻赵国，顺利攻克赵都邯郸。赵国灭亡后，赵公子嘉出逃，自立为代王，与燕国联合抗秦。秦军因为没有这一年灭燕的计划，就暂时放代王嘉一马，没有跟踪追击。秦王政二十年（前 227 年），发生了荆轲刺秦王的事件，秦王即命驻军于赵国故地的王翦趁势督军北进伐燕，并于第二年冬天攻克燕都蓟城（今北京），燕王率残兵败将逃奔辽东。秦军因为此时的主要任务是攻楚，所以暂停对燕国残余势力的追击。由于发生伐楚出兵多少的争议，王翦退居故乡，伐楚的军事由李信、蒙恬指挥 20 万秦军进行。秦王政二十二年（前 225 年），秦国决定灭亡已经虚弱不堪的魏国，王贲奉命指挥秦军围攻魏国都大梁（今河南开封）。他以围促变，实施水攻，三月逼使魏王出降。同年，因秦王轻信李信的灭楚谋划，伐楚之役受挫。秦王重新起用老将王翦，下一年，王翦统帅的 60 万大军顺利灭楚，完成了对整个长江流域的占领。秦王政二十五年（前 222 年），王贲统兵进攻辽东，消灭了燕王喜及其残部，又回军攻代，俘虏代王嘉。这时，只剩下一个齐国，孤处滨海的半岛丘陵，而秦军已经进至历下（今山东济南），随时准备对它发起最后的攻击。第二年，王贲率平燕之师迅速南下，与驻历下的秦军合力攻击疏于防范的齐

① 刘向：《战国策》，上海古籍出版社 1985 年版，第 190 页。

军，以迅雷不及掩耳之势攻克齐都临淄，俘虏齐王田建，为秦国的统一大业画上了最后一个句号。秦国以 10 年之功达到了预设的战略目标，这不能不说是秦国战略谋划的胜利。10 年之中，虽然秦军也有二线甚至三线的多头作战，但始终坚持既定的由近及远、由易及难、稳步推进、各个击破的战略方针，同一时间一般只保持一个主攻方向。只是在最后平楚的时候，才派一支偏师进攻大梁，使其每战都能集中优势兵力，确保最后的成功。攻楚之战开始时，秦军已经攻取韩、赵、燕三国，魏国也灭亡在即，秦王嬴政因而产生轻敌思想，没有投入绝对优势的兵力，结果遭受重大挫折。秦王省悟后，毅然采纳王翦的意见，倾全国 60 万兵力攻楚，一举成功。这 10 年间，由于各国在秦军的威慑和进攻面前妥协避让，只求自保，对邻国的灭亡采取袖手旁观的态度，不敢出手相救，这就使秦军可以从容不迫、有条不紊地实施各个击破的战略。从秦军几乎每战必胜的结果看，不能不承认秦国君臣的总体战略构想的确是相当高明的。

在总的战略思想指导下，秦王及其文武臣僚还制定了行之有效的灭亡六国的策略。其要点是：以军事打击为主，兼及政治外交的巧妙施策，以武力与间谍相配合，威慑与利诱同时或交互运用，为达目的不择手段。战国时期，各诸侯国为保护自己，战胜敌人，在运用武力的同时，无不重视政治外交手段的运用，包括广泛使用间谍和反间计。“连横”与“合纵”的斗争，就是涉及当时所有国家的政治外交斗争。当其时，说客交织于道路，人质交换于国都，各种纵横捭阖的密谋策划于各国的宫廷。秦国推行“连横”之策，今天联甲打乙，明天联甲打丙，后天又联乙、丙打甲，一切为着秦国的利益而不择手段，朝三暮四，翻云覆雨，在列国间树立了一个“反复无常”的“虎狼之国”的形象。在历史上，秦国确是使用反间计最多且最成功的国家。例如在昭襄王时代，秦国成功使用反间计使赵王以赵括取代了老将廉颇统帅长平前线的赵国军队，致使其改变廉颇令秦军束手无策的“坚壁清野”战略，从而大败赵军，坑降卒 40 万，取得了战国历史上最大的一次军事胜利。庄襄王三年（前 247 年），蒙骜率秦军伐魏，夺取高都，魏国危机。魏王于是请客居于赵国的信陵君回国，任其为上将军，统率五国之师伐秦，大败秦军于河外，追奔至函谷关。秦国深知信陵君的厉害，必欲去之而后快。于是又行反间计，将这位蜚声列国的公子推向自行毁灭之路：

> 秦王患之，乃行完金于魏，求晋鄙客，令毁公子于魏王曰："公子亡在外十年矣，今为魏将，诸侯将皆属，诸侯徒闻魏公子，不闻魏王。公子亦欲因此时定南面而王，诸侯畏公子之威，方欲共之。"秦数使反间，伪贺公子得立为魏王未也。魏王日闻其毁，不能不信，后果使人代公子将。公子自知再以毁废，乃谢病不朝，与宾客为长夜饮，饮醇酒，多近妇女。日夜为乐饮者四岁，竟病酒而卒。①

秦王嬴政继位后，开始了更大规模的扫灭六国的战争。在施以强大武力进攻的同时，更加娴熟地运用间谍手段，不惜以重金收买各国重臣为内应，或离间其君臣关系，诛除妨碍秦军进兵的文臣武将；或劝诱国君放弃抵抗，不战而降。为秦王政献此计谋的主要有两个人：一个是著名兵家、魏人尉缭，建议抛出重金收买六国重臣为间谍，随时听命秦国的指令为之服务。一个是李斯，他向秦王建议："阴遣谋士赍持金玉以游说诸侯，诸侯名士可以下财者，厚遗结之；不肯者，利剑刺之，离其君臣之计，秦王乃更使良将随其后。"② 秦王君臣在派大军向敌国进攻的同时，又派出大批情报人员潜入六国的都城，以重金加威胁利诱，巧妙地施展离间之计，有力地配合军事进攻，加快了统一的步伐。最成功的例子之一是收买赵王宠臣郭开，使其进谗言杀害了赵国大将李牧，为秦军灭赵扫除了最大障碍。不过三月，即轻而易举地攻克赵都邯郸。二是收买齐相后胜，使其力劝齐王对秦执行妥协的方针，实际上等于解除了齐国军民的武装，在秦军的突袭下不战而失临淄，最后只能选择投降之路。

最后，秦军在扫灭六国的战争中采用了机动灵活的战术，乘敌不意，攻其不备，根据不同情况采取不同战法。比如，时至公元前 230 年的韩国已经非常弱小，地不当一郡，人不满百万，在秦军的不断打击下早已虚弱不堪，只要派一支数量不大的军队稍加打击即可使其就范。所以秦国的灭韩之战就派内史腾为统帅。此人并非战将，指挥军事非其所长，但颇具行政管理才能，派他率军攻韩，与其说是让他指挥战争，不如说让他在从事新占领区

① 司马迁：《史记》卷七七《魏公子列传》，中华书局 1959 年版，第 2384 页。

② 司马迁：《史记》卷八七《李斯列传》，中华书局 1959 年版，第 2540—2541 页。

的行政管理。结果是，秦军一经围攻韩都宜阳，未经什么重大战斗，韩国就乖乖投降，其故地也就成了秦国的颍川郡了。赵国的军事力量比较强大，历史上也曾与秦国进行过多次殊死较量，且又有太行天险足可凭恃，因而秦国对灭赵之役非常重视，派出了最有威望的军事统帅王翦和久经战阵的劲旅出战。王翦飞兵奇袭井陉，一举夺得这一要隘，使赵军惊恐不安，手忙脚乱，秦军得以顺利进围邯郸，从而很快取得灭赵的胜利。燕国虽然军力不强，但因其策划的荆轲刺秦王之谋失败，预料秦军必来严厉惩罚，因而倾全力做好应战准备。秦国知道灭燕之役必有一场硬仗，就令刚刚取得灭赵之战胜利的王翦一军转兵北上，在燕、赵交界的易水之西打了一场大仗，消灭了燕军的有生力量。以后，秦军北上，直捣燕都，再也没有什么大的战阵了。魏国灭亡前的情况有点类似韩国，所以灭魏之役就没有动用大的军力，只派王贲率一支偏师进围大梁。王贲根据大梁的地形特点，不用将士戮力拼杀，只命士兵决河灌城。历时三月，水攻奏效，大梁城头就树起了降幡。灭六国之役，最惨烈的战役发生在楚国。此时的楚国尽管已经失去不少领土，但仍然地域辽阔，人多兵众，回旋余地较大，所以伐楚必须使用居压倒优势的兵力。由于开始秦王轻敌，决策失误，致使 20 万秦军受挫，7 都尉命丧疆场。后秦王真诚地恭请王翦挂帅，倾全国 60 万大军征楚。王翦根据楚军因刚刚取胜士气正旺的特点，以坚壁不战堕其锐气，待其疲怠之后督秦军勇猛冲杀，终于大获全胜。韩、赵、魏、燕、楚灭亡之后，只剩下一个笼罩着失败情绪的齐国，由于投降派的齐相后胜左右了齐王，齐国几乎没有任何抵抗的准备，国都临淄简直成了不设防的城市，所以秦军灭齐采取的是长途奔袭的战术。王贲自燕千里回师，一举而取历下，再举而围临淄，当威武雄壮的秦军的喊杀声响彻临淄城头的时候，齐王只剩下束手投降一途。

显然，“天时”“地利”与人谋的完美结合，使秦灭六国的战役变成了所向无敌的顺利进军，短短 10 年时间，在秦军一次次凯歌高奏中完成了统一全国的历史任务，使秦国的大旗在六国的废墟上猎猎飘扬，秦国君臣以自己的精心谋划和不断发力将天赐机运变成激越雄壮的胜利进行曲。

第三节　猛将如云

历代兵家都强调将帅对战争胜负的重要性。孙武直言："知兵之将，民之司命，国家安危之主也。"① 拿破仑坦言，一支猛虎统帅的由绵羊组成的军队，能够打败一支由绵羊统帅的老虎组成的军队。这说明军事统帅对于战争胜负的关键作用。秦王嬴政规划的统一战争之所以顺利成功，除了这个战争顺天时而应民心之外，另有一个重要原因是他麾下有一批具有娴熟军事指挥艺术、足智多谋、勇敢坚毅、能征惯战的将军。在秦王嬴政主政之前，秦国就涌现出诸如商鞅、犀首（公孙衍）、司马错、魏章、白起、张唐、胡阳等一批智勇双全的将军，他们率领秦国英勇善战的士卒历经百战，为秦国的开疆拓土立下了不朽功勋。这批将军同时也带出一批又一批的各级军事人才，锻造出一支久经战阵的劲旅，培育了勇敢无畏、杀敌致果的军事传统。

秦王嬴政麾下的军事干才首推王翦父子。王翦，频阳（今陕西富平东北）东乡人。其祖先为姬姓，远祖可追至周灵王太子姬晋。因出自王室，后人就以王为氏。祖辈中曾出过王错和王渝两位将军。王翦"少而好兵"，"秦王师之"，是秦王嬴政的头号将帅和最得力的军事顾问。王翦的军事生涯与秦王政相始终。从其在灭六国之役中的地位看，作为一个历经战阵的成熟的军事家，其年龄应大于秦王至少 10 岁。秦王政十一年（前 236 年），王翦与桓齮、杨端和统兵攻赵国，夺取邺等 9 城。秦王政十八年（前 229 年），他奉命率北地兵伐赵，迅速攻克井陉，打开了进入赵国的门户。杨端和等在邯郸城下被李牧击败后，王翦施出反间计，买通赵王宠臣郭开，进谗言致李牧遭诛。接着他督兵与赵军激战，大获全胜。第二年即灭掉赵国。秦王政十九年（前 228 年）他又与秦将辛胜一起，指挥秦军打败燕、代联军于易水之西，并乘胜攻克燕都。在三晋灭亡、秦军决定伐楚的时候，他与青年将军李信在出兵人数上发生分歧。王翦坚持非 60 万人不可，而李信则认为有 20 万人马足矣。秦王肯定了李信的意见，命他率 20 万兵马伐楚。王翦料定李信必败，即回家乡静候结果。李信兵败后，秦王登门谢罪，任命王翦为统帅，

① 《孙子·作战篇》，《诸子集成》6，上海书店 1986 年影印本，第 33 页。

倾全国60万兵马尽数交他指挥，并亲自送他至渭水的灞桥，给予他所有将军中能够享有的最高礼遇。王翦为了坚定秦王对自己的信任，当面“请美田园池为子孙业”，行军途次，又数度派使者返咸阳，面见秦王，请求田宅。王翦至楚后，先是坚壁不战疲怠楚军，继而以猛烈的攻击使之难获喘息之机，从而顺利平定楚国。

王翦在10年灭亡六国的战争中，是统兵最多、打仗最多、所获胜利成果最辉煌的将军。在他的军事生涯中，几乎没有失败的记录。他用兵的特点是知己知彼，善于审时度势，每战都能集中优势兵力，出手既准又狠。平楚之战突出表现了他的军事谋略与用兵风格，特别是他以政治家的头脑处理与秦王关系的高度技巧。当他率倾国之兵伐楚时，他预料战场上已可稳操胜券，但前提是必须得到国君的绝对信任，既不能发生临阵易将，亦不能出现对战场指挥的干预。为此，就发生了他近于自污的向国君索要“美田宅园池”的故事。这说明他已经深谙伴君之术：设法取得君王的绝对信任，掌控全国军权而不使君王感到威胁，在窥透君王意愿的情况下坚持自己的正确主张，在拥有全权指挥战阵的情况下充分发挥自己的才能，通过深思熟虑的战略谋划和机动灵活的指挥艺术去夺取胜利。王翦没有留下自己的兵学著作，他的军事才干主要通过一连串的战争实践展现出来。王翦大概死于秦始皇统治的晚期，从全国统一后缺乏他活动的记载看，他可能因年老一直处于赋闲状态。他的一生全部贡献给了秦朝的统一大业，因而是应该肯定的历史人物。

王贲是王翦的儿子，可能因为其出身将军世家，与兵学有着极深的渊源，使他早历戎行，也成为一位战功卓著的将军。他曾奉命攻楚，取10余城。秦王政二十二年（前225年），又统兵攻魏，以水淹大梁使魏国灭亡。后又与李信一起追歼逃往辽东的燕王喜及其残部。回军时，他又率劲旅直捣临淄，灭亡齐国，为秦王的统一大业画上了最后的句号。从史书缺乏秦朝后他活动的记载看，王贲也应该死于秦始皇晚年。

王贲的儿子王离也是一位能干的将军。他可能在秦统一六国的战争中即走向疆场，秦朝建立后，他先为蒙恬裨将，参加了北伐匈奴之役，后随蒙恬统率驻守长城一线的秦军。秦二世囚杀蒙恬以后，他被任命为长城一线秦军的统帅。秦末农民起义爆发后，他奉命南下镇压起义军。巨鹿一战，被项羽指挥的起义军打垮，王离投降起义军，之后不知所终。

王翦父子祖孙之外，为秦朝的统一立下不世之功的将军还有蒙骜父子祖孙三代。蒙氏祖先是齐国蒙（今山东蒙阴）人，后蒙骜投奔秦国发展，事秦昭襄王，官至上卿。昭王二十二年（前285年），蒙骜之子蒙武也任将军，率兵伐齐，夺取河东之地，置9县，显示了卓越的军事才能。不久，发生了秦相应侯失封地汝南之事，因为蒙骜对此事表述了与应侯不同的观点，获得了昭王进一步的信任与赏识。《战国策·秦策三》曾记述其事：

> 应侯失韩之汝南。秦昭王谓应侯曰："君亡国，其忧乎？"应侯曰："臣不忧。"王曰："何也？"曰："梁人有东门吴者，其子死而不忧。其相室曰：'公之爱子也，天下无有，今子死不忧，何也？'东门吴曰：'吾尝无子，无子之时不忧；今子死，乃即与无子时同也。臣奚忧焉？'臣亦尝为子，为子时不忧；今亡汝南，乃与即为梁余子同也。臣何为忧？"秦王以为不然。以告蒙骜曰："今也，寡人一城围，食不甘味，卧不便席；今应侯亡地而言不忧，此其情也？"蒙骜曰："臣请得其情。"蒙骜乃往见应侯，曰："骜欲死。"应侯曰："何谓也？"曰："秦王师君，天下莫不闻，而况于秦国乎！今骜势得秦为王将，将兵，臣以韩之细也，显逆诛，夺君地，傲尚奚生？不若死。"应侯拜蒙骜曰："愿委之卿。"蒙骜以报于昭王。自是之后，应侯每言韩事者，秦王弗听也，以其为汝南虏也。①

应侯范雎在秦国历史上是一个有大功的人物，但在失汝南之地时所表现的无动于衷的达观态度却令视土地为国之命脉的昭王不能容忍，而蒙骜的态度正契合了昭王的心思，这无形拉近了他与昭王的距离，大大增强了昭王对他的信任程度。此一事件说明，蒙骜不是一般的赳赳武夫，而是一个颇有政治头脑的明智将军。

庄襄王元年（前249年），蒙骜率军伐韩，夺取成皋、荥阳（均在今河南荥阳北）、巩（今河南巩义西）三城，初置三川郡。第二年，他率兵进攻

① 刘向：《战国策》，上海古籍出版社1985年版，第206—208页。

赵国，夺取榆次（今属山西）、狼孟（今山西阳曲）等 37 城，设置太原（今属山西）郡。第三年，他又率兵进攻魏国，夺取高都（今山西晋城）、汲（今河南汲县西），但随后被魏公子信陵君统帅的五国之师打败，退军秦国。嬴政继位以后，蒙骜仍做将军。晋阳反叛时，由他率军讨平。秦王政三年（前 244 年），他奉命进攻韩国，夺取 13 城。当年十月，他又奉命进攻魏国的畼、有诡，经过一年有余的战斗，终于夺取二城。秦王政五年（前 242 年），蒙骜再次率兵进攻魏国，夺取酸枣（今河南延津东）、燕（今河南延津东北）、虚（今河南延津东）、长平（今山西高平北）、雍丘（今河南杞县北）山阳（今河南焦作）等 20 城，设置东郡，两年以后，蒙骜病逝。

史书记载的蒙骜的战争生涯超过 40 年，从公元前 285 年任将军，至公元前 240 年病逝，前后 46 个年头，估计他至少活了 70 岁。他一生统帅劲旅，打过许多大仗、恶仗、硬仗，只有一次战败的记录。在他夺取的土地上，建立了三川、太原、河东三郡，称得上功勋卓著了。他一生侍奉过昭王、文王、庄襄王、秦始皇四代君王，一直得到他们的信任与重用，这一方面说明他对秦国忠贞不贰，一方面也说明他善于处理同历代君王的关系，所以在个人的宦途上没有出现什么波澜。

蒙骜的儿子蒙武也是一位将军，他曾与李信一起统帅秦军 20 万伐楚。李信指挥其中一支秦军攻平舆（今河南平舆北），蒙武则指挥另一支秦军攻寝（今安徽临泉），打败楚军。指挥两支秦军会师城父（今安徽亳州）后，被楚军打败。秦王政二十二年（前 224 年）蒙武又随王翦二次伐楚，任裨将军，大破楚军，追奔至蕲南（今安徽宿州南），杀楚将项燕，乘胜平定楚国全部城邑。经过一年多的征讨，虏楚王负刍，在占领的楚地遍设郡县。又因势南征百越，招降其君主，在东南设会稽、闽中等郡，向南方推进至长江与珠江水系的接合部。显然，蒙武与乃父一样，也是战功赫赫的名将，为秦的统一大业立下不朽功勋。史书未记载他的卒年，估计在秦始皇当国后去世。他的儿子蒙恬与蒙毅也是著名的将军，因其活动主要在全国统一之后，他们的事功将放到以后叙述。

与王翦、蒙武同时参加平定六国之役的还有一位青年将军李信，其先祖是魏国人，后移居秦国。李信年少壮勇，很受秦王政重用。秦军伐赵之役，他与王翦一起出征。王翦下井陉，在漳、邺之间与赵军激战。李信则率军出太原、云中，与王翦指挥的秦军南北夹击赵军，取得平赵之役的决定性胜利。尔后又随王翦转兵攻燕，夺取燕都蓟城。接着，又以数千将士追杀燕太子丹于衍水中，其英勇果敢深得秦王激赏。不久，秦王与将军们谋划伐楚之役，在用兵数量上，李信与老将王翦发生分歧。王翦坚持非 60 万大军不可，而李信认定 20 万足可平定楚国。秦王赞赏李信的勇毅与气势，遂任用李信为伐楚秦军的统帅。由于李信统兵太少和谋划不周，结果使秦军吃了败仗，损失 7 都尉。秦王只得再次起用王翦，让他统帅秦军完成平楚的重任。李信败归后，秦王对他的信任一如既往，用之不疑。秦王政二十五年（前 222 年），命他与王贲一起追击逃到辽东的燕王喜及其残部，生俘燕王喜，回军转攻代地，虏代王嘉。下一年，再与王贲一起指挥秦军自燕南下，突袭齐国的历下和临淄，俘齐王建，平定了齐国。李信不失为秦军中的青年才俊，他以英勇无畏、所向无前的气势，展示了自己的个性特征和用兵风格，在统一战争中同样立下不可磨灭的功勋。秦朝建立后，史书再没有记载李信的事迹，估计他去世较早，40 岁以前可能已经毙命。

以上几位将军，是秦王政麾下武职人员的佼佼者，他们大都担任过十数万兵马的战场指挥官，是秦军中为数不多的几个独当一面的军事统帅。在他们之下，还有成千上万的军事干才充任各级指挥官，从而支撑起数十万大军的指挥系统。然而，由于年代久远，史料湮灭，他们中的绝大部分人的姓名和事迹都无从考索了。只有极少一部分将军留下不完全的姓氏和零碎的、难以连贯的事迹。如：

王龁，庄襄王三年（前 247 年）率秦军攻克上党（今山西长治）等城，初置太原郡。

麃公，秦王政二年（前 245 年），率秦军攻卷（今河南原阳西），斩首 3 万人。

杨端和，秦王政九年（前 238 年）率兵伐魏，取衍氏（今河南郑州北）。十一年（前 236 年），与王翦一同伐赵，取 9 城。

桓齮，秦王政十三年（前 234 年），率军伐赵，攻平阳（今河北磁县东南），斩首 10 万，杀赵将扈辄。第二年再统兵伐赵，取宜安（今河北石家庄东南）、平阳、武城（今河北磁县南）。

此外，还有率军灭韩、以其地置颍川郡的内史腾，“收赵灭韩有功”的章邯，以及杨翁子、屠睢、杨熊、赵贲、董翳、司马欣等，都为秦的统一大业立过功劳。

总之，秦王嬴政从其祖上继承王位时，他得到的是一支久经战阵、在长期奖励耕战的国策下成长起来的武装部队，它的士卒有较高的军事素养，作战勇猛顽强。它的各级军官，尤其是高级将领，大多出自军官世家，久历戎行，有丰富的实践经验、勇敢坚毅的品格、服从命令和团结协作精神。特别是，他们大都具有较高的战略眼光，善于驾驭千变万化的战场形势，能够熟练地运用机动灵活的战役指挥艺术，因而在平定六国的战争中，他们能够从容不迫、游刃有余，一步步引导战争走向胜利的坦途。

第四节　谋臣如雨

因为秦国自商鞅变法以来一直实行比较开放的人才政策，大力招揽具有治国领军才干的他国精英人才来秦国发展，对他们待之以诚，任之以专，同时给予优厚待遇，满足他们对高官厚禄等荣誉和财富的渴望。这样一来，战国时代各国的精英人才纷纷奔赴秦国谋求发展的机会，以实现自己的人生价值。其中有不少人为秦国的发展做出了不可磨灭的贡献。如虞国人百里奚、戎人由余，魏人张仪、范睢、尉缭、李信，卫人吕不韦，晋人丕豹，夏人陈轸，周人司马错，蜀人李冰父子，赵人楼缓、楚人甘茂、李斯。燕人蔡泽，韩人郑国，齐人蒙骜、蒙武、蒙恬、蒙毅父子祖孙，齐人茅焦等，都是名留秦国历史不可或缺的人物。而实际上，因史料阙如而被湮灭的人物肯定多于史上留名的人物。如秦国统一前后任命了 70 多位博士，其中绝大多数都不是秦国人，今天能够考查出姓名籍贯者已经不足十分之一了。

战国时期，秦国人才之盛为列国之冠，而自孝公至嬴政的七代秦王中，嬴政时期的人才之盛又足可列七代之冠。嬴政的人才库中主要有两部分人，一部分是军事人才，以王翦父子祖孙和蒙骜父子祖孙为代表；一部分是谋臣，以吕不韦、李斯等为代表。

秦王嬴政的许多谋臣，不少都是其祖、父辈留下来的，其中资格最老者为蔡泽。蔡泽是燕国人，属于纵横家者流。他“游学于诸侯，小大甚众，不遇”，显然是碰了不少钉子。他于是请一个著名相面先生、梁人唐举为自己相面。唐举恭维他说，先生身材魁梧，两肩高过脖子，两膝挛曲，有着蝎虫般的大鼻子，实在是一副难得的贵人相啊！蔡泽明白唐举的说辞不无戏谑之意，又问："富贵吾所自有，吾不知者寿也，愿闻之。"唐举回答："先生之寿，从今以往者四十三岁。"蔡泽听了，笑着拜谢而去。回头对他的车夫说："吾持粱刺齿肥，跃马疾驱，怀黄金之印，结紫绶于腰，揖让人主之前，食肉富贵，四十三年足矣。"显然，猎取功名富贵是他人生不竭的追求和驱动力，而这只有获得国君的信任和重用才能实现。他于是开始周游列国。先赴赵国，不见用。转而去韩、魏，却在途中遭劫，连做饭的家什都被抢去了。正在狼狈之际，他听到秦相范睢任用的将军郑安平降赵，河东守王稽交通诸侯，范睢的相位不稳，感到这是一个取彼而代之的绝好机会，于是立刻整装入秦。

蔡泽来到秦国，在拜见昭王之前故意放言让范睢听到："燕客蔡泽，天下雄俊弘辩智士也。彼一见秦王，秦王必困君而夺君之位。"范睢听了，非常生气，说："五帝三代之事，百家之说，吾既知之，众口之辩，吾皆摧之，是怎能困我而夺我位乎？"马上派人召蔡泽来见。蔡泽见范睢时，显得异常傲慢，范睢斥责他说："子尝宣言欲代我相秦，宁有之乎？"要他说出原因。蔡泽明确点出当时士人追求的三个目标，即人生理想，是长命百岁、富贵长保、泽流子孙。在得到范睢的认可后，接着举出几个身死族灭者的典型事例，以示意范睢也面临与他们同样的危境："若夫秦之商君，楚之吴起，越之大夫种，其卒然亦可愿与？"不料范睢认定他们是杀身成仁的忠义之士，应该效法。但蔡泽却认为商君、吴起、大夫种属于"名可法而身死"的那种类型，并不是士效法的最好榜样。接着，蔡泽对比范睢与商君、吴起、大夫种的功业以及他们彼此侍奉的君主，指出范睢尽管功业不及前人，富贵却已达极点。在这种情况下如不功成身退，则后果不堪设想：

> 今主之亲忠臣不忘旧故不若孝公、悼王、勾践，而君之功绩爱信亲幸又不若商君、吴起、大夫种，然而君之禄位贵盛，私家之富过于三子，而身不退者，恐患之甚于三子，窃为君危之。语《诗》曰："日中则移，月满则亏。"物盛则衰，天地之常数也。进退盈缩，与时变化，圣人之常道也。故"国有道则仕，国无道则隐"。圣人曰："飞龙

在天，利见大人。”“不义而富且贵，于我如浮云。”今君之怨已仇而德已报，意欲至矣，而无变计，窃为君不取也。且夫翠、鹄、犀、象，其处势非不远死也，而所以死者，惑于饵也。苏秦、智伯之智，非不足以辟辱远死也，而所以死者，惑于贪利不止也。是以圣人制礼节欲，取于民有度，使之以时，用之有止，故志不溢，行不骄，常与道俱而不失，故天下承而不绝。

接着，蔡泽举出齐桓公、吴王夫差、夏育、太史噭成功不知退而或败或亡的例子，说明“乘至盛而不返道理，不居卑退处俭约之患也”。之后，他又以商君、吴起、大夫种的遭遇为例，证明“信而不能离，往而不能返”的道理，赞扬范蠡“超然避世，长为陶朱公”的明智。最后，蔡泽明确要求范雎“归相印”而让贤者：

今君相秦，计不下席，谋不出廊庙，坐制诸侯，利施三川，以实宜阳，决羊肠之险，塞太行之道，又斩范、中行之涂，六国不得合从，栈道千里，通于蜀汉，使天下皆畏秦，秦之欲得矣，君之功极矣，此亦秦之分功之时也。如是而不退，则商君、白公、吴起、大夫种是也。吾闻之：“鉴于水者见面之容，鉴于人者知吉与凶。”《书》曰：“成功之下，不可久处。”四子之祸，君何居焉？君何不以此时归相印，让贤者而授之，退而岩居川观，必有伯夷之廉，长为应侯，世世称孤，而有许由、延陵季子之让，乔松之寿，孰与以祸终哉？即君何居焉？忍不能自离，疑不能自决，必有四子之祸矣。《易》曰：“亢龙有悔。”此言上而不能下，信而不能诎，往而不能自返者也。愿君孰计之！

此一番雄辩滔滔之论，从历史说到现实，触到了范雎神经的敏感之点。应侯曰：“善。吾闻之：‘欲而不知足，失其所以欲；有而不知止，失其所以有。’”他为了避祸，决定辞去相位，并向昭王推荐蔡泽作为继任人选：“客新有从山东来者曰蔡泽，其人辩士，明于三王之事，五伯之业，世俗之变，足以寄秦国之政。臣之见人甚众，莫及，臣不如也。臣敢以闻。”秦昭王于是召见蔡泽，“与语，大说之”，拜为客卿。不久，范雎罢相，蔡泽取而代之。但他仅为相数月即去职。他在相位上办的一件大事就是“东收周室”。此事发生在昭王五十二年（公元前55年）。

蔡泽罢相以后，继续以客卿的身份留在秦国，历事昭王、孝文王、庄襄王、嬴政四代国君。《史记》记载他最后的一次活动是“为秦使燕，三年而燕太子丹入质于秦”[①]，以后则不知所终。此人相秦仅数月，在秦国长期处于客卿地位，一直没有进入核心决策圈子。从其与范雎谈话内容可以看出，他对“伴君如伴虎”的君臣关系琢磨得十分透彻，因而有极强的避祸本领。作为客卿，他显然没有卷入吕不韦一案。蔡泽是燕国人，他在嬴政继位后出使燕国，说服燕王让太子丹到秦国做人质，使秦国与燕国在一段时期维持了“远交”的关系，以便集中全力对三晋用兵。不过，由于后来太子丹逃回燕国，并策划了刺秦王的密谋，此事可能影响到嬴政对蔡泽的信任与倚重。这大概是蔡泽后来未能在秦国政坛上大显身手的原因吧。

秦王嬴政在位期间，谋臣中最显赫的人物有两位，前10年首推吕不韦，后27年首推李斯。吕不韦的事功在前面的叙述中已经论及。吕不韦之案结束后，特别是逐客令风波之后，李斯的地位扶摇直上，成为嬴政日益信赖和倚重的重臣。讨平六国的决策，统一全国后各种政治、经济和思想文化政策的制定，李斯都是主要参与者。如嬴政亲政后，李斯首先建议以灭韩开始灭亡六国的军事行动。据《韩非子·存韩》记载，在秦王接到韩非建议存韩而攻赵的上书后，立即交给李斯审议。李斯坚决否定了韩非的意见，认为韩国是秦国的“腹心之病”，秦国灭亡六国的进程应该从灭韩开始。这反映了李斯精明过人的战略眼光。因为韩国地处秦国对东方用兵的战略通道上，只有保持这一通道的畅达，才能保证迅速调动兵员和各种军需物资的供应。所以，灭韩不仅能够造成对其他五国的威慑，而且还能够创造和优化灭亡其他五国的条件。因此，首先灭韩就成为秦统一中国的一项重要的战略选择。嬴政认同李斯的意见，就派他出使韩国，劝韩王归顺秦国，以达到“不战而屈人之兵”的目的。李斯于是前往韩国，韩王因为洞悉他的来意而拒绝与之见面，李斯于是送上一份上韩王书，向他提出威胁兼利诱的忠告：

① 以上资料皆引自司马迁：《史记·范雎蔡泽列传》，中华书局1959年版，第2418—2425页。

昔秦、韩戮力一意以不相侵，天下莫敢犯，如此者数世矣。前时五诸侯尝相与共伐韩，秦发兵以救之。韩居中国，地不能满千里，而所以得与诸侯班位于天下，君臣相保者，以世世相教事秦之力也。先时五诸侯共伐秦，韩反与诸侯先为雁行以向秦军于阙下矣。诸侯兵困力极，无奈何，诸侯兵罢。杜仓相秦，起兵发将以报天下之怨而先攻荆，荆令尹患之，曰："夫韩以秦为不义，而与秦兄弟共苦天下。已又背秦，先为雁行以攻关。韩则居中国，展转不可知。"天下共割韩上地十城以谢秦，解其兵。夫韩尝一背秦而国廹地侵兵弱至今，所以然者，听奸人之浮说，不权事实，故虽杀戮奸臣不能使韩复强。今赵欲聚兵士，卒以秦为事，使人来借道，言欲伐秦，其势必先韩而后秦。且臣闻之，唇亡则齿寒。夫秦、韩不得无同忧，其形可见。魏欲发兵以攻韩，秦使人将使者于韩。今秦王使臣斯来而不得见，恐左右袭曩奸臣之计，使韩复有亡地之患。臣斯不得见，请归报，秦、韩之交必绝矣。斯之来使，以奉秦王之欢心，愿效便计，岂陛下所以逆贱臣者耶？臣斯愿得一见，前进道愚计，退就葅戮，愿陛下有意焉。今杀臣于韩，则大王不足以强，若不听臣之计，则祸必构矣。秦发兵不留行，而韩之社稷忧矣。臣斯暴身于韩之市，则虽欲察贱臣愚忠之计，不可得已。边鄙残，国固守，鼓铎之声于耳，而乃用臣斯之计，晚矣。且夫韩之兵于天下可知也，今又背强秦。夫弃城而败军，则反掖之冠必袭城矣。城尽则聚散，聚散则无军矣。使城固守，则秦必兴兵而围王一都，道不通则难必谋，其势不救，左右计之者不周，愿陛下熟图之。若臣斯之所言有不应事实者，愿大王幸使得毕辞于前，乃就吏诛不晚也。秦王饮食不甘，游观不乐，意专在图赵，使臣斯来言，愿得身见，因急与陛下有计也。今使臣不通，则韩之信未可知也。夫秦必释赵之患而移兵于韩，愿陛下幸复察图之，而赐臣报决。①

李斯跟秦王讲，韩国是秦国的心腹之患，必须定为第一个打击目标。他出使韩国，上书韩王，又换上另一副腔调，大讲两国"唇亡齿寒"的密切

① 王先慎：《韩非子集解》，中华书局2013年版，第19—22页。

关系。而实际上则是威逼加利诱，逼迫韩国就范，达到不战而使韩国屈服的目的。尽管李斯此次出使韩国未达到预期目标，但进一步摸清了韩国君臣对秦国既怕又恨，既不愿向秦国屈服，又希望在面临秦国威胁下能够暂时苟延残喘的心态。李斯的出使，算是摸清了韩国的脉搏，为秦王政制定对韩征伐的决策立了一功。吕不韦死后，李斯作为秦王政的头号谋臣站到了他政治生涯的一个新的起点上。其后，他以自己颇具个性特征的活动参与秦王政的一系列重要决策，在一定程度上影响了中国社会发展的进程，与嬴政一起给中国的编年史写下重要的一页。

秦王嬴政幕中的谋臣数以百计，因为他在位近40年，谋划了许多军国大事。不过，与他麾下的将军一样，谋臣们留下姓名与事迹者却为数寥寥。我们只能从凌乱而又简单的史料中寻觅到少数几个人的点滴事迹。

在秦王政的谋臣中，有一个叫顿弱的人物。他见秦王不下拜，还讽刺秦王“无其名又无其实”，“已立为万乘，无孝之名；以千里养，无孝之实”，惹得秦王“勃然而怒”。但是，这个顿弱却是一个颇有计谋的纵横家者流。当秦王问他“山东之建国可兼与”时，他向其建议行以金钱收买反间的计策：

> 韩，天下之咽喉；魏，天下之胸腹。王资臣万金而游，听之韩、魏，入其社稷之臣于秦，即韩、魏从。韩、魏从，而天下可图也。①

当秦王以“寡人之国贫”不想出万金时，顿弱又晓以利害说：“天下未尝无事也，非从即横也。横成，则秦帝；从成，则楚王。秦帝，即以天下恭养；楚王，即王有万金，弗得私也。”顿弱说服了秦王，“乃资万金，使东游韩、魏，入其将相。北游燕、赵，而杀李牧。齐王入朝，四国必从，顿子之说也”②。秦国对六国进行收买反间的人物绝不止一人，而应该是一个团队，顿弱只是他们之中的一个代表。这个团队是一群秘密战线上的特工人员，他们的工作与军事战线互相配合，加速了秦国统一六国的进程。

在吕不韦的家臣中，除了李斯外，留下姓名者还有甘罗和司马空，这

---

① 刘向：《战国策》，上海古籍出版社1985年版，第239页。

② 刘向：《战国策》，上海古籍出版社1985年版，第239页。

两个人后来也进入秦王的谋臣之列。甘罗祖上为楚国人，其祖父甘茂曾在秦惠王和武王时期任丞相，政绩卓异。甘罗少年聪慧，12岁即任吕不韦的少庶子。其时吕不韦的权势达到顶点。他打算进攻赵国以扩展河间地区，为此，须联合燕国以成夹击之势。于是，他先使原燕国人、曾任秦国丞相的蔡泽返回燕国，为秦、燕两国的交好工作了三年，终于说服燕太子丹入秦为质。接着，他又派张唐到燕国为相，以便更好地协调两国的行动，共同伐赵。但张唐不应命，理由是："臣尝为秦昭王伐赵，赵怨臣，曰：'得唐者与百里之地。'今之臣不可以行。"这使吕不韦十分生气。此时甘罗站出来，自告奋勇去动员张唐应命。吕不韦对这个乳臭未干的少年童子不屑一顾，叱曰："去！我身自请之而不肯，汝焉能行之？"甘罗信心十足，侃侃而谈："夫项橐生七岁为孔子师，今臣生十二岁于兹矣，君其试臣，何遽叱乎？"吕不韦对他立即刮目相看，准许他去说服张唐。甘罗见到张唐，以武安君白起忤应侯范雎伐赵之谋而被赐死之事警示张唐，终于使他醒悟，迅速备车马赴燕国。甘罗又迅即从吕不韦那里要车五乘，自赴赵国游说。甘罗见到赵王，告知燕太子丹入秦为质和张唐相燕之事，进而说："燕太子丹入秦者，燕不欺秦也。张唐相燕者，秦不欺燕也。秦、燕不相欺者，伐赵，危矣。秦、燕不相欺无异故，欲攻赵而广河间。王不如赍臣五城以广河间，请归燕太子，与强赵攻弱燕。"① 赵王听信甘罗的劝说，立即交出五城以扩展河间之地，秦也归燕太子丹。接着，赵国出兵攻燕，取上谷（今北京北）30县地②，分于秦国11城。甘罗立此大功，虽说有秦国为后盾，赵国迫于形势不得不然的原因，但他小小年纪，有如此眼光，如此机智，实在令当时许多人啧啧称奇。此后，甘罗就作为一个传奇式的人物名留青史。不过，甘罗的事迹也仅限于此。估计吕不韦死后，他大概因为与吕不韦的关系再也未受重用，所以这位少年英才也就从历史上销声匿迹了。

在吕不韦的智囊班子中，还有一个名叫司马空的人。此人在吕不韦的幕中，也算是一个重要人物。大概在吕不韦任秦相期间，他是丞相府中为数不多的出谋划策者之一。可惜此期秦国的重大决策都挂在了吕不韦名下，司

---

① 司马迁：《史记》卷七一《樗里子甘茂列传》，中华书局1959年版，第2319—2320页。

② 刘向：《战国策》记载"得上谷三十六县"。

马空的才智和作用无法显现出来。吕不韦失势后，他迅速出走赵国，避免了被株连的厄运。可能因为仇恨嬴政诛灭吕不韦及其宾客，所以他力劝赵王以地赂秦以达成东方六国合纵抗秦的目的：

> 大王裂赵之半以赂秦，秦不接刃而得赵之半，秦必悦。内恶赵之守，外恐诸侯之救，秦必受之。秦受地而却兵，赵守半国以自存。秦衔赂以自强，山东必恐；亡赵自危，诸侯必惧；惧而相救，则从事可成。臣请大王约从，从事成，则是大王名亡赵之半，实得山东以敌秦，秦不足亡。①

这里司马空的设计，不过是想当然的孤注一掷的冒险计划，成功的可能性微乎其微。赵王自然不会同意。司马空接着又要求将赵国全部军队交由他统率，又被赵王拒绝。司马空只得悻悻离开赵国。在平原（今山东平原南）渡河时，他与平原津令交谈，预言赵国名将李牧必受谗害致死，而赵国必将于李牧死后半年亡国。后果如其所料。以后，司马空也不知所终。从仅存的几点事迹看，司马空不愧为一个洞悉世事、雄辩滔滔、机智锐敏的政治家。吕不韦在秦国的贡献中肯定有他的一份功劳。吕不韦事件发生后，他毫不犹豫地离开秦国，尽管他复仇的谋划成了泡影，但毕竟顺利地逃脱了与吕不韦同归于尽的命运。

在秦王政的谋臣中，还有一个名叫姚贾的人。他出身卑微，是魏国一个监门的儿子。大概因为在魏国没有从政入仕的机会，就跑到赵国谋求发展。赵国遣他出使韩、魏，希求约为盟国。韩、魏两国没有答应，赵王认为他办事不力，决定逐出赵国。一个叫举茅的人在赵王面前为姚贾说项：

> 贾也，王之忠臣也。韩、魏欲得之，故友之，将使王逐之，而己因受之。今王逐之，是韩、魏之欲得，而王之忠臣有罪也。故王不如勿逐，以明王之贤，而折韩、魏招之。②

① 刘向：《战国策》，上海古籍出版社 1985 年版，第 286 页。
② 刘向：《战国策》，上海古籍出版社 1985 年版，第 765 页。

但赵王听不进去，姚贾只得离开赵国。嬴政继位后，姚贾投奔秦国，成为客卿。不久，楚、齐、燕、代等四国约纵，准备合力伐秦。秦王召集群臣宾客60余人，商讨应对之方："四国为一，将以图秦，寡人屈于内，而百姓靡于外，为之奈何?"在群臣沉默中，只有姚贾挺身而出，自告奋勇破四国合纵之谋："贾愿出使四国，必绝其谋，而安其兵。"嬴政十分赞赏姚贾主动承担重任的勇气，"乃资车百乘，金千斤，衣以其衣冠，带以其剑"，派他出使四国。姚贾果然马到成功，为秦国破解了一场迫在眉睫的战事。嬴政自然非常高兴，"封贾千户，以为上卿"。姚贾由此在秦国立定脚跟。然而，此时韩非到了秦国，他对姚贾的外交成功与所受褒奖很不以为然，就对秦王大讲了一通姚贾的坏话：

贾以珍珠重宝，南使荆、吴，北使燕、代之间三年，四国之交未必合也，而珍珠重宝尽于内。是贾以王之权，国之宝，外自交于诸侯，愿王察之。且梁监门子，尝盗于梁，臣于赵而逐。取世监门子，梁之大盗，赵之逐臣，与同知社稷之计，非所以厉群臣也。①

秦王感到韩非对姚贾的指责不无道理，于是当面质问姚贾为什么"以寡人财交于诸侯"，姚贾从容不迫地回答说：

曾参孝其亲，天下愿以为子；子胥忠于君，天下愿以为臣；贞女工巧，天下愿以为妃。今贾忠王而王不知也。贾不归四国，尚焉之?使贾不忠于君，四国之王尚焉用贾之身?桀听谗而诛其良将，纣闻谗而杀其忠臣，至身死国亡。今王听谗，则无忠臣矣!

秦王又追问他的出身，以及在梁为盗和遭逐于赵国的事实，意在以历史问题否定其品格。姚贾承认自己出身卑微，也承认自己历史上有不光彩的一页，但认为自己对秦王是"忠心"和"有用"的：

---

① 刘向：《战国策》，上海古籍出版社1985年版，第294页。

> 太公望，齐之逐夫，朝歌之废屠，子良之逐臣，棘津之雠不庸，文王用之而王。管仲，其鄙人之贾人也，南阳之敝幽，鲁之免囚，桓公用之而伯。百里奚，虞之乞人，传卖以五羊之皮，穆公相之而朝西戎。文公用中山盗，而胜于城濮。此四士者，皆有诟丑，大诽天下，明主用之，知其可与立功。使若卞随、务光、申屠狄，人主岂得其用哉！故明主不取其污，不听其非，察其为己用。故可以存社稷者，虽有外诽者不听；虽有高世之名，无咫尺之功者不赏。是以群臣莫敢以虚愿望于上。①

姚贾的回答充满雄辩的说服力，而他出使四国的成绩又摆在那里，嬴政只能承认他言之有理，依然让他做上卿。由于韩非初入秦国，而他锋芒毕露的个性又使他自觉站到了姚贾的对立面，姚贾后来与李斯联手在秦王面前诋毁他，韩非的悲剧也就不可避免了。

在嬴政的谋臣中，姚贾与顿弱是一类人物，属纵横家者流。除此二人外，还有一个陈驰，他是最后诱使齐王建入彀降秦的说客："秦使陈驰诱齐王内之，约与五百里之地。齐王不听即墨大夫而听陈驰，遂入秦。处松柏之间，饿而死。"② 纵横之士能够在战国时期列国之间复杂的政治外交斗争中以纵横捭阖之术如鱼得水般地施展才能，为秦国的统一大业贡献了自己的力量。不管他们个人的品格有多少值得非议之处，也应该承认他们的活动促进了历史的进步。不过，姚贾、顿弱、陈驰之流的才智，似乎也仅限于施展纵横之术，而他们的用武之地只能是列国纷争的舞台。而一旦此一舞台消失，他们的用处也就消失了。秦国统一全国后，各项事业，诸凡政治、经济、思想文化各个领域，皆用才孔急，正是才智之士大显身手之时，但姚贾、顿弱、陈驰之流的活动再也不见于历史记载。这只能说明这些人在统一之后的制度和经济文化建设中已经乏善可陈了。

另外，嬴政的谋臣队伍中还有一些人物，如后来任丞相的王绾、冯去疾，做御史大夫的冯劫，做监察御史主持修建灵渠的禄，还有劝说嬴政母子

① 刘向：《战国策》，上海古籍出版社 1985 年版，第 295—296 页。

② 刘向：《战国策》，上海古籍出版社 1985 年版，第 475 页。

和好的茅焦一类知识分子，或因其事迹比较简单，或因其事迹在此一时期还未凸现，这里就从略了。总之，由于秦王嬴政幕中集合了一大批具有宏阔眼光和卓越才干的谋臣，这种集体智慧保证了秦国在统一战争中各项决策的正确与顺利实施，从而与众多军事统帅一起，推进了统一大业的最后胜利。

第五节　嬴政的主导作用

秦王嬴政首先是一个伟大的政治家，其次才是一个高明的军事家。作为军事家，他最突出的优长是以政治家的宏图远略谋划统一六国的战争，从而成为一个高瞻远瞩的战略家和具有钢铁意志的最高统帅。

嬴政之所以能够顺利地完成统一大业，首先是因为他政治上的宏图远略。他“奋六世之余烈，振长策而御宇内”，充分利用六世祖先百余年坚持改革、不断进取、勇于开拓所造就的天时地利条件，在解决了嫪毐、吕不韦两个掣肘集团之后，着力安定内部、加强集权，不失时机地将国家的政治、经济、军事和外交事务全部转到统一事业的轨道。一切为了统一，一切服从统一，一切活动都围绕着统一这个最终目标旋转，全国一盘棋，共赴鹄的。从而大大加快了统一的进程。这里，嬴政的高明之处在于：他从纷繁复杂的列国形势中准确地洞悉统一的形势已经成熟，同时又以大无畏的英雄气概，以敢于战斗、敢于胜利的精神，以不达目的绝不罢休的决心和毅力，义无反顾地领导了这个空前的统一事业。

目标既定，嬴政于是动用一切力量，调动一切积极因素，最大限度地为统一战争服务。他坚持奖励耕战的传统国策，发展生产、积聚财富，稳定后方基地，以关中、汉中和巴蜀财富之区丰沛的人力、物力和财力，源源不断地满足长期战争的需求。在新占领地区，他及时设置郡县，建立起完善高效的行政机构，简派官员，恢复秩序，繁荣经济，以满足战争的后勤供应。战争后期，新抚的颍川、三川、河东、太原、南阳、河内、东郡等地，都成了秦军的前进基地。秦王政十二年（前 235 年）之后，秦国内部再也没有出现大的矛盾和斗争，无论是原嬴姓贵族还是外来的客卿，统治者还是被统治者，都在为统一而尽上自己的努力。连负有间谍使命的郑国，在其阴谋败露后，不仅未受惩罚，反而使其水利工程师的特长得以发挥，人尽其才，主持开凿郑国渠，为关中的农田水利建设做出了造福百代的贡献。这是一个变阻力为助力，化消极因素为积极因素的典型例子。

秦国统一六国的战略是逐步形成的，到嬴政手里臻于完善。这个战略的核心是以强大的武装力量为基础，用战争手段完成统一大业。嬴政的几代祖先都是从列国之间的血腥搏战中走过来的，他们明白，到战国时期，中国历史走向统一的大势虽然已经形成，“百家争鸣”中的诸子百家也都开出了达成统一的不同药方，但只有法家倡导的武力统一方针指示了最现实最可靠的成功路径，儒家的仁爱道义统一、墨家的和平仁道统一，都不过是好听好看而于事实无补的“迂阔而远于事情”的迂腐之论。为此，秦始皇的先辈从商鞅变法起，就紧紧抓住奖励“耕战”的政策不放，千方百计地招徕人口，为百姓创造良好的生产生活条件，使秦国的土地得到快速的开垦，农业生产获得长足的发展，从而积累了大量的粮食和财物，奠定了统一六国的雄厚经济基础。与此同时，又建立军功爵位制度，使勇敢杀敌的将士获得相应的富贵利禄，从而使秦国建立起一支庞大的能征惯战的劲旅。嬴政亲政后，继续其先辈奖励“耕战”的政策，施惠于民，兴修水利，顺利完成郑国渠的开凿，进一步扩大了农田受益面积，使关中成为名副其实的粮仓。所以司马迁说：“关中之地，于天下三分之一，而人众不过什三；然量其富，什居其六。”① 到嬴政开始对六国大规模用兵的公元前230年，秦国的经济实力已经超过了六国的总和。他还继续完善和推行军功爵位制度，重用名将王翦、王贲父子、蒙恬、蒙毅兄弟，以及李信、杨端和、桓齮等人，训练和组织了大量远较六国之军勇猛强悍的士卒，造就了战胜攻取所向披靡的威武之师，保证了对六国征伐的成功。

以雄厚的经济力量和强大的军事力量为后盾，从嬴政的先辈到他自己，始终坚持武力统一的既定方针。为达此目的，始终坚持以“连横”破坏“合纵”，成功运用远交近攻、由近及远、由易及难、稳步推进、各个击破的战略。当时，六国联合抗秦是对秦的统一事业造成的最大障碍，而秦国破解这种“合纵”的战略就是“连横”。到嬴政继位时，“连横”对“合纵”的斗争

① 司马迁：《史记》卷一二九《货殖列传》，中华书局1959年版，第3262页。

已经取得了决定性的胜利。秦王政六年（前 241 年），楚、赵、魏、韩、卫五国最后一次合纵攻秦，嬴政运用“连横”之策，成功离间齐、燕两国，使之拒绝加盟，这就大大减弱了合纵的力量。当五国勉强拼凑的联军兵临函谷关时，已是疲惫不堪，所以待秦军冲出关城时，五国之师稍一接战即四散溃逃。再后，直到齐国灭亡，东方六国再也无法组织起一次联合抗秦的军事行动。面对日益强大、咄咄逼人的秦军，六国只能采取妥协退让、以求自保、苟延残喘的保守策略。由此，只能被动地应付秦国的进攻，胜负之势也就只能由秦国左右了。

掌握了战略主动权的嬴政，自公元前 230 年开始有计划地推进由近及远、由易及难、稳步推进、各个击破的战略方针。此时，不仅秦国的综合国力已经远远超过六国，而且与秦接壤的韩、赵、魏、楚等国的不少领土也已经变成了秦国的郡县。然而，嬴政并没有因为秦军具有的对六国之军的压倒优势而放弃昭王时期范雎建议的“远交而近攻”的战略方针。从公元前 230 年指令内史腾率军灭掉距秦国最近且实力最弱的韩国起，到公元前 221 年命王贲率平燕之师迅速南下，以迅雷不及掩耳之势消灭齐历下军以后，更以雷霆万钧之力攻克齐都临淄，以 10 年之久的辉煌征战，为秦国的统一大业奏出了一曲响彻云霄的凯歌。

嬴政以 10 年之功比较顺利地实现了预想的战略目标，完成了统一全国的千秋大业，这说明他们君臣的战略构想是符合实际的。10 年之间，秦国虽然有力量两线甚至三线作战，但嬴政始终坚持由近及远、由易及难、稳步推进、各个击破的既定战略方针，同一时间一般只保持一个主攻方向，使秦国能够以绝对优势的兵力从容不迫、有条不紊地实施各个击破的战略。从秦军几乎每战必胜的后果看，嬴政君臣的总体战略构想是十分高明的。

在总的战略思想指导下，伐谋与用间的交互运作是嬴政及其臣僚切实有效的扫灭六国的策略。其基本要点是：以军事打击为主，兼及政治外交手段；武力与间谍相配合，威胁与利诱同时或交互使用，无疑起到相得益彰的作用。

嬴政谋划讨平六国的战争，除了有一个高瞻远瞩的战略构想的总体设计之外，在具体战役的指导上也有许多过人之处，特别是战术使用的机动灵活，不时显出匠心独运的功夫。其中，乘敌不意，攻其不备，根据不同敌情采取不同战法的战术原则被一再使用并收到立竿见影的效果。如灭赵之役时的王翦飞兵奇袭井陉，一举夺得这一要隘，致使赵军再也无险可守，国门洞开，秦军得以顺利进围并攻克邯郸；灭燕之役的易水之战，一举歼灭了燕军的有生力量，接着直捣燕都；灭魏之役的水灌大梁；灭齐之役的奇袭历下，都是军事史上的杰作。显然，嬴政和他的文臣武将不仅善于宏观战略的顶层设计，而且也善于运用机动灵活的各种战术。二者的完美结合，使秦国统一六国的战争基本上实现了预想的规划。

嬴政是一代气吞万里、雄才大略的君王，他对战争的指导主要体现在确定总体战略和任用将帅在战场上实现这个战略构想。这其中最重要的一环是用人。纵观嬴政的用将之道，可以看出他的识人之明的才智和信人之诚、用人之专的驾驭将帅的原则，显示了一个创业帝王宏伟的气度和胸襟。

由于识人之明，嬴政的麾下，集合了当时中国最优秀的一批军事统帅，其中有著名军事理论家尉缭，独挡方面的王翦、王贲父子，蒙骜、蒙武、蒙恬、蒙毅父子祖孙兄弟，青年将军李信以及王龁、麃公、杨端和、桓齮、章邯、杨翁子、屠睢、杨熊、赵贲、董翳、司马欣等。对这些人，秦始皇了解他们各自的优长和不足，做到用其所长而避其所短，使人尽其才，才尽其用。如王翦是一个历经战阵、老谋深算的宿将，秦始皇就用他指挥攻赵伐楚的大仗、硬仗、恶仗。蒙恬勇谋兼备，具有很强的组织、协调和管理能力，秦始皇就用他指挥北伐匈奴、监修长城和防守北疆国防前线的重任。李信少年气盛、勇猛顽强，秦始皇就用他担当突击先锋，等等。由于秦始皇的知人善任，就使这些将领都能各自发挥自己最大的潜能，创造了辉煌的功业。

在嬴政的全部军事生涯中，对将领的信之诚和用之专是一个突出的特点。一旦一次战役的目标和前线指挥系统确定，他就放手让指挥该战役的主官发挥自己的主观能动性，从不遥制，更不掣肘。这一方面显示出他对将领的信之诚和用之专，另一方面也显示出他对当时战争实际的洞悉和把握。统一六国的战争都是在远离咸阳数百里甚至数千里的地方进行，当时的通信条件使他根本无法了解和掌握战场上瞬息万变的军情，如果遥制，轻则束缚前线将领的手脚，贻误战机，重则由于自己的愚蠢指令导致损兵折将，造成无可挽回的失败。正由于嬴政的高明和开明，他麾下的将领们都能独当一面，敢作敢为，从容指挥，当机立断，最大限度地发挥了临场指挥的优长，因而取得了一个又一个的胜利。

嬴政在处理与将领的关系上同样高明而大度。他不仅充分肯定将领的功劳，而且能够承担决策失误的责任而不委过于下级。一旦发现自己错了，他能够迅速纠正错误，挽回损失。这突出表现在灭楚之役的谋划。一开始，嬴政与王翦在出兵人数上产生矛盾。嬴政先是否定王翦的意见，当事实证明王翦的意见是正确的时候，他登门认错，诚意敦请，使君臣的冲突最后以皆大欢喜的喜剧收场。这时的嬴政，还没有后来的刚愎自用，他知错速改，从谏如流，答应了王翦出山的全部条件，很快扭转了李信造成的被动局面。在这次事件中，他也没有惩办李信，而是继续重用，让他参加了消灭燕国残余势力的战斗，并且与王贲一起指挥了最后灭亡齐国的军事行动。这一方面可能因为他是李信失败行动的决策者，是第一责任人；另一方面，他对李信的宽容只能激起李信和其他将领的感激之情和更加忠勇的努力。嬴政的驭将之术取得了良好的预期效果，正是这些忠勇睿智的将领们亲冒矢石，指挥着数十万秦军通过一次又一次的搏战，协助秦始皇将他的战略构想变成了现实。

嬴政首先是一个政治家，其次才是一个军事家，更确切地说，他的定位应该是一个战略家。他的优长一是具有构思宏伟战略计划的能力，二是具有运筹帷幄、决胜千里的韬略，三是具有识人驭将的智慧。他究竟读没读过兵书？读了哪些兵书？历史上没有留下任何记载。不过，从他认真研读《孤愤》《五蠹》等韩非著作的情况看，他绝对不是不学无术、只知享乐的昏庸之辈，而是一个勤于学习，善于思考的君王。在他的身边又有尉缭这样的军事理论家，根据情势推断，他很可能读过当时已经在社会上广为流传的所有兵书，如《六韬》《孙子》《吴子》《司马法》《孙膑兵法》《尉缭子》等。他的军事才干，一方面是他卓越政治智慧的延伸，一方面可能是他通过熟读兵书获得的知识的积累，再加上他过人的悟性和超常的聪明才智，遇着祖宗六世余烈造成的高屋建瓴的统一之势，从而将他造就成为七国君主中首屈一指的战略家。

显然，统一战争时期的秦王嬴政，不仅是当时第一流的战略家，而且更是一位高瞻远瞩的统帅。正是因为他制定和实施了一整套正确的战略和策略，组织了一个文武齐全、搭配得当、优势互补、团结协和的工作班子，并且发挥出最大效能，从而使统一的列车溯激流，越险滩，排除千难万险，以10年之功，高奏了胜利的凯歌。10年之间，嬴政从29岁到39岁，度过了他人生历史上最辉煌的岁月，完成了中国历史上空前的伟业，他也以中国历史上第一位统一王朝的始皇帝而家喻户晓、妇孺皆知、永垂史册。

第七章　中央集权制度的继承与创新

第一节　皇帝制度

公元前221年，秦王嬴政灭亡六国，建立起中国历史上第一个真正意义上的统一王朝。紧接着，他继承秦国原有制度，吸收和损益六国制度，大胆创新，建立起中国历史上第一个专制主义中央集权的王朝，在行政体制方面开启了具有里程碑意义的制度创新。这个行政体制的核心是皇帝制度。在秦朝以前，司马迁写的《史记·五帝本纪》记述了夏商周三代以前的最高统治者称“帝”的历史，那种称谓不过是后人的追述，是“荐绅先生难言之”的模糊史影。三代以来，中国历代王朝的最高统治者都称王。据《周礼》记载，周朝时期，周王以下的爵位有公、侯、伯、子、男（学术界对此有歧义）等级别。从春秋末到战国时期，奴隶制“礼崩乐坏”的趋势愈演愈烈。旧时的制度被冲得七零八落，僭越之事层出不穷，战国七雄的统治者相继称王，昔日唯我独尊的名号被许多人堂而皇之地采用。秦王政完成统一大业后，面对“六合之内。皇帝之土”的美好江山，他认为“王”的称号已经无法表示自己的威严和事功了，于是下令群臣议定新的名号。他说：“寡人以渺渺之身，兴兵除暴乱，赖宗庙之灵，六王咸伏其辜，天下大定。今名号不更，无以称成功，传后世。其议帝号。”①当时的丞相王绾、御史大夫冯劫、廷尉李斯等人奉命计议一番，向嬴政提出了如下建议：

昔者五帝地方千里，其外侯服夷服，诸侯或朝或否，天子不能制。

① 司马迁：《史记》卷六《秦始皇本纪》，中华书局1959年版，第236页。

今陛下兴义兵，诛残贼，平定天下，海内为郡县，法令由一统，自上古以来未尝有，五帝所不及。臣等谨与博士议曰："古有天皇，有地皇，有泰皇，泰皇最贵。"臣等昧死上尊号，王为"泰皇"，命为"制"，令为"诏"，天子自称曰"朕"。

嬴政斟酌臣子的建议，决定采用"泰皇"的"皇"字和"五帝"的"帝"字，将自己的尊号定为"皇帝"。从此以后，皇帝作为中国封建王朝最高统治者的尊号一直沿用了两千多年，成为千千万万的野心家拼命争夺的目标，为之进行了一次又一次的血拼。以皇帝为坐标，嬴政又追尊自己的父亲庄襄王为"太上皇"，决定取消夏、商、周以来的谥法：

王曰："去'泰'，著'皇'，采上古'帝'位号，号曰'皇帝'，他如议。"制曰"可"。追尊庄襄王为"太上皇"。制曰："朕闻太古有号毋谥，中古有号，死而以行为谥。如此，则子议父，臣议君也，甚无谓，朕弗取焉。自今已来，除谥法。朕为始皇帝。后世以计数，二世三世至千万世，传之无穷。"①

接着，嬴政又依据"五德之运"制定了秦朝相应的一套正朔、服色以及数、符、冠、舆等制度：

始皇推终始五德之传，以为周得火德，秦代周德，从所不胜。方今水德之始，改年始，朝贺皆自十月朔。衣服旄旌节旗皆上黑。数以六为纪，符、法冠皆六寸，而舆六尺，六尺为步，乘六马。更名河曰德水，以为水德之始。刚毅戾深，事皆决于法，刻削毋仁恩和义，然后合五德之数，于是急法，久者不赦。②

由此开始，与皇帝有关的一套制度初步形成，如以前人人可称的"朕"成为

① 司马迁：《史记》卷六《秦始皇本纪》，中华书局 1959 年版，第 236 页。

② 司马迁：《史记》卷六《秦始皇本纪》，中华书局 1959 年版，第 237—238 页。

皇帝独享的称谓，“制”“诏”“命”“令”“敕”等是皇帝专用文告的独特形式，“陛下”是臣民对皇帝的尊称，“乘舆”特指皇帝使用的车马、衣服和器械百物，“玺”是皇帝之印。对皇帝亲属也规定了独特的称谓，如皇帝父曰太上皇，母曰皇太后，正妻曰皇后，子曰皇太子、皇子，女曰公主等。与之相联系，又伴生了外戚制度和宦官制度等。

嬴政还制定了与皇帝有关的各种礼仪制度，只是由于年代久远和资料湮灭，其原始面貌已经难以厘清了。今天只能依据汉代和后世的礼仪制度，粗略勾勒其大致面貌。礼源于原始社会的风俗习惯，经五帝和夏、商、周三代的损益，集中国奴隶社会礼仪之大成的周礼已经融政治、法律、军事、文化、风习于一体，形成一种独特的几乎包罗万象的上层建筑。春秋战国时期，随着礼制的瓦解，一种独立于政治法律制度之外的封建礼制逐渐建立起来。商鞅变法奠定了秦国礼制的始基，秦统一全国后，嬴政君臣又博采六国礼仪制度并加以损益，建立了粗具规模的秦朝礼制。其中最主要的，大概就是《汉书·礼乐志》记载和强调的五礼，即朝礼、婚礼、养老礼、丧礼和祭礼。秦朝的婚礼和养老礼的详情已难以稽考。它经常使用的礼仪是朝礼，即臣子朝觐天子的礼仪，用以“明君臣之义”①。朝礼又称朝仪，三代时期即有此礼。秦统一中国后，对原有的朝仪加以改进，制定了自己的朝仪，规定“朝贺皆自十月朔”。秦朝的朝仪如何进行，今天已不清楚。汉初叔孙通为刘邦制定的朝仪是以秦朝仪为蓝本的，该朝仪在《汉书·叔孙通传》有详细记载，从中可以看到秦朝仪的基本面貌。在秦朝与皇帝制度相关联的制度中，还有太子制度、后宫制度、外戚制度和宦官制度。

在专制主义中央集权的体制下，由于皇位世袭和皇权的不可转让，促使统治者必须建立稳定的皇位世袭制度，于是太子制度应运而生。夏、商、周三代在王位继承制度上，有“父死子继”和“兄终弟及”制度的交互为用。但是，由于涉及最高权力的延续，这种二元化的继承制度容易在统治阶级内部造成纷争，导致统治的动荡不安。为了避免纷争，保持统治的长期稳定，在西周后期逐渐形成了王位的嫡长子继承制。嬴政做皇帝后，即明确宣布：“朕为始皇帝。后世以计数，二世三世至千万世，传之无穷。”不过，由

① 孙希旦：《礼记集解》，中华书局 1989 年版，第 1257 页。

于没有估计到自己会在不足 50 岁时辞世，同时又沉醉在对长生不老的追求中，因而没有预立太子，也没有明确嫡长子继承制度，仅在临终前“乃为玺书赐公子扶苏曰：‘与丧会咸阳而葬。’”① 对皇位的继承问题仍未明确决定。这就给赵高、胡亥之流留下可钻的空子，结果使胡亥得以“诈立”，由此导致秦朝二世而亡的悲剧。其实，秦国在其存在的数百年间，还是逐步形成了一套太子制度，基本上是采用周朝的嫡长子继承制。

中国自从进入阶级社会以后，奴隶主贵族的王、诸侯、卿、大夫、士等达官贵人都实行一夫多妻制，进入封建社会后，这种制度也延续下来，皇帝更是皇后之外还嫔妃成群。据记载，秦始皇后宫嫔妃达万人之多，但其等级、名号已不可详考。不过，汉承秦制，《汉书·外戚传》的记载大体可信：“汉兴，因秦之号，帝母称皇太后，祖母称太皇太后，嫡称皇后，妾皆称夫人。又有美人、良人、八子、长使、少使之号焉。”皇太后、皇后都设立一套宫官为之服务。又因为她们背后都有庞大的姻亲，由此形成了人数众多的外戚之族，也必须设立机构和官员进行管理，因而建立起外戚制度。不过，也因为秦朝存在的时间短暂，以上机构和职官的情况已经不太清楚了。

秦朝也实行宦官制度。宦官是皇宫内苑为帝王和后妃服务人员的总称。先秦文献中的“护宦者”“宦者令”，其中的大部分人就是经过阉割的男人，典籍中称为“寺人”“阉人”“阉官”等。宦官究竟何时出现，学术界有不同看法。有人认为“远在周代就有宦官”②，更多的人认为“宦官之举，肇于秦汉”③，还有人认为“商代的宫刑奴隶是中国历史上最早出现的宦官”④，最后一种观点似可找到较多的史料依据。《尚书·吕刑》所记载的五刑之一就是宫刑。事实上此刑在商代已经存在，甲骨文中的“[illegible]、[illegible]”，即椓字，就是表示割去男子生殖器的宫刑，如卜辞“庚辰卜，王，朕“[illegible]”羌，不其(死)?”⑤ 就是商王对被俘的羌人施以宫刑的明确记载。奴隶或战俘被施以宫刑后，主要用作家内服务。《周礼·秋官》有“宫者使守内”的记载，似可

① 司马迁：《史记》卷六《秦始皇本纪》，中华书局 1959 年版，第 264 页。
② 田继周：《夏代的民族和民族关系》，《民族研究》1986 年第 4 期。
③ 蒋玉珍：《释中国》，《内蒙古社会科学》1985 年第 3 期。
④ 耿建华：《先秦时期的宦官》，《内蒙古师范大学学报》1983 年第 4 期。
⑤ 转引田继周《我国民族史研究中的几个问题》，《新华文摘》1981 年第 8 期。

印证商代的情况。这些实施宫刑之后用作守内的奴隶，应该就是历史上最早的宦官。

夏商时期，中国宗法奴隶制的王朝已经建立，国王和各级奴隶主贵族都实行一夫多妻制，因为王、诸侯的职位和财产都由子嗣继承，所以他们特别注重维持自己血统的纯正。尽管他们自己可以与任何女子发生性关系，但却要求自己的妻妾保持绝对的忠贞。为了满足王、诸侯及其后妃嫔妾穷奢极欲的享乐生活的需要，必须有大批男女奴隶为之服役。而为了使自己的后妃嫔妾在与男人接触时不致发生非正常关系，使用宫刑奴隶就成为最恰当的选择。商代的宫刑奴隶在后宫服务，其职责显然与后世的宦官差不多。西周是我国奴隶社会的繁荣期，它制定了奴隶制的典章制度《周礼》，其宗法制度较商朝更加完备和严格。在王位继承上逐步改变商朝盛行的兄终弟及的原则，实行了较严格的嫡长子继承制，因而王公贵族对自己后妃嫔妾的贞操看得更加重要。为了维护王权继承血统的纯洁，王室内苑严格禁止成年男子出入。一切需由男子承担的劳役、职事，均由施以宫刑的人员或奴隶担任。随着王室贵族宫内服务活动的大量增加，需要的宦官数量也逐步增加。《周礼》中记载的王宫内的八官，除了“掌王宫之戒令纠禁”的宫正，“掌王宫之士庶子弟”的政令，掌秩级、徒役等事务的宫伯，“掌天子六寝之修”的宫人，其身份有不同的说法外，其余“掌书版图之法以治王之政令”的能宰，“掌王后之命，正其服位”的内小臣，“掌守王宫之中门之禁”的阍人，“掌王之内人及女宫之戒令”的寺人，“掌内外之通令”的内竖等，都是施以宫刑的宦官。宫内的下层服务人员更无一例外的都是宦官。这一时期，宦官制度初步形成。他们的服务主要集中在后宫，职司是王室贵族成员的饮食起居。虽然部分宦官头目已升至较高的地位，摆脱了奴隶的身份，但其中绝大多数都是供驱使的奴隶。此一时期，宦官与国家的政治、经济、军事还没有发生太多关系，后世宦官专擅朝政的事情还没有发生。

春秋战国的500多年中，各诸侯国不断出现内乱，各种政治势力之间进行着十分复杂尖锐的斗争，宫廷政变、废立阴谋不时酝酿和爆发。这时，各派政治力量都企图利用国君身边的宦官为自己的政治目的服务，从而使宦官因利乘便地冲出宫苑，参与或干预政治。与此同时，各国国君都肆意追求享乐，生活糜烂，终日活动在国君身边的宦官，通过投其所好，阿谀奉承，获得了更多的谋取信任和重用的机会。特别是随着王权的不断加强，国君们便越来越多地使用宫内的宦官为耳目，委以重任，以牵制和监视宫外的文臣武将。由此，宦官开始涉足国家的军政事务，逐步成为政坛上一支活跃的力量。如齐国的寺人貂、贾举、夙沙卫、竖刁；晋国的寺人披、孟张、竖头须；卫国的寺人罗等，就是其中的典型代表。他们公开参与废立太子的阴谋，如齐国宦官竖刁与易牙、开方等勾结，同齐桓公宠妃卫共姬结成死党，多次密谋废除太子昭，立卫共姬生的儿子为太子。结果在齐桓公崩逝后制造了一场大的宫廷内乱，使齐桓公创造的霸业从此衰落下去。宦官后来甚至可以带兵，如晋献公时骊姬乱政，迫使公子重耳出走，而奉命率兵追杀的就是寺人披。大的宦官又有养士和荐人为官的权力，如战国时赵国的宦者令缪贤很受赵惠文王的赏识，他推荐的门下客蔺相如不辱使命，在与秦国的外交折冲中取得了完璧归赵的胜利。少数宦官权大位尊，被国君极度宠信的宦官甚至可以得到封侯的奖赏。如前面提到的嫪毐封为长信侯，就是一个比较典型的例子。由于宦官作为不可忽视的腐败势力介入政治，其对政治生态的破坏作用是相当突出的。

秦朝统一全国后，很早就在秦国存在的宦官制度进一步完备，加上秦始皇特别信任宦官，就为他们擅权乱政创造了有利条件。秦始皇的宦官头目、中车府令赵高，利用自己精通律令的特长，逐步取得了秦始皇的信任。他一面参与帷幄，一面做秦始皇的小儿子胡亥的师傅。当秦始皇于巡行途中病逝沙丘之后，他勾结胡亥，胁迫李斯，通过一次宫廷政变，将胡亥推上帝位，使自己得以掌控中枢，最后荣登相位，从而加速了秦朝灭亡的步伐。

由于秦始皇短祚，他所建立的皇帝制度只是粗具规模，在他还来不及使之进一步完善的情况下，秦朝就灭亡了。不过，应该承认，他所建立的皇帝制度，在许多方面都具有首创性，而这些制度绝大部分都被汉朝继承下来，稍加损益，使之更加完善。此后两千多年间，虽然历代王朝都对皇帝制度有所损益，但秦朝确立的这个制度的基本框架和基本原则却没有根本的变化。

据刘向《说苑》记载，秦始皇也曾扬言希望实行“五帝官天下”即帝位禅让的制度，这一叶公好龙式的表态被鲍白令之点破后，遂打消“禅意”：

> 秦始皇帝既吞天下，乃召群臣而议曰：“古者五帝禅贤，三王世继，孰是将为之？”博士七十人未对。鲍白令之对曰：“天下官则让贤是也，天下家则世继是也。故五帝以天下为官，三王以天下为家。”秦始皇帝仰天而叹曰：“吾德出于五帝，吾将官天下，谁可使代我后者？”鲍白令之对曰：“陛下行桀纣之道，欲为五帝之禅，非陛下所能行也。”秦始皇帝大怒曰：“令之前！若何以言我行桀纣之道也？趣说之，不解则死。”令之对曰：“臣请说之：陛下筑台干云，宫殿五里，建千石之钟、万石之虡。妇女连百倡优累千，兴作骊山，宫室至雍相继不绝。所以自奉者，殚天下竭民力，偏驳自私，不能以及人。陛下所谓自营仅存之主也，何暇比德五帝欲官天下哉？”始皇闇然，无以应之，面有惭色。久之曰：“令之之言乃令众丑我。”遂罢谋，无禅意也。①

这个故事显系刘向为丑诋秦始皇而编造的小说，既违背已经形成的王位传子的传统，也不符合秦始皇的思想与性格特征，只显示刘向对历史的想当然的诠释而已。

第二节　中央官制

秦朝建立后，以原秦国的制度为基础，又损益六国制度，建立起一整套从中央到地方的较完备的行政体制以及与之相匹配的职官制度。

秦朝中央官制的核心是丞相制度。“相”作为一种官职在西周和春秋时期已经出现，不过直到战国时期，它才成为总理朝政的最高级官员。当时人们把百官之长的官职称为“相国”或“相邦”，只有在秦国，“丞相”才成为一个真正的官名，并成为真正的“百官之长”。据《史记·秦本纪》记载，“(武王）二年（前 309 年）初置丞相，樗里疾、甘茂为左右丞相”。秦朝建立后，正式在中央政府确立了丞相制度。这个制度的建立，完成了战国以来政治制度的重要转变。它一方面彻底废除了“世卿世禄”的选官制度，建立了任免制的官僚体制；另一方面又使权力进一步集中，成为专制主义中央集

① 刘向：《说苑》卷一四，电子版文渊阁四库全书。

权行政体制发展过程中的重要一环。

不过，从严格意义上讲，中国封建社会的丞相制度只存在于秦朝和西汉前期。这一时期丞相（有时也称宰相）为百官中的最高官吏，他“掌丞天子，助理万机”，一切国家大事，上自天时，下至人事，统归其处理管辖。正如西汉初年的丞相陈平所言：“宰相者，上佐天子理阴阳，顺四时，下育万物之宜，外镇抚四夷诸侯，内亲附百姓，使卿大夫各得任其职焉。”①后来，汉成帝讲到丞相的职责时也说：“盖丞相以德辅翼国家，典领百僚，协和万国，为职任莫重焉。”②秦朝在其存在的15年中，见于记载的丞相有隗状、王绾、李斯、冯去疾、赵高。丞相的具体职责是：1. 为国家选用官吏，如李斯就是由吕不韦推荐给秦王到宫廷任郎官。2. 弹劾百官，执行诛罚。最典型的例子是李斯任丞相时建议焚书，统一舆论，最后导致坑儒的惨剧。3. 主管郡国的上计与考课。4. 总领百官朝仪与奏事。朝廷凡遇有重大问题，皇帝召集百官集议，由丞相主持，并将集议结果，领衔奏明皇帝，再由皇帝和丞相斟酌决策。如秦始皇议帝号以及是否实行分封制等问题，都经过丞相与百官的集议。

由于丞相总揽全国政务，诸事猥集，日理万机，所以设立丞相府，组建起一个分工细密的机构和较庞大的官吏班子，以具体操持全国行政的运转。不过，因为史料缺失，秦朝丞相府的机构设置、人员组成情况已无从稽考，只知道其属吏中有舍人和长史等职务，李斯在做廷尉和丞相前，曾担任过这两个职务。汉承秦制，其丞相府的属官中除长史外，还有众多的诸曹掾吏，如丞相史、东曹掾、西曹掾、丞相少史、集曹、奏曹、议曹、侍曹、主簿、从史、令史、计室掾史等，估计在秦朝的丞相府中也应该有类似的官吏。

与丞相相匹配，秦始皇还设置了相当于副丞相的御史大夫。《汉书·百官公卿表》载：“御史大夫，秦官，位上卿，银印青绶，掌副丞相。”仲长统解释说：“《周礼》六典，冢宰贰王而理天下。春秋之时，诸侯明德者，皆一卿为政。爰及战国，亦皆然也。秦并天下，则置丞相，而贰之以御史大

① 司马迁：《史记》卷五六《陈丞相世家》，中华书局1959年版，第2061—2062页。

② 班固：《汉书》卷八二《王商传》，中华书局1962年版，第3374页。

夫。”[①] 见于记载的秦朝御史大夫有李昙、钱产等。御史大夫是一个职重权大的重要官员。汉代的谷永在奏疏中曾说：“御史大夫内丞本朝之风化，外佐丞相统理天下，任职重大，非庸才所能堪。”[②] 汉朝的朱博也说御史大夫“位次丞相，典正法度，以职相参，总领百官，上下相监临”[③]，决非等闲之官。由于御史大夫是由皇帝的亲信御史发展而来，尽管它位居副丞相，但与皇帝却有着远较丞相更密切的关系，所以皇帝有不少事情都直接交给御史大夫督办。如秦始皇追查方士卢生、侯生的潜逃案，二世处理蒙毅案等，都是遣御史大夫办理的。秦始皇三十六年（前 211 年），东郡发现刻石文“始皇死而地分”，也是遣御史前去查问的。御史大夫相当于皇帝的秘书长，所管理的事务也比较宽泛。主要有，1. 为皇帝起草诏、告、命、令、敕。2.“受公卿奏事，举劾按章”[④]，监察、考课、弹劾百官，承担皇帝随时交办的一切事宜。3.“掌图籍秘书”[⑤]，四方文书，熟知法度律令。秦始皇时，张苍任御史，“主柱下方书”[⑥]。御史大夫的属官有：两丞，秩千石。其一曰中丞，即御史中丞，在殿中兰台办公，掌图籍秘书，外督监察御史，内领侍御史，侍御史共 15 员；二曰御史丞。[⑦] 另外还有一批掾史。御史大夫单独开府办事，与丞相府并称二府。

丞相、御史大夫之外，秦朝中央政府还有一主要官员国尉，掌武事，汉朝改称太尉。秦国见于记载的国尉有白起和尉缭。从现有史料看，秦朝建立前后，战事频繁，秦始皇作为全国军队的最高统帅，直接主持军事的谋划、决策和将帅的任命、调遣，国尉的作用并不显著，实则是皇帝的军事顾问。

秦汉时期，习惯上将丞相、御史大夫、国尉（太尉）称为三公。实际上，在秦朝与汉初，这三位官员的地位并不是并列的。其中丞相位尊权重，是国家行政运转的核心。御史大夫虽然也很重要，但无论就权柄还是就秩级

① 范晔：《后汉书》卷四九《仲长统传》，中华书局 1965 年版，第 1657 页。
② 班固：《汉书》卷八三《薛宣传》，中华书局 1962 年版，第 3391 页。
③ 班固：《汉书》卷八三《朱博传》，中华书局 1962 年版，第 3405 页。
④ 班固：《汉书》卷一九《百官公卿表》，中华书局 1962 年版，第 725 页。
⑤ 班固：《汉书》卷一九《百官公卿表》，中华书局 1962 年版，第 725 页。
⑥ 班固：《汉书》卷四二《张苍传》，中华书局 1962 年版，第 2093 页。
⑦ 安作璋、熊铁基：《秦汉官制史稿》，齐鲁书社 1984 年版，第 54—56 页。

论，它都次于丞相。国尉的地位更是等而下之了。这种状况直到西汉后期才发生变化，太尉（大司马）、御史大夫（司空）得与丞相（司徒）并列，三公制度才算真正建立起来。

秦朝中央政府以丞相为核心，主持全国政务的运转，御史大夫作为丞相的副贰，起着辅助和一定程度上制衡的职能。在他们之下，设立诸卿分任某一方面的政务，习惯上称其为“九卿”：

1. 奉常（汉朝后来改称太常）。由周朝的春官宗伯演变而来，《汉书·百官公卿表》记载：“奉常，掌礼仪，有丞。”其主要职责就是掌宗庙礼仪。由于中国封建社会一直存在着浓重的宗法制残余，对祖宗的崇拜历久不衰，因而对宗庙陵寝的祭祀特别重视。除此之外，凡国家重要礼仪也由其制定和主持，如郊祭天地和其他各种朝廷的典礼等。同时，奉常还管理博士官以及文化教育事宜。奉常的主要属官有丞一人，协助奉常主持行政事务与属员管理。因为所管事务繁杂，奉常在丞以下还有大批属官：

太乐令、丞，负责各种祭祀礼仪的乐曲、乐舞及演奏。

太祝令、丞，负责郊天祀地和宗庙陵寝的祭祀事宜，如《史记·封禅书》记载，秦始皇东巡郡县禅梁父时，就采用了太祝祀雍上帝的礼仪。

太宰，可能是奉常之下负责各种杂物的官员。

太史令，史官，负责记录皇帝行状及国家重大事件并兼管历法的官员，任此职者，大都是当时的大学问家。秦朝见于记载的太史令是胡母敬。

太卜令，是负责占卜的官员。如《史记》记载，赵高杀李斯后，“自知权重，乃献鹿，谓之马。二世问左右‘此乃鹿也?’左右皆曰‘马也’。二世惊，自以为惑，乃召太卜，令卦之。”①

博士，战国时六国已设此官，秦朝因之，是当时最有学问的知识分子，秦始皇时员额达70余人，其中多数是齐鲁士人。其职责有三，一通古今，随时备皇帝顾问。二是辨然否，参与议论国家政事。三是典教职，负责教育准备担任国家官吏的年轻学子。

2. 郎中令（汉改称光禄勋）。其职责是“主郎内诸官”②，“掌宫殿掖门

① 司马迁：《史记》卷八七《李斯列传》，中华书局1959年版，第2562页。

② 班固：《汉书》卷一九《百官公卿表》注，中华书局1962年版，第728页。

户”①，即统帅郎官在殿中侍卫，既宿卫门户，又在宫殿内侍从左右，实际上等于皇帝的顾问参议，是宿卫侍从及传达接待等官员的总首领，即宫内总管。由于此官居于禁中，接近皇帝，所以地位十分重要。赵高曾任此职，一直在宫中用事，因而得以与二世合谋干了一系列的坏事。郎中令的属官有大夫、郎、谒者等。其中，大夫的职责是掌议论，有太中大夫、中大夫，谏大夫等名目，多达数十人。郎的职责是守卫门户，出充车骑，有议郎、中郎、侍郎、郎中等名目，多达千人，分三署管理。谒者掌宾赞受事，即宫廷礼仪方面的事务。

3. 卫尉，掌宫门屯卫兵。职责是统辖卫士，卫护宫门内，即保卫皇宫。其属官有卫尉丞，协助管理日常事务。还有公车司马卫士、旅贲令、丞，“为奔走之任”。卫尉与郎中令密切配合，执行皇宫内外的卫戍任务。

4. 太仆，掌舆马，由于它不仅管理皇帝的车马，而且有时还亲自为皇帝驾车，并全权指挥皇帝出行时的车马仪仗，几乎终日不离皇帝左右，因而最容易对皇帝产生影响。太仆还主持马政，管理全国的军马和其他有关马的驯养、调拨事宜。其属官中有中车府令等，赵高曾长期担任此职，这使他有条件接近秦始皇并取得他的信任。

5. 廷尉，掌刑狱的最高司法官，也是全国最高的司法机构，《汉书·百官公卿表》引应劭的解释：“听讼必质诸朝廷，与众共之。兵狱同制，故称廷尉。”引颜师古的解释：“廷，平也，治狱贵平，故以为号。”李斯自秦始皇二十六年（前221年）起即担任这一职务。廷尉的主要职责是领导全国的司法事务，同时审理皇帝交办的大案要案。其属官有廷卫正、廷尉左右监等。

6. 典客（汉初更名大行令，后又改称大鸿胪），掌诸归义蛮夷，即管理归附的少数民族首领或使者的迎、送、接待、朝贡、行礼等事务，属官有丞、译官等。

7. 宗正，管理皇室宗族和外戚事务的官员，《汉书·百官公卿表》说它“掌亲属”。具体职责就是管理皇族和外戚的名籍、恩赐、褒奖、惩戒和各种优恤事宜。属官有宗正丞等。

---

① 班固：《汉书》卷一九《百官公卿表》注，中华书局1962年版，第727页。

8. 治粟内史（汉代曾更名大农令、大司农），是秦朝主管财政经济的主要官员。其主要职责是管理国家的财政收入与支出。它通过各级政府征收赋税，如田租、口赋等，同时管理财政支出，如行政经费、军费、经济事业经费（农田水利费、移民垦殖费等）、文化教育经费、宗教迷信经费、灾荒赈恤经费等。除此之外，它还管理全国财政的调度。由于各地区经济发展不平衡，每年的丰歉亦可能出现较大差异，各地区的收支情况必然出现不平衡。为此，必须根据实际情况进行调度和调剂，基本原则是以多补少，以丰补歉。因为治粟内史事繁任重，因而设有一大批属官分司各项工作。但因史料阙如，文献中见到的秦朝治粟内史属官只有两丞和太仓令、丞等。

9. 少府，也是管理财政的机构，《汉书·百官公卿表》说它"掌山海池泽之税，以给供养"。应劭说它征收"山泽之税，名曰禁钱，以给私养，自别为藏"。颜师古解释说"大司农供军国之用，少府以养天子"①。它的任务是征收山泽陂池及关税市租，专门供应皇室的开支，因而是一个相当庞大而富有的机构。少府的属官很多，见于记载的有：尚书令、丞，管理皇帝衣食之类事务，在令、丞之下设六尚书：尚冠、尚衣、尚食、尚沐、尚席、尚书。符玺令、丞，相当于后世的监印官。太医令、丞，管理皇室的医疗事务。导官令、丞，管理皇室所用粮秣。乐府令、丞，管理皇室的乐舞。中书谒者令、丞，接待宾客，出纳王命。宦者令，以阉人任职，为皇帝身边亲近的服务人员。都水长丞，管理河渠及陂池灌溉。平准令，主管平抑物价。佐弋，主弋射。廪牺令、丞，管理皇室用牺。永巷令，管理宫女的经费与服务活动。御府令、丞，管理皇帝御用服装。盐铁官长丞，管理全国盐铁的生产、经营与税收。

少府机构庞大，属官众多，表明它是一个十分重要的官职。由于它管理皇室的财政收支和众多服务活动，得以经常接近皇帝，极易得到皇帝的青睐和晋升，所以任此职者也多为皇帝的亲信。秦朝任少府的官员见于记载的有章邯，此人在秦末农民战争爆发后被任命为秦军统帅，指挥了与农民军的搏战。

除了以上习惯上被称为"九卿"的 9 种官员外，秦朝中央政府还设有

---

① 班固：《汉书》卷一九《百官公卿表》及注，中华书局 1962 年版，第 731—732 页。

另外一大批机构和官员。如中尉（汉朝更名为执金吾），负责京师治安，等于首都的卫戍司令，属官有两丞、侯、司马、千人等。将作少府，负责宫室的建筑与维修，属官有两丞、左右中侯、左右前后中五校令。其中中校署掌舟车杂兵仗厩牧。典属国，与大鸿胪配合，管理归义蛮夷事务。主爵都尉，管理列侯事务。太子太傅、少傅，负责太子的教育以及太子府的各种服务活动，其属官有太子门大夫、庶子、先马、舍人等。詹事，负责管理皇后、太子家事务，属官有丞、太子率更令、家令、卫率、太子仆等。侍中，本丞相史，后因其多数时间在皇帝身边服务，就转为宫廷官员。侍中与左右曹诸吏、散骑、中常侍、给事中都是加官。他们一般都有本职官，有的还是相当高的职位，但获得加官后，就能够出入禁中直接为皇帝服务，等于进入了核心权力圈，是很令人羡慕的职务。

秦朝以三公和诸卿组成的中央权力机构表明，它已经建立起比较完善的专制主义中央集权的行政体制。这个行政体制的最高首脑是皇帝，他对国家的所有事务都拥有最高和最后的决策权，而整个中央政府都是对他负责和为他服务的。这个中央政府尽管已经有了比较严密的组织系统，有了比较明确的分工和一定程度的监督机制，但是，它也明显展示出家、国不分的特点。整个机构都以皇权为中心，因而为皇室服务的机构就多于国家的政务机构。在上面记述的机构中，太常、郎中令、卫尉、太仆、宗正、少府、将作少府、太子太傅和少傅、詹事府侍中、常侍、给事中等，基本上都是为皇帝和他的家族服务的。这说明，专制主义中央集权的行政体制从其在全国建立那天起，就成为皇权的附属物，是始终围绕皇权旋转的。

第三节　地方官制

秦朝统一全国后，对于实行何种地方行政体制，在统治集团内部曾发生过一场激烈的辩论，时间在公元前 221 年（秦始皇二十六年）。当时的丞相王绾等人提议分封皇帝诸子为诸侯王，理由是："诸侯初破，燕、齐、荆地远，不为置王，毋以填之。请立诸子，唯上幸许。""始皇下其议于群臣，群臣皆以为便。"可见当时群臣中几乎所有人都认为封王诸子对稳定秦朝的统治有利。显然，在他们的头脑中，西周分封制的影响还是相当强固的，他们真诚地认定这种制度能够恰到好处地处理皇室权力和财产的再分配。只有时任廷尉的李斯站出来，力排众议，主张在地方实行单一的郡县制，其理由是：

> 周文武所封子弟同姓甚众，然后属疏远，相攻击如仇雠，诸侯更相诛伐，周天子弗能禁止。今海内赖陛下神灵一统，皆为郡县，诸子功臣以公赋税重赏赐之，甚足易制。天下无异意，则安宁之术也。置诸侯不便。①

李斯的意见与秦始皇不谋而合。秦始皇表态支持了李斯的意见："天下共苦战斗不休，以有侯王。赖宗庙之灵，天下初定，又复立国，是树兵也，而求其宁息，岂不难哉！廷尉议是。"这样，由秦始皇最后裁定，秦朝的地方行政体制就建立起单一的郡县制。

秦朝地方行政的最高机构是郡。郡作为一级地方行政单位在历史上出现较早，至少在春秋时期，晋国已开始设郡管理地方。秦国最早设的地方行政管理机构是县，后来在新征服的地区也设郡管理。尤其是自公元前230年至公元前221年，秦在统一全国的过程中，在新附地区一律设郡，全国统一，设郡完成。因此，从一定意义上说，郡县制不过是对已形成的地方行政体制的继承和发展。关于秦朝郡的数量，《汉书·地理志》记载为36郡，《晋书·地理志》记载为40郡。后王国维《观堂集林·秦郡考》考定为48郡。谭其骧在《秦郡新考》《秦郡界址考》两文中，考定为47郡，而将障、东阳和庐江3郡存疑。马非百在《秦集史·郡县志》中确定的秦郡是：内史、上郡、北地、陇西、九原、三川、河内、东海、薛郡、南阳、汉中、巴郡、蜀郡、董俊、南郡、长沙、黔中、会稽、九江、衡山、南海、桂林、象郡、闽中、砀郡、颍川、陈郡、邯郸、巨鹿、常山、广阳、上谷、右北平、辽西、渔阳、辽东、雁门、代郡、上党、河东、太原、云中、泗水、济北、齐郡、琅邪，共46郡。各郡大小不一，有的大郡属县超过30个，如东海郡；有的仅二三个，如南海郡。

---

① 司马迁：《史记》卷六《秦始皇本纪》，中华书局1959年版，第239页。

秦朝在首都咸阳设立相当于郡一级行政单位。但是，由于它是帝王所居，宗庙所在，并且是中央政府所在地，所以就比一般郡的地位重要得多。秦在全国建立统一的郡县制以后，设内史作为首都的最高行政长官，管理首都咸阳及周围30多个县。其属官详情因文献失载，已难以厘清，估计与其他郡府基本相同或略有差异。

郡设郡守，又名太守，作为一郡的最高行政长官，一郡的政治、经济、军事、文化教育，乃至风俗民情，皆在其管理范围。由于秦代文献记载零乱，秦代郡守的具体职责已不太清楚。《汉官解诂》记载西汉郡守的职责是："太守专郡，信理庶绩，劝农赈贫，决讼断辟，兴利除害，检举郡奸，举善黜恶，诛讨暴残。"①《后汉书·百官志五》引胡广之语，对郡守职责讲的更加具体：

> 秋冬岁尽，各计县户口垦田，钱谷入出，盗贼多少，上其集簿。丞尉以下，岁诣郡，课校其功。功多尤为最者，于庭慰劳勉之，以劝其后。负多尤为殿者，于后曹对责，以纠怠慢也。诸对辞穷尤困，收主者，掾史关白太守，使取法，丞尉缚责，以明下转相督敕，为民除害也。②

《后汉书·百官志五》列举的郡守的职责是：治民，进贤劝功，决讼检奸，劝课农桑，振救乏绝，考课上计，选举孝廉等。汉承秦制，以上所记两汉郡守的职责与秦相去不远。总起来看，太守作为一郡的最高行政长官，是联系中央与县一级的枢纽。它上承中央诏令，下督属县贯彻执行，举凡民政、财政、军事、司法、教育、选举以及其他兵民之事，无不由其管理执行。

郡守的主要佐官有郡尉，掌一郡武事，维持治安，并奉命率兵出境作战。秦统一前，李信率军伐楚，秦军中有7都尉被杀，据《资治通鉴》记载，此7人皆是郡尉。文献中记载的秦朝郡尉有南海尉任嚣、赵佗等。郡的

① 虞世南：《北堂书钞》卷七《设官部》，电子版文渊阁四库全书。

② 范晔：《后汉书》志二八《百官五》，中华书局1965年版，第3623页。

另一重要官员是监郡御史，由御史府派出并垂直领导，对郡守和郡府的其他官员都可行使监察权，同时还有监察之外的其他职权，如领兵作战，举荐人才，开凿渠道等。刘邦起兵反秦以后，占据丰（今江苏丰县），“秦泗水监平将兵围丰”①。这位泗水郡的监郡御史还曾举荐沛县吏萧何到朝廷做官：“（萧何）为沛主吏掾……秦御史监郡者与从事，常辨之。何乃给泗水卒史事，第一。秦御史欲入言征何，何固请，得毋行。”② 当公元前214年（秦始皇三十三年）秦始皇派兵50万人由屠睢率领进攻南越时，奉命凿通长江与珠江两大水系联结的灵渠的工程师，就是一个名叫禄的监郡御史。当然，御史的主要职责还是监察郡府官吏，尤其是监察和牵制郡守，以防止其权力过分膨胀。清人王鸣盛曾正确地指出这一点：

> 监既在守之上，则似汉之部刺史，但每郡皆有一监，则又非部刺史比矣。盖秦惩周封建流弊，变为郡县，惟恐其权太重，故每郡但置一监、一守、一尉，而此上别无统治之者。③

由于监郡御史不时向朝廷汇报本郡的情况，使皇帝和御史大夫对郡守和该郡的运作情况了如指掌，这对加强专制主义中央集权起了重要作用。

郡府的重要佐官还有丞，沿边诸郡，丞称长史，掌兵马。丞以下还有数以百计的掾、史、佐史等，分工管理民政、财政、军事、刑狱、教育、交通、水利、邮驿等各种事务。由于史料阙如，秦朝郡府的机构设置和吏员配备的详情已难稽考。

县是郡以下的一级行政机构，春秋时期不少诸侯国即开始设县，直接管理地方的行政事务。秦孝公时曾划全国为41县。秦统一以后，在全国普遍推行郡县制。县的最高行政长官称为令或长，一般万户以上称令，万户以下称长。当时全国县的数量，据马非百考定为400个。西汉县的数目在平帝时为1589个，东汉顺帝时为1181个。依此推断，秦朝时县的数量不会过千，500左右或许接近事实。

① 司马迁：《史记》卷八《高祖本纪》，中华书局1959年版，第351页。

② 司马迁：《史记》卷五三《萧相国世家》，中华书局1959年版，第2014页。

③ 王鸣盛：《十七史商榷》卷一四《汉制依秦而变》，中华书局2010年版，第153页。

县令是一县的主管长官，其职责是全面主持县中各项事务，正如《后汉书》所记载："（令长）皆掌治民，显善劝义，禁奸罚恶，理讼平贼，恤民时务，秋冬集课，上计于所属郡国。"① 因为县府是最重要的基层政权，管理方圆百里以上的土地，万户左右的百姓，举凡民政、财政、军事、刑狱、教育、交通、水利、邮驿等各种事务无所不统，因而需要一批佐吏分工管理。县令长的主要佐官是县丞和县尉。县丞"秩四百石至二百石，是为长吏"②。他除了佐令长办事外，还"兼主刑狱囚徒"，独立地管理仓、狱之事。县尉的设置依县的大小而定，"大县二人，小县一人"，其职掌是"主盗贼，凡有贼发，主名不立，则推索行寻，案察奸宄，以起端绪"③。因为职务所使，县尉经常在县内巡行，出入交通要道上的亭。除主盗贼之外，凡县内与武事有关的差遣，如更卒番上，役使卒徒等事，县尉一律过问。由于职掌较专，县尉相对于令长有一定的独立性，并有单独的官廨即衙门。县尉也有一批自己的属吏，主要有尉史、尉从佐等。对下，他直接领导亭长的工作。

县令长的佐吏除丞、尉外，还有一大批属吏，即秩百石以下的斗食、佐史之类，称之为少吏，这种少吏主要是令史，如夏侯婴曾任沛县令史，陈婴曾任东阳令史。县中的这些令史分科办事，大体组成与郡府相对应的机构。这其中，主吏（功曹）职总内外，在属吏中地位最高，职权最大。如萧何曾任沛县的主吏，实际上协助县令长主持全县的各项事务。

秦朝县以下的基层政权组织是乡、亭、里。国家的赋税、徭役、兵役以及地方教化、狱讼和治安等事宜，绝大部分都是由乡里官员直接承办的。我国古代的乡里组织在春秋战国时期已大体形成，五家为伍，伍以上为里，里之上为乡。秦朝统一全国后，普遍实行以县统乡，以乡统里的地方基层制度。《汉书·百官公卿表》记载："大率十里一亭，亭有长，十亭一乡。"似乎亭是乡以下的行政单位。江苏东海县尹湾出土的汉简证明，在秦汉时期，地方基层行政机构由乡里组成，亭是直属于县尉的治安机构。关于乡官的组成情况，秦朝没有留下详细的文献资料，西汉的文献资料大致可以反映秦朝的状况："乡有三老、有秩、啬夫、游徼。三老掌教化。啬夫职听讼，收赋

① 范晔：《后汉书》志二八《百官五》，中华书局1965年版，第3622—3623页。

② 班固：《汉书》卷一九《百官公卿表》，中华书局1962年版，第742页。

③ 范晔：《后汉书》志二八《百官五》，中华书局1965年版，第3623页。

税。游徼循徼禁盗贼。"①《后汉书》对乡官作了更详细的记载："本注曰：有秩，郡所署，秩百事，掌一乡；其乡小者，县置啬夫一人。皆主知民善恶，为役先后，知民贫富，为赋多少，平其差品。三老掌教化。凡有孝子顺孙，贞女义妇，让财救患，及学士为民法式者，皆扁表其门，以兴善行。油徼掌徼循，禁司奸盗。又有乡佐，属乡，主民收赋税。"②在以上乡吏中，三老的起源较早，据《周礼》记载，周代已经设置此职，春秋战国时期，乡里普遍设三老。秦统一以后，亦在全国普遍设三老。三老不是行政职务，亦无正常俸禄，但是，由于他们是统治者在地方士树立的道德化身，因而在百姓中有一定的信仰和威望，在当时享有较高的社会政治地位，不但可以与县令丞分庭抗礼，而且能够直接上书皇帝，提出意见和建议，有些建议甚至能够得到皇帝的采纳。如楚汉战争期间，刘邦为义帝发丧，从政治上孤立和打击项羽的主意，就是三老董公提出来的。乡一级的行政事务，主要由啬夫承担。他一方面要"听讼，收赋税"，另一方面要了解百姓的善恶、服役状况，评定其承担的赋税等差。游徼可能是由县直接派到乡里巡查的官员，其职责是缉捕盗贼。乡里除三老、啬夫、游徼外，还有乡佐，从有关记载看，乡佐的职务与啬夫一样，是征收赋税，催办徭役，其他行政、民政、兵事等，也一律过问。其地位大体相当于郡县中的丞，是啬夫的主要助手，乡里中的不少事务都是由他经办。

亭的性质，由于文献记载的原因，学术界一直存在歧义。过去不少人认定它是乡以下的一级行政机构，也有人认定它是与乡平行的一级行政机构。江苏东海县尹湾汉简出土后，学术界方才了解它的确切性质：直属于县尉的治安机构，与乡交叉设置，亭在城市设置较多，如东汉的洛阳就多达36个亭。在乡村，亭多设置于交通要冲或重要市镇。它除了治安即缉捕各种人犯，特别是逐捕盗贼外，亭舍还起着客舍和邮传的作用，正如《风俗通义》所解释："汉家因秦，大率十里一亭，亭，留也。今语有停留等待，盖行旅宿食之所馆也。"③其作用类似今天政府设置的招待所，既接待过往的官员，又可接待普通百姓住宿。同时。亭还是中央和郡县公文传递的驿站，亭

① 班固：《汉书》卷一九《百官公卿表》，中华书局1962年版，第742页。

② 范晔：《后汉书》志二八《百官五》，中华书局1965年版，第3624页。

③ 应劭：《风俗通义》，天津人民出版社1980年版，第404页。

的主要官吏是亭长，他直隶于县尉，与乡互不统属。亭长的职责是“求捕盗贼，承望都尉”[①]。他在其辖区内缉捕盗贼，有时与追捕盗贼至自己辖区的县尉结合，听其指挥；有时又与徼循的游徼相结合，共同行动。因而亭长、游徼、县尉的工作联系比较紧密，所以《汉旧仪》指出：“尉、游徼、亭长皆设置五兵。五兵：弓弩、戟、楯、刀剑、甲铠。……设十里一亭，亭长、亭候；五里一邮，邮间相去二里半，司奸盗。亭长持三尺版以劾贼，索绳以收执盗。”[②]因为亭长的主要职责是维持地方治安，所以在官员出行经过其辖区时，他要迎候护送，负责保卫工作。而在达官贵人经过时，还要“整顿洒扫”亭舍，修桥补路，在乡间，亭长有权检查过往行人，执行宵禁法。刘邦在起义反秦前就做过泗水亭长。亭的官吏除亭长外，还有部分吏卒，其中有担任亭长助手的亭佐，专门逐捕盗贼的求盗，以及担任候望的亭侯等。

在乡以下，还有居民的基层组织，即里和什伍。据《史记·商君列传》记载，商鞅变法时，有“令民为什伍”之说。《后汉书》记载：“里有里魁，民有什伍，善恶以告。……里魁掌一里百家。什主十家，伍主五家，以相检察。民有善事恶事，以告监官。”[③]然而，遍查秦汉史籍，除军队编制外，在地方基层组织中似乎不存在“什”一级编制。《韩非子·外储说右下》记载秦有“里正与伍老”，湖北云梦出土的秦简中也只有里典和伍老。所以秦时的乡以下居民组织就是里和伍两级，里典和伍老的职责是协助乡、亭对居民实施教化和维持社会治安。由于乡里与百姓关系十分密切，所以后世人们往往把家乡称为乡里或故里。政府在里这一级居民组织中，设置兼有官民二重身份的里吏，即里正，秦时避嬴政名讳，又称里典，为一里之长。里中又有父老，是年纪较大而又德高望重者。还有充任杂役的里宰、里门监等。如《史记·陈丞相世家》记载，陈平曾任里宰：“里中社，平为宰，分肉食甚均。”《史记·张耳陈余列传》载：“张耳陈余乃变姓名俱之陈，为里监门以自食。”另据《史记·郦生陆贾列传》记载，郦食其这位性格独异的纵横先生也曾任里门宰。里以下为伍，是居民的最基层组织，五家为伍，其首领为伍老，职责是教导所辖区百姓以孝弟自励，同时互相监督，告发奸人。

---

① 范晔：《后汉书》志二八《百官五》，中华书局 1965 年版，第 3624 页。

② 孙星衍等：《汉官六种》，中华书局 1990 年版，第 81 页。

③ 范晔：《后汉书》志二八《百官五》，中华书局 1965 年版，第 3625 页。

秦朝对百姓的控制是通过严格的户籍制度进行的。中国古代的户籍制度起源很早。周宣王的“料民于太原”①，就是一次明确的户口检查。战国时期的各国都有严格的户籍制度。公元前374年（秦献公十一年）“为户籍相伍”②，是秦国户籍制度正式建立的标志。秦统一后，自然把户籍制度推向全国，因而从县府至中央政府，都有本地区乃至全国的户口资料。《史记·萧相国世家》载：

> 沛公至咸阳，诸将皆争走金帛财物之府分之，何独先入收丞相御史律令图书藏之。沛公为汉王，以何为丞相。项王与诸侯屠烧咸阳而去。汉王所以具知天下厄塞，户口多少，强弱之处，民所疾苦者，以何具得秦图书也。③

这些秦朝的图书中，显然有全国的户口计簿，特别是萧何任用秦朝的柱下御史张苍为计相，因他“明习天下图书记簿”④，所以对全国的户口情况就更加清楚了。

秦朝已经实行较严格的上计制度。县对郡，郡对中央，每年一次上计，其中的重要内容就是人口、垦田、刑狱、赋役的数字，这显然来自基层的户口调查。其实，中国的户口调查制度由来已久。《管子·度地篇》记载：“令曰：常以秋岁末之时，阅其民，案其家人比地，定什伍口数，别男女大小。其不为用者辄免之，有锢病不可作者疾之，可省作者半事之，并行以定甲士，当被兵之数，上其都。”这大概是战国时期的户口案比情况。根据现有材料推断，秦朝每年至少检查一次户口。户口检查的主要内容是人口（包括每个人的籍贯、姓名、年龄、性别、身高、外貌特征等）、土地、各种财产等，因为这些资料决定该户应该负担的田租、徭役和人口税。为了加强对居民的控制，秦朝完善和发展了战国以来的连坐法，使之互相监督告奸。同伍中一人犯罪，其余各户也被株连治罪。此一制度一直延续到近代，成为统治

① 司马迁：《史记》卷四《周本纪》，中华书局1959年版，第145页。
② 司马迁：《史记》卷六《秦始皇本纪》，中华书局1959年版，第289页。
③ 司马迁：《史记》卷五三《萧相国世家》，中华书局1959年版，第2014页。
④ 班固：《汉书》卷四二《张苍传》，中华书局1962年版，第2094页。

者严酷统治百姓的重要手段之一。秦朝统治者实行严格户籍制度的目的，是把以农民为主体的广大居民束缚在土地上和以里伍编制的社会关系网内，以便使他们为封建国家提供稳定的税源和兵役、徭役服务。这种户籍制度之所以在中国封建社会历两千年之久而不衰，根本原因是当时的自给自足的自然经济决定的，因为在这种社会条件下，“交换是有限的，市场是狭小的，生产方式是稳定的，地方和外界是隔绝的，地方内部是团结的”①。虽然由于社会的政治动荡和自然灾害等原因不断引发局部的人口流动，但从全局看，“安土重迁”的中国古代农民在“死徙勿出乡”观念的支配下，很少流动迁徙，这恰恰为户籍制度的长期稳定创造了条件。

秦朝时期，对官吏的任免与考绩已经形成了一套行之有效的制度，但详细情况已难以稽考。这里仅就文献可征者略加叙述。

在选官方面，秦在统一前和统一后已经建立起较稳定的几项制度。1.“求贤”。秦国僻处西部一隅，经济文化一度比其他诸侯国明显落后。为了尽快摆脱这种局面，其统治者自孝公以来就大力招揽天下贤士，使一大批治国领军的英才从四面八方汇集秦国。商鞅、范睢、张仪、蔡泽、李斯、蒙氏父子兄弟是其中的佼佼者。孝公继位后，曾发布过一个著名的求贤文书，后世的继任者直到秦始皇，都是遵循其基本精神办事的。2.“征辟”。这一制度，创自秦始皇。《史记·叔孙通列传》：“（叔孙通）秦时以文学征，待招博士。”《史记·萧相国世家》：“（萧何）给泗水卒史事，第一，秦御史欲入言征何。”3. 荐举。一般由权臣建议，再由国君任命。魏冉任秦国丞相时，曾举荐任鄙为汉中太守，举荐白起任将军。吕不韦任丞相时，亦曾举荐李斯任郎官。不过，秦国法律同时规定了荐人者的连带责任：“任人而所任者不善者，各以其罪罪之。”②如范睢就因为举荐之人郑安平、王稽犯罪而受到牵连。4.“拜除”。即直接由国君任命为高级官吏，如秦始皇拜李斯为长史，拜蒙恬为内史，秦二世拜叔孙通为博士等。5.“试补”。即先试用，再正式任命。夏侯婴在秦朝“试补为县吏”。对基层小吏的选用一般多采用此种方式，因为基层小吏需要量大，且他们必须承担大量日常行政事务，所以对其

① 《马克思恩格斯选集》第3卷，人民出版社1972年版，第313页。

② 司马迁：《史记》卷七九《范睢蔡泽列传》，中华书局1959年版，第2417页。

试补资格做了较严格的规定，目的是考验他们的能力。对这些基层小吏还有三个方面的限制：一为年龄限制，一般30岁以上才得任职。《史记·高祖本纪》："（刘邦）及壮，试为吏，为泗水亭长。"《礼记·曲礼上》："三十曰壮。"二为财产及品行方面限制。韩信"始为布衣，贫无行，不得推择为吏"①。大概因为吏的俸禄较低，太贫不易全身心地投入工作，而"无行"者必然在百姓中没有威望，也不利于顺利工作。三为文化程度方面的限制，小吏几乎天天同文字打交道，因而必须有识字和写作的基本功。如萧何"以文无害为沛主吏掾"②。"文无害"究竟何意，注家有不同解释，其中韦昭解释为"有文理，无伤害"可能接近本意。

秦朝官吏制度中还有"假"的规定，即在正式任命前先代理某官，"官吏摄事者皆曰假"③。如秦始皇十六年（前231年），南阳郡主持工作的是一个名叫腾的假守，二世元年（前209年），会稽郡主持工作的是一个名叫殷通的假守，项梁、项羽叔侄就是斩其头在会稽起事反秦的。秦朝也实行兼官制，此制起于武王时期，终秦之世未变。如中车府令赵高"兼行符玺令事"④。此外，上计制度，告归之制，课殿最之制都已形成并实行。同时，免官之制亦普遍实行：因另有重用而免其较低的职务，因不称职而免官，因犯罪而免官，总之，国君不管出于什么理由，都有权免去臣下的职务，而从中央到地方的各级主官，也有按规定任免其部属的权力。

秦朝还初步建立起一套从中央到地方的监察机构，配备了相应的官员。这套机构是由御史大夫、监察御史、郡守（兼）和县令长（兼）组成。中央的最高监察官是御史大夫。御史大夫作为"副丞相"，单独开府办事，与皇帝的关系较之丞相与皇帝的关系更密切。他不仅经常代皇帝起草诏、告、命、令、敕，而且经常接受皇帝的差遣去完成许多重要使命。由皇帝名义颁发的诏、告、命、令、敕一律由御史大夫下丞相再下二千石的朝官和郡守，凡是重大案件，也往往由御史大夫出面会同廷尉"杂治"。他拥有对百官包括丞相的监察之权。御史府设置人数众多的监察御史，对朝中各级官员行

① 司马迁：《史记》卷九二《淮阴侯列传》，中华书局1959年版，第2609页。
② 司马迁：《史记》卷五三《萧相国世家》，中华书局1959年版，第2013页。
③ 赵翼：《陔余丛考》卷二六，中华书局1963年版，第546页。
④ 司马迁：《史记》卷八七《李斯列传》，中华书局1959年版，第2547页。

监察之权，另派监郡御史分赴各郡，对郡府和该郡所属县的官员进行监察。郡守和县令长同时也是监察官，对所属官员行使监察之权。这套监察制度，在正常运行的情况下，基本上起到监察百官的作用，对澄清吏治具有积极意义。

第四节　司法制度

秦朝建立后，在原秦国法制的基础上进一步完善司法制度，其标志是李斯等人制定的《秦律》。《秦律》的基本内容来源于战国初期魏国李悝的《法经》。商鞅在秦国变法时，将《法经》的六法改为六律，是为秦国制定封建法律之始。统一全国后，在原六律的基础上，李斯等人又综合损益原六国法律的某些条款，制定出轻罪重罚、繁密苛酷的《秦律》，实现了秦始皇“治道运行，诸产得宜，皆有法式”[①]的目标。不过，由于《秦律》的正式文本已经亡佚，长期以来人们对它的认识只限于秦以后文献的零星记载，不仅语焉不详，而且还掺杂着许多汉朝人言过其实的评判，因而难以总观它的全貌与详情。在湖北云梦睡虎地秦墓出土了大量载有秦朝法律文书的简牍后，研究者才得以更加全面、准确地把握秦律的内容和实质。《睡虎地秦墓竹简》的法律文书共包括《秦律》18种和《效律》《秦律杂抄》《法律答问》《封诊式》4种。从中可以看出，《秦律》有刑法、诉讼法、民法、行政法、经济法、军法等10多个法律门类，其核心则是刑法。

《秦律》反映的是当权的统治阶级的意志，是维护地主阶级的政治统治、经济剥削和思想文化专制的重要工具。例如，秦朝颁布“焚书令”，宣布“偶语者弃市，以古非今者族，吏见知不举者同罪”，就是为了维护思想文化上的绝对专制主义。《法律答问》规定：“五人盗，赃一钱以上，斩左趾，又黥为城旦。”“盗采人桑叶，赃不盈一钱，赀徭三旬。”[②]显然具有维护私有权的鲜明特点。其中对于私自移动田界标志处以“赎耐”的刑罚，反映了维护土地私有制的鲜明立场。而对于“匿田”即逃避田租，“匿户”即逃避户

① 司马迁：《史记》卷六《秦始皇本纪》，中华书局1959年版，第243页。

② 睡虎地秦墓竹简整理小组编：《睡虎地秦墓竹简·法律答问》，文物出版社1978年版。（下引该书注略）

赋、口赋和徭役等的处罚规定，则表现了封建国家对于保护政府财政收入和劳力供应的坚决态度。

《秦律》的阶级实质不仅表现在它对财产权的明晰规定，还表现在它对封建的等级制度的认可与维护。本来，早期法家在反对奴隶制的等级制度时，曾提出“不分贵贱亲疏一断于法”的著名口号，反映了处于上升时期的新兴地主阶级与其他被压迫阶级在利益上的联系，扩大了同奴隶主贵族斗争的队伍，具有划时代的进步意义。然而，法家及其代表的新兴地主阶级虽然反对奴隶制的等级制度，却并不意味着他们反对一切等级制度。恰恰相反，他们仅仅要求以封建的等级制度代替奴隶制的等级制度，而一旦他们稳固地掌握了政权，就要求以法律的形式维护新的等级秩序。比如，商鞅变法时，就不仅规定了20个等级的爵位制度，而且规定了尊卑爵秩等级，并按等级占有田宅、臣妾和穿着相应的衣服。《秦律》明确规定法律面前人人不能平等，王室贵族特权受到保护，“内公孙毋爵者当赎刑”。有爵位犯法者可以减刑：“男子赐爵，一级以上，有罪以减。”① 官吏和有大夫爵位的人，一般不编为“伍人”，即使编为“伍人”，也可以免除“连坐罪”，而一般百姓“士伍”则“有罪各尽其刑”②。《秦律》中的《司考律》还规定，不同等级的人即使犯罪服劳役，在管理上也不同等对待。例如，高级官吏的子弟如因犯罪服劳役时，只需在官府劳作，支应一般杂役即可。同时还允许在所谓“耆弱相当”的条件下，可以由别人代替服役。公士以及无爵的庶人，在服“城旦舂”之刑时，可以不穿囚衣，不戴刑具。可是，鬼薪、白粲、不加耐刑的下吏以及家私奴婢因抵偿费赎债而服城旦劳役时，就需要穿红色囚衣，戴刑具，并在监督下劳动。特别需要指出的是，《秦律》中还广泛运用“赀甲”“赀盾”作为对一般刑事犯罪和职务犯罪的惩罚，同时并有“赎耐”“赎黥”“赎迁”“赎死”等赎刑的规定，这就更给贵族、官僚、地主、富商大贾提供了以钱抵罪的便利条件，纵然犯了死罪也可以逃脱惩罚。而一般处于贫困状态的劳动人民却只能在“各尽其刑”的规定下遭受各种严酷的刑罚。

《秦律》的一个重要特点是“轻罪重罚”。而它的刑罚又以特别严酷著

① 孙星衍等：《汉官六种》，中华书局1990年版，第85页。

② 孙星衍等：《汉官六种》，中华书局1990年版，第85页。

称。根据《睡虎地秦墓竹简》提供的资料，秦朝的刑罚共分12类，其中死刑有戮、弃市、磔、定杀以及见于其他记载的族、夷三族、枭首、车裂、腰斩、体解、凿颠、抽胁、镬烹、坑、囊扑、具五刑等；肉刑有黥、劓、刖、宫等；徒刑有城旦舂、鬼薪、白粲、隶臣妾、司寇、候等。除以上三种刑罚外，还有笞刑、髡、完、迁、赎刑以及赀、废、谇、连坐、收等。刑种繁多，死刑与肉刑特别残酷和野蛮。

当然，由于秦朝正处于中国封建社会的初级阶段，秦律除了严酷、野蛮的一面外，也反映了新兴地主阶级生气勃勃的进步的一面。比如，它虽然承认奴隶制残余的存在，但也有限制奴隶制发展、支持奴隶解放的内容，规定奴隶可以用军功或戍边劳动来换取人身解放。《军爵律》规定："欲归爵二级以免亲父母为隶臣妾一人，以隶臣斩首为公士，谒归公士而免故妻隶妾一人者，许之，免以为庶人。工隶臣斩首及人为斩首以免者，皆令为工。"《司空律》也规定："百姓有母及同生为隶妾，非适罪也，而欲为冗边五岁，毋偿兴日，以免一人为庶人，许之。"同时，因为秦国以奖励耕战完成了统一大业，所以秦朝实行奖励军功，保护劳动生产力和农业生产的政策，在《秦律》中此类内容比较突出。如《田律》中规定县府要及时向上级报告受灾的土地面积以及已经开垦而未耕种的土地数字，及时报告风、旱、涝、虫等灾害情况，还要求保持乡村农户有一定的劳动力从事生产，官府不得在同一时期从同一农户征发两个以上的劳动力去服役。《秦律杂抄·戍律》也规定："同居毋并行。具啬夫、尉及士吏行戍不以律，赀二甲。"而《司空律》又规定，即使为抵偿费、赎罪债而服劳役的人，也可以在播种、耘田等农忙季节回家20天从事劳作。另外，《田律》中有保护水道畅通以利农业灌溉的规定，有禁止滥伐山林和禁捕幼兽的规定，还有百姓居田舍者不得擅自"酤酒"的规定。《仓律》中有关于种子选择、保管、使用和各类农作物播种数量的规定。《厩苑律》中还对耕牛的饲养和繁殖作了具体规定。由于牛马是重要耕畜和运输工具，所以秦法中对偷盗牛马的惩罚是十分严厉的："盗马者死，盗牛者加，所以重本而绝轻疾之资也。"① 这些规定显然对促进农业生产的发展、保护自然资源和维护社会稳定发挥了积极作用。最后，还应该看

① 王利器校注：《盐铁论·刑德》，中华书局2015年版，第628页。

到，《秦律》虽然体现了秦朝“重本抑末”的国策，“事末利及怠而贫者，举以为收孥”[①]，但同时，它也要求将工商业的管理纳入法制化的轨道。如《均工律》规定了对手工业管理的细则，特别对货物的质量规定了较严格的标准。《金布律》有六项主要内容：货币管理，其中包括各类货币间的折算比例；财物出纳记账方式；官、民间的债务偿还办法；官吏享受的物质待遇；囚衣颁发制度；官府财物保管和废旧物资的处理。其中涉及货币的流通使用和商品标价的基本原则等，应该说，这对维持和稳定工商业的正常发展是比较有利的。

秦朝的司法事务是由从中央到地方的一套机构组织实施的。皇帝是全国司法的最高决策者和最后裁判者，“天下之事无大小皆决于上”[②]。他不仅任命官员主持制定各种法律法规，而且以经常颁布的诏、告、命、令、制、敕等不断补充各种法律条款和给予司法以新的指导。全国的司法机构都对皇帝负责。同时。皇帝还亲自过问一些重大案件，决定对某些重要罪犯的惩罚，以及宣布大赦等。例如，嬴政为秦王和始皇帝时，就亲自决定对嫪毐、吕不韦和方士与儒生案件的处理。显然，皇帝作为全国司法事务的最高决策者与裁判者，其权力和作用是任何具体的司法机构和司法官吏所不可取代和不能取代的。

在皇帝之下，丞相作为“百官之长”和总理全国政务的最高官员，同样负有司法责任，有权劾案百官和执行诛罚。如李斯为丞相时劾案长生不死药案中的方士和儒生，赵高为丞相时劾案李斯及其子李由的所谓“谋反案”等。秦朝的御史大夫是仅次于丞相的朝廷大官，又掌管图籍秘书和四方文书，并且熟知法度律令，因而拥有对百官的考课、监督和弹劾之权，其司法之权甚至超过了丞相。不过，他们都不是专职的司法官吏，丞相府和御史府自然也不是专门的司法机构，他们的司法之权都是兼领的性质。秦朝时期全国最高的专职司法机构是廷尉，其主管长官亦称廷尉，为朝廷“九卿”之一。廷尉对上向皇帝负责，对下统一领导各级地方政府的司法活动。它以朝廷的律条和皇帝的诏令为依据，掌管刑狱，以法判罪，同时接受地方官员的

① 司马迁：《史记》卷六八《商君列传》，中华书局1959年版，第2230页。
② 司马迁：《史记》卷六《秦始皇本纪》，中华书局1959年版，第258页。

上诉。

廷尉作为全国最高的司法机构，需要处理量多而又复杂的各种案件，所以它拥有一大批各司专职的官吏，如廷尉正和左、右监以及大量掾史等，其中有负责决狱、治狱的廷尉史、奏谳掾、奏曹掾，还有从事其他有关工作的廷尉文字卒史、书佐、从史等。

秦朝的各级地方长官都同时兼理司法，是其辖区司法的最高负责人。郡作为一级司法机构，在司法行政中占有重要地位。因为它对上通过廷尉向皇帝负责并接受其领导，将死囚案件与疑难案件上报廷尉；同时对下领导县一级的司法活动，接受其呈送的疑难案件，起着承上启下的作用。因此，郡守属下的不少官员，如郡丞、功曹、户曹、决曹、贼曹及大量掾史等，都是协助郡守或专理司法的官员。县同样也是一级司法机构，县令长作为县级地方政府的最高行政长官，同样兼理司法。其属官中的县丞、贼曹、狱掾等就是兼理或专职的司法官员。县以下的乡、亭等基层官吏中，不少人也负有司法之责。这种司法之责往往与治安相结合，如主管一乡事务的啬夫，其主要职责之一就是“听讼”，处理涉及刑事和民事的司法事务。而游徼的主要职责就是司法事务，即所谓“徼循禁盗贼”或“徼循司奸盗”。亭长的主要职责是“主求捕盗贼”，其手下还设有专门“逐捕盗贼”的“求盗”一职，显然是专门的司法官吏。综上所述，可以看出，秦朝的司法是通过从廷尉中经郡县直到基层的啬夫、游徼和亭长这一垂直的领导机构贯彻执行的。

秦朝已经形成了较严格的司法程序。秦简中的《封诊式》记载了秦朝官方规定的治理狱案的形式，从中可以窥见秦朝司法程序的大体状况。按规定，秦朝的诉讼，可以由当事人起诉，称“劾”，秦律中的“辞者辞廷”就是指由原告直接向郡守提出控告。不过，在一般情况下，更多的是由基层的小吏里典（里正）向县主官或县啬夫提起公诉。根据犯罪的性质和诉讼当事人的身份，又将诉讼分为“公室”告和“非公室”告两类。凡“贼杀伤、盗他人为公室告；子盗父母，父母擅杀、刑、髡子及奴妾，不为公室告”，官府只受理“公室”告，对“非公室”告则不予受理。官府受理后即对人犯进行审理。当时断狱最重要的根据是口供。为了使口供能反映真实情况，秦律认定最好不通过刑讯而获得所需口供，即所谓“毋治（笞）谅（掠）而得人情为上”。这就要求司法官吏注意审判方式，耐心地听取多方面的陈述，不轻易诘问和动刑："凡讯狱，必先尽听其所言而书之，各展其辞，虽智（知）其訑，勿庸辄诘。其辞已尽书而毋（无）解，乃以诘着诘之。""语之极而数訑，更言不服"，则动用刑罚。与此同时，对一般刑事案件也重视现场勘验，并将结果写出详细报告。《封诊式》中关于"贼死""经死""穴盗"和"出子"等案件，都有详细的记载。其中既有被害人的衣着、杀伤部位和作案人残留遗迹等细节，又有周围情况及知情人提供的旁证材料。这一切，都表明当时执法者重视证据和在司法实践方面的丰富经验。对于控告不实即"告不审"或蓄意陷害诬告者，"以所辞罪之"，情节恶劣或出于故意，则加重处刑。人犯对于判决不服，本人或其他人可以提出复审，"以乞鞫或为人乞鞫着，狱已断乃听"，即法庭允准其请求，重新进行审理。在通常情况下，死刑案件实行三审终审制。秦朝实行连坐制度，强调官吏百姓间互相监督，对危害统治者的犯罪，则鼓励和强迫他人告奸，见于西汉的律条"见知而故不举劾，各与同罪"①，实际上在秦朝已经广泛实行。即使官吏之间，有犯法者也必须举劾。秦朝的断狱基本上以律为准，在量刑上倾向于"轻罪重罚"。秦始皇"乐以刑杀为威"，"刚毅戾深，事皆决于法"，"久而不赦"，从来没有下过一次大赦令。只有二世胡亥在秦始皇死后颁布过一次大赦令，但其刑杀的残酷较之乃父有过之而无不及。秦朝从廷尉中经郡县到啬夫、游徼、亭长的司法系统，各级有着不同的职责和权力，其间有着较明确的分工。最基层的啬夫、游徼、亭长之类，其职责一是"听讼"，处理一般的民事和刑事案件；二是"禁盗贼"，主要是追捕和向上级机关遣送罪犯，他们本身并没有判刑和杀人的权力。刘邦在秦朝为亭长时，就两次押送刑徒去咸阳，说明遣送犯人是亭长的重要职责。县令长主持一县的司法事务，是初级审判机构。它有权定罪判刑，从一般徒刑到死刑都有权判决。秦朝的范阳令 10 年间"杀人之父，孤人之子，断人之足，黥人之首，不可胜数"②，可见其司法上的生杀予夺之权。但是，死刑案件必须上报郡守并经廷尉批复方可执行。在县这一审级，一般的刑事民事案件均由县丞、狱掾史等审理。遇有重大案件，特别是死刑案件，县令长往往亲自出面审理。郡一级是地方最高的审判

① 房玄龄等：《晋书》卷三〇《刑法志》，中华书局 1995 年版，第 925 页。
② 司马迁：《史记》卷八九《张耳陈余列传》，中华书局 1959 年版，第 2574 页。

机关，它受理属官呈送的疑难案件、官民上诉案件以及郡内发生的属县不便审理的案件，在这一审级，多数案件由主管司法的郡决曹及其他专司司法事务的掾史负责审理。对于死刑犯，在判决后，即以郡守的名义上报廷尉，待批准后处决。对于比较重大的案件，特别是杀人越货之类恶性大案，郡守往往自始至终参加追捕、侦讯、审理和处决等的全部活动。如上所述，廷尉是秦朝的最高审判机关，廷尉及其所属的官吏依照法律和皇帝颁布的各种诏令、律条，对皇帝交办的重要案件、发生在朝廷周围的重大案件，或地方呈送的疑难案件进行审判，对地方判决的死刑案件进行复审和批复，同时接受地方臣民的上诉。这种三审制度以及允许上诉的规定，在一定程度上有助于审判的公正和量刑的适度。秦朝初步建立了我国封建社会统一的司法制度，从法律上保证了这个地域辽阔、人口众多、各地经济文化发展不平衡的东方大国的统一，其积极作用还是应该肯定的。尽管秦朝的法律体现的是地主阶级的意志，维护的是封建国家对百姓的统治，保护的是以地主土地私有制为主要内容的封建的经济基础和以封建特权为中心的不平等制度，但是，这种法律制度在当时对于稳定社会秩序、保障国家机器和社会生活的正常运转还是发挥了积极作用。

然而，秦朝的法律及其司法制度也有着难以克服的弊端。第一，秦朝法网严密，刑重且滥，死刑、肉刑和徒刑相结合，显示的是这一法律的原始性、野蛮性和残酷性。第二，秦朝虽然建立了由县、郡、廷尉构成的多审级的司法审判程序，一定程度上维护了法律本身的公正，使量刑看起来合法合理又合情，但是，由于秦朝法律的前提是维护一个阶级对另一个阶级的统治，而律文中又明确规定了对社会上各类人不平等的惩罚制度，所以，即使完全按照《秦律》办事，其结果在实质上和形式上也是不平等的。第三，在秦朝建立的政治体制中，由于司法权与行政权相结合，中央的行政官员和司法官员既界限不清，而地方上的行政官员同时又是司法官员，除了垂直的上级机关对下级机关具有一定的监督和制约作用外，同一机构中缺乏平行的制约和制衡机制，所以，公正的依法审判与合理的量刑是很难做到的。首先，皇帝本身是法外人物，他不仅握有制定法律和对审判的最后裁决权，而且其本身也不受法律的丝毫约束。他能够完全凭自己的好恶喜怒奖惩臣民百姓，一言可以使奸佞之辈飞升九天，一言又能够将忠直之臣和无罪之民打入十八层地狱。其次，官僚贵族们又都享有不同的特权，再加上他们不断追求法外的权利，敢于肆无忌惮地践踏法律的所有条款，如此一来，秦朝法律所制裁的主要对象也只能是普通百姓了。第四，秦朝统治时期，虽然国家制定了严酷细密的法律，形成了以刑法为核心，包括民法、行政诉讼法、财政管理法以及军法等一系列法律在内的独特的法律体系，对促进国家统一，特别是维护国家机器正常运转、稳定社会秩序都起了积极作用。但是，由于缺乏一种有效的制衡机制，就使秦朝对国家和社会的治理基本上以人治为主，人治大于法治。秦始皇和秦二世就视法律为儿戏，有法不依或随意更定法律的事不时发生，再加上法律条文中有不少空子可钻，贪赃枉法之事也就层出不穷，腐败之风当然也就难以抑制了。

第五节　军事制度

由于秦朝是通过长期大规模的军事征伐完成统一中国大业的，在它存在的 15 年中，又有对匈奴和百越用兵的壮举，因而其军事制度较其他制度更加完备。诸如军事领导体制、兵役制、军队体制、组织编制和兵种、军事训练、战场通讯指挥、后勤保障、武器生产以及军事法律等，都建立了严格、完备的制度和规章。这些制度使秦朝拥有一支人数众多，训练有素，素质优异，装备精良，能征惯战的武装力量，为统一六国和对匈战争以及平定百越战争的胜利创造了条件。在军事领导体制上，秦始皇继承其祖宗立国以来形成的传统，牢牢地掌握了对全国武装力量的统帅指挥权，因为他既是国家元首，又是武装部队的最高统帅。他一方面通过对领兵将帅的任免、升降、奖罚控制军队官佐的人事任免和调配，另一方面又通过调兵信符和动用兵力数量的有关规定掌握军队的驻屯和作战大权。

皇帝调兵的信符是虎符与玺书。从战国到秦统一，按制度规定，即使调动 50 人的军队，也必须用虎符。秦始皇时期的阳陵虎符上有 12 字的铭文：“甲兵之符，右在皇帝，左在阳陵。”凡调动阳陵驻军 50 人以上兵力，必须以皇帝手里的右符与阳陵的左符相合才能成行，否则任何人都不能调动。同时，皇帝的玺书也是调兵的信物，因而掌握玺书与虎符的中车府令一定是皇帝十分信赖的官员。

秦朝的军事领导体制是由中央和地方两套系统组成的。中央的领导体制由皇帝、将军、国尉和其他高级军官组成。战国时期的秦国曾设大将军与上将军，但只是荣誉性职务，平时除侍卫部队外不能统帅任何正规部队，在战时则指挥由皇帝指派的部队，战事结束后即交出兵权。国尉虽然是常设的军职，但也只是皇帝的高级军事顾问，平时也没有统帅指挥部队的权力，只是在得到皇帝的任命授权后才可以率兵打仗。将军以下有裨将，即副将，他协助将军处理各项军务。裨将以下有校尉，又称都尉或军尉，在野战部队中是统领大兵独当一面的高级军官，在地方上是郡一级的高级军官。另外，将军帐下有长史，职责是主掌参谋文秘事宜，秩级与都尉相当。地方的军事系统是由郡县两级政府领导的，它们承担的军事领导工作包括：负责征集、训练、考核、管理地方常备军；征发兵役，保障中央和边防所需兵源；随时听命国君，派遣和率领地方军参战；统率地方军维持当地治安；负责本地的军事后勤工作等。[①] 郡守作为郡的最高行政长官同时兼理军事，郡尉作为郡的专职军事长官，协助郡守分掌全郡的军事治安等事宜。同时，郡守和郡尉还有奉命率本郡部队出征作战的任务。县令长和县尉的军事职能与郡守、郡尉相仿。

秦朝的武装部队，依其职能、指挥系统与服役区域的不同，可分为中央军、地方军和边防军三部分。中央军驻守京师，由宫廷禁卫军和首都警卫部队组成。它们分属于不同的指挥系统，互不统属，长官由皇帝直接任命，是中央直辖的最精锐的武装力量。宫廷禁卫军由两部分组成：一支由郎中令统帅，“掌宫殿掖门户”，即守卫宫城以内，经常在皇帝后妃身边执行警卫任务，在皇帝出行时随侍护驾。郎中令作为皇帝的卫士长，为朝廷“九卿”之一，都由皇帝最亲信的人担任。这支部队的战士统称郎官，它们不仅彪悍勇敢，武艺出众，还有相当的文化素养，易于得到擢升，为军中轿子。宫廷警卫军的另一支由卫尉统帅，职责是“掌宫门卫屯兵”，即守护宫城，保卫各宫门安全及在宫中巡逻，但不进入殿中执勤。这两支禁卫军互相配合又互相制约，共同承担起宫廷内外的保卫工作。卫尉也位列九卿，也是皇帝的亲信之一。另有中护军和领军史两位高级军官参与对中央禁卫军的领导指挥。中

① 郭淑珍、王关成：《秦军事史》，陕西教育出版社 2000 年版，第 366 页。

央军的另一支是由中尉统帅的京师卫戍治安部队，员额数万人，负责京城以内、宫城以外的治安与警卫事宜，具体任务相当广泛，除保卫京师安全外，还兼管水火警，守卫京师武库，以数千人的步兵骑士担任皇帝出巡时的外围警卫任务等。

秦朝的地方武装由郡县兵组成，它除担任维护地方治安外，还向首都和边防输送兵员，并随时奉命出境作战。地方部队屯驻郡县驻地，正常情况下，秦朝的成年男子一生要服两年兵役，一年在本郡从事军事训练和保卫工作，一年在京师宿卫或去边防戍守。郡县的军事工作由郡守和县令长管理，实际工作由郡尉和县尉负责。平时，郡县军的任务主要是从事训练。平原地区多步兵，南方水网地带多水兵，西北边防地区多骑兵，各地按照实际情况进行不同科目的训练。郡县军事机构还负责军事装备的筹集和管理工作，其中包括武器的制造与保管，军马训练以及其他军需物资的征集、管理和输送等。郡县武装戍守京师的任务大概因地而异，不会各地平均调拨。郡县兵的另一主要任务是听命中央调遣，随将帅出征。如公元前 235 年（秦王政十二年）“发四郡兵助魏击楚”[①]。公元前229年（秦王政十八年），又发上地、河内两郡兵，分别交由王翦和杨端和统帅伐赵。郡县兵出征时，郡县的长官，特别是郡尉和县尉一般都随军出征，以便对所属部队进行管理与指挥。如战国末年秦将李信率军伐楚失利，有 7 都尉阵亡，他们都是随军出征的郡尉。

秦统一全国后，西北、东北和南方与少数民族接壤，有漫长的边界线，需要大量军队守卫，而内地重要城镇也需要军队驻守，以维持社会稳定。因此，秦朝建立了一支庞大的军队，总人数不下百万。据《史记·秦始皇本纪》记载，蒙恬统帅的防备匈奴的长城一线驻军即达 30 万人，另有 50 万人戍守南岭。可以想象，在秦帝国的疆域内，秦军黑色的军旗飘扬在四面八方。

秦朝军队由车兵、步兵、骑兵、弩兵和水师组成。车兵用战车作战，是比较古老的兵种。战车因用途不同分为戎车、兵车、武车、革车等。作战时，战车上有甲士 3 人，中为驭手，左右甲士执戈、矛、弓箭等兵器，远射近击。西周至春秋，车兵为军队主力，秦穆公时秦国至少有兵车千乘。到战

① 司马迁：《史记》卷一五《六国年表》，中华书局 1959 年版，第 753 页。

国时期，车兵已经退居次要地位。步兵是徒步作战的兵种，也是最早出现的兵种。车兵为主的时代，步兵作为辅助兵种就存在，战国时期，一方面战争规模扩大，一方面战争对地形地物的利用越来越重要，高山密林里的埋伏、奇袭，战车很难适应，步兵于是成为主要兵种，加之此时国、野界限逐步消失，兵源扩大，各国军队人数增至 10 万甚至百万，步兵是增长最快的兵种。综合各种资料，可知秦军的大致编制是：伍长统 5 人，屯长统 50 人，将统 100 人，五百主统 500 人，二五百主统 1000 人，国尉统 1 万人，主将统 4 万人。秦兵马俑坑出土的军阵显示，以装具与装备区分，秦朝步兵可分为轻装步兵和重装步兵两种。轻装步兵身穿战袍，腰束革带，腿扎行縢，双腿着膝缚；重装步兵上身着铠甲，下体着装也较轻装步兵厚重。轻装步兵具有反应灵活运动迅捷的特点，作战中充当前锋并装备远射兵器，首先接敌。重装步兵笨重，适于正面进攻，置于阵中心位置，是主力兵种。秦重装步兵的身份地位高于轻装步兵。① 秦军步兵轻、重结合，有利于提高部队的整体战斗力，表明我国步兵的发展达到了一个新阶段。秦国在统一战争的后期军队多达百万，全国统一后，也经常保持百万之众，其中步兵不下六七十万之多。秦国步兵骁勇彪悍，所向无敌，无论在统一战争中，或是在伐匈奴、进军岭南的战斗中，步兵都发挥了主力军的作用。骑兵最早产生于游牧民族，大概在战国时期，以赵武灵王“胡服骑射”为先导，中原各国大都建立了骑兵，并在战争中逐渐发挥了独特的作用。战国时骑兵的编制，据《六韬》等文献记载，也是伍法制，即 5 骑一长，10 骑一吏，百骑一率（帅），二百骑一将。从秦俑坑展示的编组看，骑兵是以 4 为基数，即 4 骑一组，三组一列（12 骑），8 列（96 骑）组成一个纵队，加上阵首的一列（12 骑），一个骑兵队共有 108 骑。由于骑兵的组建比较复杂，并受财力的制约，因而其数量远少于步兵，号称雄师百万的秦军，其骑兵亦不过万骑。秦俑坑的骑兵俑形象应该是秦军骑士的写真：“秦俑骑士，上身穿紧袖长及膝部的上衣，外披铠甲，腰束革带，下身着紧口长裤，足蹬靴，头戴圆形小帽。骑士的衣着较车兵、步兵紧凑短小，铠甲也比重装步兵短，前后甲长度仅到腹腰，肩部不披甲，运动起来灵活便捷，适于马上各种战斗动作的完成，仍透露着‘胡服’

① 郭淑珍、王关成：《秦军事史》，陕西教育出版社 2000 年版，第 344 页。

的气息。骑士一手牵马，一手作持弓状，表明其主要任务是骑射。”① 骑兵机动灵活，在战争中主要用于长途奔袭与战场冲锋，秦军的骑兵和战马都经过严格挑选与训练，因而具有很强的战斗力，在统一战争和征伐匈奴的战争中都发挥了不可替代的作用。不过，由于此时的骑兵装具尚简陋，如低桥鞍，无胸带，无马蹬，骑士在马上不稳定，上下马亦不方便，加上马匹的繁育也不容易，所以秦朝的骑兵始终未能成为战略主力兵种。这种情况，直到西汉武帝时才有所改观。

弩兵，即弓箭兵在秦军中占有重要地位。弓箭在原始社会已经发明并得到广泛应用，商、周时期已普遍应用于战争。春秋战国时期，经过不断改进，发明了弩弓，弩弓提高了命中率又增加了射程，重型弩的张力达到“八石”“十二石”，射程可达百步至600步。后来又发明连弩，可以10矢俱发。将连弩装在车上，成为弩车。多车布阵，可以形成万箭俱发的威力。最迟到战国时期，弩兵已经成为独立兵种。秦国的弩兵在统一前和统一后，都居诸兵种之首。在秦兵马俑已发掘的5个探方内，发现弓弩遗迹130余处，成束的铜镞279箙，每箙装箭百支左右，全俑坑将会出土10万支箭，这表明在整个兵马俑坑的武器装备中，弓弩占了首位。秦军的弩兵在统一战争和以后的对匈奴、对南越的战争中，都发挥了其他兵种不可替代的作用。

除以上兵种外，秦军中还有水师，即在江河湖海中乘船作战的兵种。中国的水师诞生在春秋时期的南方诸侯国，如吴、越、楚等国。秦国因地处西北地区，与周边诸侯国和少数民族的战争全系陆上作战，因而没有建立水军的必要。进入战国以后，秦军不断向外扩张，灭巴、蜀，攻楚国，水师派上了用场。秦国于是大力发展水军，并在黄河上也建立起驾舟的水兵用于同魏国等滨河国家的作战。后来，秦军水师在统一战争中发挥了相当大的作用。张仪形容说：“秦西有巴蜀，大船积粟，起于汶山，浮江以下，至楚三千余里。舫船载卒，一舫载五十人与三月之食，下江而浮，一日行三百余里……”② 苏代也形容说：“蜀地之甲，乘船浮于汶，乘下水而下江，五月而至郢。汉中之甲，乘船出于巴，乘下水而下汉，四日而至吴渚。”③ 秦统一以

① 郭淑珍、王关成：《秦军事史》，陕西教育出版社2000年版，第349页。

② 司马迁：《史记》卷七〇《张仪列传》，中华书局1959年版，第2290页。

③ 司马迁：《史记》卷六九《张仪列传》，中华书局1959年版，第2272页。

后，对楚国的水师进行整编，组成了更为强大的水军，称为楼船之士。秦始皇曾派50万楼船之士攻取百越，这其中肯定汇集了秦朝水师的精华。另外，秦始皇曾有浮海射蛟和遣徐福入海求仙药的壮举，没有强大的水师做后盾，是不可想象的。

秦军在兵器制造和管理方面都形成了一套较完备的制度。诸如武器的督造、生产、库藏和管理等都有完备的制度，有法可依，有章可循，实现了武器制作的标准化。秦军的兵器有戈、矛、剑、弓箭等，虽然材料以青铜为主，但其坚固和锋利的程度都是无与伦比的。特别是弓箭，作为远射兵器，在战争中发挥了重要作用。另外，秦朝在统一全国前后，也建立起军队的行之有效的后勤供应与管理制度，保证了庞大军需物资的调拨和供应。战国时代的秦国和统一后的秦朝，始终像一具巨大的战争机器，一直在高效运转中创造着一个又一个的人间奇迹。

秦国在统一前和统一后，已经建立起完善的赋役制度（详后），这个制度保证它能有效地聚敛起全国的大量财富，能征发到源源不竭的人力和物力，以及数以万计的战马。在供应方面，秦军对粮食、饲草和武器等都设有专库保管，对这些物资的供应也制定了一套完善的制度，既保证了各种物资的有效供给，又杜绝浪费虚耗，为战争的胜利创造了重要条件。特别应该指出的是，秦国在发展过程中，尤其在频繁的战争中，逐步建立起一套较完备的军事法律制度。统一全国后，这套法律制度在全国的军事管理中得到推广，从春秋开始，秦国即开始建立自己的军事制度。至商鞅变法，进一步完善了这一法规。据《史记》《汉书》《商君书》《尉缭子》等文献记载，特别是《睡虎地秦墓竹简》的记载，秦国的军事法规具有十分丰富的内容，涉及军事活动的方方面面，诸如兵役征发、军队调动、兵员补充、士卒训练、军队检阅、战斗指挥、战场纪律、爵位予夺，以及军马、武器、粮食等军需的供应等，都有明确的法律规定。

秦国实行“傅籍”制度，凡年龄20岁至60岁的成年男子必须服兵役和徭役，违反者就构成犯罪，要受到处罚。《睡虎对秦墓竹简》中的《傅律》规定：

百姓不当老，至老时不用请，敢为伪者，赀二甲；典、老不告，赀各二甲；伍人，户一盾，皆迁。①

这就是说，凡百姓成年男子，不到60岁或到60岁不申报，在年龄上弄虚作假者，罚赀二甲。里典、伍老不及时报告，罚赀一甲；同伍之人罚赀一盾并处以迁刑。如果地方官包庇其子弟不服兵役，主管的县尉要罚赀二甲，免官，县令长也要罚赀二甲。《秦律杂抄》：

县毋敢包卒为子弟，尉赀二甲，免；令二甲。

地方官违反征兵法，如同时征发一家二人以上服役，主管官员都要罚赀二甲。《戍律》：

同居毋并行，县啬夫，尉及士吏不以律，赀二甲。

战争时期，郡县小吏也必须按规定服兵役，如不服兵役，罚赀二甲。《秦律杂抄》：

有兴（指军兴）除守啬夫，假佐、居守者，上造以上不从令，赀二甲。

服役失期，也要受到罚赀乃至斩首的惩罚。《秦律杂抄》：

军新论攻城，城陷，尚有栖未到战所，告曰战围以折亡，假者，耐；屯长、什伍知弗告，赀一甲，伍二甲。

《史记·陈涉世家》记载："二世元年（前209年）七月，发闾左，适戍渔阳，九百人屯大泽乡，陈胜、吴广皆次当行，为屯长。会天大雨，道不通。度已失期，失期，法皆斩。"看来对于失期的惩罚越来越严厉，从前期

① 睡虎地秦墓竹简整理小组编：《睡虎地秦墓竹简》，文物出版社1978年版。（下引略）

的赀甲到后期的斩首，这只能将士卒逼上铤而走险之路。

秦朝的军事行政法规在战争实践中不断完善。它特别规定了地方官在征发训练士卒和保证军需供应的责任以及违反规定的惩罚措施，如“诈”（斥责）“免”（免官）“废”（开除官籍永不叙用），以及“赀甲”“赀盾”等惩罚措施。如对任命的基层军官、教官不合法和不合格，就要受到“赀甲”的惩罚。《秦律杂抄》：

> 除士吏，发弩啬夫不如律，及发弩射不中，尉赀二甲。
>
> 发弩啬夫射不中，赀二甲，啬夫任之。

训练的驭手不合标准，训练的军马不合标准，县里主管官员都要受到惩罚。《秦律杂抄》：

> 驾驺除四岁，不能驾驭，赀教者一盾，免，偿四岁徭戍。
>
> 蓦马五尺八寸以上，不胜任，奔絷不如令，县司马赀二甲，令、丞各一甲。先赋蓦马，马备，乃都从军者，到军课之，马殿，令、丞二甲，废。

对冒领军粮的有关责任人，对军人私卖军粮，百姓私买军粮等，都规定了相应的惩罚措施。《秦律杂抄》：

> 不当禀军中而禀者，皆赀二甲，法（废）。非吏也，戍二可岁；徒食、屯长、仆射弗告，赀一岁；令、尉、士吏弗得，赀一甲。
>
> 军人麦禀，禀所及过县，赀戍二岁；同车食、屯长、仆射弗告，戍一岁；县司空、司空佐史、士吏将者弗得，赀二甲；邦司空一盾。
>
> 军人禀所，所过县百姓买其禀，费二甲，入粟公；吏部弗得，及令、丞赀各一甲。

秦军为了维持战时军队的战斗力，制定了十分严酷的战时法律，对违纪者，从高级将领到一般士卒，都严惩不贷。对反叛、通敌、降敌者的惩罚特别严酷。公元前235年（秦王政八年），“王弟长安君成蟜将军击赵，反，死屯留，军吏皆斩死，迁其民于临洮”①。长安君是秦始皇的亲弟弟，他在统兵攻赵失利后降敌，结果不仅全军将士皆被斩杀，而且连胁从的百姓也不放过，被处以流放之刑，迁到边远的临洮（今甘肃岷县）。秦将樊於期降燕后，其父母宗族皆被诛杀，秦王嬴政还以“金千斤，邑万家”②悬赏获取他的首级。秦昭王时期，王稽任河东郡守，“与诸侯通，坐法诛”③。另外，对于抗拒君王之命的主帅也往往给予严厉惩罚。如白起是昭王时期的名将，他统率秦军南征北战，夺楚国都郢，破赵军45万之众于长平（今山西高平），战功卓著，被封为武安君。后来，由于拒绝执行统率秦军围攻赵国国都邯郸的命令，被赐令自裁：“于是免武安君为士伍，迁之阴密……秦王乃使使者赐之剑，自裁。”④对于战时降敌和临阵脱逃的将帅和士卒，秦朝军法规定的惩罚措施是相当严厉的：“降敌者，诛其身，没其家。”⑤对于士卒失职，如不执勤或站岗时擅离职守，都要受到相应的惩罚。

《秦律杂抄》：

> 徒卒不上宿，署君子、屯长、仆射不告，赀各一盾。宿者以上守除，擅下，人赀二甲。

军官在战时如放弃指挥，即为失职罪，对其惩罚自然超过对士卒的失职罪，一般都是死刑。如《史记·秦本纪》所载，秦昭王四十九年（前258年）十月，将军张唐率秦军攻魏，一个姓蔡的尉因为“弗守”，被处以斩首之刑。对士卒逃亡也有惩罚条例，《屯表律》规定：

> 冗幕归，辞曰日已备，致未来，不如辞，赀日四月居边。

① 司马迁：《史记》卷六《秦始皇本纪》，中华书局1959年版，第224—225页。
② 司马迁：《史记》卷八六《刺客列传》，中华书局1959年版，第2532页。
③ 司马迁：《史记》卷七九《范雎列传》，中华书局1959年版，第2417页。
④ 司马迁：《史记》卷七三《白起列传》，中华书局1959年版，第2337页。
⑤ 司马迁：《史记》卷六八《商君列传》“索引”，中华书局1959年版，第2230页。

即对服役期未满而擅自归乡的士卒处以4个月的边防服役。对于失亡士卒的将领来说，依法可以判处死刑。秦末农民起义爆发后，少府章邯奉命率兵镇压。巨鹿之战，秦军大败，章邯率残兵屯棘原（今河北鸡泽县西），与项羽统率的诸侯联军对峙，章邯面对失军败阵的困境，无计可施。陈余借机致书于他，劝其投诚起义军，其中说："今将军为秦将三岁矣，所亡失以十万数，而诸侯并起滋益多。彼赵高素谀日久，今事急，亦恐二世诛之，故欲以法诛将军以塞责，使人更代将军以脱其祸。"[①] 这说明对失亡士卒的统帅可以依法斩首。章邯正是因为害怕被追究责任而投降起义军的。

另外，对于泄露战时机密和作战不力者也规定了惩罚的条款。如《史记·白起列传》记载，长平决战前夕，秦国秘密派白起来到前线担任秦军统帅，"令军中敢有泄武安君将者斩"。因为战时机密是取胜的重要条件之一。战场上将士们的士气如何对战争的胜负至关重要，为了鼓励将士们奋勇杀敌，必须赏、罚分明，对作战不力严加惩罚，往往处以死刑。《尉缭子·束伍令》规定：

> 五人为伍，共一符，收于将吏之所。亡伍而得，伍，当之；得伍而不亡，有赏；亡伍不得伍，身死家残。亡长得长，当之；得、长不亡，有赏；亡长不得长，身死家残。复战得首长，除之。亡将得将，当之；得将不亡，有赏；亡将不得将，坐离地逃遁法。

秦国对将士军功的奖赏有一套严密的法律制度，商鞅变法后逐步形成了20级的军功爵位制度。秦简《军爵律》对军功受奖的原则有明确规定：

> 从军当以劳论及赐，未拜而死，有罪法耐迁其后，及法耐迁者，皆不得受其爵及赐。其已拜，赐未受而死及法耐迁者，予赐。

该律还规定了以军功抵罪的条款：

① 司马迁：《史记》卷七《项羽本纪》，中华书局1959年版，第308页。

> 欲归爵二级以免父母为隶臣妾者一人，及隶臣斩首为公士，谒归公士；而免故妻隶妾一人者，许之，免以为庶人。工隶臣斩首及人为斩首以免者，皆令为工，其不完者，以为隐官工。

秦朝统治者以赏、罚二柄治军，对于使军队保持铁的纪律，督励将士勇敢赴敌具有一定的积极意义。秦军在统一六国的战争中之所以所向披靡，在北伐匈奴、南平百越的战争中之所以能够迭获胜利，就是因为这支军队具有一往无前的勇敢精神与顽强的战斗力。但是，秦朝的军事法律制度也有着明显的弊端，这就是它的繁苛。一方面。秦军活动的方方面面都有法可依，使将士们有章可循，减少活动的随意性与盲目性，未尝不是优长之处；另一方面，由于军法过于繁苛，必然缩小将士们活动的自由空间。秦朝军法对将士们的活动限制得过严过死，这显然对他们充分发挥自己的主观能动性不利。著名将军白起之死实在是一个悲剧。白起拒绝执行昭王的错误命令是对的，但他的行动却违反了军法，他只能为自己的正确而理智的行动付出生命的代价。秦朝的法律制度同时又是特别严酷的，它强调战时军法从严的原则自然不无合理之处，但不问青红皂白的“失期当斩”“亡伍不得伍，身死家残”“什伍连坐”等，实在是太过严苛了。秦军法中适用死刑的条款太多，将士们稍有不慎，或不是自身造成的失误，都有可能蹈入死亡之地。秦朝统治者制定严密野蛮残酷的军法，目的是督责将士们为之拼死战斗，在相当长的时间内的确也发挥了这种作用。然而，在另一种环境与时间条件下，这种野蛮残酷的军法却导向了它的反面。陈涉、吴广均为秦军的低级军官屯长，没有“失期当斩”的军法，他们不一定在大泽乡首举反秦的义旗，从而引发导致秦朝灭顶之灾的农民大起义。没有“亡伍当斩”的律条，章邯等统帅的 20 多万秦军主力也不一定很快向项羽为首的起义军投诚，从而加速了秦朝灭亡的步伐。

第六节 深远影响

综上所述，可以看出，秦朝在损益战国时代列国尤其是秦国制度的基础上，建立起了全国规模的专制主义中央集权的行政体制，从而为我国两千多年的封建社会奠定了政治体制的基本模式。不管后来的封建王朝在政治制度方面又做过多少损益，其基本原则和模式都是继承秦制，没有发生根本性的变化。

秦朝的皇帝制度，确立了皇位世袭、皇权无限的基本规则与观念，深深影响了中国此后两千多年的历史走势。它在中央建立的以丞相为首的“三公九卿”制度，组成了集行政、司法、军事、财政和监察于一体的官僚体制，政府各机构之间既有细密的分工又有彼此的协同，并且还有一定程度上的制约机制，基本上适应对一个幅员辽阔的伟大帝国的管理。这种中央政府的组织形式尽管后来逐步发生了较大变化，如三公九卿制中经西汉中期以后的内外朝制，东汉的尚书台制，到隋唐的三省、六部、五监、九寺制，变为宋朝的二府（政事堂、枢密院）、三司（户部、盐铁、度支）、一寺（大理寺）、一台（御史台）、一院（审刑院）制，再变为元朝的一省（中书省）、一院（枢密院）、一台（御史台）制，进而演变为明朝的六部、五府（前、后、中、左、右五军都督府）、一院（都察院）、五寺（大理寺、太常寺、光禄司、鸿胪寺、太仆寺）制，最后变成清朝的一处（军机处）、六部、五寺（大理寺、太常寺、光禄司、鸿胪寺、太仆寺）、三院（理藩院、翰林院、太医院）、二监（国子监、钦天监）、二府（宗人府、詹事府）制，但基本上都是三公九卿制的发展。我们几乎可以从后来所有封建王朝的中央机构的每一个职能部门上溯到秦朝的初始之源。

秦朝地方行政的郡县制也奠定了中国封建社会地方行政体制的基本模式和原则，即在每一个地方实行集行政、司法、军事、财政和监察于一体的集中管理体制。后来的中国封建社会的地方行政体制虽然几经变化，发展为东汉后期的州、郡、县三级制，唐代的道、州（府）、县三级制，宋朝的路、府（州）、县三级制，元朝的省、路、府（州）县四级制，明代的省、府（州）、县三级制，清朝的省、道、府（州）、县四级制，但组织地方行政体制的基本原则却没有发生什么变化。县以下的直接控制百姓的乡里组织与户籍制度等，也没有发生根本的变化。

秦朝初步建立了以求贤、征辟、荐举、拜除、试补为主要形式的选官制度和较严格的官吏任免制度，这种制度大体上满足了国家对各类人才的需求，并对后来特别是两汉的选官制度产生了较大影响。

秦朝建立的由中央直接控制的垂直的监察体系，形成了由御史大夫、监郡御史、郡守和县令长组成的监察网络，对于加强以皇帝为首的中央集权和澄清吏治起了一定的积极作用。这一监察制度在后来的中国封建社会中经过不断损益一直被沿用，两汉的御史大夫、刺史、督邮制度，唐代的御史台制度和十道监察制度，元朝的御史台和御史出巡制度，明清两代的都察院制度和监察御史巡按地方的制度，都是秦朝监察制度的损益和发展。

政治制度其他方面的内容，如皇帝专权制度、后宫外戚制度、宦官制度、多审级的司法管理制度、中央集权的军事制度、政府财政与皇室财政分开管理的制度，以及人事管理方面的选用、任免、考课、赐爵等制度，都被后来的封建王朝所继承、损益、完善和发展。特别是各类行政法典的颁布，标志着秦朝统治者把官制和对国家社会管理纳入法律化轨道的努力，对后世同样有着积极而深远的影响。

由秦朝创立的高度专制主义中央集权的行政体制，在古代中国历史上至少在以下 7 个方面显示了它存在的合理性和显著的优长之处。第一，高度专制主义中央集权行政体制的产生和长期存在，既是历史发展的产物，又是地主土地私有制和自耕农半自耕农占人口大多数的经济基础和生产方式的要求。这种体制，比较适应对自然经济条件下幅员辽阔的大帝国的管理。第二，高度中央集权的行政体制，使政令统一，法律统一，各种规章制度统一，经常指导行政运行的以皇帝的名义发布的诏、诰、命、令、敕等，利用发达的驿站，能够在很短时间内传递到中国的穷乡僻壤，实现上下联动，左右协调，能够发挥较高的行政效率，容易调动举国之力，攻坚克难，既能有效抵御外侮、平定国内反侧，维护国家的统一和稳定；又能集中庞大的人力、物力和财力，办成利在当代、功垂千秋的大事。第三，高度中央集权的行政体制，对于维护国家的领土主权安全、维护统一稳定，对于促进各民族的融合发挥了其他行政体制难以发挥的积极作用。第四，高度中央集权的行政体制，在制度的顶层设计上，体现了比较发达的政治分工与一定程度的制约机制，这既保证了行政的有序运作，又在一定程度上有利于抑制腐败的发生。第五，高度中央集权的行政体制，有着比较科学的选官制度和人事任用制度，基本上保证了将社会精英选拔到各级行政岗位上。第六，高度中央集权的行政体制，在政府决策制度方面也有一些优长之处。如其中的信息收集与反馈制度，包括上计制度汇集的资料、各级官吏的奏章疏报、监察系统所获情报、朝廷所遣大臣出巡所获情报，纳谏及广开言路所获信息等，这些信息经过朝廷中央的互证互核，互纠互补，在正常情况下基本上能够得到和确认真实信息，为政府决策提供真实依据。第七，高度中央集权的行政体制，在军队的掌控、调动、指挥和军官的升陟奖惩上实行皇帝专权和多头、多级管理的体制，既保证了军权的集中统一，又保证了各专门机构的各司其职，还使战时前线将领在皇帝授权前提下能够专断灵活地指挥，从而使军队的效能得以较好的发挥，为战争的胜利创造了条件。这些优长之处，在秦朝以后中国两千多年封建社会的历史上一再得到展现，从而支撑着中华民族创造了辉煌的历史和文化。

同时，在看到秦朝政治制度优长一面的前提下，也应该认识到，这个制度的弊端也是十分明显的。

首先，这个制度是全力保护和加强皇位世袭、皇权无限的专制独裁制度。一方面是家国同构，家国不分；一方面是皇帝拥有国家大政方针的最后决定权，这就不可避免地使封建政治显示浓重的人治色彩。尽管以哲学的视角，从宏观上可以认定任何皇帝都处于社会矛盾的制约中，他主观活动的舞台并不是广阔无垠的，但是，由于皇权是一个不受法律限制的权力，所以它的活动往往给国家政治和社会发展带来许多意想不到的结果。一个英武明断、雄才大略的皇帝，可以动用全国的人力物力创造辉煌的功业，如秦始皇前期之所为；一个节俭自律、勤政爱民的皇帝，也能够使他治下的国家和社会出现稳定繁荣的局面，如汉代文景之治。相反，一个暴戾恣睢、凶残贪虐的皇帝又可以使他的官僚机构急剧腐败，对广大劳动人民的剥削和压迫空前加重，由此迅速激化阶级矛盾和社会矛盾，使国家和社会由动荡不安走向糜烂溃散，最后导致一个王朝的覆灭。秦始皇后期的倒行逆施，秦二世变本加厉的奢靡暴虐，是导致曾经不可一世的秦王朝二世而亡的根本原因。秦朝二世而亡的覆辙，多次为后世的封建王朝所复蹈。这表明此一弊端几乎是无法克服和避免的。

其次，秦朝中央和地方机构的分工虽然基本上适应国家对各项事务的全面管理，但也存在明显缺陷。秦朝在全国设立 40 多个郡，数量太少，且大多数集中于黄河长江中下游，对长江以南广大地区则疏于管理。尤其是，中央集中的权力太大太多，而郡县拥有的权力太小太少，所以在秦末农民起义爆发后，各地方都难以组织有力的武装力量有效应对，致使起义军迅速发展成燎原之势。这显然是造成秦朝迅速土崩瓦解的原因之一。

再次，秦朝统治者一方面意识到行政权力应该受到制约，因而有从上到下的垂直监察系统的设置。但是，另一方面，由于全国监察权力最后总揽于皇帝，而郡县级的行政长官又直接掌控监察权，这就使监察权不可能完全从行政权力中分离出来，也就难以成为一种独立于行政权力之外的制衡权力，这自然会削弱监察权力对行政权力的制约。此一弊端，终封建社会都没有改变。

第四，信息难以保持经常畅通，时常出现肠梗阻。由于皇帝对臣下有生杀予夺之权，官员就看君王眼色行事，报喜不报忧，往往隐瞒真相，提供假信息，误导致决策屡屡失准。如秦二世时，关东农民起义的烈火已成燎原之势，但凡是报告真相、认为应该认真对付的官员都受到惩罚，因为他们的意见有乖"圣治"。叔孙通知道对二世不能说真话，于是投其所好地讲了一通假话以避免惩罚。因为得不到真实信息，秦朝也就失去对付起义军的最佳时机。

最后，外戚和宦官制度也是秦朝政治体制中重大的弊端之一。秦朝因为存在的时间较短，外戚的破坏作用还没有明显表现出来，而宦官的危害却是十分显著的。秦朝皇帝为了保证自己一家一姓的血统绝对纯正，于是大量使用宦官在宫廷内为皇帝和后妃服务。宦官于是利用接近皇帝的机会，在取得皇帝信任的同时千方百计窃取属于皇帝的权力，越法擅权，胡作非为，从而加速了政治的腐败。因为宦官的大多数是来自社会下层的市井无赖之徒，不仅文化素质极差，而且缺乏起码的道德修养，一旦大权在握，其贪婪和残暴几乎超过所有官吏。他们作为封建王朝的最重要的腐败源在促进官场和社会腐败中起了特别恶劣的作用。秦始皇最信任的宦官赵高在秦始皇死后勾结二世胡亥害死长子扶苏爬上高位以后，接着挟持二世大肆杀戮宗室贵族和协助秦始皇创业的功臣宿将，在极短时间内即将秦朝的健康力量赶尽杀绝，终于促成了秦朝统治集团的分崩离析，为秦朝的灭亡创造了条件。而在后来的封建王朝，宦官更是发挥了极其恶劣的腐败源的作用。东汉、唐朝、明朝和清朝，都有宦官出场加速政治腐败的典型事例，他们作为赵高的流裔一再演绎后来居上的丑剧。

总起来看，秦朝政治制度上的许多弊端几乎都为后世封建王朝所继承和发展。后来的不少地主阶级政治家与思想家虽然在一定程度上也发现了这些弊端对封建王朝的长治久安造成的威胁，并思谋了各种对策企图加以避免或减缓，在某些时期也取得了一定的效果，但却无法从根本上剔除这些弊端。原因就在于它们都是根源于制度本身的弊端，只要这个制度存在，这种弊端就不会消除，而只会不断花样翻新地一再呈现。显然，这种弊端只能随着封建制度的灭亡而消解。

第八章　巩固统一的措施

第一节　“使黔首自实田”

土地制度是封建专制主义中央集权制度的经济基础。公元前216年（秦始皇三十一年），秦朝下令“使黔首自实田”①，标志着中国封建社会初期土地制度的重大变革。关于这次变革的性质和秦朝土地制度的性质，学术界至今还有不同的理解，下面仅举几种代表性的观点。

范文澜认为这是“确定土地私有制度——东周后半期开始有两种土地所有制，经长期斗争，至前216年（秦始皇三十一年），‘令黔首自实田’，土地个人私有制也就是封建地主占有土地制以法律的形式确定下来了”②。翦伯赞认为这是“中国的土地之由封建领主所有完全转化为商人地主之集团的所有”③。郭沫若主编的《中国史稿》则认为，“它标志着在战国以来封建土地私有制发展的基础上，进一步在全国范围内确认了封建土地私有权……从此，无论是原先社会改革比较彻底的秦国地区，或是社会改革不够彻底的六国地区，封建地主土地所有制都得到了迅速发展”④。《剑桥中国史》对此问题的解释比较谨慎，它说：“这句话如果准确，并且解释无误，意味着到这个时候，土地所有制在全帝国已成为既成事实。”⑤ 以上解释为中外史学界

---

① 司马迁：《史记》卷六《秦始皇本纪》注引“徐广曰”，中华书局1959年版，第231页。

② 范文澜：《中国通史简编》第2编，人民出版社1958年版，第14页。

③ 翦伯赞：《秦汉史》，北京大学出版社1983年版，第27页。

④ 郭沫若主编：《中国史稿》第2册，人民出版社1979年版，第121页。

⑤ ［英］崔德瑞、鲁惟一：《剑桥中国史·秦汉卷》，张书生等译，中国社会科学出版社1992年版，第74页。

大多数学者所分别认同。不过，也有部分学者做出另外的解释，如侯外庐在《封建主义生产关系的普遍原理与中国封建主义》等文章中认为，根据马克思主义原理，所有权的缺乏是封建生产关系的特征，在整个中国封建社会中，国家对土地拥有所有权，贵族、官僚、地主对土地拥有占有权，农民（主要是自耕农）只拥有土地的使用权。所以，“使黔首自实田”并不表明对农民土地所有权的确认，只表明承认农民对土地的使用权。① 林剑鸣对此问题又有新的诠释：“秦王朝政府‘使黔首自实田’……就是运用政权的力量在全国范围内扫除障碍，促进封建土地私有进一步发展的重要措施。”他否认此一措施“仅仅是承认土地私有”，因为土地所有权早在公元前 594 年鲁国实行“初税亩”、公元前 408 年秦国实行“初租禾”就在全国范围内确认了。他认定“使黔首自实田”的意义在于：“令全国百姓（黔首）将自己的所有土地——包括田地与休耕地（即‘田’与‘莱田’）如实上报。这表示，今后国家不再干预所有土地使用情况，不再规定必须有‘田’与‘莱田’的明确划分。这就无异于宣布‘爰田’制的彻底废除。”②

究竟应该如何认识和理解“使黔首自实田”的内容及其意义呢？要理清这个问题必须将此前中国土地制度的变化作一概要的追溯。

西周时期实行的是宗族土地所有制，又名“井田制”。这个井田制并不是孟子解释的“八家共井，公事毕，然后治私事”那样的内容，而仅仅是一种计量土地和赋税的方法。即六尺为步，百步为亩，三百步为里，方里为井，一井九百亩。以此为标准，计算封地、采邑和农田的数量以及赋税的多寡。春秋时期，随着生产力的提高与经济的发展，各诸侯国之间、诸侯国内部卿大夫之间展开了激烈的斗争，不少诸侯国灭亡，许多卿大夫“降在皂隶”，土地逐渐集中于在斗争中获胜的侯国和宗族中，如晋国韩、赵、魏三家、齐国的田氏等。他们把奴隶制的宗族土地等级所有制变成了封建的土地国有制。齐国的“相地而衰征”，楚国的“量入修赋”，晋国的“作爰田”，鲁国的“初税亩”，都是通过改变征税方式，促进了封建土地国有制和授田制的形成。战国时期，各国普遍实行授田制，标准是一夫百亩。如李悝在魏

① 《侯外庐史学论文选集 · 封建主义生产关系的普遍原理与中国封建主义》，人民出版社 1987 年版。

② 林剑鸣：《秦汉史》，上海人民出版社 1989 年版，第 120—121 页。

国“行尽地力之教”，其标准就是“一夫挟五口，治田百亩”。[①] 孟子说“五亩之宅，树之以桑”，“百亩之田，勿夺其时”。[②] 荀子讲“百亩一守”[③]。《管子》中也记载“一农之事，终岁耕百亩”[④]。秦国的税收“人顷刍稿”也是按百亩计算。不过，实际授田时还要根据土地的肥瘠或加一倍，或加二倍授予。农夫授田后按一夫百亩缴纳定额赋税：“以其授田之数，无豤（垦）不豤（垦），顷入刍三石，稿二石。”战国时期列国实行土地国有制的同时，实际上也开始了土地私有化的进程。其时土地私有化的途径有三：“一是军功赐田和各种赏田的私有化，二是贵族官僚土地的私有化，三是农民授田的私有化。”[⑤] 在农民授田私有化的过程中，“使黔首自实田”具有重要意义。因为战国时期列国授田的目的，是把授田农民束缚在土地之上，以授促垦，保证国家的赋税之源，所以实际上土地是只授不还，后代可以世袭使用。再加上鼓励垦荒，随着人口的繁衍增多，土地的垦辟也越来越多，各农户长期使用授田和自己新垦之田，对土地的使用权也就逐渐变成了私有权，随着时间的推移，私有程度越来越高。土地私有的重要标志是土地买卖的盛行与合法化。战国时期土地买卖的史料有二则，一是《韩非子·外储说左上》记载的中牟令王登推荐两位文学之士到赵襄子那里任职引起的连锁反应：“中牟之人弃其田耘，卖宅圃而随文学者邑之半。”说明宅圃已经私有化。二是赵括被任命为将军后，将赵孝成王所赐金帛“归藏于家，而日视便利田宅可买者买之”[⑥]，说明土地买卖已经合法化了。土地私有化的发展必然引起赋役制度的变化。西周时期国人与野人的不同税制开始逐渐合流为一种税制。这是因为，随着授田制的发展，国人与野人的身份差别逐渐打破，他们作为授田农民被置于同样的赋役制度下，即什一税制的“粟米之征”，再加上“布帛之征”和“力役之征”等，也就是田租（田税）、户税、人口税的定额税制了。至此，封建土地国有制实际上已经变成了土地私有制，田税并不含田租，它

① 班固：《汉书》卷二四上《食货志上》，中华书局 1962 年版，第 1125 页。

② 《孟子·梁惠王上》，《十三经注疏》，中华书局 1980 年版，第 2671 页。

③ 王先谦：《荀子集解》，中华书局 2013 年版，第 252 页。

④ 《管子·轻重甲》，《诸子集成》5，上海书店 1986 年影印本，第 394 页。

⑤ 田昌五、漆侠主编：《中国封建社会经济史》第 1 卷，齐鲁书社 1996 年版，第 57 页。

⑥ 司马迁：《史记》卷八一《廉颇蔺相如列传》，中华书局 1959 年版，第 2447 页。

只是国家主权的象征。秦朝统一全国后，黔首名义上虽然还是授田农民，国家名义上还是全国土地所有者，但实际上，黔首已经成为土地的所有者了。国家除了占有官田、山林川泽和无主荒地外，其对全国的土地，只是拥有名义上的所有权，或在某种特殊情况下有权干预外，广大农民占有的土地实际上已经不能算作国有土地了。在这种情况下，为了进一步鼓励广大农民的生产积极性，促进未垦土地的迅速垦辟，于是下令“使黔首自实田”，以皇帝诏令的方式，允许农民自由占田垦荒，只要按时去政府登记新垦土地和按规定缴纳赋税就可以了。此后，国家对民间的土地买卖不再干预，国有与私有土地并存且界限分明。从汉代开始，土地兼并成为历代王朝关注的问题，因为它日益成为影响社会矛盾和阶级矛盾的重要因素，正如董仲舒所说：“用商鞅之法，改帝王之制，除井田，民得买卖，富者田连阡陌，贫者无立锥之地。”①“使黔首自实田”的意义在于，它奠定了此后两千多年中国封建社会土地所有制的基本格局：国有土地、地主土地、农民土地三者并存，此消彼长；土地买卖，加上诸子析产，使土地所有权的转移比较迅速，所谓“田无常主，民无常居”②，不易形成百世不变的大地主，同时使自耕农与半自耕农的土地数量在土地总量中占有较大比重。由此，使地主阶级和农民阶级的成员都处于不稳定状态，上升与沦落都是经常进行的，因而也就无法建立起稳定的等级制度。这一切恰恰构成中国与欧洲封建社会显著的不同特点。欧洲的封建领主不但能够世袭地、稳定地占有领地，而且能够世代占有领地上的劳动者农奴；他们不但具有固定的等级身份，而且在领地上直接握有行政权、司法权和兵权，封建领主不需要另设一套官僚机构，便可以有效地实施对农奴的统治，所以专制主义中央集权制度也就无从产生。中国的情况则不同。在地主土地私有制下，土地可以自由买卖，或土地兼并，这造成了土地所有权较大的流动性，个别地主对土地的占有和经营也比较分散，不可能同政治上的统治权力和统治范围紧密地结合在一起。因此，在经济上既不能形成像欧洲那样完整的封建庄园体系；在政治上，地主和佃农也不能形成像欧洲封建主和农奴之间那样的牢固的封建隶属关系。秦朝以后，中国的封建地

---

① 班固：《汉书》卷二四上《食货志上》，中华书局1962年版，第1137页。

② 范晔：《后汉书》卷四九《仲长统传》，中华书局1965年版，第1656页。

主一般采取租佃制的形式剥削佃农，所谓“耕豪民之田，见税什五”[①]。由于地主对土地的占有不稳定，而且地主在他们的土地上也没有行政和司法等权力，特别是游荡于地主经济范围以外的大量自耕农，更非个别地主的力量所能控制。在这种情况下，地主阶级为了有效地控制农民，及时镇压农民的反抗和起义，以保证他们对土地的占有和保护封建剥削，就需要一个凌驾于社会之上、能够集中代表全国地主阶级利益的政治权力机构，这个权力机构就是专制主义中央集权的各级官府。可见，从战国的封建割据到秦朝专制主义中央集权制国家的建立，并不是偶然的，而是由封建土地所有制这一经济基础决定的。秦始皇三十一年“使黔首自实田”实际上是用法律形式保护封建土地所有制，并进而为巩固专制主义中央集权制度服务。

第二节 “车同轨”“书同文”“行同伦”

秦始皇统一全国后，采取了一系列巩固统一的措施，如“车同轨”“书同文”、统一度量衡、堕城与销兵、全国巡视与刻石纪功等，对当时和以后中国经济文化的发展，对多民族国家的形成与发展，都产生了巨大而深远的影响。

秦始皇统一六国的第二年，即下令修建连接全国重要地区的道路网。这个路网，是由驰道、直道、五尺道和新道等不同等级的道路组成。最高一级的叫驰道。《史记·秦始皇本纪》《集解》引应劭的解释说：“驰道天子道也，道若今之中道然。”《汉书·贾山传》记述贾山的话说：“秦为驰道天下，东穷燕齐，南极吴楚，江湖之上，滨湖之观毕至。道广五十步，三丈而树，厚筑其外，稳以金椎，树以青松。为驰道之丽至此。”这显然是当时世界上修筑的最长的也是规格最高的道路。驰道宽 50 步，夯筑得坚实而平坦，每隔 3 丈植一株青松为道树。驰道以国都咸阳为中心，向东沿黄河南岸延伸，经三川郡（今洛阳）分两路，一路北上，过黄河，经河内郡、巨鹿郡、常山郡，直达广阳郡（今北京），然后转而东进，至右北平郡的碣石山而止。此路贯穿原韩、赵、燕腹地。另一路自三川郡继续东进，经东郡、定陶郡、至

① 班固：《汉书》卷二四上《食货志上》，中华书局 1962 年版，第 1137 页。

薛郡（今山东曲阜）后又分两路，一路北上，经济北郡（今济南）折而东向，经齐郡（今山东临淄）继续向东至胶东郡，至成山（今山东荣成）南折，沿海岸南下，经琅邪郡、东海郡，再分两路，一路东南向沿海直达广陵郡（今江苏扬州）。另一路南下，经泗水郡的彭城（今江苏徐州）直下东南，与沿海南下的另一条驰道在广陵交汇后渡长江南下，经会稽郡（今江苏苏州）至钱塘（今浙江杭州），之后渡浙江（今钱塘江）至会稽山。另外，自三川郡东向的驰道在今河南郑州附近另辟一路南下，经颍川郡直达南阳郡，与自咸阳直下东南经峣关、武关而达南阳的另一条驰道交汇。之后，继续向南延伸，在今之襄樊渡过汉水，直达南郡（今湖北江陵），再趋东南渡过长江抵湘山，入长沙郡，再沿湘江南下，越五岭，直达南海郡（今广州）。岭南的驰道是平定百越以后修建的。由咸阳向西，又修了一条直达陇西的驰道。该道在陇西境内又分成两路，一路向西北方向经回中宫至鸡头山，一路向西直达陇西郡城（今甘肃临洮）。

公元前212年（秦始皇三十五年），秦始皇又下令修了一条由咸阳北上的“直道”，这条道路由咸阳以北的云阳（今陕西淳化北）出发，经上郡的高奴（今陕西延安北）、阳周（今陕西绥德西）、肤施（今陕西榆林南）穿越沙漠，渡过黄河，直达九原郡城（今内蒙古包头西）。从这里再向北向西，就是一望无际的大草原了。秦始皇修筑这条直道的目的，主要是为了对付匈奴。因为此前，蒙恬统帅的秦军已经将匈奴人赶出河套地区，并修筑了绵延万里的长城阻其南下。同时沿长城一线驻军30万，随时准备反击匈奴人的入侵。边防前线，尤其是九原郡一带，需要大量的兵员与军需供应。直道的建成，使首都咸阳与北部国防前线有了一条便捷的通道，对巩固北部边防，加强与北部地区的经济文化联系，有着十分重要的意义。另外，为了加强咸阳与三晋地区的联系，由咸阳沿渭水北岸向东，渡过黄河，修建了直达河东郡城安邑（今山西夏县）的一条大道。这条大道由安邑沿汾河向北延伸，经太原郡城晋阳（今山西太原）继续向北，直抵雁门郡城（今山西右玉南），再转向西北，连接云中郡城（今内蒙古和林格尔西北）。为了在长城沿线调兵和运输军需物资的便利，又修筑了自九原郡向东，在长城以南连接云中郡、雁门郡、代郡、上谷郡、渔阳郡、右北平郡的一条大道。还在秦国统一六国前，为了经营汉中和巴蜀地区，就修筑了自关中经汉中直达蜀郡成都的大道。再由成都南下，沿岷江直达长江。统一全国后，为了国防事业和通西南夷的需要，又修建了直达滇池（今云南晋宁东）的“五尺道”。与此同时，还在今之湖南、江西、两广地区修筑了“新道”。

驰道、直道、五尺道、新道等各种名称的道路建设，是秦始皇在统一全国后进行的一项具有深远意义的交通工程和边防建设工程。这些道路并不是完全的新建道路，其中不少是原有道路的扩建、改建。当然也有不少是新建道路，如其中的直道、五尺道、新道等，就可能新建为多。这些道路的建成，构成了以国都咸阳为中心的连接全国各重要城市、富庶地区和战略要地的四通八达的交通网络。这个交通网络的建成，不仅对秦朝，而且对以后中国历史的影响也是巨大的。第一，它是巩固幅员辽阔的封建专制主义中央集权大帝国的重要措施。统一的秦帝国，建立在自然经济基础之上，从中央到地方，路途遥远，要使中央政府的政令迅速传达到地方，地方的信息及时反馈到中央，没有便捷有效的交通条件是不可能的。中国是在封建社会初期就完成了统一，并且建成了中央集权的行政体制，这种体制所要求的行政、财政、司法、军事等的高度统一，对交通的依赖程度很高，秦朝的道路建设恰恰满足了这一方面的要求。第二，由于秦帝国幅员辽阔，周边地区又分布着不少少数民族，他们时刻可能与秦帝国发生边境冲突。秦朝内部也有许多不稳定因素，六国残余势力还在蠢蠢欲动，原六国百姓对秦朝的统治也还心存疑忌和不适应，各地产生矛盾和冲突的可能性很大。四通八达的良好道路设施使秦朝可以在较短的时间内迅速调动军队以对付来自边境地区的少数民族入侵，以应付国内的冲突事件，对于维护国家的安全，保持社会的稳定，其积极作用是不言而喻的。道路建设对 30 万大军出征匈奴和 50 万大军平定百越显然起了巨大的保障作用。第三，秦帝国虽然建立在以农业为主的自然经济基础之上，但与欧洲封建社会不同的是，以自耕农和半自耕农为主的广大劳动者的生产和生活并不完全自给自足，他们需要通过市场进行生产资料与生活资料的交换。同时，由于中国地域辽阔，各地物产有非常大的差异，也需要通过远距离交换互通有无。这样一来，从春秋以来就日益发展的手工业、商业到秦朝统一后有了更大的发展，地区间形成相当规模的商贸活动，而各地经济文化交流的日趋扩大更需要良好的道路建设作支撑。秦帝国大规模的道路建设不仅促进了全国各地区、各民族的经济文化交流，而且加速了各地区、各民族对于统一国家的认同，这对巩固国家的统一具有不可估量的积极意义。在进行道路建设的同时，秦朝还规定了道路与车的同一宽度，这就是“车同轨”“舆六尺”，这一近似现代标准化的措施，尽管在当时各地情况十分复杂的条件下不可能在短期内取得显著效果，但这种努力同样有利于各地区的经济文化交流，所以也是应该肯定的。

春秋战国时代，由于经历了长达五个半世纪的诸侯割据，加上各地的地理、气候、民族等诸多差异，使得割据的各国形成了“田畴异亩，车途异轨，律令异法、衣冠异制。语言异声，文字异形”① 的奇特现象。秦朝统一后，为了使经济文化等诸多方面与政治的统一相适应，开始了一系列的统一工作。除了上面论述的土地制度、法律制度、道路车轨的统一外，还有文字的统一，即“书同文”。本来，在商朝和西周时期，中国的文字基本是统一的，现在出土的甲骨文和金文可以作证。但是，由于后来诸侯国的长期割据，使各国在文字使用过程中出现了变异，同一文字形成了不同的写法，即“文字异形”。原周朝的文字笔画繁复，称为大篆，或称籀文。春秋战国时期的齐鲁是当时文化最发达的地区，这里逐渐演化出一种比较简便的文字，西汉人称之为古文、蝌蚪文或孔壁文。秦朝统一后，秦始皇命李斯主持统一文字的工作。李斯取籀文、古文之所长，力求将笔画简省划一，创造了秦篆，又称小篆这样一种字体。以后，李斯作《仓颉篇》，赵高作《爰历篇》，胡母敬作《博学篇》，作为学童的识字课本，都是用小篆书写的。秦始皇巡行全国各地，其在泰山、峄山、芝罘、琅邪台、会稽、碣石山等地的刻石，也是用小篆书写的。有一个狱吏叫程邈，此人因犯罪被囚于狱中十多年，他在狱中专心致志研究书体，穷十年之功，创造了一种笔画更简便、字体成方形，更便于书写的书体，名隶书，逐渐代替小篆成为应用广泛的书体。西汉时，隶书广泛应用，后来发现的汉简、帛书，如山东临沂银雀山汉墓出土的竹简、湖南马王堆汉墓出土的帛书等，就都是用隶书书写的。这种隶书便于书写，又容易学习识字，对我国教育的发展和文化的传播发挥了积极作用。统一文字是秦始皇功德无量的大举措，对中国历史和文化的发展产生了极其重大而深远的影响。中国地域广袤，各地方言千差万别，给不同地域人与人之

① 许慎：《说文解字》卷一五上，电子版文渊阁四库全书。

间的交往增加了困难，也给各地经济文化的交流形成障碍。但因为全国文字统一，书面语言一致，这就使国家行政运作中的上令下达、下情上通提供了重要工具，也给各地使用不同方言的人们的交往提供了便利。更重要的是，统一的文字沟通了共同的民族心理、价值观念和伦理亲情，从而增强了民族的认同感和民族的凝聚力，使此后两千多年的中国历史统一和平之时多于分裂割据之时。这就使中国的历史没有中断，以方块字为载体的中国文化也没有中断，秦朝以前留下的各种文献、典籍，作为中华民族思想文化的元典一直流传并远播域外，形成了影响巨大的东亚文化圈。反观欧洲，它的面积接近中国，希腊、罗马的文明与中国文明一样古老和辉煌，他们创造的拉丁字母成为整个欧洲语言文字的母体。然而，由于拉丁文以拼音构成文字，因而有多少方言就有多少文字，由此在欧洲就出现了几十种语言文字，不仅一个国家有一种语言文字，而且一个国家还使用多种语言文字。面积小于中国的欧洲居民，因为国家民族认同的差异和其他原因，最终分为几十个国家。

秦始皇统一文字对于中国形成一个地域辽阔的统一国家显然起了极其重要的作用。汉文与汉语在长期的历史发展过程中不断吸收外来语汇，不断与时俱进，丰富发展，成为世界上最具表现力最具影响力的语言文字之一。我们的祖先用这种语言文字创造了许多无与伦比的思想著作和文学作品，为丰富世界文化宝库，发展世界的思想文化，展示世界思想文化的多样性和绚丽多姿做出了不可估量的贡献。当代文化学者余秋雨在《中国文脉》一文中曾对秦朝统一中国统一文字的巨大影响从文脉延续的角度作了极高的评价：

> 由于秦始皇既统一了中国又统一了文字，今后两千多年，只要是中国文人，不管生长在任何偏僻的角落，一旦为文便是天下兴亡，炎黄子孙；而且，不管面对着多么繁密的方言壁障，一旦落笔皆是汉字汉文，千里相通。总之，统一中国和统一文字，为中国文脉提供了不可比拟的空间力量和技术力量。秦代匆匆，无心文事，却为中华文明的格局进行了重大奠基。①

① 余秋雨：《中国文脉》，《美文》2012年第9期。

秦朝统一全国后，在匡正风俗即“行同伦”方面也做了一些有益的工作。本来，由于秦国僻处关中，长期同戎狄相处，保留了一些落后的风俗习惯，被东方六国视为“与戎翟同俗”“不识礼仪德行”① 的诸侯国，大概秦国自己也有此认识，所以商鞅变法中就有改革风俗的内容：“始秦戎翟之教，父子无别，同室而居。今我更制其教，而为其男女之别。”② 秦国自商鞅变法以来就比较重视对陈规陋习的改革，如公元前 227 年（秦王政二十年），秦国的南郡守腾颁发的布告中，就有“除其恶俗”“去其淫避（僻）”③ 的要求。统一六国以后，更加注重加强社会的文明建设，要求统一风俗，达到“行同伦”的目标。秦始皇到各地巡行，刻石纪功，其目的之一也是宣扬良风美俗。公元前 219 年（秦始皇二十八年），他封泰山，禅梁父，在石刻中说：“贵贱分明，男女礼顺，慎遵职事。昭隔内外，靡不清静，施于后嗣。”④ 接着，又登琅邪台，立刻石，其中也说：“尊卑贵贱，不逾次行。奸邪不容，皆务贞良。细大尽力，莫敢怠荒。远迩辟隐，专务肃庄端直敦忠，事业有常。”⑤ 公元前 210 年（秦始皇三十七年），他巡行至会稽，立刻石，明确此行目的是“宣省习俗，黔首斋庄”。石刻文中有这样一段话：

> 贵贱并通，善否陈前，靡有隐情。饰省宣义，有子而嫁，倍死不贞。防隔内外，禁止淫泆，男女絜诚。夫为寄豭，杀之无罪，男秉义程。妻为逃嫁，子不得母。咸化廉清。大治濯俗，天下承风，蒙被休经。皆遵度轨，和安敦勉，莫不顺令。黔首修絜，人乐同则，嘉保太平。⑥

这是秦刻石中讲到端正风俗文字最多也是最具体的一次，可能是因为越中地区距中原较远，保留的落后习俗也多一些，致使秦始皇很有针对性地在刻

---

① 刘向：《战国策》，上海古籍出版社 1985 年版，第 869 页。
② 司马迁：《史记》卷六八《商君列传》，中华书局 1959 年版，第 2234 页。
③ 司马迁：《史记》卷六《秦始皇本纪》，中华书局 1959 年版，第 2234 页。
④ 司马迁：《史记》卷六《秦始皇本纪》，中华书局 1959 年版，第 243 页。
⑤ 司马迁：《史记》卷六《秦始皇本纪》，中华书局 1959 年版，第 245 页。
⑥ 司马迁：《史记》卷六《秦始皇本纪》，中华书局 1959 年版，第 262 页。

石上写了那么一大段文字。所以，明清之际的大学者顾炎武对此作了如下评论：

（越）欲民之多，而不复禁其淫泆，传至六国之末，而其风犹在。故始皇为之厉禁，而特著于刻石之文。以此与灭六王并天下之事并提而论，且不著之于燕、齐，而独著之于越，然则秦之任刑虽过，而其坊民正俗之意固未始异于三王也。汉兴以来承用秦法以至今日者多矣，世之儒者言及于秦，即以为亡国之法，亦未之深考乎？①

这一评论肯定了秦始皇端正风俗的举措，应该说是比较公允的。世俗民风的好坏是一个社会文明程度的表现。一个政权关注世俗民风，并通过各种措施促使其向良风美俗的转化，显然是有进步意义的。

第三节 统一货币与度量衡

货币是充当一般等价物的特殊商品，它的最重要的职能是价值尺度和流通手段。我国货币产生较早，到战国时期已经广泛使用金属货币。但是，由于长期的列国纷争，各诸侯国大都制造发行自己的货币。这些货币大小、型制、轻重都不同，计算单位也不一致。大体上分为布币、刀币、圆钱和郢爰四大类。这四类货币，各有不同的流通地域，大致情况是：韩、赵、魏流通布币，齐、燕、赵流通刀币，秦、东周、西周和赵、魏沿黄河的地区流通圆钱，楚国流通郢爰和形若海贝的蚁鼻钱。统一以前的秦国主要流通圆形的半两钱。

货币不统一，在战国时期已经给列国间的商贸活动带来诸多不便。秦朝统一以后，原列国间的壁垒阻障关卡虽然消除，而货币不统一给全国各地的经济交流带来的妨碍进一步凸现出来。为了促进经济的发展，给商贸活动创造更多更大的方便，同时也便于国家征收赋税，秦朝于是实行统一货币的政策。《史记·平准书》记载：

① 顾炎武著，黄汝成集释：《日知录集释》，上海古籍出版社2006年版，第751—752页。

虞夏之币，金为三品，或黄，或白，或赤；或钱，或布，或刀，或龟贝。及至秦，中一国之币为二等，黄金以镒名，为上币；铜钱识曰半两，重如其文，为下币。而珠玉、龟贝、银锡之属为器饰宝藏，不为币。①

根据以上记载以及近年考古出土的大量实物，秦朝统一货币的工作可以归结为三项内容：

（一）废除统一货币前各国发行的所有货币。

（二）秦朝统一后的货币分上下二品，上品为黄金，以镒为单位，重 20 两（一说 24 两）。下币是以铜铸造的方孔有郭的圆钱，重半两。近年在秦兵马俑坑和刑徒墓共出土了 600 多枚“半两钱”，该钱直径一般 2.5—2.77 厘米，重量约 2.5—3.35 克。

（三）珠玉、龟贝、银锡之类作为器饰宝藏，其价值虽在，但不作货币使用，退出流通领域。

秦朝统一货币对促进全国各地的经济交流和商贸发展无疑起了积极作用，而货币统一又有利于加强全国政治上的统一。

由秦朝首创的方孔圆形钱币的型制，因为使用方便，在中国一直沿用了两千多年。

秦朝统一六国的当年，在发布“车同轨，书同文”命令的同时，也下令“一法度衡石丈尺”②，即统一度量衡。因为自春秋以来，诸侯国各自为政，度量衡也不一致。如两周 1 尺合今 23.10 厘米，秦尺与楚尺皆合今 23.00 厘米。两周 1 斗合今 1997.5 毫升，秦 1 斗合今 200 毫升，赵 1 斗合今 2114 毫升，魏 1 斗合今 7140 毫升。而齐国的量以钟、釜、区、豆、升为单位，其 1 升合今 164 毫升。战国时期各国衡器的资料至今还不完整，但大体是 1 斤等于 16 两等于 384 铢，即 1 两等于 24 铢。但实际重量并不一样，如秦 1 斤合今 256.25 克，楚 1 斤合今 251.53 克。③ 度量衡的不统一，显然妨碍各地的经济交流和商贸活动，也不便于国家征收赋税时的统一计量。秦国

① 司马迁：《史记》卷三〇《平准书》，中华书局 1959 年版，第 1442 页。

② 司马迁：《史记》卷六《秦始皇本纪》，中华书局 1959 年版，第 239 页。

③ 林剑鸣：《秦汉史》上册，上海人民出版社 1989 年版，第 145 页。

在统一六国前就比较注意在其辖区内统一度量衡问题，商鞅变法中的改革措施之一就是颁布统一的度量衡标准。如现存的商鞅铜量就是他在孝公十八年（前344年）颁布的标准量器，其上的铭文是"十八年，齐逵率卿大夫众来聘。冬十二月乙酉，大良造鞅爰积十六尊（寸）五分尊壹为升。"秦朝统一后，仍以商鞅的度量衡为标准器颁行全国，其他非标准器一律停止使用。刻在标准器上的诏书全文是：

> 廿六年，皇帝尽并兼天下诸侯，黔首大安，立号为皇帝，乃诏丞相状、绾，法度量则不壹，歉疑者，皆明壹之。

考古工作者除在秦故地发现秦朝的度量衡如"商鞅方升"和"高奴乐石铜权"等外，还在山东邹城、诸城、辽宁赤峰、吉林奈曼旗善巴营子古城、河南禹县、山西右玉、左云等地发现了标准器，这说明秦朝统一度量衡的工作已经推行到全国各地，并取得了实效。在全国统一度量衡是秦朝巩固统一促进经济发展的一项重要举措，为各地经济交流、商贸发展和政府税收提供了较大的方便。此一举措不仅反映了经济发展的客观要求，也反映了广大百姓的愿望，其积极意义是显而易见的。

第四节　堕城、销兵、迁豪、徙民

秦始皇统一全国后，为了防止和镇压六国残余势力和来自百姓的反抗，还实行了堕城和销兵两项重大举措。关于堕城之事，《史记·秦始皇本纪》失载，只是在其引用的贾谊的《过秦论》中有"堕名城"三字。《集解》引应劭的解释说："坏坚城，恐人复阻以害己也。"堕城什么时候实行、具体堕了哪些城也史无明载，估计可能在统一之年与销兵一起实行。春秋战国时代，战争几乎无日不在进行，在冷兵器为主要武器的时代，城堡等防卫设施就显得特别重要。为此，各国都陆续在重要城市修筑了许多城墙、堡垒、壕堑，史籍中不断出现"百丈之城""千丈之城""万丈之城"的记载。齐、秦、赵、燕、魏修筑了长城，楚国修筑了方城，遍布全国的交通要道和军事要地都修建了大量的堡垒壕堑。这些军事设施与国家统一、和平的环境很不协调。第一，它妨碍交通，在修筑全国道路网时必须予以清除。第二，它破坏水系，容易造成水灾。第三，一旦有反叛势力占据这些城池、堡垒、壕堑，又必然会给国家的安全稳定带来危害。有鉴于此，秦始皇于是下达了堕城的命令，这无疑是一项维护国家安全和社会稳定的重要措施。当然，所谓堕城也不是平毁所有城市防卫设施，从维护国家安全和社会稳定出发，秦朝在堕城的同时，也对一些重要城市，如首都、各郡县治所的城市进行扩大、加固、改造或重修。如三川郡城洛阳就改建成一座更为坚固的城池，秦末陈涉、吴广领导的农民起义军很长时间也没能攻克这座城市，而首都咸阳城墙的高大、雄伟更是令人叹为观止。

与堕城相联系的是销兵，此事是在秦朝统一全国的当年进行的："收天下兵，聚之咸阳，销以为钟鐻，金人十二，重各千石，置宫廷中。"[①] 销兵的目的只有一个，使民间失去造反的武器。战国时期战争频繁，肯定会有不少武器散落民间，加之百姓为了自卫也可能私自制造或购买一些兵器，这样，民间私藏的兵器就是一个很大的数目。秦始皇下令收藏民间兵器的举措对后世产生了较大影响，除特殊情况外，后来的几乎所有王朝一般都不准民间私藏兵器。

堕城与销兵对于维护国家安全和社会安定固然具有一定的积极意义，但是，维护社会安定的主要着力点不应该是如何防范百姓的反抗，而应该是如何为百姓创造良好的生产与生活条件。可是秦始皇君臣只注意前者而忽略了后者。尽管统一后的秦朝民间没有了兵器，可是被秦始皇父子两代逼上绝路的百姓在秦末还是发出了反抗的怒吼，他们"斩木为兵，揭竿为旗"，仍然将秦王朝送进了坟墓。显然，秦朝的存亡"在德不在险"，即不在城坚池深，而在民心的向背。

秦朝还多次进行"迁豪"和"徙民"。

文献有关秦汉时期豪民即豪强地主的记载颇多，如"豪民""豪强""豪右""右姓""大姓强宗""奸猾吏民""世家大族"等名目，其内涵也不固定。大体上，在秦朝指的是六国的旧贵族及其少数富有的依附者和富商大贾。秦朝见于记载的迁豪有多次。《华阳国志》卷三这样记载："惠文始皇，克定六

① 司马迁：《史记》卷六《秦始皇本纪》，中华书局1959年版，第239页。

国，辄迁其豪杰于蜀。”[①] 从公元前230年至公元前221年，10年之中，随着秦军逐次灭亡六国，六国的旧贵族及其依附者和该地的富商大贾，大都被迁离原地。事实上，被迁入蜀者固然较多，而迁至其他地方者也为数不少。总之，基本方针是勒令他们迁离故土。东汉时期，距秦朝迁豪已经过去二三百年了，世家大族还能清楚地追忆他们祖先的渊源和迁徙历程。《汉书·叙传》记载：“班氏之先，与楚同姓，令尹子文之后也。子文初生，弃于瞢中，而虎乳之……楚人谓虎‘班’，其子以为号。秦之灭楚，迁晋、代之间，因氏焉。”[②] 《后汉书·冯魴传》记载：“冯魴，南阳湖阳人也。其先魏之支别，食采冯城，因以氏焉。秦灭魏，迁于湖阳（今河南新野东南），为郡族姓。”[③]《广韵》卷三五“马韵”记载马融家世：“扶风人，本自伯益之裔，赵奢封马服君，后遂氏焉。秦灭赵，徙奢孙兴于咸阳，为右内史，遂为扶风人。”《新唐书·宰相世系表》记载权德舆家世：“权氏出自子姓。商武丁之裔孙封于权……楚武王灭权，迁于那处，其孙因以为氏。秦灭楚，迁大姓于陇西，因居天水。”[④] 西汉时期著名的南阳富商孔氏，是以冶铁致富的大工商之家，他祖上居魏国大梁，秦灭魏后迁至南阳：“宛孔氏之先，梁人也，用铁冶为业。秦伐魏，迁孔氏南阳。大鼓铸，规陂池，连车骑，游诸侯，因通工商之利……家致富千金，故南阳行贾尽法孔氏之雍容。”[⑤] 以上记载表明，秦灭六国的时候，被迁徙的豪民遍布许多地方，但重点在秦地，或距秦地较近的地方，如南阳、湖阳、晋、代、陇西等地，基本上是处于首都咸阳为中心的控制之下。当然，迁至蜀地的似乎更多，其中卓王孙、程郑之家就是典型代表：

> 蜀卓氏之先，赵人也，用铁冶富。秦破赵，迁卓氏。卓氏见虏略，独夫妻推辇，行诣迁处。诸迁虏少有余财，争与吏，求近处，处葭萌，唯卓氏曰：“此地狭薄，吾闻汶山之下，沃野，下有蹲鸱，至死不饥。

① 常璩：《华阳国志》卷三，电子版文渊阁四库全书。

② 班固：《汉书》卷一〇〇上《叙传》上，中华书局1962年版，第4197页。

③ 范晔：《后汉书》卷三三《冯魴传》，中华书局1965年版，第1147页。

④ 欧阳修、宋祁：《新唐书》卷七五下《宰相世系》五下，中华书局1995年版，第3391页。

⑤ 司马迁：《史记》卷一二九《货殖列传》，中华书局1959年版，第3278页。

民工于市，易贾。”乃求远迁。致之临邛，大喜，即铁山鼓铸，运筹策，倾滇蜀之民，富至僮千人，田池射猎之乐，拟于人君。

程郑，山东迁虏也，亦冶铸，贾椎髻之民，富埒卓氏，俱居临邛。①

秦朝统一全国后，大规模的迁豪进行了两次：一次是始皇二十六年（全221年）“徙天下豪富于咸阳十二万户”②，据《三辅黄图》记载的数字是20万户。这是秦朝迁豪唯一载有明确数字的一次，大概也是最多的一次。另一次是，“秦末世，迁不轨之民于南阳”③，这次到底迁了多少，不得而知。而“不轨之民”是否应该全作豪民解，亦不好确定，但其中必有一定数量的豪民，是完全可能的。

迄今为止，对于秦朝迁豪的原因，还未见到当时人的说明。其实，“安土重迁”仅仅是中国封建社会自然经济造成的观念。在原始社会和奴隶社会，这一观念似乎还未被广泛认同。在传说与史籍记载中，部落和族群的迁徙是经常进行的。夏、商、周的祖先不就是迁来徙去，以致我们今日还难以考明其确切的迁移地点吗！春秋战国以来，虽然我国经历着奴隶社会向封建社会的转化，地主土地所有制逐渐代替奴隶社会的宗族土地所有制，即通常所说的“井田制”，土地对劳动者的吸附力越来越强，再加上一家一户的小农，尤其是其中的富裕者阶层，大都积累了数量不等的私有财产，迁徙之举已非原始社会和夏、商、周时期那么容易。但是，由于这一时期，列国纷争，各国之间杀人盈城、杀人盈野的战争几乎无休止地进行，大国争霸，兼并争雄，其目的都是为了掠夺土地和人口，所以徙民之举几乎每日都在发生。两国交战，战败者在无力据守的情况下，也往往弃城迁民。而为了从事土地的开发和城池的戍守，各国也有计划地将地狭人多的居民迁至地广人稀的地方。仅以秦国和秦朝为例，从秦惠王继位（前298年）开始，至秦末七八十年间，有记载的迁民就有十四五次之多，平均5年一次。秦惠王迁民4次，昭襄王迁民1次，秦始皇迁民9次，其中规模较大的有3次：

① 司马迁：《史记》卷一二九《货殖列传》，中华书局1959年版，第3277—3278页。

② 司马迁：《史记》卷六《秦始皇本纪》，中华书局1959年版，第239页。

③ 司马迁：《史记》卷一二九《货殖列传》，中华书局1959年版，第3269页。

二十八年（前219年）“徙黔首三万户琅邪台下，复十二岁”，三十五年（前212年）“徙三万家丽邑，五万家云阳，皆复不事十岁”，三十六年（前211年）“迁北河榆中三万家，拜爵一级”。① 此外，对所谓罪人的迁徙就更多了，50万刑徒被迁至两广地区与百越杂处，使中原的先进经济文化大规模地越过南岭，到达南海之滨。与后来两汉时期相比，秦始皇统治时期的徙民次数多，规模大，是封建国家经常进行的工作。不难看出，秦朝的徙民在很大程度上是出于军事和国土开发的需要，虽然带有严酷的军事强制性质，但从总体上说其作用是积极的。它促进了边远地区的开发，加强了各地经济文化的交流，加速了民族融合的步伐，应该充分肯定。迁豪也是对六国旧贵族及其依附性的富豪和富商大贾的惩罚性措施，其目的是巩固统一，加强中央集权，防止他们兴风作浪，从事复兴故国的活动。六国政权尽管被秦军一一消灭，但六国旧贵族在其各自的故国，不仅在经济上还有较强的实力，而且在政治上也还有着较广泛的影响。秦始皇为首的秦朝统治者对秦军在统一六国战争中遇到的顽强抵抗记忆犹新，十分清楚六国旧贵族构成的潜在危险。因此，他不仅在克定六国的进程中不断进行迁豪的工作，而且在统一六国的当年，就有迁豪12万户于咸阳的壮举。应该承认，这类迁豪对于巩固统一和加强中央集权是起了积极作用的。首先，由于六国旧贵族及其依附的富豪和富商大贾远离故土，迁到一个陌生的地方，一方面他们与故国百姓的联系基本上被斩断，另一方面又被置于秦朝强大军事力量的严密监视之下，这使他们在政治上的影响无疑大大削弱了。同时，因为他们中的大多数人在迁徙之后处于离群索居状态，难以聚集成团结统一的力量，这样，作为秦朝政治上的潜在危险就大大地缩小了。其次，远离故土对六国旧贵族及其依附的富豪和富商大贾在经济上也是巨大的打击。他们在迁徙的时候，虽然可以带走一些动产，如金银财宝之类，但大量的作为不动产的土地、房舍却只能忍痛割爱了。这只要看一下卓王孙先人自赵国迁往蜀地时的那种狼狈不堪、低首下心的窘态，其经济上的损失就是不难想象的了。

应该承认，无论在历史上还是现实中，十全十美的政策并不存在，有的利多弊少，有的利少弊多，有的利弊相当，有的有弊无利。诚然，秦朝的

① 司马迁：《史记》卷六《秦始皇本纪》，中华书局1959年版，第244—259页。

迁豪政策在一定程度上对巩固统一是成功的，但是，由于秦朝的统一是通过战争手段完成的，对六国贵族的惩罚也过于严酷，一味施以镇压手段，没有采取相应的笼络怀柔措施，因而，终秦之世，六国旧贵族与秦朝基本上处于对立状态。楚国旧贵族南公发出的“楚虽三户，亡秦必楚”的预言，反映的几乎是所有六国旧贵族对秦朝的极端仇视态度。平心而论，六国旧贵族就阶级属性而言，与秦朝统治者并无本质上的差异，只要政策得体，他们本来可以由秦朝的反对派变成拥护者，消极因素能够转化为积极因素。再说，迁豪的办法也不可能把六国旧贵族一网打尽，他们总能通过逃亡、贿赂等多种手段逃避迁徙，从而潜伏下来。后来，危险也正出在这些人身上。当秦末农民战争的烽火燃起的时候，虽然“迁虏”没有起事，但潜逃者如项梁、项羽叔侄，韩广、武臣和田儋、田荣、田横三兄弟、韩王信、张良以及张耳、陈余之流，都兴高采烈地跑出来，扯起复兴六国的旗号，投入起义队伍，使反秦的武装起义复杂化。而且，由于秦朝把六国旧贵族作为主要危险加以防范，没有看到广大劳动人民的反抗是更大的危险，因而对广大劳动人民不断施以无以复加的压迫和剥削，从而在客观上制造了埋葬自己的力量。正是广大起义的人民推翻秦王朝，宣告了它的灭亡。总起来看，秦朝的迁豪徙民政策，过于重视行政强制手段所发挥的作用，而忽略了妥协怀柔的功用，结果使自己成了一个短命的王朝。

从更深一层讲，秦朝大规模的迁豪徙民之所以获得成功，恰恰是封建社会自然经济还不够充分发展的反映。应该看到，封建经济的发展导致的大土地所有制的成长，是秦汉时期历史发展的合乎规律的倾向。秦朝一面用行政力量去创造扩大封建政权的第一代当权派军功地主，一面又以行政的力量去削弱和限制封建政权第二代当权派豪强地主的发展。前一方面自然收到了显著效果，后一方面则只是暂时地起了一些抑制作用。后来的事实是，六国旧贵族的相当部分，不管是被迁者还是留居者，都成为豪强地主的重要成员，尤其是活跃于西汉经济舞台上的富商大贾，他们的世系大部分都能够追溯到六国旧贵族那里。

第五节 巡行与刻石纪功

秦始皇登上统一中国皇帝的宝座以后，志得意满，心花怒放，他决心要走遍祖国的大好河山，把各地美景尽收眼底。从公元前 220 年至公元前 210 年，他先后 5 次出巡，黄河上下，大江南北，陇西边陲，东海之滨，都留下了他的足迹。《史记 · 秦始皇本纪》比较详细地记载了他出巡的行程。

公元前 220 年（秦始皇二十七年），他第一次出巡，“巡陇西北地，出鸡头山，过回中”。这是一次自咸阳向西部边陲的巡行。他先沿驰道西行，至陇西（今甘肃临洮）后，再折返向西北，登上北地郡的鸡头山（今宁夏六盘山）后，又折回，经回中宫（今陕西陇西县西北）返回咸阳。

公元前 219 年（秦始皇二十八年），秦始皇第二次出巡。“东行郡县，上邹峄山。立事，与鲁诸生议，刻石颂秦德，议封禅望祭山川之事，乃遂上泰山：立石，封，祠祀。下，风雨暴至，休于树下，因封其树为五大夫。禅梁父，刻所立石”。此次出巡也是自咸阳出发，沿黄河以南的驰道向东方进发，经三川郡、颍川郡、砀郡、东郡、薛郡、济北郡，在泰山举行了盛大的封禅活动之后，“于是乃并渤海以东，过黄腄，穷成山，登之罘，立石颂秦德而去”。即自济北郡向东，经临淄郡进入胶东郡，过黄（今山东龙口市）、腄县（今山东福山），在芝罘勒石后，东向至成山再转而向西南，沿海岸南行，至琅邪郡，登琅邪山，“大乐之，留三月……作琅邪台，立石刻，颂秦德，明得意”。之后，自琅邪西返，经东海郡抵彭城（今江苏徐州），“斋戒祷祠，欲出周鼎泗水，使千人没水求之，弗得。乃西南渡淮水，之衡山、南郡，浮江，至湘山祠”，即由泗水郡渡过淮河，进入衡山郡（今湖北东北）继续西进，到达南郡（今湖北江陵）。接着，沿长江乘船东下，直抵洞庭湖畔的湘山，在此碰上大风，几乎过不了江。秦始皇大怒，大发了一通皇帝的威风：“逢大风，几不得渡。上问博士曰：‘湘君何神？’博士对曰：‘闻之，尧女，舜之妻，而葬此。’于是始皇大怒，使刑徒三千人皆伐湘山树，赭其山。”之后，秦始皇又由长沙郡渡江北上，经南郡、南阳郡，转而向西北方向行进，过武关，回到咸阳。

公元前 218 年（秦始皇二十九年），秦始皇第三次出巡。由咸阳出发，至三川郡阳武的博浪沙（今河南中牟西北），“为盗所惊，求弗得，乃令天下大索十日”。后继续东行，再一次登芝罘、刻石。之后南去琅邪，折而西返，经上党郡返回咸阳。

公元前215年（秦始皇三十二年），秦始皇第四次出巡，“之碣石，使燕人卢生求羡门、高誓。刻碣石门。坏城郭，决通堤防”。“因使韩终、侯公、石生求仙人不死之药。始皇巡北边，从上郡入”。这显然是一次沿长城一线的巡视。

公元前210年（秦始皇三十七年）十月，秦始皇最后一次出巡。此次出巡由咸阳出发，经南阳郡至南郡，十一月，“行至云梦，望祀虞舜于九疑山。浮江下，观籍柯，渡海渚。过丹阳，至钱唐。临浙江，水波恶，乃西百二十里从狭中渡。上会稽，祭大禹，望于南海，而立刻石颂秦德”。这一次，秦始皇从咸阳直抵云梦（湖北武汉一带），由此浮江东下，在今马鞍山附近渡江，经过丹阳（今安徽马鞍山东南），到钱唐（今浙江杭州），本打算在此渡江北上，大概因为此时钱塘江潮水浊浪排空，乃沿江西行120里，在水面狭窄处渡江东行，在会稽山祭大禹陵，立刻石。之后北上，经过吴（今江苏苏州），自江乘（今江苏南京东）渡江，继续北进，至琅邪，再北上至荣成山，转而西行，“至芝罘，见巨鱼，射杀一鱼，遂并海西”①。继续西行，至平原津（今山东平原南）渡黄河。这时，秦始皇已经患病并迅速加剧。七月丙寅，即病逝于沙丘平台（今河北广宗西北）。赵高等决定暂不宣布这一消息，而是将其遗体置于辒凉车中，经井陉运回咸阳。秦始皇的第五次出巡，行程最长，历时最久，差不多一年时间。他这次威风八面、意气昂扬的出巡，返回时却变成了一具发臭的尸体。

秦始皇从公元前221年（秦始皇二十八年）成为统一中国的皇帝，到公元前210年寿终正寝，12年中，先后5次出巡。出巡途中，他7次勒石纪功，留下珍贵的史料和书法作品，在当时和其后都产生了广泛影响。秦刻石经过两千多年的风雨剥蚀，阅尽人间沧桑，大部分已经湮灭，只有保存至今的泰山刻石和琅邪刻石的残碑，仍然以依稀可辨的小篆体的刻文，任人们想象它昔日的风貌。《史记·秦始皇本纪》收录了“泰山刻石”“琅邪刻石”“之罘

① 司马迁：《史记》卷六《秦始皇本纪》，中华书局1959年版，第263页。

刻石”“碣石刻石”“会稽刻石”的详细碑文，《金石萃编》收录了“峄山刻石”的全文，秦刻石不仅为后世提供了研究秦朝历史的珍贵资料，而且现存残碑和拓片对研究我国古代文字发展史和书法艺术史也有重要的价值。

秦始皇自建立秦朝开始，即率领大批臣子，在庞大的车骑卫队簇拥下，5次“亲巡天下，周览远方”①，无疑是震动全国的重大政治活动，其根本目的自然是宣扬皇帝威德、巩固秦朝统治，恰如胡亥所说：“先帝巡行郡县，以示强，威服海内。”② 这里，他要“威服”的，主要是以农民为主体的广大劳动人民以及六国旧贵族。这是因为，秦朝的统一，使战国时期已经占主导地位的封建国家与农民的矛盾在全国范围内更加集中和深化，农民革命开始提上历史日程，所以秦始皇出巡的“宣省习俗”，就是向黔首的主要部分农民“示强”和“震慑”，以求达到“黔首斋庄”的目的。南方的楚国，东方的齐国、燕国，是秦始皇最后征服的地区，也是秦末农民起义最早爆发的地区，这里山林伏莽，人心思乱。所以秦始皇特别关注这些地区，希望通过巡视向东方原六国百姓展示自己的威风，宣扬秦帝国的强大和威严，给他们心理上造成一种无形的压力，使之产生敬畏和恐惧意识，不敢萌生反叛的念头。自然，出巡同时具有震慑六国旧贵族的作用，被秦军覆社灭宗的六国旧贵族是分裂割据的种子，他们不甘心失败，伺机复国，当然也构成对秦朝统治的威胁。为了对付他们，秦始皇在统一全国的当年就迁以六国旧贵族为主体的“天下豪杰”12万户于咸阳，将其放在眼皮底下监视起来。漏网之辈如项梁项羽叔侄、武臣、田广、张耳、陈余之流，为数寥寥，蛰伏民间，已经无力单独掀起摇天撼地的风浪了。所以，通过巡视镇服他们的作用只是第二位的。当然，秦始皇出巡，还有视察前线、巩固边防的意图。公元前220年他出巡的陇西、北地，正是西北国防前线。公元前215年，他“巡北边，从上郡入”，经辽西、右北平、渔阳、上谷、代、雁门、云中、九原等8郡，亲自视察与匈奴毗邻的北部前线形势。返回咸阳后，当即决策命令蒙恬率30万大军北伐匈奴和督修万里长城。以后巡视南方后，又决定进军岭南，开疆拓土，将南疆的边防前线向前推进了千里之遥。这一切，对于巩固

① 所引刻石文皆出自《史记·秦始皇本纪》和《金石萃编》。

② 司马迁：《史记》卷六《秦始皇本纪》，中华书局1959年版，第267页。

发展新建立的封建国家具有极其重要的积极意义。

当然，秦始皇的出巡，显然也包括“治驰道，兴游观，以见主人之得意”的游山玩水的目的①，其中掺杂着觅仙山、寻仙人、找长生不死药之类荒唐幻想。秦始皇5次出巡，4次到东方，饱览了祖国大好河山最壮丽的美景，雄伟的泰山，瑰丽的成山头、之罘山、碣石山，还有那一天四时面貌不同的大海景观，北部长城沿线各具特色的山林、草原、沙漠，万里长江的风光，两岸变幻不定的风景线，洞庭湖的万顷波涛，湘山上的茂林修竹，以及那万马奔腾般的钱塘潮，风景如画的富春江，都成为秦始皇以主人身份恣意欣赏的对象。巡行途中，他肯定既对中国壮丽无比的山川美景所陶醉，更为自己成为这山川的主人而自豪。一路上，他满目是看不尽的美景，盈耳的是臣子们百般阿谀的颂歌。他怎么也不会想到，自己最后一次的出巡却不能平安地回到咸阳，在渭水桥头迎接他的不是震天的鼓乐，而是悲戚的挽歌！

当然，秦刻石最重要最主要的内容是宣扬和赞颂秦始皇震古烁今的文治武功。《琅邪刻石》中有一段话讲得十分明确：

> 维秦王兼有天下，立名为皇帝，乃抚东土，至于琅邪。列侯武城侯王离、列侯通武侯王贲、伦侯建成侯赵亥、伦侯昌武侯成、伦侯武信侯冯毋择、丞相隗状、丞相王绾、卿李斯、卿王戊、五大夫赵婴、五大夫杨樛从，与议于海上。曰：“古之帝者，地不过千里，诸侯各守其封域，或朝或否，相侵暴乱，残伐不止，犹刻金石，以自为纪。古之五帝三王，知教不同，法度不明，假威鬼神，以欺远方，实不称名，故不久长。其身未殁，诸侯倍叛，法令不行。今皇帝并一海内，以为郡县，天下和平。昭明宗庙，体道行德，尊号大成。群臣相与诵皇帝功德，刻于金石以为表经。”

秦刻石文大部分出自李斯之手，它丰赡富丽，雍容典雅，是精心为秦始皇谱写的音调高亢的颂歌。其中有对秦始皇历史功业的真实记录，也有不少谄媚阿谀之辞。刻石文极力颂扬秦始皇扫平六国、统一宇内的空前功业，如《琅

① 司马迁：《史记》卷八七《李斯列传》，中华书局1959年版，第2561页。

邪刻石》：

> 六合之内，皇帝之土，西涉流沙，南尽北户。东有东海，北过大夏。人迹所至，无不臣者。功盖五帝，泽及牛马，莫不受德，各安其宇。

刻石文还着力颂扬秦始皇优恤黔首、勤于政事的伟大治绩，还是《琅邪刻石》：

> 皇帝之功，勤劳本事。上农除末，黔首是富。普天之下，抟心揖志。器械一量，同书文字。日月所照，舟舆所载，皆终其命，莫不得意。应时动事，是维皇帝，匡饬异俗，陵水经地。忧恤黔首，朝夕不懈，除疑定法，咸知所辟。方伯分职，诸治经易。举错必当，莫不如画。皇帝之明，临察四方，尊卑贵贱，不踰次行，奸邪不容，皆务贞良，细大尽力，莫敢怠荒，远迩辟隐，专务肃庄，端直敦忠，事业有常。皇帝之德，存定四极。诛乱除害，兴利致福。节事以时，诸产繁殖。黔首安宁，不用兵革。六亲相保，终无寇贼。驩欣奉教，尽知法式。

最后，刻石文还大力宣扬秦始皇为巩固统一和加强中央集权而创设的各种制度，实行的各种政策措施，以及由此形成的秩序井然的社会规范和美好风俗。如《泰山刻石》

> 皇帝临位，作制明法，臣下修饬。二十有六年，初并天下，罔不宾服。亲巡远方黎民，登兹泰山，周览东极。从臣思迹，本原事业，祗诵功德。治道运行，诸产得宜，皆有法式。大义休明，垂于后世，顺承勿革。皇帝躬圣，既平天下，不懈于治。夙兴夜寐，建设长利，专隆教诲。训经宣达，远近毕理，咸承圣志。贵贱分明，男女礼顺，慎遵职事。昭隔内外，靡不清净，施于后嗣。化及无穷，遵奉遗诏，永承重戒。

以上引文，以浓笔酣墨塑造秦始皇“圣明天子”“黔首救星”的神圣形象，将他统治下的中国描绘成“万民康乐”“百兽率舞”的人间天堂，表现以秦始皇为代表的地主阶级处于上升时期那种踌躇满志、顾盼自雄、坚信自我，向往未来的生气勃勃的面貌。“凡是现实的都是合理的，凡是合理的都是现实的”①。秦刻石表明，此时我国历史上的封建制度正处于它的青春期，地主阶级正做着它的黄金梦，历史正肯定着它们存在的正当权利。同时，秦刻石也表现了取得全国政权的地主阶级竭力把自己取得的成就看作历史的巅峰，力图把封建的生产关系、封建的上层建筑，尤其是各项法律制度，变成永恒的仪则、不变的法制、万古长存的模式，亿万斯年地保存和流传下去。秦始皇作为夺取全国政权的地主阶级的第一个代表人物，自然把封建的君臣之礼、长幼之序、贵贱尊卑等差视为最美好的理想的制度。秦刻石充满了对封建等级制度的礼赞，以及将这种制度永恒化的希冀和追求，所谓“永承重戒”“永为仪则”“长承圣制”“长治无极”等，正是这种意愿的典型表述。其中，半是真实，半是谎言，半是未来的理想，半是一厢的情愿。但有一点至为明显的是，汉代董仲舒用“天不变道亦不变”的形而上学的方法论加以论证的封建制度的永恒性，成为秦刻石文的主旋律。“群臣颂德”的秦刻石记录了秦始皇的煌煌功业，充满得意扬扬的自颂自赞和千秋万代的未来预期，篇篇洋溢着自信与乐观。然而，亿万斯年的预期变成了短短的 15 年，期待作为永久见证的秦刻石也经不住两千多年的风雨剥蚀，几乎消失得无影无踪，唯一残留的泰山刻石也只是以其漶漫难辨的几个小篆体的残字任人凭吊。看来，茫茫宇宙，熙熙人间，永恒的事物是不存在的，只有不断的发展变化才是永恒的真理。

第六节　北伐匈奴　修筑长城

秦始皇当政时期的重要功业之一是北伐匈奴，修筑举世无双的边防工程——绵延万里的长城。

① ［德］黑格尔：《〈法哲学原理〉序言》，转引自《马克思恩格斯选集》第 4 卷，人民出版社 1972 年版，第 211 页。

匈奴是长期繁衍生息于我国北部边陲地区的一个少数民族。据《史记·匈奴列传》记载，其祖先是“夏后氏之苗裔”，“唐虞以上有山戎、猃狁、荤粥，居于北蛮，随畜牧而转移”。其所牧牲畜中，牛、羊是大宗，另有骆驼、驴、骡和不同品种的马类。作为游牧民族，它“逐水草迁徙，毋城郭常处耕田之业，然亦各有分地。毋文书，以语言为约束”。由于长期生活在水草丰美的大草原上，男子儿童时期即能骑马，练习射箭，长大后，都是精于骑射的勇猛彪悍的战士。《史记·匈奴列传》记述其习俗说：

> 其俗，宽则随畜，因射猎禽兽为生业，急则人习战攻以侵伐，其天性也。其长兵则弓矢，短兵则刀鋋。利则进，不利则退，不羞遁走。苟利所在，不知礼义。自君王以下，咸食畜肉，衣其皮革，被旃裘。壮者食肥美，老者食其余。贵壮健，贱老弱。父死，妻其后母；兄弟死，皆取其妻妻之。其俗有名不讳，而无姓字。①

匈奴世居中国北部边陲，创造了独具特色的草原游牧文化。为中华民族多元一体的发展做出了自己的贡献。夏、商、西周时期，匈奴族已经与中原王朝发生了广泛的联系。先周西伯昌攻伐的畎夷，穆王攻伐的犬戎，都是匈奴的分支。周幽王晚年，申侯勾结犬戎，将幽王杀死于骊山下，迫使平王东迁洛邑，开始了春秋时期的历史。其后，匈奴的别支山戎等不断侵扰中原地区，与秦、晋、燕、齐等诸侯国发生多次争斗。当时，以戎、狄等命名的匈奴人有许多分支，分布于从西北到东北的北部边境的广大地区：

> 当是之时，秦晋为强国。晋文公攘戎翟，居于河内圁洛之间，号曰赤翟、白翟。秦穆公得由余，西戎八国服于秦，故自陇以西有绵诸、绲戎、翟、䝠之戎，岐、梁山、泾、漆之北有义渠、大荔、乌氏、朐衍之戎。而晋北有林胡、楼烦之戎，燕北有东胡，山戎。各分散居溪谷，自有君长，往往而聚者百有余戎，然莫能相一。②

---

① 司马迁：《史记》卷一一〇《匈奴列传》，中华书局 1959 年版，第 2879 页。

② 司马迁：《史记》卷一一〇《匈奴列传》，中华书局 1959 年版，第 2883 页。

历史发展到战国时期，秦宣太后杀死义渠戎王，并起兵攻伐其部众，占有其地盘，设置陇西、北地、上郡三郡，同时修筑长城以阻挡匈奴的南侵。赵武灵王“胡服骑射”，北破匈奴别部林胡、楼烦，也在北部边陲修筑长城，自代郡沿阴山向西，直至高阙（今内蒙古潮格旗东南），并沿长城一线设立云中、雁门、代三郡，以阻止匈奴南下。其后，燕将秦开率兵击破匈奴别部东胡，使之后退千余里。接着，燕国也修筑了自造阳（今河北张北境）至襄平（今辽宁辽阳）的长城，并沿长城一线设立了上谷、渔阳、右北平、辽西、辽东五郡，以对付匈奴的袭扰。

从公元前 230 年至公元前 221 年，秦王嬴政以 10 年之功倾全力翦灭六国，无暇顾及与秦国毗邻的匈奴对北部边陲的蚕食与侵扰。燕、赵两国在秦军凌厉的攻势下，社稷不保，国将不国，自然也没有能力与匈奴较短量长。这样一来，匈奴的势力在大草原上得到迅速发展，并利用秦、赵、燕等国忙于彼此争战的机会，逐渐向南推进，占领了阴山之南的黄河河套地区不少地方。秦朝统一全国后，一时忙于国内的各项制度建设和其他诸多事宜，暂时将匈奴问题搁置一旁。公元前 215 年（秦始皇三十二年），秦始皇第四次出巡，先至碣石，然后由东向西，巡察了与匈奴接壤的辽西、右北平、渔阳、上谷、代郡、雁门、云中诸郡，最后自上郡返回咸阳。此次出巡，使秦始皇目睹了边陲地区因匈奴侵扰形成的严峻形势，下定了北伐匈奴、修筑长城的决心。恰在此时，“燕人卢生使入海还，以鬼神事，因奏录图书，曰：‘亡秦者胡也。’始皇乃使将军蒙恬发兵三十万人击胡，略取河南地”①。从公元前 214 年（秦始皇三十三年）开始的两年间，秦朝开启了大规模对匈奴的战争，同时进行修筑长城的巨大工程：

> 三十三年……西北斥逐匈奴。自榆中并河以东，属之阴山，以为四十四县，城河上为塞。又使蒙恬渡河取高阙、阴山、北假中，筑亭障以逐戎人。徙谪，实之初县……三十四年，适治狱不直者，筑长城及南越地。②

① 司马迁：《史记》卷六《秦始皇本纪》，中华书局 1959 年版，第 252 页。

② 司马迁：《史记》卷六《秦始皇本纪》，中华书局 1959 年版，第 253 页。

对匈奴的征伐自公元前214年（秦始皇三十三年）开始，蒙恬统帅的30万大军顺利地将匈奴的势力赶出榆中（今内蒙古与陕西交界处）以北，随即沿阴山之南、黄河沿岸地区设立了44个县，并筑城堡于河岸，作为抵御匈奴的要塞。接着蒙恬渡河攻取高阙（今内蒙古潮格旗东南）、阴山（黄河北）、北假中（今河套黄河北岸地区），同时徙罪人充实新设的县。第二年，又征发罪人，开始修筑长城。为了便于运送兵员和军需物资，公元前212年（秦始皇三十五年），秦始皇又下令修筑了从咸阳经云阳（今陕西淳化北）直达九原（今内蒙古包头西）的直道。从公元前213年（秦始皇三十四年）至公元前210年（秦始皇三十七年），蒙恬督率数以十万计的士卒、百姓和罪人，在原秦、赵、燕长城的基础上，"因边山险堑溪谷可缮者治之，起临洮至辽东万余里"①的长城。秦长城西起临洮（今甘肃岷县），迤逦北上，经今之甘肃渭阳，折而西北，至甘肃永靖后，再折而东行，在今兰州以东转向东北，在甘肃静远直下东南，划了一条弧线后，东北向穿越六盘山，经今之宁夏的固原、环县、陕西的吴旗继续向东北延伸，至陕西横山后，向北划了一个半圆，然后经榆林向东北延伸，直达今之内蒙古的准格尔旗附近。黄河以北的长城有两条：一条西起今之内蒙古的武兰布和沙漠西北边缘，向东延伸，穿过阳山，直抵今内蒙古的固阳东北；一条西起今内蒙古的乌拉特前旗，向东在阴山、黄河间穿行，经今包头、土默特左旗、呼和浩特，到达今河北的张家口，再转而向东延伸，经阜新北，到达今辽宁的新民，之后沿辽水向东北延伸，在今辽宁的铁岭附近越过辽水向东，再折而南下，经抚顺、本溪以东，于宽甸西越过马管水（今鸭绿江）进入朝鲜，在平壤以西终止于黄海之滨。秦长城曲折蜿蜒，历经今之甘肃、宁夏、陕西、内蒙古、河北、辽宁等省至朝鲜，全长1万多华里。它跨草原，穿大漠，越大河，盘桓于崇山峻岭之巅，充分利用各地的地形地物，或沙土，或土石混筑，或石砌，并在险峻处建城筑堡，设立关卡，建立起完整宏伟的防卫性的国防工程。在当时的历史条件下，在全世界范围内，它都堪称国防工程之最。长城展示了两千多年前中国人的聪明才智，显示了中国军事工程学所达到的先进水平。时至今天，人们在西北的荒漠草原，在北方山野的密林深

① 司马迁：《史记》卷一一〇《匈奴列传》，中华书局1959年版，第2886页。

涧，还能发现片片断断的秦长城遗址，无言地兀立在那里，犹如一个饱经战乱沧桑的历史老人，成为中华民族坚韧不屈的象征。

表面上看，伐匈奴与筑长城这一惊天动地、涉及数十万中华儿女生死存亡的大事，全系于秦始皇面对卢生所献图录的一念之间，实际上，它是秦始皇君臣深谋远虑的一项重大决策和精心策划实施的行动。从历史上看，秦国与匈奴早就结下了不解之缘。正是因为匈奴别支犬戎杀死周幽王，造成周室东迁，而秦人的祖先襄公因救驾有功才获得周室遗下的关中腹地，从而使秦国有了自己的立足之地。此后，秦国历代国君继承了与戎狄斗争的传统，不断从他们那里开疆拓土。秦穆公自关中向西发展，“益国二十，拓地千里”，使秦国迅速强大起来，成为与齐桓公、晋文公齐名的春秋五霸之一。战国时期，秦国在向东发展的同时，继续向西北开拓，不断从匈奴人那里夺得大片土地，设郡立县，将自己的统辖地域推进到沙漠与草原的边缘，并在那里修筑长城，作为防备匈奴侵扰的屏障。可以说，在战国七雄中，与匈奴接触历史最长，彼此间斗争最多，因而对匈奴了解最深的国家就是秦国。秦始皇在统一六国后，对匈奴问题肯定有着全盘考虑，所以他才有对北边边陲的全面巡察。正是在巡察之后，才有伐匈奴、筑长城的决策与行动。

尽管征伐匈奴使秦朝付出了沉重代价，但仍然应该承认它是一次具有积极意义的行动。这是因为，此时的匈奴正处于奴隶社会初期，奴隶主贵族对于财富贪得无厌的追求使他们目光不断投向中原富庶的农耕地区并且发起了一次又一次的以劫掠财富和人口为目标的侵扰，对中原地区百姓的生命财产造成很大的破坏。为了维护北部边防的安全，为了保卫中原地区百姓的生命财产并为之创造一个和平的生产与生活的环境，必须解除匈奴的威胁和袭扰行动，所以对匈奴的战争势在必行。由于秦始皇遴选蒙恬做征伐匈奴的秦军主帅，付托得人，加之所统之兵又是统一六国、久经战阵的劲旅，此时士气正旺，更因为谋划得宜，后勤支援及时充裕，所以 30 万大军旗开得胜，迅速将匈奴人逐出河南地，并在那里设立九原郡 44 县，移民实边，因河为塞，建立起阻挡匈奴南下的防卫体系。秦军收回的河南地，是黄河中游最富庶的农业区，这里土质肥沃，灌溉便利，已经开发成重要的产粮区，对秦朝具有重要意义。尤其是，这里是河套平原，无险可守，匈奴人一旦占据该地，等于有了一块进退有据的南下基地，所以秦军必须占领并据守此地，才能建立起阻挡匈奴南下的屏障。秦军取得河南地，将防卫前线推进至黄河以北的阳山、阴山一带，就使秦军在对匈奴的斗争中取得了战略上的主动权：进可以越过两山同匈奴在草原上角逐，退可以坚守河上要塞阻止匈奴人渡河南下。这实在是秦始皇与蒙恬在军事史上的大手笔之作，是完全应该肯定的。

与伐匈奴连在一起的是长城的修筑，它使秦朝同样付出了极其沉重的代价。万里长城虽不是秦朝一次修建，而只是在原秦、赵、燕三国旧长城基础上修补加筑而成，但其工程量还是相当可观的，为此而动用的人力物力自然也是巨大的，广大百姓为此的确付出了巨大的牺牲。直到西汉元帝时，贾捐之在上书中犹称"《长城之歌》至今未绝"①。而这首《长城之歌》尽管只有四句："生男慎勿举，生女哺用脯，不见长城下，尸骸相支拄。"② 但可以想象修筑长城的工程使秦朝百姓蒙受了多大的灾难。

不过，还应该看到，修筑长城与修建阿房宫和骊山陵墓这些纯粹为了秦始皇生前和死后享受的工程是不同的。在劳民伤财的同时，修筑长城还有着不可忽视的积极意义。正是长城成为游牧经济区与农业经济区的分界线，它保护中原地区发达的农业经济不受游牧民族的侵扰，是保卫相对先进的汉文化的一道坚固的屏障。在冷兵器时代，长城作为一种防卫体系是有存在价值的。事实是，长城建成以后，匈奴被稳稳地隔在了大河与高山之北。在蒙恬统率的 30 万大军守卫下，终秦之世，北部边陲没有受到匈奴的侵扰。筑长城之功是不可没的。

一段时期以来，学术界流传着这样一种观点：长城是中国长期封闭的象征。且不论中国长期封闭的结论是否反映真实，但征诸历史事实，两千多年来长城并没有阻断中原地区的汉族与周边少数民族的经济文化交流，中国作为一个民族的大熔炉并未因长城的存在丝毫受损。问题是，正当的防卫是否能与封闭画等号？军事工程是否就是封闭的象征？试看世界上所有的文明国家，在古代和中世纪哪一个不曾建有城堡类的防卫设施？难道他们都是封闭的国家和社会吗？即使在现代最开放的国家，也一定建有自己的安全防卫体

① 班固：《汉书》卷六四下《贾捐之传》，中华书局 1962 年版，第 2831 页。

② 郦道元：《水经注》卷三，电子版文渊阁四库全书。

系，只不过这种防卫体系不是长城，而是坦克、飞机、军舰和导弹、原子弹罢了。

还应该指出，尽管秦始皇修筑了至今仍令中国人为之骄傲的长城，但并未妨碍秦朝在其存在15年的岁月里促进了中国境内的民族融合。15年中，不仅原来进入七国辖域的数以百计的少数民族融合到华夏族的广阔的怀抱，就是北方、南方和西方边陲的少数民族也加强了与中原民族的经济文化交流，为两汉时期中国主体民族——汉民族的形成奠定了基础，创造了条件。

第七节　南平百越　开凿灵渠

在今之浙江、福建、广东、广西以及越南，从原始社会起就生活着统称越族的众多少数民族，因为其分布广袤，族群众多，所以称之为“百越”。这些众多的族群很早就同中原地区发生了经济文化上的联系。《尚书·尧典》中就有尧“申命羲叔，宅南交”的记载。大戴《礼记·少间》有舜“南抚交趾”的记载。《史记·五帝本纪》则记载舜“践帝位三十九年，南巡狩，崩于苍梧之野，葬于江南九疑，是为零陵”。以上文献所记，究竟与历史真实有多大距离，至今仍不易确定。但其中显示的信息似可肯定：百越与中原地区的联系早在远古时期就开始了。夏、商、周之世，史籍记载的百越与中原王朝的交往更多。如《夏本纪》记载的九州之一的荆州的贡物中，有一些即出自岭南。《逸周书·王会解》记载商初名臣伊尹下令岭南贡物的越人中就有“柱国”“产里”“九菌”“损子”等。西周王朝与百越的交往更加频繁：“《礼记》称‘南方曰蛮，雕体交趾’。其俗男女同川而浴，故曰交趾。”“交趾之南有越裳国。周公居摄六年，制礼作乐，天下和平，越裳国以三象重译而献白雉，曰：‘道路悠远，山川岨深，音使不通，故重译而朝。’”① 据《周礼》记载，西周在中央设立“职方氏”“象胥”等机构和官员来管理边疆的部族事务，其中要管理的“七闽”“八蛮”“九貉”等可能都涉及百越。

春秋之世，百越与中原地区的联系更加密切。越人建立的越国雄踞东

① 范晔：《后汉书》卷八六《南蛮西南夷列传》，中华书局1965年版，第3835页。

南，在春秋晚期，越王勾践参与大国争霸，“十年生聚，十年教训”，不仅雪会稽之耻，灭掉吴国，而且北上齐鲁，一时让中原诸国侧目而视。战国时期，越国长期与楚国结盟，文化上深受楚国影响。因为楚国地处江汉平原，地理上与百越最近，因而能与百越的各部族都发生较密切的关系，双方发生冲突的可能性也很大。楚悼王时，拜吴起为令尹，主持楚国的变法，使楚国迅速强大起来。公元前387年，吴起“南平百越”①，将岭南的许多地方纳入了楚国的势力范围。也是在战国时期，越王无疆自恃力量强大，“兴师北伐齐，西伐楚，与中国争强”②，后经齐威王使者一番说项，越国放弃攻齐，全力向楚国进攻。但此时的越王实在太不自量，地小人少的越国哪里是楚国的对手？“楚威王兴兵而伐之，大败越，杀王无疆，尽取故吴地至浙江……而越以此散，诸族子争立，或为王，或为君，滨于江南海上，服朝于楚。”③由于楚国对百越地区的影响越来越大，加速了荆楚与百越的民族融合，这对后来中原文化迅速在百越地区传播起了先导的作用。不过，越国被楚国灭亡以后直至秦朝统一中国前，百越始终没有产生出一个幅员广阔、号令四方的政权。大大小小的越族部落自立君主，各自为政，甚至互相攻伐，这自然削弱了他们反抗秦军的力量。

秦朝在公元前221年统一中国时，其行政管辖权在南方仅仅达到会稽、九江、长沙、黔中诸郡，今之浙江南部、福建、两广、贵州南部以及海南的广大地区，还都在百越各君长的控制之下。这对已经控制了黄河、长江流域的雄才大略的秦始皇来说是不能容忍的。这是因为，在春秋战国500多年的岁月里，百越已经与中原地区发生了越来越多的密切的政治、经济和文化上的联系，那里出产的各种奇珍异宝已经陈列在秦始皇的宫廷之中，给他带来许多赏心悦目的快感。秦始皇从大一统的观念出发，认定与其他六国一样，百越也必须处于自己的控制之下。“溥天之下，莫非王土”，煌煌中华，岂容化外之民？再说，百越在历史上也与中原地区发生过多次争战，其对中原王朝的威胁虽不像匈奴那么严重，但毕竟是一块心病，只有将其置于自己的统辖之下，秦始皇才感到心安理得，才能睡得安稳。

① 司马迁：《史记》卷六五《孙子吴起列传》，中华书局1959年版，第2168页。

② 司马迁：《史记》卷四一《越王勾践世家》，中华书局1959年版，第1748页。

③ 司马迁：《史记》卷四一《越王勾践世家》，中华书局1959年版，第1748页。

为了做好进军百越的准备工作，秦始皇在前 219 年第二次出巡时，特地来到长沙郡的湘山，这里与岭南最近，秦始皇到此巡视，显然与策划征伐百越有关。他命刑徒 3000 人伐湘山树，一方面是向湘山神展示自己为所欲为的威风，一方面也是为造船准备木料，为伐百越创造条件。在此前后，他下令修筑自咸阳通向全国的驰道。其中一条自咸阳直下东南，经武关至南阳，再直下南郡、长沙郡，进而向南延伸至岭南。这在很大程度上是为进军岭南准备的道路设施。

经过一番准备之后，秦始皇开始实施进军岭南、平定百越的计划。秦军进军岭南的年代，《史记》《汉书》皆无明载，因而学术界有着不同的推定。如清人仇池石在《羊城古钞》中认为是秦始皇二十五年（前 222 年），明人郭棐在《广东通志》中认定为是秦始皇二十六年（前 221 年）。还有人推定为二十八年（前219年）[①] 和二十九年（前218年）[②]。张荣芳、黄淼在其所著《南越国史》一书中，经过仔细考辨，认为秦始皇二十九年说比较准确[③]。

公元前 218 年，秦始皇命秦都尉赵佗与屠睢率楼船之士 50 万人进军百越。据《淮南子・人间训》记载，这场战争开始后的三年，秦军遇到越人顽强的抵抗，损失十分惨重：

> 乃使尉屠睢发卒五十万，为五军，一军塞镡城之岭，一军守九嶷之塞，一军处番禺之都，一军守南野之界，一军结余干之水，三年不解甲弛弩。使监禄无以转饷，又以卒凿渠，而通粮道，以与越人战，杀西呕君译吁宋而越人皆入丛薄中，与禽兽处，莫肯为秦虏。相置桀骏以为将，而夜攻秦人，大破之，杀尉屠睢，伏尸流血数十万。[④]

以上五支秦军，“塞镡城之岭”者驻守今之广西北部的越城岭；“守九嶷之塞”者驻守今之湖南的宁远县南；“结余干之水”者驻守今之江西余干、乐平交界处；“处番禺之都”者则进军今之广州并在那里驻守，这五支秦军，中间

① 余天识：《秦统一百越战争始年考订》，《百越民族史论丛》，广西人民出版社 1985 年版。

② 陶维英：《越南古代史》（中译本），科学出版社 1957 年版，第 116 页。

③ 张荣芳、黄淼：《南越国史》，广东人民出版社 1995 年版，第 24 页。

④ 董治安等：《两汉全书》第三册，山东大学出版社 2009 年版，第 1860 页。

的一支从今之湖南出发，越过九疑要塞，顺北江迅速南下，直捣珠江三角洲，占领了番禺。东面的两支，南野之军与余干之军进攻的目标是闽越之地（今福建与浙江南部），由于该地“僻处海隅，褊浅迫隘”，“用以争雄天下，则甲兵糗粮，不足供也；用以固守一隅，则山川间阻，不足恃也”。① 因此，两军进展顺利，闽越王无诸指挥的闽越人的抵抗很快就被打得落花流水，秦军迅速占领该地，并在那里设立闽中郡。

与以上三支秦军相比，从九疑、镡城出发的两支秦军的进展就很不顺利。这两支秦军进攻的目标是今之广西的西瓯越人，由于秦军大肆杀伐，遭到西瓯越人的拼死抵抗，加之后勤供应不继，使秦军遭遇重创，伤亡惨重，主帅之一的屠睢也命丧疆场。秦军只得暂时停止攻势。秦始皇看到后勤供应是制约军事进展的重要原因，下决心解决交通运输问题，于是就有了监御史禄开凿灵渠的壮举。《史记·平津侯主父列传》《淮南子·人间训》《汉书·严安传》对此有大致相同的记载。由于此一水利工程在中国水利史上是一项了不起的创举，而且两千多年来一直在航运和灌溉方面持续发挥效益，所以后来的文献不断对它详加记述。这一工程的领导者是史佚其姓的秦朝监御史，名禄。秦朝的御史府中设监军与监郡两种御史，从当时对百越用兵的需要看，史禄可能是监军御史。他一方面负有监军的重任，同时又操办全军的后勤事务，所以监修灵渠工程就成为他分内的职责。与长城、阿房宫、骊山墓之类工程相比，开凿灵渠的工程量不是很大，但其构思之巧，设计之妙，实在可谓巧夺天工。宋人范成大《桂海虞衡录》中曾对该工程作过简要的记述与评论：

> 灵渠在桂之兴安县，湘水于此下融江，融江为牂牁下流，本南下兴安，地势最高。二水远不相谋。秦监禄始作此渠，派湘之流而注之融，使北水南合，北舟逾岭。其作渠之法，于湘流沙磕中垒石作铧觜，锐其前，逆分湘流为两，激之六十里，行渠中以入融江，与俱南。渠绕兴安界，深不数尺，广丈余。六十里间，置斗门三十六。土人但谓之斗。舟入一斗，则复闸斗。俟水积渐进，故能循崖而上，建瓴而下。

---

① 顾祖禹：《读史方舆纪要》卷九五，电子版文渊阁四库全书。

千斛之舟，亦可往来。治水巧妙，无如灵渠者。①

灵渠位于今之广西兴安县境，又称兴安运河、湘桂运河，全长 30 多公里，是一条东西走向的人工运河。湘江与漓江都发源于桂北山区，两江在兴安县境相距 30 多公里。监军御史禄领导士卒开凿了一条连接两江的名叫灵渠的运河。他利用两江之间的落差，通过灵渠将湘江部分流水导入漓江。为了保证行船有足够的水量，他在运河上设置了 36 个斗门（水闸），使水蓄积至足够行船的深度，保证载重量超过万斤的大船也能顺利通行。灵渠的开凿是我国水利工程史上的一件大事，标志着我国水利工程的设计与施工都达到了当时世界的最高水平。灵渠第一次沟通了长江与珠江水系，沟通了南北的水路交通。尽管当时的目的主要服务于秦朝对百越的战争，但它在此后两千多年的岁月里所起的作用主要是加强了南北的经济文化交流。时至今日，它仍然在航运和灌溉方面继续发挥积极作用，而其作为一种具有永恒魅力的历史文化遗产所产生的社会效益更是无法估量的。

灵渠开凿成功，使得前线需要的大量军需物资得以源源不绝地运来，大大扭转了秦军与西瓯越人对阵的军事形势。秦始皇于是下令对西瓯越人发起新的进攻。公元前 214 年（秦始皇三十三年），秦始皇任命任嚣、赵佗为统帅，督率秦军将士对西瓯越人发起猛烈攻势。由于准备充分，加之后勤供应充足及时，秦军战斗力大大增强，很快就粉碎了西瓯越人的反抗，其首领西呕译吁宋也被杀死，西瓯地区（今广西）由此被置于秦军的控制之下，在这里设立桂林和象郡。秦军乘胜继续南下，又打败了位于今之越南北部、中部的雒越族的反抗，将秦朝的行政管辖权伸展到这一地区。至此，历时 4 年的平百越的战争就以秦朝的全面胜利而结束。

秦始皇君臣谋划的平百越的战争尽管经历了反复和曲折，中原军民和百越军民也都为之付出了鲜血和生命的代价，但是，这场战争对历史发展所起的作用其主导面还是积极的。

第一，它扩大了中原王朝的行政管辖范围，从更完整的意义上奠定了以后中国疆域的基础。秦朝统一岭南前，百越族虽然早就与中原王朝发生了

① 胡渭：《禹贡锥指》卷九，电子版文渊阁四库全书。

千丝万缕的联系，越国更以它傲世的崛起使中原的诸侯国侧目而视。但是，直到公元前214年前，中原王朝的行政权力还没有延伸到这个地区。公元前214年（秦始皇三十三年）以后，秦朝在这里实现了完全的行政管辖。秦朝在这里推行郡县制，设立南海郡，下辖番禺、龙川、博罗、揭阳等县；设立桂林郡，下辖布山、四会等县；设立象郡，下辖临尘、象林等县。秦朝在这里派驻军队，任命官吏，加强了行政与军事的控制，使岭南地区从此成为中国不可分割的一部分。

第二，促进了中原与岭南地区的经济文化交流。岭南与中原，在地理、气候、物产、文化等诸多方面都有相当大的差异，经济上具有很大的互补性。特别是，当时百越地区的生产力水平远低于中原，很少的铁器还是从中原地区传入的，社会发展也仅达到奴隶制阶段，有些地方还停留在原始社会。秦朝在这里设立郡县以后，大大促进了该地区社会的发展，加速了这里的封建化进程。这其中，重要的一环是从中原徙民与百越人杂处。秦始皇三十三年（前214年），“发诸尝逋亡人、赘婿、贾人略取陆梁地，为桂林、象郡、南海，以适遣戍”①。这是一次较大规模的随军移民，其中商贾之民占了很大比例。恰恰是这些人的大量移入，架起了中原与岭南经济文化交流的桥梁。这些商人来自中原，对中原和岭南彼此所需有着锐敏的眼光。正是他们把大量的铁器贩运到岭南，提升了这里生产力的层次，又是他们将这里的特产贩运到中原地区，丰富了那里的物质生活。第二年，秦朝又一次移民岭南，“谪治狱吏不直者，筑长城及南越地”②。这次的移民主要是犯法的官吏，估计他们中的大部分人因为熟悉《秦律》，且有一定的行政经验，会成为当地基层官吏队伍的补充，这对于提高当地官吏的行政执法水平，无疑具有积极意义。此外，还有一次妇女移民，《史记·淮南衡山列传》记载伍被的话：“尉佗知中国劳极，止王不来，使人上书，求女无夫家者三万人，以为士卒衣补。秦皇帝可其万五千人。”③显然，这次移民是为了解决士卒的配偶问题。从多次移民的情况推断，秦朝为经营岭南，使中原的将士、官吏、商贾、百姓大约百万人左右移居岭南。他们把中原先进的生产技术和先进的行

① 司马迁：《史记》卷六《秦始皇本纪》，中华书局1959年版，第253页。

② 司马迁：《史记》卷六《秦始皇本纪》，中华书局1959年版，第253页。

③ 司马迁：《史记》卷一一八《淮南衡山列传》，中华书局1959年版，第3068页。

政管理方式，特别是先进的生产关系带到百越地区，大大促进了这里经济文化的发展。

第三，大大促进了民族融合。秦朝征伐百越，士卒多达 50 万，后来多次移民，加上因各种原因自己主动迁徙岭南的百姓，总数超过 100 万。这些人中的绝大多数都是成年男子，其中除极少数人携带妻子儿女外，其他人势必要与越族妇女婚配。这种婚配关系不仅从遗传基因上拉近了两个民族的距离，而且更有助于从文化上迅速地消除民族间的隔阂。随着北方汉族人的不断迁入，双方通婚的范围越来越大，通婚的频率也越来越高，到东汉时期，越族的大部分人都融入了汉族之中。这显然为我国统一的多民族国家的形成和发展做出了巨大贡献。

第四，秦朝通过武力征伐的方式占领岭南以后，为了进一步加强和巩固在该地区的统治，还修筑了从今之湖南、江西和福建进入岭南的"新道"，而为了保证"新道"的畅通无阻，又在"新道"所经之地的险要之处修建了城池关防。如建于今之江西大余的横浦关，建于今之广东连县阳山之间的阳山关，建于今之广东英德之南的湟溪关等。"新道"与城池关隘的建筑，对于加强中原地区与岭南的人员往来和物资交流起了重要作用。到两汉时期，又利用岭南面临大海的有利条件，开辟了海上丝绸之路，从而为中外的经济文化交流架设起一条重要的海上通道。

秦朝征伐岭南，将百越族纳入中国各民族共同发展的康庄大道，是对中华民族历史发展做出的积极贡献。当百万华夏之民融入百越城市与乡村的政治与社会生活之中的时候，中原先进文化的光焰也照亮了岭南大地的每个角落。

第八节　徐福东渡与中日、朝、韩关系

在秦始皇统治时期，秦帝国的对外关系中影响最大的事件是徐福东渡。这一至今仍然令中外学者尤其是中日两国学者倍加关注的历史事件，不仅其事实真相有待于进一步破解，而且其在中外文化交流史上的意义也有待于更深入的认识。记载徐福东渡的文献资料较多，最具真实性的首推《史记》。该书有三处记载了徐福东渡的事迹。《秦始皇本纪》记载：

二十八年，始皇东行郡县，上邹峄山，立石，与鲁诸儒生议，刻石颂秦德，议封禅望祭山川之事……既已，齐人徐市等上书，言海中有三神山，名曰蓬莱、方丈、瀛洲，仙人居之。请得斋戒，与童男女求之。于是遣徐市发童男女数千人，入海求仙人。

三十七年十月癸丑，始皇出游。……十一月，行至云梦……还过吴，从江乘渡。并海上，北至琅邪。方士徐市等入海求神药，数岁不得，费多，恐谴，乃诈曰："蓬莱药可得，然常为大鲛鱼所苦，故不得至，愿请善射与俱，见则以连弩射之。"始皇梦与海神战，如人状。问占梦，博士曰："水神不可见，以大鱼蛟龙为候。今上祷祠备谨，而有此恶神，当除去，而善神可致。"乃令入海者赍捕巨鱼具，而自以连弩候大鱼出射之。自琅邪北至荣成山，弗见。至之罘，见巨鱼，射杀一鱼。遂并海西。①

《淮南衡山列传》记载：

又使徐福入海求神异物，还为伪辞曰："臣见海中大神，言曰：'汝西皇之使邪？'臣答曰：'然。''汝何求？'曰：'愿请延年益寿药。'神曰：'汝秦王之礼薄，得观而不得取。'即从臣东南至蓬莱山，见芝成宫阙，有使者铜色而龙形，光上照天。于是臣再拜问曰：'宜何资以献？'海神曰：'以令名男子若振女与百工之事，即得之矣。'"秦皇帝大说，遣振男女三千人，资之五穀种种百工而行。徐福得平原广泽，止王不来。②

《汉书·伍被传》有关徐福的事迹显系抄自《史记·淮南衡山列传》，而《汉书·郊祀志》的记载稍异于《史记》：

自（齐）威、宣、燕昭使人入海求蓬莱、方丈、瀛洲，此三神山

① 司马迁：《史记》卷六《秦始皇本纪》，中华书局1959年版，第242—363页。
② 司马迁：《史记》卷一一八《淮南衡山列传》，中华书局1959年版，第3086页。

者，其传在勃海中，去人不远。盖尝有至者，诸仙人及不死之药皆在焉。其物禽兽尽白，而黄金银为宫阙。未至，望之如云；及到，三神山反居水下，水临之。患且至，则风輒引船而去，终莫能至云。世主莫不甘心焉。及秦始皇至海上，则方士争言之。始皇如恐弗及，使人赍童男女入海求之。船交海中，皆以风为解，曰未能至，望见之焉。①

《三国志·吴书·吴主传》记载：

（黄龙）二年春正月……遣将军卫温、诸葛直将甲士万人浮海求夷洲及亶洲。亶洲在海中，长老传言秦始皇帝遣方士徐福将童男童女数千人入海，求蓬莱神山及仙药，止此洲不还。世相承有数万家，其上人民，时有至会稽货布，会稽东县人海行，亦有遭风流移至亶洲者。所在绝远，卒不可得至，但得夷洲数千人还。②

假托西汉东方朔作品的志怪小说《十洲记》，记述了徐福去祖洲采药的故事：“祖洲在东海之中，去西岸七万里，上有不死之草。秦始皇乃使使者徐福，发童男女五百人，率摄楼船入海寻祖洲，一遂不返。”范晔著的《后汉书·东夷传》抄录了《三国志·吴书·吴主传》记载的有关徐福的资料，附于倭奴国之后。唐代诗文中亦有不少歌咏徐福东渡之事的篇章，但都没有点明他所去之地为日本。最早明确指认徐福所到之地为日本的是五代后周时期的义楚和尚。他在《义楚六帖》之《城郭·日本》一章中言之凿凿：

日本国亦名倭国，在东海中。秦时，徐福将五百童男、五百童女止此国，今人物一如长安……又东北千余里，有山名富士，亦名蓬莱……徐福止此谓蓬莱，至今子孙皆曰秦氏。

自此之后，虽然对徐福所去之地的讨论仍有数种不同观点，但有相当多的学

① 班固：《汉书》卷二五上《郊祀志》，中华书局1962年版，第1204—1205页。
② 陈寿：《三国志》卷四七《吴主传》，中华书局1965年版，第1136页。

者对徐福东渡之地为日本已深信不疑并且作了较有说服力的论证。

虽然徐福东渡是一个史有明载的事实，但对此一事件的记载却是将事实与传说、真实与神怪杂糅捏合在一起，使之笼罩在云山雾罩之中，平添了许多扑朔迷离之感。尽管关于徐福的籍贯学术界也有多种说法，但司马迁记载的他是“齐人”应该是最靠谱的事实。根据各种文献、传说、遗迹和民间流传的故事推断，其居住地为今之山东龙口市的可能性最大。

春秋战国时期，滨海的齐、燕两国涌现出一批方士，他们到处宣传能找到海外的蓬莱、方丈、瀛洲等仙山，能找到那里的仙人与长生不死药。这对当时的各国国君和达官贵人自然产生了无比强烈而持久的吸引力。这类方士之中，虽然不乏借机敛财的江湖骗子，但也会有一些真诚相信海外有仙山、仙人和长生不死药的探索者，他们与祈求长生不老的君王和达官贵人们组成了一个锲而不舍的自欺而又欺人的群体不断发力，从而使对仙山、仙人和长生不死药的探求旷日持久地继续下去，而在战国、秦汉时期达到高潮。秦始皇是一个文治武功都彪炳史册的伟大帝王，面对统一后地大物博的美好江水和臣子们洋洋盈耳的颂赞，面对不断花样翻新的锦衣玉食和倾城倾国、灿如云霞的众多美女，他自然会祈求将这种人间享受永远保持下去，因而对于方士们精心编造的谎言心有灵犀，一拍即合。当然，秦始皇对仙人和长生不死药的笃信也不是绝对的，因为常识时刻提醒他，长生不老的实例一个也找不到。所以，尽管他不断指令方士们竭尽全力寻找仙人和长生不死药，但同时也命人督率数十万刑徒修筑骊山陵墓，为自己准备最后的归宿。对于仙人和长生不死药，秦始皇是宁信其有不信其无的，这从他不断寻找的历程可以展现出来：秦始皇二十八年（前219年），他遣徐福“入海求仙人”，三十二年（前215年）他又“使燕人卢生求羡门、高誓”，“使韩终、侯公、石生求仙人和不死之药”。三十五年（前212年），他听信卢生点拨，隐匿行踪，祈求修炼成仙。三十七年（前210年），他再次听信徐福的说教，指派徐福最后一次出海寻找仙人和长生不死药。正是由于秦始皇对仙人和长生不死药的痴迷，致使徐福等人的活动得到持久的助力。秦始皇倾国家之力资助徐福等人的远航，是徐福数次东渡成功的重要原因。徐福作为一个著名的方士，也可能是一个仙人和长生不死药的痴迷者。尽管他的前辈寻找仙人和长生不死药的努力留下的都是失败的记录，但他痴心不改，满怀期望几代方士的追求能够在自己身上取得成功。所以，在秦始皇东巡琅邪之时，徐福立即前去兜售他那一套渡海寻仙之说。得到秦始皇的支持后，他带领庞大的船队开始了中国历史上一次空前的远航。从情理推断，他感谢秦始皇的知遇之恩，真心实意地为他服务，甘冒生命危险为他寻找仙人和长生不死药，力图早日将长生不死药献到秦始皇的面前。经过10个年头（前219—前210年）的不懈努力，不知经历过多少狂风恶浪和九死一生的考验，徐福成熟了，可能也清醒了：世界上根本不存在仙山、仙人和长生不死药，自己的努力只能是自欺欺人的活动。明白了自欺，他自然更意识到欺人，尤其是欺骗秦始皇这样一个具有生杀予夺大权的君王意味着什么。因而，徐福最后一次东渡压根就不打算再返回。这不仅因为他意识到逼近自己的危险，害怕重蹈两年前被坑之儒的覆辙，而且他也不会不发现此时的秦帝国面临的危机：与他10年前东渡时的情况相比，秦始皇与他的帝国已经坐在了火山口上，哀鸿遍野，人心思乱。此时避祸的最好办法是顺着自己熟悉的水路再来一次冒险的远航。如果说，徐福10年前的第一次东渡是一次寻找仙人和长生不死药的真诚的行动，那么，他最后一次的东渡则是欺骗秦始皇的避祸之旅。

虽然徐福东渡的落脚地在何处直到千年以后才有人认定为日本，因而至今仍有学者对此持怀疑态度，但根据文献和中日两国保存的大量民间传说，确认徐福“止王不来”的地方是日本的结论在众多说法中不失为最有说服力的结论。

齐鲁地区是我国最古老的文明发祥地之一，史前的东夷文化已经达到相当高的水平。夏、商、西周时期，由于东夷文化广泛吸收了中原文化，初步形成了具有强大生命力的齐鲁文化。西周初年由姜尚建立的齐国，地跨胶东半岛和泰沂山脉以北的广阔原野，土地肥沃，森林矿产资源丰饶，特别是面临大海，极富鱼盐之利。从远古时代起，这里的人民即开始海上航行，逐步积累起较丰富的航海知识与航海的经验与技能。到秦朝时期，这里的人们沿海岸已经能够航行到很远的距离了。据有的学者研究，当时由齐地至日本的航线分五段：第一段琅邪港—成山头—之罘港。第二段之罘—蓬莱—庙岛群岛—辽东南端老铁山。第三段老铁山—鸭绿江口—朝鲜半岛西海岸—朝鲜半岛东南部海岸（釜山—巨济岛一线海岸）。第四段朝鲜半岛东南沿岸—对马岛—冲岛—大岛—北九州沿岸。第五段北九州沿岸—关门海峡—濑户内海—大阪湾—和歌山、新宫町、熊野滩。① 应该说，在当时的技术条件下，这是一条比较安全的航线。在此之前，估计非官方的航行在中日之间通过朝鲜半岛已经开始。因为中国与朝鲜之间不仅有一江之隔的陆上通道，而且有沿海的水上航线，而朝鲜至日本尽管隔着较宽阔的海峡，但利用海峡间的几个岛屿做航标，加上利用有利的风向，由朝鲜至日本的航行还是具备较大的安全系数。所以，朝鲜与日本间的民间航行肯定已有较长的历史，至徐福东渡时，在齐地寻觅一批曾经到过日本的水手不是很难的事情。这些水手就为徐福的远航日本提供了技术上的保证。

方士产生于齐燕之地，中国最早记载的官方远航的领袖人物是齐人方士徐福，这一切都不是偶然的。齐燕地处华北大平原，北靠起伏的燕山山脉，西靠绵延的太行山脉，东临浩瀚的大海。这里的人民很早就开发海洋，以鱼盐之利作为农业经济的补充。长期生活于海边的齐燕之民，面对一天四时潮起潮落的大海，目睹四季殊异的海上风光和变幻莫测的海市蜃楼，非常容易产生种种遐想，萌生探索海洋奥秘的激情与理想，激发出富于冒险的精神和韧劲。战国时期，齐国稷下学派的邹衍就创造了“大九州”的概念：

> 先列中国名山大川，通谷禽兽，水土所殖，物类所珍，因而推之，及海外人之所不能睹。称引天地剖判以来，五德转移，治各有宜，而符应若兹。以为儒者所谓中国者，于天下乃八十一分居其一分耳。中国名曰赤县神州。赤县神州内自有九州，岛禹之序九州岛是也，不得为州数。中国外如赤县神州者九，乃所谓九州也。于是有裨海环之，人民禽兽莫能相通者，如一区中者，乃为一州。如此者九，乃有大瀛海环其外，天地之际焉。②

“大九州”观念的产生自然离不开邹衍“以小验大”的推理，但显然也与齐燕之人较早就开始的航海业不无关系。航海之民远航的经历与见闻对邹衍突破中国九州即是整个世界的观念肯定具有很强的启示意义。“大九州”

① 孙光圻：《以徐福为代表的秦人大规模东渡日本》，载《徐福研究》，青岛海洋大学出版社 1991 年版。

② 司马迁：《史记》卷七四《孟子荀卿列传》，中华书局 1959 年版，第 2344 页。

观念显示了战国时代中国人地理观念的变化特别是世界视野的扩大。这种扩大的视野一定能够刺激人们的探险意识，进一步促进远航的发展。徐福是在齐文化的陶冶下成名的方士，在齐燕一带很有影响，所以能够说动秦始皇支持他的远航计划。尽管10年之间他动用朝廷大量人力物力数次远航而一无所获，却仍然能使秦始皇保持对他的信任。特别在秦始皇制造“焚书坑儒”惨剧，而方士的活动已经遇到严重信任危机的情况下，徐福照样能够蒙蔽秦始皇，批准他进行了最后不归的远航，这一切表明，徐福实在是一个很有本事的人。他不仅有过人的聪明才智，而且有如簧之舌，能够以自己的滔滔宏论折服秦始皇，使之全力支持了自己的远航。他的审时度势和随机应变的能力在十多年的考验中得到了最大限度的发挥。以当时的航海条件和航海技术，敢于航海特别是敢于远航的人，必须具有将生死置之度外的冒险精神和不达目的决不罢休的坚韧品格。徐福的冒险精神和坚韧品格表现在10年间的不倦追求和一以贯之的顽强努力。不过，徐福的远航又不是盲目的冒险。他充分考虑到远航的困难和风险，在远航前做了周密的设计和深思熟虑的安排。他首先乘秦始皇迷恋不死药达到如醉如痴的时候进言，争取到他对远航的支持，从而使远航有了国家这一强大的后盾，获得巨大的人力、物力和财力的支持。这种支持如此巨大而长久，成为他远航能够长期进行并获得成功的最重要的原因。其次，徐福为远航做了特别周密的准备：他透过秦始皇下达指令征调了数千童男童女，这些人不仅是开拓新土的劳动力而且是大量繁衍后代的生力军。他带去了五谷的种子，以便可以在新的地方继续进行农业生产，保障衣食之源；他带去百工，以便在新的地方制造生产工具和生活用具。可见他设想之周到和用心之良苦：他已经为自己的活动准备了最后的退路，既可以返回，也可以永驻不归。当时奉命为秦始皇寻找仙人和长生不死药的方士何止徐福一人？其中的大多数都是在骗术暴露后被秦始皇送上断头台，而只有徐福能够使秦始皇在极易生疑的时候未生疑，反而全力支持他进行了最后一次远航，而正是这次远航使他全身而退，在海外开拓出一片新天地。这一事实无疑表明，徐福是方士中的佼佼者，他的胆识、智慧、才能和开拓精神是其他方士无可比拟的。

徐福东渡的成功具有重大的历史意义，产生了极其深远的影响。

徐福东渡不仅是中国航海史上的壮举，也是世界航海史上无与伦比的杰作。历史学家一致推尊地中海是人类航海事业的摇篮，赞颂埃及、腓尼基、迦太基与古罗马人在航海史上留下的辉煌业绩。在亚洲，只有中国的航海史能够与以上诸国媲美。而徐福在公元前3世纪的东渡，其所使用航船的顿位、航海的技术水平、航海的规模之大等诸多方面，都不比当年地中海沿岸国家逊色。徐福的东渡，证明中国当时的航海技术已经处于世界的最前列。徐福作为一个伟大的航海家，与他领导的东渡一起永垂史册。

徐福东渡的成功是中外文化交流史上的里程碑，是有文献记载的中国文化的第一次跨海传播。徐福将先进的中国文化带到日本列岛，极大地促进了那里的社会发展。先秦时期的日本先民正处于绳纹文化时代，也即原始社会的石器时代，以渔猎经济为主，原始农业还处于萌芽状态。秦汉时期，日本进入弥生文化时代，与绳纹文化时代相比，社会呈现较快发展的态势。如原始农业大大发展并成为日本人民的主要衣食之源。日本人此时种植的大量农作物，如粳稻、大麦、粟、荞麦、大豆、小豆、豌豆、蚕豆、瓜、梅、桃、杏等，都是从齐鲁地区传过去的。另外，弥生文化时代出现了金属工具，这显然也是从齐鲁地区传过去的。特别是从日本地下发掘出的大量文物给徐福东渡后中国文化对日本文化的影响提供了确凿的实物佐证。如中国制陶技术传入日本，使其深型器皿逐渐变为浅型器皿；中国的纺织技术传入日本，使其有了精致的纺锤、卷轴、木梭等，并能给纺织品染色，大大提高了纺织品的质量；中国的货币传入日本，促使其产生了商业活动。《三国志·倭人传》记载日本“国国有币，交易有无”。在弥生文化时代的遗址中不仅发现了战国末年各国制造的明刀币、安阳布货，还发现多枚海贝饰品，说明商业活动的存在与发展。尤其重要的是，弥生文化取代绳纹文化标志了母系氏族社会向父系氏族社会的转化，由此开始了贫富分化和阶级分化，从而促进了日本列岛加速由原始社会进入文明社会的步伐。

跟随徐福东渡的数千中国人以及前后零星渡海而来的华夏儿女，带着先进的中国文化在日本列岛落地生根，繁衍后代，并逐步融入日本民族。从此以后，中日之间的经济文化交流日益发展，官方来往也更加频繁。中国文化成为明治维新前对日本影响最大的文化基因，极大地促进了日本的文明进程，使日本迅速成为东亚文化圈即儒家文化圈的重要一员。至东汉时期，日本已经发展到较高的文明水准，建立了国家政权，制定了法律，有了较严格的等级制度。《后汉书·东夷传》记载此时日本的社会状况，较真实地反映了徐福东渡200多年后那里的发展水平：

> 倭在韩东南大海中，依山岛为居，凡百余国。自武帝灭朝鲜，使驿通于汉者三十许国，国皆称王，世世传统。其大倭王居邪马台国……土宜禾稻、麻纻、蚕桑，知织绩为缣布。出白珠、青玉，其山有丹土。气温腝，冬夏生菜茹。无牛马虎豹羊鹊。其兵有矛、楯、木弓、竹矢，或以骨为镞。男子皆黥面文身，以其文左右大小别尊卑之差。其男衣皆横幅结束相连。女人被髪屈紒，衣如单被，贯头而着之；并丹朱坋身，如中国之用粉也。有城栅屋室，父母兄弟异处，唯会同男女无别。饮食以手，而用笾豆，俗皆徒跣，以蹲踞为恭敬。人性嗜酒，多寿考，至百余岁者甚众。国多女子，大人皆有四五妻，其余或两或三。女人不淫不妒。风俗不盗窃，少争讼。犯法者没其妻子，重者灭其门族。其死停丧十余日，家人哭泣，不进酒食，而等类就歌舞为乐。灼骨以卜，用决吉凶。行来度海，令一人不栉沐，不食肉，不近妇人，名曰持衰。若在涂吉利，则雇以财物。如病疾遭害，以为持衰不谨，便共杀之。建武中元二年，倭奴国奉贡朝贺，使人自称大夫，倭国之极南界也。光武赐以印绶。安帝永初元年，倭国王帅升等献生口百六十人，愿请见。桓、灵间，倭国大乱，更相攻伐，历年无主。有一女子名曰卑弥呼，年长不嫁，事鬼神道，能以妖惑众，于是共立为王。侍婢千人，少有见者。唯有男子一人给饮食，传辞语，居处宫室楼观城栅，皆持兵守卫。法俗严峻。①

以上记载，反映了在中国文化的影响下日本社会自秦汉以来取得的发展进步。

徐福东渡在中日两国人民中播下了友谊的种子，得到了后世中日两国人民的尊敬和怀念。日本许多地方都有徐福的纪念遗迹，他世世代代受到日本人民的祭祀。建武中元二年（公元57年），汉光武帝刘秀赐给倭国使者的

---

① 范晔：《后汉书》卷八五《东夷列传》，中华书局1965年版，第2820—2821页。

“汉倭奴国王”金印，后来在日本九州福冈县的志贺岛崎村出土，是中日两国悠久历史文化联系的证据。历代中国人也都永远怀念徐福这位中日友谊的先行者和传播者，不少政治家和诗人都为他献上深情的颂歌。北宋大文学家欧阳修就写了《日本刀歌》：

传闻其国居大岛，土壤肥沃风俗好。其先徐福诈秦民，采药淹留丱童老。

百工五种与之居，至今器玩皆精巧。前朝贡献屡往来，士人往往工词藻。

徐福行时书未焚，逸书百篇今尚存。严令不许传中国，举世无人识古文。①

明朝初年，倭寇骚扰中国沿海，明太祖君臣十分怀念徐福，希望中日两国尽快化干戈为玉帛，恢复传统友谊。为此，他写了一首和日本僧人绝海中的律诗：

熊野峰高血食祠，松根琥珀也应肥。当年徐福求仙药，直到如今更不归。

明朝大臣、学者宋濂有诗《日本曲》：

红云起处是蓬瀛，十二楼台白玉京。不知秦民童男女，还有儿孙跨鹤行？

近代著名学者、诗人黄遵宪曾任清朝驻日本的外交官。他写了一组《日本杂事诗》，其中一首也与徐福东渡有关：

① 此诗及以下明太祖、宋濂、黄遵宪之诗皆转引自安作璋、孟祥才著《秦始皇帝大传》，中华书局2005年版，第298—299页。

避秦男女渡三千，海外蓬瀛别有天。镜玺承传笠缝殿，尚疑世系出神仙。

看来，不管徐福东渡出于什么目的，也不管他的活动有多少神秘色彩，他的东渡都不失为远东乃至世界航海史上的空前壮举，而此一壮举将永远作为中日友谊的佳话为中日两国人民世世代代所铭记。

与中国仅以一江之水相隔的朝鲜半岛很早就有人类繁衍生息，大约在公元前4000年左右已进入新石器时期。公元前1000年进入青铜时代，出现了大大小小的以城邑为中心的部落国家："濊貊兴起于鸭绿江中游地区，古朝鲜兴于辽河和大同江流域，临屯兴起于东北沿海的咸兴平原，真番兴起于黄海道，而汉江以南则出现了辰国。"① 由于朝鲜半岛与中国东北山水相连，因而两国的经济文化交流很早就开始了。公元前4世纪，中国的铁器传入朝鲜，大大促进了它的经济与社会的发展。在朝鲜的传说中，古朝鲜有一个"檀君王俭"，是统一国家的君王。据中国文献记载，古朝鲜是殷人箕子的封地："昔武王封箕子于朝鲜，箕子教以礼仪田蚕，又制八条之教。其人终不相盗，无门户之闭。妇人贞信，饮食以笾豆。"② "其后六国时，见周衰，燕自称为王，欲东略地。朝鲜亦自称为王，欲兴兵击燕以尊周室。其大夫礼谏之，乃止。使礼西说燕，燕止之不攻。后子孙骄弱，燕乃遣将秦开攻其西方，取地二千余里，至满潘河为界，朝鲜遂弱。及秦并天下，使蒙恬筑长城到辽东。时朝鲜王否立，畏秦袭之，服属秦，不肯朝会。否死，子箕准立二十余年而陈、项起，天下乱，朝鲜遂成为避难地云。"③ 显然，秦朝的势力已经达到朝鲜的北部，因为蒙恬修筑的长城在东部的起点即在今之平壤西北的大海边。不过，此时的朝鲜仅在名义上臣属于秦朝，虽然经济文化上的联系比较密切，"中国的官、商、军人来来往往，为数甚多"④，但还没有进入秦朝的行政管辖范围。秦末大乱时，燕人卫满与大量秦朝的难民进入朝鲜，将箕准赶下王位，自立称王，建立了卫氏朝鲜，同时大大扩展了统治地域，

① ［韩］李基白：《韩国史新论》，国际文化出版公司1994年版，第15页。
② 范晔：《后汉书》卷八五《东夷列传》，中华书局1965年版，第2817页。
③ 马端临：《文献通考·四裔考》引《魏略》，电子版文渊阁四库全书。
④ ［韩］李基白：《韩国史新论》，国际文化出版公司1994年版，第18页。

并与西汉王朝建立了更加密切的经济文化交流关系。

在今之朝鲜半岛的汉江以南，在秦汉时期出现了以三韩命名的数以百计的小国，由于三韩与秦朝有着千丝万缕的联系，也有必要在此略加叙述。《后汉书·东夷列传》记载：

> 韩有三种：一曰马韩，二曰辰韩，三曰弁韩。马韩在西，有五十四国，其北与乐浪，南与倭接。辰韩在东，十有二国，其北与濊貊接。弁辰在辰韩之南，亦十有二国，其南亦与倭接。凡七十八国，伯济是其一国焉。大者万余户，小者数千家，各在山海间，地合方四千余里，东西以海为限，皆古之辰国也。马韩最大，共立其种为辰王，都目支国，尽王三韩之地。其诸国王先皆是马韩种人焉。①

马韩人已经会种田养蚕，作绵布。“邑落杂居，亦无城郭”，“不知跪拜，无长幼男女之别”，又敬天事鬼，带有浓厚的原始社会的遗风，辰韩是自秦帝国流徙而来的人民建立的国家，与中国文化的联系最为密切。《后汉书·东夷列传》记载：

> 辰韩，耆老自言秦之亡人，避苦役，适韩国，马韩割东界地与之。其名国为邦，弓为弧，贼为寇，行酒为行觞，相呼为徒，有似秦语，故或名之为秦韩。有城栅屋室。诸小别邑，各有渠帅，大者名臣智，次有俭侧，次有樊秖，次有杀奚，次有邑借。土地肥美，宜五谷。知蚕桑，作缣布。乘驾牛马。嫁娶以礼。行者让路。国出铁，濊、倭、马韩并从市之。凡诸贸易，皆以铁为货。俗喜歌舞饮酒鼓瑟，儿生欲令其头扁，皆押之以石。弁辰与辰韩杂居，城郭衣服皆同，言语风俗有异，其人形皆长大，美发，衣服洁清。而刑法严峻。②

在中外关系史上，朝鲜是与中国最早开始经济文化交流的国家，也是

---

① 范晔：《后汉书》卷八五《东夷列传》，中华书局1965年版，第2818页。

② 范晔：《后汉书》卷八五《东夷列传》，中华书局1965年版，第2819—2820页。

最早开始民族间互相融合的国家。自远古以来，特别是三代、春秋战国至秦汉之际，一批又一批的华夏儿女因种种原因迁徙至朝鲜，也有不少朝鲜族人迁至中国的东北地区。两个民族间经济文化频繁的双向交流大大密切了彼此的关系，形成了我中有你、你中有我的双向渗透。朝鲜文化的传入丰富了中国人民的物质文化生活，中国文化的传入则在丰富朝鲜人民物质文化生活的同时，大大促进了朝鲜经济的发展和社会的进步，从而使朝鲜的古代社会在中国的政治经济制度、思想价值观念影响下不断前进。可以毫不夸张地说，古代中国社会每一次的政治变动、社会改革、思想文化变异与更新，都会影响到朝鲜民族，给朝鲜的历史打上鲜明的印记。

徐福率童男女东渡日本，经过韩国济州岛，此地至今仍保留着许多与之有关的事迹和传说。例如他们在济州岛北岸登陆时，曾祭祀太阳神，并留下刻有“朝天石”三字的刻石。在济州岛南端的正房瀑布，滨海石崖上刻有篆体的汉字“西市过此”四字，西市即徐福。现在岛上居住的高、良、夫三姓居民，仍然认定自己是当年徐福东渡在此经过时留下的童男、童女的后裔。秦朝百姓大量向朝鲜半岛的迁徙，可以视为中国较早的海外移民活动。当然，在此之前，中国居民也由于种种原因向中国的周边国家和地区迁移，但在规模和数量上都不能与秦朝时期的海外移民相比。中外经济文化交流的内容和形式是多种多样的，如生产工具和技术的交流，物种的引进繁殖，政治经济制度的移植，人口的迁徙，语言文字的传译，思想文化典籍的输入，生活习俗的模仿，等等，其中以人口的迁移影响最为深远，因为迁移的人口与本地居民的融合，特别是互相婚配，可以实现优良遗传基因的互补和重新组合，移民不仅带去新的生产工具和生产技术，而且也带去新的物种，特别是能够带去新的制度、新的生活方式以及与之相适应的思想观念，其对当地经济与社会发展的影响是全方位的。以徐福为代表的海外移民对日本和朝鲜的影响之特别巨大和深远，即是历史的见证。

第九章　秦朝的思想文化

第一节　“以法为教”“以吏为师”

“孔子西行不到秦”①。秦国在统一全国之前，与东方六国，特别是与三晋、齐、楚等国相比，思想文化的发展相对滞后。其一代又一代的当政者，专注的主要方面是以武力开疆拓土。孝公以前，着力向西发展，与戎狄相争并取得一系列的胜利，使秦国在关中地区牢牢地立定了脚跟，建立了日后与东方六国争雄图霸的稳定而繁荣的后方基地。孝公重用商鞅变法后，讲求耕战，着力于富国强兵，对思想文化建设重视不够。在战国时代出现的“百家争鸣”思潮激扬澎湃的时候，在秦国除了法家、墨家、纵横家以外，其它学派的影响是相当微弱的，对统一前的秦国影响最大的思想学术流派是法家。由于秦国靠耕战立国和发展，因而与法家的理论最易投契和发生共鸣。商鞅变法的结果，使秦国的经济和军事实力一跃而雄踞六国之上，法家思想指导秦国政治所取得的立竿见影的效果肯定给秦国君臣留下了难以磨灭的记忆。此后，秦国当政者就尊奉“以法为教”“以吏为师”作为治国的指导思想，使秦国沿着富国强兵的路线迅速强大起来，并在对六国的战争中屡获胜利。历史发展到庄襄王和嬴政当政时期，阳翟大贾出身的吕不韦长期据有相位，他企图以《吕氏春秋》一书教导秦王嬴政，希图纠正他过于钟情法家思想的倾向，尽量向儒家思想靠拢，同时对诸子百家思想采取兼收并蓄的态度。然而，一方面由于法家思想在秦国的传播广泛而深入，另一方面由于吕不韦在统治集团内部的政争中失败，秦王政因人废言，也就不可能抛弃法家思想指

---

① 韩愈：《石鼓歌》，《东雅堂昌黎集注》卷五，电子版文渊阁四库全书。

导政治的传统。恰在此时，法家集大成者的韩非来到了秦国。这位还未完全脱尽书生气质的法学理论家虽然不久即死于非命，但他综合前期法家，以法、术、势有机结合而构成的法制理论却使嬴政找到了梦寐以求的“法宝”，从而进一步强化了秦国的法家思想传统。这一思想倾向在以后秦始皇实行的一系列政治、经济和思想文化政策中得到特别强烈的凸现。

墨家思想对秦国的当权者亦有相当影响。据孙诒让研究，墨翟以后，至少有东方田俅子（又名鸠）、谢子等墨者入秦活动。墨家后学唐姑果为秦人，生活于秦惠王时期，他曾竭力阻止秦惠王重用谢子。《吕氏春秋·去私》记述墨家巨子腹䵍在秦国的故事：

> 墨者有巨子腹䵍居秦，其子杀人。秦惠王曰：“先生之年长矣，非有它子也，寡人已令吏弗诛矣，先生之以此听寡人也。”腹䵍对曰：“墨者之法曰：‘杀人者死，伤人者刑。’此所以禁杀伤人也。夫禁杀伤人者，天下之大义也，王虽为之赐，而令吏弗诛，腹䵍不可不行墨子之法。”不许惠王而遂杀之。①

腹䵍的籍贯失载，估计是齐、鲁、宋等国的人。他与秦惠王有着密切的关系，可能是秦惠王的客卿。在腹䵍周围，一定有一个不下数十人的墨者的队伍。墨家有他们近乎宗教的团体，有严密的组织纪律。他们在秦国的活动肯定得到了当权者的认可。墨家后学在秦国的活动之所以获得统治者的青睐，原因就在于墨家的学说中有些观点如强化王权显然是与法家思想相通的。商鞅与韩非都主张加强君权，热衷于建立专制主义中央集权的行政体制：“事在四方，要在中央，圣人执要，四方来效。”这与墨家主张的“尚同而下不比”“上之所是，下必是之，上之所非，下必非之”的理念极易融通。秦国统一六国以后，战国中期一度风光无限的墨学逐渐式微，究其原因，固然很多，但思想靠拢法家理念，其队伍融入秦王朝的法吏之中或许是重要原因。

纵横家对秦国统治者也产生了一定的影响。在司马谈《论六家要旨》

① 许维遹：《吕氏春秋集释》，中华书局2016年版，第23页。

中，纵横家并未列入其中，因为在他看来此一群体算不上思想流派。班固的《汉书·艺文志》则将纵横家列为十家九流之一。实在说来，司马谈的分类是有见地的。纵横家在当时人数很多，又特别活跃，他们直接服务于军事和政治斗争，在各国间施以纵横捭阖之术，有时甚至起到军事手段达不到的作用。各国的君王们既离不开他们，又害怕他们，在特殊条件下，他们的确能展示“一怒而诸侯惧，安居而天下息”的神奇力量。他们的一切活动都围绕着为之服务的君王的利益旋转。他们风尘仆仆奔走于列国君王和权臣之间，以三寸不烂之舌进行游说，言词虽极富感情与机智，但充满夸饰、虚构、奉迎、假大空，特别善于煽动。纵横家们配合政治斗争，朝秦暮楚，翻云覆雨，唯力是视，唯利是图。秦国的当权者由于目睹了纵横家，特别是张仪等人在其战胜六国中的功用，一直对纵横家人物恩宠有加。纵横家的实用主义立场，为达目的不择手段的行事原则，都深深地影响着秦国统治者在统一全国后的思想走向。

在秦朝统一六国的进程中，秦始皇在缴获大量战利品，如珍宝、美女的同时，也不忘收揽东方各国的著名知识分子，让他们集中到咸阳的宫廷中为自己服务，“悉召文学方术士甚众”①。这些人大概就是多达70余人的博士和2000余人的诸生的由来。这些博士与诸生显然代表了中国当时知识界的精英，其中包括战国时期参与“百家争鸣”的各学派一些代表人物。开始，博士与诸生在秦朝受到了相当的礼遇，“始皇置酒咸阳宫，博士七十人前为寿”②。他们还经常被邀参加军国大事的议决，如议分封、议封禅等，面对空前统一的大帝国和气吞万里的秦始皇，他们竭诚为之服务。每次参与议事，他们都“各以其所学”为据，毫无保留地贡献自己的意见，真正做到知无不言，言无不尽。他们真诚地期望秦王朝繁荣昌盛，希望自己的知识有用武之地，自己的人生价值得以实现。

在大一统的环境下，特别由于秦朝初年对各学派代表人物的吸纳，在秦朝的统治思想中也融入了一些非法家的因素。如阴阳家的阴阳五行学说明显地影响了秦始皇的建国理念，他自认秦朝为“水德”，十月为岁首，色尚

---

① 司马迁：《史记》卷六《秦始皇本纪》，中华书局1959年版，第258页。

② 司马迁：《史记》卷六《秦始皇本纪》，中华书局1959年版，第254页。

黑，他还自觉不自觉地吸纳了儒学中一些对自己有用的东西，如借鉴六国的礼仪制定秦朝的礼制："至秦有天下，悉内六国礼仪，采择其善，虽不合圣制，其尊君抑臣，朝廷济济，依古以来。"① 而那些封禅、立庙等的祭祀礼仪也大都根据儒生的建议完成。特别是，儒家思想中的大一统观念、君臣观念、仁义道德和礼教规范等，都被秦始皇吸收并由李斯写进各地刻石的煌煌文字中。

不过，秦王朝在思想文化政策方面并没有沿着兼综、整合诸子百家的路子走下去，最后导向了"以法为教""以吏为师"的文化专制主义，同时也将自己导向可悲的灭亡之路。

由于法家思想指导下的政治实践和军事斗争较易收到立竿见影的效果，而秦朝的统一正是法家思想奏出的一曲响彻云霄的凯歌。统一以后以秦始皇为代表的统治者，更加坚信法家思想的优越性，笃信它是万古长青、放之四海皆准的真理，根本意识不到它的弊端，特别意识不到它与统一、和平的国内环境越来越严重的不适应性，继续以法家思想指导自己的行政实践。秦始皇至死也没有意识到法家思想的问题。本来，吕不韦组织一批宾客撰写《吕氏春秋》，目的是为秦始皇留下一笔思想遗产，希望他在思想上走百家兼综、众流整合的路子，然而，一方面由于秦国的法家思想传统根深蒂固，一方面由于吕不韦牵进嫪毐一案引发并激化了他与秦王嬴政的矛盾，秦王政因人废言，对《吕氏春秋》的思想意识不屑一顾。儒学大师荀子是个百科全书式的思想家，他在战国晚期以儒家思想为主"整百家之不齐"，推出了为统一帝国长治久安谋划的一整套思想理论。他已经看到秦国统一六国的历史前景，也看到"秦之所短"，因而不辞辛劳跑到秦国，真心诚意地向嬴政君臣宣传自己的学说。但言之谆谆，听之藐藐。嬴政君臣先入为主的法家思想对荀子的理论产生了天然的排斥。如此一来，嬴政君臣就与统一帝国相适应的儒家思想失之交臂，从而失去了在新形势下转变思想和政策的良机。

秦始皇统一六国的巨大胜利，毫无疑义进一步增强了他对法家思想的信仰。很难设想一个取得空前成功的帝王会对指导他走向胜利的思想发生怀疑，更难以设想他会在成功后立即抛弃或疏远这一思想。从这个意义上讲，

① 司马迁：《史记》卷二三《礼书》，中华书局 1959 年版，第 1159 页。

秦始皇君臣选择法家思想作为统治思想实在是顺理成章的事情。不过，上面已提及，秦国在统一前对其影响较大的思想还有墨家与纵横家。可是，墨家思想不仅不会缓和法家思想的专制倾向，反而会使之更加强化；纵横家的急功近利更易于同法家思想契合从而也强化其专制倾向。秦朝统一以后，虽然吸收了可以减缓其专制倾向的儒家思想的某些内容，但是，这些吸收更多地停留在实用的层面，而忽略了二者的互补功能。秦始皇尽管也收揽了一批儒生进入咸阳的宫廷去做博士和诸生，但目的主要是为了以他们的知识备顾问之用，而不是用他们负载的思想内容。当秦始皇与李斯发现儒生们以其所学议论秦皇朝的大政方针，并以其对于自己学说的执着非议法家的理论之时，就以“焚书坑儒”的办法强制整个社会对法家思想的认同。商鞅“以法为教”“以吏为师”的思想最终伴着“焚书”的烟焰和“坑儒”的血腥变成了秦皇朝的文化专制政策。

“以法为教”就是“独尊法术”，但秦始皇独尊的法术并不是商鞅讲的“法”，而是经过韩非整合过的将“法”“术”“势”融为一体的“法术”。韩非“法术”思想的核心是由皇帝绝对控制权力，以“督责之术”驾驭群臣，以“法”治理百姓。除皇帝之外的臣民的一切活动却必须由“法”来整齐而划一之，即把臣民的思想和行动统一到法的理念和规范之中。这里，秦始皇与李斯一厢情愿地将臣民的思想与行动统一于法的政策显然是有悖于思想的活动规律的。法律规范人们的活动，它的要求是“一致”，这在古今中外概莫能外，因而是合理的。而思想展示的人们的思维活动却是千差万别，强行统一根本无法做到。思维活动只能依思维规律进行，而不能依法统一。正像马克思所评论的，既然自然界的花朵有各种不同的颜色，为什么要求人类最活跃的思想只能是一种颜色呢？“以法为教”的结果只能导向文化专制主义，它窒息的是生气勃勃的思想文化的创造活力。

与“以法为教”相联系的“以吏为师”，讲的是法律的传授系统。既然秦朝要“罢黜百家，独尊法术”，那么“法”的传授就只能由掌管法律的朝廷各级官吏承担。秦朝尽管没有明令废除私学，其博士们也在教授诸生，但是，“以法为教”在事实上大大缩小了教育的内容。地方上执掌法律的小吏们成为百姓的布道者和教师爷，他们的任务是要将百姓训练成只会在法内活动、同时失去思考功能的供政府任意驱使的工具。

“以法为教”“以吏为师”作为秦始皇的思想文化政策虽然是他们君臣合乎逻辑的选择，但却是一项极其错误的选择。由于这项选择，最后结束了战国以来“百家争鸣”的思想学术氛围，开启政治干预思想学术论争的恶劣先例。自此以后，在 2000 多年的封建社会里，思想学术的发展始终在政治权力的制约下进行，这显然是中国思想学术的不幸与悲哀。由于这项选择，使秦王朝失去了对统治思想不断比较选择的机会，也就失去了纠正失误的契机，从而一错到底，直至演变为灭亡的惨剧。由于这项错误的选择，使非法家的众多知识分子噤若寒蝉，三缄其口。秦始皇君臣耳畔只有阿谀献媚之言，再也听不到不同声音，也就使他们失去了对真实政情民意的感知能力，犹如盲人瞎马，面临万丈深渊而坦然前行。由于这项选择，使不少非法家的知识分子感到进退失据，对秦王朝由期望到失望，由怨尤到反抗，秦政权也就失去了知识分子群体的支持。一个政权只靠武力和严刑峻法是不能长久支撑下去的。可悲的是，从秦始皇到秦二世，他们一直到死都没有意识到这是一项导致祖宗基业倾覆的选择。

第二节　“焚书坑儒”

秦始皇君臣既然选择了“以法为教”“以吏为师”的思想文化政策，那么，后来发生的“焚书坑儒”惨剧正是这一政策导向引来的带有必然性的后果。上面提到，秦国长期僻处关中一隅，高山大河限制了它与中原地区的交往，因而具有一定程度的封闭性。加上长期与戎狄为伍，认识不到思想文化建设的紧迫性和必要性。战国初期，当东方六国的学者投入“百家争鸣”的浪潮，思想学术空前活跃并引起国君关注的时候，秦国既无学者参与这一旷世的论争，秦国君臣对此更了无兴趣。他们恰恰缺少了“百家争鸣”思潮的浸润和洗礼，没有亲身感受这一令人思想活跃、感情振奋的时代氛围。商鞅变法时，尽管变法派和保守派之间也进行过一场激烈的论辩，但辩论的核心集中在政治的层面，较少涉及思想与学术。商鞅变法的成功，使秦国在短期内经济与军事力量获得惊人的发展，由此奠定了统一中国胜利的基础。也正因为如此，历届秦国君臣也只看到政治、经济与军事同秦国兴旺发达的关系，却意识不到思想文化建设所起的长远的潜移默化的作用。秦始皇尽管在翦灭六国的过程中收揽了70多位博士和2000多位诸生，将原六国这些知识界的精英人物网罗进自己的宫廷，然而，秦始皇这样做并不是从战略高度重视思想文化建设，而是要他们以御用文人的身份备顾问，特别是为自己歌功颂德。平心而论，当时进入秦朝宫廷和各级官府的知识分子，无论他们在“百家争鸣”中的背景如何，隶属何家何派，面对大一统的开创之局，他们中的绝大多数人都热望以自己的知识和才能为这个新的王朝服务，并由此获取富贵利禄。如果秦始皇君臣能够利用统一全国后的大好形势，把知识分子的向心力导向为自己服务的轨道，充分发挥他们的专业特长，振兴文化教育，容许思想言论自由，就可能在一定程度上纠正秦朝重政治、经济、军事而轻视思想文化建设的偏颇，秦朝的历史或许就是另一番面貌。但是，恰恰相反，秦始皇片面听信李斯之流的谬论，依据申、韩的法家思想，极力弘扬商鞅变法后在秦国形成的“以法为教”的传统，逐步强化了专制主义的思想文化政策，从而一步步激化了秦朝与知识分子特别是与儒生的矛盾。从战国进入秦朝的大多数知识分子，都经过“百家争鸣”学术气氛的熏陶与洗礼，思想活跃，善于思考，长于辩诘，遇事喜欢并敢于发表自己的见解，这种状态势必与秦朝舆论绝对一律的要求发生冲突，言论自由的心态与思想专制的现实无法适应，“焚书坑儒”的惨剧也就无法避免了。

公元前221年（秦始皇二十六年），秦朝建立伊始，朝廷上就发生了一场围绕着在全国实行何种行政体制的辩论。丞相王绾等人从秦朝的长治久安出发，考虑到战国以来的实际情况和当时人们的心理习惯，建议在统一后的秦帝国实行郡县并行制：“‘诸侯初破，燕、齐、荆地远，不为置王，毋以填之。请立诸子，唯上幸许。’始皇下其议于群臣。群臣皆以为便。”这说明王绾等人的建议比较切合当时的实情，因而得到群臣的赞同。谁知时任廷尉的李斯站出来，力排众议，要求在全国各地不加区别地一律实行郡县制：

廷尉李斯议曰：“周文武所封子弟同姓甚众，然后属疏远，相攻击如仇雠，诸侯更相诛伐，周天子弗能禁止。今海内赖陛下神灵一统，皆为郡县，诸子功臣以公赋税重赏赐之，甚足易制。天下无异意，则安宁之术也。置诸侯不便。”始皇曰：“天下共苦战斗不休，以有侯王。赖宗庙，天下初定，又复立国，是树兵也，而求其宁息，岂不难哉！

廷尉议是。”①

这里，李斯意见的核心意蕴是如何制约“诸子功臣”使之无法同朝廷对抗，根本就没有考虑如何发挥他们的力量使之成为秦朝稳固的因素，而这一点恰恰是王绾立论的根本。李斯的意见当然也有其合理的一面，关键是他窥透了此时秦始皇要求实行高度专制集权的愿望，所以得到他的肯定，于是决定在全国推行郡县制。在这场辩论中，坚持“郡国并行制”的丞相王绾尽管没有受到惩罚，但从此失去秦始皇的信任。王绾的事迹在史书中记载很少，估计他是由谋臣逐渐升至高位的。他升任丞相的时间可能在吕不韦罢相之后。由于他在秦始皇身边主持全国的行政事务，既与激烈的军事斗争无涉，又未卷入统治集团内部的血腥政争，因而也就未能在历史上留下多少可记述的事功。后来他的名字在秦始皇二十八年（前219年）的琅邪刻石文中又出现过一次，以后就再也没有关于他的记载，可能他的职务在秦始皇此次出巡返回咸阳后就被李斯取代了。由于李斯的职务步步高升，他的意见也越来越多地得到秦始皇的肯定，由此导致秦始皇在政治和思想上专制主义倾向日益强化，对于不同意见的容忍度也愈来愈小了。公元前213年（秦始皇三十四年），又一场大辩论引出了“焚书”的惨祸。这一年，“始皇置酒咸阳宫”，举行盛大宴会大宴群臣，“博士七十人前为寿”，喜庆之气充溢朝堂。仆射周青臣乘机对秦始皇大大颂扬了一番：

他时秦地不过千里，赖陛下神灵明圣，平定海内，放逐蛮夷，日月所照，莫不宾服。以诸侯为郡县，人人自安乐，无战争之患，传之万世。自上古不及陛下威德。

周青臣所称颂的秦始皇的功业并非完全虚构，但对其功业的过度频繁的颂扬却越来越成为臣子们阿谀谄媚的内容。在这类宴会上，此类谀词已经是司空见惯，它既能增加宴会的喜庆气氛，又能博得秦始皇的心花怒放，更是部分臣子博取秦始皇青睐的廉价邀功之术。谁知参加这次宴会的博士淳于越看不

① 司马迁：《史记》卷六《秦始皇本纪》，中华书局1959年版，第239页。

惯这种一味歌功颂德的风气，加上对分封问题有不同的看法，于是站出来讲了一通令秦始皇和李斯之类臣子听之逆耳的话：

> 臣闻殷周之王千余岁，封子弟功臣，自为枝辅。今陛下有海内，而子弟为匹夫，卒有田常、六卿之臣，无辅拂，何以相救哉？事不师古而能长久者，非所闻也。今青臣又面谀以重陛下之过，非忠臣。

这里，淳于越指出秦朝实行单一郡县制、不封王子弟的弊端，虽然言语比较激烈，但却没有丝毫恶意，倒是表现了他敢于谏诤的勇气和对秦王朝特有的耿耿忠心。他关注的是皇族子弟财产与权力再分配的问题。他希望皇权不要过分集中，皇帝的兄弟子侄们也应该拥有相应的财产与权力，使之有能力在关键时刻拱卫皇权免遭倾覆。他的关于“师古”的建议也不好说是什么“复古倒退”，而只是要求秦始皇君臣注意吸取历史的经验和教训。不过，由于早在8年前秦始皇已经肯定了李斯关于实行郡县制的意见，并在全国范围内成功推行了郡县制。此次淳于越旧话重提，触及敏感问题，表面上是批评周青臣，实际上是批评秦始皇与李斯的重大决策。对此，秦始皇与李斯心知肚明。秦始皇为了反击淳于越，故意将他的意见交群臣讨论。已经升任丞相、位更高、权更重的李斯立即抓住机会，借题发挥，沿着日益强化思想文化专制的路线，提出了“罢黜百家，独尊法术”以及为此而“焚书”的主张：

> 始皇下其议。丞相李斯曰：“五帝不相复，三代不相袭，各以治，非其相反，时变异也。今陛下创大业，建万世之功，固非愚儒所知。且越言乃三代之事，何足法也？异时诸侯并争，厚招游学。今天下已定，法令出一，百姓当家责力农工，士则学习法令辟禁。今诸生不师今而学古，以非当世，惑乱黔首。丞相臣斯昧死言：古者天下散乱，莫之能一，是以诸侯并作，语皆道古以害今，饰虚言以乱实，人善其所私学，以非上之所建立。今皇帝并有天下，别黑白而定一尊。私学而相与非法教，人闻令下，则各以其学议之，入则心非，出则巷议，夸主以为名，异取以为高，率群下以造谤。如此弗禁，则主势降乎上，党与成乎下，禁之便。臣请史官非秦纪皆烧之，非博士官所职，天下敢

有藏《诗》《书》、百家语者，悉诣守尉杂烧之。有敢偶语《诗》《书》者弃市，以古非今者族。吏见知不举者与同罪。令下三十日不烧，黥为城旦。所不去者，医药卜筮种树之书。若欲有学法令，以吏为师。”制曰：“可。”①

李斯的这一段话不能说没有一点道理。他认为应该随着时代的变化采取不同的治国方略的观点就蕴涵着发展变化的思想，这正是法家当年进行变法的理论依据。然而，除此之外，李斯这里所阐发的就是形而上学的现行制度永恒论了。在他看来，在“今皇帝并有天下，别黑白而定一尊”之后，现行的一切，从思想到制度都是最好的，也是永恒的。因此，士农工商都必须“思不出位”，都必须对现行的制度和思想持绝对认同的态度。所以凡是妨碍思想统一和言论一律的言行都应该在取缔之列，首先对准的是那些有形的书籍：各国史记容易使原六国臣民触发怀念故国的心绪，烧！《诗》《书》及百家语与商鞅、申、韩之书不是一个话语体系，烧！以《诗》《书》非议今法、以古事讽喻现实者，杀！李斯的建议充溢着残忍，荡漾着杀气，散发着血腥，让人不寒而栗！然而，就是李斯这个为了统一思想而焚书，为了舆论一律而禁止言论自由的建议，却得到了秦始皇的首肯。于是一道道焚书令飞向全国，中华民族自远古以来艰难积累的文化典籍顷刻间化为缕缕青烟。随着焚书的烈焰在各地熊熊燃起，随着钳制言论自由的法令传到每一个城镇乡村，战国时代视为天经地义的思想言论自由被窒息了，这毫无疑问激化了秦王朝与法家之外的其他各类知识分子的矛盾。第二年（前212年），曾答应为秦始皇寻找“仙人仙药”的方士侯生和卢生对秦始皇“专任狱吏”“以刑杀为威”的独裁专制的治国方略发了一通充满贬义的批评：

始皇为人，天性刚戾自用，起诸侯，并天下，意得欲从，以为自古莫及已。专任狱吏，狱吏得亲幸。博士虽七十人，特备员弗用。丞相诸大臣皆受成事，倚辨于上。上乐以刑杀为威，天下畏罪持禄，莫敢尽忠。上不闻过而日骄，下慑伏谩欺以取容。秦法，不得兼方，不

① 司马迁：《史记》卷六《秦始皇本纪》，中华书局1959年版，第254—255页。

> 验，辄死。然候星气者至三百人，皆良士，畏忌讳谀，不敢端言其过。天下之事无大小皆决于上，上至以衡石量书，日夜有呈，不中呈，不得休息。贪于权势至如此，未可为求仙药。①

这两个方士对专制主义条件下形成的秦始皇时代的政治气氛的议论是比较接近事实的：上面是一个“乐以刑杀为威”的“不闻过而日骄”的独断专行的皇帝，下面是一群“畏罪持禄”“慑伏谩欺以取容”的臣子，这种君臣结合的行政运作只能造成万马齐喑的政治局面。侯生与卢生一方面感到这种气氛的极度压抑，另一方面更害怕求“仙药”的骗局败露受到惩罚，于是悄然逃去。以此为导火线，盛怒中的秦始皇下令严惩在咸阳的方士和儒生：

> 于是乃亡去。始皇闻亡，乃大怒曰：“吾前收天下书不中用者尽去之。悉召文学方术士甚众，欲以兴太平，方士欲练以求奇药。今闻韩众去不报，徐市等费以巨万计，终不得药，徒奸利相告日闻。卢生等吾尊赐之甚厚，今乃诽谤我，以重吾不德也。诸生在咸阳者，吾使人廉问，或为訞言以乱黔首。”②

在秦始皇盛怒之下，残酷无情的惩罚降临到儒生们的头上，“于是使御史悉案问诸生，诸生传相告引，乃自除犯禁者四百六十余人，皆坑之咸阳，使天下知之，以惩后。益发谪徙边”。牵进此案的460多个方士与儒生被坑杀于咸阳以东的渭水河畔。今陕西临潼以西20里处有一名为洪坑谷的小山谷，据清乾隆《临潼县志》记载又名坑儒谷，就是当年秦始皇下令坑杀儒生的地方。对于秦始皇以如此酷烈的手段对付手无寸铁的儒生，其长子扶苏委婉提出谏诤：“天下初定，远方黔首未集，诸生皆诵法孔子，今上皆重法绳之，臣恐天下不安，唯上察之。”不料此番忠告触怒秦始皇，扶苏随即被派往上郡做蒙恬的监军，从此直至秦始皇寿终正寝，他们父子再也未得谋面。秦始皇的“焚书坑儒”是中国封建王朝厉行思想文化专制的第一个“杰作”，后

---

① 司马迁：《史记》、卷六《秦始皇本纪》，中华书局1959年版，第258页。

② 司马迁：《史记》卷六《秦始皇本纪》，中华书局1959年版，第258页。

世虽有多数思想家和历史学家斥之为愚蠢而又野蛮的暴行，但也有学者提出怀疑和不同的看法。唐朝诗人章碣有一首广泛传诵的诗篇：

> 竹帛烟消帝业虚，关河空锁祖龙居。坑灰未冷山东乱，刘项从来不读书。①

这里诗人认定，“焚书坑儒”尽管是对儒士的一次巨大打击，但并没有因此而挽救秦朝的迅速灭亡，正是刘邦和项羽这样两个不读书的造反者将它送进了坟墓。诗歌本身并不是严肃的历史评论，它反映的是诗人对秦始皇诛杀同类的愤激之情。明朝人于慎行对所坑之人的身份表示怀疑，认为被坑之人为方士而非儒生：

> 夫秦人之坑儒，以二方士故也。方士侯生、卢生相与讥议始皇，始皇闻之，怒曰：“卢生等吾赐之甚厚，今乃诽谤我！”于是使御史按问诸生在咸阳者，传向告引，得四百六十余人，皆坑之咸阳。夫以二方士故，而坑诸生数百人，其说不可知。彼所谓诸生者，皆卢生之徒也，坑之诚不为过；其诵法孔子者，与方士何与？而尽坑之！世不核其实，以为坑杀儒士，彼卢生岂儒士邪？②

《剑桥中国秦汉史》则认为“焚书”实有而“坑儒”可能出于杜撰。其中说：“在中国历史上，这次焚书决不是有意识销毁文献的唯一的一次，但它是最臭名昭著的。”不过，该书又认为，“焚书所引起的实际损失，可能没有历来想象的那样严重”，实际上不过是一个“虚构的传说”：

> 长期以来对这个传说毫不怀疑的接受，在很大程度上助长了传统上对秦始皇的恐惧。可是客观的考察表明，有充分的根据把它看作虚构（颇为耸人听闻的虚构）的资料，而不是历史。总之，似乎可以合

---

① 王安石编：《唐百家诗选》卷一七，电子版文渊阁四库全书。

② 于慎行：《读史漫录》，齐鲁书社 1996 年版，第 27—28 页。

理地断定，在司马迁用来撰写《史记》卷六的秦原始记载中并无坑儒之说。他或者是从其他半杜撰的史料中取此说，并不加说明地把它与《史记》的主要史料（秦的编年史）结合起来，或者可能的是，司马迁死后一个不知名的窜改者有目的地把它加进了《史记》。不论何种情况，这个传说直到现在仍保持着它的惹人注目的影响。①

另外有些国外的学者，如日本学者栗原朋信的著作《秦汉史研究》、德国学者乌尔里希·内因格尔的论文《坑儒·论儒生殉难之说的起源》等，基本都持与《剑桥中国秦汉史》相同或相近的观点。其实，于慎行与外国学者对“坑儒”的怀疑是没有道理的。司马迁《史记》对“坑儒”的记载应该是可信的。如此重大的事件在西汉初年必然广为流传，不少知情者也应该健在，他们能够证实事件的真相。司马迁的父亲是秦汉之际的人，他完全有条件与此事的知情者接触，并从他们那里获取真实的信息。很难想象，他会把一个子虚乌有的故事作为信史传给自己的儿子。中国的历史学家很少对“焚书坑儒”事件本身提出怀疑，其分歧意见更多地表现在对该事件的认识与评判上。如梁启超就认定“坑儒”之罪小而“焚书”之罪大：

二事同为虐政，而结果非可以一概论。坑儒之事，所坑者咸阳四百余人耳，且肇祸自方士。则所坑者，什九皆当如汉时文成、五利之徒，左道欺罔，邪谄以易富贵，在汉法宜诛也。即不然，袭当时纵横家余唾，揣摩倾侧，遇事生风。即不然，如叔孙通之徒，迎合意旨，苟以取容。凡若此辈者，皆何足惜！要之当时处士横议之风，实举世所厌弃。虽其间志节卓荦、道术通洽之士，亦较他时代为特多，然率皆深遁岩穴，邈与世绝矣。其仆仆奔走秦廷者，不问而知其为华士也。始皇一坑，正可以扫涤恶氛，惩创民蠹，功逾于罪也。若夫焚书则不然。其本意全在愚民，而其法令实行，遍及全国。当战国之末，正学术思想磅礴勃兴之时，乃忽以政府专制威力，夺民众研学之自由，夭

① ［英］崔瑞德、鲁惟一：《剑桥中国秦汉史》，张书生等译，中国社会科学出版社 1992 年版，第 87—88 页。

阏文化，莫此为甚。而其祸最烈者，尤在灭绝诸国史记……自三代春秋以来，学术渊海，实在史官。故春秋士夫言学者，必取于史。虽以孔子之圣，犹适周读柱下书，始感言述作也。秦燔史记，而千余年先民进化之总记录，一举而尽。汉后学者，乃不得不抱残守缺，悴心为于摭拾考据，否则为空衍冥漠之论而已。学术正始敷荣而摧窒之，是始皇之罪也夫！①

郭沫若对"焚书坑儒"持完全否定的观点：

在严刑峻法的高压下，普天四海大烧其书……这无论怎么说不能不视为中国文化史上的浩劫。书籍被烧残，其实还在其次，春秋末叶以来蓬蓬勃勃的自由思索的那种精神，事实上因此而遭受了一次致命的打击。②

范文澜则认定"焚书坑儒""反映了学派斗争"：

荀子学派法家学派与孔孟正统派儒学的斗争，集中表现在中央集权（地主政治）与分封诸侯（领主政治）的争论上，终于爆发了焚书坑儒的大破裂……把孟子学派的儒生大体杀尽（东汉赵岐说），李斯算是取得了胜利。但是，焚书坑儒，丝毫也不能消灭学派上的分歧，而且还促成了秦朝的灭亡。③

翦伯赞则从阶级分析入手，确定"焚书坑儒"是新兴商人地主政权打击旧贵族势力的斗争：

焚书坑儒，客观上是对文化之一般的毁灭，但在当时新政府的一般动念上，却是为了肃清隐藏在政府机构中的残余旧贵族，乃至作为

① 梁启超：《饮冰室合集》专集之四十六，中华书局1989年版，第53—54页。

② 《郭沫若全集》历史编2，人民出版社1982年版，第445页。

③ 范文澜：《中国通史简编》第2编，人民出版社1958年版，第19—20页。

其政治指导原理的旧文化……这四百六十几个诸生，在当时的政府看来，都是一些死有余辜的反动派：但是在我们今天看来，他们都是当时最有学问的知识分子。他们的被活埋，是中国文化的一大损失。①

对“焚书坑儒”持绝对肯定观点的是毛泽东，1973年8月5日他的一首诗阐明了这一观点：《读〈封建论〉——呈郭老》：“劝君少骂秦始皇，焚坑事业要商量。祖龙虽死秦犹在，孔学名高实秕糠。百代都行秦政法，《十批》不是好文章。熟读唐人《封建论》，莫从子厚返文王。”他在多次谈话中认定，中国历史上一直存在一条“儒法斗争”的路线，法家代表革新和进步，儒家代表落后和保守，而“焚书坑儒”则是秦始皇镇压“反革命复辟”的革命行动。这种观点已经超出学术范围，而是一种政治判断了。

以上多种观点，对于“焚书”似乎比较一致，对于“坑儒”则表示了更多的不同意见：有认为坑儒纯属虚构者，有认为被坑者乃方士不足惜者，更多地则认为坑儒与焚书一样都是毁灭文化之举。平心而论，在秦始皇下令坑杀的460多人中，的确有侯生、卢生之类的江湖骗子，这类人坑杀几个当然是不足惜的。但是，这些人中的绝大部分绝对不会是江湖骗子，而是以儒生为主、兼有其他学派代表人物的一个知识分子群体，这是史有明载的。所以，从总体上看，“坑儒”与“焚书”一样都是一种摧残文化的野蛮行径。实际上，当时儒生为代表的广大知识分子从战国的分裂状态汇集到秦帝国统一的局面下，不管他们原来属于何家何派，除了少数隐居岩穴的清高之士以外，绝大部分人都愿意以自己的知识技能为秦王朝的经济文化建设服务。如何调动这一批人的积极性和创造性，充分发挥他们的聪明才智为秦王朝的经济文化建设贡献力量，应该是秦朝的知识分子政策和思想文化政策着力解决的问题。可惜秦始皇君臣在此问题上完全采取了错误的政策。首先，秦始皇君臣没有从思想上认识到知识分子，尤其是其中的儒生的重要作用，根本不了解“逆取顺守”的真理。在全国已经统一，历史已经从战争年代转入发展经济和文化的和平时期，却仍然坚持战争年代的思维定式和用人政策。其所用之人，非好大喜功之武夫，即刻薄寡恩之狱吏，他们只能把秦朝推向对内

① 翦伯赞：《秦汉史》，北京大学出版社1983年版，第58、61页。

残酷压榨，对外穷兵黩武的绝路。其次，“焚书坑儒”无论从什么角度讲都是一种空前野蛮和愚蠢的暴行。它是战国时期“礼贤下士”之风的反动，也是对“百家争鸣”学术思潮的扼杀，是思想文化史上的一次大倒退。焚书毁掉了一大批珍贵的文化典籍，是中国文化史上一场空前的浩劫，造成永远无法弥补的巨大损失。再次，是秦始皇开启了一个思想文化专制的恶劣先例，被后来的专制帝王以不同形式不断复制，成为思想文化健康发展的大敌。

然而，历史总是按照自己的规律运行，权大无比的君王无论使用多么残酷无情的手段屠杀反对派，扼杀思想和言论自由，他们设定的目标却一再落空。与秦始皇君臣的愿望相反，“焚书坑儒”非但难以禁止人们的自由思考，反而一举打掉了儒生们对秦始皇的最后一点幻想，使他们不能不产生对秦王朝的不共戴天的仇恨。那些劫后余生者，有的逃出咸阳，有的暂时隐藏，在朝者则虚与委蛇。公元前 209 年，当秦末农民起义的烈火冲天而起的时候，儒生们便公开站到了秦王朝的对立面，勇敢地投入起义队伍，与造反的农民相结合，变成了反秦的重要力量。孔子的九世孙孔鲋，怀抱礼器，毅然投奔陈胜帐下，被任命为博士，最后与陈胜一起死难于下城父。叔孙通、张苍等人也由秦朝的高官归降起义军，后来成为西汉王朝的开国功臣。显然，秦始皇君臣最后也为他们“焚书坑儒”的野蛮暴行付出了最高昂的代价，这就是秦朝的二世而亡和嬴氏家族的覆社灭宗。当焚书的烟焰还未消失，儒生的鲜血还在渭水之滨流淌的时候，人民起义反秦的号角已经吹响了。

第三节　秦始皇与秦二世的思想

一代雄主秦始皇，生于秦昭襄王四十八年（公元前 259 年），死于秦始皇三十七年（公元前 210 年）。虽然只活了 50 岁，却创造了震古烁今的空前伟业：是他“奋六世之余烈，振长策而御宇内”，以十年之功灭亡了韩、赵、魏、燕、楚、齐六国，第一次从真正意义上完成了中国的统一；是他建立了以皇权为中心的专制主义中央集权的行政体制，在全国范围内推行了“使黔首自实田”、统一货币、统一度量衡、统一文字等措施，对此后两千多年中国历史的发展、社会的进步和民族的融合与统一，都产生了积极的作用。这些功业就使他成为一代英主，一个登上时代峰巅的光彩夺目的巨人。然而，他同时又是一个空前的暴君，因为他那些即使看起来推动历史发展和社会进步的活动，如伐匈奴、筑长城、平百越、凿灵渠、修驰道，也因为远远超出百姓的承受能力成为暴行，更不用说那些建阿房宫、修骊山墓等纯粹为自己生前死后的享受而劳民伤财的残民害物的虐政了，而“焚书坑儒”更以令人发指的残忍铸就了他暴君的形象。一个巍巍如昆仑的空前统一、强大的帝国，只存在了15个年头就被农民起义的洪涛巨浪吞没，秦始皇的暴政显然不能辞其咎。

秦始皇并不是传统意义上的思想家，他没有著作传世，只有事功和一系列诏、诰、命、令、敕、制之类文字存留，但只要仔细审视，亦能从中发现他思想丰富的内涵和个性特征。

首先，他坚持多神崇拜和五德终始的理念。就世界观而言，秦始皇是一个有神论者。冯友兰认为他笃信法家学说，强调“力”与“威”，批判鬼神迷信。① 证据是秦刻石中的这样一段话：“古之五帝三王，知教不同，法度不明，假威鬼神，以欺远方，实不称名，故不久长。”似乎秦始皇已经接近无神论了。实际上，以法家思想指导建国行政的秦始皇却没有继承法家集大成者韩非的无神论自然观，而是一个笃信天神地祇、神仙方术的有神论者。统一全国后，他全盘继承了西周和秦国以及齐国八神等的祭祀，从四个至高无上的白帝、青帝、黄帝、炎帝，到日、月、星、辰、山、川、河流的自然崇拜，再到古圣先贤的名人崇拜，应有尽有，构成了一个多神崇拜的神仙世界。这说明，秦始皇虽然在政治上建立了唯我独尊的皇帝制度，建立和完善了专制主义中央集权的行政体制，但在神的世界，却还没有建立起一个以上帝（天）为最高主宰的等级森严的一元化的秩序，仍停留在多元神崇拜的阶段。在社会历史观方面，秦始皇笃信五德终始说。产生于西周时期的五德终始说将木、火、土、金、水五种元素之间的关系说成比相生、间相胜。这种对五种元素物理性能表面观察得出的结论，本来就是不科学的。可是，到了战国时期的邹衍那里，他又将这种元素之间的非科学的关系推衍到解释朝代的更替。认为每一个王朝代表一德，如虞舜为土德，夏为木德，殷为火

① 冯友兰：《中国哲学史新编》第2卷第一章，人民出版社1962年版。

德，周为金德，其更替的顺序是间相胜。显然，以五德之运解释王朝的更替是一种神秘主义的命定论的历史观，但秦始皇对此深信不疑。究其原因，一方面由于五德终始学说早在战国时期就在各国间广泛流行，对思想遗产十分贫乏的秦国不能不产生影响，如《吕氏春秋》中就融入了这种思想；另一方面，秦国在统一六国的进程中，秦军也将各国有名望的知识分子传送到秦国的首都咸阳，这些人就是秦王朝初期70多个博士的主要来源，其中不乏方士和阴阳家，他们肯定对秦始皇钟情五德终始说起了促进作用。大概秦始皇在统一六国前就思谋自己的王朝所承之运，所以统一之后在确立各种制度时他就选定水德之运。因水的终数为六，他就规定秦朝数以六为纪，以十月为岁首，衣服旄旌节旗尚黑，将黄河改名“德水”。又因为五行的方位水居北，季节对应为冬季，进而与法家的残酷无情和刻薄寡恩联系在了一起。秦始皇想必对自己所承之运的选定十分得意，但他忘记了，既然五德之运周而复始的运行是个规律，秦朝的水德之运也不可能是永恒的，因为与它相隔一位的土德随时可以取代它，秦始皇的一世、二世直到万世的预期也就只能是自欺欺人的梦呓了。

其次，秦始皇的政治思想有两个最重要的支点，一个是君权至上，一个是皇帝独裁。

在秦始皇看来，天下国家是嬴姓家族的独占品，全国的土地臣民，都属于他家的私产：“六合之内，皇帝之土。西涉流沙，南尽北户。东有东海，北过大夏。人迹所至，无不臣者。功盖五帝，泽及牛马。莫不爱德，各安其宇。”所以君位绝对排他，必须世袭，“朕为始皇帝。后世以计数，二世三世至于万世，传之无穷”。他建立的皇帝制度和专制主义中央集权的行政体制，同样是为皇室服务并围绕着皇室的利益旋转，如同前面已经指出的，整个中央政府机构的设置，鲜明显示了家、国同构，家、国不分的特点，因为为皇室服务的机构明显多于为国家服务的政务机构。在三公以下的专门机构中，太常、郎中令、卫尉、太仆、宗正、少府、将作少府、侍中、常侍、给事中、太子少傅、太傅、詹事等，基本上都是为皇帝和他的家族服务的。在流传至今的秦刻石文中，最重要的内容就是对秦始皇功业的歌颂。

秦始皇二十八年的泰山刻石文：

皇帝临位，作制明法，臣下修饬。……治道运行，诸产得宜，皆有法式。大义休明，垂于后世，顺承勿革。皇帝躬圣，既平天下，不懈于治。夙兴夜寐，建设长利，专隆教诲。训经宣达，远近毕理，咸承圣志。……施于后嗣，化及无穷……

琅邪刻石文：

皇帝作始，端平法度，万物之纪。以明人事，合同父子。圣智仁义，显白道理。……皇帝之功，勤劳本事。……普天之下，抟心揖志。……日月所照，舟舆所载，皆终其命，莫不得意。应时动事，是维皇帝。匡饬异俗，陵水经地。忧恤黔首，朝夕不懈。除疑定法，咸知所辟。方伯分职，诸治经易。举错必当，莫不如画。皇帝之明，临察四方。尊卑贵贱，不逾次行。奸邪不容，皆务贞良。细大尽力，莫敢怠荒。远迩辟隐，专务肃庄。端直敦忠，事业有常。皇帝之德，存定四极。诛乱除害，兴利致福。节事以时，诸产繁殖。黔首安宁，不用兵革。六亲相保，终无盗贼。驩欣奉教，尽知法式。

之罘刻石文：

大圣作治，建定法度，显著纲纪。外教诸侯，光施文惠，明以义理。普施明法，经纬天下，永为仪则。大矣哉！宇县之中，承顺圣意。

圣法初兴，清理疆内，外诛暴强。武威旁畅，振动四极，禽灭六王。阐并天下，灾害绝息，永偃戎兵。皇帝明德，经理宇内，视听不怠。作立大义，昭设备器，咸有章旗。职臣遵分，各知所行，事无嫌疑。黔首改化，远迩同度，临古绝尤。常职既定，后嗣循业，长承圣治。

碣石刻石文：

遂兴师旅，诛除无道，为逆灭息。武殄暴逆，文复无罪，庶心咸服。惠论功劳，赏及牛马。恩肥土域。皇帝奋威，德并诸侯，初一泰平。堕坏城廓，决通川防，夷去险阻。地势既定，黎庶无繇，天下咸抚。男乐其畴，女修其业，事各有序。惠被诸产，久并来田，莫不安所。

会稽刻石文：

皇帝休烈，平一宇内，德惠修长。……秦圣临国，始定刑名，显陈旧章。初平法式，审别职任，以立恒常。六王专倍……遂起祸殃。义威诛之，殄熄暴悖，乱贼灭亡。盛德广米，六合之中，被泽无疆。皇帝并宇，兼听万事，远近毕清。……大治濯俗，天下承风，

蒙被修经。皆遵法度，和安敦勉，莫不顺令。黔首休洁，人乐同则，嘉保太平。后敬奉法，常治无极，舆舟不倾。①

刻石文这些洋洋盈耳的颂歌，将秦王朝一切空前绝后的伟业全盘推尊为秦始皇的功劳，这反映的恰恰是秦始皇自己君权至上、君权唯一的心声。

与君权至上相联系的是皇帝独裁。秦始皇建立的专制主义中央集权的行政体制，就是一个保证皇帝独裁的制度。这主要表现在以下几个方面：

第一，这个专制主义中央集权的行政体制的主要官员，从中央的三公九卿至地方的郡守、县令等主官，都是由皇帝任命，对皇帝负责。

第二，皇帝是全国武装部队的最高统帅，掌握战、和的大权，他任命高级军官，操控着调动 50 人以上军队的权力。

第三，全国的行政、司法、监察、财政、军事等所有的权力都掌握在皇帝手里，一切重大的决策最后都由他拍板，“天下之事无大小皆决于上”。

第四，他公布法律，全国臣民必须一体遵守。他通过经常的诏、诰、命、令、制、敕等指导和规范行政与其他各项事务的运行。

秦始皇的独裁突出表现在他可以凭自己的好恶决定一切。他自己决定皇帝的名号，决定秦朝是水德之运，决定实行地方行政实行郡县制而不延续封子弟为诸侯王的制度，决定为寻找仙人和不死药而派徐福远航海外。浮江

① 以上引文均出自《史记》卷六《秦始皇本纪》，中华书局 1959 年版。

至湘山时，因遇大风，他就“使刑徒三千皆伐湘山树，赭其山”。因燕人卢生“奏录图书，曰‘亡秦者胡也’。始皇乃使将军蒙恬发兵三十万北击胡”，发动了对匈奴的征伐。而“焚书坑儒”的惨剧更是系于他的一闪念。上面征引的那些刻石文也印证了秦始皇牢固的自觉的皇帝独裁的心态。

再次，他特别重视法制与耕战。在秦始皇的政治思想中，也显示了儒家学说的潜移默化的影响。尽管“孔子西行不到秦”，在整个春秋战国时期除了“援法入儒”的儒学大师荀子到秦国周游了一番外，统一前的秦国几乎看不到儒家学者的身影。然而，由于战国时期的儒家已经成为影响广泛的显学，加之统一后有一批齐鲁儒生进入秦帝国的庙堂，致使秦始皇自觉不自觉地受到了儒家思想的影响。这突出表现在秦刻石文中对儒学理念的宣扬。如其中多次出现“仁”“义”“圣”“德”等字眼，对礼教的宣传更是不遗余力。如《泰山刻石》中有“大义休明，垂于后世”，“贵贱分明，男女礼顺”。《琅邪刻石》中有“以明人事，合同父子。圣智仁义，显白道理”，“尊卑贵贱，不逾次行，奸邪不容，皆务贞良”。这些内容展示的基本上是儒学的观点。其实，刻石文中出现这些儒学政治思想中宣扬仁义教化和贵贱等级的理念，对秦始皇来说并不奇怪。这是因为，战国后期出现的思想领域的综合之势，如《吕氏春秋》之所为，肯定对秦始皇会产生意想不到的影响，更由于，当完成统一、转入和平时期的统治者会发现儒学“严等差，贵秩序”的理论能够起到任何其他学说起不到的维护社会稳定的作用。当然，秦始皇对儒学这种功用的认识还远远不够。不过，处在由战争到和平的角色转换中的帝王，他对儒学中部分有利于其统治的内容加以吸纳则是顺理成章的。

当然，对秦始皇政治思想影响最大的是法家思想。在战国时期的所有思想流派中，对秦国影响最大的是法家。自从商鞅携李悝的《法经》入秦协助秦孝公变法以后，秦国君臣上下都认识到法家学说在富国强兵上立竿见影的作用，由此形成了秦国以法家思想指导治国理政的传统。秦始皇登基以后，接连不断、规模越来越大的对六国的战争则进一步强化了这个传统。他从耳濡目染到身体力行，可以说法家思想已经渗透到他的骨髓和血液中。所以他的思想是“刚毅戾深，事皆决于法，刻削毋仁恩和义”。他相信法，迷信法，认识夺取政权靠武力，维持政权除靠武力外，就是靠法了。在秦刻石文中，他一再强调自己制定各种法规的英明和法制的重要。什么“皇帝临位，作制明法”，“治道运行，诸产得宜，皆有法式”，什么“皇帝作始，端平法度，万物之纪”，“除疑定法，咸知所辟”，什么“大圣作治，建定法度，显著纲纪”，什么“秦圣临国，始定刑名，显陈旧章。初平法式，审别职任，以立恒常”，等等，简直就是激情满怀的法制颂歌。秦始皇以法治国理政的思想完全是出于一种自觉意识。由于过于钟情甚至偏爱法制，就使他在很大程度上忽略了道德对于稳定社会秩序、形成良好社会风气的作用。前面提及儒家提倡德治的思想对秦始皇的影响，但这种影响实在太微弱了，几乎可以忽略不计。他压根就不了解，在规范人们的行为，调节人与人的关系上，法制固然重要，但缺了道德伦理，相对和谐的人际关系是建立不起来的。秦始皇君臣在统一全国后着力进行法制建设，建立了以刑法为核心的涉及民法、军法和行政诉讼法等内容的较完整的法制体系，这当然是十分必要的。但是，由于对道德伦理认识的偏颇，忽略了道德建设，致使君臣之间、皇族内部父子、兄弟、姊妹之间，几乎不存在道德亲情的联系，其结果是统治阶级内部层出不穷的恶斗、严重戕害了秦帝国的机体，也就大大削弱了秦朝统治集团协和一致对付反叛者的能力。最可悲的是，当秦王朝被起义军撕下最后一页日历的时候，自缚抬棺出降的是秦朝嫡裔继承人子婴，经营数以百年计的秦帝国在其落幕时竟然找不到一个为之殉节的忠臣义士。在它灭亡之后，也找不到一个为之哼唱挽歌的遗民。秦朝生前的轰轰烈烈与灭亡后的寂寂无闻，形成了巨大的反差。

秦始皇一方面认为凭借严刑峻法可以治国安邦，一方面认为通过强化耕战能够富国强兵。所以，在他的字典中，特别钟情与战争相连的“力”与“威”。在史书保留下来的秦始皇有限的言论中，充满着对“力”与“威”的称颂，洋溢着握有“力”与“威”为所欲为的豪情，其中还蕴含着对统治权合法化的解释。他在命群臣议帝号时，多次讲到对六国“兴兵诛之”，“举兵灭之”，最后洋洋得意地说：“寡人以渺渺之身，兴兵诛暴乱，赖宗庙之灵，六王咸伏其辜，天下大定。”在秦刻石文中，也不乏这方面的内容：“六国回辟，贪戾无厌，虐杀不已。皇帝哀众，遂发讨师，奋扬武德。义诛信行，威燀旁达，莫不宾服。”“圣法初兴，清理疆内，外诛暴强。武威旁畅，振动四极，禽灭六王。”“遂兴师旅，诛戮无道，为逆灭息。武殄暴逆，文复无罪，庶心咸服。”“六王专倍，贪戾慠猛，率众自强。暴虐恣行，负力而骄，数动甲兵。阴通间使，以事合从，行为辟方。内饰诈谋，外来侵边，遂起祸殃。义威诛之，殄熄爆悖，乱贼灭亡。”这些思想显然是法家武力万能论的张扬。秦始皇生于乱世，从其记事之时起就目睹了无数的战争和死亡，更多的是感受战争的胜利带来的喜悦，尤其是认识到了用战争手段解决矛盾较之其他手段更干脆利落和痛快淋漓。所以，他歌颂“力”与“威”，对统一六国的战争情有独钟。统一之后，他又发动对北伐匈奴和南平百越的战争，深信战争之神会永远给他带来好运。

与“战”相联系，也十分重视“耕”。他知道农业经济的地位，明白国富兵强主要靠农业经济的发展。而只有国富兵强才能为“战”提供持久而有力的支撑。为此，他宣布“使黔首自实田”，以实现生产者与生产资料的结合；同时实行“上农除末”的政策，调动农民的生产积极性。在刻石文中，他对自己实行的政策也充满自信与豪情：“皇帝之功，勤劳本事。上农除末，黔首是富。”“节事以时，诸产繁殖。黔首安宁，不用兵革。”“男乐其畴，女修其业，事各有序。惠被诸产，久并来田，莫不所安。”在当时的历史条件下，“上农除末”的政策对于稳定农民的地位，促进农业生产的发展显然具有积极作用。但是，秦始皇的实际活动却背离了他的初衷，他加给农民的沉重的赋役负担使“上农”成了一句空话，他建立的王朝最后也被他所“上”的广大农民掀起的狂涛巨浪席卷而去。

这里顺便提及秦二世胡亥的思想。他 21 岁通过与赵高、李斯合谋窃取帝位，3 年后又被赵高设计逼迫死于非命，一直被赵高玩于股掌之上，是典型的傀儡皇帝。他的一生无法展示自己的思想全貌，只留下片言只语供后世评判。胡亥的少年时代在深宫中度过，赵高作为师傅向他灌输的是法家残酷无情和刻薄寡恩的意识，所以他的言行所展现的思想也就是极端化的法家思想：一切为着个人权位和享受旋转，为此，不惜杀死自己所有的兄弟姊妹，把秦始皇留下的功臣宿将送进阴曹地府，更变本加厉地推行秦始皇晚年的极端错误政策，使全国人民失去生之乐趣，逼迫他们走上造反之路。农民起义爆发，秦朝统治陷于极度危机之际，他依然沉醉在自己想象的“大好形势”中，不准臣下报告真实情况：

谒者使东方来，以反者闻二世。二世怒，下吏。后使者至，上问。

对曰："群盗，郡守尉方逐捕，今尽得，不足忧。"上悦。①

而当他了解真实情况后，却听不进忠贞之臣的逆耳之言：

右丞相去疾、左丞相斯、将军冯劫进谏曰："关东群盗并起，秦发兵诛击，所杀亡甚众，然犹不止。盗多，皆以戍漕转作事苦，赋税大也。请且止阿房宫作者，减省四边戍转。"二世曰："吾闻之韩子曰：'尧舜采椽不刮，茅茨不翦，饭土塯，啜土形，虽监门之养，不觳于此。禹凿龙门，通大夏，决河亭水，放之海，身自持筑臿，胫毋毛，臣虏之劳不烈于此矣。'凡所为贵有天下者，得肆意极欲，主重明法，下不敢为非，以制御海内矣。夫虞、夏之主，贵为天子，亲处穷苦之实，以徇百姓，尚何于法？朕尊万乘，毋其实，吾欲造千乘之驾，万乘之属，充吾号名。且先帝起诸侯，兼天下，天下已定，外攘四夷以安边境，作宫室以章得意，而君观先帝功业有绪。今朕即位二年之间，群盗并起，君不能禁，又欲罢先帝之所为，是上毋以报先帝，次不为朕尽忠力，何以在位？"下去疾、斯、劫吏，案责他罪。去疾、劫曰："将相不辱。"自杀。斯卒囚，就五刑。②

这表明，胡亥的思想体现的是法家理论中最恶劣的糟粕，他之最后连乞求做一黔首而活命的哀告都得不到允准，应该是罪有应得吧。

第四节　李斯与赵高的思想

李斯（？—前207年），楚国上蔡（今属河南）人，生于战国末期，曾与韩非一起师事先秦时期最后一位儒学大师、百科全书式的大思想家荀子。与荀子"援法入儒"不同，他的这两个弟子沿着老师的学术路子急剧前行，彻底摈弃了儒家思想，成为法家阵营的双子星座：韩非是先秦法家学说的集

① 司马迁：《史记》卷六《秦始皇本纪》，中华书局1959年版，第269页。

② 司马迁：《史记》卷六《秦始皇本纪》，中华书局1959年版，第271—272页。

其大成者，而李斯则是实践法家学说的成功的政治家。

战国七雄，对垒互峙，以频繁酷烈的战争和纵横捭阖的外交斗争，将当时的文士和武士召唤到施展自己才能的舞台。在李斯身上，更集中体现着这类士人对权力和富贵的无厌追求。他在辞别自己的老师只身入秦时讲了这样一段话：

> 斯闻得时无怠，今万乘方争时，游者主事。今秦王欲吞天下，称帝而治，此布衣驰骛之时而游说者之秋也。处卑贱之位而计不为者，此禽鹿视肉，人面而能强行者耳。故诟莫大于卑贱，而悲莫甚于贫困。久处卑贱之位，困苦之地，非世而恶利，自托于无为，此非士之情也。故斯将西说秦王矣。①

显然，在李斯眼里，人生最大的荣耀莫过于取得高贵的身份，最大的快乐莫过于荣华富贵，这就是他以一介布衣之士前往谋臣如雨、猛将如云的秦国的最大动力。

李斯来到秦国时，13 岁的嬴政刚刚从他的父亲庄襄王那里继承尊位，朝政大权操在丞相吕不韦手中。李斯看准机会，投到吕不韦门下做舍人，不久即被吕推荐为郎官，走进宫廷，获得在秦王面前展示才能的机会。9 年后，发生了嬴政清除嫪毐和吕不韦集团的斗争。李斯毫不犹豫地斩断与昔日主人吕不韦的恩义，成功度过此次政争并得以晋升。但随即发生韩国人郑国以修渠疲惫秦国的阴谋败露，秦王怒下逐客令，要求所有非秦国的客卿离开秦国。被逐之列的李斯在束装就道时呈上《谏逐客书》的名文，直言不讳地指出逐客是弱己资敌的蠢行："今取人则不然。不问可否，不论曲直，非秦者去，为客者逐。然则是所重者在乎色乐珠玉，而所轻者在乎人民也。此非所以跨海内制诸侯之术也。……今乃弃黔首以资敌国，却宾客以业诸侯，使天下之士退而不敢西向，裹足不入秦。……今逐客以资敌国，损民以益仇，内自虚而外树怨于诸侯，求国无危，不可得也。"② 这篇言辞激烈的上书竟使嬴

① 司马迁：《史记》卷八七《李斯列传》，中华书局 1959 年版，第 2539—2540 页。

② 司马迁：《史记》卷八七《李斯列传》，中华书局 1959 年版，第 2544—2545 页。

政收回成命，已经踏上归途的李斯又回到秦王身边。但不久，又一桩事件危及李斯的地位：他的同窗韩非来到秦国并得到了秦王的信任。李斯于是与姚贾合谋，假秦王之手将韩非送上不归路。

李斯来秦国的十多年间，凭着自己敏锐的洞察力和心狠手毒的决断，三次顺利度过厄运。这表明，只要能获得权势和富贵，他是从来不顾信义和翻云覆雨的。李斯阴毒卑劣的品格，对权势发疯般的追求，恰恰成为他不断升迁的秘诀。经过这几次事件之后，李斯已经从秦王那里取得了不容置疑的信任券，开始了他事业的黄金时代。

这时，秦国统一六国的大势已经不可逆转。李斯力促秦王抓住机遇，猛力推进统一进程，建议秦王军事与政治外交手段并用，间谍和刺客同行，使秦国以 10 年之功完成了统一六国的大业，李斯也由长史晋升至廷尉的高官。

秦朝建立后，在国家实行何种行政体制的辩论中，李斯力主郡县制，反对分封诸侯，得到秦始皇的认可，又推动秦始皇实行“焚书坑儒”的思想文化政策，将专制主义中央集权的施政原则推到极致。从公元前 221 年秦朝统一全国，到公元前 210 年秦始皇寿终正寝，11 年间，李斯追随雄才大略的秦始皇，一方面为巩固国家统一，加强专制主义中央集权立下不朽功勋；另一方面，也促成了秦始皇许多劳民伤财、破坏生产、毁灭文化、残酷压榨剥削劳动人民的举措的出台。如果说，秦始皇是一个“功大过亦大”的杰出封建帝王，那么，李斯也是一个功过不相掩的杰出政治家。如果李斯与秦始皇一同死去，他们的功过就几乎不分轩轾，而是你中有我，我中有你，彼此紧密相连。然而，李斯却比秦始皇多活了两年，这最后的两年，李斯却没有留下半点值得称道的业绩。李斯在他生命的最后两年中，先是在赵高胁迫下参与沙丘政变，将秦始皇儿子中最坏的胡亥扶上皇位。继而，向胡亥兜售“督责之术”，变本加厉地推行秦始皇的误国虐民的政策，再后被赵高诬为“谋反”，遭遇灭族的大祸。

作为杰出的新兴地主阶级的政治家，李斯的身上充满复杂的矛盾：既表现了布衣之士不择手段的追求富贵利禄的丑恶嘴脸，又显示了他毫不隐讳自己人生目标的坦诚。由于他看重的是“利害”而不是“道德”，所以卖主求荣、恩将仇报、落井下石、翻云覆雨之类恶行在他身上具有突出表现。黑格尔曾说过，说恶创造历史比说善创造历史更深刻。在一定条件下，对权势和财富的追求能够成为促进历史发展的杠杆，在另一种条件下，这种追求又会成为导向死亡的起搏器。这两种作用，恰恰在李斯前后的历史中得到了统一。

始皇三十四年（公元前213年），李斯建议并推动了“焚书”的举措。第二年，又发生了“坑儒”的惨剧。史籍虽未明载此事与李斯有什么关系，但依其当时的政治地位和思想倾向看，他成为此一暴行的积极参与者当不会有疑义。这场被称为“焚书坑儒”的中华民族历史上的空前浩劫，李斯罪不可逭。指导李斯如此决策行动的是思想文化上的专制主义，即要求全国臣民必须与秦朝皇帝和政府在思想和言论上保持绝对一致。这里，李斯和秦始皇要求统一思想的初衷虽然是可以理解的，但是，用诛杀知识分子、毁灭历史文献和文化典籍的血腥的文化专制主义的暴行和愚民政策来达到这一目的，却不能不是政策上的重大失误。并且，思想本来就是多元的，绝对统一根本不可能。“焚书坑儒”之举，是中国历代统治者“集权力于一人，集思想于一个脑袋”的第一次尝试，从此开了一个恶劣的先例。

李斯参与赵高主导的沙丘政变，将秦始皇最坏的儿子扶上皇位，已经是与魔鬼结盟，大错而特错了。胡亥上台后，变本加厉地推行秦始皇祸国殃民的暴虐政策，继续“作阿房之宫，治直道、驰道，赋敛愈重，戍徭无已”，使本来已经尖锐的阶级矛盾和社会矛盾进一步激化，由此引发了二世元年（公元前209年）七月陈胜、吴广领导的农民大起义。当东方烽烟遍地，秦皇朝的末日就要来到的时候，胡亥想到的不是如何挽救危机，而是要李斯向他传授“长享天下而无害”的秘诀。这时的李斯，或者冒死犯颜直谏，规劝二世改弦更张；或者昧心地投二世之所好，使二世在残暴肆虐的道路上越走越远。实际上，李斯选择的却是后者。面对胡亥的请益，李斯呈上了他精心炮制的奏书，建议二世全面推行“督责之术”：

夫贤主者，必且能全道而行督责之术者也。督责之，则臣不敢不竭能以徇其主矣。此臣主之分定，上下之义明，则天下贤不肖莫敢不尽力竭任以徇其君矣。是故主独制于天下而无所制也。能穷乐之极矣，贤明之主也，可不察焉！故申子曰“有天下而不恣睢，命之曰以天下为桎梏”者，无他焉，不能督责，而顾以其身劳于天下之民，若尧、禹然，故谓之“桎梏”也。夫不能修申、韩之明术，行督责之道，专以天下自适也，而徒务苦形劳神，以身徇百姓，则是黔首之役，非畜天下者也，何足贵哉！夫以人徇己，则己贵而人贱；以己徇人，则己贱而人贵。故徇人者贱，而人所徇者贵，自古及今，未有不然者也。凡古之所为尊贤者，为其贵也；而所为恶不肖者，为其贱也。而尧、禹以身徇天下者也，因随而尊之，则亦失所为尊贤之心矣，夫可谓大缪矣。谓之为“桎梏”，不亦宜乎？不能督责之过也。故韩子曰“慈母有败子而严家无格虏”者，何也？则能罚之加焉必也。故商君之法，刑弃灰于道者。夫弃灰，薄罪也，而被刑，重罚也。彼唯明主为能深督轻罪。夫罪轻且督深，而况有重罪乎？故民不敢犯也。是故韩子曰“布帛寻常，庸人不释，铄金百镒，盗跖不搏”者，非庸人之心重，寻常之利深，而盗跖之欲浅也；又不以盗跖之行，为轻百镒之重也。搏必随手刑，则盗跖不搏百镒；而罚不必行也，则庸人不释寻常。是故城高五丈，而楼季不轻犯也；泰山之高百仞，而跛牂牧其上。夫楼季也而难五丈之限，岂跛牂也而易百仞之高哉？峭堑之势异也。明主圣王之所以能久处尊位，长执重势，而独擅天下之利者，非有异道也，能独断而审督责，必深罚，故天下不敢犯也。今不务所以不犯，而事慈母之所以败子也，则亦不察于圣人之论矣。夫不能行圣人之术，则舍为天下役何事哉？可不哀邪！且夫俭节仁义之人立于朝，则荒肆之乐辍矣；谏说论理之臣闲于侧，则流漫之志诎矣；烈士死节之行显于世，则淫康之虞废矣。故明主能外此三者，而独操主术以制听从之臣，而修其明法，故身尊而势重也。凡贤主者，必将能拂世磨俗，而废其所恶，立其所欲，故生则有尊重之势，死则有贤明之谥也。是以明君独断，故权不在臣也。然后能灭仁义之途，掩驰说之口，困烈士之行，塞聪揜明，内独视听，故外不可倾以仁义烈士之行，而内不可夺以谏说忿争之辩。故能荦然独行恣睢之心而莫之敢逆。若此然后可谓能明申、韩之术，而修商君之法。法修术明而天下乱者，未之闻也。故曰“王道约而易操”也。唯明主为能行之。若此则谓督责之诚，则臣无邪，臣无邪则天下安，天下安则主严尊，主严尊则督责必，督责必则所求得，所求得则国家富，国家富则君乐丰。故督责之术设，则所欲无不得矣。群臣百姓救过不给，何变之敢图？若此则帝道备，而可谓能明君臣之术矣。虽申、韩复生，不能加也。①

李斯的这份奏书，在一定程度上可以看作他政治思想的宣言书，将皇帝绝对专制独裁集权的理论，浓缩在“督责之术”四字之中。这一理论的基本要点是，1. 君主的尊贵表现在他可以为所欲为，而为达到这一点就必须要求全国臣民绝对无条件地围着君主的利益旋转，纵使为君主的享乐而牺牲千百万人的利益也在所不惜，这就叫“以人徇己”。2. 为了要全国臣民都为君主的利益乖乖地牺牲一切，必须厉行“督责之术”，使群臣百姓在严苛残酷的刑罚下“救过不给”，终日在惶惶不安、惊恐疑惧中打发日子，自然不敢生出逆反之心，更不会有造反之行，天下自然也就永久平安无事了。3. 君主需要的是为所欲为、肆无忌惮和无耻之极的“荒肆之乐”“流漫之志”“淫康之虞”，因而对于“节俭仁义之人”“谏说论理之臣”和“烈士死节之行”都必须一概予以摈斥，他认为最合格的臣民只能是在严刑峻法下战栗不已的百顺百依的奴才。显然，李斯提倡的这套统治理论，是脱掉一切伪装的刑罚暴力万能论，是一种公开以荒淫无耻为无上光荣的享乐论。它将独裁专制、残忍无情、骄横霸道、荒肆淫逸说成是皇帝应该拥有的权力，并对这种拥有进行了最荒谬、最无理、最霸道的论证。对此，王夫之在《读通鉴论·二世》中无限感慨地评论说：“苟非二世之愚，即始皇之骄悖，能受此言而不谴乎？斯抑谓天下后世之不以已为戎首无所恤乎？无他，畏死患失之心迫而有所不避耳。”② 李斯所以向二世兜售这套政治理论，尽管有“畏死患失之心”驱使，但作为一个笃信法家学说的政治家，这份上书其实更多反映了他的真实的理念。李斯宣扬的这套阴森可怖的暴力统治术还真的博得了胡亥的欢心，他马上将其贯彻到自己的政治实践中去，“于是行督责益严，税民深者为明吏”，“杀人众者为忠臣”，进一步激化了阶级矛盾和统治阶级的内部矛盾。然而，可悲的是，李斯最后恰恰死于他发明的“督责之术”，不过，使用此术的不

① 司马迁：《史记》卷八七《李斯列传》，中华书局 1959 年版，第 2554—2557 页。

② 王夫之：《读通鉴论》，中华书局 2013 年版，第 4 页。

是他自己，而是他教导的胡亥和那个比他对此术的理解和运用更胜一筹的赵高。

这里附带讲一下赵高的政治思想。

赵高的祖先原是战国时期赵国的宗室贵族，不过到他祖、父之时，与赵王的血缘关系已经相当疏远了，只是“诸赵疏远属”。他们这一支可能在他祖父一辈流落到了秦国。赵高的父亲因为触犯《秦律》被处以宫刑，留在宫中服役。其母“被刑戮，世世卑贱”，在宫中做奴婢。大概与别人“野合”生了他们兄弟，尽管他们都随父姓赵，但血统已经说不清了。按照秦国的法律，赵高兄弟也被处以宫刑，留在宫中做宦官。赵高聪明过人，诡异多才，并且特别善于窥伺别人，尤其是君王的心理活动，投其所好，因而得到了秦始皇父子的赏识和重用。因为秦朝是一个“以法为教”“以吏为师”的国度，赵高就特别重视《秦律》的学习和研究，“通于狱法”。因为他在秦始皇身边服务，每天经手大量的文件，所以他既重视文化知识的学习，又刻意练习书法。他写的《爰历篇》和李斯的《仓颉篇》、胡母敬的《博学篇》成为政府规定的学童的识字课本。显然，赵高身上所展现的这两大优势正是吸引秦始皇眼球的所在，再加上赵高工于心计，狡黠奸猾，处处讨得秦始皇的欢心，他就被秦始皇任命为中车府令。这个官职虽然秩级不高，与丞相、御史大夫等“三公”之类高官不可同日而语，但却极其重要，因为它如同皇帝的贴身秘书，并且掌管符玺，因而极易假皇帝之权而行一己之私。不用说赵高在这个职位上勤谨而恰到好处的服务赢得了秦始皇的绝对信任，而秦始皇的一举一动也逃不出赵高的眼睛。赵高看到秦始皇特别喜爱小儿子胡亥，经常将他带在身边，就利用职务之便接近胡亥，并应秦始皇之命向胡亥传授法律知识。如此一来，赵高就得到了秦始皇父子两代的信任。正因为如此，所以当赵高犯下死罪并被审判官蒙毅判处死刑之后能获得秦始皇的赦免，并且官复原职。正是因为赵高摸透了秦始皇父子两代的脾性，不断投其所好，使他们将赵高认作忠贞不贰并且才能卓越的奴才。赵高以其奸佞之才在秦始皇父子那里不断步步高升，最后登上丞相的宝座，使得他能够在秦始皇死后为所欲为，加速了秦皇朝灭亡的步伐。

赵高不是思想家，而是一个聪明绝顶、狡诈万端的巨奸大憝。他的政治思想突出表现在他诱使胡亥和李斯参与沙丘政变的密谋中。你看他诱使胡亥背叛父亲遗嘱、弑兄杀弟，通过政变手段夺取帝位时说的话：

> 臣闻汤、武杀其主，天下称义焉，不为不忠。卫君杀其父，而卫国载其德，孔子著之，不为不孝。夫大行不小谨，盛德不辞让，乡曲各有宜而百官不同功。故顾小而忘大，后必有害；狐疑犹豫，后必后悔。断而敢行，鬼神避之，后有成功。愿子遂之。①

再看他诱使李斯背叛秦始皇遗嘱参与政变时说的话：

> 盖闻圣人迁徙无常，就变而从时，见末而知本，观指而睹归。物固有之，安得常法哉！方今天下之权命悬于胡亥，高能得志焉。且夫从中制外谓之惑，从下制上谓之贼。故秋霜降者草花落，水摇动者万物作，此必然之效也。君何见之晚？
>
> 上下合同，可以长久；中外若一，事无表里。君听臣计，即长有封侯，世世称孤，必有乔松之寿，孔、墨之智。今释此而不从，祸及子孙，足以为寒心。善者因祸为福，君何处焉？②

这里赵高对胡亥讲的话反映的是他的帝王政治学：为了取得帝王之位，弑君杀父在所不惜，成功就是一切，成功就是“大行”和“盛德”。赵高对李斯讲的话反映的是他的臣子政治学：臣子对君王没有道德责任，只要能保住自己的富贵利禄，什么背主求荣、出卖朋友的伤天害理的事情都可以做。可以看出，在赵高的政治学中，道德已经被驱除净尽，只剩下了权势和利禄在向人们发出狰狞的狂笑。

第五节　秦朝的宗教信仰

秦国和后来秦朝的君王们都有着浓重的挥之不去的宗教情结，突出表

---

① 司马迁：《史记》卷八七《李斯列传》，中华书局 1959 年版，第 2549 页。

② 司马迁：《史记》卷八七《李斯列传》，中华书局 1959 年版，第 2550 页。

现在对自然界和社会诸神系统的复杂的祭祀，对封禅的痴迷以及对诸家方术的笃信与迷恋。

在夏、商、周三代，神秘的人格神的天道观统治着人们的头脑，而宗族血缘纽带的强固存在又使人们对祖宗的神灵充满由衷的敬畏。所以，对各种天神地祇和祖宗神灵的祭祀就成为当时社会生活的重要内容之一，“国之大事，在祀与戎”。春秋战国以来，随着社会的剧烈变动和无神论思想家对人格神天道观的批判，“礼崩乐坏”的状况愈演愈烈。秦始皇统一中国以后，建立起强大的专制主义中央集权的行政体制，实现了政治上的高度统一，因而也就不允许“礼崩乐坏”的局面持续下去，对祭祀中的混乱状况也要加以整理，建立起一套复杂的对诸神的祭祀系统。①

秦朝的祭祀，名目繁多，大体可分四类。

（一）对天上诸神的祭祀。在秦朝人的心目中，浩瀚无垠的太空是天神的世界，正是他们掌控着地上人间的命运，所以对上天诸神的祭祀就成为当时祭祀的重要内容之一。首先是祭帝，礼仪称“郊”，得名于祭帝的地点南郊，“祭上帝于南郊曰郊”②。秦始皇统一全国后，需要重新树立上帝的权威和对上帝的信仰。他的传国玉玺上就刻有“受命于天，既寿永昌”8个字，而其刻石文中也有“事天以礼”等字。显然，在秦始皇那里，天被认定为自己的守护神。不过，这个接受人间香火的天神上帝，既非殷人心目中的那个“帝”，也不是周人的“天”，而是原秦国的至上神。秦统一前，襄公祠白帝，宣公祭青帝，灵公祭黄帝与炎帝。与殷、周时期的至上神一元化不同，秦人的至上神带有原始、多元的拜物教的遗迹。秦朝统一全国后，这种多元的对至上神的祭祀也保留下来，祭祀白、青、黄、赤四帝。汉高帝二年（前205年），刘邦“东击项籍而还入关，问：‘故秦时上帝祠何帝也？’对曰：‘四帝，有白、青、黄、赤之祠。’”③这种对上帝的祭祀显然与五行相对应，而这种上帝神的多元化与地上专制帝王的一元化是矛盾的。此一矛盾直到汉武帝时才由董仲舒建议改变过来。

秦朝也祭日、月、星辰之神，基本都是从古代沿袭而来。它于齐地成

① 孟祥才：《中国政治制度通史·秦汉卷》，人民出版社1996年版，第55—59页。

② 郑玄注：《礼记·祭法》，电子版文渊阁四库全书。

③ 司马迁：《史记》卷二八《封禅书》，中华书局1959年版，第1378页。

山（今山东荣成境）祭日，于莱山（今山东龙口市境）祭月，在雍（今陕西凤翔）设星神庙祭祀参、辰、南北斗、荧惑、太白、岁星、填星和二十八宿等，皆由太祝主持岁时奉祠。秦朝还把风、雷、雨纳入天上诸神的系列祭祀。风神曰“风伯”，又称“风师”，秦人认定该神是嬴族的先祖飞廉死后所化，在雍设风神庙定时祭祀。秦人认为打雷是由雷神操控的，是行刑之神，祭祀详情文献失载。雨神又称“雨师”，秦朝在京师和郡县都立庙祭祀。

（二）对地上诸神的祭祀。地神中最具代表性的是地祇，它名曰“后土”，又曰“勾龙”，是传说中共工的儿子。其实最初的地祇是母系氏族公社老年妇女的化身，过渡到父系氏族社会以后，地祇蜕变为男性长老的化身，最后附会到共工之子勾龙身上。在秦朝对自然界诸神的祭祀中，祭地仅次于郊天，“天子父事天，母事地”[①]。秦朝还祭祀社神，董巴的《舆服志》就记载秦始皇有“郊社”之礼，汉朝将该祭祀由京师推行至郡县乡里。

（三）对山川诸神的祭祀。秦朝的山川之祭曰“望”，这是自古承传下来的祭祀之一。殷周时期，天子祭天下名山大川，诸侯祭其疆域内的名山大川。春秋战国时期，诸侯割据称雄，“礼崩乐坏”，“望”礼也变得混乱不堪。秦统一全国后，整顿礼仪，名山大川皆归国家祭祀。据《史记·封禅书》记载，秦始皇东游海上时，曾祭祀名山大川及八神：

> 于是始皇遂东游海上，行礼祠名山大川及八神，求仙人羡门之属。八神将自古而有之，或曰太公以来作之。齐所以为齐，以天齐也。其祀绝莫知起时。八神：一曰天主，祠天齐。天齐渊水，居临菑南郊山下者。二曰地主，祠太山梁父。盖天好阴，祠之必于高山之下，小山之上，命曰“畤”；地贵阳，祭之必于泽中圆丘云。三曰兵主，祠蚩尤。蚩尤在东平陆监乡，齐之西境也。四曰阴主，祠三山。五曰阳主，祠之罘。六曰月主，祠之莱山。皆在齐北，并勃海。七曰日主，祠成山。成山斗入海，最居齐东北隅，以迎日出云。八曰四时主，祠琅邪。琅邪在齐东方，盖岁之所始。皆各用一牢具祠，而巫祝所损益，珪币杂异焉。[②]

① 秦蕙田：《五礼通考》卷六，电子版文渊阁四库全书。

② 司马迁：《史记》卷二八《封禅书》，中华书局1959年版，第1367—1368页。

秦朝祭祀的名山有12座：嵩高（太室）、恒山、泰山、会稽山、湘山、华山、簿山（衰山）、岳山、岐山、吴岳、鸿冢、渎山。大川有6条：济水、淮河、河水（黄河）、沔水、江水（长江）、湫渊。

（四）对祖宗神的祭祀。中国自三代以来，由于保留了强固的血缘纽带，因而特别重视祭祖。秦朝的祭祖方式分庙祭和墓祭两种。秦朝统一全国前，已经为先祖各自立庙。孝公以前的祖庙在西雍（今陕西凤翔），以后的在咸阳。秦始皇二十七年（前220年），于渭南作信宫，作为自己的庙。庙祭之外有墓祭，在寝殿和便殿举行。

（五）封禅。它是秦朝对天地的一项重要祭祀之礼。在泰山上筑祭坛祭天称“封”，在梁父山（或在云亭山、亭亭山、会稽山、社首山）除地祭祀曰“禅”。《五经通义》曾对这一祭祀天地之礼的意义这样诠释：“易姓而王，致太平，必封泰山，禅梁父，何？天命以为王，使理群生，告太平于天，报群神之功。”据《管子·封禅》记载，封禅是一种非常古老的祭礼：“古者封泰山、禅梁父者七十二家，而夷吾所记十有二焉。”这一记载的可信程度不大。学术界比较认可的观点是，该礼仪实行于西周之后。而在秦汉时期，举行过封禅大典的皇帝也只有秦始皇、汉武帝和汉光武帝。秦始皇统一六国后，自以为德兼三皇，功迈五帝，完全有资格“告太平于天，报群神之功”，决定举行封禅大典。公元前219年（秦始皇二十八年），他巡视地方时，征召齐鲁儒生70余人，在泰山脚下住下来，共同议论和拟定封禅大典的细节。由于此一典礼仅存于传说中，没有文献记载，参与议论的儒生众说纷纭，各持己见，使秦始皇无所适从。秦始皇一气之下，将儒生们全部赶走，自己决定用雍太祝祭祀上帝之礼举行封禅大典：“除车道，上自泰山阳至巅，立石颂秦始皇帝德，明其得封也。从阴道下，禅于梁父。其礼颇采太祝之祀雍上帝所用，而封藏皆秘之，世不得而记也。”① 这是我国历史上首次记载的封禅大典。

此外，秦始皇对数不清的神仙方术也极为迷恋，所以重用徐福、侯生、卢生之类方士，发疯般地寻找所谓蓬莱三山的仙人和长生不死药，以致引发了东渡扶桑的航海壮举。秦始皇的宗教信仰和痴迷神仙方术，这种浓重的宗

① 司马迁：《史记》卷二八《封禅书》，中华书局1959年版，第1366—1367页。

教情节深深影响了后来汉朝的君王，使神道迷信充斥朝堂和民间，从而为谶纬神学的兴盛提供了土壤，也为后来道教的形成和佛教的传播准备了条件。

第六节　秦朝的教育和文学艺术

教育是人类文明发展的重要标志。据文献记载，我国的学校教育起码在殷周时期已经出现。由于当时处于奴隶社会，“学在王宫”，教育的对象是奴隶主贵族子弟，一般平民只有受武士教育的权利。西周时期，王都的学校叫“辟雍”，诸侯国的学校叫“泮宫”，地方上也有学校，“古之教者，家有塾，党有庠，术有序，国有学”①，形成了一个高低不同层次的教育网络。春秋战国时期，“礼崩乐坏”，奴隶制瓦解，学术文化下移，私学勃兴，平民子弟也能够接受高级教育。当时的诸子百家，既是不同的学派，又是不同的教育团体。特别是儒、墨两家广收门徒，传授思想科学文化知识，在中国教育史上写下划时代的一页。秦朝统一中国后，尽管在文化教育方面采取了一些有利于政治统一的措施，如“书同文”“行同论”“设三老以掌教化”等，但因为它同时实行“挟书令”“禁游宦”“禁私学，以吏为师”等政策，对文化教育的发展又带来不利影响，特别是扼杀了生气勃勃的私学教育，而“焚书坑儒”更是对教育的重大打击，致使秦朝的教育乏善可陈。与教育政策相联系，由于秦朝实行钳制思想、摧残文化的专制主义的政策，再加上历时只有 15 年，在文学上，除了李斯写了诸如《谏逐客书》等有点特色的散文外，没有出现什么著名的作家和作品。

秦朝在艺术的各个门类，如绘画、音乐、舞蹈等方面，留下的资料太少，已经难以恢复其全貌。只有书法留下的资料较多，能够较准确地评定它在中国书法史上不可或缺的地位。中国的汉字是由劳动人民创造、使用，历经从多头实验到约定俗成的漫长岁月，再经过所谓仓颉等“巫”和“史”的搜集、整理、加工和推广，终于在西周时期发展完善为较成熟的文字系统。它以象形为基础，由图画符号演变而来。其萌芽可以追溯到 6000 年前的母系氏族公社时期。西安半坡出土的陶器上的不规则的刻画和山东大汶口的陶

① 孙希旦：《礼记集解》，中华书局 1989 年版，第 957 页。

文，应该视为中国最古文字的遗存。不过，严格地说，只有产生了甲骨文才称得上有了书法，因为甲骨文已具备了用笔、结字和章法这些中国书法的三要素。其后，西周、春秋和战国出现的大量金文标志了书法艺术的巨大进步，而优秀书法作品石鼓文的产生，则是先秦书法的一个划时代的标志。而这批石鼓文正是秦国的先贤创造的。秦朝建立以后，在沿袭西周文字的秦系文字的基础上统一了全国的文字："(李）斯作仓颉篇，中车府令赵高作爰历篇，太史令胡母敬作博学篇，借取史籀、大篆，或颇省改，所谓小篆者是也。"[1] 小篆书写线条圆匀，结构统一定型，是汉字发展史上的一大进步。流传至今的《泰山刻石》、新郪虎符以及秦始皇时期的大量诏权、诏量和诏版上的文字，都是篆书中的珍品。据许慎研究，秦朝书体有 8 种："秦书八体，一曰大篆，二曰小篆，三曰刻符，四曰虫书，五曰摹印，六曰署书，七曰殳书，八曰隶书。"[2] 其实最重要的是大篆、小篆和隶书。传说程邈是隶书的创造者。这种书体笔道方折，结构简易，成为秦朝最为通行的文字。湖北云梦睡虎地秦墓出土的竹简，就是这种隶书的典型。

绘画也起源于原始社会。大量出土的新石器时代的陶器上就有各种美丽的图案、花纹、彩绘，是那时的先民留下的绘画作品。进入文明社会后，绘画进一步发展，秦朝壮丽的宫殿都是雕梁画栋，美轮美奂，可惜毁于兵燹，今人已经难以窥其真容了。秦朝的音乐在先秦基础上继续发展。宫廷音乐气势恢宏，民间音乐也有较大的发展和普及。如周勃年轻时生活在秦朝，"尝为人吹箫给丧事"[3]。曾因刺杀秦始皇而丧命的荆轲的莫逆之交高渐离也是一个击筑的民间音乐家，秦朝建立后，他被秦始皇"矐其目"[4]，留在宫廷为自己击筑娱乐。但他报仇意志顽强，在筑中藏匿铅条，借演奏之机猛击秦始皇未遂，最后被处死。

---

① 许慎：《说文解字》卷一五上，电子版文渊阁四库全书。

② 许慎：《说文解字》卷一五上，电子版文渊阁四库全书。

③ 司马迁：《史记》卷五七《绛侯周勃世家》，中华书局 1959 年版，第 2065 页。

④ 司马迁：《史记》卷八六《刺客列传》，中华书局 1959 年版，第 2537 页。

第七节　秦朝的社会生活

一、秦朝时期的衣、食、住、行

秦朝人的衣、食、住、行延续于战国时期各国的习俗，但又有明显进步。就饮食而言，因贫富之别和地域不同而呈现不少差异。皇帝、贵族、官僚、富豪之家，不仅一日三餐或四餐都有精美而丰富的饮食，而且中间还有点心水果供随时选用。一般平民百姓除一日两餐或三餐的简单饮食外，肉、蔬菜、点心、水果之类是很少见到的。

秦朝的食物种类，主食以五谷杂粮为主，主要品种有黍、稷、稻、粱、麦、大豆、小豆、麻、瓜等。除传统的黍、稷外，北方以小麦为主，南方以稻米为主，做成饼或煮成饭食用。除主食外，还有副食品佐餐，主要是用豆类做的豆芽、豆腐和豆豉之类。蔬菜品种有葵、芹、芋、韭、芜青、瓠、荠、笋、萝卜、藕、白菜、姜等。

秦朝人食用的肉类品种也不少，传统六畜马、牛、羊、鸡、犬、豕都可食用。但因为马经常用于战争和运输，牛既能耕田，也能用于运输，所以官府往往禁止食用马和牛。其他还有经常被猎取的兽类和禽类，水中捕捞的鱼、虾、螺、蚌、蟹、蛤等。不过，除达官贵人经常食用各种肉类外，一般平民百姓平常食用肉、鱼的机会很少。秦朝人的饮料有酒、浆、茶等，但这些饮料除节日外也很少出现在寻常百姓家。

秦朝人的炊具主要是灶、釜、甑，烹调蒸煮的器具还有鬲和甗，做菜煮肉的器具有鼎、敦、彝。平民百姓的器具一般是陶制，亦有铁制。达官贵人之家一般用铁制或铜制。盛放食物的器皿，平民百姓用陶制的碗、盘、耳杯，达官贵人之家则用漆器。进食用的筯箸即筷子已经普及。桌椅尚未普遍使用，放置碗、筷的器物称案，大多数为木质，方形或长方形。达官贵人之家用的案比较精美，有的甚至有镏金的花纹，漆得光滑鲜亮。

衣服的功用最早是蔽体和御寒，后来又有美观作用。进入文明社会以后，衣服又成为区分人们等级、身份的标志。秦国在商鞅变法时，就“明尊卑爵秩等级，各以差次明田宅，臣妾衣服以家次”①。秦朝已经制定了自己的冠服制度，规定天子“衣服节旗皆尚黑……符、法冠皆六寸”，其中有高 9 寸的“通天冠”，有玄色绛裳的祭祀之服。不过详情已难以稽考。一般平民百姓的衣服比较简单，即穿不染色的麻织衣服。秦朝军队统一着装，称军服或战袍。秦兵马俑的发现，提供了研究秦朝军服的丰富资料。它表明，秦军的步、骑、车兵各有不同的服装，将军、校尉、弩兵、驭手等不同身份和等级的军人，也各有不同的军衣和装备。

秦朝的犯人皆着特殊的囚服，即一种赭色（赤褐色）的衣服，所以赭衣也成为罪犯的代名词。《汉书·刑法志》就以“赭衣塞路”形容二世统治下的犯人之多。秦朝的丧服皆为白色，即所谓“缟素”。这一时期的丧服与平民百姓衣服的区别可能是式样的不同。

以上记述的秦朝人的衣食主要是华夏族的情况，因为中国自古就是一个多民族国家，秦朝治下的疆域中，在边疆地区还居住着数以十计的少数民族，他们的饮食习惯和服饰文化与华夏族有较大差异，他们与华夏族的互相交流和彼此学习与借鉴，丰富和发展了中国的饮食和服饰文化。

人类自从由森林和天然洞穴中走出来，就开始建造房屋作为遮风挡雨的居室。随着社会的发展和文明的进步，房屋建筑由简单到复杂，由土筑草盖到使用名贵木料和烧制的砖瓦等材料构建，使房屋建筑的适用和美化程度不断提高。秦朝时期，砖瓦等材料在宫殿、官府和达官贵人的府第建筑中广泛应用，其设计之科学，建筑技术之精良，都达到了很高的水平。

在统一中国前，秦国已经在首都咸阳建造了庞大的宫殿群。好大喜功的秦始皇在向东方六国进军过程中，“每破诸侯，写放其宫室，作之咸阳北陂上，南临渭，自雍门以东至泾、渭，殿屋复道周阁相属”。后来，又从关中建到关外，“关中计宫三百，关外四百余”②。阿房宫的建筑虽然没有最后完成，但从考古发掘出的基础之雄伟壮阔，已使人叹为观止。项羽率军打进关中，火烧咸阳，大火竟延烧了三个月，宫室之多不难想象。秦朝时期平民百姓的住宅自然与宫室建筑有天渊之别。除了山区和黄土高原地区还掘洞居

① 司马迁：《史记》卷六八《商君列传》，中华书局 1959 年版，第 2230 页。

② 司马迁：《史记》卷六《秦始皇本纪》，中华书局 1959 年版，第 239、256 页。

住外，一般平原地区的百姓都是建屋而居。这些房屋大都是一堂二室的三间式建筑，墙壁夯土筑成，盖顶多为木结构，形式多为方形、长方形或圆形，屋顶以悬山式或囤式，以草覆盖。一些贫苦百姓的住房更简单，基本上都是“茅屋草庐”，仅仅是遮风挡雨而已。有的人家连这样的住房也建不起，只能住在看瓜养牛的小棚子里。西北和北方的游牧民族，住在毛制的“穹庐”中，西南夷南越等地的少数民族则住在能够避开潮湿和毒蛇猛兽的干阑与井式的房屋中。秦朝达官贵人家的住房豪华舒适，以砖瓦和名贵木料为建筑材料，巧妙设计，精心施工，构筑以堂屋为中心的由楼阁、亭榭、门阙、花园等组成的建筑群。

秦朝的交通较以前也有明显进步，其主要表现是由国家主持修建的四通八达的道路网，以及经过不断改进的各种类型的车、船等交通工具。秦朝建立后，即修建了由咸阳通往关东各地的驰道，由咸阳向北通往九原的直道，以及由成都通往西南夷的五尺道等。水路交通也有了较大的发展，黄河、长江、淮河、珠江及其支流，已经成为重要的运输线。海上运输也进一步开辟，北方的齐地和南方的会稽，成为海运中心。远洋运输也举帆突进，其标志性成果是徐福领导的远航日本的壮举。

秦朝已经有多种多样的运输工具。乘骑用的主要是马、驴、骡、骆驼，有时牛也用于乘骑。陆地运输的主要工具是车，水上运输的主要工具是船，在沙漠和险峻山区则用骆驼和马乘人和载货。车的种类繁多，等级差别显著。天子乘坐的叫乘舆、玉辂、金银、安车等，构造宽大、舒适，花纹、车饰都有特殊规定，许多部件都是由金银、美玉制作，由四匹马拉行驶。1980年在临潼秦始皇陵西侧发现了两组铜车马，构造复杂，装饰华丽，乘坐舒适，是帝王乘舆的标本。秦朝对百越用兵时，水上运输对保证后勤物资供应起了很大作用。灵渠的开凿，沟通了长江和珠江两大水系，大量的人员和物资就是通过长江、湘江、灵渠、桂江运往南方的。

秦朝一般官吏和富人出行也都乘车或骑马。无盖可立可坐者称轺车，有篷有帷、可坐可卧者称辎车和軿车，由一匹马或两匹马牵引行驶。农村和城市运输货物多用牛车。水上运输用船，一般运输船长约 20 米，可载货 500—600 斛。渔民或水乡居民的家用船则大小不一，载一二十人或三四人的都有。另外，还有竹筏、皮筏等，也是地方的民间运输工具。

二、婚、丧礼俗与社会风尚

秦朝建立了政治上统一的帝国政权，使中国成为一个统一的多民族国家，由此促进了各地经济文化更加紧密的联系，促进了对统一多民族国家认同感的增强，逐渐形成了共同的心理素质，并逐渐积淀而成大同小异的婚、丧习俗和社会风尚。

秦朝是一个有着阶级分野和等级差别的社会，反映在婚姻上就是强调“门当户对”，即相近的等级、相近的贫富程度之家互为婚配：“富贵之男娶富贵之妻，女亦得富贵之男。”① 如秦朝的公主多嫁给重臣的儿子，李斯的几个儿子就娶了秦始皇的女儿。当时尚无结婚年龄的具体规定，习惯上男子14—18岁，女子13—17岁就结婚了，因为统治者从增加劳动人手考虑鼓励早婚早育，富贵之家又祈求多子多孙，早婚自然成为时尚。

《周礼》记载的中国古老婚仪中有纳采、问名、拿吉、纳证、请期、亲迎等“六礼”。秦朝婚姻之成立大概也需要这些程序，特别是中产以上人家的婚姻一般都经过这些程序。父母在子女的婚姻问题上起着重要甚至决定的作用，这就是“父母之命，媒妁之言”。由于当时人们非常看重当事人的命相和未来的富贵利禄，所以往往还要经过占卜一环辨明吉凶。婚姻关系决定后，男方要向女方下聘礼，多少依据富裕程度而定。婚仪的最后一道程序是迎亲，这是婚礼的高潮，其中包括许多复杂的仪式。不过一般平民百姓的迎亲之仪较达官贵人之家要简单很多。秦朝的婚姻形态是一夫一妻制，帝王和达官贵人之家则是一夫多妻制。秦始皇的后宫就美女如云，数不胜数，高官、富豪也是妻妾成群。落后地区还有一妻多夫情况存在，某些少数民族地区也存在兄弟共妻、父子共妻和母女共夫的习俗。不过，秦朝的婚俗中节烈观念远较后世淡漠，尽管秦始皇的刻石文中有“有子而嫁，倍死不贞。防隔内外，禁止淫泆，男女絜诚。夫为寄豭，杀之无罪”等条文，但男子再娶、妇女再嫁都很正常。

与婚俗一样，秦朝的丧葬习俗更能反映等级和贫富差别。贫苦百姓“饿死于道路”、死不得葬的情况屡屡见于正史。即使在承平之日，平民百姓

① 王充：《论衡·骨相篇》，电子版文渊阁四库全书。

的丧葬之俗也比较简单，不过停灵几日，以薄棺草草埋葬。皇室和达官贵人的丧葬之仪比较复杂，如人初死，要淋浴饭含，饭含之物多为玉石珠贝。死者的衣饰被服犹如生时豪华。如秦始皇死后葬入骊山陵墓，其豪华程度创空前纪录：

> 始皇初即位，穿治郦山，及并天下，天下徒送诣七十余万人，穿三泉，下铜而致椁，宫观百官奇器珍怪徙臧满之。令匠作机弩矢，有所穿近者辄射之。以水银为百川江河大海，机相灌输，上具天文，下具地理。以人鱼膏为烛，度不灭者久之。①

人死之后，即向亲友宣布死讯，称“发丧”。亲友按规定前往吊唁，称“吊丧”，其礼仪也因等级身份和贫富程度而显示较大差异。皇帝死亡是“国丧”，全国哀悼，有许多复杂的仪式。达官贵人的丧礼也非常隆重，一般平民百姓则举行一个简单仪式，就埋入地下，入土为安了。

《汉书·地理志》曾对风俗这样解释：

> 凡民函五常之性，而其刚柔缓急，音声不同，系水土之风气，故谓之风；好恶取舍，动静亡常，随君上之情欲，故谓之俗。孔子曰：“移风易俗，莫善于乐。”言圣王在上，统理人伦，必移其本，而易其末，此混同天下一之乎中和，然后王教成也。②

这里《汉书》的作者认为，所谓“风”是指各地由地理环境及“水土”的不同而形成的不同的风气。“俗”是指由统治者的政治导向、人文侵染而形成的价值取向。所以，人们常说的风俗也就是特定的地理环境和政治人文环境中逐渐形成的具有某种稳定性和普遍性的行为方式。习俗更多地体现在统治者要求和提倡的政治信仰、社会责任和道德追求，而风尚则更多地体现在不同地域因地理条件和历史传统形成的生存模式和价值观念。

① 司马迁：《史记》卷六《秦始皇本纪》，中华书局1959年版，第239、265页。

② 班固：《汉书》卷二八下《地理志》，中华书局1962年版，第1640页。

秦朝的社会风尚与习俗基本接续战国，由于存在时间太短，尚处于整合过程中。秦朝初年，中国第一次实现了真正的大一统，人们的精神面貌总体上是昂扬向上，积极进取，期望为国家、民族和社会建立辉煌的功业。秦始皇那气吞万里如虎的气魄感染着全国臣民，所以尽管付出巨大牺牲，人民还是拥护支持他完成了如北伐匈奴、修筑万里长城，南平百越、凿通灵渠的壮举。但是，由于秦始皇君臣毫无节制地滥用民力，致使全民昂扬向上的情绪难以为继，最后急转成普及全国的反抗浪潮，这表明秦始皇君臣的政治引导出现巨大失误，使本来看好的发展势头很快夭折，秦朝还没有等到形成一个稳定良好的社会风俗就寿终正寝了。

由于中国幅员辽阔，民族众多，各地地理、气候、物产和生产生活条件以及历史传统都存在很大差异，因而形成了各地具有明显地域差异的社会风尚。如关中是秦国和秦朝的首都所在地，沃野千里，物产丰饶，皇室贵族、高官显贵、豪强兼并之家聚会于此，形成五方杂厝、奢靡成风的习俗。天水、陇西、安定、北地、上郡、西河等西北边陲，地接匈奴等少数民族，经常发生民族间的斗争，因而民风粗犷、尚勇斗狠，锻炼出一批立功沙场的将士。巴蜀地处长江上游的盆地，土地肥美，灌溉便利，民生较易，无饥馑之忧，所以形成了上淫逸，好文章、慕权贵的风尚。原燕、赵、中山旧地的河北一带，土地瘠薄，人口众多，谋生艰难，男子多尚游侠，悲歌慷慨，轻生命、重然诺，为知己者赴死，义不旋踵。三晋旧地的太原、上党诸郡，战国时期为法家荟萃之地，法家子弟众多，因而尚诈力，矜功名，婚丧嫁娶奢靡，不易治理。齐地富鱼盐之利，工商业发达，纺织业尤为突出，号称“冠带衣履天下”。其民好经术，尚功利，多智谋。但易结朋党，饰诡诈，放纵不法。鲁地为孔孟之乡，教育发达，其民好学重道，经学大师辈出。但因地狭民众，谋生艰难，百姓勤俭，既重桑麻之业，又趋商贾之利。楚地居长江中游，有江汉川泽之饶，人口较少，谋生较易，不忧冻馁，百姓聚财求富观念淡薄，无千金之家。因为生活于得天独厚的大自然怀抱，信巫鬼，重淫祀，富于浪漫奇想，音乐、舞蹈、绘画等艺术繁荣。吴地跨长江下游，土地肥沃，物产丰富，东海之盐，章山之铜，豫章之金，都在其境内，再加上三江五湖之利，民易富足。由于先秦时期吴越之君好勇斗狠，故民风彪悍，好用剑，轻死易发。岭南原为越族聚居地，秦朝平定百越之后，在这里设立郡县，大量迁徙北方之民与之杂处，带去先进的生产工具，大大促进了那里生产的发展和社会的进步。该地濒临大海，气候炎热多雨，物产丰饶，犀牛、大象、珠玑、瑇瑁、银、铜多有出产。民风淳朴，与汉族的融合尚处初级阶段，对中原政权尚存疑惧，一旦朝廷政策有误，极易激起反叛。

以上这些出自《汉书·地理志》的对各地民风的记述，大都是大而化之，过于强调或突出某些层面，更缺乏阶级和阶层的细化与辨析，并不是全面、准确和科学的分析与评判，但它极力寻求各地独异的特点，力图展示各地风情民俗的独特性与多样性，还是值得肯定的。

第十章　秦朝的灭亡

第一节　秦始皇寿终正寝

秦始皇是一个心雄万夫、豪气冲天、意志如钢、从不言败的皇帝，他明明知道人的生命不是永恒的，但还是发疯般地寻找仙人和长生不死药，屡屡受骗上当而迟迟不悔悟。他即位不久即安排为自己修筑骊山陵墓，说明他对长生的期许在内心深处还是怀疑的。纵使如此，他怎么也不会想到自己的生命正值 50 岁的盛年而画上了休止符。

秦始皇是一个特有作为特愿作为的君王，不仅继位之后即不断在政治、经济和军事方面推出一连串新举措，而且在统一全国后更是变本加厉出新招，一天也没有停止折腾，其中不少是可以不做或可以缓做的劳民伤财之举。公元前 212 年（秦始皇三十五年），他一面继续督责大修阿房宫、关内外七百行宫和骊山陵墓，一面继续命方士寻找仙人和不死药。奉命为他寻找不死药的方士卢生害怕骗局被揭穿，又想出新招欺骗他说：

> 臣等求芝奇仙者常不遇，类物有害之者。方中，人主时为微行以辟恶鬼，恶鬼辟，真人至。人主所居而人臣知之，则害于神。真人者，入水不濡，入火不爇，陵云气，与天地久长。今上治天下，未能恬倓。愿上所居毋令人知，然后不死之药殆可得也。①

对这番常人即能识其假的鬼话，秦始皇居然又信以为真，说："吾幕真人，

① 司马迁：《史记》卷六《秦始皇本纪》，中华书局 1959 年版，第 257 页。

自谓‘真人’，不称‘朕’。”于是下令咸阳周围200里内的270座宫观都用复道甬道建接起来，每座宫观内都布置好帷帐钟鼓美人，“各案署不移徙”。他可以随意到任何一座宫观内办公和居住，非亲信臣僚，其他人都不知道。有泄露其行踪者，立即处死。一次，秦始皇居于梁山宫（今陕西乾县境），从山上看到丞相李斯出行时伴随着庞大的车骑卫队，认为有僭越之嫌，很不满意。宫中有人将秦始皇的态度密告丞相，丞相以后出行时即减损车骑。秦始皇知道是宫中有人泄其言，下令追查，但无一人招认。秦始皇盛怒之下，即将当时随从之人全部处死。此后，除随侍者外再也无人知道他的行踪。他召集群臣议事，都在咸阳宫进行。“真人”是庄子创造的道家心目中修养到极致的理想人物形象，卢生以此欺骗秦始皇，实际上是隔绝他与群臣的联系，将其孤立起来，使之更易于欺骗。这一年，秦始皇在“焚书”之后又坑杀了460多个儒生，特别是对百姓的赋税和兵役、徭役征发日趋严重，使秦朝统一后逐渐积累的阶级矛盾和社会矛盾大大激化。公元前211年（秦始皇三十六年），东郡有陨石落地，有人在陨石上刻了“秦始皇死而地分”7个大字。秦始皇闻报，认为很不吉利，下令御史严查作案之人，但被捕遭审讯者无一人承认，于是“尽取石旁居人诛之，因燔销其石”。面对一连串突发之事，秦始皇闷闷不乐，于是命博士写《仙真人诗》，令音乐家谱曲，在他出巡时由歌者为他演唱。《仙真人诗》的内容已经亡佚，估计是对秦始皇这位自封真人的颂扬之辞。这年秋天，又一件神秘的事情让秦始皇再次胆战心惊：一天夜里，朝廷使者深夜从关东返回咸阳，路过华阴平舒道（今陕西华阴市）时，忽然从路旁闪出一人拦住了使者的车马，说：“为我遗滈池君。”使者一怔，他又说：“今年祖龙死。”使者感到蹊跷，要他细说根由。他默然不语，放下玉璧，忽然隐身不见。使者立即将玉璧连同事件经过奏闻秦始皇。秦始皇也深感惊异，蓦然良久，说：“山鬼固不知一岁事也。”又说：“祖龙者，人之先也。”他让御史府察看那块玉璧，发现原来是二十八年（前219年）他出巡渡过长江时祭祀江神沉入江中的那一块。此事成为秦始皇的心病，多日挥之不去。他命人占卜，卦辞是“游徙吉”。此一事件神秘兮兮，《集解》引服虔注认定滈池君为水神，引张晏解释：“武王居镐，滈池君则武王也。武王伐商，故神云始皇荒淫若纣矣，今亦可伐也。”《索引》：“服虔云水神，是也。江神以璧遗滈池之神，告始皇之将终也。且秦水德王，故其君将亡，水神先自相告也。”[①] 此事尽管看起来神秘，其实应是对秦始皇怀有深仇大恨之人精心策划的，目的是让迷信神异乖戾之事的秦始皇惊恐不安。因为广大百姓已经对秦始皇的残暴统治无法容忍，诅咒他尽快灭亡。

因为占卜要求秦始皇以出游避凶就吉，他于是在三十七年（前 210 年）再次离开咸阳出巡。他并没有意识到这是自己最后一次出巡，走上的是不归路。他的车骑直下东南，至云梦后即浮江东下，经丹阳、钱塘、会稽、吴，之后渡江北上，至琅邪后沿海岸前行至荣成、之罘。接着西行，至平原津（今山东平原南）渡黄河时生病，“始皇恶言死，群臣莫敢言死事”，只能眼睁睁地看着他病情急剧恶化。不久，秦始皇自己也意识到不久于人世，于是急匆匆安排后事：“为玺书赐公子扶苏曰：‘与丧会咸阳而葬。’”[②] 七月丙寅，秦始皇病逝于沙丘平台（今河北广宗西北）。因为秦始皇死于出巡途中，丞相李斯“恐诸公子及天下有变”，决定秘不发丧，将棺材装在辒凉车中，由皇帝的亲信宦官驾车，并按时为之供奉饮食，百官都被蒙在鼓里，依然“奏事如故，宦者辄从辒凉车中可奏事”。只有李斯、赵高与跟随出巡的秦始皇的小儿子胡亥以及亲信宦官五六人知道皇帝已死，他们簇拥着秦始皇的棺材，从井陉（今河北井陉西北）至九原（今内蒙古包头西），时值盛夏，秦始皇的遗体已逐渐腐烂，辒凉车中不时散发出恶臭之气。赵高等乃命从官载一石鲍鱼“以乱其臭”，从而达到掩人耳目的目的。车骑至九原后，转而沿直道南下，回到咸阳后，先举行二世皇帝胡亥的登基典礼，九月，按礼仪将秦始皇隆重葬于骊山陵墓。

秦始皇从 13 岁登基为秦王，39 岁即皇帝位，50 岁寿终。他从登基为王始，即为自己开建最后归宿的陵墓。做皇帝后，更征发刑徒 70 余万人，大兴土木，使骊山陵墓达到帝王陵中空前的规模。司马迁这样描述该陵的构建：

> 穿三泉，下铜而致椁，宫观百官奇器珍怪徙臧满之。令匠作机弩矢，有所穿近者辄射之。以水银为百川江河大海，机相灌输，上具天

① 司马迁：《史记》卷六《秦始皇本纪》，中华书局 1959 年版，第 259—260 页。
② 司马迁：《史记》卷六《秦始皇本纪》，中华书局 1959 年版，第 264 页。

文，下具地理。以人鱼膏为烛，度不灭者久之。①

在殡葬秦始皇的同时，二世下令秦始皇后宫嫔妃无子者一律从死，“死者甚众”。为了防止参加整修陵内工程的工匠泄露陵内殉葬珍宝的秘密，将他们全部封闭于陵墓的神道内闷死。陵墓堆土像山，遍植草木。《集解》引《皇览》记述始皇陵的规模：“坟高五十余丈，周回五里余。”可见工程之浩大崇隆。今日，秦始皇陵依然静卧在陕西临潼南面的原野上，与骊山并峙而立。经过两千多年的风雨剥蚀，它虽然没有原来那么高大雄伟，但仍然屹立于骊山之旁，给人以无限的沧桑之感。始皇陵上，后人遍植石榴树，春天花开，蓝天白云映照下，一片火红耀眼明。秋天到了，硕大的石榴缀满枝头，在轻风的吹拂下来回颤动，仿佛在向凭吊始皇陵的游人点头致意。

秦始皇死了，他带着对万里江山的无限眷恋，带着对生前美好享受的依依惜别之情，更带着创业的崇高与悲壮之感，驾临耗尽千万民脂民膏的地下宫殿。在他的想象中，自己的灵魂还将继续生前的享受，而其子孙必将二世三世以至万世地传之无穷，永享人间的富贵荣华。他极度隆重风光地离开了人世，尽管不无遗憾，但更多的应该是满足。然而，他怎么也不会想到，“朕死之后，洪水其来”，他造的孽和子孙造的孽最后不仅使万世期许变成二世而亡，而且使嬴氏皇族遭到覆社灭宗的报复。

第二节　秦始皇身后不寂寞

秦始皇虽然死了，他亲手创建的伟大王朝也在死后的第四个年头宣告灭亡。自此，秦始皇和他的王朝就成为中国历史的一部分。由于他作为一个巨大的历史存在，一个家喻户晓的历史人物，本身就具有重大的历史和文化价值，具有永不衰竭的魅力，所以永远留在了后人的历史视野中，并不断地被历代政治家、思想家、历史学家和文人学士，乃至平民百姓议论和评判。在《四库全书》中，秦始皇在2980卷中出现4320次，加上以秦王的名义出现的次数，超过3000卷5000次以上，在历代帝王中雄居榜首。不过，由于

① 司马迁：《史记》卷六《秦始皇本纪》，中华书局1959年版，第265页。

秦朝只存在了 15 年即被推翻，更因为秦始皇和秦二世父子的暴虐无道特别凸现，再加上后世的评判所遵循的基本上是儒家的德治主义原则，所以对他的评价尽管也时有赞扬之语，但总体上是贬多褒少，历史评判应该遵循的客观公正的原则往往被扭曲。

西汉是代秦而起的王朝，因为去秦未远，西汉君臣百姓时时以秦朝二世而亡为鉴戒，不断地进行历史反思。他们虽然也承认秦始皇统一中国、建立空前大帝国的历史功绩，承认他作为帝王的雄才与智慧，但议论的重点是一个庞然大物何以迅速灭亡的原因，以陆贾、贾谊和司马迁等为代表，对秦始皇的评价自然贬义居多。他们集中批判秦始皇"毁先王之法，灭礼谊之官，专任刑罚"的指导思想和一系列政策措施。作为一种历史认识应该说是相当深刻的。正是在这种认识的基础上，汉初君臣选择黄老学说作为治国理政的指导思想，到汉武帝又推出"罢黜百家，独尊儒术"的思想文化政策。西汉第一个批判秦始皇"举措暴众而用刑太极"的是刘邦的谋士陆贾：

> 秦始皇帝设刑法，为车裂之诛，以敛奸邪，筑长城于戎境，以备胡越；征大吞小，威震天下，将帅横行，以服外国；蒙恬讨乱于外，李斯治法于内；事逾烦，天下逾乱，法逾滋而奸逾炽，兵马愈设而敌人愈多。秦非不欲为治，然失之者，乃举措大众、刑罚大极故也。……秦始皇骄奢靡丽，好作高台榭、广宫室，则天下豪富制屋宅者莫不仿之，设房闼，备厩库，缮雕琢刻画之好，博玄黄琦玮之色，以乱制度。①

陆贾的批判集中于秦朝政策的层面，而西汉第一个对秦始皇和秦朝提出全面评价的是贾谊，他写的《过秦论》是一篇名垂千古的雄文，其中对秦始皇的评价是褒贬兼顾，虽不无偏颇，但主观上还是力求公平的：

> 及至秦王，续六世之余烈，振长策而御宇内，吞二周而亡诸侯，履至尊而制六合，执捶拊以鞭笞天下，威振四海。南取百越之地，以

① 陆贾：《新语》卷上《无为》，董治安主编《两汉全书》第一册，山东大学出版社 2009 年版，第 68—69 页。

为桂林、象郡，百越之君俛首系颈，委命下吏。乃使蒙恬北筑长城而守藩篱，却匈奴七百余里，胡人不敢南下而牧马，士不敢弯弓而报怨。于是废先王之道，焚百家之言，以愚黔首。堕名城，杀豪杰，收天下之兵聚之咸阳，销锋铸鐻，以为金人十二，以弱黔首之民。然后斩华为城，因河为津，据亿丈之城，临不测之溪以为固。良将劲弩守要害之处，信臣精卒陈利兵而谁何，天下以定。秦王之心，自以为关中之固，金城千里，子孙帝王万世之业也。

秦王既没，余威振于殊俗。陈涉，瓮牖绳枢之子，甿隶之人，而迁徙之徒，才能不及中人，非有仲尼、墨翟之贤，陶朱、猗顿之富，蹑足行伍之间，而倔起什伯之中，率罢散之卒，将数百之众，而转攻秦，斩木为兵，揭竿为旗，天下云集响应，赢粮而景从，山东豪俊遂并起而亡秦族矣。

且夫天下非小弱也，雍州之地，殽函之固自若也。陈涉之位，非尊于齐、楚、燕、赵、韩、魏、宋、卫中山之君；钼櫌棘矜，非锬于句戟长铩也；适戌之众，非抗于九国之师；深谋远虑，行军用兵之道，非及乡时之士也。然而成败异变，功业相反也。试使山东之国与陈涉度长絜大，比权量力，则不可同年而语矣。然秦以区区之地，千乘之权，招八州而朝同列，百有余年矣。然后以六合为家，殽函为宫，一夫作难而七庙堕，身死人手，为天下笑者，何也？仁义不施而攻守之势异也。

秦并海内，兼诸侯，南面称帝，以养四海，天下之士斐然乡风，若是者何也？曰：近古之无王者久矣。周室卑微，五霸既殁，令不行于天下，是以诸侯力政，强侵弱，众暴寡，兵革不休，士民罢敝。今秦南面而王天下，是上有天子也。既元元之民冀得安其性命，莫不虚心而仰上，当此之时，守威定功，安危之本在于此矣。

秦王怀贪鄙之心，行自奋之智，不信功臣，不亲士民，废王道，立私权，禁文书而酷刑法，先诈力而后仁义，以暴虐为天下始。夫并兼者高诈力，安定者贵顺权，此言取与守不同术也。秦离战国而王天下，其道不易，其政不改，是其所以取之守之者异也。孤独而有之，故其亡可立而待。借使秦王计上世之事，并殷周之迹，以制御其政，后虽有淫骄之主而未有倾危之患也。故三王之建天下，名号显美，功业长久。[①]

这里，贾谊一方面肯定秦始皇统一宇内和开疆拓土的巨大功勋，一方面批判他“仁义不施”“以暴虐为天下始”的严重失误，叹息秦朝二世而亡的悲剧，是一种比较客观公正的历史评论。而《汉书》的作者班固，在其书中，或直接，或借他人之口，对秦始皇几乎都是声讨式的批判：

至于秦始皇，兼吞战国，遂毁先王之法，灭礼谊之官，专任刑罚，躬操文墨，昼断狱，夜理书，自程决事，日县石之一。而奸邪并生，赭衣塞路，囹圄成市，天下愁怨，溃而叛之。[②]

秦始皇即位三十九年，内平六国，外攘四夷，死人如乱麻，暴骨长城之下，头卢相属于道，不一日而无兵。由是山东之难兴，四方溃而逆秦。秦将吏外畔，贼臣内发乱作，萧墙祸成二世。故曰“兵犹火也，弗戢必自焚”，信矣。[③]

在《匈奴传》中，班固录取王莽的将军严尤劝谏他终止讨伐匈奴的一段话，讥讽秦始皇征伐匈奴的策略是“无策”：“臣闻匈奴为害，所从来久矣，未闻上世有必征之者也。后世三家，周、秦、汉征之，然皆未有得上策者也。周得中策，汉得下策，秦无策焉。……秦始皇不忍小耻而轻民力，筑长城之固，延袤万里，转输之行，起于负海，疆境既完，中国内竭，以丧社稷，是为无策。”[④]这显然是更欠公允的评论，因为秦始皇应对匈奴之策应该有许多可肯定之处。

魏晋南北朝时期，对秦始皇的评价大体沿袭汉人的倾向，把其排在暴君之列，继续批判他灭道德而任刑杀、“焚书坑儒”和赋役繁重的思想与政策。如魏明帝时的将作大匠杨阜在劝谏他不要大兴宫殿馆阁时就批评秦始皇

---

① 司马迁：《史记》卷六《秦始皇本纪》，中华书局1959年版，第280—283页。

② 班固：《汉书》卷二三《刑法志》，中华书局1962年版，第1096页。

③ 班固：《汉书》卷六三《武五子传》，中华书局1962年版，第2771页。

④ 班固：《汉书》卷九四下《匈奴传》，中华书局1962年版，第3824页。

作阿房宫的罪责："秦始皇作阿房而殃及其子，天下叛之，二世而灭。夫不度万民之力以从耳目之欲，未有不亡者也。陛下当以尧、舜、禹、汤、文、武为法则，夏桀、商纣、楚灵、秦皇为深诫。"①魏明帝时的光禄勋高堂隆在上书中批评秦始皇作阿房、修长城的罪责："秦始皇不筑道德之基而筑阿房之宫，不忧萧墙之变而修长城之役。当其君臣为此计也，亦欲立万世之业，使子孙长有天下。岂意一朝匹夫大呼而天下倾覆哉？"②晋朝的傅玄斥责秦始皇是无道暴君："秦始皇之无道，岂不甚哉！视杀人如杀狗彘，狗彘仁而用之犹有节。始皇之杀人，触情而已。其不以道如是。李斯又深刻峻法，随其指而妄杀人。秦不二世而灭，李斯无遗类。以不道愚人，人亦以不道报之。人雠之，天绝之，行无道未有不亡者也。"③北魏时期，有人批判秦始皇"焚书坑儒"造成"经典绝灭"④，也有人批判他"毁先王之典，制挟书之禁"导致"法繁于秋荼，网密于凝脂，奸伪并生，赭衣塞路，狱犴淹积，囹圄成市"⑤。但这一时期，也有人赞扬秦始皇统一文字的功劳，还有人赞扬他礼贤下士、招揽人才的气度和举措：

> 自穆公至于始皇，皆能留心待贤，远求异士，招由余于西戎，致五羖于宛市，取丕豹于晋乡，迎蹇叔于宗里。由是四方俊杰继踵而至，故能世为强国，吞灭诸侯，奄有天下，兼称皇帝，由谋臣之助也。⑥

晋朝的江统，特别关注汉族与少数民族的关系，他对秦始皇伐匈奴、平百越的举措颂扬备至："始皇之并天下也，南兼百越，北走匈奴，五岭长城，戍卒亿计。虽师役烦殷，寇贼横暴，然一世之功，戎虏奔却，当时中国无复四夷也。"⑦不过，此一时期，对秦始皇持否定态度的史学家和思想家还是占有绝大的比例。

① 陈寿：《三国志》卷二五《杨阜传》，中华书局1959年版，第707页。
② 陈寿：《三国志》卷二五《高堂隆传》，中华书局1959年版，第714页。
③ 傅玄：《傅子·问刑篇》，电子版文渊阁四库全书。
④ 魏收：《魏书》卷三五《崔浩传》，中华书局1995年版，第825页。
⑤ 魏收：《魏书》卷一一一《刑罚志》，中华书局1995年版，第2872页。
⑥ 房玄龄等：《晋书》卷四八《段灼传》，中华书局1995年版，第1344页。
⑦ 房玄龄等：《晋书》卷五六《江统传》，中华书局1995年版，第1530页。

隋唐两朝是在魏晋南北朝民族大融合后出现的两个朝代，经济发展，文化繁荣，思想领域比较活跃，对秦始皇的评价歧义纷纭。肯定其功绩者以柳宗元为代表，他的《封建论》一文，以历史进化论为指导，论述了郡县制代替分封制的合理性，“摄制四海，运于掌握之间”。同时指明历史发展有其客观必然性，这个必然性就是“势”，秦始皇实行郡县制正是顺势而为。不过，柳宗元也同时指出秦政的残暴，而这恰恰是秦朝二世而灭的根本原因。所以秦朝的问题“失在于政，不在于制”，“咎在人怨，非郡邑之制也”，即秦朝的失误在政策而不在于制度。这种观点是相当有见地的。另外，柳宗元对秦始皇的气魄、才干与统一之功也多有赞扬和肯定，显示了超人的历史眼光。唐太宗作为一个功业昭著的大有为之君，对秦始皇有惺惺相惜之感，他对秦始皇统一宇内的功绩就大加赞颂：“曩之一天下，克胜四夷，惟秦皇、汉武耳。朕提三尺剑定四海，远夷率服，不减二君者。”①但是，从总体上看，唐朝人对秦始皇持否定意见者占多数。如狄仁杰在劝谏武则天不宜用兵西域时，就批判秦始皇的穷兵黩武：

> 今乃用武荒外，邀功绝域，竭府库之实，以争硗确不毛之地，得其人不足以增赋，获其土不可以耕织。苟求冠带远夷，不务固本安人，此秦皇、汉武之所行也。②

姚思廉批判秦始皇的奢靡享乐：“帝幸九成宫，思廉以为‘离宫游幸是秦皇、汉武事，非尧、舜、禹、汤所为。’”③李邕则批判秦始皇追求神仙方术之虚妄：“若以（郑）普思可以致仙方，则秦皇、汉武久应得之，永有天下，亦非陛下今日可得而求。”④张玄素认定秦始皇是“逞嗜奔欲，逆天害人者”⑤。李绛则认定他是“失道亡国之主”⑥。著名政治家陆贽则指出秦始皇的

① 欧阳修、宋祁：《新唐书》卷二二一上《西域传》，中华书局 1995 年版，第 6233 页。
② 欧阳修、宋祁：《新唐书》卷一一五《狄仁杰传》，中华书局 1995 年版，第 4210 页。
③ 欧阳修、宋祁：《新唐书》卷一〇二《姚思廉传》，中华书局 1995 年版，第 3997 页。
④ 刘昫等：《旧唐书》卷一九〇中《文苑传・李邕》，中华书局 1995 年版，第 5040 页。
⑤ 刘昫等：《旧唐书》卷七五《张玄素传》，中华书局 1995 年版，第 2639 页。
⑥ 刘昫等：《旧唐书》卷一六四《李绛传》，中华书局 1995 年版，第 4268 页。

失误在于暴政与拒谏：

> 秦始皇据崤函之固，藉雄富之业，专力农战，广收材豪，故能芟灭暴强，宰制天下。功成志满，自谓有太山之安，贪欲炽然，以为六合莫予违也。于是发闾左之戍，征太半之赋，进谏者谓之宣谤，恤隐者谓之收恩，故征发未终而宗社已泯。①

唐朝以后，对秦始皇的评论越来越多，其中大多数人都延续柳宗元的认识，集中对秦始皇的虐政进行批判。

宋朝是中国史学最发达的朝代之一，该朝具有理学思维的思想家、政治家和历史学家们更多从道德和用人不淑的层面去评价秦始皇，为之说好话者甚少。有点反传统精神的王安石、陈亮、叶适等人也不敢正面为秦始皇唱赞歌。而坚持正统意识的司马光、苏轼以及理学家们则都以猛烈批判秦始皇表明自己的立场。司马光主持编纂的《资治通鉴》尽管对秦始皇的事功作了比较详细的记述，但字里行间充溢着批判意识，最后引贾谊《过秦论》的“仁义不施而攻守之势异也”一段话作为自己对秦朝二世而亡的评论。其他，如林之奇认为秦始皇“虐用其民，以残虐嗜杀而得天下，其不善之所积者厚”：

> 秦始皇有诽谤妖言之律，是不念为君之道以宽绰其心，故其刑罚不当此怨之所积。秦始皇、隋炀帝之世，劳民之事无所不至，四民废业，人不聊生，死者相枕藉于道路。于是盗贼群起，天下大乱，生民荼毒何可胜言。由其施劳于民之所致也。②

张九成也认为秦始皇及其儿子“不以仁义”治理天下是其二世而亡的根本原因：

① 杨士奇等：《歷代名臣奏议》卷二五四，电子版文渊阁四库全书。

② 林之奇：《尚书全解》卷十二，电子版文渊阁四库全书。

秦始皇并吞六国，夷灭诸侯，晏然自以为日之在天。身死未几而与鲍鱼同载。至其子二世，听赵高之邪说，杀扶苏，残骨肉，行督责之政，兴骊山之役。一夫作难七庙皆隳，此战争诡诈之效也。天理昭然，岂有不以仁义而能长久者乎！①

苏轼是宋朝顶尖级的文豪，他在《秦始皇帝论》一文中，认为秦始皇的最大罪过是对三代以来礼制的破坏：

至秦有天下，始皇帝以诈力而并诸侯，自以为智术之有余，而禹汤文武之不知出此也。于是废诸侯，破井田，凡所以治天下者一切出于便利而不耻于无礼，决坏圣人之藩墙，而以利器明示天下。故自秦以来，天下惟知所以求生避死之具，以礼者为无用赘疣之物，何者？其意以为生之无事乎礼也。苟生之无事乎礼，则凡可以得生者无所不为矣。呜呼！此秦之祸所以至今而未息欤。昔者，始有书契，以科斗为文，而其后始有规矩摹画之迹。盖今所谓大小篆者，至秦而更以隶。其后日以变革，贵于速成而从其易，又创为纸以易简策，是以天下簿书符檄繁多委压而吏不能究，奸人有以措其手足。如使今世而尚用古之篆书简策，则虽欲繁多其势无由。由此观之，则凡所以便利天下者，是开诈伪之端也。嗟夫！秦既不可及矣，苟后之君子欲治天下，而惟便之求，则是引民而日趋于诈也。悲夫！②

苏轼这里表述的观点趋近老庄，为了维护一成不变的礼制，他连秦朝文字趋简这种历史进步也加以反对，实际上是最不靠谱的评价。元朝接续宋朝对秦始皇的评价标准，继续在道德、用人和暴政等方面指斥秦始皇的罪行。如陈应润在指出秦始皇任用赵高、李斯的失误后，将“不守德”作为他最大的问题：“人君为治，在德不在险。秦始皇欲为子孙万世之业，筑城万里以固金汤，夫何不数年间人心一破，城皆寸裂。呜呼！”③

① 张九成：《孟子传》卷四，电子版文渊阁四库全书。

② 《东坡全集》卷四二，电子版文渊阁四库全书。

③ 陈应润：《周易爻变易缊》卷三，电子版文渊阁四库全书。

明清两代，理学成为主流意识形态，因而对秦始皇的评论基本囿于传统的否定意见。明朝的丘濬并不全盘否定秦始皇，他认为修长城就值得肯定：

然长城之筑，虽曰劳民，然亦有为民之意存焉。设使汉之继秦，因其已成之势加以修葺，魏之继汉，晋之继魏，世世皆然，则天下后世亦将有以赖之矣。奈何后之人惩秦人起闾左之失，虑蒙恬绝地脉之祸，而废其已成之功，岂不可惜哉！①

他认定秦始皇“上通于天”的罪过是“焚书”：

秦始皇三十四年，烧《诗》《书》、百家语。臣按：秦无道之罪十数，如坏井田、刑三族、坑儒生、罪妖言之类，然皆一时之事也。继其后者，苟一旦兴改革起废之心，其弊端可撤而去，其坠绪可寻而理也。若夫《诗》《书》百家语，皆自古圣帝明王贤人君子精神心术之微，道德文章之懿，行义事功之大，建置议论之详，所以阐明已往而垂示将来者，固非一人之事，亦非一日可成，累千百人之见，积千万年之久而后备具者也。乃以一人之私，快一时之意，付之烈焰，使之散为飞烟，荡为寒灰，以贻千万世无穷之恨。呜呼！秦之罪上通于天矣。始皇、李斯所以为万世之罪人欤！②

从思想文化史的角度看，丘濬的观点还是有道理的，因为焚书连带坑儒的结果，是秦朝将绝大多数知识分子变成对立面，使他们与起义的民众结合，壮大了反秦的力量。明朝的张宁则另辟蹊径，认定秦朝最终亡于客卿，而其中典型代表就是李斯，秦国历代君王和秦始皇的最大失误就是重用客卿并听信他们恣意胡为：

① 丘濬：《大学衍义补》卷一五〇，电子版文渊阁四库全书。

② 丘濬：《大学衍义补》卷九四，电子版文渊阁四库全书。

秦之遭祸于客屡矣。始用卫鞅而先王之法制大坏，中用张仪而秦国之诡佞以生，后用一范睢而秦之母子骨肉皆不能保。此犹未也，至于不韦入秦，则孝文庄襄皆不保其终闺门，朝廷举不得其正，秦之宗社遂移为他姓，而先亡于六国。客之祸秦至此极矣。其宗室大臣议欲逐客，实有所繇。李斯竟以客卿上书谏止，是岂忠于为秦哉？顾乃自为之地也。斯既召复，又恐人蹑后而胜己，于是一举而谮杀韩非，再举而焚书坑儒，三举而矫诏以杀太子，则其酷烈不仁甚于逐客奚止倍万？此秦之所以穷极暴虐二世而亡者，又皆客斯之祸也。秦之始终皆为客败，是固天道使然，而异术曲学之不可以开国承家也亦明矣。

秦之积暴委厉，至始皇而极，然其初心尚知惧祸，犹能听谏，虽盛怒按剑，茅焦终以不死。自李斯以三代不足法、儒生不足用，举天下经典而灰弃之，始皇遂肆然以秦法为尽美，李斯为忠谋，无复忌惮，恣所欲为，而坑诸生至四百六十余人，虽子扶苏之谏不复听矣。嗟夫！斯其始也欲自存，则以逐客为非；其末也欲自固，则恐去客不尽。观其所言，迹其行事，则焚坑之祸皆因是心而发也。然斯之倾危变乱固战国之余习，而始皇之甘受其罔，卒至灭亡。①

张宁纯粹从人物活动及其结果引出结论，这其实还是一种浅层次的观察，因为指导人物活动的是思想，而只有当这种思想转化为政策加以实行的时候才会产生效果。明朝中叶，王阳明学派对程朱理学发出批判之音，深受其影响的李贽在秦始皇评价问题上也一改鞭笞的调门，赞誉他为“千古一帝”，可惜没有展开充分的论述。明清之际，江山易主，在一些思想家看来是“天崩地解”的巨大变化，从而刺激一些思想家和历史学家重新审视过去的历史，对秦始皇的评价也出现与传统观念相左的声音。王夫之上承柳宗元，继续申述“势”即历史必然性的理论，为郡县制的合理性辩护。他说：

郡县之制，垂二千年而弗能改矣，合古今上下皆安之，势之所趋，岂非理能然哉？

① 张宁：《方洲集》卷二十七《读史录·秦始皇》，电子版文渊阁四库全书。

封建毁而选举行，守令席诸侯之权，刺史牧督司方伯之任，虽有元德显功，而无所庇护其不令之子孙。势相激而理随以易，意者其天乎！阴阳不能偏用，而仁义相资以为亨利，虽圣人其能违哉！选举之不慎而守令残民，世德之不终而诸侯乱纪，两俱有害，而民于守令之贪残，有所藉于黜陟以苏其困。……呜呼！秦以私天下之心而罢侯置守，而天假其私以行其大公，存乎神者之不测，有如是夫！①

这里，王夫之并没有正面肯定秦始皇，只是肯定郡县制较之分封制优长更多。在其论述中已隐隐约约将他定为“历史的不自觉工具”了。不过，清朝王夫之之类的学者实在是凤毛麟角，绝大多数人还是坚持传统观点。如朱彝尊就比张宁的观察更进一步，认定秦朝将法家思想推尊为绝对和唯一、实行绝对的法制乃灭亡之因，其中自有深刻之处：

法制禁令，所以防民之奸而非化民成俗之具也。惟秦之为国，不本于道德而一任乎法。卫鞅曰：“法之不行自上始也。”刑则加于太子之师傅。而范睢为相，弃逐君之母弟。秦之君以为法在焉，师傅可刑，母弟可逐，而法不可易也。其甚者，荆轲以匕首劫始皇，几揕其胸，环柱而走，人情孰不急其君，左右之臣至宁视其君之死不敢操尺寸之兵上殿，其与寇雠何异？自当时视之，以为于法宜然，无足怪也。嗟夫，方其初，用事之臣惟知任法，积之既久，虽万乘之尊为法所制，宁以身殉法而不敢易，上下相残，甘为众恶之所归，以至于亡，岂不哀哉！盖吾观于始皇之焚诗书，而深有感于其际也。当周之衰，圣王不作，处士横议，孟氏以为邪说诬民近于禽兽，更数十年历秦，必有甚于孟氏所见者。又从人之徒，素以摈秦为快，不曰嫚秦，则曰暴秦，不曰虎狼秦，则曰无道秦，所以诟詈之者靡不至。六国既灭，秦方以为伤心之怨隐忍未发，而诸儒复以事不师古交讪其非，祸机一动，李斯上言，百家之说燔而诗书亦与之俱烬矣。嗟乎！李斯者荀卿之徒，亦常习闻仁义之说，岂必以焚诗书为快哉？彼之所深恶者，百家之邪

① 王夫之：《读通鉴论》，中华书局2013年版，第1—2页。

说而非圣人之言；彼之所坑者乱道之儒，而非圣人之徒也。特以为诗书不燔则百家有所附会，而儒生之纷纶不止，势使法不能出于画一，其忿然焚之不顾者，惧黔首之议其法也。彼始皇之初心，岂若是其忍哉？盖其所重者法，激而治之，甘为众恶之所归而不悔也。呜呼！邪说之祸，其存也，无父无君，使人陷于禽兽；其发也，至合圣人之书烬焉。然则非秦焚之，处士横议者焚之也。后之儒者，不本乎圣贤之旨，文其私说，杂出乎浮屠老氏之学以于世，天下任法之君多有使激而治之，可不深虑也哉！①

这里朱彝尊指出秦始皇绝对尊法的偏颇是对的，但他认为所坑之儒非圣人之徒则并不准确，因为无论如何这是一个知识分子群体，坑杀几个诈骗犯虽不足惜，但牵连数百无辜者惨死则绝对是一种不可饶恕的罪行。

鸦片战争对中国人思想的冲击超过历史上的任何时代，被某些思想家喻为“千年未有之大变局”。严重的民族危机刺激人们重新认识历史和现实，于是对秦始皇和秦朝的评价出现新的声音。但是，由于传统意识太过强大，否定他的声音依然强劲而普遍。连近代今文经学的著名代表皮锡瑞也还在全面否定秦始皇：

天下之事，有势有时；制事之方，有德有力。藉势之盛，恃力可以囊八方；乘时而兴，薄德亦能包四海……始皇悍然矜其威德，初不知为时势之异也。于是狭小上世之制度，迅扫前圣之规模，厌老生之常谈，甘谄子之瞽说，去泰著皇，兼三五之名，革谥称代，为万世之计。厥见既谬，侈心益生，以法律为诗书，化简策为煨烬，偶语弃市，刑甚宁越之鞭；议瓜骊山，悲生死士之垄。立一王之法，革历代之旧；垂鸿沧海之曲，勤勒琅邪之台。青松金锥，驰道交夫四极，黍灯银雁，锢陵及于三泉。五丈之旗，建于防宫；万里之戍，劳于胡越……彼秦人者，沿商於之刻薄，习上蔡之从谀，廓矣黄图，恣其吮牙，慄慄黔首，视若封豕。以威力为足恃，以刑名为独贤，以白屋为无才，以金城为

① 朱彝尊：《曝书亭集》卷五九《秦始皇论》，电子版文渊阁四库全书。

不败。鄙先王为无足法也，故焚烧以除之；轻儒者为靡用也，故坑陷以惧之。无一而亡，兰陵料之于前；仁义不施，长沙过之于后。专用己私，安有享祐者哉。①

皮氏文章尽管感情充沛，文采斐然，但较之传统观点，没有明显的深入和开拓。稍后于皮锡瑞的另一位今文经学大师梁启超是中国近代资产阶级史学的奠基人之一。1900年以后，他较多地接受了西方资产阶级的进化论观点，对秦始皇的评价较前人大大前进了一步。1920年，他写了《战国载记》一文，详细论述了列国之间的战争，分析了合纵与连横的斗争，描绘了秦并六国、完成统一中国大业的经过，其中有不少观点是可取的。例如，他认为战国时代中国已经具备走向统一的必然性，这既不是哪个人的力量能够阻挡的，也不是哪个人的力量所能完成的。谁出来完成，都是走历史必由之路：

天下之趋统一，势也。不统于秦，亦统于他国。而统一之愈于分争，则明甚也。天将假手于秦以开汉以后之局，夫谁能御之。而秦与他国，又何择焉。②

梁启超进而认为，尽管秦始皇为实现统一所采取的形式是横暴的，但其进步意义必须充分肯定：

后之读史者，虽五尺之童，咸知哀六国而憎秦。夫疾强暴，愍微弱，人性宜然矣。虽然，假长此不获统一，岁岁交糜烂其民而战之，其惨状将伊于胡底？而在六七专制君主之下，重以各地大小之封君，徭役供亿，民又何以堪命？其他若曲防遏籴，关讥市征，各自为政，民之患苦，亦何可量？故孔子尊大一统，孟子称定于一。秦并六国，实古代千余年大势所趋，至是而始成熟。非始皇一人所能为，亦非秦

① 皮锡瑞：《师伏堂骈文》卷三《秦始皇论》，中华书局2015年版，第99页。

② 梁启超：《饮冰室合集·专集之四六·战国载记》，中华书局1989年版，第32页。

一国所能为，其功罪尤非一人一国所宜任受也。①

梁启超从历史必然性的考察入手，既肯定了秦始皇统一中国及统一后制定促进历史进步政策措施的功绩，又批判了他“纵欲无度”“严刑峻法”的罪责，同时还提出了“坑儒”“功愈于罪”和“焚书”罪不可逭的观点。他认为当时被坑杀的那些“儒”，或者“如汉时文成五利之徒，左道欺罔、邪谄以易富贵”，或者“袭当时纵横家余唾，揣摩倾侧，遇事生风”，或者“如叔孙之徒，迎合意旨，苟以取荣”，都不是什么好东西。而“始皇一坑，正可以扫涤恶氛，惩创民蠹”，所以是“功愈于罪”，因而基本上应该肯定。而焚书因为毁灭了大量珍贵的典籍，则是不可原谅的罪责。最后，梁启超在总体上给了秦始皇一个“功过不相掩”评价：

秦始皇宁为中国之雄，求诸世界，见亦罕矣。其武功焜耀众所共知不必论，其政治所设施，多有皋劳百代之概……汉制什九皆秦制……而治二千年来之中国，良未易出其范围……然则始皇可厚非乎哉？其所短者，主我意力，强过乎度。狃于成功，谓君权万能。天下万事万物，可以随吾意所欲变置之。含生之俦，悉吾械器。骄盈之极，流为侈汰。专恣之余，重以忌刻。此其所以败也。②

应该说，梁启超如此评价秦始基本上符合事实。因为他一方面看到秦始皇是当时中国千余年来所形成的“势”的产物；另一方面也承认秦始皇顺应时势的个人主观能动作用。功罪既不应由个人完全承担，也不能让个人完全摆脱干系。这其中闪烁着梁启超可贵的辩证思维。

清末大汉学家俞樾仿佛对秦始皇情有独钟。他写的《秦始皇帝论》一反传统观点，基本上站到了全盘为秦始皇辩护的立场上。与柳宗元、王夫之的观点相一致，俞樾也是从“势”的角度看待秦始皇的“变古”，认为不断变化是历史规律，秦朝的“变古”是为形势所推动，其“变古”中有不少合

① 梁启超：《饮冰室合集·专集之四六·战国载记》，中华书局1989年版，第50页。

② 梁启超：《饮冰室合集·专集之四六·战国载记》，中华书局1989年版，第57—58页。

理因素：

> 世以变古罪始皇，不知变者也。三皇异世，不相袭礼，五帝殊时，不相沿乐。是以董子曰："继治世者其道同，继乱世者其道异。"秦人继大乱之后，其道固不能无异矣……故自平王东迁而诸侯并争，天下大乱，及战国而知者骋其谋，勇者奋其力，以先王之道为迂阔，三代礼乐扫地无遗。及秦有天下，遂乃燔烧诗书，投弃俎豆，并造百度，自成一代之始。秦灭汉兴，不能反古，叔孙通之徒集采秦仪而用之，于是上自朝廷，下至乡党，皆秦之流风遗俗，而成周之文固已不可见矣。然则周秦之际，古今之交也。虽欲无变，不可得也。古者天下之地，天子不得而私焉。天下之田，农妇不得而私焉。秦废封建而尽天下之地归天子，废井田而尽天下之田予农夫，于古人之意失之远矣。然而其事简易，至今未有以易之也。此皆古今之变，而秦不与焉。是故秦之所以二世而亡者，非变古之罪，以变古罪始皇，不知变者也。①

俞樾的论述虽然有历史知识方面的错误，但对秦始皇的评价还是很有见地的，最突出的一点是他强调变化是历史规律，而秦始皇的所作所为正是顺应历史变化的举措。俞樾的弟子章太炎是积极追随孙中山的革命家，更是同盟会时期革命理论的旗手，是同改良派论战的主将。他参加同盟会后尽管与老师在反清问题上产生严重分歧，因而写了《谢本师》的名文以示与老师政治上的决绝。然而，在学术思想上他与老师仍在一定程度上保持了一致。1901 年以后，他写了《秦政记》和《秦献记》两篇名文，对秦始皇实行郡县制与厉行法制的进步作用作了充分的肯定，其中特别对几乎遭到人人谴责的"焚书"也给予了毫无保留的赞扬："不燔'六艺'，不足以尊新王！"② 这不能不说是一种大胆之论。不过，当时章太炎的文章主要是为反清革命服务的，他考虑问题的出发点是政治而非学术，他的观点还不能作为一种单纯的学术观点进行评判。

---

① 俞樾：《宾萌集》卷一《秦始皇帝论》，清光绪年间刻《春在堂全书》本，第 16—17 页。

② 孙楷：《秦会要订补》附录章太炎《秦献记》，中华局 1959 年版，第 438 页。

1919 年之后，随着马克思主义在中国的传播，一批先进的史学家开始运用马克思主义的理论和方法研究中国历史。郭沫若、范文澜、翦伯赞、吕振羽、侯外庐等马克思主义史学大师尽管对秦朝和秦始皇的看法在学术上有不少分歧，但都能将秦始皇放到当时的历史条件下进行评判，一面肯定其空前的历史功绩，一面批判其“焚书坑儒”、残民以逞的罪恶行径，第一次给他一个阶级的历史的定位，将对秦始皇的认识引导到比较科学的轨道。郭沫若的《十批判书》中有一篇《吕不韦与秦王政的批判》，通过吕不韦与秦始皇在政治和思想各方面的对比，对秦始皇几乎作了全盘否定。范文澜在其代表性著作《中国通史简编》一书中，对秦朝的建立和灭亡进行全面论述后，作了这样的结论：“秦朝是短促的朝代，但又是极重要的朝代。秦始皇是暴虐的皇帝，但又是对历史有巨大贡献的皇帝。秦是文化的摧残者，但在某些方面又是先进者。”[①] 翦伯赞在其名著《秦汉史》中，全面分析了秦朝的制度、政策和各项设施，认定它是代表商人、地主和官僚三位一体的政权[②]，对秦始皇的评价近似于范文澜的观点。吕振羽和侯外庐对秦始皇的评价基本上接近范文澜：肯定其功，批判其过，认为他既功绩卓著又为祸惨烈，是一个功大过亦大的人物。这在中国历史学界大体成为共识。

但是，到了十年“文革”时期，尤其是在 1973—1976 年喧嚣一时的“评法批儒”运动中，“四人帮”王洪文、张春桥、江青、姚文元及其卵翼下的御用文人，利用毛泽东的一些话，一时间将秦始皇捧到了九天之上。其实，毛泽东对秦始皇基本上还是坚持了“一分为二”的原则，对他并未完全肯定。1958 年他在中国共产党第八次全国代表大会第二次会议上的讲话中只是赞扬秦始皇是个“厚今薄古”的专家：范文澜同志最近写的一篇文章，《研究历史必须厚今薄古》，我看了很高兴。这篇文章引用了很多事实证明厚今薄古是史学的传统……文章引用了司马迁、司马光……可惜没有引秦始皇。秦始皇主张“以古非今者族”，秦始皇是个厚今薄古的专家。当然，我也不赞成秦始皇。

1973 年 7 月 4 日，毛泽东在同王洪文、张春桥谈话时又讲了如下一

① 范文澜：《中国通史简编》第二编，人民出版社 1958 年版，第 31 页。

② 翦伯赞：《秦汉史》，北京大学出版社 1983 年版，第 57 页。

段话：

> 我赞成郭老的历史分期。奴隶制以春秋战国为界。但是不能大骂秦始皇。早几十年中国的国文教科书，就说秦始皇不错了，车同轨，书同文，统一度量衡。①

1973年8月5日，毛泽东又写了一首《读〈封建论〉呈郭老》②的诗，对秦始皇作了较多的肯定。以上毛泽东对秦始皇的评价，尽管并未完全肯定，但透出了他一贯坚持的尊法反儒的基本立场，而这一立场至“文革”的最后几年显然进一步强化。“四人帮”及其御用文人利用毛泽东的崇高威望和对秦始皇的评价意见，掀起了一场所谓“评法批儒”的运动，胡说中国历史上一直存在着儒法两条路线的斗争，法家代表革命、进步，儒家代表保守、反动。其险恶的目的是诬蔑诽谤和排斥打击以周恩来总理为代表的党内健康力量，进行篡党夺权的罪恶活动。从1973年至1976年10月“四人帮”垮台前，在他们的操纵运作下，那些御用文人和跟风的学者，发表了大量所谓“评法批儒”的文章，掀起了空前的歌颂秦始皇和韩非等法家代表人物的狂潮，其恶劣的学风和文风，充分展示了“影射史学”的丑恶面目。实际上，这些文章表述的已经不是学术观点的歧义，而是脱离了学术轨道的政治斗争的工具。“文革”结束后，在史学界清除“四人帮”流毒、拨乱反正的活动中，“影射史学”，其中包括在秦始皇评价问题上的一系列谬论，理所当然地受到了批判。

1976年粉碎“四人帮”之后，特别是1980年以后，随着思想解放和实事求是学风的发扬，中国史学界迎来了真正意义上的学术的“百家争鸣”的时期。秦史包括秦始皇的评价等一系列问题的研究都有了新的开拓，较前大大深入一步。特别是湖北云梦秦简与秦兵马俑等重要考古资料和遗迹的发现，为秦朝和秦始皇的研究提供了大量珍贵的资料。更由于清除了极左思想和路线的影响，将“四人帮”搞乱了的马克思主义理论正本清源，同时引进

① 《毛泽东年谱》第6卷，中央文献出版社2013年版。

② 中共中央文献研究室编：《建国以来毛泽东文稿》第13册，中央文献出版社1987年版，第361页。

一些新的理论和方法，这就使史学界有条件以新的视角重新审视秦始皇，推进对其研究的深入与开拓。近50多年来，数以千计的研究秦始皇的论文联翩而出，数以十计的秦始皇研究专著陆续出版。无论是数量还是质量，近50年的研究成果已经超过20世纪80年研究的总和。当然，在秦始皇的评价问题上，达成共识的观点不少，分歧的意见仍然很多。这既是正常的现象，也是可喜的现象。在一定意义上可以说，正是这些分歧意见引导着研究进一步深入和拓展，因为学术只有在不同意见的持续争论中才能不断发展和前进。

因为秦始皇是一个集雄才、暴君、睿智、凶残于一身的大人物，所以他不仅成为历代政治家、思想家、史学家评论的对象，也是触发诗人灵感的对象。唐朝大诗人李白基本延续贾谊的观点，在《古风五十九首》之三和之四十八两诗中，既肯定其空前的历史功绩，也批判他的暴虐和迷信不死药的荒诞与昏愦：

> 秦王扫六合，虎视何雄哉！挥剑决浮云，诸侯尽西来。明断自天启，大略驾群才。收兵铸金人，函谷正东开。铭功会稽岭，骋望琅邪台。刑徒七十万，起土骊山隈。尚采不死药，茫然使心哀。连努射海鱼，长鲸正崔嵬。额鼻象五岳，扬波喷云雷。鬐鬣蔽青天，何由睹蓬莱！徐市载秦女，楼船几时回？但见三泉下，金棺葬寒灰！
>
> 秦皇按宝剑，赫怒震威神。逐日巡海右，驱石驾沧津。征卒空九宇，作桥伤万人。但求蓬岛药，岂思农鳫春。力尽功不赡，千载为悲辛。①

李白认为，即使成仙确有其事，以秦始皇虐民害物的暴行和品性，也绝不可能成仙升天：

> 登高丘，望远海。六鳌骨已霜，三山流安在？扶桑半摧折，白日沉光彩。银台金阙如梦中，秦皇汉武空相待。精卫费木石，鼋鼍无所

① 林东海选注：《中国诗苑英华·李白卷》，山东大学出版社1997年版，第132—133页。

凭。君不见骊山茂陵尽灰灭，牧羊之子来攀登。盗贼劫宝玉，精灵竟何能！穷兵黩武今如此，鼎湖飞龙安可乘？①

李白之后，还有众多的咏史诗以秦始皇为题材抒发着复杂的感慨和体悟。白居易也是在咏史诗中涉及秦始皇较多的诗人，他的诗中没有一句颂扬秦始皇的话。如《四皓庙》借助对商山四皓的颂扬谴责秦始皇的暴虐："秦政虐天下，黩武穷生民。诸侯战必死，壮士眉亦嚬。张良韩孺子，椎碎属车轮。遂令英雄意，日夜思报秦。"②《草茫茫》谴责秦始皇修筑骊山陵墓和四时祭祀的劳民伤财：

草茫茫，土苍苍。苍苍茫茫在何处？骊山脚下秦皇墓。墓中下涸三重泉，当时自以为深固。下流水银象江海，上缀珠光作乌兔。别为天地于其间，拟将富贵随身去。一朝盗掘坟陵破，龙椁神堂三月火。可怜宝玉归人间，暂借泉中买身祸。奢者狼藉俭者安，一凶一吉在眼前。凭君回首向南望，汉文葬在灞陵原。③

《海漫漫》则讽刺其求仙人觅不死药的昏聩与虚妄：

海漫漫，直下无底傍无边。云涛烟浪最深处，人传中有三神山。山上多生不死药，服之羽化为天仙。秦皇汉武信此语，方士年年采药去。蓬莱今古但闻名，烟水茫茫无觅处。海漫漫，风浩浩，眼穿不见蓬莱岛；不见蓬莱不敢归，童男丱女舟中老。徐福文成多诳诞，上元太一虚祈祷。君看骊山顶上茂陵头，毕竟悲风吹蔓草！何况玄元圣祖五千言，不言药，不言仙，不言白日昇青天。④

唐朝人闾丘胤在诗中将秦皇、汉武并论，讥讽他们好神仙方术的荒诞

① 林东海选注：《中国诗苑英华·李白卷》，山东大学出版社 1997 年版，第 130—131 页。

② 《白氏长庆集》卷一，电子版文渊阁四库全书。

③ 《白氏长庆集》卷四，电子版文渊阁四库全书。

④ 龚克昌、彭重光选注：《中国诗苑英华·白居易卷》，山东大学出版社 1997 年版，第 31 页。

和虚妄：

尝闻汉武帝，爰及秦始皇。俱好神仙术，延年竟不长。金台既摧折，沙丘遂灭亡。茂陵与骊岳，今日草茫茫。①

同是唐朝人的张九龄在《和黄门卢监望秦始皇陵》一诗中则全面谴责他的暴政，认定他"身死宗遂覆"是罪有应得：

秦帝始求仙，骊山何遽卜。中年既无效，兹地所宜复。徒役如雷奔，珍怪亦云蓄。黔首无寄命，赭衣相驰逐。人怨神亦怒，身死宗遂覆。土崩失天下，龙斗入函谷。国为项籍屠，君同华元戮。始掘既由楚，终焚乃因牧。上宰议杨贤，中阿感桓速。一闻过秦论，载怀空杼轴。②

也是唐朝诗人的许浑在《途经秦始皇墓》一诗中对比秦始皇与汉文帝，慨叹后人对暴君的鄙视和对圣君的钟爱：

龙盘虎踞树层层，势入浮云亦是崩。一种青山秋草里，路人唯拜汉文陵。③

宋朝诗人梅尧臣写的《秦始皇驰道》一诗，叹息秦始皇所修驰道而今荒芜难辨，崇隆的骊山陵墓也极度空寂：

秦帝观沧海，劳人何得修。石桥虹霓断，驰道鹿麋游。车辙久已没，马迹亦无留。骊山宝衣尽，万古空冢邱。④

---

① 闾丘胤：《寒山诗集》，电子版文渊阁四库全书。

② 张九龄：《曲江集》卷二，电子版文渊阁四库全书。

③ 许浑：《丁卯诗集》卷上，电子版文渊阁四库全书。

④ 梅尧臣：《宛陵集》卷四四，电子版文渊阁四库全书。

也是宋朝诗人的韩维写了与梅诗同名的《秦始皇驰道》，同样叹息岁月的磨洗使秦始皇昔日的风光消失殆尽：

秦王骋奇观，不惮阻且修。万里走辙迹，八荒开囿遊。劳歌久已息，遗筑今尚留。千载威神尽，骊山空古丘。

王安石是宋朝做过丞相的政治家和思想家，他写的《秦始皇》一诗，批判其笃行刑名之学的弊政：

天方猎中原，狐兔在所憎。伤哉六孱王，当此鸷鸟膺。搏取已扫地，翰飞尚凭凌。游将跨蓬莱，以海为丘陵。勒石颂功德，群臣助骄矜。举世不读易，但以刑名称。蚩蚩彼少子，何用辨坚冰。①

宋朝王元之撰写的《王气台铭》，则以最简洁的文字概括了秦始皇行政的弊端：

嬴政之有天下也，始以利觜长距鸡斗六国而擅场，复以钩爪锯牙虎噬万方而择肉，终以多藏厚敛蚕食兆民而富国。然后戍五岭，筑阿房，驱周孔之书尽付回禄，惑神仙之术但崇方士，收太半之赋则黔首豆分，用三夷之刑则赭衣栉比，鲸鲵国政，蝼蚁人命，原膏野血，风腥雨膻，六合嗷嗷，上诉求主。②

清朝的刑部尚书王士祯写了《渭桥怀古》一诗，慨叹秦始皇修建的渭桥早已失去昔日壮美的风姿，只有千秋不变的终南山作为历史的见证者阅尽人间兴亡轮回的悲歌：

秦川夕澄霁，沣水明如练。西上中渭桥，飒然秋气变。嬴政昔

① 王安石：《临川文集》卷九，电子版文渊阁四库全书。

② 王霆震编：《古文集成》卷四七，电子版文渊阁四库全书。

构造，作此象天汉。美人与钟鼓，流连恣荒晏。徐市期不来，山鬼璧已献。我昨骊山行，徘徊吊中羡。荆榛蔽银海，樵牧罗金雁。麒麟折其股，冷落青梧观。后代复何王，绣岭明珠殿。唯有终南山，兴亡几回见。①

歌咏秦始皇的诗篇展示的是历代诗人对历史的感悟，其中的情绪是复杂的，歌其雄才和伟业，哀其失误和短祚，怒其暴虐和凶残，讥其荒诞和愚蠢。

秦始皇已经死去2400多年，一朝壮丽的阿房宫已敛迹息影于渭水之畔，只能凭借考古学家的发掘在纸上描绘它昔日的辉煌。当年城墙环绕、享殿巍峨的骊山陵墓，经过两千多年的风雨剥蚀，也仅剩下一个突兀的土崮堆与骊山并峙而立，以陵上一年一度的火红的石榴花迎来朝日和送走晚霞。然而，由于秦始皇的活动构成了一个时代的标志，成为中华民族历史的一个重要组成部分，因而他的事功、思想、性格和才情以及围绕着他活动的人和事就具有了永恒的魅力，引发一代又一代的历史学家对他研究的热情。因为现实不停地向前发展，不断启示人们产生新的感悟，理论与方法的更新更不断促使人们转换视角，而新的考古发现又不断丰富、补充、甚至改变人们的历史认识，所以对秦始皇的研究与评判也必将持久地进行下去。由于人们的历史认识是没有止境的，对秦始皇的评价也就永远难盖棺论定。

第三节　“沙丘之变”

秦始皇一生功业巍巍，但也失误多多。其中重要的失误之一是生前未明确太子之位，未向全国臣民公开宣布皇位继承人选。这也难怪，因为秦始皇死于50岁的盛年，直到死前不久，他还做着长生不老的迷梦，期盼方士们从蓬莱仙山为他找到青春永驻的仙药。他想永久占据皇帝位子，怎么也没有想到死神会在他50之年叩响他的命门。不过，沙丘殒命的前夕，他已经预感自己即将离开人世，所以才有那个令扶苏“与丧会咸阳而葬”的遗诏，

① 王士祯：《精华录》卷二，电子版文渊阁四库全书。

可就是这个遗诏也没有明确扶苏的太子之位。而此时，秦始皇的权力突然变得微不足道，已经无法冲破虎视眈眈的赵高、胡亥即将布下的政变网络了。正是秦始皇的严重失误给了赵高、胡亥以可乘之机，使沙丘政变的阴谋能够酝酿并获得成功。

秦始皇有 20 多个儿子，长子为扶苏，胡亥为第 18 子，其余可考的只有公子将闾与公子高。在众多的儿子中，长子扶苏“刚毅而武勇，信人而奋士”①，是一个不可多得的人才，最有资格和条件继承皇位。他长期做蒙恬的监军，与蒙恬一起统率 30 万大军，守卫北部边陲的国防前线，防止匈奴南下袭扰。扶苏不仅做监军，承担国防重任，还时常参议朝政，“以数直谏上”，敢于提出不同意见。最后一次参议朝政，是对秦始皇“坑儒”的决策提出反对意见，引起秦始皇的不满，让他继续北上做监军。由此可见，扶苏在秦始皇的众多儿子中是一个比较有思想、有才干、且能洞明时事和适时改变国策的人物。秦始皇最后赐遗诏给他，实在含有让他按嫡长子继承制承袭帝位的意思。在皇帝据有绝对权力的体制下，如果扶苏继位，对秦始皇政策进行改弦更张的可能性很大，可惜后来由于赵高、胡亥合谋篡政，加上扶苏自身的原因，秦朝最终失去了改弦更张的机会。后来的不少思想家和历史学家为此屡屡发出哀惋的叹息。

秦始皇除了在皇位继承人安排上的重大失误外，另一个重大失误是信任并重用了赵高。赵高的祖先原是战国时期赵国的宗室贵族，大概到他父亲一代，与赵王的血缘关系已经相当疏远了，所以史书记载他是“诸赵疏远属”。可能是在他祖父一辈，他们这一支流落到了秦国。赵高的父亲因为触犯《秦律》被处以宫刑，留在宫中服役。其母“被刑戮，世世卑贱”②，在宫中做奴婢，大概与别人“野合”生了他们兄弟数人。他们尽管都随父姓赵氏，但血统显然已经说不清了。按照当时秦国的法律，赵高兄弟也被处以宫刑，留在秦宫中做宦官。赵高“强力，通于狱法”，也喜爱书学，写一手好字，又特别工于心计，狡黠奸猾。他的才干得到秦始皇的赏识，步步升级，由贱役之徒做到中车府令，还做了秦始皇特别喜爱的小儿子胡亥的老师，得

① 司马迁：《史记》卷八七《李斯列传》，中华书局 1959 年版，第 2549—2550 页。

② 司马迁：《史记》卷八八《蒙恬列传》，中华书局 1959 年版，第 2566 页。

到了秦始皇父子两代的信任。不久，赵高犯了重罪，蒙毅奉秦始皇之命对他进行审理，“毅不敢阿法，当高死罪，除其宦籍”[①]，但秦始皇认为赵高既懂法律，又敏于治事，就下令赦其罪，“复其官爵”。蒙毅当时怎么也想不到，由于自己在赵高身上执法严明，竟惹下杀身之祸，日后他们兄弟宗族都惨死在赵高手里。秦始皇更不会想到，他下令赦免的这个特别善于揣摩其意旨且“敦于事”的低头折腰的奴才，日后竟是导致秦朝迅速灭亡的罪魁祸首！

秦始皇临死前，留下了一个要扶苏回咸阳主持葬礼的遗诏，赵高故意留中不发。待秦始皇病死，他立即开始了政变的谋划。赵高找到胡亥，启发他说：“上崩，无诏封王诸子而独赐长子书，长子至，即立为皇帝，而子无尺寸之地，为之奈何?”胡亥一时没有听出赵高之言的弦外之音，只得无可奈何地说：“固也。吾闻之，明君知臣，明父知子。父捐命，不封诸子，何可言者！”赵高见胡亥不开窍，于是干脆挑明：“不然。方今天下之权，存亡在子与高及丞相耳。愿子图之。且夫臣人与见臣于人，制人与见制于人，岂可同日道哉！”话说到这个份上，胡亥仍转不过弯来，因为有一道封建道德的堤防还禁锢着他的头脑。他有点义正词严地说：“废兄而立弟，是不义也；不奉父诏而畏死，是不孝也；内薄而材谫，强因人之功，是不能也。三者逆德，天下不服，身殆倾危，社稷不血食。”赵高于是专门列举历史上那些弑君杀父的事例加以开导，力求击垮他心中并不牢固的道德防线：

> 臣闻汤、武杀其主，天下称义焉，不为不忠。卫君杀其父，而卫国载其德，孔子着之，不为不孝。夫大行不小谨，盛德不辞让，乡曲各有宜而百官不同功。胡顾小而忘大，后必有害；狐疑犹豫，后必有悔。断而敢行，鬼神避之，后有成功。愿子遂之！[②]

胡亥在赵高的这些似是而非的歪道理面前很快动摇了，因为他本质上也不过是一个见利忘义的宵小之徒而已。胡亥此时唯一感到为难的是时机不太合适，所以喟然叹曰：“今大行未发，丧礼未终，岂宜以此事干丞相哉！”赵高

---

① 司马迁：《史记》卷八八《蒙恬列传》，中华书局 1959 年版，第 2566 页。

② 司马迁：《史记》卷八七《李斯列传》，中华书局 1959 年版，第 2549 页。

对胡亥的犹豫逡巡不以为然，急切地说："时乎时乎，间不及谋！赢粮跃马，唯恐后时！"胡亥完全赞同了赵高的阴谋。赵高征得胡亥的首肯，知道成功已经过半，而成功的另一半在于将丞相李斯拉入阴谋网中，使之成为政变的同谋。他对胡亥说："不与丞相谋，恐事不能成，臣请为子与丞相谋之。"赵高这时的思考是周密的，李斯作为丞相，为百官之长，能够号令内外臣工，在老皇帝已逝，新皇帝尚未登基的特殊历史时期，他的一言一行，举足轻重，所以赵高必须千方百计拉他入盟。赵高拜访李斯，先不明言其阴谋，而是有倾向性地试探："上崩，赐长子书，与丧会咸阳而立为嗣。书未行，今上崩，未有知者也。所赐长子书及符玺皆在胡亥所，定太子在君侯与高之口耳。事将何如?"因为事出突然，且在李斯的意料之外，吃惊之余，李斯义正词严地说："安得亡国之言！此非人臣所当议也。"赵高面对李斯似乎坚决拒绝的态度，并不生气，这可能已在他的意料之中。他不急不躁亦不恼，而是将李斯引向对自己权位和富贵利禄的思考："君侯自料能孰与蒙恬？功高孰与蒙恬？谋远不失孰与蒙恬？无怨于天下孰与蒙恬？长子旧而信之孰与蒙恬?"李斯对赵高摆出的他与蒙恬的五项对比是清醒的：承认自己处于劣势。只是进一步追问："此五者皆不及蒙恬，而君责之何深也?"赵高见李斯渐渐上钩，于是再进一步以利害撞击李斯的心灵：

> 高固内官之厮役也，幸得以刀笔之文进入秦宫，管事二十余年，未尝见秦免罢丞相功臣有封及二世者也，卒皆以诛亡，皇帝二十余子，皆君之所知。长子刚毅而武勇，信人而奋士，即位必用蒙恬为丞相，君侯终不怀通侯之印归于乡里，明矣。高受诏教习胡亥，使学以法事数年矣，未尝见过失。慈仁笃厚，轻财重士，辩于心而诎于口，尽礼敬士，秦之诸子未有及此者，可以为嗣，君计而定之。①

这里赵高大讲了一通胡亥的"仁君"品质，实际不过是示意李斯：胡亥是个可以玩弄于股掌之上的傀儡。不过，此时的李斯尽管对赵高的谋划已经心动，但仍然拿不定主意："君其反位！斯奉主之诏，听天之命，何虑之可定

① 司马迁：《史记》卷八七《李斯列传》，中华书局1959年版，第2549—2550页。

也？”赵高进一步诱导说：“安可危也，危可安也，安危不定，何以贵圣？”李斯仍然不为所动，因为他想到秦始皇的知遇之恩，此时还不忍心背叛故主，于是回绝赵高说：

> 斯，上蔡闾巷布衣也，上幸擢为丞相，封为通侯，子孙皆至尊位重禄者，故将以存亡安危属臣也。岂可负哉！夫忠臣不避死而庶几，孝子不勤劳而见危，人臣各守其职而已矣。君其勿复言，将令斯得罪。

赵高继续耐心规劝，要求李斯不要顾及什么道德良心，而应该“就变而从时”，归附能够继续给他荣华富贵的胡亥：

> 盖闻圣人迁徙无常，就变而从时，见末而知本，观指而睹归。物固有之，安得常法哉！方今天下之权命悬于胡亥，高能得志焉。且夫从外制中谓之惑，从下制上谓之贼。故秋霜降者草花落，水摇动者万物作，此必然之效也，君何见之晚？①

尽管赵高说得天花乱坠，可李斯心里仍不踏实。因为征诸历史，改易太子，兄弟争位，王室操戈，都会危及社稷：

> 吾闻晋易太子，三世不安；齐桓兄弟争位，身死为戮；纣杀亲戚，不听谏者，国为丘墟，遂危社稷；三者逆天，宗庙不血食。斯其犹人哉，安足为谋！

赵高见李斯提出诸多问题，不愿痛痛快快地入彀，但也没有坚决站出来反对的意思，于是径直点出要害：从与不从，关系你的身家性命；何去何从，由你自己抉择：

> 上下合同，可以长久；中外若一，事无表里。君听臣之计，即长有

① 司马迁：《史记》卷八七《李斯列传》，中华书局1959年版，第2550页。

封侯，世世称孤，必有乔松之寿，孔、墨之智。今释此而不从，祸及子孙，足以为寒心。善者因祸为福，君何处焉？①

面对赵高的威胁利诱，软硬兼施，李斯本来就虚弱不堪的道德防线、心理防线一齐崩溃。他“乃仰天而叹，垂泪太息”：“嗟乎！独遭乱世，既以不能死，安托命哉！”完全屈从赵高，成了他政变的同盟。其实，在当时的条件下，李斯只要坚持原则，公开向全国臣民宣示秦始皇的遗诏，在朝内团结大部分臣子，在朝外以蒙恬统率的精兵为奥援，赵高与胡亥的政变阴谋是完全能够挫败的。然而，由于李斯首先考虑的是个人和家族的权势利禄，唯恐扶苏继位后自己会屈居蒙氏兄弟之下，因而也就不能坚持原则到底，不能与赵高、胡亥的篡弑阴谋进行坚决的斗争。赵高正是看准了这一点，于是以权势和利禄为诱饵，以失势与族灭相威胁，步步紧逼，最后使李斯跌入他预先挖好的陷阱。在这次较量中，赵高居高临下，胸有成竹，以权势和利禄为武器，一次次向李斯的软肋进击。李斯则屈居下流，以道义、良心为盾牌，步步设防，小心抵挡。赵高知道，对于笃信法家学说的李斯来说，在其价值观念的天平上，道义和良心最后只能向权势富贵利禄投降。果不其然，经过一番攻防，李斯就乖乖地向赵高屈服了。所以赵高在向胡亥报告劝说李斯加盟他们的政变阴谋时，得意扬扬地说：“臣请奉太子之明令以报丞相，丞相斯敢不奉令！”

李斯屈从于赵高，等于将身家性命与灵魂交给了魔鬼。从此以后，他的一切行动都将受制于这个魔鬼，直到自己和整个家族都被这个魔鬼吞噬净尽！

既然李斯加盟了政变阴谋，赵高、胡亥和李斯就开始着手实施废扶苏、立胡亥的罪恶计划了。于是由李斯出面，伪造了一个秦始皇给丞相的关于立胡亥为太子的诏书：“诈为受始皇诏丞相，立子胡亥为太子。”从而使胡亥窃夺太子之位有了“合法”的依据。接着，他们又伪造了一份以秦始皇的名义发出的置扶苏与蒙恬于死地的诏书：

① 司马迁：《史记》卷八七《李斯列传》，中华书局1959年版，第2550页。

> 朕巡天下，祷祠名山诸神以延寿命。今扶苏与将军蒙恬将师数十万以屯边，十有余年矣，不能进而前，士卒多耗，无尺寸之功，乃反数上书直言诽谤我所为，以不得罢归为太日夜怨望。扶苏为人子不孝，其赐剑以自裁！将军恬与扶苏居外，不匡正，宜知其谋。为人臣不忠，其赐死，以兵属裨将王离。①

“封其书以皇帝玺”后，立即遣胡亥的亲信为使者，飞送驻屯于上郡（今陕西延安）的扶苏与蒙恬。扶苏读了诏书，不知有诈，悲泣难抑，立即入内舍，准备自杀。此时的蒙恬面对突然从天而降的大祸，头脑还比较清醒。他劝扶苏说：“陛下居外，未立太子，使臣将三十万众守边，公子为监，此天下重任也。今一使者来，即自杀，安知其非诈？请复请，复请而后死，未暮也。”蒙恬怀疑诏书有诈，但也只想到“复请”，即加以核实。因为他们根本不知道秦始皇已死，更不知道这是赵高、胡亥和李斯精心策划的篡弑阴谋。所以，即使扶苏不即时自杀而“复请”，他也只不过能延一夕之命。因为根据各种情势判断，扶苏不可能识破赵高等策划的这一阴谋。绝对忠于父皇的扶苏已下定必死的决心，而使者也屡屡逼迫，“数趣之”。扶苏为人太仁厚忠诚，他对蒙恬说：“父而赐子死，尚安复请！”遂即自杀。扶苏之死是一个悲剧，这不仅是他个人的悲剧，也是秦朝的悲剧。因为在秦始皇的 20 多个儿子中，扶苏无论就识见、能力，还是阅历、事功，都胜于其他兄弟。但由于他与秦始皇在政见、政策上都有些分歧，加上他胸无城府，直言敢谏，引起秦始皇的不快，他因而不能随侍左右，失去阻止政变的条件和机会，最后成为篡弑阴谋的第一个牺牲品。不过，与其说扶苏死于赵高、胡亥、李斯等人的阴谋，还不如说他死于秦始皇绝对专制的君权。你看，不管一个人有罪无罪，也不管是罪大罪小，只要有皇帝的一道赐死的诏书，就不需要任何审判程序，这个人就必死无疑，而他自己和周围的人也都认为是天经地义，真是荒唐致极！扶苏伏剑而死，带着满腔的悲愤、困惑去追随自己的父皇于地下了。当赵高、胡亥、李斯为自己阴谋的成功而弹冠相庆的时候，他们哪里想到，死神很快也就要降临到他们头上，因为扶苏的死已经在很大程度上预

① 司马迁：《史记》卷八七《李斯列传》，中华书局 1959 年版，第 2551 页。

示了秦朝的灭亡，赵高、胡亥、李斯这些灭亡的制造者，能够有更好的命运吗？

第四节　蒙氏冤死

扶苏死后，赵高又盯住蒙氏兄弟，必欲将他们置之死地而后快。本来，蒙恬不愿随同扶苏自杀，已被使者囚于阳周（今陕西绥德西）。在得到扶苏的死讯之后，胡亥即打算释放蒙恬，因为在胡亥看来，扶苏死后，蒙恬对自己已经不能构成威胁，而作为一位智勇兼备的将军，他还是有用的人才。赵高一方面怕蒙氏兄弟卷土重来对自己不利，一方面更对蒙毅治其罪的往事余恨未消，于是决定挟持胡亥族灭蒙氏。恰在此时，奉秦始皇之命“还祷山川”的蒙毅也赶回出巡的队伍，向胡亥复命。赵高乘机进谗言说：“臣闻先帝欲举贤立太子久矣，而毅谏曰‘不可’。若知贤而俞弗立，则是不忠而惑主也。以臣愚意，不若诛之。”[①] 胡亥听信赵高，将蒙毅囚于代（今河北蔚县东北）。胡亥回咸阳宣布继位为二世皇帝后，赵高做了郎中令，进一步密切了与胡亥的关系。他日夜在二世耳畔诋毁蒙氏兄弟，千方百计罗织他们的罪名，逐步坚定了二世诛灭蒙氏家族的决心。这时，秦始皇之弟子婴[②] 向二世进谏，力劝他留下蒙氏兄弟的性命。他说：

> 臣闻故赵王迁杀其良臣李牧而用颜聚，燕王喜阴用荆轲之谋而倍秦之约。齐王建杀其故世忠臣而用后胜之议。此三君者，皆各以变古者失其国而殃及其身。今蒙氏，秦之大臣谋士也，而主欲一旦弃去之，臣窃以为不可。臣闻轻虑者不可以治国，独智者不可以存君。诛杀忠臣而立无节行之人，是内使群臣不相信而外使斗士之意离也。臣窃以为不可。[③]

① 司马迁：《史记》卷八八《蒙恬列传》，中华书局 1959 年版，第 2567 页。

② 关于子婴身份，《史记·秦始皇本纪》谓二世兄子，《李斯列传》谓秦始皇弟。《索隐》刘氏云：“弟之误，当为孙。子婴，二世兄子。”王云度《秦王子婴非二世兄子辨》（《徐州师范学院学报》1981 年第 1 期）、崔曙庭《子婴身世辨析》（《秦汉史论丛》第 2 辑，陕西人民出版社 1983 年版）两文考证均认为子婴当为秦始皇之弟，似较合理。此处从《李斯列传》。

③ 司马迁：《史记》卷八八《蒙恬列传》，中华书局 1959 年版，第 2568 页。

对蒙氏一案，子婴是清醒的，在这里他已经隐约指出蒙氏为忠臣而赵高之流乃“无节行”的奸佞之辈。后来子婴能够设计诛除赵高及其党羽，看来不是出于一时冲动。胡亥对赵高捏造的所谓蒙毅谏阻其立为太子的过节深信不疑，当然不会听从子婴的谏议。他遣御史曲宫衔命乘传赶至代地，传达诏命：“先王欲立太子而卿难之。今丞相以卿为不忠，罪及其宗。朕不忍，乃赐卿死，亦甚幸矣。卿其图之。”蒙毅对胡亥加给自己的“莫须有”之罪悲愤难抑，他据理辩诬，申明自己无罪：

> 以臣不能得先主之意，则臣少宦，顺幸没世，可谓知意矣。以臣不知太子之能，则太子独从，周旋天下，去诸公子绝远，臣无所疑矣。夫先主之举用太子，数年之积也，臣乃何言之敢谏，何虑之敢谋！非敢饰辞以避死也，为羞累先主之名，愿大夫为虑焉，使臣得死情实。且夫顺成全者，道之所贵也；刑杀者，道之所卒也。昔者秦穆公杀三良而死，罪百里奚而非其罪也，故立号曰“谬”。昭襄王杀武安君白起。楚平王杀伍奢。吴王夫差杀伍子胥。此四君者，皆为大失，而天下非之，以其君为不明，以是籍于诸侯。故曰“用道治者不杀无罪，而罚不加于无辜”。唯大夫留心！①

蒙毅的自我辩诬是有理有力的，因为他摆出来的是无可辩驳的事实。他以历史上无道昏君枉杀忠良、枉杀无辜而声名狼藉的事例警告御史，希望他回禀胡亥，冀其回心转意，收回成命。曲宫知道胡亥不会赦免蒙毅，而他的使命就是亲眼看着蒙毅死去回咸阳复命。他拒绝蒙毅的申辩，使之在绝望中被杀，含恨而死。

杀死蒙毅之后，二世又遣使者至阳周，宣布致蒙恬于死罪的诏书：“君之过多矣，而卿弟毅有大罪，法及内史。”蒙恬明白自己的大限已到，但不甘心不明不白地死去。他与弟弟一样对使者申辩自己无罪，希望使者将自己的申辩转告胡亥，促其醒悟，收回成命：

① 司马迁：《史记》卷八八《蒙恬列传》，中华书局1959年版，第2568—2569页。

> 自吾先人，及至子孙，积功信于秦三世矣。今臣将兵三十余万，身虽囚系，其势足以倍畔，然自知必死而守义者，不敢辱先人之教，以不忘先主也。昔周成王初立，未离襁褓，周公旦负王以朝，卒定天下。及成王有病甚殆，公旦自揃其爪以沈于河，曰："王未有识，是旦执事，有罪殃，旦受其不祥。"乃书而藏之记府，可谓信矣。及王能治国，有贼臣言："周公旦欲为乱久矣，王若不备，必有大事。"王乃大怒，周公旦走而奔于楚。成王观于记府，得周公旦沈书，乃流涕曰："孰谓周公旦欲为乱乎！"杀言之者而反周公旦。故《周书》曰："必参而伍之。"今恬之宗，世无二心，而事卒如此，是必孽臣逆乱，内陵之道也。夫成王失而复振则卒昌；桀杀关龙逢，纣杀王子比干而不悔，则身死国亡。臣故曰过可振而谏可觉也。察于参伍，上圣之法也。凡臣之言，非以求免于咎也，将以谏而死，愿陛下为万民思从道也。①

对于将他置于死地的昏君，蒙恬死前献出的是忠肝义胆、椎心泣血的忠告，然而，这个忠告却达不到胡亥那里，而即使真的送到胡亥的手里，那也只能是滑过耳畔的一缕清风，激不起他心底的一丝涟漪。因为这个年轻而又昏聩的皇帝，在赵高的教唆下，早已失去对真实事物的感应能力，已经不辨善恶真假，不识忠贞奸佞了。使者自然也不敢将蒙恬的申辩之言如实回报："臣受诏行法于将军，不敢以将军言闻于上也。"至此，蒙恬完全绝望，喟然太息说："我何罪于天，无过而死乎？"临终前，蒙恬仔细回顾自己家族三世为秦将军，竭尽忠诚为秦朝立下不世之功，回顾自己出生入死为秦始皇做出的贡献，实在无法将功绩与死罪画等号，他百思不得其解，最后找到一个迷信的解释："恬罪固当死矣。起临洮属之辽东，城堑万余里，此其中不能无绝地脉哉？此乃恬之罪也。"说完即吞药自杀了。蒙恬临终前对使者的一番表白，其实已经将自己的死因讲清楚了：他们兄弟与赵高有隙，赵高必然挟嫌报复；他们兄弟的存在是赵高专权自恣的障碍，赵高必欲除之而后快。蒙恬最后关于"绝地脉"的猜想，显然是在寻求自己死亡的"终极原因"，但此一迷信的诠解实在是苍白无力的。司马迁在为蒙恬作传时批判了他的观念：

① 司马迁：《史记》卷八八《蒙恬列传》，中华书局1959年版，第2569—2570页。

吾适北边，自直道归，行观蒙恬所为秦筑长城亭障，堑山堙谷，通直道，固轻百姓力矣。夫秦之初灭诸侯，天下之心未定，痍伤者未瘳，而恬为名将，不以此时强谏，振百姓之急，养老存孤，务修众庶之和，而阿意兴功，此其兄弟遇诛，不亦宜乎！何乃罪地脉哉？①

这里，司马迁对蒙恬的要求实在太高了。同秦始皇一起从列国纷争中走向全国统一的蒙恬，也同秦始皇一样被胜利冲昏了头脑，他不可能觉察到秦始皇所行政策和各种措施的弊端。他参与指挥了北伐匈奴的战争，又受命督修长城，这些举措当然劳民伤财，但蒙恬作为当事者之一，只能认识其安定边陲、巩固国防的积极意义，不可能洞悉其负面影响。他没有对此事提出谏诤，这也不能构成他的死因，因为当时与他处于同一地位的秦朝臣僚，谁也没有对秦始皇筑长城、戍五岭之事提出谏诤。蒙恬兄弟之死只是秦朝统治集团内部矛盾和斗争的牺牲品而已。司马光对蒙恬的评价褒贬参半："始皇方毒天下而蒙恬为之使，恬不仁可知矣。然恬明于为人臣之义，虽无罪见诛，能守死不贰，斯亦足称也。"② 其实，司马光的褒贬应该反过来，他所贬的正是蒙恬的功劳，他所褒的正是蒙恬的愚忠，是不足为训的。明朝的于慎行在其所写的读史札记中，对蒙氏兄弟的结局提出自己的诠释：

蒙氏之诛也，以"筑长城万里，不能无绝地脉"引为己罪，太史公谓其"轻百姓之力，遇诛固宜，不当专罪地脉"，其见深矣。殊不知三世为将，道家所忌，自蒙骜为将，伐韩、赵、魏，取七十余城，蒙武破楚，灭之，恬、毅兄弟又更将兵，孤人之子，寡人之妻，不知其几矣，岂俟修长城始结怨百姓哉！不知咎此，而曰"自吾先人及至子孙，积功信于秦三世"，岂知积功正所以积怨哉！至若陈丞相之知其不世，则其识远矣。③

此一解释更是一种迂腐的书生之见！用战争的手段统一六国，是历史的无奈

① 司马迁：《史记》卷八八《蒙恬列传》，中华书局1959年版，第2570页。

② 司马光：《资治通鉴》卷七，中华书局1956年版，第251页。

③ 于慎行：《读史漫录》，齐鲁书社1996年版，第29页。

选择，蒙氏父子兄弟之为秦朝的统一效命四方，驰骋疆场，正是他们的贡献和功劳，尽管驱动他们做出这种贡献的是对富贵利禄的追求，但这并不妨碍对他们的功劳做出肯定的评价。

扶苏和蒙氏兄弟的冤死是一种信号和标志，它表明，胡亥与赵高作为秦朝统治集团最邪恶和腐朽势力的代表，已经向其集团中的较健康的力量开刀并取得成功。而这个恶劣的开端预示着秦朝不祥的结局：当他们将自己集团中的健康力量砍斫净尽的时候，他们灭亡的时刻也就不请自到了。

第五节　骨肉相残

秦始皇寿终正寝，扶苏死于非命。21 岁的胡亥在赵高的一手导演下登上了他本来不该登上的龙座，成为二世皇帝。赵高由中车府令改任郎中令，虽然此官仅是朝廷的“九卿”之一，地位在丞相、御史大夫之下，但因为赵高早就是胡亥的教师爷，其关系非同寻常，更因为他是沙丘政变的头号谋主，被胡亥视作大恩人，所以赵高此时的权势实际上已经超过丞相，连胡亥也成了他的囊中物，被玩于股掌之上。此后，一系列祸国殃民的举措联翩而至，秦朝的丧钟越敲越响。

二世元年（前 209 年），胡亥下诏“增始皇寝庙牺牲及山川百祀之礼”，算是他对其父神灵和山川诸神的敬畏与赤诚。之后，又交由群臣议定了天子七庙即对祖宗神灵的祭祀制度。接着，他又与赵高谋议模仿秦始皇到全国各地巡行，其理由是：“朕年少，初即位，黔首未集附。先帝巡行郡县，以示强，威服海内。今晏然不巡行，即见弱，毋以臣畜天下。”目的显然是去各地抖抖皇帝的威风，让百姓瞻仰一下他的风采，以增强他在臣民中的威望。这年春天，胡亥离开咸阳，“东行郡县”，到达竭石、会稽，最后自辽东返回咸阳。在此次巡行中，他下令“尽刻始皇所立刻石，石旁著大臣从者名，以章先帝成功盛德”①，算是留下了一份珍贵的历史资料。

由于胡亥的皇位是赵高同其合谋以篡弑的办法窃取的，所以他们十分忌惮宗室贵族与故旧大臣的动向，特别担心他们以问罪为名生变。胡亥年纪

① 司马迁：《史记》卷六《秦始皇本纪》，中华书局 1959 年版，第 267 页。

虽轻，但因为从小随侍秦始皇，对他父亲无以复加的骄奢淫逸看得真切。而今贵为皇帝，自然也希望将这种享受继承下来并持续下去。为此，就必须将统治集团内部公开的和潜在的反对派诛除干净，还应该使全国老百姓老老实实接受统治，不萌生丝毫的反叛意识和行动。胡亥登基后，与赵高经常思谋筹划的，就是如何诛除异己，巩固统治。一天，二世问赵高：

> 夫人生居世间也，譬犹骋六骥过决隙也。吾既已临天下矣，欲悉耳目之所好，穷心志之所乐，以安宗庙而乐万姓。长有天下，终吾年寿，其道可乎？①

胡亥所谓“乐万姓”是假，他真正所追求的是“悉耳目之所好，穷心志之所乐”，为所欲为，肆意享受。赵高没有正面回答他的问题，而是将胡亥引导到对面临形势的关注，以便推出在内部诛除异己的密谋：

> 此贤主之所能行也，而昏乱主之所禁也。臣请言之，不敢避斧钺之诛，愿陛下少留意焉。夫沙丘之谋，诸公子及大臣皆疑焉，而诸公子尽帝兄，大臣又先帝之所置也。今陛下初立，此其属意怏怏皆不服，恐为变。且蒙恬已死，蒙毅将兵居外，臣战战栗栗，唯恐不终。且陛下安得为此乐乎？②

这里记载的赵高此段话在史实方面有误。《蒙恬列传》载明蒙毅死于蒙恬前，在《秦始皇本纪》中也有一段与此相近的话，但没有提到蒙恬兄弟之事。当胡亥请教“为之奈何”时，赵高和盘托出了一套阴毒残忍的诛除异己、更置亲信的计划：

> 严法而刻刑，令有罪者相坐诛，至收族，灭大臣而远骨肉；贫者富之，贱者贵之。尽除去先帝之故臣，更置陛下之所亲信者近之。此则

① 司马迁：《史记》卷八七《李斯列传》，中华书局1959年版，第2552页。

② 司马迁：《史记》卷八七《李斯列传》，中华书局1959年版，第2552页。

阴德归陛下，害除而奸谋塞，群臣莫不被润泽，蒙厚德，陛下则高枕肆志宠乐矣，计莫出于此。①

依照这一计划，胡亥的昆弟姊妹，秦始皇重用的文武臣僚几乎都在诛除之列，同时又大力培植私党，重用那些死心塌地为自己服务的奴才。一朝天子一朝臣，从中央到地方来个官员大换班。赵高的一席话说到了胡亥的心坎上，于是立即付诸实施："二世然赵高之言，乃更为法律，于是群臣诸公子有罪，辄下高，令鞠治之。"一时间，胡亥的12个亲兄弟，10个亲姊妹，都被以随意诬陷的罪名诛杀，"财物入于县官，相连坐者不可胜数"。可怜这些金枝玉叶以及功勋卓著的文臣武将，转眼之间就喋血咸阳街头，他们的真实罪名就是有碍胡亥龙座的稳定。

公子将闾昆弟三人被囚于内宫，胡亥命使者向他们宣布处死的诏令："公子不臣，罪当死，吏致法焉。"面对如此"莫须有"的罪名，将闾据理申辩说："阙廷之礼，吾未尝敢不从宾赞也；廊庙之位，吾未尝敢失节也；受命应对，吾未尝敢失辞也。何谓不臣？愿闻罪而死。"②使者干脆告诉他们：我是奉命行事，你犯的什么罪，我不知道，也无义务回答。将闾悲愤难抑，"乃仰天大呼天者三"，在"天乎！吾无罪！"的惨叫声中，兄弟三人一起拔剑自杀。

另有公子高目睹兄弟姊妹连连被虐杀的惨剧，萌生了逃走的念头，但转念一想，这样做必然连累妻子儿女，于是想出了一个以自己的死亡换取妻儿安全的办法，就上书请求为秦始皇殉葬：

先帝无恙时，臣入则赐食，出则乘舆。御府之衣，臣得赐之；中厩之宝马，臣得赐之。臣当从死而不能，为人子不孝，为人臣不忠。不忠者无名以立于世，臣请从死，愿葬郦山之足。唯上幸哀怜之。③

胡亥看到公子高的上书，高兴地叫起来，立即召赵高商量处置办法，顺便

① 司马迁：《史记》卷八七《李斯列传》，中华书局1959年版，第2552页。
② 司马迁：《史记》卷六《秦始皇本纪》，中华书局1959年版，第268页。
③ 司马迁：《史记》卷八七《李斯列传》，中华书局1959年版，第2553页。

问了一句：如此杀伐不会激出什么事吧？赵高回答说：“人臣当忧死而不暇，何变之得谋!”胡亥答应了公子高的要求，并赐钱十万作丧葬之用。

秦始皇死后不及一年，赵高、胡亥几乎以迅雷不及掩耳之势迅速扫除了有碍他们专权自恣的势力，其用心之奸险狠毒，手段之酷烈无情，创造了空前的纪录：扶苏死了，蒙氏兄弟被诛灭了，秦始皇的故旧老臣被诛杀罢官了，20多个皇子和公主被“戮死”或“磔死”了。朝野一色，大地“清爽”。赵高与胡亥就这样建立起他们理想的恐怖统治：“宗室振恐。群臣谏者以为诽谤，大夫持禄取容，黔首振恐。”面对满朝文武百官的胁肩谄笑，胡亥和赵高更是得意地狂笑了：这不正是他们处心积虑、不惜以众多无辜者的鲜血而获得的梦寐以求的局面吗！胡亥满以为，如此一来，他的龙座就会稳如泰山。赵高满以为，如此一来，他的专恣暴虐就可以通行无阻。正当他们沉醉在胜利的喜悦之中，以为可以高枕无忧地放心享乐和酣睡的时候，地处东南的泗水郡的大泽乡（今安徽宿州市东南）传来了陈胜、吴广起义的消息。一时间，关东地区云集响应，摇天撼地的反秦风暴滚滚而来。嗜杀成性，以欣赏政敌的死亡为乐事的胡亥与赵高，怎么也想不到，死亡也很快会降临到他们的头上。

第六节　暴政与蠢行

一、错误的政策抉择

秦王嬴政即帝位后，“奋六世之余烈”，利用先辈数百年间积累下来的政治、经济和军事力量，乘历史已经形成的统一之势，完成了中国历史上第一次真正的大一统。昔日称雄于长江、黄河中下游的六个诸侯国，变成了统一的秦王朝的一部分。以秦始皇称帝的盛典为标志，社会发展的客观要求期望秦王朝的当政者认清面临的历史转折关头的形势，做出新的政策抉择。

人类历史发展的事实表明，社会发展的每一个时期都有它既定的要求，而历史的实际又总是与这种客观要求保持着或大或小的距离。历史之所以呈现着迂回曲折，甚至发生一定程度的倒退回流的状况，就是因为完全符合历史客观要求的实际在事实上是不存在的。当历史在某一时段呈现飞速发展的局面时，也只是说明，它的客观要求得到了大致的满足。那么，秦朝建立以后，历史发展的客观要求是什么呢？简而言之，就是与民休息，发展生产，繁荣经济和文化，满足百姓希望安居乐业的诉求。中国的历史从公元前770年进入春秋时期，至前221年秦朝完成统一，整整五个半世纪，20多万个日日夜夜，几乎都是在连绵不断的战争中度过的，五霸争强，七雄角力，尊王攘夷，合纵连横，历史在刀光剑影中完成了从奴隶社会向封建社会的转化，但劳动人民却在劳累、饥饿和死亡相伴下，为这种历史的进步付出了极其沉重的代价。战乱使他们思念统一，渴望安定。他们拥护秦国的统一战争，希望这种战争能够给他们带来和平与安定的局面，使之从此远离战乱，能够父子相聚，夫妻相守，发展生产，繁荣经济，过上和平安定的生活。对于这一反映历史客观走势的人心所向，汉朝的严安曾做过很好的说明：

> 及至秦王，蚕食天下，并吞战国，称号曰皇帝，一海内之政，坏诸侯之城，销其兵，铸以为钟虡，示不复用。元元黎民得免于战国，逢明天子，人人自以为更生。向使秦缓其刑罚，薄赋敛，省繇役，贵仁义，贱权利，上笃厚，下智巧，变风易俗，化于海内，则世世必安矣。①

可惜以秦始皇为首的秦朝统治者，既没有看清历史的走势，更没有体察百姓的愿望，不仅未能“体民之情，遂民之欲”，甚至反其道而行之，“拂民之情，抑民之欲”，在人民和整个社会需要休养生息的时候，采取了完全相反的政策；在战争已经结束的条件下，还在继续战争年代的政策。这就与时代的要求完全背道而驰了。

削平六国，统一宇内。封国变成郡县，国王改号称皇帝，面对“六合之内，皇帝之土”“人迹所至，无不臣者”的大一统之局，秦始皇踌躇满志，顾盼自雄，他真实地相信自己就是“德兼三皇，功迈五帝”的空前绝后的一代君王。一方面，由于他是刚刚握有全国政权的先进的地主阶级的最高代表，历史的正当性在他身上表现出积极进取的活力和建树一番伟大事业的宏

① 司马迁：《史记》卷一一二《平津侯主父列传》，中华书局1959年版，第2958页。

伟气魄；另一方面，空前的胜利，臣僚的颂扬，又使他顺理成章地把自己的胜利和他建立的帝国视为历史的巅峰，因而欣欣然，飘飘然，昏昏然，认为自己可以为所欲为。如此一来，与唯意志论、想当然一起联翩而至的就只能是无以复加的愚蠢和暴行了。

应该承认，秦始皇作为中国封建统一王朝的第一代统治者，的确做了不少对后代影响深远、促进社会发展的好事。比如，在政治上，他完善健全了战国时期已经产生的以郡县制为基础的专制主义中央集权的行政体制和官僚体制，保证了全国的高度集中统一。他制定了统一的法律，“周定四极，普施明法，经纬天下，永为仪则”，从而把地主阶级的胜利，特别是把地主阶级对农民和奴隶的压迫与剥削，以法律的形式固定下来。他实行普遍的征兵制，建立了一支强大的武装部队以便随时应对外部的侵扰和国内的反叛。他还收缴民间兵器，大规模地迁豪徙民。所有这一切，都起到了从政治上巩固统一的作用。经济上，他实行“上农除末”的政策，下令“使黔首自实田”，以法律的形式，承认百姓对土地的占有权和使用权。又奖励徙民垦荒，统一货币和度量衡，修筑了驰道、直道、新道、五尺道。这些措施，既对恢复和发展生产有利，也为各地经济文化交流创造了条件。在文化上，他推行统一的简化文字，不仅便于全国的文化交流，而且也加强了各地百姓对华夏民族共同体的认同。秦始皇实行这些政治、经济、文化方面的政策措施，其总的目的，是为了使封建的上层建筑适应并促进封建经济基础的巩固与发展，在当时的条件下，这些政策措施如果能够得到正常的发挥，秦王朝未尝不能出现一个经济文化高度发展兴旺的时代。但是，已经被胜利冲昏了头脑的秦始皇，于采取上述具有进步意义的政策和措施的同时，还实施了一系列显示其蠢行与暴政的政策措施。尤其是接连不断的战争，沉重的赋税，无休止的徭役，严酷苛暴的刑法，使本来正确的政策被抵消或扭曲，不能发挥有益的作用；使本来先进的生产关系也无法充分显现其优越性。结果是，秦王朝建立以后，由于一些政策措施的重大失误，新生的封建制度不仅未能显示其优越性，反而迅速激化了阶级矛盾和社会矛盾，把秦朝推向一场新的国内战争的深渊。秦王朝的历史表明，一个新的本质上优越的社会制度，其优越性的发挥，必须有一系列与之相配套的政策措施做保证。反之，如果具体的政策措施发生失误或严重失误，先进制度的优越性就无从发挥，一个与先进制度相联系的王朝或政府也会走向灭亡。历史的辩证法竟是如此残酷无情：既然秦王朝在和平时期仍然执行战争时期的政策，变本加厉地压榨盘剥它的百姓，那么，百姓们也就只能用战争的手段来回敬和平环境中的秦王朝了。秦始皇和他的王朝也就只能为自己的蠢行和暴政付出最高昂的代价：在做了举世震惊的轰轰烈烈的表演之后，就以一个15年的短命王朝消失在农民起义的狂涛巨澜之中。

二、沉重的赋税和徭役

秦王朝是通过战争的手段以席卷之势完成了全国统一，这就使它建立的一整套制度一开始就具有军事封建制度的色彩。是广大人民用鲜血和生命换来了和平和统一，但和平和统一带给他们的却是无异于战争年代的残酷压迫和剥削。

一段时期以来，学术界对于土地兼并与秦王朝阶级矛盾激化的关系颇有争论。有人甚至认为土地兼并是导致秦末农民起义的主要原因。我们认为，如果说土地兼并与秦末农民起义毫无关系，自然是不对的。但是，如果说土地兼并是秦末农民起义的主要原因，却不符合最基本的历史事实。因为当时农民碰到的最根本的问题，主要还不是无地可耕，而是有地却没有时间去耕种。更要命的是，勠力种田所获得的大部分收获又被官府以各种名目搜刮了去。这样，土地上的简单再生产无法维持，劳动力的再生产也难以为继。秦朝的劳动人民，尤其是农民，劈头遇到的最大问题，是能否生存下去。

据《秦会要》记载，秦朝统一全国前，七国共有人口约1000万。经过统一战争，杀伤约三分之二，所以到秦朝统一的时候，全国人口只有400万左右。这个数字显然偏低了。因为如果此数是真实的，那么，守长城的30万将士，修骊山陵墓的70万刑徒，戍五岭的50万兵丁，就无法解释了。范文澜在《中国通史简编》一书中估计秦朝人口在2000万左右，这可能是个比较接近事实的数字。对于一个拥有长江、黄河两岸大平原的国家来说，仅有2000万人口，耕地问题显然不会太紧张。从历史记载看，秦朝掌握着大量的国有土地对农民实行“授田”，农民得到土地似乎并不困难。《云梦秦简》中有这样一段律文：“人顷刍稿，以其受田之数。无豤（垦）不豤

(垦)，顷入刍三石，稿二石。”这一方面说明剥削的残酷，另一方面也说明当时并不乏土地可耕。人们常以董仲舒的话来证明秦朝土地问题的严重程度：“至秦则不然，用商鞅之法，改帝王之制，除井田，民得卖买，富者田连阡陌，贫者无立锥之地。”[①] 其实这段话是董仲舒形容汉武帝时期的情况，所谓“汉兴循而未改”。实际上，就是汉武帝时期也不能说土地的绝大部分都被富者兼并而去。恩格斯在论述德意志人的公社共耕地时指出：“由于人口稀少，荒地总是很多的，因之，任何争夺土地的纠纷，就没有必要了。”[②] 秦朝的情况与恩格斯论述的德意志情况并不完全一样，但地广人稀的情况却有近似之处。

秦王朝对广大劳动人民，特别是农民赋役剥削的严酷程度，许多汉朝人有过论述。《汉书·食货志》有这样一段概括性的记述：

> 至于始皇，遂并天下，内兴功作，外攘夷狄，收泰半之赋，发闾左之戍。男子力耕，不足粮饷；女子纺绩，不足衣服；竭天下之资财以奉其政，犹未足以澹其欲也。[③]

秦王朝加在劳动人民身上的负担，大体上有以下几项：

(一) 田赋。收泰半之赋，即土地收获物的二分之一甚至三分之二。秦朝不可能挨家挨户计算产量，实际上收缴的是定额田赋。如此高的收取比例，不仅囊括了农民的全部剩余劳动，甚至也包括部分必要劳动。规定的田赋除了缴纳粮食外，还要缴纳刍（牲畜饲料）和稿（用作燃料的柴草），每顷刍三石，稿二石。不管所受之田是否垦种，一律按受田之数缴纳。只要看秦末全国所有的粮仓都贮满了大量的粮食，也就不难想象向百姓征缴的数额是多么巨大。如位于荥阳西北的敖仓，蓄积的粮食足够刘邦 10 万大军食用三四年。无怪乎楚汉战争中，项羽、刘邦两军为争夺这个粮仓进行了反复激烈的搏战。首都咸阳和曾经做过首都的栎阳，储存着更多的粮食。《云梦秦

① 班固：《汉书》卷二四上《食货志上》，中华书局 1962 年版，第 1137 页。
② 《马克思恩格斯选集》第 4 卷，人民出版社 1972 年版，第 138 页。
③ 班固：《汉书》卷二四上《食货志上》，中华书局 1962 年版，第 1126 页。

简》中有一条律文就提到："栎阳二万石一积，咸阳十万石一积。"[①] 刘邦打进咸阳之后退军灞上的时候，关中百姓纷纷持牛羊酒食献享汉军，刘邦就说："仓粟多，不欲费民。"[②] 可见咸阳周围粮仓之多。另外，陈留、成都以及各郡县，都建有大小不等的粮仓，每个粮仓的储粮也都是以万石计的。秦简《仓律》有这样一条律文：

> 禾，刍稿积索出日，上赢不备县廷。出之未索而已备者，言县廷。廷令长吏杂封其廥，与出之，辄上数廷；其少，欲一县之，少也。廥在都邑，当……者与杂出。

这证明每县都有粮食储备，县城和市镇都有粮仓。另一条律文还规定："宦者、都官吏、都官人有事上为将，令县贷之，辄移其禀县，禀县以减其禀。已禀者，移居县责之。"朝廷都官以及其下属的官吏出京办事，一律由所经县供应粮食。在秦朝统治的15年中，经常有上百万的兵丁和夫役或戍守边塞，或从事各种徭役，自然要消耗大量的粮食。而在秦朝灭亡的时候，各地粮仓中都还存有数以万石计的粮食。秦始皇及其臣僚自己不会生产粮食，天上自然也不会掉下粮食，那么多堆积如山的粮食，显然都是秦王朝用皮鞭和棍棒从农民那里勒索出来的。

（二）口赋。秦朝农民的负担除田赋以外，还有口赋即人头税。《秦会要》："秦坏井田之后，任民所耕，不计多少，已无所稽考，以为赋敛之厚薄。其后遂舍地而税人，则其谬尤甚矣。"《通典·食货四》："秦制则不然，舍地而税人，故地数未盈，其税必备。"这种人头税究竟是多少，有无年龄、性别等方面的差异，史缺其载，详情已不得而知。《汉书·食货志》记述秦朝"田税、口赋、盐铁之利，二十倍于古"。《汉书·张耳陈余传》记载"头会箕敛，以供军费"。《秦会要》记载"头会箕赋，输于少府"，都没有确切的数字。秦简《金布律》记载："官府受钱者，千钱一畚，以丞、令印印。不盈千者，亦封印之。"说明人头税收的是钱而不是粮食。尽管具体数字还

---

① 睡虎地秦墓竹简整理小组编：《睡虎地秦墓竹简》，文物出版社1978年版。（下引该书略）

② 班固：《汉书》卷一《高帝纪》，中华书局1962年版，第23页。

有待考查，但有一点是清楚的，即这种“舍地而税人”，即按人口多少缴纳的口赋，对于人均占有土地数量较少的一般农民来说，显然是不利的。除此之外，随着大规模对外用兵和大兴徭役，还有许多临时加征的苛捐杂税。这一切表明，秦王朝真的是千方百计从劳动人民的骨头里榨出油来。

（三）兵役与徭役。沉重的赋税几乎掠光了农民仅有的一点财物，而更加繁重的兵役和徭役又进一步榨干了农民的每一根筋骨。仅《史记·秦始皇本纪》所载，从公元前 221 年至公元前 206 年，秦王朝的徭役征发就不下十余起：

秦始皇二十六年（前 221 年），秦军每破诸侯，即写放其宫室，作之咸阳北陂上，南临泾渭，殿屋复道周阁相属。

二十七年（前 220 年），巡陇西、北地，作信宫渭南。自极庙道通骊山，作甘泉前殿。筑甬道，自咸阳属之。治驰道。

二十八年（前 219 年），东巡邹峄山、泰山、琅邪山，作琅邪台。过彭城，欲出周鼎泗水，使千人没水求之。之衡山、南郡、湘山，使刑徒三千人伐湘山树，赭其山。

三十二年（前 215 年），坏城廓，决通堤防。北巡，使将军蒙恬发兵三十万北击胡，略取河南地。

三十三年（前 214 年），略取陆梁地，为桂林、象郡、南海。以谪徙民五十万戍岭南，与百越杂处。又使蒙恬渡河取高阙、阳山、北假中，筑亭障以逐戎人。收河南地为四十四县，筑长城，暴师于外十余年。

三十四年（前 213 年），适治狱吏不直者，筑长城及南越地。

三十五年（前 212 年），修咸阳至云阳、九原的直道千八百里，数年不就。筑阿房宫、骊山墓，用刑徒 70 万。所筑离宫关中三百，关外四百余。

二世元年（前 209 年），继续修阿房宫，复筑骊山墓。外抚四夷，如始皇计。尽征材士五万人屯卫咸阳。

以上不完全的记载表明，秦朝从统一全国后，的确是“内兴功作，外攘夷狄”，几乎无日不征发，大量的人力物力和财力，都消耗在无休止的徭役与兵役中。西汉时期的许多政治家和思想家，曾较深刻地反思秦朝灭亡的原因，都从不同的角度指出徭役和兵役的严重性。例如文帝时的太子家令晁错在上书中说：

（秦伐匈奴，取百越）秦之戍卒不能其水土，戍者死于边，输者偾于道。秦民见行，如往弃市，因以谪发之，名曰“谪戍”。先发吏有谪及赘婿、贾人，后以尝有市籍者，又后以大父母、父母尝有市籍者，后入闾，取其左。发之不顺，行者深怨，有背畔之心。①

文帝时的布衣贾山写了总结“治乱之道”的《至言》一文，其中说：

至秦则不然，贵为天子。富有天下，赋敛重数，百姓任罢，赭衣半道，群盗满山，使天下之人戴目而视，倾耳而听。……秦非徒如此也，起咸阳而西至雍，离宫三百，钟鼓帷帐，不移而具。又为阿房之殿，殿高数十仞，东西五里，南北千步，从车罗骑，四马骛驰，旌旗不桡，为宫室之丽至于此，使其后世曾不得聚庐而托处焉。为驰道于天下，东穷燕齐，南极吴楚，江湖之上，濒海之观毕至。道广五十步，三丈而树，厚筑其外，隐以金椎，树以青松。为驰道之丽至于此，使其后世曾不得邪径而托足焉。死葬乎骊山，吏徒数十万人，旷日十年。下彻三泉，合采金石，冶铜锢其内，桼涂其外，被以珠玉，饰以翡翠，中成观游，上成山林。为葬薶之侈至于此，使其后世曾不得蓬颗蔽冢而托葬焉。

秦王贪狼暴虐，残贼天下，穷困万民，以适其欲也……秦皇帝以千八百国之民自养，力罢不能胜其役，财尽不能胜其求。一君之身耳，所以自养者驰骋弋猎之娱，天下弗能供也。劳罢者不得休息，饥寒者不得衣食，亡罪而死刑者无所告诉，人与之为怨，家与之为仇，故天下坏也。秦皇帝身在之时，天下已坏矣，而弗自知也。②

文帝时历任博士、太中大夫、长沙王太傅的洛阳才子贾谊，写了一部《新书》，其中说：

---

① 班固：《汉书》卷四九《晁错传》，中华书局 1962 年版，第 2284 页。

② 班固：《汉书》卷五一《贾山传》，中华书局 1962 年版，第 2327—2332 页。

秦不能分尺寸之地，欲尽自有之耳。输将起上海而来，一钱之赋，数十钱之费，不轻能致也，上之所得者甚少，而民毒苦之甚深。①

主父偃在上书中说：

秦皇帝……使蒙恬将兵攻胡，辟地千里，以河为境。地固泽咸卤，不生五谷。然后发天下丁男以守北河。暴兵露师十有余年，死者不可胜数。终不能踰河而北……又使天下蜚刍挽粟，起于东腄、琅邪负海之郡，转输北河，率三十钟而致一石。男子疾耕不足于粮饷，女子纺绩不足于帷幕。百姓靡敝，孤寡老弱不能相养，道路死者相望，盖天下始畔秦也。②

严安在上武帝书中说：

（秦始皇）欲肆威海外，乃使蒙恬将兵以北攻胡，辟地进境，戍于北河，蜚刍挽粟以随其后。又使尉佗屠睢将楼船之士南攻百越，使监禄凿渠运粮，深入越，越人遁逃。旷日持久，粮食绝乏，越人击之，秦兵大败。秦乃使尉佗将卒以戍越。当是时，秦祸北构于胡，南桂于越，宿兵无用之地，进而不得退。行十余年，丁男被甲，丁女转输，苦不聊生，自经于道树，死者相望。③

淮南王的中郎伍被在谏其王时说：

昔秦绝圣人之道，杀术士，燔《诗》《书》，弃礼义，尚诈力，任刑罚，转负海之粟，致之西河。当是之时，男子疾耕不足于糟糠，女子纺绩不足于盖形。遣蒙恬筑长城，东西数千里，暴兵露师常数十万，死者不可胜数，僵尸千里，流血顷亩，百姓力竭，欲为乱者十家而五。

① 贾谊：《新书·属远》，电子版文渊阁四库全书。

② 司马迁：《史记》卷一一二《平津侯主父列传》，中华书局1959年版，第2954页。

③ 司马迁：《史记》卷一一二《平津侯主父列传》，中华书局1959年版，第2958页。

又使徐福入海，求神异物……遣振男女三千人，资之五谷种种百工而行。徐福得平原广泽，止王不来。于是百姓悲痛相思，欲为乱者十家而六。又使尉佗踰五岭攻百越。尉佗知中国劳极，止王不来，使人上书，求女无夫家者三万人，以为士卒衣补。秦皇帝可其万五千人。于是百姓离心瓦解，欲为乱者十家而七。

往者秦为无道，残贼天下，兴万乘之驾，作阿房之宫，收太平之赋，发闾左之戍，父不宁子，兄不便弟，政苛刑峻，天下熬然若焦，民皆引领而望，倾耳而听，悲号仰天，叩心而怨上。①

《淮南子》是西汉初年思想史上一部具有重要价值的书，其中对秦朝灭亡原因的反思也是相当深刻的：

秦之时，高为台榭，大为苑囿，远为驰道，铸金人，发适戍，入刍稿，头会箕赋，输于少府。丁壮丈夫，西至临洮、狄道。东至会稽、浮石，南至豫章、桂林，北至飞狐、阳原，道路死人以沟量。②

秦皇挟图，见其传曰："亡秦者胡也。"因发卒五十万，使蒙公、杨翁子将，筑修城。西属流沙，北击辽水，东结朝鲜，中国内郡挽车而饷之。又利越之犀角、象齿、翡翠、珠玑，乃使尉屠睢发卒五十万为五军……三年不解甲弛弩，使监禄无以转饷。又以卒凿渠而通粮道，以与越人战……伏尸流血数十万。……当此之时，男子不得修农亩，妇人不得剡麻考缕，羸弱服格于道，大夫箕会于衢，病者不得养，死者不得葬。③

以上这些汉朝人的论述，目的都是说明秦朝灭亡的必然性和汉朝取代秦朝的合理性，当然难免有夸大不实之词。但是，通过这些论述，秦朝兵役、徭役的繁剧及其给百姓带来的深重的危害，还是绘声绘色、淋漓尽致地展现出来了。如果说，汉朝人的以上论述还是带着继起王朝对前朝偏见的

① 司马迁：《史记》卷一一八《淮南衡山列传》，中华书局1959年版，第3068页。

② 何宁：《淮南子集释·氾论训》，中华书局1998年版，第942—943页。

③ 何宁：《淮南子集释·人间训》，中华书局1998年版，第1288—1290页。

话，那么，当陈胜、吴广领导的起义军声势浩大地向咸阳进军的时候，秦朝臣僚们的自我检讨应该是比较可靠的吧！当时的右丞相冯去疾、左丞相李斯、将军冯劫这样向二世胡亥进谏：

> 关东群盗并起，秦发兵诛击，所杀亡甚众，然犹不止。盗多，皆以戍漕转作事苦，赋税大也。请且止阿房宫作者，减省四边戍转。①

这里，冯去疾、李斯、冯劫作为秦朝负有重责的高级官员，也不得不承认兵役徭役的繁苛造成了“群盗并起”的局面。这说明到秦二世统治时期，兵役徭役问题的严重性已经是朝野有目共睹的事实。下面，让我们详细辨析一下秦朝兵役徭役的具体情况及其危害吧。

首先是兵役。前面已经论及，按照秦王朝制度的规定，所有成年男子，年 16 岁（一说 20 岁）至 60 岁都需要服兵役。具体办法，一是做卫士服役一年，至京师担任宫殿、官府的守卫，或至边防前线戍守。二是做一般士卒在本郡服役一年，担任地方治安工作。这些士卒根据不同地域、不同情况和不同需要，或做材官（步兵），或做骑士（骑兵），或做楼船士（水兵）。如果真的按规定执行，一生两年的兵役不能说太重。但实际上，由于秦朝外攘夷狄的军事征伐不断扩大，服兵役的年龄、期限和身份都打破了原有的规定。所谓“发闾左之戍”，历来注释家解释不一。我们认可一些学者的解释：闾左即闾佐或里佐②，为里正（典）之副，是一种职役。秦朝征发至闾左，即连基层负责征发服役之事的人也被征发，说明适龄的男子已经全部被征发，再征即无人可征了。所以晁错才认为“发之不顺，行者深怨，有背畔之心”。当时应征服役的人不仅脱离了生产劳动，而且还要自备服役时的衣服和各种费用，这无疑会造成其家庭难以承受的负担。湖北云梦睡虎地四号墓出土的两枚木牍，记载了黑夫和惊两兄弟在服役期间给家里写的信。黑夫的信说：“黑夫寄益就书曰，遗黑夫钱，毋操夏衣来。今书节（即）到，毋视安陆丝布贱，可以为禅裙襦者，毋必为之，令与钱偕来。其丝布贵，徒

---

① 司马迁：《史记》卷六《秦始皇本纪》，中华书局 1959 年版，第 271 页。

② 张汉东：《“闾左”新解》，《中国社会科学》1984 年第 27 期。

(以）钱来，黑夫自以布此。黑夫等直佐淮阳，攻反城久，伤未可智（知）也。愿母遗黑夫用勿少。”惊的信说：“钱衣，愿母幸遗钱五六百，绤布谨善者毋下二丈五尺……室弗遗，即死矣。急急急。”试想，一家之中有两个成年男子服兵役，不仅脱离了生产劳动，而且还需要自己的家庭解决日常用的钱、衣等物，这对一个五口之家的小农之家，实在是无法忍受的重负。按照制度规定，只有成年男子服兵役，但实际上，在战争频繁而又惨烈的岁月里，老人、妇女、儿童亦往往被征发。《商君书》《墨子》等书中都有秦国老人、妇女、儿童参加城守的记载。无休止的兵役征发，男女老幼齐上阵的战守，加到广大劳动人民，尤其是农民头上的只能是难以负荷的灾难。

其次是徭役。董仲舒在对汉武帝的一次上书中，说到秦朝的兵役和徭役时这样讲：“月为更卒，已复为正，一岁屯戍，一岁力役，三十倍于古。”①这里讲的成年男子一生除两年的兵役外，还有每年一个月的徭役，称“更卒”。秦朝徭役的名目很多，如“漕”“转”“作”“事”等。所谓漕、转，就是输送粮食及其他军需物资的船漕车转的运输服务。由于秦朝伐匈奴、平百越的战争连年不断，加上不断兴建巨大的土木工程，需要的粮食军需和各种建筑材料数量很大，漕、转就成为一项经常而沉重的徭役。例如，当时服役的百姓从东部沿海地区飞挽粟米到今天的山西、内蒙古一带的北河边防前线，路途数千里之遥，运粮的成本是“三十钟而致一石”。颜师古注：“六斛四斗为钟，计其道路所费，凡用百九十二斛，乃得一石至。”②途中耗费之大十分惊人。不仅如此，秦朝政府还规定，此项徭役不准雇人代劳。《商君书·垦令》就明确规定“送粮无取僦”，后来循而未改。秦简《效律》也规定：“上节（即）发委输，百姓或之县就（僦）及移输者，以律论之。”按情理推断，秦朝政府之所以不准百姓雇人代役，可能因为此项徭役特别繁剧，雇人代役，一是难以找到代役人，二是难以保证按时完成任务。所谓“作”“事”，就是土木工程等杂役。秦国时期，其土木工程就频繁兴建。秦王朝建立后，土木工程的兴建不仅没有停止，而且变本加厉，工程的规模越来越大，征发的人数越来越多。如果说，筑长城、凿灵渠，修驰道、直道、

① 班固：《汉书》卷二四上《食货志上》，中华书局1962年版，第1137页。

② 班固：《汉书》卷六四上《主父偃传》，中华书局1962年版，第2800页。

新道、五尺道之类工程，纵然劳民伤财，尚有军事和经济上的积极意义的话；那么，数以千百计的离宫别馆，穷极壮丽的阿房宫和骊山陵墓等工程，则完全是为了秦始皇为首的统治者生前和死后的享受而兴建的。除了扰民、虐民外，不会给社会带来任何好处。而恰恰是这些工程，旷日持久地役施着数以十万、百万计的劳动力。此外，郡县地方政府为了筑城、缮垣，修建公共馆舍，也要征调大量劳动力。除了以上这些法定的徭役外，农民还要随时承担一些临时性的征派。如秦简《徭律》规定，居住在禁苑、牛马场附近的农民，必须随时听候征调，去修筑堑壕、墙垣、藩篱："其近田恐兽及马牛出食稼者，县啬夫材兴有田其旁者，无贵贱，以田多少出人，以垣缮之，不得为繇（徭）。"这显然是一种临时加派的徭役。更有甚者，在秦王朝统治下，连残疾之人也不能免去徭役负担。秦简《法律答问》："罢癃守官府，亡而得，得比公癃不得？得比焉。"这一点较之战国时期的其他各国，秦国和统一后的秦朝，显然是大大加重了人民的负担，因为其他各国的残疾人大都是免役的。《庄子·人间世》记载的那位残疾人"支离疏"，如果活到秦王朝统治时期，就不能像他在战国时期那么优游岁月了。

秦朝政府为了迫使广大劳动人民老老实实地服役，制定了维护这种徭役制度的严酷刑法。秦简《法律答问》规定："不会，治（笞），未盈卒岁而得，治（笞）当驾（加）不当？当。"这说明，对拒绝征服役和服役不足期限者，都要处以笞刑。秦简《徭律》还规定："御中发征，乏弗行，赀二甲。失期三日到五日，谇。六日到旬，赀一盾。过旬，赀一甲。"如果屯戍失期，"法皆斩"。秦朝制度规定，有爵位的男子 56 岁免役，无爵位者 60 岁免役。为了杜绝免役问题上弄虚作假，还规定了如下律条："百姓不当老，至老时不用请，敢为酢（诈）者，赀二甲。典、老弗告，赀各一甲。伍人，户一盾，皆（迁）之。"这就是说，不当免老而免老者，罚二甲。里典、伍老不告发者罚一甲。相邻伍者，每家罚一盾，并且都处以流放。十分明显，为了使百姓就范，秦王朝只能借助于以暴力为后盾的严酷法律了。

前面曾经论及，为了保证兵役、徭役和赋税的征发，秦国从很早的时候起就实行了严格的户籍和傅籍制度。秦献公十年（前 375 年）"为户籍相伍"，至秦孝公任用商鞅变法时，就建立了一套较严格的户籍制度。《商君书·境内》说："四境之内，丈夫女子皆有名于上，生者著，死者削。"秦朝统一中国后，在中央的丞相府里，建立了严格的户籍档案。各地方政府所辖地区也建有准确无误的户籍档案。人口迁移时要办理“更籍”的迁移手续。户籍出现差错，地方官就要受到惩罚。如秦简《效律》就规定，人口、马牛出现一个差错，就算“大误”。其惩罚办法是：“人户、马牛一，赀一盾；自二以上，赀一甲。”秦朝统治者之所以如此重视户籍制度，就因为它是各种征发的依据。“傅籍”制度是成年男子的登记制度。其目的是精确地掌握各郡县成年男子的数量，以作为兵役和徭役的主要依据。对于户籍制度的重要性，曹魏时期的徐干在其著作《中论·名数》中有着比较全面的论述：

> 民数者，庶事之所自出也，莫不取正焉。以分田里，以令贡赋，以造器用，以制禄食，以起田役，以作军旅。国以之建典，民以之立度。①

秦王朝是一个带有军事封建性的专制主义中央集权的封建国家，它加给劳动人民尤其是农民阶级的，主要是强制性的沉重的赋税和徭役。因此，农民起义的星星之火也首先在服役的刑徒中点燃，而其变成燎原之势的转折，则是由一个戍卒在大泽乡的振臂一呼。这恰恰是阶级矛盾制约着的历史必然性的反映。

三、残酷的刑罚

“法律就是取得胜利、掌握国家政权的阶级的意志的表现”②，它根源于社会的财产关系。李悝的《法经》是中国历史上第一部比较完备的封建法典，它反映的主要是取得政权的地主阶级的意志和封建的财产关系。挟着《法经》到秦国主持变法的商鞅，为秦国的地主阶级制定了一部较《法经》更为完备的封建法典。这部法典后经秦始皇及其臣子们的损益而成为《秦律》，它的特点是“轻罪重罚”“繁密苛酷”，更加集中地反映了在全国确立了自己统治地位的新兴地主阶级的意志。为了维护对全国劳动人民的军事统

① 徐干：《中论》，电子版文渊阁四库全书。

② 列宁：《社会民主党在1905—1907年俄国第一次革命中的土地纲领》，《列宁全集》第13卷，人民出版社1959年版，第304页。

治，维护对农民阶级极其沉重的赋役剥削，《秦律》特别显示了它的野蛮和残酷。

先看看去古未远的汉朝人眼中的《秦律》。《汉书·刑法志》：

至于秦始皇，兼吞战国，遂毁先王之法，灭礼谊之官，专任刑罚。躬操文墨，昼断狱，夜理书，自程决事，日县石之一。而奸邪并生，赭衣塞路，囹圄成市，天下愁怨，溃而叛之。①

汉文帝时的太子家令晁错在举贤良文学对策中说：

（秦始皇）妄赏以随喜意，妄诛以快怒心，法令烦憯，刑罚暴酷，轻绝人命，身自射杀；天下寒心，莫安其处。奸邪之吏，乘其乱法，以成其威，狱官主断，生杀自恣。上下瓦解，各自为制。秦始乱之时，吏之所先侵者，贫人贱民也；至其中节，所侵者富人吏家也；及其末途，所侵者宗室大臣也。是故亲疏皆危，外内咸怨，离散逋逃，人有走心。②

汉武帝时的光禄大夫侍中吾丘寿王说：

于是秦兼天下，废王道，立私议，灭《诗》《书》而首法令，去仁恩而任刑戮，堕名城，杀豪杰，销甲兵，折锋刃。其后，民以耰鉏棰梃相挞击，犯法滋众，盗贼不胜，至于赭衣塞路，群盗满山，卒以乱亡。③

桓宽的《盐铁论·诏圣》记载文学之士的话说：

二世信赵高之计，渫笃责而任诛断。刑者半道，死者日积。杀民多者为忠，厉民悉者为能。百姓不胜其求，黔首不胜其刑，海内同忧

① 班固：《汉书》卷二三《刑法志》，中华书局 1962 年版，第 1096 页。

② 班固：《汉书》卷四九《晁错传》，中华书局 1962 年版，第 2296 页。

③ 班固：《汉书》卷六四《吾丘寿王传》，中华书局 1962 年版，第 2796 页。

而俱不聊生。故过任之事，父不得于子；无已之求，君不得于臣。死不再生，穷鼠啮狸。匹夫奔万乘，舍人折弓……

上无德教，下无法则。任刑必诛，劓鼻盈蔂，断足盈车，举河以西，不足以受天下之徒。①

东汉桓帝时期的郎官崔寔在《政论》中说：

秦割六国之君，劓杀其民，于是赭衣塞路，有鼻者丑，故百姓鸟惊兽骇，不知所归命。②

以上这些血淋淋的描述，当然难免言过其词之嫌，但绝不是无中生有。从其字里行间，人们也仿佛感觉到《秦律》笼罩下的国土上到处充塞着阴森可怖的肃杀之气。

由于《秦律》已经亡佚，所以长期以来关于它的内容，史家语焉不详。自从湖北云梦睡虎地秦墓出土了载有秦朝法律文书的简牍，对于深入全面研究《秦律》提供了重要佐证。

秦孝公时期商鞅变法制定的法律，内容还比较简单，只有《盗律》《贼律》《囚律》《捕律》《杂律》《具律》等 6 个专篇。后来逐渐增加内容，到战国末期，已经发生了较大的变化。秦简所载的律名已有《田律》《厩苑律》《仓律》《金布律》《关市》《工律》《工人程》《均工》《徭律》《司空》《军爵律》《置吏律》《效律》《传食律》《行书》《内史杂》《尉杂》《邦属》《除吏律》《游士律》《除弟子律》《中劳律》《藏律》《公车司马猎律》《牛羊课》《傅律》《敦（屯）表律》《捕盗律》《戍律》等 29 项。这些律文还未包括《秦律》的全部内容，如《郊律》和《工律》都提到有一个《赍律》，但内容却不得而知。《内史杂》载："县告各都官在其县者，写其官之用律。"可见中央政府的每个部门都还有自己的一套具体法规。不过，仅就现有律文看，《秦律》繁密苛酷的程度也已经使人吃惊了。史书以"秦法繁于秋荼，而网密于凝脂"③

① 王利器校注：《盐铁论 · 诏圣》，中华书局 1992 年版，第 661 页。

② 李昉等：《太平御览》卷三六七，电子版文渊阁四库全书。

③ 王利器校注：《盐铁论 · 刑德》，中华书局 1992 年版，第 627—628 页。

和“摇手触禁”来形容《秦律》多如牛毛的繁密，实在也不能说全是夸大不实之词。

秦法除“律”外，还出现了作为律补充的“令”：“法律未足，民多诈巧，故后有间令下者。”[①]《法律答问》这样解释“犯令”和“废令”：“律所谓者，令曰勿为，而为之是谓犯令；令曰为之，弗为，是谓废令也。”也就是说，律是令的根据，令是律的阐发和补充，保证律的切实贯彻执行。为了使官吏在执法量刑时有例可援，秦朝还有作为律、令补充的“廷行事”，在汉朝叫作“故事”，即将以前判过的典型案例作为断狱的参考和依据。这样，由律、令和廷行事等组成的以刑法为中心的秦法，便构成了一张密不透风的网，迫使劳动人民屈从地主阶级国家的意志。

“文革”中的“评法批儒”闹剧中，曾经流行过一种观点，认为《秦律》主要是为了对付奴隶主贵族而设。这看起来像一大发明，实则没有多少道理。任何法律大都要有一个公正形式的外貌，都要对社会上每个阶级的权利划定一个大致的界限。就是对统治阶级本身的活动，也必须规定一些不可逾越的界线。所以在《秦律》中不仅可以找到对残余奴隶主惩罚的条文，也能够找到对犯罪官吏和富人进行惩罚的条文。但是，这丝毫不意味着《秦律》是全民的法律，丝毫也不能改变它作为地主阶级意志工具的实质。因为只有看起来如此“公正”，它才能更集中更准确地体现地主阶级的意志，并保证它能够得到比较顺利的贯彻。其实，只要认真分析，就不难发现《秦律》的阶级本质。因为它维护的是反映地主阶级利益的政治制度和财产关系，其专政的主要对象是最广大的农民阶级。例如《法律答问》共有187条，其中关于“防盗”“惩盗”的条目占了很大比例。对盗牛、马、猪、羊、钱币、衣服、丝织品和桑叶都立有专门条款。谁触犯了这些条款，就要施以各种名目的惩罚。其中规定，盗采别人家的桑叶，即使数量很少，“不盈一钱”，也要受到服役三旬（30天）的惩罚，再重就得沦为刑徒，去服司寇、鬼薪、白粲、城旦等刑。表面上看，这是多么“公正”！因为它没有规定犯罪主体的身份差别，仿佛体现着法律面前人人平等的原则。然而，事情再明白不过了：地主和富人没有必要去偷那不值一钱的桑叶，这种“违法”行为

① 睡虎地秦墓竹简整理小组编：《睡虎地秦墓竹简·语书》，文物出版社1978年版。（下引该书略）

只能出自在死亡线上挣扎的那些贫困农民。

秦朝法律的严酷，体现在许多方面，“什伍连坐”是其中之一。自从商鞅变法制定了“令民为什伍，而相收司连坐”① 的律条之后，该律条就一直被秦统治者保留沿用。一人犯罪，不仅罪及妻孥室家、三族（父族、母族、妻族），而且还要罪及邻里。此一律条也推及到军队中，士卒犯罪或逃跑，就要罪及他们的同伍之人以及父母、妻子等。

秦朝法律的严酷，集中体现在它的“轻罪重罚”，即惩罚特别严厉酷烈。刑罚名目繁多，其苛虐酷烈，令人发指。云梦秦简和史籍记载的秦朝刑罚多达十数种，每一种又分很多细目。

如死刑就有许多种，云梦秦简记载了四种：戮——先施以人格侮辱，然后再杀死；弃市——以刀刃刑人于市；磔——凌迟处死于市；定杀——对患有麻风病的罪犯，抛入水中淹死。见于史籍记载的还有：“族”“夷三族”“枭首”“车裂”“腰斩”“体解”“囊扑”“剖腹”“蒺藜”“凿颠”“抽胁”“镬烹”等。这些五花八门的死刑，有些是法律规定的，也有些是高级官吏在法定常刑之外创造的。面对这些花样繁多、阴森可怖的死刑，就是佛教经典所描绘的地狱，也不过如此吧！

次于死刑的是肉刑，即“折人肢体，凿其肌肢”，使受刑人生理残疾的刑罚。在秦朝，这种刑罚大部分与徒刑结合在一起使用，其名目同样繁多，主要有黥、墨、劓、刖、宫等五种。黥刑又称墨刑，先以刀划破面部，然后涂上墨，在受刑者脸上打上永远抹不掉的印记。这对受刑人既是肉体的折磨，又是精神侮辱。史书记载，在焚书令下达 30 日以后还拒不执行者，就是处以这种刑罚。劓刑即割去鼻子。《法律答问》规定，5 个人合伙盗 660 个钱，就要处以这种刑罚。刖刑即断足，这是一种使人失去劳动能力的刑罚。宫刑又称腐刑，是使男女丧失生殖能力的一种刑罚，它是除死刑外最残酷的一种刑罚。

次于肉刑的是大量的徒刑，它往往与肉刑一起使用。徒刑的种类也不少，如城旦舂，即男子筑城，女子舂米，刑期 4—5 年。《秦律》规定，5 人盗 1 钱以上，在受刖刑后还要处以此种刑罚，期限为 3 年。隶臣妾也是一种

① 司马迁：《史记》卷六八《商君列传》，中华书局 1959 年版，第 2230 页。

徒刑，即男子为隶臣，女子为隶妾，是一种在官府或达官贵人之家服役的刑种，期限是1年。这类徒刑，或来源于犯罪，或来源于俘虏，也有被籍没的罪人家属。第四种徒刑是司寇，任务是看管服役的刑徒，期限2年。最后一种刑徒叫候，是刑徒中最轻的一种，任务近于司寇，期限1年。由于《秦律》特别繁密苛酷，所以秦朝触及刑律的人特别多。史书记载秦始皇修骊山陵墓就动用了70万刑徒。戍五岭动用了50万刑徒，可见经常服刑的人总在百万以上。虽然从规定看，该种刑徒的期限都不算太长，但由于服役条件和生活条件都特别艰苦，不少服刑的人难以生还。因为刑徒遭受的是难以忍受的非人待遇，因而他们反抗秦朝暴政的斗争态度特别坚决，后来，正是从刑徒中涌现出秦末农民起义军的第一批忠勇的战士。

除以上刑罚外，《秦律》还规定了对犯罪者的另外一些惩罚措施。如笞刑即打板子，一般在审讯过程中使用，是封建官吏随心所欲地残害百姓的一种刑罚。髡、耐、完是一种剃去头发的刑罚。迁是一种近乎后世流放的刑罚。赀是罚款和罚徭的刑罚，废是撤销官职永不叙用，谇是当众加以斥骂。秦朝的刑种如此之多，说明它对百姓的任何微小的违犯封建法规的行为都是决不放过的。

另外，《秦律》中还有“赎刑”的条款，这显然是给达官贵人、地主豪富在犯罪时找到了一条开脱罪责和逃避惩罚的门径。

严密的法令，酷烈的刑罚，使整个秦帝国变成了一座恐怖的大监狱。因为触犯刑律而受到惩罚的人，其数量之多创造了空前的历史纪录。试想，在一个2000多万人口的国家里，刑徒就达100万之多，被刑者占了人口总数的5%以上。除去老弱儿童，成年男子受刑的比例肯定相当高。所以，当陈胜领导的农民起义军攻打范阳的时候，蒯通对秦朝的范阳令说：“秦法重，足下为范阳令十年矣，杀人之父，孤人之子，断人之足，黥人之首，不可胜数。”① 人们从这段话不难想象，在秦王朝统治下的华夏大地成了什么世界！

沉重的赋役盘剥，使社会的简单再生产几乎无法进行；残酷的刑罚，又使劳动人民的人身安全失去起码的保证。秦王朝实行的这些政策措施，使本来应该促进生产发展和社会进步的新的封建的生产关系越来越失去它应有的

① 司马迁：《史记》卷六八《商君列传》，中华书局1959年版，第2574页。

作用。在秦始皇统治下，劳动人民在流血中痛苦地呻吟，历史在无情的岁月里艰难地蹒跚。当秦始皇在臣子们洋洋盈耳道颂歌声中即将走完他生命的全部历程之时，他怎么也不会想到，由他制造的反抗烈焰，也快到爆出冲天火光的时候了。

第七节　最坏的接班人

秦始皇三十七年（前 210 年），一代雄主秦始皇在出巡途中病死于巨鹿沙丘平台。赵高、胡亥与李斯互相勾结，通过篡改秦始皇遗诏，策划了一场政变阴谋，使胡亥继承了皇位，当上了二世皇帝。秦始皇万万没有想到此时殒命，胡亥也没有想到他会轻而易举地占据那个他本来不应该占有的皇帝位子。但这一切都实实在在地发生在指顾之间。因为皇帝位子在封建社会代表着最高的权势与尊荣，意味着为所欲为的享受，所以万千的野心家为了争夺这个位子演出了一幕幕血雨腥风的活剧。而在皇室贵族内部，为了争夺继承权，皇子们也不时演出一幕幕弑父杀兄屠弟的丑剧。撇开封建道德的评价，从历史唯物主义观点看来，对任何一位封建皇帝的评价，着眼点不在于他们用什么手段，通过什么方式取得皇帝位子，而在于他在这个位子上制定和执行什么政策，这些政策是促进了历史的发展还是阻碍了社会的进步。胡亥之所以在历史上得到否定的评价，主要也不在于他取得皇位的手段卑劣而残忍，而在于他执行的政策违背了历史的潮流，拂逆了百姓的愿望。

在中国两千多年的封建社会里，由于实行专制主义中央集权的行政体制，皇帝拥有不受制约的至高无上的权力，因而其制定和执行的政策的好坏、政治的清浊，就与皇帝本身的思想、气度、才智有着直接的关系。而且，由于绝大部分皇帝都是唯我独尊，“圣心独断”，很少有人能够虚心听取臣民意见，改变错误的决策和政策措施。所以，一个王朝转变政策的契机往往靠新老皇帝交替。好在任何皇帝都无法“万岁”，所以历史上一个个王朝政策的转变才有可能。秦始皇之死给历史提供了一个转变政策的契机，只要二世胡亥反秦始皇之道而行之，改弦更张，调整秦始皇实行的那些虐民害物的政策，世事还未坏到无可挽回的地步，历史未尝不能出现“山重水复疑无路，柳暗花明又一村”的新局面。这一层，当时身居中阃的朝廷重臣丞相冯去疾、李斯和将军冯劫已经清醒地意识到并提出了他们改弦更张的建议，可惜他们早已被二世视为另类，正确的建议被当作拂逆鳞的恶行遭拒绝。而在真正掌握国家权力的赵高挟持下的二世根本就不具备转变政策的气魄和才能。作为秦始皇培养出来的最坏的接班人，历史给他安排的任务，仿佛就是亲手毁掉秦始皇创建的宏伟基业。

西汉初年的洛阳才子贾谊，是一个有着深邃历史眼光的政治家和思想家。他最先分析了二世胡亥遇到的历史契机，以及其如何失掉了这个契机。他在《过秦论》一文中写下了这样一段脍炙天下的名文：

> 今秦二世立，天下莫不引领而观其政。夫寒者利裋褐，而饥者甘糟糠，天下之嗷嗷，新主之资也。此言劳民之易为仁也。乡使二世有庸主之行，而任忠贤，臣主一心而忧海内之患，缟素而正先帝之过，裂地分民以封功臣之后，建国立君以礼天下，虚囹圄而免刑戮，除去收帑污秽之罪，使各反其乡里，发仓廪，散财币，以振孤独穷困之士，轻赋少事，以佐百姓之急，约法省刑以持其后，使天下之人皆得自新，更节修行，各慎其身，塞万民之望，而以威德与天下，天下集矣。即四海之内，皆讙然各自安乐其处，唯恐有变，虽有狡猾之民，无离上之心，则不轨之臣无以饰其智，而暴乱之奸止矣。二世不行此术，而重之以无道，坏宗庙与民，更始作阿房宫，繁刑严诛，吏治刻深，赏罚不当，赋敛无度，天下多事，吏弗能纪，百姓困穷而主弗收恤。然后奸伪并起，而上下相遁，蒙罪者众，刑戮相望于道，而天下苦之。自君卿以下至于众庶，人怀自危之心，亲处穷苦之实，咸不安其位，故易动也。是以陈涉不用汤武之贤，不藉公侯之尊，奋臂于大泽，而天下响应者，其民危也。故先王见始终之变，知存亡之机，是以牧民之道，务在安之而已。天下虽有逆行之臣，必无响应之助矣。故曰安民可与行义，而危民易与为非，此之谓也。贵为天子，富有天下，身不免于戮杀者，正倾非也，是二世之过也。①

① 司马迁：《史记》卷六《秦始皇本纪》，中华书局1959年版，第283—284页。

贾谊的这个分析是颇有见地的。因为秦始皇去世时，秦朝面临的形势尽管已经相当严峻，但还未到不可收拾的地步。农民起义的星星之火虽然已经燃起，但还未形成燎原之势，历史还给二世君臣留下了一点反省和改弦更张、重新制定政策的时间。然而，作为秦始皇最喜欢的小儿子和最坏的接班人，少不更事的胡亥已经失去了对现实的感应能力。他没有继承秦始皇雄才大略的基因，而是继承了秦始皇基因中那些最坏的东西并进一步恶性发展。

胡亥没有经历其祖宗创业的艰难，他生下来以后，耳闻目睹的都是父亲为所欲为的权力运作和无以复加的身心享受。在赵高等奸佞之辈的教唆下，他把秦始皇政策中那些最劳民伤财的内容，变本加厉地推行下去。

招来天怒人怨的阿房宫、骊山陵墓等工程，他继续修建；驰道、直道、五尺道等道路建设工程，他继续施工。在埋葬秦始皇时，他残忍地将后宫无子的嫔妃全部殉葬，将了解地宫奥秘的工匠全部杀死。

他继续实行严刑峻法，把更沉重的赋税和徭役加在广大百姓头上，“税民深者为明吏”，“杀人众者为忠臣”①，“赋敛愈重，戍徭无已”。“百姓之随逮肆刑挽辂首路死者，一旦不知千万之数”②。“刑者半道，死者日积……百姓不胜其求，黔首不胜其刑，海内同忧而俱不聊生”③。

他变本加厉地“纵耳目之欲，穷侈靡之变，不顾百姓之饥寒穷匮”④。他下令征发材士5万人屯卫咸阳，令教狗马禽兽。为了解决这些人的粮食，他又下令郡县转输菽粟刍稿，服役者需自带粮食，“咸阳三百里内不得食其谷”⑤。

他为了使自己能够独享秦始皇留下的江山社稷这份巨大的遗产，对功臣宿将和宗室贵族肆意杀戮。前面述及，还在由沙丘回咸阳的路上，他就与赵高一起设计害死了在臣民百姓中颇有威望的公子扶苏。回咸阳前后，又处死了为建立秦王朝立下不朽功勋的蒙恬、蒙毅兄弟，还将自己的兄弟姊妹处以极刑。对秦始皇时期的旧臣，凡忠贞敢谏者，重者处死，轻者遭遣；而阿

---

① 司马迁：《史记》卷八七《李斯列传》，中华书局1959年版，第2557页。

② 何宁：《淮南子集释·兵略训》，中华书局1998年版，第1062页。

③ 王利器校注：《盐铁论·诏圣》，中华书局1992年版，第661页。

④ 何宁：《淮南子集释·兵略训》，中华书局1998年版，第1062页。

⑤ 司马迁：《史记》卷六《秦始皇本纪》，中华书局1959年版，第269页。

谀逢迎之徒、谄媚溜须之辈，却得到提拔重用。这样一来，统治集团内部也就离心离德，各怀异志，很快陷于分崩离析的局面。

然而，历史的发展，总是同昏庸残暴的统治阶级的愿望相反。二世胡亥满以为，凭借着严刑峻法，就会使慑于死亡的黔首温顺如绵羊般地供其奴役，任其宰割；凭着“督责之术”，就会使“救过不及”的臣僚们俯首帖耳地供其驱使，任其杀伐。他也就可以为所欲为，予取予求，恣意享乐了。但是，二世的所作所为，不仅使广大劳动人民打消了对他改弦更张的一线希望，把武器的批判提上历史的日程，而且也使整个统治集团陷于极度混乱，使他们在预感到末日来临时而准备作鸟兽散。这样，一方面广大人民中淤积的反抗怒火，如箭之在弦，有一触即发之势；另一方面，统治集团内部日益增长的离心倾向，又不可能使他们团结一致对农民起义军进行有效的镇压。至此，农民起义的条件终于成熟了。就在他登上帝位的那一年，农民起义终于如火山乍裂，突然爆发。三年之中，愈演愈烈。尽管二世及赵高等使出浑身解数，一面不断派兵镇压起义军，一面将一批他们认定的逆臣送上断头台。但是，二世最后求到的并不是为所欲为的享乐，而是他绝对信任的启蒙老师赵高架在他脖子上的利刃。

第八节　冲天而起的反秦怒涛

由于秦王朝实施了一系列的暴政和蠹行，到秦始皇晚年，秦帝国的阶级矛盾和社会矛盾已经急剧激化，各地陆续出现农民起义的点点星火。二世登基后，继续变本加厉地推行秦始皇的暴政和蠹行，致使点点星火终于发展成燎原之势。

还在秦始皇寿终之前，后来成为农民起义军著名领袖的三个人物刘邦、彭越和英布已经拉起小股队伍，在山野湖滨树起了反秦的旗帜。

公元前 210 年（秦始皇三十七年），秦朝的泗水亭长刘邦奉命送刑徒去咸阳服苦役。走在路上，刑徒们不断逃亡，防不胜防。刘邦知道如此下去，不等走到咸阳，刑徒们也就跑光了。当队伍行经丰邑（今江苏丰县）西部的沼泽地时，刘邦毅然采取了一个十分果敢的行动：决定放走所有的刑徒。其中有十多人为刘邦的义举所感动，坚决不离开刘邦，希望跟着他寻找新出路。刘邦于是带领他们隐藏于草泽中，积蓄力量，等待时机，伺机起事。到陈胜、吴广领导的大泽乡起义爆发的时候，刘邦手下已经有一支数百人的队伍了。

昌邑（今山东金乡）人彭越，是一个在巨野泽打鱼为生的人，他瞅准时机，也在秦始皇晚年的时候拉起一支由流民组成的反秦的队伍。

九江郡六县（今安徽六安）人英布，壮年因受黥刑，又名黥布，被罚修骊山陵墓。服役期间，他广泛结交刑徒中的有志之士，秘密联络蓄志反秦之人，寻找机会，带着一批志同道合的刑徒，逃到长江流经九江的地域，以"群盗"的声名，在江面上劫掠富人，开始了最初的造反生涯。

在秦始皇统治的晚年，类似刘邦、彭越和英布之类的造反者肯定还有一些。他们积聚的起义队伍人数较少，分散活动，目的主要是逃避赋役和各种刑罚。他们劫掠府库和富人，也主要为了解决生存问题，他们还没有提出推翻秦王朝的口号，也没有组织起足以威胁秦王朝统治的大军。这一切都说明，这些斗争还处于初级阶段。但是，这些反秦起义的星星之火却反映了全国各地都潜伏着危机，到处都淤积着反抗的力量。只要振臂一呼的英雄领袖一旦出现，这些分散的反秦力量顷刻之间就会汇聚成足以撼动秦朝统治的浩荡大军。

公元前 209 年（秦二世元年）七月，在泗水郡蕲县的大泽乡（今安徽宿州市境）爆发了大规模的反秦起义，领导这次起义的是出身于贫苦农民的陈胜和吴广，他们就是时代呼唤的振臂一呼应者云集的英雄领袖。

陈胜，字涉，阳城（今河南方城）人，少年时期曾在富人家做佣工。一次在田间休息时，他怅恨久之，说了一句话："苟富贵，无相忘。"一起佣耕者都笑他："若为佣耕，何富贵也?"陈胜因不被理解而叹息说："嗟呼，燕雀安知鸿鹄之志哉!"[①] 这说明贫贱中的陈胜早就不安于自己的卑贱地位，期待着如同鸿鹄般展翅翱翔。吴广，字叔，阳夏（今河南太康）人。从他们二人在戍卒中做屯长的身份看，到他们被征发时，大概已经是乡里中的头面人物了。陈胜、吴广随 900 人的队伍路经大泽乡，奔赴渔阳（今北京）戍守。由于大雨误了行期，按照秦朝的法律要处以死刑。正当大家一筹莫展的

① 司马迁：《史记》卷四八《陈涉世家》，中华书局 1959 年版，第 1949 页。

时候，陈胜、吴广正秘密进行着起义的谋划。他们分析形势，认为误期是死罪，造反也不过是死罪，与其无所作为地等死，还不如起来造反以求生。陈胜、吴广都是原楚国人，楚国被秦国灭亡的时候，楚人南公“楚虽三户，亡秦必楚”的话广为流传，这对他们谋划造反也起了精神上的鼓舞作用。面对死亡的威胁，二人决定死里求生，举行武装起义，杀出一条血路。陈胜对吴广说：

> 天下苦秦久矣。吾闻二世少子也，不当立，当立者乃公子扶苏。扶苏以数谏故，上使外将兵。今或闻无罪，二世杀之。百姓多闻其贤，未知其死。项燕为楚将，数有功，爱士卒，楚人怜之。或以为死，或以为亡。今诚以吾众诈自称公子扶苏、项燕，为天下唱，宜多应者。①

吴广赞同陈胜的分析，于是共同行卜，卜者已晓其意，就给了他们一个“事皆成，有功”的吉兆。同时示意他们以鬼神迷信制造舆论，动员群众。陈胜会其意，先将丹书“陈胜王”的帛置于鱼腹中，故意令士卒买鱼烹食时发现丹书文字，以引起他们的惊异。又让吴广深夜在驻地附近的丛祠旁燃起熊熊篝火，同时模仿狐狸的叫声，不断呼喊“大楚兴，陈胜王”。戍卒们听到这奇怪的叫声，联系“鱼腹丹书”，惊奇不已，预感到有大事要发生，从而有了接受起义的思想准备。陈胜、吴广计议谋划停当后，决定在第二天发动起义。这天早晨，吴广故意激怒统率戍卒的都尉，让他当众鞭笞自己，以激怒士卒。而吴广乘其不备，夺取都尉的宝剑将其杀死。与此同时，陈胜也杀死另一个都尉。然后，陈胜集合全体戍卒，当场发出起义的号召：“公等遇雨，皆已失期，失期当斩。藉弟令毋斩，而戍死固十六七。且壮士不死即已，死即举大名耳，王侯将相宁有种乎！”② 此时的陈胜，说出了戍卒们想讲而又讲不出来的话，想干而又缺乏勇气的行动。他们对陈胜、吴广发出了欢呼，表示了跟随二人赴汤蹈火的决心。陈胜、吴广随即登坛，与全体戍卒盟誓，诈称接受扶苏、项燕的命令，陈胜自立为将军，吴广为都尉，斩木为兵，揭竿

① 司马迁：《史记》卷四八《陈涉世家》，中华书局 1959 年版，第 1950 页。
② 司马迁：《史记》卷四八《陈涉世家》，中华书局 1959 年版，第 1952 页。

为旗，誓师反秦，群情激昂，呼声震天动地。一时间，各地潜伏的反秦力量群起响应，“伐无道，诛暴秦”的口号响彻黄河上下，大江南北。当时社会上最卑贱的劳动人民，终于对高压在他们头上的庞然大物——秦王朝，发出了反抗的怒吼！

陈胜、吴广领导的起义军尽管是一支不足千人的队伍，而且缺乏训练，装备低劣，没有强大的后勤保障：“不用弓戟之兵，櫌锄白梃，望屋而食，横行天下。”① 但是，由于他们抱着死里求生的决心，有着顽强的斗志和必胜的信心，兵锋指处，所向披靡，显示了强大的战斗力。起义军很快攻克大泽乡和蕲城。接着，陈胜令符离人葛婴率军西向，连克铚（今安徽宿州境）、酂（今河南永城西南）、苦（今河南鹿邑）、柘（今河南柘城）、谯（今安徽亳州）等城。一路上，贫苦农民和手工业者像潮水般涌入起义队伍。紧接着，经过激战攻下陈城（今河南淮阳）。这时，起义军已发展成拥有兵车六七百乘，骑兵千余、步兵数万人的大军。陈胜进驻陈城不久，即召集当地豪杰、三老议事，共商建立政权的问题。这时已加入起义军的六国旧贵族的代表张耳、陈余不同意陈胜称王，其理由是：

> 夫秦为无道，破人国家，灭人社稷，绝人后世，罢百姓之力，尽百姓之财。将军瞋目张胆，出万死不顾一生之计，为天下除残也。今始至陈而王之，示天下私。愿将军毋王，急引兵而西，遣人立六国后，自为树党，为秦益敌也。敌多则力分，与众则兵强矣。今独王陈，恐天下解也。②

张耳、陈余这个“缓称王以成帝业”的建议并非全无道理，但他们的旧意识太浓，千方百计地以恢复六国为己任，说明他们的思想已经远远落后于时代精神了。可是参加会议的三老、豪杰们异口同声赞同陈胜称王：“将军身披坚执锐，伐无道，诛暴秦，复立楚国之社稷，功宜为王。”③ 陈胜也就当仁不让地做了王，定国号“张楚”。长沙马王堆三号汉墓出土的帛书《五星

① 司马迁：《史记》卷六《秦始皇本纪》，中华书局 1959 年版，第 276 页。
② 司马迁：《史记》卷八九《张耳陈余列传》，中华书局 1959 年版，第 2573 页。
③ 司马迁：《史记》卷八九《张耳陈余列传》，中华书局 1959 年版，第 2573 页。

占·土星行度表》中有“张楚”纪年，这证明陈胜以“张楚”作为国号是确定无疑的。陈胜之所以采用这个国号，显然是为了赢得反秦意识强烈的原楚国百姓的拥护。

陈胜、吴广起义的消息像飙风一样不胫而走。分散于各地的反秦力量立即云集响应，“当此时，诸郡县苦秦吏者，皆刑其长吏，杀之以应陈涉……楚兵数千人为聚者不可胜数”①。刘邦、萧何、曹参、樊哙等起兵于丰、沛（今属江苏），项梁、项羽起兵于会稽（今江苏苏州），彭越起兵于巨野（今属山东），秦嘉起兵于东海（今山东郯城），吕臣起兵于新阳（今安徽界首）。其他小股起义更是遍地皆是，不胜枚举。起义者的成分比较复杂，除了农民、手工业者、奴隶、刑徒之外，绝大部分六国旧贵族也都参与起事，并打出恢复六国的旗号。一些在秦朝受到排挤、镇压的儒生，如孔子的九世孙孔鲋等，也携带礼器，投奔陈胜的起义军，担任了博士的官职。尽管各路起事的队伍成分不一，领导各异，目的也不尽相同，但在秦朝灭亡前，所有的起义军都把矛头对准了秦王朝。

陈胜坐镇陈城，指挥起义军多路出击。他任命吴广为假王，指挥一支起义军进攻荥阳（今属河南）。命令武臣、张耳、陈余等人率兵夺取黄河以北原赵国的土地。命令邓宗率兵直趋东南，攻略横跨长江的九江郡（今属江西）。命令原魏国人周市率兵北进，夺取原魏国的土地。又命令周文率一支起义军主力，绕开荥阳，经由颍川郡直叩函谷关，向秦朝的腹地关中进军。很短的时间内，除吴广一军在荥阳遭到秦三川守李由的顽强抵抗而无法进展外，其他各路大军几乎没有遇到什么有力的抵抗，势如破竹，捷报频传，不到半年，关东原六国的土地，除个别地方尚有秦军婴城固守外，绝大部分都被起义军占领了。尤其是周文率领的那支起义军主力，一路斩关夺隘，如入无人之境，很短时间就进至距咸阳不足百里的戏（今陕西潼关附近），眼看就要直捣首都，宣布秦王朝的灭亡了。形势发展如此之快，不仅使秦朝统治者目瞪口呆，手足失措，就是起义军的领袖们也感到始料未及，因为这个胜利来得太容易太突然了。

人们完全有理由惊异：当年气吞万里、所向无敌的秦军，为什么在看起

① 司马迁：《史记》卷四八《陈涉世家》，中华书局1959年版，第1953页。

来近于乌合之众的起义军面前，再也抖不起昔日的威风而一败涂地呢？为什么陈胜这样一个名不见经传、缺乏高贵血统的小人物，有如此大的号召力，连六国旧贵族、孔子嫡裔孔鲋之类的贵人，也一一拜倒在他的面前，心甘情愿地跟他去造反呢？贾谊是最早对这个问题进行探索总结的思想家，他说：

> 秦王既没，余威振于殊俗。陈涉，瓮牖绳枢之子，甿隶之人，而迁徙之徒，才能不及中人，非有仲尼、墨翟之贤，陶朱、猗顿之富；蹑足行伍之间，而倔起什伯之中，率罢散之卒，将数百之众，而转攻秦。斩木为兵，揭竿为旗，天下云集响应，赢粮而景从，山东豪俊遂并起而亡秦族矣。且夫天下非小弱也，雍州之地，殽函之固自若也。陈涉之位，非尊于齐、楚、燕、赵、韩、魏、宋、卫、中山之君；钼櫌棘矜，非铦于句戟长铩也；适戍之众，非抗于九国之师；深谋远虑，行军用兵之道，非及乡时之士也。然而成败异变，功业相反也。试使山东之国与陈涉度长絜大，比权量力，则不可同年而语矣。然秦以区区之地，千乘之权，招八州而朝同列，百有余年矣。然后以六合为家，殽函为宫，一夫作难而七庙堕，身死人手，为天下笑者，何也？仁义不施而攻守之势异也。①

贾谊的上述分析，尽管还带着剥削阶级的偏见，看不到正是陈胜之类卑贱者身上蕴藏着巨大的创造力量。但他认为“仁义不施而攻守之势异”，从秦朝自身政策的失误找原因，还是很有见地的。

其实，秦始皇在建国后推行的一系列政策造成的巨大社会危机，特别是二世胡亥继位后变本加厉地推行这些错误政策，不仅是秦末农民起义爆发的主要原因，也是构成起义军胜利发展的重要因素。此外，还有许多因素，也成为起义军顺利发展的重要条件。

就农民起义军方面说。首先，大泽乡起义虽然比较仓促，但陈胜、吴广还是做了必要的准备工作：“诈自称扶苏、项燕，为天下唱”，是为了把实质性的造反文饰得温和一点，使群众在心理上易于接受；“鱼腹丹书”“篝火

① 司马迁：《史记》卷六《秦始皇本纪》，中华书局 1959 年版，第 281—282 页。

狐鸣”，是为了迎合农民的迷信心理，给起义罩上一种上承天意的神秘色彩；而定“张楚”为国号，恰恰又适应了楚国百姓对故国的怀念，使他们容易受到鼓舞，增强胜利的信心。其次，因为秦朝的政策不仅严重伤害了所有的被剥削者，而且也严重伤害了六国旧贵族及其依附者。无情的镇压，频繁的迁徙，把死亡和破产强加到他们头上，使从阶级属性来说本应该成为秦朝统治基础的这部分力量，变成了秦朝的反对派。这些旧贵族与故国百姓的联系还没有斩断，当他们打出复国的旗号加入反秦队伍时，比较易于为当地百姓所接受。六国旧贵族的起事，无疑壮大了起义军的力量。并且，由于响应的起义者如雨后春笋般地遍布各地，就使关东分散于各郡县的秦军顾此失彼，不易集中起一支强大的军队对起义军进行镇压，这就给起义军的迅速发展壮大创造了条件。再次，陈胜在指挥起义军的战略战术方面虽有严重失误之处，但也有正确的一面。“张楚”政权建立以后，陈胜并没有止步不前，而是不失时机地派出部队，东西南北四面出击，使秦朝在关东地方的各级官吏还来不及准备、联络，就在这种突然袭击面前，惊慌失措地失去了有效抵抗的能力。

秦朝统治集团的暴政和蠢行，也为起义军的迅速发展、迭获胜利创造了条件。一方面，二世登基之后实行的一系列政策措施，不仅促成了起义的爆发，而且加速了统治集团内部的分崩离析。另一方面，以二世、赵高为首的秦朝当权派，更以惊人的速度腐化堕落。他们早已失去吞灭六国时的蓬勃朝气，成为残忍、愚蠢、昏愦的没落集团。他们闭眼不看“攻守之势”的变化，还是相信秦王朝依然无比强大，可以镇压任何心怀异志的反叛者，继续陶醉于建立在千百万黔首血泪和尸骨之上的荣华富贵之中。他们根本想不到自己已经坐在火山口上，所以也没有预防农民起义的任何准备。而当陈胜、吴广点燃的起义之火在关东已成燎原之势时，昏头昏脑的秦二世还不相信这是真的。谒者从东方回到首都，如实地向二世报告起义军的情况，得到的是“交吏治罪”的惩罚。因为在二世和赵高之流看来，报告起义军声势浩大就等于为“圣治”抹黑。这样做的结果是，此后，从关东回来的官员们谁也不敢报告起义军的真相。有人更是投二世之所好，用“群盗，郡守尉方逐捕，今尽得，不足忧”① 的说辞蒙骗他。这样，二世就用自己制造的帷幕，将自

① 司马迁：《史记》卷六《秦始皇本纪》，中华书局 1959 年版，第 269 页。

已蒙在鼓里，成为一个闭目塞听、掩耳盗铃、完全失去了对真实情况感知能力的昏愦之辈。当这个统治集团的成员面对自己生死攸关的大事互相蒙骗和欺诈的时候，哪里还能制定出对付起义军的正确有效的战略战术？又怎么能及时调兵遣将，组织对起义军的镇压呢？当周文统率的数十万起义军攻至戏，喊杀声震动咸阳的巍巍宫阙时，二世和赵高等才如梦初醒。但是，为时已晚，遍及关东各地的起义军已经壮大到难以镇压下去了。

周文一军顺利攻克戏，标志着陈胜为首的起义军的攻势达到顶点，秦朝统治者也开始清醒。二世除命令关中原有秦军进行拼命抵御外，又采取两项措施：一是接受将作少府章邯的建议，赦免修筑骊山墓的数十万刑徒和奴产子，将他们武装起来，以秦朝最精锐的南北军为核心，组成一支人数众多的军队，交由章邯统帅，进击对咸阳威胁最大的周文一军。二是命令守卫长城一线的 30 万大军，由王离、苏角率领迅速南下，对付关东的各路起义军。不能不承认这两项举措显示了秦朝统治集团的战略眼光和关键时刻的断然处置。由于这两支秦军是久经战阵锻炼的武装力量，他们开赴前线对付起义军，起义军面临的军事形势骤然变得异常险恶了。

章邯指挥的秦军猛扑周文统帅的起义军，起义军的劣势立即显现出来。经过戏、曹阳（今河南灵宝境）、渑池（今河南渑池西）三战，起义军一败再败，最后溃不成军，周文自杀身亡。秦军迅速东进，扑向荥阳（今属河南）城下与秦军激战的吴广一军。此时，吴广统帅的起义军正与三川守李由指挥的秦军拼死鏖战，不分胜负。周文兵败的消息传来后，吴广部将田臧认定起义军不能取胜的原因是吴广无能，错误地杀死吴广，自己统帅这支起义军。陈胜知悉此事后，可能出于稳定前线军事形势的考虑，立即遣使授田臧令尹之印，任其为上将军，全权指挥荥阳前线的军事行动。但田臧一军也很快被章邯与李由指挥的秦军打败，田臧战死，这支起义军也溃散了。章邯乘战胜之威，在分兵击破驻守东海（今山东郯城）的邓说军和驻守许地（今河南许昌附近）的伍徐军以后，集中全力猛攻陈胜在陈城（今河南淮阳）的大本营。陈胜战败，经汝阳（今安徽阜阳）转至下城父（今安徽涡阳）。在这里，陈胜的御者庄贾将其刺杀后投降了章邯。另一支由宋留统帅的起义军在攻下南阳（今属河南）以后，也因各路起义军的连连失败而选择了投降。这样，以陈胜为首的起义军大部分都遭到了失败。秦末农民战争第一阶段的高潮结束了。不过，起义军并没有完全失败。因为此时不仅项羽、刘邦、英布、彭越领导的几支起义军还在坚持战斗，而且陈胜的余部也还继续高举“张楚”的旗帜，与秦军周旋。就在陈胜死后不久，他的故涓人将军吕臣率领的一支苍头军（由奴隶组成的队伍）就风驰电掣般攻克陈城，处死叛徒庄贾，使“张楚”的旗帜又一次猎猎飘扬在陈郡城头。

以陈胜为首的农民起义军，其兴也骤，其亡也速。3 个月之间，由 900 疲惫之卒，发展成数十万人的大军，席卷了大半个中国，使不可一世的秦王朝岌岌可危。发展之速，令人惊异。可是，待章邯统帅的秦军东出函谷关，向起义军发起猛烈进攻，也是不到 3 个月，陈胜就兵败身死，数十万起义军几乎全部溃败，失败之速也同样令人惊异。秦军一时取胜和起义军失败的原因究竟是什么呢?

起义军最初 3 个月的发展虽然顺利，但并没有大量消灭秦军的主力，而只是打垮了秦朝郡县的一些地方武装。此时的秦王朝，尽管由于两代皇帝政策的失误，实力与扫灭六国时相比大大削弱，但它毕竟是掌握了全国政权的统治者，不仅有着远较起义军丰富的统治经验，而且有着比起义军不知雄厚多少倍的物质基础，更有一支历经千百次战阵锻炼、训练有素、装备精良的军队，它的将领又是有着多年的实战经验，比较通晓战略战术、能征惯战的骁勇之辈。当二世清醒之后，立即组织了对起义军的猛扑和绞杀。章邯统帅的主要由刑徒和奴产子组成的部队，按理不应该有太强的战斗力，但是，由于它以关中秦军为中坚，有一批具有实战经验的军事骨干，又有章邯、司马欣、董翳这样一批较有谋略的将领，再加上关中腹地原秦民的大力支持，一经对战，孰优孰劣，就判然分明了。而由王离、苏角统帅的自长城线上撤下来的那支秦军，更是秦军中的精华，它对农民起义军的优势更为明显。章邯在与起义军作战时采取的战略战术也是正确的。他利用起义军兵分多路、实力分散的弱点，采取集中兵力各个击破的方针奏效了：戏地一战，他击败对咸阳威胁最大的周文一军，然后穷追不舍，连战曹阳、渑池，彻底打垮了这支起义军。继而迅速东下，同吴广统帅的另一支起义军主力决战，经敖仓、荥阳两战，又消灭了这支起义军。在此之前，章邯一直坚持不分散兵力，始终集中全部兵力，在一个方向作战。这样，他就每战都能集中绝对优势的兵力，掌握了战场上的主动权。“行动自由是军队的命脉，失去了这种自由，军队就接近于被打败或被消灭。”① 周文、吴广两支主力军被消灭后，陈胜能够指挥的可战之兵已经不多。此时，章邯才分兵数路，逐一扫灭陈胜军的残部，直到把他的余部消灭在下城父。章邯这种以摧毁起义军主力为目标，以捣毁“张楚”政权为目的的战略决策是相当高明的。他的每战必集中优势兵力、每战必胜的战术原则也是正确的，所以取得了预期的战果。

以陈胜为首的起义军之所以在起事 6 个月之后即告失败，是因为其本身存在许多不可克服的局限性，由此产生了许多不可避免以及本来应该避免却未能避免的缺点、失策和错误。

首先，从政治上讲，陈胜不可能有明确的阶级观点，他不理解他所领导的这场斗争的阶级实质，而是错误地认为这是一场复兴六国的斗争。由于他诈称扶苏、项燕，定国号为“张楚”，从而使秦末农民战争一开始就笼罩着复兴六国的迷雾，也使一些六国旧贵族轻而易举地混入起义军并取得不少重要权力。这些人热衷于恢复六国统治，一旦脱离陈胜控制，就千方百计地割据称王，根本不理会陈胜的号令，甚至在起义军主力遭遇危机之时袖手旁观，实际上帮了秦军的大忙。当吴广受阻荥阳，周文败走曹阳，极需救援之时，武臣不经陈胜允准，即在邯郸自立为赵王，拥兵自重，拒绝陈胜救援吴广、周文的命令。其他旧贵族与野心家群起效尤。韩广自立为燕王，田儋自立为齐王，魏咎自立为魏王。他们拥兵割据，不服调遣，致使陈胜一军在秦军的进攻面前孤掌难鸣，陷于失败。

其次，从军事上讲，起义军本身存在的弱点更多，部署指挥屡屡失误。义军初起，应者云集，大量反秦的农民、刑徒奴隶等潮水般涌入起义队伍。两三个月之内，起义军由 900 戍卒发展为数十万人的大军。这固然反映了反秦的大好形势，也给起义军的领袖们提出了一系列难题。数十万大军，需要一大批精通军事谋略的将帅，但起义军中唯一的军事人才不过是在项燕军中做过“视日”（气象官）的周文，其余包括陈胜、吴广只是指挥过 50 人的屯长，周市、田臧、宋留、伍徐等人，过去从未指挥过一兵一卒。骤然成为数以 10 万计的大军的统帅，他们一时是很难胜任的。一支能征惯战的部队，不仅要有一批能够驾驭战争变化、精通战略战术的统帅，而且必须有严

① 《毛泽东选集》四卷合订本，人民出版社 1966 年版，第 477 页。

密的组织、严明的纪律和严格的训练，这对每日都涌进大量士卒的起义军来说，几乎是无法做到的。这样一来，起义军拥有的数量上的优势，往往难以发挥。而缺乏训练的军队，也很难适应严酷的战斗。同时，军队需要有精良的装备，而起义军手中只有“耰锄白梃”。军队应该有源源不绝的后勤供应，而起义军却只能“望屋而食”，以夺取敌人的军需和临时的征调满足供应。与秦军相比，起义军除了在人数和人心向背方面占优势外，其余的可比方面，秦军几乎都优于起义军，这样两支军队在战场上相遇的时候，优劣胜负就是不难判定的了。

正因为起义军缺乏高明的统帅，所以战略战术上的失误一再出现。起义军占领陈郡（今河南淮阳）、建立“张楚”政权以后，战略上没有主攻方向，四面出击，平均用力。一时间处处开花，捷报频传，看上去轰轰烈烈，实际上兵力分散，各支起义军之间尤其缺乏战略和战役的协同，埋下了被各个击破的危险。而起义军的领袖们被一时的胜利冲昏头脑，对秦军的反击能力缺乏实事求是的估计，当然也无法及时做出应变的准备。当章邯指挥的秦军在戏地击败周文一军的时候，形势骤然变得对起义军十分不利，可陈胜除了命令武臣救援外，再也没有其他的应对措施。武臣拒不发兵，起义军节节败退，陷于消极抵御、被动挨打的困境，最后无法摆脱失败的命运。其实，周文一军溃败后，陈胜手下还有几支部队保存着较大的力量，这时候，如果迅速调整部署，让周文军迅速后撤，与吴广部合为一军，并后退至东方起义军较多的地区，互相支持，共同对敌。这样，既可争取到战场上的主动权，又可诱使章邯军到对其不利的地区作战。计不出此，就只剩消极抵抗一途，致使被动的态势始终没有改变过来。

陈胜及其伙伴组成的领袖集团，在仓促起事成功后，在对秦军的战斗中，始终缺乏高瞻远瞩的战略眼光。打下陈郡后，军事形势发展很快，但陈胜却一直把起义军的总部安放在陈城。这里地瘠民贫，经济不发达，难以给起义军筹集大量粮秣军需；这里远离当时的政治经济中心，交通不便，不易与各路起义军迅速沟通联络，对千里之外的前线军事行动无法进行有效的指挥；这里地处平原，无险可守，一旦敌军大兵压境，难以进行持久有效的抵抗。当洛阳、开封、南阳等名城打下来以后，陈胜应该把自己的大本营迁至其中任何一个地方，最好是洛阳。然后凭黄河、芒砀之险，据敖仓之粟，利用四通八达的道路网络，随时调整部署，进退自如，左右逢源，就可能出现另一种局面。计不出此，总是局促于陈郡这样一座小城，实际上等于安下一步死棋。最后，当章邯率军逼临城下时，他不是决策向秦嘉、刘邦控制的地区退却，而是向起义军力量很弱的东南方向逃跑。到达汝阴（今安徽阜阳）后，似乎发现了失误，又转向东北撤退。但是，时机已经错过，致使章邯之军很快追赶上来，因而发生了下城父的悲剧。其实，如果陈胜一开始就向下城父方向撤退，便有较充裕的时间与秦嘉、刘邦的部队联成一气，情况就可能出现新的转机。这些本来可以避免失败的机会，陈胜都一一失掉了。如此一来，惨败的命运就不可避免地落到他的头上。

作为一个农民起义军的领袖，陈胜也缺乏卓越的政治才能。他不擅于统驭部下，不敢于严肃纪律，是非不分，赏罚不明，助长了部下各自为政、任意胡为的坏风气，致使起义军始终未能成为一支纪律严明、行动统一、具有顽强战斗力的部队，因而经不住严酷战争的考验。陈胜对武臣、韩广、魏咎、张耳、陈余等人擅自拥兵称王、不服调遣的行径，纵使无力惩处，也不应该曲意迁就。因为此例一开，也就给了其他将帅任意行动的自由，只能一一迁就屈从，将军田臧几乎以“莫须有”的罪名，“矫王令”杀死与陈胜共同发动大泽乡起义的吴广，陈胜不说半句责难的话，反而“使使赐田臧令尹印，任为上将”。秦嘉在东海“矫以王命”，杀死陈胜派去的监军武平君，自立为大司马，陈胜也予以默认，不加惩罚。相反，较早追随陈胜起事、屡立战功的葛婴，就因为擅自立了襄强为楚王，后来即使杀死襄强向陈胜谢罪，陈胜也不加原谅，仍然杀掉了葛婴。如此赏罚不明，怎么能维持统一而严明的纪律？又怎么能使起义军将领们团结一致共同对敌？

再次，陈胜首举义旗，发难反秦，表现了大无畏的英雄气概，反映了“苦秦久矣”的百姓们的利益和要求，在秦末农民战争中做出了不可磨灭的贡献。但是，封建社会的农民并没有自己独立的思想，他们期望改善自己的社会地位，既羡慕地主阶级的富裕生活，更羡慕封建帝王的荣华富贵。“王侯将相宁有种乎？”固然有反对封建血统论的积极意义，但又何尝不是表现他对王侯将相地位和享受的倾慕？当“张楚”政权建立以后，当数十万起义军将士正在前线与秦军浴血苦战、最后胜利还很渺茫的时候，陈胜已经在区区弹丸之地的陈城布置宫室，像模像样、心安理得地做起他的王来了。不仅如此，他做王以后，竟然忘记了昔日“苟富贵，无相忘”的誓言，独断专行，冤杀无辜，大摆帝王威风：“夥颐！涉之为王沈沈者!”更为严重的是，他竟然听信谗言，杀死自己昔日佣耕的伙伴，致使“诸陈王故人，皆自引去，由是无亲陈王者”①。面对这种情况，陈胜并不警觉，反而任用佞臣朱房为中正，胡武为司过，监司群臣，全凭个人好恶惩办自己的将领，结果搞得人人自危，奸佞者趋进，忠直者引退，甚至连其岳父也因他“怙强而傲长者”不辞而去。陈胜由此陷入众叛亲离的窘境。这自然大大削弱了起义军共同对敌的力量。

虽然陈胜首举义旗引发的反秦风暴并没有完全被扑灭，但陈胜领导的起义军主力却在起事6个月后基本瓦解了。陈胜由一个胸怀“鸿鹄之志”的雇农，登上王位，在演出了震撼环宇的短暂的一幕雄壮的活剧后，悲惨地死于自己的御者之手。在封建生产关系占统治地位的社会里，不少农民领袖，都是以反对压在农民头上的帝王开始自己的斗争生涯，又往往是在将自己变成帝王时结束自己的一生。反对骑在自己头上的老爷，自己又自觉不自觉地变成骑在别人头上的老爷，这几乎是所有农民领袖都无法逃脱的命运。

在秦末农民起义爆发6个月后，看起来起义军与秦军互有胜负。当章邯指挥的秦军将陈胜直接领导的起义军基本消灭之后，秦朝的当权派们大概已经认定全部消灭反秦武装力量的前景指日可待。然而，让他们始料不及的是，一方面响应陈胜起义的项羽、刘邦两支起义军成为秦军最顽强的敌人；另一方面，秦朝内部有增无已的恶斗进一步削弱了秦军的力量。秦军和它支撑起来的这个王朝，很快就要看到对他们极其不利的形势陡然展现在面前。

第九节　李斯一家遭族灭

秦朝统治集团无休止的内斗，削弱了自身的力量。他们日甚一日的残忍无情、昏庸腐败，加速了农民起义的爆发。而农民起义军的发展壮大，又进一步激化了秦朝统治集团的内部矛盾：外患日极，内斗日急。作为沙丘政变的头号谋主，赵高在二世登基后实际上成了秦王朝的真正主人。他在唆使

① 司马迁：《史记》卷四八《陈涉世家》，中华书局1959年版，第1960页。

胡亥诛杀了扶苏为代表的一大批宗室贵族、蒙恬为代表的一大批功臣宿将后，又将死亡的触须伸向丞相李斯，因为他早就觊觎着李斯占据的那个丞相位子。

李斯参与了赵高、胡亥的沙丘政变阴谋，也就等于将自己的灵魂交给了魔鬼。既然如此，他以后的路也只能由魔鬼牵着鼻子沿着一条黑道径直走向地狱。

李斯作为全盘主持国家行政运行的丞相，对秦王朝在陈胜、吴广领导的农民起义爆发所面临的严重形势的认识还比较清醒。他知道，如果二世不对秦始皇的政策改弦更张，秦帝国的前景就十分危险，因而与右丞相冯去疾、将军冯劫一起劝谏二世，希望他停建阿房宫并减少其他徭戍，结果引来二世的严厉谴责。冯去疾与冯劫为此自杀身亡，而李斯在二世的淫威面前再次屈服：抛弃丞相应负的职责，曲意奉承，千方百计地迎合二世以求自保。二世一面责备李斯，一面也向李斯请教“赐志广欲，长享天下”的方法：

> 吾有私议而有所闻于韩子也，曰“尧之有天下也，堂高三尺，采椽不斲，茅茨不翦，虽逆旅之宿不勤于此矣。冬日鹿裘，夏日葛衣，粢粝之食，藜藿之羹，饭土匦，啜土铏，虽监门之养，不觳于此矣。禹凿龙门，通大夏，疏九河，曲九防，决渟水致之海，而股无胈，胫无毛，手足胼胝，面目黎黑，遂以死于外，葬于会稽，臣虏之劳不烈于此矣”。然则夫所贵于有天下者，岂欲苦形劳神，身处逆旅之宿，口食监门之养，手持臣虏之作哉？此不肖人之所勉也，非贤者之所务也。彼贤人之有天下也，专用天下适己而已矣，此所以贵于有天下也。夫所谓贤人者，必能安天下而治万民，今身且不能利，将恶能治天下哉！故吾愿肆志广欲，长享天下而无害，为之奈何？①

二世的帝王哲学归结为一点，就是不管百姓死活，一切为着自己的享乐。为达此目的，可以不择手段。而这种帝王理想所导致的后果必然是政治昏乱、腐败盛行，是这个王朝本身的迅速灭亡。这显然是任何头脑正常的帝

① 司马迁：《史记》卷八七《李斯列传》，中华书局1959年版，第2553—2554页。

王所不屑为和不能为的，也是任何良知未泯的臣子时时切谏帝王所不能为的。这一点，李斯作为一个成熟的政治家应该是心知肚明的。可是，此时的李斯为了自身的利益，却悍然置良知于不顾，全力向二世兜售“督责之术”。因为这时已迈入公元前208年（二世二年），李斯的儿子三川守李由尽管拼死支撑，率军与起义军恶战，既无法破三川之围，更未能阻止周文一军绕过三川进入关中，打到距咸阳不足百里的戏。而章邯率军出战，不仅打垮了周文一军，解了关中之危，而且消灭了吴广一军，破了三川之围。相形之下，李斯父子则显得太无能了。三川解围后，二世派出使者，“覆案三川相属，诮让斯居三公位，如何令盗如此”①。李斯害怕二世严厉追究他们父子的责任，更害怕因此失去爵禄富贵，“乃阿二世意，欲求容”，于是向二世献上以“督责之术”为核心的帝王骄奢淫逸的享乐之术：

> 夫贤主者，必且能全道而行督责之术者也。督责之，则臣不敢不竭能以徇其主矣。此臣主之分定，上下之义明，则天下贤不肖莫敢不尽力竭任以徇其君矣。是故主独制于天下而无所制也。能穷乐之极矣，贤明之主也，可不察焉！
>
> 故申子曰“有天下而不恣睢，命之曰以天下为桎梏”者，无他焉，不能督责，而顾以其身劳于天下之民，若尧、禹然，故谓之“桎梏”也。夫不能修申、韩之明术，行督责之道，专以天下自适也，而徒务苦形劳神，以身徇百姓，则是黔首之役，非畜天下者也，何足贵哉！夫以人徇己，则己贵而人贱；以己徇人，则己贱而人贵。故徇人者贱，而人所徇者贵，自古及今，未有不然者也。凡古之所为尊贤者，为其贵也；而所为恶不肖者，为其贱也。而尧、禹以身徇天下者也，因随而尊之，则亦失所为尊贤之心矣，夫可谓大缪矣。谓之为“桎梏”，不亦宜乎？不能督责之过也。
>
> 故韩子曰“慈母有败子而严家无格虏”者，何也？则能罚之加焉必也。故商君之法，刑弃灰于道者。夫弃灰，薄罪也，而被刑，重罚也。彼唯明主为能深督轻罪。夫罪轻且督深，而况有重罪乎？故民不

① 司马迁：《史记》卷八七《李斯列传》，中华书局1959年版，第2554页。

敢犯也。是故韩子曰“布帛寻常，庸人不释，铄金百镒，盗跖不搏”者，非庸人之心重，寻常之利深，而盗跖之欲浅也；又不以盗跖之行，为轻百镒之重也。搏必随手刑，则盗跖不搏百镒；而罚不必行也，则庸人不释寻常。是故城高五丈，而楼季不轻犯也；泰山之高百仞，而跛牂牧其上。夫楼季也而难五丈之限，岂跛牂也而易百仞之高哉？峭堑之势异也。明主圣王之所以能久处尊位，长执重势，而独擅天下之利者，非有异道也，能独断而审督责，必深罚，故天下不敢犯也。今不务所以不犯，而事慈母之所以败子也，则亦不察于圣人之论矣。夫不能行圣人之术，则舍为天下役何事哉？可不哀邪！且夫俭节仁义之人立于朝，则荒肆之乐辍矣；谏说论理之臣开于侧，则流漫之志诎矣；烈士死节之行显于世，则淫康之虞废矣。故明主能外此三者，而独操主术以制听从之臣，而修其明法，故身尊而势重也。凡贤主者，必将能拂世摩俗，而废其所恶，立其所欲，故生则有尊重之势，死则有贤明之谥也。是以明君独断，故权不在臣也。然后能灭仁义之涂，掩驰说之口，困烈士之行，塞聪揜明，内独视听，故外不可倾以仁义烈士之行，而内不可夺以谏说忿争之辩。故能荦然独行恣睢之心而莫之敢逆。若此然后可谓能明申、韩之术，而修商君之法。法修术明而天下乱者，未之闻也。故曰“王道约而易操”也。唯明主为能行之。若此则谓督责之诚，则臣无邪，臣无邪则天下安，天下安则主严尊，主严尊则督责必，督责必则所求得，所求得则国家富，国家富则君乐丰。故督责之术设，则所欲无不得矣。群臣百姓救过不给，何变之敢图？若此则帝道备，而可谓能明君臣之术矣。虽申、韩复生，不能加也。①

李斯的这套“督责之术”，将申不害发明、韩非加以系统化论证的“术”的理论，做了恶性的发展。其核心就是“灭仁义之涂，掩驰说之口，困烈士之行”，摈弃一切仁义道德。对天下臣民实行最严酷的专制统治，使之终日在战战兢兢中过日子，唯恐惩罚落到自己头上，“救过不给”，也就不会产生任何非分之想。这样一来，天下太平，国君就可以尽情享受“荒肆之乐”，驰

① 司马迁：《史记》卷八七《李斯列传》，中华书局1959年版，第2554—2557页。

骋“流漫之志”，沉湎“淫康之虞”了。这套“督责之术”恰恰是迅速激化阶级矛盾和社会矛盾的最极端的理论和手段。少不更事的二世对李斯的这套说教佩服得五体投地，使秦朝的统治进一步沿着“税民深”和“杀人众”的罪恶之路变本加厉地发展下去。李斯的这套“督责之术”暂时得到二世的欢心，而这套“督责之术”恰恰成为秦朝导向灭亡的加速器。

李斯正为向二世推销“督责之术”赢得信任而得意的时候，赵高的魔爪已经悄悄向他伸去。赵高为了进一步专权自恣，一方面把二世封闭于深宫之中，隔绝他与群臣的联系；一方面则不断罗织罪名，设置陷阱，将妨碍他专权的宗室贵族、功臣宿将一一置于死地。在把二世的兄弟姊妹、蒙氏兄弟送进阴曹地府以后，他又盯上了李斯父子。赵高精心设置了一个陷阱，然后一步步将他推入其中。赵高先是面见李斯，假惺惺地说：“关东群盗多，今上益发繇治阿房宫，聚狗马无用之物。臣欲谏，为位贱。此真君侯之事，君何不谏？”李斯不知是计，还以为找到了知己，推心置腹地说：“固也，吾欲言之久矣。今时上不坐朝廷，上居深宫，吾有所言者，不可传也，欲见无间。”赵高见李斯已经上钩，进一步引导说：“君诚能谏，请为君侯上闲，语君。”接着，赵高专等“二世方燕乐，妇女居前”，玩的正高兴之时，使人通知李斯前去见二世，这自然使二世十分恼火。在赵高的谋划下，这种事接连发生了三次，惹得二世简直怒不可遏了。二世愤怒地对赵高说：“吾常多间日，丞相不来。吾方燕私，丞相辄来请事。丞相岂少我哉？且固我哉？”赵高见二世对李斯已经极度厌恶和愤懑，于是乘机诋毁李斯，进谗言说：

> 如此殆矣！夫沙丘之谋，丞相与焉，今陛下已立为帝，而丞相贵不益，此其意亦望裂地而王矣。且陛下不问臣，臣不敢言。丞相长男为三川守，楚盗陈胜等皆丞相旁县之子，以故楚盗公行，过三川，城守不肯击。高闻其文书相往来，未得其审，故未敢以闻。且丞相居外，权重于陛下。①

赵高诬陷李斯父子的话正中二世下怀，于是立即派人收集李由所谓交通起义

① 司马迁：《史记》卷八七《李斯列传》，中华书局1959年版，第2558—2559页。

军的情报，作为惩罚他们父子的佐证。事实上，所谓李由“与盗通”完全是赵高捏造的罪状，没有任何事实根据。再说，李斯父子的富贵利禄完全与秦朝联在一起，他们不仅不与“盗”相通，而且只能为击“盗”尽上最大努力。李由作为三川守，以一郡之兵挡住吴广统帅的十数万大军，使起义军不能全力进攻关中，也为后来章邯打败深入关中的周文一军创造了条件。这在所有关东郡守中是独一无二的，对二世和秦朝，他不仅无过反而有大功。昏聩的二世黑白不辨，听信赵高谗言，决意惩办李斯父子。

李斯数次见不到二世，这才意识到是赵高从中作梗，十分生气，决心与赵高决裂。这时，二世居住甘泉宫，“发作角抵优俳之观”，李斯想见二世又未能如愿，于是就以上书的形式，揭露赵高是一个图谋不轨的奸佞之辈：

> 臣闻之，臣疑其君，无不危国；妾疑其夫，无不危家。今有大臣于陛下擅利擅害，与陛下无异，此甚不便。昔者司城子罕相宋，身行刑罚，以威行之，期年遂劫其君。田常为简公臣，爵列无敌于国，私家之富与公家均，布惠施德，下得百姓，上得群臣，阴取齐国，杀宰予于庭，即弑简公于朝，遂有齐国。此天下所明知也。今高有邪佚之志，危反之行，如子罕相宋也；私家之富，若田氏之于齐也。兼行田常、子罕之逆道而劫陛下之威信，其志若韩玘为韩安相也。陛下不图，臣恐其为变也。①

李斯对赵高的观察和认识是准确的，但因为此时的二世早已被赵高揽入彀中，完全被他忠心恭顺的表象蒙住了眼睛，所以根本听不进李斯的忠告。二世看过李斯的上书后，专门召见他，劝他不要怀疑赵高。他对李斯说：

> 何哉？夫高，故宦人也，然不为安肆志，不以危易心，絜行修善，自使至此，以忠得进，以信守位，朕实贤之，而君疑之，何也？且朕少失先人，无所识知，不习治民，而君又老，恐与天下绝矣。朕非属

① 司马迁：《史记》卷八七《李斯列传》，中华书局 1959 年版，第 2559 页。

> 赵君，当谁任哉？且赵君为人精廉强力，下知人情，上能适朕，君其勿疑。①

见二世对赵高深信不疑，李斯据理力争，极言赵高之短："不然。夫高，故贱人也，无识于理，贪欲无厌，求利不止，列势次主，求欲无穷，臣故曰殆。"尽管李斯对赵高恶劣品格的揭示入木三分，但二世却听不进去。这也难怪，因为二世自小即跟随赵高学习法律和文字，朝夕相处，对赵高的精明强干有极深的印象，特别因为赵高是沙丘政变的谋主，二世对他的忠心很难产生怀疑。相反，二世倒是对李斯的忠谏萌生极大疑虑，怕李斯利用丞相之权杀掉赵高，于是将李斯的态度私下透给了赵高。赵高借机再次进谗说："丞相所患者独高，高已死，丞相即欲为田常所为。"以臣弑君篡位是君王最忌讳的罪行。赵高对李斯的反噬果然立即奏效，二世即命赵高全权审理李斯一案。至此，李斯的悲剧命运已经无可挽回了。

赵高得到二世的特准，立即将李斯拘捕，将其"拘执束缚，居囹圄中"。"西陆蝉声唱，南冠客思深"，身陷牢狱的李斯对自己的处境和秦王朝的前途开始较为深刻的反省。他仰天而叹曰：

> 嗟乎，悲夫！不道之君，何可为计哉！昔者桀杀关龙逢，纣杀王子比干，吴王夫差杀伍子胥。此三臣者，岂不忠哉，然而不免于死，身死而所忠者非也。今吾智不及三子，而二世之无道过于桀、纣、夫差，吾以忠死，宜矣。且二世之治岂不乱哉！日者夷其兄弟而自立也，杀忠臣而贵贱人，作为阿房之宫，赋敛天下。吾非不谏也，而不吾听也。凡古圣王，饮食有节，车器有数，宫室有度，出令造事，加费而无益于民利者禁，故能长久治安。今行逆于昆弟，不顾其咎；侵杀忠臣，不思其殃；大为宫室，厚赋天下，不爱其费；三者已行，天下不听。今反者已有天下之半矣，而心尚未寤也，而以赵高为佐，吾必见寇至咸阳，麋鹿游于朝也。②

① 司马迁：《史记》卷八七《李斯列传》，中华书局1959年版，第2559—2560页。

② 司马迁：《史记》卷八七《李斯列传》，中华书局1959年版，第2560—2561页。

李斯这段话显示了他对自己处境和秦王朝必将灭亡前景的清醒认识，但还谈不上大彻大悟。尽管他对二世登基以来所作所为的评判是正确的，对秦王朝必将灭亡的预见也在不久之后得到了证实。然而，他对自己的认识仍然缺乏自知之明，对自己参与沙丘之变铸成大错也没有清醒的认识和痛悔之思。他自诩的“以忠死”更是把忠心放错了地方，二世是个绝对不值得尽忠的昏聩君王。李斯从参与政变那天起，就把自己的命运与二世绑在了一起，而正是这个二世将他的命运交给了必欲置他于死地的赵高之手。

赵高接手审理李斯一案后，立即将其定为父子谋反案，并收捕“宗族宾客”。为了将这一根本不存在的谋反案锻造成铁案，赵高指使办案人员连续不断地使用酷刑。李斯被“榜掠千余，不胜痛，自诬服”。李斯这一步又走错了，因为他“诬服”的口供正是赵高求之不得的判他死刑的佐证，而谋反罪是当时顶级的大罪。李斯“诬服”后，仍未放弃求生的一线希望，“自负其辩，有功，实无反心”，幻想通过给二世的一纸上书，冀其明察，“寤而赦之”。李斯在狱中，精心炮制了一份“正话反说”的上书，向二世最后献上泣血的忠诚：

> 臣为丞相，治民三十余年矣。逮秦地之狭隘。先王之时秦地不过千里，兵数十万。臣尽薄材，谨奉法令，阴行谋臣，资之金玉，使游说诸侯，阴修甲兵，饰政教，官斗士，尊功臣，盛其爵禄，故终以胁韩弱魏，破燕、赵，夷齐、楚，卒兼六国，虏其王，立秦为天子．罪一矣。地非不广，又北逐胡、貉，南定百越，以见秦之强。罪二矣。尊大臣，盛其爵位，以固其亲。罪三矣。立社稷，修宗庙，以明主之贤。罪四矣。更克画，平斗斛度量，文章布之天下，以树秦之名。罪五矣。治驰道，兴游观，以见主之得意。罪六矣。缓刑罚，薄赋敛，以遂主得众之心，万民戴主，死而不忘。罪七矣。若斯之为臣者，罪足以死固久矣。上幸尽其能力，乃得至今，愿陛下察之。①

任何人都能够看出，李斯这里列出的自己的所谓七条罪状，实际上是自我标

① 司马迁：《史记》卷八七《李斯列传》，中华书局 1959 年版，第 2561 页。

榜的七大功劳。其中除第七条缺乏事实根据外，其余六条基本都是真实的。李斯的确为秦王朝的建立和巩固立下了巨大功勋。作为秦始皇最有力的辅佐之一，他有理由更有资格在二世面前炫耀一番。李斯希望这份上书能够到达二世那里，更幻想这份上书能够唤起二世的良知，幡然悔悟，为他平反昭雪并重新获得重用。但是，李斯如此的谋划是彻底失算了。因为此时他与其家族的命运已经完全捏在赵高的手心里，赵高当然不会让这份上书送到二世手里："书上，赵高使吏弃去不奏，曰：'囚安得上书！'"可以设想，即使这份上书能够送到二世那里，也很难改变李斯的命运。因为愚暗昏庸的二世在参与政变阴谋后就已经泯灭了良知，一切都听任赵高摆布，他怎么可能解救李斯于困厄之中呢！狡黠万端的赵高看到李斯的上书后，感到他翻供的可能性还存在，必须用酷刑锢死其心，于是"使其客十余辈诈为御史、谒者、侍中，更往覆讯斯。斯更以其实对，辄使人复榜掠之"。后来，二世为走走过场，真的派人来审讯李斯，李斯却再也不敢以实相对，而是老老实实"诬服"自己的"谋反罪"。二世得到奏报，喜不自胜，说："微赵君，几为丞相所卖。"接着，二世又下令使人赶往三川逮捕李斯长子、三川守李由，并察验其"谋反"之罪。不过，来人晚了一步，此时的李由已经在与项梁作战时被击杀。对这位为秦王朝战斗至死、英勇捐躯的忠贞臣子，赵高也不放过，仍然"妄为反辞"，即捏造谋反罪证，将其打入"谋反"的罪臣之列。

二世二年（前 208 年）七月，李斯具五刑，被腰斩于观者如堵的咸阳的通衢大道上，一起被处死的还有他的儿子与三族的男女老幼。史书记述，李斯走出监狱，被押赴刑场时，对即将一同赴死的儿子留下了感慨万千的遗言："吾欲与若复牵黄犬俱出上蔡东门逐狡兔，岂可得乎！"① 在父子相对撕心裂肺的痛哭声中，李斯与他的三族一群不下百人的鲜活的生命消失在首都街头。李斯一介布衣，青年时期走出楚国穷乡僻壤的上蔡，抱着猎取富贵利禄、出人头地的宏愿来到秦国打拼。凭着自己卓越的才能和一连串有如神助的机遇，他获得了空前的成功。30 多年的奋斗，使他晋升至秦王朝丞相的高位，一人之下，千万人之上，官位、利禄、荣耀都达到了峰巅。与他一起共享富贵利禄的是自己的儿子和亲族："斯长男由为三川守，诸男皆尚秦公

① 司马迁：《史记》卷八七《李斯列传》，中华书局 1959 年版，第 2561 页。

主，女悉嫁秦诸公子。”真是一人得道，鸡犬升天。然而，一夜之间，寒暑易节，所有功名利禄连同自己和宗族的生命都在顷刻之间化为乌有。此时，他才意识到一介平民平淡生活的珍贵。可是，此时此刻，连这种平淡生活也与自己无缘了：他必须为富贵利禄付出自己与宗族生命的代价。沧海桑田，高陵深谷。历史辩证法的铁律，永远按照“反者道之动”的逻辑运行。

作为几乎与秦始皇齐名的秦朝丞相，李斯死后也不寂寞，历代对他评论积案盈箱。在《四库全书》中，就有2476卷4512次提及他的大名。司马迁在《史记·李斯列传》的结尾评论说：

> 李斯以闾阎历诸侯，入事秦，因以瑕衅，以辅始皇，卒成帝业，斯为三公，可谓尊用矣。斯知六艺之归，不务明政以补主上之缺，持爵禄之重，阿顺苟合，严威酷刑，听高邪说，废嫡立庶。诸侯已畔，斯乃欲谏争，不亦末乎！人皆以斯极忠而被五刑死，察其本，乃与俗议之异。不然，斯之功且与周、召列矣。①

这里，司马迁对李斯品格的缺陷和行政的缺失都做了较为准确而公允的评价，为后来的批判定下了一个基调，其见解是比较深刻的。不过，汉朝以后对李斯的评价基本上是贬多于褒，大体上是将他作为一个被否定者加以鞭笞的。如唐朝的朱敬则就认定他是个无德任虐之人：

> 臣闻李斯之相秦也，行申、商之法，重刑名之家，杜私门，张公室，弃无用之费，损不急之官，惜日爱功，疾耕急战，人繁国富，乃屠诸侯。此救弊之术也。故曰：刻薄可施于进趋，变诈可陈于攻战。免犹火也，不戢将自焚。……
>
> 李斯之作股肱，罕循大道，人无见德，唯虐是闻。当此时也，主猜于上，人骇于下，父不能保之于子，君不能得之于臣。②

① 司马迁：《史记》卷八七《李斯列传》，中华书局1959年版，第2563页。

② 刘昫：《旧唐书》卷九〇《朱敬则传》，中华书局1995年版，第2913、2916页。

宋朝是对李斯评论最多的一个朝代。如大文豪苏轼热衷评价历史人物，他对李斯基本上持全盘否定态度，认为他不仅是秦始皇暴政的促成者，而且是赵高之奸的“偷合取容”者：

始皇以诈力兼天下，志得意满，讳闻过失。李斯燔书诗诵功德以成其气，至其晚节，不可告语。君老太子在外，履危乱之机，而莫敢以一言合其父子之亲者。虽始皇之暴，非斯养之不至此也。及其事二世，知赵高之奸复偷合取容，使高势已成天下已乱，乃欲力谏，不亦晚乎？至于国破家灭，非不幸也。①

宋朝的余靖写了《秦论》一文，认定李斯是“亡秦而贼天下”的头号罪人：

世言秦所以亡者，赵高谗邪，胡亥蔽愚，毒痡齐民，四海瓦解，而宗社墟矣。愚尝以为亡秦而贼天下者李斯也。秦人据形便之国，气凌山东。穆公任由余，孝公用商鞅，而霸业基矣。蚕食虎视，累世横骛，有起、翦、恬、骜握其兵，穰、魏、睢、泽执其政，斥地灭敌，日加其强。李斯始以儒学西游于秦，乃进一六合兼诸侯之说，秦人除逐客之令以从其计，破纵擅横卒并天下，以斯为相，且斯以布衣徒步游说数年而取宰相，不为不遇也。海内既一，属心于斯，六国厌战争之苦兵待我乎？偃秦人困庐井之废土待我乎？辟父子薄櫌锄之异民待我乎？教斯学帝王之术、居辅弼之地，脱或戴其君于成康之列，跻其民于仁寿之域，如反掌耳。而乃背戾古始，拔本塞源，燔弃诗书，愚弄黔首，绝尺寸之封以孤其势，侈封禅之制以骄其心，筑宫弥山川，勒铭徧海内，戮诽谤，禁偶语，刑繁令淫，国纪隳矣。纪纲既隳，四国不危者未之有也。世子者，所以接统而着代君行，则守有守则，从古之制也。故曰太子天下之本，本根一摇，天下必荡，安有著名储贰而握兵边徼，废弦诵之大业，习鼓旗之末节，衣裳颠倒，莫甚于兹。默而不言，焉

① 苏轼：《古史》卷五六，电子版文渊阁四库全书。

> 用彼相。及沙邱之变，赵高以亵近之资，启亡国之言，丞相当于此时，正人臣无将之诛以视天下，召扶苏而立之，从先帝之约。扶苏仁明，备尝险阻，辅以治道，可致太平。若划去严刑，罢遣谪戍，民无怨讟，则秦之社稷未可量也。斯惑赵高之词，越录而拔胡亥小人在位，兵徭并起，使四海之人血膏边城，骨填骊山，比屋嗸嗸，半为盗贼，尚乃建言督责以固恩宠，岂不愚哉！贼屠三川，卒被高谮，黄犬之叹，得无晚乎？使胡亥得位，赵高得权，皆斯之由也。倒持太阿，授人以柄，斯之谓乎。故曰亡秦而贼天下者，斯之罪也。卒被五刑非不幸矣。①

这里，余靖将秦朝的一切罪责统统记到李斯的名下，显然是不公正的。不过，他分析李斯在秦朝施政中的关键作用还是符合事实的。如果李斯一切为秦朝的大局和长治久安着眼和施策，秦朝未必如此短命，但那样的李斯就超出真实李斯的思想和品格了。宋朝的曹勋写了《读李斯传》，批判李斯是一个“大逆不忠”的奸佞之辈，其具五刑而死的下场是罪有应得，丝毫不值得同情：

> 余读《李斯传》，恶其以忠名已，以邪徇事，国轻已重，大逆不忠。试举其目：知有国者资礼乐以纲维，斯则请焚灭《诗》《书》以愚百姓；知太子者天下之本，斯则使扶苏监上郡而不谏，诛嫡立庶以灭公；知物禁太盛，盛必有衰，斯则身居其地而不知所税驾；知商君之法刑弃灰者为苛，斯则听赵高严刑酷法之令，增督责诛求之术，以至帝不坐朝；赵高用事禁中，族大臣，治阿房，盗贼半天下。身为丞相，既不能镇抚，又不能谏诤。及堕高计中，乃疏七罪以自矜，引比干、子胥为喻，斯妄人耳，又安可希二子之万一也。噫，吞国称帝，致秦一统者，斯也；法严人叛，致秦一旦委地者，亦斯也。至其死又具斯五刑论，皆斯而已。岂不宜哉，岂不宜哉！②

---

① 余靖：《武溪集·秦论下》，电子版文渊阁四库全书。

② 曹勋：《松隐集》卷三七，电子版文渊阁四库全书。

也是宋朝的林之奇在《李斯杀韩非》一文中，以《谏逐客书》和诋毁韩非的言论相比较，证明他是一个“出乎尔者反乎尔者”的势利小人，他之不得善终，正是“倾覆”者应该得到的结果：

甚矣，李斯之倾覆也。当秦人下逐客之令，已在逐中，则上书以为秦之所以霸者以客，而客之自诸侯来者皆有益于秦也。及其妒韩非而欲杀之，则又以非韩之公子，非终为韩不为秦，其与前日之谋何其相反如此也！当李斯遭逐上书之时，使有一如李斯者而云斯楚人也，今欲并诸侯，斯终为楚不为秦，则斯不免于害矣。为己而言，则以为诸侯之客有益于秦；至于陷韩非，则以为非终为韩，不为秦，倾覆如此，则李斯之不终于秦，岂非所谓出乎尔者反乎尔者乎？虽然，李斯之陷韩非信可罪矣，非之见害亦有以取之也。①

明朝的于慎行在其论著《读史漫录》中，对李斯做了较全面的评价：

李斯、韩非，学术一也，韩非之书未成，而为李斯所杀，李斯窃非之言，以成秦帝，而自夷其宗。盖刑法之学，非仁者所用，且亦天道所恶也。观韩子之书，其残核少恩，至父子兄弟皆不可相信，一何甚也！方斯之杀非，惟以非为胜己，非死可以得志于秦，岂知其祸之惨于非邪！

李斯一代之才也，且其有功于秦亦不细矣，而不免于种族，以其持权重禄、履盛满不止也。沙丘之谋，使斯不从赵高，彼亦未必自遂，徒欲怀通侯之印，甘心与嬖幸为伍，以乱国本。及山东盗起，二世诮让，恐惧不知所出，又进督责之说，以媚其主，而秦乱成已。本其所从，皆一念重禄之心为之也。故曰：苟患失之，无所不至矣！

李斯之盛也，诸男皆尚秦公主，女悉嫁秦公子，长男由为三川守，车骑罗门庭以千数，斯乃喟然而叹曰：“吾闻之荀卿：物禁太盛。斯乃上蔡布衣，富贵极矣！物极则衰，吾不知所税而驾也。”吾读其语，悲

① 林之奇：《拙斋文集》卷一三，电子版文渊阁四库全书。

之，当其述卿之言，一何烛盛衰之理？入而不出，以至于败，乃叹“东门、黄犬”，不亦晚乎！①

作为官至明朝内阁首辅的一代儒宗，于慎行自然对李斯、韩非服膺的法家学说深恶痛绝。他对李斯害死韩非而自己的下场惨于韩非，是抱着一种幸灾乐祸的态度的。他不否认李斯为秦王朝建立的功勋，但认为是“重禄之心”为他带来族灭之祸。而李斯虽然明白“物极则衰”的道理，却不知盛极而急流勇退，因而最后酿成灭门的大祸，悔之已晚。这些观点，蕴含着深谙宦海沉浮的经验之谈，展示的是一个明代政治家卓越而透辟的历史认识。

明清之际的大思想家王夫之，是对秦朝实行郡县制持肯定意见的学者之一。他对李斯的评论较前人更深入一步：

李斯之对二世曰：“明主灭仁义之途，绝谏诤之辩，荦然行恣睢之心。”尽古今概贤不肖，无有忍此言者，而昌言之不忌。呜呼！亦何至此哉！斯亦尝学于荀卿氏矣，亦尝与始皇谋天下而天下并矣。岂其飞廉、恶来之所以不忍言者而言之不忌，斯之心固以为然乎？苟非二世之愚，即始皇之骄悖，能受此言而不谴乎？斯抑谓天下后世之不以己为戎首而无所恤乎？无他，畏死患失之心迫而二有所不避耳。

夫死亦何不可畏也。失不可患，而亦何必于失也。前所以自进者非其道，继所以自效者非其功，后所以自保者非其术，退所以自置者无其方，则失果可患而死果可畏。欲无畏无患，以不言其所不忍者，又奚得乎！天下无必死之途，而亦无可幸之得。正志于早而后无所迫，则不忍不敢之心以全。早不能图度于正，迫其后失有形、死有机，虽欲不为此言而不得。不待上蔡东门之叹，肺肝先以自裂。斯其果无人心哉？《易》曰：“履霜坚冰至。”辨人于早，不若自辨于早也。②

王夫之认为李斯有了“畏死患失之心”以后，整个道德观念严重失范，

① 于慎行：《读史漫录》，齐鲁书社1996年版，第25、28、29页。

② 王夫之：《读通鉴论》，中华书局2013年版，第5页。

结果是"自进者非其道"，"自效者非其功"，"自保者非其术"，"自置者无其方"。因为自己失去了安身立命的道德准则，身死族灭的下场也就早已注定了。王夫之对历史人物的评价较多地着眼于道德，这自有其道理和过人之处。但是，这也极易失之偏颇。因为在阶级社会里，在复杂的政治斗争中，品格恶劣卑污之辈获得成功、荣华富贵集于一身且得以寿终正寝者不乏其人，而品格高尚、行为高洁者死于非命也屡见不鲜。显然，历史学家不能拒绝对历史人物的道德评价，那些视道德重于生命的仁人君子的嘉言懿行理应得到肯定的评价。然而，对历史人物的评价不应只有一个道德标准，并且，在对政治家的评价标准中，道德标准更不应该是唯一的标准。因为对于政治家，特别是对于那些握有政策制定和选择权的帝王将相来说，其对历史发展客观上所起的作用也应该是重要标准，甚至超过道德标准。

李斯是政治家，也是思想家和书法家，其文章在有秦一代也属于上乘。这些方面后人也有较切中肯綮的评价。宋朝的徐铉就赞美李斯书法达到"美至"的水平："昔伏羲画八卦而文字之端见矣，仓颉摸鸟迹而文字之形立矣，史籀作大篆以润饰之，李斯变小篆以简易之，其美至矣。"① 元朝的陶宗仪也颂扬"李斯书骨气风云，方圆妙绝"②。同是元朝的虞集在《题魏受禅碑》一诗中，也对李斯的书法发出由衷的赞美："华歆劝进锺繇笔，妙画千年不可磨。旧有始皇金石刻，李斯文字更嵯峨。"③ 至于李斯的文章，一直得到后世较高的评价。如明朝的苏伯衡历数自先秦至宋朝的20位代表性的文章大家，就将李斯视为秦朝文章的唯一代表：

> 故三代以来为文者至多，尚论臻其妙者，春秋则左丘明，战国则荀况、庄周、韩非，秦则李斯，汉则司马迁、贾谊、董仲舒、班固、刘向、扬雄。唐则韩愈、柳宗元、李翱，宋则欧阳修、王安石、曾巩及吾祖老泉、东坡、颍滨。上下数千百年间，不过二十人尔。④

---

① 徐铉：《骑省集》卷二三《韵谱前序》，电子版文渊阁四库全书。

② 陶宗仪：《说郛》卷八六，电子版文渊阁四库全书。

③ 虞集：《道园学古录》卷三〇，电子版文渊阁四库全书。

④ 苏伯衡：《苏平仲文集》卷三《杂说》，电子版文渊阁四库全书。

鲁迅在《汉文学史纲要》一书中，为李斯单列一篇，认定他的文章是秦朝的唯一代表："由现存者而言，秦之文章，李斯一人而已。"①

由于李斯以布衣之身而荣登秦朝相位，声势一时显赫无比，而最后又遭到族灭的严惩。他命运的跌宕起伏成为诗人咏叹的题材，所以历史上以他为对象的诗篇不少。其中除了对命运无常的叹息外，当然也涉及对李斯的评价。唐朝大诗人李白有五首诗一篇赋涉及李斯，如《行路难》三首之一的《古兴》，悲叹"功成不退皆殒身"的伍子胥、屈原、陆机、李斯等人悲剧命运，叹息"李斯税驾苦不早"，"上蔡苍鹰何足道"。② 在《悲歌行》中，哀叹李斯没有及早觉悟，"秦家李斯早追悔，虚名拨向身之外"，是因为他没有参透富贵难持久的道理："天虽长地虽久，金玉满堂应不守。富贵百年能几何，死生一度人皆有。"③ 在《冬夜醉宿龙门觉起言志洛阳》一诗中，李白直认李斯为秦始皇之鹰犬，"傅说板筑臣，李斯鹰犬人"④，但在《拟恨赋》中，则又对李斯的遭冤杀充满怜惜之情："李斯受戮，神气黯然。左右垂泣，精魂动天。执爱子以长别，叹黄犬之无缘。"⑤ 做过唐朝丞相的李德裕在遭贬时写了《到恶溪夜泊芦岛》一诗，是权势中人失去权势时的内心独白，其中慨叹李斯死到临头时觉悟已经太迟了：

> 甘露花香不再持，远公应怪负前期。青蝇岂独悲虞氏，黄犬应闻笑李斯。风雨瘴昏蛮日月，烟波魂断恶溪时。岭头无限相思泪，泣向寒梅近北枝。⑥

唐朝的胡曾写过多首咏史诗，后来编为一集出版。其中的《上蔡》也叹息李斯不能功成身退的悲剧：

① 《鲁迅全集》第9卷，人民文学出版社2005年版，第395页。

② 《李太白文集》卷二，电子版文渊阁四库全书。

③ 《李太白文集》卷五，电子版文渊阁四库全书。

④ 《李太白文集》卷二〇，电子版文渊阁四库全书。

⑤ 《李太白文集》卷二四，电子版文渊阁四库全书。

⑥ 李德裕：《李卫公别集》卷四，电子版文渊阁四库全书。

上蔡东门狡兔肥，李斯何事忘南归？功成不解谋身退，直待咸阳血染衣。

而另一首《杀子谷》则谴责李斯助秦始皇、秦二世为虐的罪行：

举国贤良尽泪垂，扶苏屈死树边时。至今谷口泉呜咽，犹似当时恨李斯。[①]

唐朝的著名诗人韦庄是投诚黄巢起义军的少数文人之一。他的《题李斯传》一诗，也慨叹李斯觉悟太迟遭屠戮的悲剧："蜀魄湘魂万古悲，未悲秦相死秦时。临刑莫恨仓中鼠，上蔡东门去自迟。"[②] 宋朝思想家和历史学家对李斯的评论很多，诗人歌咏李斯的也不少。如苏洵在《答陈景回诗》中就慨叹李斯贪恋富贵、不知急流勇退的道理："谁知李斯顾秦宠，不获牵犬追黄狐。"[③] 而苏门四学士之一的秦观在《次韵太守向公登楼眺望二首》之一的诗中则叹息很少有人能够功成身退，因为富贵利禄的吸引力太强固，人们对它犹如铁之被磁石吸引，很难摆脱：

庵烟起处认孤村，天色清寒不见痕。车网湖边梅溅泪，壶公祠畔月销魂。封疆尽是春秋国，庙食多怀将相恩。试问李斯长叹后，谁牵黄犬出东门。[④]

薛季宣写了四首咏叹李斯的诗，都是批判李斯的罪行，如《读李斯传》，全盘否定李斯，对司马迁"功与周召"的说辞也不苟同：

上蔡游公子，真情本自愚。五刑身具论，七罪法当诛。逐兔踪牵狗，亡秦效击胡。明功与周召，为问骊山徒。

---

① 胡曾：《咏史诗》卷下，电子版文渊阁四库全书。

② 韦庄：《浣花集》卷三，电子版文渊阁四库全书。

③ 苏洵：《嘉祐集》卷一六，电子版文渊阁四库全书。

④ 秦观：《淮海集》卷九，电子版文渊阁四库全书。

其《李斯》三首，更是充满谴责和批判之辞：

猎尽山东六暴强，修明律令起秦皇。还思税驾知无地，逐兔应当尔许忙。

诗书灰烬便秦文，便得秦王却误身。斯具五刑秦再世，六经还有表章人。

刚从荀卿学帝王，为羞贫贱速危亡。威严无复人居上，自处应惭厕鼠方。①

黄干在《读史戏呈刘正之》一诗中，揶揄李斯的遭遇："李斯逐客徒自尊，东门黄犬还悲辛。"② 宋朝诗人中，唯有于石有点另类，他《读史》七首之一中认为后人以焚书谴责李斯，是因为对焚书的后果估计太过严重，实际上秦人留下的博士书并不少，而真正焚书成灾的是项羽的焚烧咸阳：

世以燔经咎李斯，斯文兴丧岂关渠。楚人未烈咸阳火，秦府犹存博士书。吾道不随灰烬冷，残烟空锁帝王居。独嗟先入收图籍，刀笔区区计亦疎。③

于石的观点有一定道理，不过他对秦朝焚书的严重程度估计可能偏低了，因为民间藏书的大量销毁同样是不可饶恕的罪行。金朝的王寂在《题中隐轩》一诗中叹息富贵可求也易逝："李斯相秦印如斗，一朝祸起遭鞭杻。却思上蔡牵黄狗，况知富贵不可求。"④ 元朝的张养浩在《李斯赵高》一诗中，则痛斥赵高和李斯是秦朝的两大巨奸，他们自以为是的欺君最后成了自欺欺人，满门遭诛是罪有应得："秦室斯高两巨奸，崎岖心计各求安。阖门到了归诛灭，本欲谩君郄自谩。"⑤ 同是元朝的王恽在《读李斯传》一诗中，

① 薛季宣：《浪语集》卷四、卷八，电子版文渊阁四库全书。

② 黄干：《勉斋集》卷四〇，电子版文渊阁四库全书。

③ 于石：《紫岩诗选》卷三，电子版文渊阁四库全书。

④ 王寂：《拙轩集》卷一，电子版文渊阁四库全书。

⑤ 张养浩：《归田类稿》卷二二，电子版文渊阁四库全书。

讥笑李斯的最大失误是附和赵高的沙丘密谋："常笑秦斯诉己忠，岂知身堕赵机中。沙丘不负先王托，虽死犹能保霸功。"[①] 明朝的钱宰在《山峡图》一诗中也同样叹息李斯从富贵的巅峰坠下深渊的悲剧命运："李斯卒弃咸阳市，上蔡黄犬不得牵。"[②] 诗人们咏叹命运的大起大落、大喜大悲，叹息转瞬即逝的荣华富贵和命运的不可捉摸。然而，他们往往意识不到：命运在相当程度上还是掌握在自己手里。李斯的悲剧，在很大程度上是他自己酿成的。

究竟应该怎么评价李斯呢？总体而言，李斯是一个功过不相掩的历史人物。他洞明世事，精明强干，敢作敢为，功勋卓著。他看出秦国统一六国的前景，所以由楚国不远千里赶赴秦国，希冀在这里找到展示自己才能的舞台。这一步棋，是当时七国文武之士普遍的追求，择主而仕，实现自己的人生价值，本身无可厚非。李斯来到秦国后，立即投奔大权在握的丞相吕不韦，找到了晋身的最佳途径。作为吕不韦的舍人，他在丞相府受到最好的从政的训练，并且有众多机会接近秦王，使之发现并欣赏自己的聪明才智。后来，在嫪毐、吕不韦事件中，他机智地斩断了与吕不韦感情的丝缕，毅然转投到了秦王嬴政麾下。从此，他跟定这位雄才大略的君王，以自己卓越的才能和出色的谋略为之服务。在统一六国、制定巩固和加强专制主义中央集权的各项制度、法律和政策措施的活动中，为秦王朝立下不世之功。可以说，他与秦始皇犹如连体婴儿一样密不可分。秦始皇的所有功劳中几乎都有他的贡献。当然，秦始皇的许多劳民伤财、破坏生产、毁灭文化、残酷压榨盘剥劳动人民的举措，以及与此相关的赋役征发，李斯或出谋划策，或参与其事，当然也难辞其咎。如果说秦始皇是一个功大过亦大的杰出封建帝王，那么，李斯就是一个功大过亦大的杰出政治家。如果李斯与秦始皇一同死去，他们的功过就几乎难分轩轾，而是你中有我，我中有你，彼此紧密相连。可是，在秦始皇死后，李斯又多活了两年。这最后的两年，李斯却没有留下半点值得称道的业绩。

秦始皇死后，对于秦王朝的走向，作为丞相的李斯处于举足轻重的地位。第一，他可以忠贞不贰地执行秦始皇的遗诏，召扶苏回咸阳主持办理秦

① 王恽：《秋涧集》卷三四，电子版文渊阁四库全书。

② 钱宰：《临安集》卷一，电子版文渊阁四库全书。

始皇的丧事并继立新君。而在秦始皇众多儿子中扶苏应该是较为理想的继体之君，如果他能继承君位，秦王朝很可能开始一个新局面，至少比胡亥占据皇帝之位要强得多。第二，他可以利用手中的权力和影响，协助扶苏转变秦始皇的既定国策，缓和已经尖锐的阶级矛盾和社会矛盾。真是如此，不仅秦王朝会转危为安，延长国祚，而且李斯自己也能够保住相位，继续享有已有的富贵利禄。然而，李斯却没有这样做。在奸佞之辈赵高的威胁利诱下，他参与了“沙丘之谋”，将秦始皇最坏的儿子胡亥扶上帝位，继而又屈服于胡亥的淫威，违心地向胡亥兜售最残暴无情的“督责之术”，进一步加剧了对劳动人民的榨取和奴役，激化了秦王朝的内部矛盾，加速了秦王朝灭亡的步伐。显然，李斯既为秦王朝的统一和强大立下无可替代的功劳，也对秦王朝的二世而亡负有不可推卸的罪责。人类历史上存在着某种近似报应的规律。这种报应在李斯身上也得到佐证。李斯为了保住权势利禄，不惜害死同学韩非，不怿舍弃故主吕不韦，不惮背叛君王秦始皇，出卖人格，丧心病狂，向最卑劣无耻的恶势力投降，并以“督责之术”讨其欢心，在统治集团内部制造血腥的屠杀。但到头来，他的权势、富贵和生命也一齐断送于他发明的“督责之术”，遭到最无情的“族灭”的报复。其实，就是为了保住富贵利禄，李斯也完全可以做出另外的选择。这一层，清朝人李锴已经看到了：

> 始皇之崩也，赐长子书，书及玺皆在赵高所，变易太子，权实在高。然不与丞相谋，恐事不成。是持衡而镇者半亦在斯。当是时也，谠言严拒守之以死亟走咸阳，立太子显诛谋乱者，虽百高无如斯何，计不出此，而腰斩咸阳，适蔽厥辜尔。①

另一清朝人戴均衡在《味经山馆文钞·李斯论》中也作了较切中肯綮的论述：

> 呜呼！持禄固宠之心，古今之豪杰，闻人为所误者，可胜道哉！……李斯之于赵高，杜钦、谷永之于王凤……皆所谓知其恶而强

① 李锴：《尚史》卷七五《列传》五三，电子版文渊阁四库全书。

附和者也。然凤莽之权重，非杜钦、孔光等之力所能谁何，独李斯力可制赵高而又有可乘之时势，而竟以怀通侯印一语遂听赵高杀扶苏。……而己亦族灭，岂不可痛也哉！……使丞相于赵高来言之时立缚而诛之，告二世曰："公子仁孝恭让，是泰伯、仲雍、夷、齐之行也。赵高小人欲废皇帝遗诏，离间骨肉，倒乱纲常，陷公子不孝、不仁、不义，臣已诛之。请急奉遗诏迎公子扶苏即位，以明公子之心也。"吾知二世必且欣然从之，扶苏即位必德二世与斯，斯之通侯印不为蒙恬夺也。

此论虽为假设，但却是有道理的，因为李斯当时的地位和权力完全可以做这样的选择，一个区区中车府令赵高是无法奈何他的。遗憾的是，李斯出于一己之私利，同魔鬼做了一次交易，这种错误的选择最终使他付出了族灭的代价。这不是造化弄人，而是人之自为：一个错步迈出去，就再也迈不出正步了。李斯的错误选择，不止害了他自己，更是害了秦王朝，使之在可以扭转乾坤的时候未能抓住机遇，所以宋朝学者罗衮将李斯推定为亡秦的第一号罪人：

亡秦者，不在胡亥、赵高、子婴，亦不在始皇，亡秦者，李斯也。胡亥固亡国器也，以秦授之者过也。赵高不幸，秦狗之瘈左右者，不图则固噬其主矣。子婴立于已乱，四十余日而亡。考其行事，不无庸主之材。其犹坐四屋之间，环火已炽，虽有杀火之术，欲没何由哉？始皇虽不以仁义，死之日天下无事，民为择君，但其遗诏不行于斯耳。李故有名，天下臣主相得。六国既平，不能于此时推广，使秦修帝王之道，固亦失矣。及始皇外崩，奸臣谋乱，反不能于此时制变为存秦之计，卒使赵高得行其谋，胡亥极其恶，子婴孤死于苍黄之地。始皇失贤嗣，遂暴恶于后世。嬴氏之鬼以不食者，李斯之故也。然则赵高之际，为李斯者义宜奈何？奔蒙恬，立扶苏，为国讨贼，以固其社稷可也。当是时，蒙恬与扶苏将三十万之师屯上郡，蒙恬之威，外震匈奴，内信秦国，三世积功，兄弟忠信，尊用于世，扶苏长子，直谏而出，虽然，始皇故知之，所以无诏封诸子而独书与扶苏，欲以为嗣。

虽天下之人皆知其贤而以为当立，故陈胜、吴广作乱，乃诈托公子扶苏以从民望。向使李斯以蒙恬之威，举其兵，以扶苏之望令天下，而诛一赵高，岂难哉？贼臣既诛，恬、斯乃复相，与尽其材，辅贤明之主，以宽静天下，秦不亡矣。不唯不亡，且将兴。斯不务出此，躭禄畏害，懦于倾危之际，使秦有杀嫡立庶，淫刑虐法，杀君亡国之恶。穷天地而不搓者，李斯之故也。悲夫！①

纵观李斯的一生，作为一个杰出的新兴地主阶级的政治家，他的身上充满复杂的矛盾：在他身上，既表现了“布衣之士”不择手段地追逐富贵利禄的丑恶嘴脸，又显示了他毫不隐瞒自己目的的直率和坦诚；既展现了他锐意进取的生气勃勃的面貌，也展现了他的刻薄寡恩的品性。这一切，毋宁说是封建社会初期新兴地主阶级的政治家阶级性的个性化表现。以韩非为代表的新兴地主阶级的法家，曾在理论上无情地撕毁了罩在中国宗族奴隶制社会关系上那层温情脉脉的纱幕，把人与人之间的关系，其中也包括君臣关系，还原为赤裸裸的利害关系：“臣尽死力以与君市，君爵禄以与臣市，君臣之际，非父子之亲也，计数之所出也。”② 尽管韩非也强调臣子对君主的绝对服从，如说“顺上之为，从主之法，虚心以待令而无是非也”③ 等等，但是，由于这时人们更多看重的是“利害”而不是“道德”，并且，新起的封建统治者也还远没有意识到“忠孝节义”之类道德信条的重要作用，未能有意识地大力宣扬和提倡，所以卖主求荣、恩将仇报、翻云覆雨、落井下石之类道德堕落现象也就司空见惯，熟视无睹了。此时，由于新兴地主阶级的事业方兴未艾，他们的活动往往显露出历史正当性的光辉，所以他们对权势和财富的追求在一定条件下成为促进历史发展的杠杆。但是，由于新兴地主阶级从其出生那天起就是一个剥削阶级，它对权势和财富的追求在许多时候又成为历史发展的阻力。对于一个人来说，对权势和财富的无厌追求，有时可以成为迅速上升的杠杆，有时更可能成为导向死亡的起搏器。而这两种作用，恰恰在李斯一生前后的历史中达到了统一。李斯作为当时新兴地主阶级的政治

① 罗衮：《秦论上》，电子版文渊阁四库全书。

② 王先慎：《韩非子集解》，中华书局 1998 年版，第 383 页。

③ 王先慎：《韩非子集解》，中华书局 1998 年版，第 37 页。

家，以其陡升的奇迹和死灭的悲剧诠释了这个矛盾集合体的典型。

第十节 农民起义军再度崛起

陈胜、吴广领导的农民起义军虽然被章邯指挥的秦军打败，但在其影响下起事的许多支起义军仍然坚持着反秦的事业，特别是项羽、刘邦为首的起义军，更是在挫折中奋起，愈战愈勇，经过3年的连续战斗，终于将秦王朝送进了坟墓。

项羽，名籍，字羽，泗水郡下相（今江苏宿迁）人。因其祖先世代做楚国的将军，被封于项（今河南沈丘），所以以项为姓。项羽的叔父项梁是楚国名将项燕的儿子。项燕在秦军灭亡楚国的鏖战中曾率部顽强抵抗秦军，被秦将王翦杀死。楚亡后，项氏一家一直对秦朝怀着刻骨的仇恨，把复仇的志向深深埋在心底。在秦朝统治的十多年中，项羽已经成长为一个高大健硕、勇武坚毅的青年。但学书学剑都无所成，项梁很生气，项羽却说："书，足以记姓名而已。剑，一人敌，不足学，学万人敌。"[①] 项梁于是教他兵法，项羽十分高兴，但浅尝即止，也未能坚持到底。后来，项梁因为杀了人，官司缠身，就与项羽一起逃到吴郡（今江苏苏州）暂栖身。在那里，他们广泛结交吴中的士大夫和豪杰之士，做起事的准备工作。秦始皇出巡会稽，渡浙江（今钱塘江）的时候，项羽看到他八面威风的气派，情不自禁地脱口而出："彼可取而代也。"项梁赶忙掩其口，但内心十分高兴，知道这个侄子是胸怀大志之人。青年时代的项羽"力能扛鼎，才气过人"，吴地的青年都对他十分敬畏。

二世元年（前209年）七月，陈胜、吴广发动大泽乡起义。九月，项梁设计，指挥项羽击杀了秦朝的会稽郡守，召集会稽的八千子弟，响应陈胜起义，举起了反秦的义旗，迅速攻克吴中各县。年底，陈胜死难。奉陈胜之命进攻广陵（今江苏扬州）的召平。南渡长江，矫陈胜之命，拜项梁为上柱国，命令他率兵渡江，北上进击秦军。项梁、项羽即刻率八千精锐兵马，渡江北上。在东阳会合陈婴的二万兵马，渡过淮河后，又汇集英布、蒲将军率

① 司马迁：《史记》卷七《项羽本纪》，中华书局1959年版，第295—296页。

领的两支起义军，到达下邳（今江苏邳州境）的时候，已经是拥有六七万军力的劲旅了。之后，项梁击败驻守彭城（今江苏徐州）之东的秦嘉一军，前进至胡陵（今江苏沛县），杀死秦嘉和被陈胜而立的楚王景驹，将秦嘉军收编。此时，章邯指挥的秦军进至栗（今安徽夏邑）。项梁命朱鸡石、余樊君迎战，起义军战败，余樊君战死，朱鸡石被项梁诛杀。项梁屯兵于薛（今山东薛城）拒敌，同时命令项羽率一支起义军进攻襄城（今河南睢县）。这时候，项梁得到陈胜已经战死的消息，就召集各路起义军首领至薛，共同商定反秦之计。由于项梁一军力量最大，又取得对秦军作战的不少胜利，且有楚国名将后裔的身份，因而他就成为各路起义军众望所归的领袖。在薛城会议上，项梁接受居鄛（今安徽巢县）人范增的建议，将原楚怀王的孙子芈心，一个流落民间的牧羊儿，拥立为共主，仍称楚怀王，作为各路起义军名义上的领袖。以陈婴为上柱国，与怀王一起驻盱台（今江苏盱眙境），项梁自号武信君，事实上号令一切，成为各路起义军的盟主。会议决定全力反击章邯统帅的秦军，各路起义军必须主动进行战略战役的配合。薛城会议，巩固了项氏叔侄在起义军中的地位，在一定程度上协调了各路起义军的军事行动，从而大大提高了起义军的作战效能，使秦末农民战争迎来了它的第二个高潮。

这时的反秦起义军，除了项梁统帅的拥有最大力量的一支之外，还有数支分布在关东广袤的土地上，同秦军进行着不断的战斗。其中刘邦领导的丰沛起义军力量仅次于项梁一军。刘邦，字季，沛丰邑中阳里（今江苏丰县）人。农民出身，做过泗水亭长。秦始皇三十七年（前 210 年）他主动释放押送咸阳的刑徒，聚众百余人隐于芒砀山泽之中，走上了武装反秦的道路。陈胜、吴广起事的消息传来以后，刘邦与沛县长吏萧何、曹参、樊哙等一起，于九月举事，杀死沛县令，集合丰沛子弟二三千人，公开起兵反秦。刘邦被推为沛公，做了这支起义军的领袖。他首先引兵攻打胡陵、方与（今山东金乡境），取得成功。接着又打败泗水郡（今安徽濉溪）监御史指挥的围攻丰邑的秦军。起义军左司马曹无伤生擒泗水郡守，并将其处死。再后，接受秦嘉指挥，与章邯军一部战于萧西（今安徽萧县西），失利后，还兵留（今江苏沛县境），转攻砀（今安徽砀山境），苦战三日，占领该城。之后增兵五六千，继而攻下邑（今安徽砀山）。后参加项梁主持的薛城会议，会后得到项梁拨给的士兵 5000 人，五大夫将 10 人，军力大增，成为项氏之外一支较大的力量。

除以上两支规模较大的起义军外，还有原六国贵族拉起来的几支反秦武装。他们是：

以赵王歇为首，以张耳、陈余为谋主的赵国军事集团，占有原赵国的大部分土地。

以魏王豹为首，以彭越为谋主的魏国军事集团，占有原魏国的大部分土地。

以齐王田市为首，以田荣、田横为谋主的齐国军事集团，据有原齐国的大部分土地。

以燕王韩广为首的燕国军事集团，据有原燕国的大部分土地。

显然，历史进入二世二年（前 208 年）以后，尤其是薛城会议以后，起义军开始从陈胜殉难后不利的军事形势下恢复过来，又在战场上摆开了向秦军进攻的态势，争得了部分战场主动权。政治上也建立了楚怀王芈心为名义的共主，形成了以项梁、项羽叔侄为核心的松散联盟。不过，从政治上看，参与反秦的各军事集团的情况是异常复杂的。

项梁、项羽叔侄领导着一支强大的军事力量，也是同秦军作战的主力部队。他们推翻秦朝统治的决心是坚定的，斗争勇猛而顽强。但是由于他们出身于楚国贵族，对故国的怀念特别萦绕心怀，同时对七国并立的战国时代有着挥之不去的眷恋之情。在其优容礼遇下，原六国贵族的势力非常活跃。项氏叔侄虽不失秦末农民起义军的杰出领袖，但他们却是脚步向前走，眼睛向后看的人物。秦朝灭亡后，他们成为新的割据势力的代表并不奇怪。

已经在农民战争中立国的六国旧贵族及其依附者，自始至终都以恢复战国时代的旧格局为目标，他们是时代风浪泛起的沉渣，其政治意识是落后倒退的。这部分政治势力，虽然也在从事反对暴秦的武装斗争，但总是心怀异志，经常拨弄自己的小算盘，不时在起义军中制造摩擦，干些损人利己的勾当。在后来的楚汉战争中，他们基本上都依附于项羽，得到的是一一被扫灭的结局，显然是罪有应得的。

刘邦领导的起义军是一支比较纯正的农民起义队伍。它在很大程度上坚持了“伐无道，诛暴秦”的斗争方向，对恢复战国时代的旧格局持反对态度。刘邦集团最后成为又一次统一中国事业的完成者，是因为他们的活动符合了历史的发展方向。

由于参与反秦的各个军事集团在斗争中抱着各自不同的目的，因而也就埋伏了秦亡以后各派进行激烈混战的种子。但是，在秦朝灭亡之前，因为暴秦这个共同斗争目标还存在，各派政治军事集团之间也还能维持松散的军事联盟。正是靠着这种联盟，才最后完成了推翻秦朝这一历史任务。

薛城会议以后，项梁这支部队经过数月休整，力量倍增。于二世二年（前208年）七月，即大泽乡起义一周年之后，冒着滂沱大雨一举攻破亢父（今山东济宁境）。此时，章邯正指挥秦军围攻东阿（今山东东阿西南），攻势甚猛。守城的田荣求援。项梁率军昼夜兼程，长驱400余里，大败秦军于东阿城下，章邯只得西向退兵。项梁命项羽、刘邦各率一军跟踪追击，再破秦军于阳城（今山东菏泽）。接着，项梁又挥军与章邯军激战濮阳（今属河南）以东，取得重大胜利。三月之中，项梁指挥起义军三战三捷，狠狠打击了章邯的气焰，使起义军受到很大鼓舞，更加坚定了战胜秦军的决心。八月，章邯军坚守濮阳，项梁军攻之不下，乃转军南下定陶（今属山东），再次大破秦军。与此同时，项羽和刘邦指挥的起义军与秦军激战于雍丘（今河南杞县），杀死秦三川守李由，取得很大胜利。

起义军在七、八月份取得的一系列胜利，使项梁滋长了轻敌骄傲情绪，放松了对秦军的戒备。其实，当时的军事形势，还容不得起义军盲目乐观。因为此时尽管起义军在对秦军作战中取得不少胜利，但秦军的有生力量还没有受到大的损失。这一点，起义军的一个将领宋义已经意识到了。他不无忧虑地对项梁说："战胜而将骄卒惰者败。今卒少惰矣，秦兵日益，臣为君畏之。"[①] 然而，此时的项梁已经被起义军的几次胜利冲昏了头脑，根本听不进宋义的忠告，没有采取必要的防范措施。就在他安居定陶城中陶醉于胜利成果的时候，秦二世悄悄给章邯增兵。九月，章邯在经过充分准备之后，在一个大雨如注的黑夜里率兵突袭定陶，一举成功，杀死项梁，使起义军受到重大损失。这期间，项羽、刘邦先是督军猛攻外黄（今河南民权境），激战月余，未分胜负。之后，他们在转攻陈留（今河南开封）的时候，得到了项梁

① 司马迁：《史记》卷七《项羽本纪》，中华书局1959年版，第303页。

败死定陶的噩耗。他们当机立断，马上缩短战线，调整部署，与吕臣等率军返回彭城（今江苏徐州），同时将驻盱眙（今属江苏）的楚怀王也迁至彭城。吕臣军驻彭城东，项羽军驻彭城西，刘邦军驻砀（今安徽砀山），三支军队互为犄角之势，做好迎战秦军的准备。

在人类战争史上，一次胜利往往使一些军事统帅骄傲轻敌，错误估计形势，失掉即将到手的新胜利，甚至转胜为败，遭受重大挫折。项梁、章邯就都是属于这类将领。章邯取得了定陶之战的胜利之后，误判“楚地兵不足忧”，以为黄河以南的起义军已经不能构成对秦军的主要威胁。不仅没有乘胜追击，扩大战果，反而认定新恢复的赵国是主要威胁，于是引兵北渡黄河，扑向赵国。其实，对秦军最大的威胁是项羽、刘邦统帅的两支起义军，而割据一方的赵国局促邯郸（今属河北）一隅，没有多少进取意识，对秦军不过是肌肤之患，章邯的错误决策和行动，给了项羽、刘邦以休整队伍、调整部署的喘息之机，是秦军战略上的一次重大失误。

章邯率领秦军的新胜之师渡过黄河以后，一举将赵国的军队打得落花流水，并很快攻克赵国的旧都邯郸。章邯遂即将邯郸居民迁至河内（今河南武涉）一带，并将该城夷为平地。赵王歇与张耳率残部逃至巨鹿（今河北平乡西南），旋即又被王离指挥的长城一线南下的秦军团团包围。陈余收集常山兵马，在巨鹿以北安营扎寨，以深沟高垒与秦军对峙。章邯驻军于巨鹿以南的棘原（今河北鸡泽境），指挥秦军日夜围攻巨鹿。此时的赵军陷于岌岌可危之境，赵王只得不断派出使者向楚怀王哀求发兵救援。

此时的楚怀王不欲项羽的势力坐大，就下令收回他的兵权，将他和吕臣的军队收归自己统帅，仅封项羽为没有什么实权的长安侯。楚怀王这个包藏私心的不高明的决定，种下了日后项羽指使人将他截杀于江中的种子。楚怀王在决定发兵救赵的时候，听信了高陵显君的建议，做出了又一个不高明的决定，任命不谙军事的宋义为上将军，给予他指挥救赵之师的全权，而让项羽和范增做他的助手。当宋义统帅的起义军主力浩浩荡荡地向赵国进发的时候，时间已经是二世三年（前 207 年）的冬天，风雪弥漫，天寒地冻。但历史却要记载一场决定秦朝命运的战略决战。指挥这场决战并取得胜利的英雄是叱咤风云的起义军统帅项羽，他将在巨鹿城下建树不朽的业绩。

二世三年（前 207 年）十月，宋义率起义军抵达安阳（今属河南）后，即命令士兵停止前进，一驻就是46天。尽管赵军据守的巨鹿在章邯、王离等指挥的秦军围攻下危在旦夕，求救的使者络绎不绝，宋义仍然无动于衷，不肯催军前进。项羽多次建议他迅速挥军北渡漳河，与赵军内外夹击，以求聚歼秦军于巨鹿城下。宋义非但不接受项羽的建议，反而讲了一大套实际上是导致起义军失败的作战方针：

> 夫搏牛之虻不可以破虮虱。今秦攻赵，战胜则兵罢，我承其敝；不胜，则我引兵鼓行而西，必举秦矣。故不如先斗秦赵。夫被坚执锐，义不如公；坐而运策，公不如义。因下令军中曰："猛如虎，很如羊，贪如狼，强不可使者，皆斩之。"①

宋义仗着上一次对秦军偷袭定陶预言的成功，就认为自己是每谋必中的军事家了。表面上看来，宋义将他的作战方针讲得头头是道，但实际上是根本行不通的书生迂腐之见。如果真的按其方针作战，必将给起义军造成难以估量的损失。因为当时在巨鹿激战的双方，秦军是敌人，赵军是盟友，二者与起义军都有着至关重要的关系。而当时的形势是，起义军如不渡河救赵，赵军就难以逃脱被歼灭的命运，秦败赵胜的局面根本就不可能出现。秦军灭赵后，乘战胜之威，再回师进击楚军，必将使楚军处于十分不利的局面。所谓"承敝举秦"云云，不啻梦呓而已。宋义估计项羽等将领可能不服从他的命令，于是杀气腾腾地下令说："猛如虎，很如羊，贪如狼，强不可使者，皆斩之。"接着，他疏通关系，安排自己的儿子任齐国相。他不顾军情十万火急，离开安阳亲自送儿子赴任。在无盐（今山东东平境）置酒高会，而此时，十数万起义军将士却正在风雪中忍受着冻饿的熬煎，叫苦连天。项羽早就对宋义不体恤士卒，视战争如儿戏的一套做法十分不满。这时候，他秘密对自己的几个亲信说：

> 将戮力而攻秦，久留不行。今岁饥民贫，士卒食芋菽，军无见粮，乃饮酒高会，不引兵渡河因赵食，与赵并力攻秦，乃曰"承其敝"。夫

① 司马迁：《史记》卷七《项羽本纪》，中华书局1959年版，第305页。

以秦之强，攻新造之赵，其势必举。赵举而秦强，何敝之承！且国兵新破，王坐不安席，扫境内而专属于将军，国家安危在此一举，今不恤士卒而徇其私，非社稷之臣。①

这里，项羽对当时军事形势和宋义决策之误的分析是完全正确的。他与将领们取得共识以后，逐渐酝酿成熟了一个取宋义而代之的谋划。十一月某日，项羽借晨朝宋义的机会，毅然将他刺杀于军帐中。之后，向将士宣布宋义“联齐反楚”的罪状，并申明自己是奉怀王之命，行诛杀之权。由于宋义的所作所为太不得人心，项羽的勇冠三军又足以慑服众人，因而项羽的行动得到将士的一致拥护，被拥立为假上将军，取得了全军的统帅权。接着，项羽命人追杀宋义之子于齐，使桓楚将此次事变真相报告楚怀王，尽管楚怀王对项羽擅杀主帅不满意，但鉴于木已成舟，又畏惧项羽的勇武善战，只得正式任命他为上将军，全权指挥对秦军的战斗。

十二月，巨鹿前线的军事形势愈来愈对赵军不利。章邯令军士筑甬道，从漳河直通王离的军营。王离之军得到源源不绝的粮秣供应，士气大振，更加猛烈地围攻巨鹿。巨鹿城中，赵军死伤累累。矢尽援绝，眼看城破在即，难以再坚持下去。驻守巨鹿城北的陈余一军，畏敌如虎，不敢出战。前来救赵的齐军、燕军以及张敖统帅的万余常山兵马，也都在陈余营地周围筑垒自守，对秦、赵两军的交锋“作壁上观”，谁也不敢开垒与秦军交战。章邯、王离气焰万丈，认为秦军已经稳操胜券，单等捷报。他们怎么也不会想到，项羽统帅的起义军主力，即将以迅雷不及掩耳之势对他们发起致命的一击。

项羽整顿军马，精心部署与秦军的决战。他先遣当阳君英布和蒲将军率将士 20000 人悄悄渡过漳河，以突然的奇袭，截断了秦军的粮道，断绝了王离一军的粮秣供应，使该军很快陷于饥饿状态，大大削弱了他们的战斗力。紧接着，项羽率全军渡过漳河，然后，“沉船破釜甑，烧庐舍”，命令士卒每人只持 3 日粮，表示了不胜利即战死的决心。这个“破釜沉舟”的故事，后来就成为表示义无反顾、战斗到底的成语。渡河之后，项羽立即指挥起义军马不停蹄地投入战斗。首先攻击疲惫乏食的王离一军。当其时，起义

① 司马迁：《史记》卷七《项羽本纪》，中华书局 1959 年版，第 305 页。

军战士“无不一以当十，楚兵呼声动天地”。经过连续九次战斗，王离一军的有生力量大部分被消灭了。当项羽指挥的起义军与秦军浴血鏖战于漳河之滨时，前来救赵的诸路兵马“十余壁，莫敢纵兵。及楚击秦，诸将皆从壁上观”，谁也不敢出兵助战。九战之后，章邯一军仓皇西逃，王离一军已成瓮中之鳖，起义军胜利已成定局。直到这时，其他参战的诸路兵马才开垒出战，参加了最后围歼王离军的战斗。最后俘王离，杀苏角，逼使另一秦军将领涉间自焚而死。秦朝当年由蒙恬统帅的守卫长城一线的最精锐的劲旅，就这样被起义军聚歼于巨鹿城下。当战斗结束，项羽在辕门召见参战的各路将领时，他们慑于项羽的威严，“无不膝行而前，莫敢仰视”①。项羽威震华夏，成为各路起义军众望所归的领袖和统帅。

巨鹿之战的胜利，突出展现了项羽杰出的军事才能和高超的指挥艺术，特别是他在强敌面前敢于斗争、敢于胜利的英雄气概，也暴露了秦军将帅的战略失误和指挥艺术的笨拙与僵化。

从战前巨鹿前线的形势看，双方军力对比，秦军远远超过赵军及其他前来救援的起义军。

秦军的训练、装备、后勤供应以及整个军事素养，也明显优于起义军；而战场上的主动权，也基本上掌握在秦军手中。当时如果没有另外一支精锐之师投入对秦军的战斗，河北诸路起义军的失败是不可避免的。在这种情况下，如何改变战场上敌我力量的对比，如何扭转战场上的被动局面，就成了战胜秦军的关键。项羽在这次决战中，较好地利用了当时的有利条件，充分发挥自己的军事才能，从而演出了一幕有声有色、威武雄壮的活剧，在中国古代战争史上谱写了极其辉煌的篇章。

首先，在这场战役中，项羽有着压倒敌人的宏伟气势，有着战则必胜的坚强决心。战前，他毅然诛杀畏敌如虎、畏葸不前的宋义，凝聚了将士的向心力。战斗开始，他又以破釜沉舟的决心率军赴敌，以豪迈的气势激励、感染着全军将士，从而使他们发挥出以一当十的奇迹般的战斗力，终于战胜了表面强大、声势显赫的敌人。表面强大的秦军，维护的是一个暴虐腐朽的政权，他们得不到广大百姓的拥护，在道义上处于绝对劣势。并且，经过三

① 司马迁：《史记》卷七《项羽本纪》，中华书局 1959 年版，第 307 页。

年与起义军的作战，秦军的力量已经受到很大的消耗，后备兵员近于枯竭，后勤供应也几乎到了难以为继的地步。而此时的起义军尽管也遭受数次挫折和失败，但是代表了正义，得到广大东方六国百姓的拥护，实力不断增强，它完全有理由藐视秦军，坚定战胜它的信心和决心。

其次，项羽在此次战役中的指挥艺术是非常高明的。他采取的第一个军事行动，是以两万将士秘密渡过漳河，一举切断王离一军的后勤供应线，使之变成一支孤立无援的饥饿部队，为彻底战胜它创造了条件。接着，他率领全军渡河，破釜沉舟，以必胜的信念，必死的决心，毅然赴敌。“两军相逢勇者胜”。“先声夺人”的起义军犹如一群冲下山岗的猛虎，使秦军在意想不到的突袭面前已经无法振作士气，失败的命运也就不可避免。项羽在战术指挥上坚决贯彻速战速决的原则，这是权衡敌我双方条件而选择的一种高明的战法。因为当时秦军在人数、装备和训练等许多方面都还优于起义军，而且章邯、王离两支相距不远的秦军又可以互相支援。特别是项羽的几支盟军，即齐、燕等诸侯之军都畏敌怯阵，不敢对秦军开战。如不能在最短时间内战胜敌军而打成胶着状态，待其调整部署，脱出被动，充分利用其有利因素，再想战胜它就困难了。必须在秦军毫无觉察的情况下，采取奇袭的办法，出其不意，攻其不备，连续作战，速战速决；待秦军清醒过来，战局已定，总的军事形势已经发生了有利于起义军的转折。几天之内，一场决定秦朝命运的决战，就以起义军的胜利而结束。作为这场战役的起义军统帅，年仅 24 岁的项羽，是那样地从容镇定，沉毅果决，以料事如神的战略构思，以娴熟无比的指挥艺术，督导十数万英勇顽强的将士，痛快淋漓地歼灭了秦朝在灭亡六国的战争中锻造出来的最精锐的武装力量。自此以后，章邯统帅的秦军残部，再也无法对起义军进行有效的抵抗，通向咸阳的道路已经畅达无阻了。

巨鹿之战中秦军的惨败，首先败在战略上的失误。章邯率领的秦军，由于有京城守卫军为基干，还是有相当战斗力的。所以在黄河以南与起义军作战，不仅灭掉了陈胜军的主力，而且使项梁军受到重创。剩下的项羽、刘邦之军当时与秦军相比处于劣势。章邯完全应该乘战胜项梁之威，对这两支起义军穷追猛打，彻底解决他们之后，再去对付赵国之军就比较容易了。他在项羽、刘邦两军未遭重创的情况下，就断定他们“不足畏”，转而去对付赵国之军。这就是放弃心腹之患去治癣疥之疾。由此给了项羽、刘邦两军以喘息之机，使他们得以在黄河以南休整积蓄力量之后，项羽在北，刘邦在南，夹黄河并力西进，最后成为灭亡秦朝的两支决定性的武装力量。章邯渡黄河北上后，与王离军合力进攻赵国之军。这时秦军的力量占绝对优势，可是他们没有采取速战速决的战法，而是慢吞吞地攻击，致使力量很弱的赵军居然能够坚守巨鹿多日，这就给各路援军前去救援争取了时间。特别是，章邯一军到达黄河以北后，应该迅速与王离军合为一股，全力攻击赵军。可他仅仅是给王离军提供后勤支援，致使该军未能在短时间攻克巨鹿。章邯最大的失策是没有对项羽一军充分戒备，致使该军在渡过两万人的突击队之后，全军能够在数以 20 万计的秦军眼皮底下从容渡河，章邯军如果能够在项羽一军渡河时奋力阻击，同时保持王离一军的供应线不被切断，加强两支军队的协同，在王离一军遭到起义军围歼时奋力相救，巨鹿之战可能就是另外一种结局。

巨鹿之战是秦末农民战争的转折点，这次战役真正敲响了秦王朝的丧钟。项羽和他统帅的农民起义军，在推翻秦王朝的这场战争中起了巨大作用，立下了不朽的功勋。

巨鹿秦军战败的消息传到咸阳，秦二世即刻派使者赶到前线，怒斥章邯，将秦军失败的责任一股脑儿推到他的头上。章邯感到委屈和恐惧，于是派长史司马欣速回咸阳，意欲向二世和赵高陈述巨鹿之战的全面情况，以求谅解。谁知来到咸阳的司马欣赴诉无门，二世与赵高皆拒绝接见。司马欣立即意识到自己面临的危险，赶快抄小道返回前线复命，而赵高果然派人追杀。司马欣对章邯说："赵高用事于中，下无可为者。今战能胜，高必嫉妒吾功；战不能胜，不免于死。愿将军孰计之。"至此，章邯才明白自己已经陷入了进退维谷的困境：继续同起义军作战，胜利无望；退逃则必被诛杀。正在章邯苦闷彷徨之时，陈余致书于他，晓以利害，指出只有投降起义军才是保全身家性命的上上之策：

白起为秦将，南征鄢郢，北阬马服，攻城略地，不可胜计，而竟赐死。蒙恬为秦将，北逐戎人，开榆中地数千里，竟斩阳周。何者？功多，秦不能尽封，因以法诛之。今将军为秦将三岁矣，所亡失以十万数，而诸侯并起滋益多。彼赵高素谀日久，今事急，亦恐二世诛之，故欲以法诛将军以塞责，使人更代将军以脱其祸。夫将军居外久，多内却，有功亦诛，无功亦诛。且天之亡秦，无愚智皆知之。今将军内不能直谏，外为亡国将，孤特独立而欲常存，岂不哀哉！将军何不还兵与诸侯为从，约共攻秦，分王其地，南面称孤；此孰与身伏铁质，妻子为僇乎？①

陈余的劝降书说的全是实情，字字句句都撞击着章邯的心灵。但要他立即决策投降，他还是下不了决心，狐疑犹豫，举棋不定。项羽看得出，章邯犹豫的原因是因为他手中还有可战之兵。于是引军南下，在汙水之滨连连击败秦军。这时候，章邯才感到自己已经山穷水尽，除了投降之外，再也找不到别的生存之路。与此同时，经过连续作战的项羽一军，也感觉军力疲惫，军粮不继，再战也是困难重重。于是，就在洹水之南的殷墟（今河南安阳西）接受了章邯一军的投降。至此，秦朝最精锐的武装力量，就几乎全部损失净尽。巨鹿之战以后，章邯统帅的秦军，尚有 20 万之众，这仍然是一支不可小觑的力量。如果它迅速与起义军脱离接触，突围绕道返回关中，利用关中丰厚的人力物力继续对抗起义军，秦朝的灭亡可能就要延宕些时日。可是，二世和赵高愚蠢地对待这支部队和它的将领，硬是逼使章邯采取了投诚的策略，致使秦朝最后一支武力失掉功用，挽救秦朝危亡的最后一根救命稻草就这样轻而易举地失掉了。

项羽接受章邯投诚之后，立即统帅参加巨鹿之战的起义军沿黄河西进，浩浩荡荡地向咸阳进发，沿途基本上没有遇到什么抵抗。可是，当公元前 206 年十二月项羽的大军抵达咸阳的时候，刘邦统帅的起义军已经先期到达，秦朝已经宣告灭亡两个多月了。

二世二年（前 208 年）九月，当宋义、项羽等奉怀王之命率起义军主力北渡黄河救援赵国的时候，刘邦也奉怀王之命开始了向咸阳的进军。最初，楚怀王曾经与各路起义军首领约定："先入定关中者王之。"② 意思是谁先进

① 司马迁：《史记》卷七《项羽本纪》，中华书局 1959 年版，第 308 页。

② 班固：《汉书》卷一《高祖本纪》，中华书局 1962 年版，第 16 页。

入关中就在那里做诸侯王。由于当时秦军力量还很强大，不少起义军首领都不敢承担这一重任。只有项羽愤于秦军杀死项梁，自告奋勇，愿与刘邦共同承担入关破秦的重任。楚怀王因为项羽“为人剽悍滑贼”，“所过无不残灭”，怕他得不到关中百姓的拥护，故意不答应他的要求。同时决定派出素有“宽大长者之风”的刘邦统兵入关，承担直捣咸阳，推翻秦王朝的重任。

由于章邯和王离统帅的秦军主力被项羽一军和赵、齐、燕的诸侯联军吸引并最后消灭在黄河以北，刘邦向咸阳进军的道路就相对减少了许多重大障碍。二世二年（前 208 年）底，刘邦统帅不足万人的队伍，由彭城（今江苏徐州）出发，经砀（今安徽砀山东南），下阳城（今山东鄄城东南），在杠里遭遇秦军抵抗，刘邦挥军猛攻其壁垒，破其二军。二世三年（前 207 年）十月，破东郡尉指挥的秦军于成武（今属山东）。十二月，进兵栗，合并刚武侯统领的 4000 人的起义军，与魏国将军皇欣、武满指挥的部队合攻秦军，取得胜利。汉高帝元年（前 206 年）二月，转兵北攻昌邑（今山东金乡境），虽未成功，但收编了彭越统帅的起义军，使刘邦一军的力量大增。随即挥军南下高阳（今河南杞县境），著名策士郦食其来归。刘邦听从他的建议，派他说降陈留（今河南开封东南）郡守，取得大量军粮。同时，郦食其之弟郦商也率领 4000 多人的队伍归附刘邦麾下，使其军力壮大成近 20000 人的武装。三月，刘邦一军围攻开封（今河南开封南），未奏效。旋即与杨熊指挥的秦军大战于白马（今河南濮阳）、曲遇（今河南中牟境），连获成功。四月，进兵颍川（今河南禹县），大获全胜。继而应谋士张良之请，全力消灭了原韩国境内的秦军。之后，北攻平阳（今河南洛阳北），又与秦军激战洛阳东，稍稍受挫后，转军南下，经轘辕（今河南登封西北），向南阳急进，与南阳郡守指挥的秦军遭遇，破其军。南阳郡守退保宛城（今河南南阳），刘邦攻之不克，遂弃城引军西行。后接受张良建议，认为不应该在起义军背后留下秦军坚守的城池，于是由宛城之南抄小路回军，经一夜偃旗息鼓的急行军，重新包围宛城。秦南阳守吕齮见大军再次压境，攻势凌厉，知道难以抵御，欲自杀以殉。经太守舍人陈恢的奔走斡旋，刘邦接受郡守的投诚，宛城不战而下。七月，刘邦军向关中进发。由于此时巨鹿之战已经结束，秦朝地方守尉皆惶惶不可终日，所经之地，秦朝地方守将大部分都开城归降。刘邦几乎兵不血刃，顺利占领丹水（今河南淅川境）、析（今河南西峡）、郦

（今河南南阳北）等城。起义军纪律严明，每攻克一地，严禁士卒掳掠，给关中百姓留下很好的印象。八月，刘邦数万大军攻破武关（今陕西商南境），打开了从东南方向进军咸阳的门户。

在项羽、刘邦两军从东南两面进逼咸阳的时候，秦朝统治集团内部矛盾也进一步激化。先是赵高挟持二世杀死李斯，继而赵高又逼杀二世，立秦始皇之弟子婴为秦王。他又秘密派出使者与刘邦起义军接洽，并向起义军提出“分王关中”的建议，以求苟延残喘，被刘邦断然拒绝。九月，子婴与二子合谋，刺杀赵高于斋宫。然后，飞兵遣将士据守峣关（今陕西蓝田境），抵御起义军，妄图保住关中的地盘。正在这时，刘邦指挥的大军来到关前。为攻破峣关，刘邦采纳张良的建议，一面遣郦食其、陆贾游说秦守关将军投诚，许以重利，麻痹他们，使之松懈防务；一面指挥士卒悄悄绕过峣关，翻越蒉山，从关背后偷袭秦军，一举夺取峣关，在蓝田之南取得对秦军作战的重大胜利。继而在蓝田之北再次与秦军激战，大获全胜。至此，秦朝仅存的关中守军精锐损失殆尽，守卫咸阳的部队已经是寥寥无几，秦王朝再也没有什么力量能够阻止起义军夺取它的首都了。站在峣关雄伟城楼上的刘邦向全军发出进攻咸阳的命令，浩荡的大军迈着雄壮的步伐快速向西北方向进发，历史即将借助刘邦的一双巨手，亲自撕下秦王朝的最后一页日历。

第十一节　胡亥死于非命

当秦王朝面临灭亡威胁的时候，它的内部矛盾更加激化。赵高挟持二世胡亥杀死李斯全家并夷其三族，除去了他专擅朝廷的最后障碍。二世认定赵高忠心无二，就在公前 208 年任命赵高为中丞相，并封其为安武侯，“事无大小辄决于高”①。此时，章邯指挥的秦军已经在巨鹿被项羽统帅的诸侯联军打败，消息传到咸阳，引起二世震怒，立即派出使者严厉谴责章邯。章邯惊恐不安，就派长史司马欣赶回咸阳，一是申明情况，二是请示机宜。作为丞相的赵高却拒不接见。司马欣害怕赵高嫁祸于他，急忙连夜逃出咸阳。赵高果然派人追杀，没有赶上，司马欣侥幸捡回一条命。司马欣回报章邯，此

① 司马迁：《史记》卷八七《李斯列传》，中华书局 1959 年版，第 2562 页。

时的章邯外受起义军压力，内迫于赵高、二世的“督责”，走投无路，只得向起义军投降。显然，如果赵高和二世对战败的章邯等人好言抚慰，并及时派兵增援，使章邯等人不归附起义军而是迅速退回关中，凭借山河关隘之险据守，起义军的胜利就不会来得那么迅速和容易，因为章邯所统之军尚有20多万人马，那可是久经战阵的劲旅！

赵高得到丞相的尊位之后，并不满足，他首先需要树立自己在群臣中的绝对权威，以为取代胡亥做准备。“高自知权重，欲为乱，恐群臣不听，乃先设验”。他命人牵一只鹿献给二世，并满脸诡谲地对二世说，这是一匹马。二世大笑说：“丞相误耶？谓鹿为马。”又转问朝堂上的百官，“左右或默，或言马以阿顺赵高。或言鹿，高因阴中诸言鹿者以法。后群臣皆畏高”①。这就是著名的“指鹿为马”成语的由来。由于此后“群臣皆畏高”，赵高在朝中更加肆无忌惮，为所欲为，根本不把二世放在眼里。陈胜、吴广领导的农民起义爆发后，赵高开始隐瞒真相，多次对二世说“关东盗毋能为”。但是，到公元前207年（二世三年），项羽统帅的诸侯联军在巨鹿取得了对秦军的重大胜利，杀苏角，俘王离，将章邯一军打得落花流水。章邯上书，乞求增援。而六国旧贵族纷纷复国，燕、赵、齐、楚、韩、魏等先后立王，函谷关以东“大抵尽畔秦吏应诸侯”。项羽一军，挟巨鹿战胜之威，沿黄河向关中疾进。刘邦一军数万兵马也已进至武关，自西南方向形成进军咸阳的态势。这时的咸阳，一夕数惊，形势之危殆已经是赵高无法欺瞒得了。赵高害怕二世以皇帝之尊怪罪自己，“诛及其身”，就以生病为由，尽量不同二世照面。而此时的二世却没有感触到形势的严峻，依然歌舞升平，“日游弋猎”，尽情地享受。有行人误入上林苑中，二世就亲自将其射杀。赵高知道后，故意让其女婿咸阳令阎乐假惺惺地上奏二世，“劾不知何人贼杀人移上林”，以警告二世。接着，赵高劝谏二世说：“天子无故贼杀不辜之人，此上帝之禁也。鬼神不享，天且降殃。当远避宫以禳之。”②二世听信赵高之言，乃移居望夷宫。该宫在咸阳东南，临泾水，位置比较偏僻。赵高蒙骗二世居此宫，目的是让其脱离咸阳的宫卫，以便能够顺利地将其诛杀。二世移

① 司马迁：《史记》卷六《秦始皇本纪》，中华书局1959年版，第273页。

② 司马迁：《史记》卷八七《李斯列传》，中华书局1959年版，第2562页。

居望夷宫后，形势越来越对秦朝不利。使者不断前来报告关东起义军的情况，二世越听越震惊，即遣使“责让高以盗贼事”。赵高此时意识到，二世不仅已经成为自己专权的障碍，而且还能够凭借其形式上的至尊之位置自己于死地。想到这里，赵高不寒而栗。于是与自己的女婿咸阳令阎乐、弟弟赵成密谋说：“上不听谏，今事急，欲归祸于吾宗。吾欲易置上，更立公子婴。子婴仁俭，百姓皆戴其言。”① 密谋既定，即开始行动。以郎中令赵成为内应，“诈为有大贼”，命令阎乐召吏发卒捕贼，并假惺惺地将阎乐之母劫持至赵高府邸。阎乐率千余士卒急奔望夷宫门，立即将守卫宫门的卫令仆射等捆绑起来，厉声质问：“贼入此，何不止？”卫令小心翼翼地回答：“周庐设卒甚谨，安得贼敢入宫？”阎乐不由分说，杀死卫令，挥兵直入，边走边向宫内人员射箭，郎吏和宦官面对这一群凶神恶煞般的不速之客，大惊失色。他们之中，有人迅速逃窜，有人手持兵器与闯宫士卒搏斗，数十人被阎乐指挥的士卒杀死。这时，赵成和阎乐跟进，闯进二世居住的宫室，并连连向宫室内的幄帏射箭。二世见是赵成和阎乐带兵反叛，十分震怒，下令左右郎吏和宦官进行反击，“左右皆惶扰不斗”。显然，面对突如其来的叛兵，特别是平日身负宫室警卫重任的郎中令赵成等的反叛，郎吏和宦官在惊恐之余都丧失了战斗意志，纷纷选择弃兵逃命。此时的二世只剩一个亲信宦官陪伴左右。二世退入内室，对这位宦官说：“公何不早告我？乃至于此！”宦官小声回答说：“臣不敢言，故得全。使臣早言，皆已诛，安得至今？”说话间，阎乐已经指挥士卒冲进内室。他直斥二世：“足下骄恣，诛杀无道，天下共畔足下，足下前自为计。”示意二世自裁。二世直到此时还不明白诛杀他的密谋是由赵高一手策划的，他幻想能够见到赵高，凭自己与赵高旧日的感情乞求免他一死，当即被阎乐严词拒绝。二世于是请求：“吾愿得一郡为王。”阎乐不答应。二世退一步乞求：“愿为万户侯。”阎乐仍然不答应。二世再退一步乞求：“愿与妻子为黔首，比诸公子。”阎乐不想与二世再纠缠下去，就直言相告：“臣受命于丞相，为天下诛足下，足下虽多言，臣不敢报。”② 说着，指使士卒持兵器逼近二世。面对剑拔弩张的士卒和怒目而视的阎乐，二世明

① 司马迁：《史记》卷六《秦始皇本纪》，中华书局 1959 年版，第 274 页。
② 司马迁：《史记》卷六《秦始皇本纪》，中华书局 1959 年版，第 274 页。

白自己的生命已到尽头，只得拔剑自杀。子婴被立为秦王以后，以黔首之礼葬二世于杜南的宜春苑中。没有崇隆的陵墓，没有震天的哀乐，一抔黄土掩盖了这个给国家和社会带来沉重灾难的罪恶的肉体和灵魂。

前面已经述及，二世胡亥是秦始皇的小儿子，从小深得秦始皇的钟爱。他有点小聪明，会要弄点小权术，在赵高的教导下，对法律表现了较强的感悟能力，这大概是他获得乃父青睐的最重要的条件。不过，在与赵高合谋取得皇帝位子后，他的劣势一再表现出来。作为继体之君，他自身有许多难以克服的缺陷。第一，他生于深宫之中，长于妇人之手，在宦竖们的环侍下成长。他稍稍懂事的时候，秦始皇已经完成了全国统一。他满目所及，不是祖宗创业的艰辛和危险，而是乃父作为皇帝所拥有的至高无上的权势和为所欲为的享受，两耳听到的是臣子们肉麻谄媚的颂歌。他根本无从了解下层百姓生产生活的艰辛，特别是他们的思想感情与喜怒哀乐，因而对社会真实情况缺乏最起码的感知。由于他不理解国家和社会最真实的情况，即使他具有一个正常人的头脑，也根本无法制定出符合历史发展要求和反映百姓意愿的政策。第二，他登基做皇帝时年仅 20 岁，尽管他见识过乃父处理政务的情况，但却根本不具备秦始皇处理政务的智慧、才能，特别是经验。第三，由于他的皇位是窃夺的，所以他对有权同他争夺皇位的宗室贵族心存疑忌而大行杀戮。更因为他太年轻，同朝内外重臣的大多数都缺乏感情上的联系，所以对他们大量撤换甚至惩罚，由此而不能不导致统治集团内部的分崩离析，以致最后面对赵成、阎乐的死亡通知时，他已成了孤家寡人，不仅没有任何帮手，而且对自己的未来也没有半点可以回旋的选择空间了。第四，二世胡亥作为秦始皇最坏的接班人，继承的是秦始皇身上最坏的基因：他没有秦始皇的雄才大略却有秦始皇的暴戾恣睢；他没有秦始皇的创业宏图却有秦始皇的享受欲望；他没有秦始皇的知人之明却有秦始皇的偏听偏信。因此，他登基后的所作所为恰恰是将秦始皇身上最坏的基因做了恶性的发展。第五，由于各种复杂条件的制约，二世胡亥将历史曾经送上门的改弦更张的机遇毫不可惜地抛掉。他虽然以“沙丘之谋”夺嫡称帝，但当时统治集团中的大部分人都没有对此义愤填膺，更没有因此引发统治集团内部的分裂诉诸刀兵。不仅秦宗室贵族默认了他帝位的合法性，而且异性臣子也没有提出异议。在他们看来，只要是秦始皇的子孙，不管谁登上龙座，他们都会竭诚为之服务。威望、功劳如蒙恬兄弟者，宁愿在二世制造的冤案中引颈就戮而不进行反叛，足以说明，尽管二世帝位来路令人生疑，但宗室贵族和臣僚们还是承认了既成事实。所以，二世以帝王之尊制定和贯彻执行什么政策都是能够行得通的。而在秦始皇死后，历史给二世君臣们送来转变政策的难得机遇。只要反秦始皇晚年之道而行之，社会就可以由动荡转向稳定，民不聊生就能够转变为安居乐业，少数六国旧贵族之类的动乱因素就不可能掀起风浪，二世的统治就能够稳定下来，秦祚延续自然也不成问题。但此时的二世君臣们，除极少数几个人明于此事此理外，其余均处于昏昧状态。这样一来，秦朝二世而亡的悲剧就不可避免了。第六,二世既无知人之明，也无自知之明。他身边的赵高是一个工于心计、阴险毒辣的奸佞之辈，他的问题在数十年中不可能不暴露。可惜秦始皇在其犯下死罪后不仅将其从刀口下救下来，而且更对其信任有加，使这个巨奸大憝得以隐藏下来成为秦王朝日后的第一祸害。秦始皇死后，他立即策划“沙丘之谋”，废嫡立幼，彻底暴露了他不顾恩义、心狠手毒的品性。二世如有中人之智，即使一时用其为自己谋取帝位，事成之后也应该坚决将其除掉。然而，二世终其一生几乎都被赵高玩于股掌之上，死到临头仍然幻想见到他以延自己一夕之命。如此奸险狡猾的一个人物长期隐藏于身边而毫无觉察，最后死于他之手实在是咎由自取。同时。李斯其人也属于为个人私利而不顾恩义的奸邪之辈，他教唆二世实施“督责之术”，二世不但不能识破其中包藏的祸心，反而欣然接受并实行之。以此二人作自己的左膀右臂，胡亥步步走向深渊就是不可避免的。二世胡亥登基之时，秦朝上下还有一批跟随秦始皇打天下的文臣武将，其中不乏冯劫、冯去疾和蒙恬兄弟这样的忠贞勇毅之辈，二世不仅未能对他们信任而重用，而且还对其怀疑而诛杀。这样的结果当然是自毁长城，清除辅佐，及至赵高指使人诛杀他的时候，他身边已经没有一个忠贞的臣子，逼其自杀也就易如反掌了。二世更缺乏的是自知之明。他只知道帝王的威势和享受，却不知道自己缺乏帝王的气度和才能；只知道皇帝的龙座是一个万人仰慕、令人心醉不已的尊位，却不知道那也是一个高处不胜寒、犹如烈马般难以驾驭的危机四伏的险位。他被奸佞之徒推上这个尊位，也沾沾自喜于能够占据这个尊位，却不知道这个尊位既能使人得到无以复加的享受，又能将人引向万劫不复的深渊。二世占据这个他本来不该占据的位子，占据了他本人没有能力占据的位子，因此也就酿成了自身无可挽回的悲剧。最后，杜南宜春苑的一座小小的坟茔，掩埋了他 23 岁的生命。就在他死后的第 46 日，刘邦统率的 10 万大军抵达咸阳城下。他的叔叔秦王子婴只得前赴枳道向刘邦投降，宣告秦朝的灭亡。嬴氏王朝的这个结局，最不能辞其咎的，胡亥是其中之一。

由于胡亥的恶行和蠢行是造成秦朝二世而亡重要的直接的原因，所以他作为坏皇帝的典型一再被后世鞭挞，几乎找不到一个为他辩护的人。宋朝的林栗历数其罪责，集中代表了后人对他的品评：

> 秦二世……外倚长城之强，内增阿房之固，自以为帝王万世之业可谓丰其屋而蔀其家矣。忠谏者族，偶语者弃市。诛大臣，灭宗室，深居高拱，使群臣但闻其声不得见其面，可谓窥其户寂其无人矣。山东之盗，指为妖言，宫中之鹿，指而为马。天下之士相率以逃秦难，而赵高之徒日侍左右，伺其隙而图之，可谓人亡而鬼瞰其室矣。①

后世诗人的咏史诗也将二世作为歌咏的对象，但数量不多，原因大概是，除了谴责，他身上可抒发的感慨难以开掘出新意。唐朝的周昙写了两首以《胡亥》为题的七言绝句，都是讥讽他的昏聩：

> 鹿马何难辨是非，宁劳卜筮问安危？权臣为乱多如此，亡国时君不自知。
>
> 盗贼纵横主恶闻，遂为流矢犯君轩。怪言何不早言者，若使早言还不存。②

明朝的陶宗仪写了《杂诗》一首，谴责他“倒持太阿”，给赵高之类奸佞之辈制造了祸国殃民的机会，导致嬴秦覆社灭宗，二世亡国：

> 颠倒持太阿，乃以柄授人。人或有怨恶，宁不伤吾身。喟彼秦

① 林栗：《周易经传集解》卷二八，电子版文渊阁四库全书。

② 《御定全唐诗》卷七二九，电子版文渊阁四库全书。

二世，委政托奸臣。指鹿以为马，非是孰敢云。愿言把剑者，名器宜自珍。①

可以想象，胡亥是在无限痛悔中举起利剑结束自己的生命的。但是，直到临死胡亥也不明白，是他们父子成就了赵高这样的奸佞之辈，又是他同这个奸佞之辈一起，以他们愚蠢横暴之极的政策措施，毁掉了他的前辈们创建的万里江山。他之最后死于赵高之手，正是咎由自取。

胡亥死了，死得窝囊、丑陋、卑微和无可奈何。作为一个亲手将秦王朝送入坟墓的罪人，从某种意义上说，对于秦朝的二世而亡，他的责任是第一位的，因为阻止秦皇朝灭亡的契机曾一度掌握在他的手上。

第十二节　赵高阴沟翻船

赵高除掉二世胡亥之后，权力达到巅峰。就在他认为自己更能够进一步为所欲为的时候，死神却向他发出召唤：他无论如何也没有想到，华盖之运这么快就会降临到自己的头上。

从公元前 210 年秦始皇寿终正寝，赵高出场策划“沙丘政变”，到公元 207 年他谋杀其拥立的二世皇帝胡亥，4 年之中，赵高将数以千百计的政敌和无辜者送上断头台。4 年之中，他所策划的阴谋一个接着一个，几乎所谋必中。赵高的这一系列阴谋活动之所以通行无阻，桩桩件件都能成功，除了他掌握了胡亥这个傀儡和他代表的最高权力之外，再就是赵高作为心理学大师对于敌手心理和行动的准确掌控。这一系列的成功使赵高飘飘然，欣欣然，也昏昏然了。据《史记·李斯列传》记载，赵高在谋杀二世后，得意非凡，他径直奔向龙座，想尝尝做皇帝的滋味，“(高) 引玺而佩之，左右百官莫从；殿欲坏者三。高知天弗与，群臣弗许”。此一记载显系出于传闻或后人的演绎。从他“指鹿为马”都能通行无阻的情况看，他就是真的窃据龙座，“群臣弗许”的场面似乎也不会出现。从赵高以后的活动看，他或许有做皇帝的打算，但迫于当时的形势，只将此念秘藏胸中，没有付诸实行，而

① 陶宗仪：《南邨诗集》卷一，电子版文渊阁四库全书。

是召集诸大臣、公子，要求立子婴为秦王：

> 秦故王国，始皇君天下，故称帝。今六国复立，秦地益小，乃以空名为帝，不可。宜为王如故，便。①

就这样，秦始皇的弟弟子婴被赵高立为秦王。由于赵高的权势如日中天，所以在他看来，子婴之被立为秦王，满朝臣子们不可能提出疑义，子婴也就只能感恩戴德地接受这个角色。赵高要求子婴依礼斋戒，然后在宗庙朝见臣僚与宗室贵族，接受王玺，算是完成新王登基的全部程序。赵高怎么也想不到，正是在子婴的斋戒期间，一个诛杀他的密谋正在紧锣密鼓地进行。子婴与他的两个儿子悄悄谋划说：

> 丞相赵高杀二世望夷宫，恐群臣诛之，乃详以义立我。我闻赵高乃与楚约，灭秦宗室而王关中。今使我斋见庙，此欲因庙中杀我。我称病不行，丞相必自来，来则杀之。②

事情的进展果如子婴所料。赵高一连数次派人至斋宫请子婴来宗庙朝见群臣，子婴就是称病不去。赵高不知其中有诈，就亲自去斋宫敦请子婴。见到子婴后，他语带责备地说："宗庙重事，王奈何不行?"谁知子婴并不答话，而是拔剑趋前，直向赵高刺去。在赵高惊恐不知所措之际，利剑已经刺入他的心窝。事毕，子婴立即向满朝文武官员宣布赵高的罪状，同时将其三族及党羽全部诛杀于咸阳。子婴诛杀赵高及其党羽的活动进行得比较顺利，看来没有遇到什么阻力。这说明恶贯满盈的赵高在广大臣僚中已经人心丧尽了。善于窥视别人心理活动，精于计算，谋则必中的赵高，最后栽在子婴手里，而子婴的才干与李斯、扶苏和蒙氏兄弟相比，实在不可同日而语。这真是大江大河容易过，小阴沟里翻了船。原因何在？这是因为，赵高以前的对手都是被实践证明了的精明强干之辈，赵高对他们的才能、脾性和心理活动都有

① 司马迁：《史记》卷六《秦始皇本纪》，中华书局 1959 年版，第 275 页。

② 司马迁：《史记》卷六《秦始皇本纪》，中华书局 1959 年版，第 275 页。

着透彻的了解，因而在对付他们的时候反复思考，认真谋划，周密设计，精心实施，从而做到万无一失。而在赵高心目中，子婴不过是一个无足轻重的无能之辈。他安排子婴做秦王，子婴肯定是感激涕零，绝不会对他有非礼的举动。这个心理学大师此时已经放弃了对子婴的心理进行深入的探索，没有窥透作为秦宗室贵族必定萌生的对自己的深恶痛绝和不共戴天的仇恨。他太小瞧子婴，又太迷信自己的权势，以致“大意失荆州”，被他小瞧的子婴父子玩的一个小儿科的权谋送进了坟墓。第一流的心理学大师的心理被一个他看不上眼的无能小辈窥破，他也肯定是带着无限的痛悔和遗恨离开人世的。不过，与胡亥一样，他的死灭更是咎由自取。一个坏事做绝的人，即使不被现世报，最终也逃不脱历史长鞭的挞伐。

秦王朝是一个横空出世的伟大王朝，以致 2200 多年后的中国依然强烈感受到它无处不在的影响。秦王朝又是一个短命的王朝，从统一中国到落下帷幕仅仅经历了 15 个年头。在历史的长河中，它犹如一颗璀璨耀眼的彗星，在发出了光耀环宇的光芒后很快地变成了历史的记忆。秦王朝二世而亡的原因很多，最根本的是它在历史已经进入和平时期后依然狂热地执行战争时期的政策，使广大百姓完全丧失了“生之乐趣”，他们也就以义无反顾的造反狂潮将这个王朝彻底埋葬。就秦朝本身而言，造成它灭亡的主要人物有两个，一个是它的创建者秦始皇，因为他是这个王朝所有政策制定和实施的第一责任人。此人之外，还有一人，这就是秦始皇无比信任和倚重的赵高。秦始皇的政策使秦朝的灭亡具备了必然性，而使这个必然性变成现实的则是赵高的推波助澜。

赵高一方面是一个在秦朝无人可比的巨奸大憝，一方面是一个绝顶聪明的心理学大师。正是因为他参透了秦始皇、扶苏、胡亥和李斯等人的心中奥秘，才能得到秦始皇的信赖，才能牵着胡亥和李斯的鼻子，在将他们送入坟墓的同时也将秦王朝送到天尽头。

赵高的祖先原是战国时期赵国“诸赵疏远属”，后来流落秦国。他们父子兄弟都被处以宫刑，留在宫中服役。如果赵高只是个浑浑噩噩的洒扫庭除的斯役，秦朝在秦始皇死后可能就不会有“沙丘政变”的阴谋，历史就会是另一番面貌。可是，偏偏赵高聪明过人，才能卓异，并且特别善于窥伺别人的心理活动，投其所好，因而得到了秦始皇父子的赏识和重用。正是因为赵高摸透了秦始皇父子两代的脾性，不断投其所好，使他们将赵高认作忠贞不贰并且才能卓越的奴才，赵高也才能在秦始皇父子那里不断步步高升，最后登上丞相的宝座，使得赵高能够在秦始皇死后为所欲为，加速了秦皇朝灭亡的步伐。郭沫若在一篇文章中认定赵高的所作所为是为被秦朝灭亡了的赵国报仇，他就好像是一枚烂透了的铁钉，故意掺杂在其他好铁中使之尽快生锈，从而自觉地加速了秦王朝的腐朽和灭亡。这一结论虽然是推断出来的，并无直接的史料支持，并且以赵高如此卑劣的人格也不可能有什么故国之思，但是，赵高在秦朝灭亡过程中的实际作用和郭沫若想象力丰富的推断还是相吻合的。秦始皇父子怎么也不会想到，他们如此信任的奴才竟成了自己和数十代祖先不懈奋斗创立的大秦王朝的掘墓人。然而，这只能怪他们自己，因为正是他们自己为赵高这样的巨奸大憝的窃据要津提供了适宜的环境和土壤。更可悲的是，秦始皇至死也没有识破赵高的奸佞嘴脸。而当胡亥明白赵高是天子第一号的奸佞之辈时，他只能乖乖地选择赵高为他设定的结束生命的方式了。

赵高最后阴沟翻船，被他刚刚扶上王位的子婴父子设计诛杀。他的死在当时朝廷上下肯定引起连声欢呼，认定这是一个恶贯满盈的奸佞之辈的应得下场。历史也没有忘记赵高，他作为一个阉人奸佞的典型一直被后世评判和鞭挞。后世历史学家没有一个人为赵高说半句好话，大都将他归罪为导致秦朝灭亡的罪人之一，并将其罪责归结为：1. 作为胡亥的教师爷只教唆他知悉推行残酷无情的法制，压根不涉忠、孝、节、义等内容的道德教化。2. 谋划“沙丘之变”，废嫡立少，诛除秦朝宗室贵族和功臣宿将。3. 诱使胡亥骄奢淫逸、胡作非为，将秦始皇虐民害物的政策措施恶性发展，激起民众反叛。4. 弑君叛国，与起义军谋和分赃，是个一无是处的蛇蝎奸人。赵高的确是与秦朝历史连在一起的重要人物。如果说他在秦始皇生前还无法对秦朝政治产生重大影响的话，那么，在秦始皇死后的 4 年间，他的活动就深深地影响了这个王朝历史的进程。赵高的第一个“杰作”，是策划“沙丘政变”，将秦始皇最坏的儿子推上皇位，其代价则是秦始皇的长子扶苏以及其他公子、公主，还有以蒙恬兄弟为代表的一批朝廷重臣成为无辜的牺牲品。更为严重的是，胡亥的登基和赵高的把持朝政，不仅使秦始皇死后转变政策的可能性不复存在，而且使秦始皇虐民害物的政策变本加厉地执行下去，从而导致秦末农民起义的爆发，使秦王朝迅速地不可挽回地奔向死亡之路。赵高的第二个“杰作”，是设计以“谋反罪”杀害丞相李斯并诛灭其三族，进而使自己晋升丞相，从而全面掌控秦朝朝政。在农民起义爆发后，他始而欺骗二世说“关东盗不足忧”；继而准备以章邯为替罪羊，加以惩办，致使章邯率20多万秦军投降起义军，使秦朝再也没有可战之兵，加速了秦朝灭亡的步伐。赵高的最后一个“杰作”，是杀死他拥立的二世皇帝胡亥，将秦军一连串的失利归罪于他。同时，立子婴为秦王，妄图凭借关中的地理与民心的优势继续与起义军对抗。当刘邦一军攻破武关，兵锋直指咸阳时，他又秘密与起义军接触，希冀以投诚起义军保全自己的身家性命与富贵利禄。赵高的所作所为，仿佛一直围绕着一个目标旋转，就是加速秦朝的灭亡。不管他主观上怎么想，其客观效果所展示的就是这样一个不变的指向。所以苏轼认为秦始皇最大的失误就是信用赵高：“始皇致乱之道在用赵高，夫阉尹之祸如毒药猛兽，未有不裂肝碎首者也。”[①] 王夫之在《读通鉴论·二世》中如此评价赵高：

> 秦之所殄灭而降辱者，六王之后也；戍之徒而寡其其妻孤其子者，郡县之民也；而抟二世之首，欲灭宗室，约楚降而分王关中者，赵高也。故怒在敌国，而敌国或有所不能；怨在百姓，而百姓或有所不忍；狎及小人，而祸必发于小人。圣人且难之，故曰“唯女子与小人为难养也”。
>
> 小人之心，智者弗能测也，刚者弗能制也。料其必不能，而或能之矣；料其必不欲，而或欲之矣。项羽之暴也，沛公之明也。章邯之怒方新叶，尽天下之欲食高之肉而寝处其皮也，使高灭嬴氏之宗，开关以讲于诸侯，岂能免于刀俎，而况受纳地之封乎？则以智者料高，而固知其与秦相始终；以愚者料高，而以决其与秦同齑粉也。然而必弑胡亥以侥幸于一得，岂徒胡亥之愚，矢入帏而不觉哉？明而熟于计者，未有谓为且然者矣。祸福之外，有无藉之欲焉；死生之外，有无方之谲焉；俄顷之间，有忽变之情焉。利亦有所不喻，而无所不逞，而后君子

① 《东坡全集》卷一〇五，电子版文渊阁四库全书。

莫能为之防。故圣人且犹难之，诚哉其难之也。①

王夫之的上述评论，核心内容有两点，一是小人祸国超过敌国与百姓；二是小人难测，“君子莫能为之防”。他这里表述的基本上是中国古代史学家的普遍认知：小人易得志，小人很难防，君子经常上小人的当。这种观点并非完全没有道理，但仍然是对历史的一种浅层次的观察和评论。不可否认，赵高的确是一个奸佞小人，而他的活动也的确加速了秦王朝的灭亡。但是，王夫之恰恰认识不到，赵高之类奸佞小人所以不绝于史，就是因为中国封建专制制度为这种奸佞小人的产生、存在和横行无忌提供了最适宜的土壤。绝大多数封建皇帝都唯我独尊，骄奢淫逸，自视圣明，听不进忠贞之臣的逆耳之言，而最乐意谛听那些即使最拙劣的颂赞之词。这样，奸佞小人就投其所好，以洋洋盈耳的颂歌陶醉其心灵，以花样翻新的享乐愉悦其身心。他们也由此获得信任，得以晋升，进而操控朝政，为所欲为。表面上，他们的一切作为都是为着当今“圣上”，实际上却是为了从“圣上”那里获取权势和富贵利禄。是秦始皇与胡亥培育了赵高存在和恶性发展的土壤，是他们需要这样的奸佞小人为自己服务，他们当然无法识破此类奸佞小人。不过，赵高之类奸佞小人也是皇权的异化，在一定条件下他们会走向皇权的对立面，甚至使皇帝喋血宫闱，使王朝毁于一旦。然而，也不能把秦王朝的灭亡一股脑儿全归罪于赵高，因为秦朝灭亡的主要原因是秦始皇总体政策的失误。赵高作为在秦始皇脚下服务的奴才，他对秦朝政策的制定不会起太大作用，尤其是秦始皇在位的时候，他几乎不起作用。较之李斯，他的责任实在微不足道。然而，赵高却是当时朝野集中痛恨的对象，恨不能食其肉而寝其皮。究其原因，就是因为秦始皇错误政策的恶果大都在赵高当权时集中显现，而赵高的所作所为不仅从品格上凸现了他阴险奸猾的面目，而且大大促进了秦朝政治的腐败，加速了秦朝灭亡的步伐。尽管秦王子婴诛杀赵高及其党羽的消息给三秦大地带来形势转折的一线希望，但稍后连子婴也明白，当他接手王位的时候，秦始皇、秦二世和赵高、李斯等造成的秦朝灭亡之势已经不可逆转，就是神仙出世也无力回天了。

① 王夫之：《读通鉴论·二世》，中华书局 2013 年版，第 7 页。

赵高作为一个知名度很高的奸佞典型代表人物，自然也成为后世咏史诗的题材。唐朝诗人韦縠写的《秦家行》一诗，将秦朝灭亡归罪于赵高：

彗孛飞光照天地，九天瓦裂屯冤气。鬼哭声声怨赵高，宫花滴尽扶苏泪。祸起萧墙不知戢，羽书催筑长城急。剑上忠臣血未干，沛公已向函关入。①

元朝诗人张养浩写了《李斯赵高》一诗，将二人视为秦朝"两巨奸"，他们最后的下场不过是"谩君郄自谩"，罪有应得："秦室斯高两巨奸，崎岖心计各求安。阖门到了归诛灭，本欲谩君郄自谩。"② 同是元朝的诗人顾阿瑛在《试剑石》一诗中，对赵高的憎恨溢于言表："剑试一痕秋，崖倾水断流。如何百年后，不斩赵高头。"③ 明朝诗人周是修在其所写的《述怀》53首诗中，其中1首将赵高直斥为完全丧失为人道德的蜂蚁不如的祸国殃民的丑类：

蜂蚁有君臣，岐岐岩穴间。肝心事其上，时往时乃还。一以勤致远，一以固守关。誓不图苟活，使君罹险艰。微物尚如此，人胡独弗然？嗟彼赵高徒，擅国恣凶奸。下视蜂蚁性，何能无厚颜！④

看来，赵高是被永远钉在了历史的耻辱柱上，不能再有翻盘的希望。

第十三节　秦王子婴枳道降刘邦

公元前206年（汉高帝元年）九月，赵高被子婴与其两个儿子合谋诛杀于斋宫。之后，子婴飞遣将士据守峣关（今陕西蓝田县境），同时加强对函谷关的防卫，力图阻挡起义军攻入关中，首先保住自己关中王的位子，随

① 韦縠：《才调集》卷一〇，电子版文渊阁四库全书。
② 张养浩：《归田类稿》卷二二，电子版文渊阁四库全书。
③ 顾阿瑛：《玉山璞稿》，电子版文渊阁四库全书。
④ 周是修：《刍荛集》卷一，电子版文渊阁四库全书。

后再徐图恢复祖宗的基业。然而，一切都已晚矣。此时刘邦统帅的起义军已经兵临峣关并很快将它攻取，接着又在蓝田北与秦军最后的精锐激战，大获全胜。至此，咸阳门户洞开，子婴再也没有力量阻挡起义军攻取这座雄伟壮丽的都城了。公元前 206 年十月，刘邦的大军进至灞上（今陕西蓝田县西），此去咸阳，不过百里之遥。子婴据守空城，既无可守之险，又无可战之兵。面对刘邦“约降”的最后通牒，他只得采取最后的也是最明智的保命策略：“素车白马，系颈以组，封皇帝玺符，降轵道旁。”① 即到咸阳以南 50 里的轵道（亭名，在今西安市内）旁，向刘邦递上了降表，宣告了秦王朝的灭亡。此时距子婴登上王位只有 46 天。

从形式上看，亲手撕下秦皇朝最后一页日历的就是子婴。那么，子婴应该对秦皇朝的灭亡负责吗？

贾谊认为子婴应该负责。在《过秦论》中，他讲了自己的理由：

> 借使子婴有庸主之材，仅得中佐，山东虽乱，秦之地可全而有，宗庙之祀未当绝也。秦地被山带河以为固，四塞之国也。自缪公以来，至于秦王，二十余君，常为诸侯雄，岂世世贤哉？其势居然也。且天下尝同心并力而攻秦矣。当此之世，贤智并列，良将行其师，贤相通其谋，然困于阻险而不能进，秦乃延入战而为之开关，百万之徒逃北而遂坏。岂勇力智慧不足哉？形不利，势不便也。秦小邑并大城，守险塞而军，高垒毋战，闭关据阨，荷戟而守之。诸侯起于匹夫，以利合，非有素王之行也。其交未亲，其下未附，名为亡秦，其实利之也。彼见秦阻之难犯也，必退师。安土息民，以待其敝，收弱扶罢，以令大国之君，不患不得意于海内。贵为天子，富有天下，而身为禽者，其救败非也。②

从司马迁郑重其事地引述贾谊的大段论述的倾向看，他显然赞同贾谊的观点。而另一个与司马迁相伯仲的大史学家班固却对司马迁和贾谊的观点

① 司马迁：《史记》卷六《秦始皇本纪》，中华书局 1959 年版，第 275 页。
② 司马迁：《史记》卷六《秦始皇本纪》，中华书局 1959 年版，第 276—277 页。

表述了不同意见：

> 子婴度次得嗣，冠王冠，佩华绂，车黄屋，从百司，谒七庙。小人乘非位，莫不怳忽失守，偷安日日，独能长念却虑，父子作权，近取于户牖之间，竟诛猾臣，为君讨贼。高死之后，宾婚未得尽相劳，餐未及下咽，酒未及濡唇，楚兵已屠关中，真人翔霸上，素车婴组，奉其符玺，以归帝者。……河决不可复壅，鱼烂不可复全。贾谊、司马迁曰："向使子婴有庸主之材，仅得中佐，山东虽乱，秦之地可全而有，宗庙之祀未当绝也。"秦之积衰，天下土崩瓦解，虽有周旦之材，无所复陈其巧，而以责一日之孤，误哉！俗传秦始皇起罪恶，胡亥极，得其理矣。复责小子，云秦地可全，所谓不通时变者也。……吾读《秦纪》，至于子婴车裂赵高，未尝不健其决，怜其志，婴死生之义备矣。①

对于班固的观点，后人也有不同看法。如清朝人强汝询的《求益斋文集》中，就有一篇《论秦子婴》的文章，全面申述贾谊、司马迁的意见，对班固的观点进行了全面批驳：

> 贾生论秦，责子婴不能救败，司马迁取其说，班固则非之。余以为贾生深明大略非班氏所及也。夫秦何以败，以苛法虐民也；汉何以帝，以除秦苛法也。使子婴能为沛公之所为，虽复得天下不难，奚有于救败哉？不知出此，秦钟以亡。贾生责之，宜矣。或谓沛公入秦，民争附恐后，知其怨嬴氏已久，子婴亦何能为？是大不然，秦民之戴嬴氏数百年矣。孝公变法以后，世世暴虐，秦农常为之力战以并六国，天下苦秦之暴，争起攻秦，秦民无一人叛者，又为之力战，殄陈涉、魏咎、田儋、项梁之属。及章邯率之降楚，秦民心犹不服，为项羽所坑者二十四万人，彼其心岂忘嬴氏哉？沛公入关，民争附之，无怪也。彼积苦秦法，若在水火之中，一旦有能拯之者，则其戴嬴氏之心不胜其避水火之心，遂翻然不暇复顾。且夫秦民之与刘氏，非素有结约也，

① 司马迁：《史记》卷六《秦始皇本纪》，中华书局1959年版，第292—293页。

徒以一日之恩而归之若此，况子婴席上世之资，使果能为沛公之所为，民之爱之必过沛公远甚，其戴嬴氏且益坚，而谓必舍而归汉，吾不信也。或曰子婴甫即位，诸侯之兵已逼，虽得民心，庸有及乎？曰：子婴即位，下书悉除苛法，不出十日，令已遍于国中矣。选将誓师，东拒函谷，南塞武关，不出十日而军已集矣。深沟高垒，固守勿战，诸侯之兵阻贤不进，求战不得，师老饷绌，必逡巡引退，项羽虽强不足虑也，而沛公奚自入哉！或又谓沛公遣兵守关，且不能拒项羽，恐非子婴所能抗，是又必然。秦民之善战，无敌于天下久矣。沛公入关，虽急收人心，然未能用之也。守关者皆山东吏士，素畏项羽，其败固宜。及既定三秦，乃收关中兵东击楚，散而复合，败而更发，死战于荥阳、成皋之间，楚卒不得过而西。况函谷之险过于成皋，秦民新及宽政，无不愿为子婴死者，又惩新安坑杀之祸，其力战必倍于为汉击楚之时，而谓项羽必能西入，吾又弗信也。或曰：六国皆以立王，子婴能自保，幸矣，安见复一天下乎？曰：陈涉一呼而天下响应，人人发愤，争操兵西向者，以秦暴故也。一旦闻秦改纪，其政其吏士必懈，其将相必惧，叩关不克而退，其气势必沮，子婴拊循境内，布德修政，训民厉兵以俟山东之衅，兼弱攻昧，取乱侮亡，虽复得天下，不亦可乎？呜呼！自古亡国乱朝，未尝无救败之策，安危转于呼吸，存亡决于毫厘，固非庸常之士所能识也。

以上两种关于子婴评价的观点，虽然看起来都言之成理，持之有故，但若仔细辨析，班固的观点似更贴近实际，贾谊、司马迁，尤其是强汝询的观点，尽管全面细密、雄辩滔滔，却基本上都是纸上谈兵的书生之见。

平心而论，子婴并不是如贾谊贬低的连“庸主之才”都达不到的低能君王，而是有着相当的智谋、胆识和韬略的政治军事人才，在秦国数以十计的君王中，他绝对处于中上的水平。在赵高、胡亥之流穷凶极恶地诛灭功臣和对嬴姓宗室贵族的大屠杀中，他作为与秦始皇血统最近的公孙王子，竟能安然无恙地度过险关，保住了自己的身家性命和妻子儿女，这需要多么高超的应对智谋和生存技巧！在诛杀赵高及其党羽的活动中，他虑事之周，思考之细，设计之巧，时机把握之精准，展示了多么难得的善于谋划和临事果决的才能与气度！诛杀赵高之后，他立即发兵据守咸阳南部的门户峣关，巩固函谷关的守卫，以对付项羽和刘邦两支起义军的进攻，显示了多么成熟的战略眼光和军事才能！应该说，子婴已经为挽救秦王朝的灭亡尽上了自己最大的努力。然而，所有这一切，都无法挽救秦王朝的灭亡，因为这个王朝已经被秦始皇、赵高、李斯、胡亥等人推到了不可救药的境地，任是天神下凡，也不可能有东山再起、恢复其昔日辉煌的机会了。明朝的杨士奇等编辑的《历代名臣奏议》，在论及秦亡和子婴的关系时，就曾正确地指出："自二世暗弱，赵高专恣，其亡也，非子婴之罪也。"又说："子婴虽立，去帝为王，孤危无辅，四旬而亡。此由邪臣擅命，指鹿为马，所以速秦之祸也。"①

子婴的悲剧在于，他是在秦王朝的灭亡已经不可挽回的历史时刻登上王位的，他所有为挽救这个王朝灭亡所做的努力，除了为自己的行动增添一点悲剧色彩之外，一切都是徒劳无功的。

这是因为，子婴登基时，巨鹿之战已经结束，秦王朝赖以存在的最精锐的两支武装力量——王离统帅的长城劲旅和章邯统帅的关中雄师都被起义军彻底消灭，项羽指挥的数十万大军正向函谷关挺进。而刘邦指挥的另一支起义军也从南面攻破武关，叩响了咸阳最后一道门户峣关的城门。这时的秦朝统治集团，经过赵高和胡亥的数次杀戮，当年追随秦始皇统一六国的那些智略超群的文臣武将几乎损失殆尽，剩下的不是追随赵高、胡亥的阿谀之徒，就是毫无才干的无能之辈。子婴上台伊始，面临的就是秦朝建立以来最为凶险的形势：内有赵高等一批凶残的宵小之徒随时可能危及自己的生命，而自己却找不到一个智勇兼备的有力辅佐；外有逼近国门的几十万反秦大军，而自己却无可用之将和可战之兵。子婴虽然被推上了王位，但与他的任何前任，包括胡亥相比，历史为他提供的活动空间却空前的狭窄，纵使他有天大的本事，也几乎没有一个可以转身的舞台。即使在这种情况下，子婴还是发挥了自己最大的主观能动性，他迅速果断地诛除赵高集团，荡除自己行政的最大障碍；他飞兵据守峣关，加强函谷关的防卫，力图将刘邦和项羽两军档在三秦大地的边界之外，以便有较多的时间整饬内部，调整政策，征调兵员和军需物资，创造更多与起义军周旋的有利条件。然而，这些看起来

① 杨士奇等编：《历代名臣奏议》卷四三、七九，电子版文渊阁四库全书。

的最佳举措，却因刘邦一军的攻克峣关而迅速夭折。这时，面对刘邦的最后通牒，子婴已经被逼到死角：要么是将咸阳仅存的军事力量组织起来，宁为玉碎，与刘邦决一死战，自己壮烈殉国；要么出城投降，保住自己和咸阳军民的生命。子婴选择了后一条路，扮演嬴族历史上最不光彩的角色：以亡国之君宣布为自己祖宗数十代不懈奋斗创建的秦王朝划上一个辛酸的句号。之后，刘邦履约，不仅没有杀他，还可能想用他为自己服务。曹无伤向项羽告密"沛公欲王关中，以子婴为相，珍宝尽有之"①，恐非空穴来风。如果没有后来的楚汉战争，刘邦很快统一天下；如果没有项羽几十万大军打进关中，刘邦集团能在关中牢牢立定脚跟，子婴的命运至少也应该同东汉亡国之君献帝刘协、蜀汉亡国之君刘禅一样，不仅可以保住自己和宗族的性命，而且还能够获得一小块封地，保证宗庙香火不断，祖宗之灵得到奉祀血食。然而，不久，项羽率军打进关中，以绝对优势的兵力左右了当时的形势。他火烧咸阳，大开杀戒，子婴和众多的嬴姓贵族命丧黄泉。至此，子婴的悲剧之旅走到尽头。他的悲剧命运实在令人同情：他不能也不应该对秦始皇和赵高、李斯、胡亥等造下的孽债负责，但却以秦王朝最后的亡国之君承受了这一孽债的后果。历史就在无限吊诡中完成了一次新的转折。

第十四节　秦朝"兴勃亡忽"溯源

少昊之裔的嬴氏一族，是一个诞生在山东这一片沃土上的历史悠久的古老族群，它在战斗和挫折中诞生、成长、发展、壮大，历尽无数艰难困苦，闯过众多激流险滩，数千年间昂扬奋进。其嫡裔精英们在春秋战国时期创立秦、赵两个强大的诸侯国，于七雄之中占据了辉煌的两席。而嬴秦一支中更是产生了第一次真正完成统一全国大业的精英集团，他们建立了中国历史上空前强大无比的秦王朝，并深深影响了此后中国两千多年历史的发展。然而，就秦王朝本身而言，却是一个"其兴也勃焉，其亡也忽焉"的短命王朝。正如明朝的杨慎所说：

① 司马迁：《史记》卷七《项羽本纪》，中华书局1959年版，第311页。

> 子婴讨贼方平，肉未及下咽，酒未及濡唇，亲宾未及尽相劳，而赤帝真人已翔于霸上矣。计始皇之余分闰位仅十二年，胡亥仅二年，子婴仅仅四十六日，不啻石火之一敲，电光之一瞥，吹剑之一吷，左蜗之一战，南槐之一梦也。须臾之在亿千，稊米之在大块实似之，是虽得犹不得也。孔子曰："虽得之，必失之。"秦之谓矣。①

这个存在仅仅15个年头的王朝，至今已经逝去2200多年，它建立的制度和创造的文化虽然已经潜移默化在中国的历史长河中，但它延续至今天仍然任我们凭吊的文物古迹，主要的也就是长城、灵渠、始皇陵、兵马俑和其他摆在博物馆中的文物了。

嬴秦一族的历史尽管已经"往事越千年"，可它的兴盛衰亡依然让后世万千的政治家、思想家，尤其是历史学家不停地思考和品评，从中寻觅具有永恒意义的经验和教训。后人最大的疑问是：当年那个气吞万里如虎的秦始皇为什么留下这么一群颟顸无能败家的君臣？当年气势如虹的翦灭六国、驱逐匈奴、征伐岭南百越的威武之师的秦军为什么在与匆匆组织起来、训练和装备都与秦军相差甚远的起义军对阵时败多胜少、最后非降即灭呢？

秦朝二世而亡的历史，提供给后人的是众多而深刻的经验教训。

第一，一个王朝或政权的兴衰存废，根本原因在于人心向背。

嬴秦在东周时期于关中立国后，开始了它一直昂扬向上的发展，而在商鞅变法后更是进入了发展的快车道，最后在秦王政继位后，跃入高歌猛进的新时代，直至"六王毕，四海一"，第一次在中国历史上完成真正的统一大业，达到巅峰。贯穿其中的是不断改革，不断创新，不断回应时代的诉求，不断满足百姓的愿望，使生产发展，经济繁荣，百姓生活不断得到改善，因而拥护和支持秦国为完成统一实行的各种制度、政策和举措，从军参战，服徭役，供粮秣，出钱出力，不少人牺牲性命，从而使秦国的统一大业高奏了胜利的凯歌。秦朝统一后，虽然也建立了一整套促进国家统一和社会进步的制度，推出了一系列有利于巩固统一、发展生产、繁荣经济的政策措施，但是，秦朝却一直没有完成从战时政策到和平时期政策的转变，而是好

① 杨慎：《升庵集》卷七〇《拟过秦》，电子版文渊阁四库全书。

大喜功，加倍征敛，使用民力巨大而急促。沉重的赋税，繁剧的徭役，严酷的刑罚使百姓失去“生之乐趣”，百姓由秦朝的拥护者变成了秦朝的造反者。正是他们掀起的农民战争的怒涛巨浪，将空前强大的秦王朝吞噬了。对此，秦始皇是到死也没有丝毫觉察，稍有觉察的李斯、冯劫、冯去疾等将相重臣却因提出谏议被二世和赵高处死，而二世和赵高死到临头也还是浑浑噩噩，缺乏稍许的清醒和悔悟。在这方面，秦朝留给后世的教训是，国家举办和实施的即使强国利民的公共工程也必须量力而行，适时而作，不能不顾国力民力“霸王硬上弓”。秦朝超过国力和民力的公共工程密集上马，如长城、灵渠、驰道、直道等相继或同时开工，只会过度消耗国力，增加百姓负担，激化阶级和社会矛盾。而为了统治者生前和死后享受的工程，如阿房宫和骊山陵墓等，更纯粹是劳民伤财，徒然增加国家和百姓负担。所以，坏事不能做，好事也须量力而行，人不能一口吃成胖子，国家也不能一天干完一年的工程。由于秦朝在统一六国前和统一战争中对其他诸侯国一再展现“强凌弱”的姿态，而统一后又不顾百姓死活横征暴敛，所以其留给六国之民和统一后百姓的印象集中体现一个“暴”字，这个字，体现的就是人心的酷评。对此，杨慎这样评论：

> 秦之恶，天下之所同恶也。故曰强秦，言其不德也；曰暴秦，甚矣；曰嫚秦，言其无礼义也；曰孤秦，言天下所不与也，曰犷秦，以犬况之也。抑又甚矣，曰无义秦，曰无道秦，恶之至矣，尽矣。孔孟不如其邦，所以为圣为大贤；鲁仲连不肯帝之，所以为高士也。①

如此评论显然有失公平，显示后世学者难以摆脱的思维定式，但秦朝的一系列活动的确展现了黑格尔所说的“恶”在历史上的作用。

第二，一个王朝或政权的兴衰存废，选择什么思想作为治国理政的指导原则至关重要；善待知识分子，容忍不同思想和学术的存在至关重要。

秦朝选择“独尊法术”作为治国行政的理念，尽管可以理解，但显然是一个大的偏颇。孔子周游列国并未涉足秦国，在春秋时期儒学的初创阶

① 杨慎：《升庵集》卷四八《秦之恶》，电子版文渊阁四库全书。

段，其对秦国的影响显然是十分微弱的。到了战国时期，兴起了“百家争鸣”的思潮，各学派间展开了激烈的思想交锋，儒与墨、道、法诸家之间的诘辩尤为激烈。商鞅变法以后，秦国形成了法制传统，儒学在秦国很难得到迅速广泛的传播。不过，这并不等于说，儒学在秦国一点影响也没有。在战国时期列国间人员往来频繁的情况下，各种学说都会在国与国之间传播。儒家著名代表人物荀子曾涉足秦国，吕不韦的宾客中也有一批儒家学者，因而《吕氏春秋》一书中展现了不少儒学的观点。如民本思想：“宗庙之本在于民。”[①]仁政观念：“仁人之于民也，可以便之，无不行也。”[②]修齐治平的理论：“为国之本在于为身，身为而家为，国为而天下为。故曰：以身为家，以家为国，以国为天下。”[③]等等。以致有不少学者认为《吕氏春秋》的主导思想也是儒学。这表明儒学在秦国已经传播并产生了一定影响。秦王嬴政逼杀吕不韦，但并没有烧掉他主持编写的这部著作，也没有下令禁止其流布。全国统一后，秦朝建立了博士制度，被征召担任博士的知识分子尽管万分复杂，可能包括各学派的代表人物，但就可考的博士里籍看，其中应该有相当多的齐鲁儒生。这些儒生参与议政，备顾问，制礼作乐，管理国家图书典册，自然也能宣传儒家思想，扩大儒学在秦国的影响。而刚刚完成全国统一的秦始皇，一开始对这种思想也表现了一种宽容的态度，自觉不自觉地吸纳各种思想为自己的新王朝服务。秦始皇在多次出巡中，都带着大批博士、儒生，以便随时就各种知识与古代礼仪向他们咨询。如到泰山举行封禅大典，曾就其仪式问题征求儒生们的意见。就是李斯这位法家代表人物，由于曾师从荀子学习儒家学说，也不能不接受儒学的某些思想影响。他为秦始皇撰写的那些石刻文字，也不时露出儒学的理念。应该看到，儒学所倡导的仁义道德、等级秩序以及修齐治平、内圣外王的思想观念，对于实现统一、进入和平发展阶段的秦王朝来说，是一种比较适合的行政理论。如果秦王朝能够自觉地认识和运用这些理论，对于维护自己统治的长治久安是有益的。然而，正如上面已经指出的，秦始皇、李斯等秦王朝的当权派，继承的是“以法为教”“以吏为师”的法制传统，他们对儒学某些理念的吸纳并不是出于理性

① 许维遹：《吕氏春秋集释》，中华书局 2016 年版，第 257 页。
② 许维遹：《吕氏春秋集释》，中华书局 2016 年版，第 518 页。
③ 许维遹：《吕氏春秋集释》，中华书局 2016 年版，第 408 页。

的自觉，并且，法家学说对儒学的不少内容是采取批判和排拒态度的。而在刚刚统一的秦王朝，大批儒家知识分子还没有改造到完全适应的状态，他们往往遇事张扬自己的学派意识，对秦王朝的各项制度和政策进行肆无忌惮的批评。如此一来，思想上的冲突就不可避免，再加上以“寻仙人，找长生药”行骗的方士们参与其中，就使儒法的冲突最后酿成了“焚书坑儒”的惨祸。不管秦王朝实行此一措施有多少理由，焚书坑儒都是暴政和蠢行，都是其思想文化政策和知识分子政策的重大失误。以齐鲁儒生为代表的知识分子，从战国时期列国林立状态汇集到统一的秦帝国的庙堂，除少数隐居岩穴的清高之士外，绝大部分人都愿意以自己的知识技能为秦王朝服务。观其在战国时期风尘仆仆奔走列国间择主而仕的情况，就说明他们对服务对象的选择是不分国别的，条件仅仅是是否信任自己，自己值不值得为之服务。因此，如何调动这批知识分子的积极性，充分发挥他们的聪明才智为秦王朝的经济文化教育事业的发展贡献力量，应该是秦朝知识分子政策着力解决的问题。可惜秦始皇、李斯在此问题上完全采取了错误的政策。首先，秦始皇与李斯没有从思想上认识知识分子，尤其是儒生和儒学的重要性，根本不了解“逆取顺守”的真理，不了解儒学在和平时期维护稳定社会秩序的重要作用。在全国已经统一，历史已经转入发展经济和文化的和平时期，仍然坚持战争年代即夺取政权时期的指导思想和用人政策。其所重用之人，非好大喜功之武夫，即刻薄寡恩之狱吏。他们顽固地坚持法家思想，只能将秦朝的国家和社会治理推向对内残酷压榨、对外穷兵黩武的绝路。其次，无论从什么角度看，“焚书坑儒”都只能是一次空前的愚蠢和野蛮的暴行。它既是战国时期“礼贤下士”之风的反动，也是对“百家争鸣”学术思潮的扼杀，是中国思想文化史上的一次大倒退，它所造成的损失是无法弥补的。秦始皇和李斯满以为，通过“焚书”可以统一人们的思想，朝野再也不会发出与统治思想不同的声音；通过“坑儒”能够从肉体上消灭持不同政见的知识分子，朝野再也不会有人犯上作乱了。然而，与秦始皇和李斯的愿望相反，“焚书”并不能烧掉人们，尤其是知识分子自由思考的本能，“坑儒”也不可能将持不同政见者一网打尽。这一暴行，彻底打掉了儒生们对秦王朝的最后一点幻想，使之产生了对秦王朝不共戴天的仇恨。大概除了周青臣之类少数死心塌地的拥秦分子之外，绝大部分在朝与在野的儒生们都放弃了与秦朝继续合作的愿望。博士与诸生中的劫后余生者，有的相继逃出咸阳，有的虚与委蛇，而更多的在野者则彻底打消了仕于秦朝的念头。当秦末农民战争的烈火燃起的时候，儒生们便公开地站到了秦王朝的对立面，勇敢地投入起义队伍，与造反的农民相结合，变成了反秦的重要力量。孔子的九世孙孔鲋（甲），怀抱礼器，毅然投奔陈涉，被任为博士，最后与陈涉一同死难。博士叔孙通、御史张苍等人也由秦朝的官吏投降起义军，后来成为西汉王朝的开国功臣。历史的发展往往与当权者的愿望背道而驰。当焚书的烟焰还没有散尽，儒生们的鲜血还在渭水之滨汩汩流淌的时候，东方的原野上已经响起了人民反秦的怒吼。秦始皇和他的王朝为自己的野蛮举措付出了最高昂的代价，这就是秦朝的二世而亡和嬴姓皇族的绝嗣灭宗。唐朝诗人章竭写的那首《焚书坑》诗，就慨叹秦朝的"焚书坑儒"尽管虐杀了大批儒家知识分子，但巩固和保卫自己王朝的愿望却落空了。它没有亡于手无寸铁的儒生，而是被两个不读诗书的浑小子刘邦和项羽推翻了。这是多么值得深思的讽刺！

第三，一个王朝或政权的兴衰存废，与是否重视道德教化的关系至为密切。

在中国古代历史上，由于儒学倡导的忠、孝、节、义、仁、礼、智、信等核心伦理观念的教育深入人心，因而在大多数封建王朝灭亡的时候，差不多总有几个或一批臣子为这个王朝殉节，从而给这个王朝的灭亡增添一点悲壮的行色。例如，当南宋被蒙古铁骑灭亡的时候，既有李庭芝、姜才、张世杰等臣子领导的汉族军民的拼死抵抗，又有陆秀夫背负小皇帝赵昺毅然蹈海而死得壮烈之举，还有在大都被羁押三年之久的文天祥面南而跪与故国诀别的从容就义。当明朝的首都北京被李自成领导的农民军攻破的时候，陪同崇祯皇帝吊死于煤山老槐树上的还有一个司礼太监王承恩。而当清军的八旗劲旅向江南推进的时候，遇到的是南明小朝廷旗帜下汉族军民前赴后继的抵抗，出现了史可法、阎应元、陈明遇、张煌言等一系列殉国者的名字。三国末，当兵微将寡的蜀汉政权面对魏军的凌厉攻势即将灭亡之时，诸葛亮的儿子诸葛瞻和孙子诸葛尚率军在绵竹誓死抵抗，拒绝投降，最后双双战死疆场；而当这个政权被魏军灭亡、后主刘禅毫无愧疚地俯首而降的时候，他的年幼的第四个儿子刘湛还以自杀殉国，为这个政权送上了悲恸的挽歌。即使以篡政而立的王莽新朝灭亡的时候，也还有王邑父子、王巡、王揖、赵博、唐尊、王盛和一千余名卫士为保卫王莽在渐台与起义军进行惨烈的搏战，最后全部战死。与上述情况形成鲜明对照的是，当历史上空前统一、强大的秦王朝在公元前 206 年十月被刘邦率领的 10 万大军灭亡的时候，为这个王朝送行的是自缚的秦王子婴和他命人抬着的棺材，全朝上下，竟然找不到一个殉节的臣子，从而使这个不久前在中国历史上演出过英雄史诗般的王朝的落幕显得特别的悲凉和寂寞。原因何在？历史学家可以给出许多答案，但有一点大概可以达成共识：秦始皇和他的王朝只用利益，而且是个人私利来规范君臣关系，从来不进行道德教化。如此一来，道德在同私利博弈的时候只能节节败退，最后落荒而逃。如武将章邯，此人先是做秦朝皇室财务总管的少府，继而被任命为统率秦军主力与农民军对战的一号主帅，曾经取得了打垮陈胜起义军和突袭定陶、击杀项梁的胜利。巨鹿之战后，尽管他手上还有 20 多万训练有素的大军，继续与农民军战斗仍然有取胜的希望，但他选择了投降。使他做出这一抉择的原因是个人利益战胜了他对秦王朝的忠诚。而促使他下定最后决心的是长史司马欣的一段话和陈余的一封信。其他人，如司马欣、董翳、王离、陈留郡守、南阳郡守、峣关守将等一大批文臣武将，都选择了投降。在巨鹿之战前，秦军的武将和地方守尉在相信秦军能够战胜起义军的前提下，还是同起义军打了一些硬仗恶仗。他们这样做，与其说是出于对秦王朝的忠诚，倒不如说是为了守护秦王朝给予他们的富贵利禄。巨鹿之战以后，秦王朝灭亡的征兆已经显现，再为它继续卖命已经不能守护自己的生命财产了，所以就出现了愈演愈烈的投降风潮。再如文臣李斯，为追求富贵利禄来到秦国后，其行事做人就从来没有道德底线。他出卖自己的主人吕不韦，害死同窗韩非，鼓动秦始皇“焚书坑儒”。秦始皇寿终正寝时，李斯正做“百官之首”的丞相，然而，在将其一路推升的君王秦始皇尸骨未寒之时，他就变成了这位君王《遗诏》的背叛者，参与了由赵高一手导演的“沙丘政变”。再后，他向二世兜售“督责之术”，加速了秦朝灭亡的步伐。只要能获得权势和富贵，李斯从来是不顾信义的，是从来不惮于以别人的鲜血染红自己的官帽的。李斯摈弃道德原则的卑劣的品格，对权力和富贵发疯般的追求，既是他不断升迁的秘诀，也是他走向死亡的引擎。赵高是秦始皇最信任的臣子，放在身边任中车府令，赋予他教导胡亥的重任。可秦始皇一死，他就背叛昔日对他信任有加的君王，精心策划“沙丘政变”，逼杀扶苏，处死蒙恬、蒙毅兄弟。接着，教唆胡亥，杀害自己的兄弟姐妹和朝中妨碍自己专权的李斯、冯劫、冯去疾等人，进而逼死胡亥，最后，眼看秦王朝大势已去，他又密谋与农民军进行“灭秦宗室而王关中”的肮脏交易。显然，在赵高的心灵里根本就不存在道德二字。从进入秦宫起，他的一切活动就是围绕着个人利益旋转。他认为对秦始皇的信任丝毫不需要道德的承诺和回报，因而在秦始皇尸骨未寒即策划背叛他的政变；他认为对给予他最高官位和权力的秦二世也不需要道德的承诺和回报，所以就残忍地将自己扶植起来的这位幼主及其妻子儿女逼杀于望夷宫；最后，他又与起义军密谋裂地分权的交易。如果不是子婴谋划于前，他的阴谋很可能再一次成功。这样的人，只有死亡才能结束他对“臣事君以忠”的道德信条的一而再、再而三的亵渎和背叛。

人们不禁要问：为什么“奋六世之余烈，振长策而御宇内”的秦始皇建立的这个空前强大统一的王朝，这个集中了当时中国众多精英人才的宏伟帝国，在落幕的时候是如此悲寂，竟然找不到一个为之殉难的君王和忠臣？看不到一个如丧考妣为之恸哭的孝子？秦朝灭亡以后，也觅不到一个为之哼唱挽歌的遗民？这里自然有着许多复杂的原因，但正如前面所说，秦国和秦朝从来就不进行道德教育应该是其中最重要最直接的原因。秦国的发祥地远在中国西部的甘陇地区，从其建国时起就处于同戎狄斗争的严酷环境，后来又在同东方六国的战争中度过了春秋战国时代，再加上商鞅、韩非等法家思想的深刻影响，就形成了重“力”“威”，讲“耕”“战”和倡导“以法为教”“以吏为师”的法家思想文化传统。秦始皇以武力完成统一六国的大业以后，通过强化专制主义的中央集权和“焚书坑儒”进一步强化了这一思想文化传统。虽然秦朝建立后儒家学者以博士身份进入咸阳的宫廷稍稍扩大了儒学的影响，但并没有从根本上改变以法家思想作为主流意识形态的局面。以韩非为代表的法家将荀子的“性恶论”推向极致。荀子虽然坚持“性恶论”，但他同时强调“礼义教化”可以使人改恶向善的道德教化的内容，特别重视“君子人格”的养成。而韩非则认为，人性恶不仅是绝对的，而且是不可改变的。这种性恶的社会表现就是对个人私利的无厌追求，而这种追求既是完全合理的，也是没有边际的。所以一切仁义道德的说教统统应该弃之如敝履。在他看来，规范社会上人与人关系的准则就是纯粹的利益交换关系：

> 故王良爱马，越王勾践爱人，为战为驰。医善吮人之伤，含人之血，非骨肉亲也，利所加也。故舆人成舆，则欲人之富贵；匠人成棺，则欲人之夭死也。非舆人仁而匠人贼也，人不贵则舆不售，人不死则棺不买，情非憎人也，利在人之死也。①

所以在韩非眼里，人与人之间也就根本不存在道德亲情的联系，只是建立在赤裸裸的利害关系基础上的交换和买卖关系，他以雇主和庸客的关系加以说明：

> 夫卖庸而播耕者，主人费家而美食，调布而求易钱者，非爱庸客也，曰："如是，耕者且深，耨者树耘也。"庸客致力而疾耘耕者，尽巧而正畦陌畦畤者，非爱主人也，曰："如是，羹且美，钱布且易云也。"②

仅就雇主和庸客的关系而言，韩非的论断并不是没有一点道理。可他却将这一论断推演至所有的人与人之间的关系，认为君臣、君民甚至夫妻、父母、儿女即所有人间的关系也是如此。他认为，如果说上古时代在生产不发达、民风淳朴的条件下道德还起点作用的话，那么，当历史已经发展到利益至上的战国时代，仁义道德的功用就丧失净尽了："上古竞于道德，中世逐于智谋，当今争于力气。"③ 这种绝对功利主义的社会伦理学说，斩断了社会上本来就存在的非功利的伦理亲情关系，将社会上所有人与人的关系全说成是利益交换关系。这种理念作为价值观广泛宣传，其对国家民族和社会的危害是显而易见的。深受其害的恰恰就是这一理念的笃信和推行者秦始皇和他建立的王朝。由于他以纯利害规范君臣和君民关系，必然斩断臣民对这个王朝的道德和感情的丝缕，而以自我利益作为衡量与君王关系的唯一标准。于是君臣就在这一关系国家和社会命运的至关重要的问题上达成了共识。吕不韦以

① 王先慎：《韩非子集解》，中华书局 2013 年版，第 123 页。
② 王先慎：《韩非子集解》，中华书局 2013 年版，第 295 页。
③ 王先慎：《韩非子集解》，中华书局 2013 年版，第 487 页。

“奇货可居”的商人心态进行政治投机，在秦国如鱼得水；李斯带着猎取富贵利禄、改变贫困地位的目的来到秦国活动大获成功；老将王翦率60万大军出征楚国时屡屡向秦王索要田宅而竟能博得嬴政的会心微笑。如此君臣关系，在这个王朝有资源与臣子进行交换的时候，臣子们自然为其服务；而一旦这个王朝没有资源与臣子交换的时候，臣子们就会离开或背叛它。所以，当秦王朝陷于灭顶之灾的时候，也就是它没有资源与臣子交换的时候，它的臣子纷纷作鸟兽散的选择便是再自然不过的了。“种豆得豆，种瓜得瓜”，秦国和秦朝长期忽视道德教育特别是操守品格的教化，它最后得到的只能是众叛亲离的苦果。

看来，一个国家和社会什么时候也不能忽视道德教化，让核心价值观成为全民的共识能够发挥出强大无比的正能量：既能使社会在和谐的状态下顺利发展，更能在国家遭遇危难时激发全民族保家卫国的无比强大的力量。

第四，一个王朝或政权的兴衰存废，在很大程度上取决于精英人才的选取、重用还是逆淘汰的机制。

秦朝建立后，以秦始皇为首的秦朝统治者及其“跳蚤”般的后继者们，一改统一六国时期发现、提拔、重用精英人才的政策，反其道而行之，推延出一套每况愈下、愈演愈惨烈愈无耻愈无情的精英人才逆淘汰机制，将秦朝多年选拔历练出来的一大批治国领军、允文允武的体制内的精英人才，一批又一批地送上不归路。当他们将核心统治集团变成残暴、无耻和蠢材集合体的时候，他们怎么也没有想到，他们只能步自己逆淘汰的精英人才的后尘，到断头台上去发出最后的无可奈何的叹息。

秦王朝逆淘汰体制内精英人才的第一个“杰作”是“焚书坑儒”。秦朝建立后，大批儒生进入秦王朝的庙堂。他们虽然未能进入统治集团的核心，但作为思想文化的最重要的载体，他们坚持的“仁政”理想和德主刑辅的理念，恰恰可以纠秦朝“以法为教”“以吏为师”的独尊法术的治世原则的弊端，为秦朝由战争政策向和平政策的转变提供最重要的思想文化的支撑。他们的被清除，使这种转变成为泡影。同时，焚书坑儒的另一个逆淘汰的副产品是秦始皇长子扶苏的离开京城远赴长城监军。他的被逐出京，主因是他对坑儒提出了不同的意见。扶苏是秦朝皇位的第一继承人，也是皇室中精英人才的代表。从其思想和行动看，他是统治者中最有希望也最有能力转变秦始皇政策的人物，他之离开京城，恰恰使后来赵高、胡亥策划的政变成为可能。此一大错，等于秦始皇亲手启动了秦朝灭亡进程的旋钮。秦始皇在位 37 年，前 27 年可谓英明睿智，后 10 年可谓半清醒半糊涂，而这个由愚蠢和颟顸构成的半糊涂却铸成了秦朝二世而亡的不可逆转的基因。在识人用人问题上，前 27 年的秦始皇可谓知人善任，将一大批治国理政、整军经武的干才提拔到关键岗位上。后 10 年的秦始皇已经被空前的功业冲昏了头脑，爱谀信谗，喜同排异，听不得一点不同意见，使赵高之流的奸佞之辈得到重用，种下日后败亡的种子。王夫之慨叹："秦始皇之宜短祚也不一，而莫甚于不知人。非其不察也，惟其好谀也。讬国于赵高之手，虽中主不足以存，况胡亥哉！"①

如果说秦始皇对体制内精英人才的逆淘汰开启了恶劣的先例，那么，在秦始皇死后，以赵高、胡亥为首的秦朝新统治者则将这一精英人才的逆淘汰机制进一步变本加厉地推行下去，从而将这一恶例变成了他们坚守不愈的通则。秦始皇死后，赵高、胡亥和李斯这个罪恶的"三人帮"就谋划了淘汰精英人才的第一个"杰作"——"沙丘政变"。通过这次政变，使秦始皇儿子中最不具备皇帝资质、最愚蠢无能的胡亥登上了皇位，同时将皇位的第一继承人扶苏和朝臣中的有识之士蒙恬、蒙毅兄弟送上死亡之域。这 3 人之中，扶苏是最有思想和能力转变秦始皇政策的帝王之才。在秦始皇的 20 多个儿子中，扶苏无论就识见、能力，还是阅历、事功，都能拔得头筹。但由于他与秦始皇在政见和政策上略有分歧，加上他胸无城府，直言敢谏，引起秦始皇的不快，因而被逐出京，不能随侍秦始皇的左右，这就使他既失去及时继承皇位的机会，也难以阻止赵高、胡亥的政变密谋，最后成了可悲的牺牲品。蒙恬、蒙毅兄弟与扶苏关系密切，并且都是治国领军的干才。蒙恬曾在统一六国的战场上奋勇搏战，统一全国后，又奉命率 30 万大军修筑长城并戍边保境，使匈奴"不敢南下牧马"，成为秦朝巩固边防的坚强柱石。蒙毅不仅是一位智勇兼备的将军，而且熟知秦朝法律，曾治罪犯法的赵高。此时正奉命"还祷山川"，回程即遭遇赵高、胡亥的暗算。他们与扶苏的冤死，使能够引领秦始皇以后的秦帝国走出困境的最重要的 3 个人物惨遭淘汰。接

① 王夫之：《读通鉴论》，中华书局 2013 年版，第 3 页。

着，赵高和二世又将皇室精英、胡亥的兄弟姐妹尽数杀光，使胡亥血缘关系最近的奥援损失殆尽，变成了真正的孤家寡人。当赵高等将死亡的威胁置于他面前的危急时刻，施以援手的力量已经不存在了。最后，赵高和二世追究战败的责任，硬是将能够率军与起义军对阵的将军章邯、司马欣、董翳等逼上投诚之路。至此，秦朝的精英人才几乎淘汰净尽。尽管最后淘汰精英人才的两个恶魔胡亥和赵高也死于非命，但是，秦朝起死回生的希望却早已被他们淘汰净尽。一方面是起义军对残存的秦军形成了难以逆转的绝对优势，一方面是经过精英人才逆淘汰的秦朝廷，再也没有使军事形势逆转的帅才和可战之兵了。精明过人的子婴为了保命，最后只能乖乖地在刘邦的马前递上降表，从秦始皇开始的精英人才逆淘汰的恶果和苦果，最后由最不该负责的子婴吞食了。

著名历史学家何兆武先生曾经慨叹："社会进步的规则（不是指规律law，而是指 thc rule of game）本来应该是择优汰劣；但有时候历史的现实却又反其道而行之，把它最优秀的分子淘汰掉了。"[①] 我们观察中国历代王朝的兴衰更替时，不难发现一个带有规律的现象：当一个王朝肆无忌惮地淘汰它的精英人才时，它实际上是在为自己起动死亡的旋钮，吟唱最后的挽歌。

第五，先进的政治制度促进社会发展的机制是靠一系列的具体政策实施和推动的。一个王朝或政权的兴衰存废，制度是否先进固然十分重要，但与之配套的政策是否能够发挥制度的先进性也具有重要作用。秦朝建立和完善的专制主义中央集权的行政体制是当时世界上最先进的制度，它决策迅速，贯彻有力，上下联动，运行高效，既能集中力量办大事，也能快速办成事。秦朝在短短 15 年中办成了那么多的大事，取得了那么多的成功，同先进的制度关系密切。但是，秦朝的许多具体政策不仅未能使这种制度的先进性得到充分发挥，而且在很大程度上抑制了这种先进性的发挥。例如，它在和平年代依然实行战争年代的政策，一直未能完成本来应该迅速完成的政策转变，这就从根本上违背了社会发展的要求，拂逆了百姓渴望和平安宁生活的愿望；它实施的超量的赋税征发，使"使黔首自实田"的制度对农民生产积极性的激发大打折扣；它几乎超越极限的兵役征发，使奖励军功爵位的

① 何兆武：《思想文化随笔·回忆联大师友》，科学出版社 2012 年版。

制度难以激发青壮年男子从军杀敌的积极性。而其法律制度中的“严密苛酷”“轻罪重罚”等条款，与过度使用民力的政策相结合，发挥的几乎都是“恶”的合力。显然，制度的先进性有赖于适应社情民意的政策实施，而制定政策的最基本的根据是当时和看得见的未来的政况国势。秦朝建立后所实行的政策几乎全都违背了当时的政况国势，这就不仅使先进的制度没有发挥出优越性，甚至与不适宜的政策结合发挥了严重的负面作用。

最后，决定一个王朝或政权的兴衰存废的主要是政治，而决定战争胜负的最后的最根本的原因也是政治。

德国著名军事理论家克劳塞维茨说：“战争不仅是一种政治行为，更是一种真正的政治工具，是政治交往的延续，是通过另一种手段实现的政治交往。……因为政治意图是目的，战争只是手段，没有目的手段是难以想象的。”① 战争大概从人类诞生不久就出现了，各个人群之间，如氏族对氏族、部落对部落、民族对民族、国家对国家、一国之内各个政治集团之间、世界上不同的国家集团之间，为了利益的争夺闹到不能用和平的手段解决时，就诉诸武力，于是，战争就同人类相伴而生。不过，战争从一开始就不单纯是武装力量的较量，而是政治、经济和思想文化的综合力量和因素的较量。政治制度先进、经济发达、财政充裕、百姓拥护、综合力量强大的一方一般情况下都是战争的胜利者。秦国建立以后，在它与周边诸侯国和戎族的斗争中基本上是胜利的一方，原因很清楚，因为它在穆公之前，主要是同戎人争夺对关中和周边地区的控制权，它的政治制度比戎人先进得多，综合力量远较戎人中的任何一个分支都强大，所以能够“益国二十，开地千里，遂霸西戎”。穆公之后，特别是孝公支持商鞅主持变法之后，秦国通过最彻底的封建化改革而异军突起于西方，一跃而在政治军事方面超越了东方六国。此后，“六世余烈”持续发酵：秦国政治制度最先进，极大地调动了百姓的生产积极性，推动了经济的迅速发展，使秦国的财富“居天下之半”还多；秦国广揽天下人才，集中了一大批六国的政治精英、军事干才，同时锻造出一支训练有素、纪律严明、敢打硬仗、不惧牺牲的威武之师，所以在平定六国的战场上，能够所向披靡，无往而不胜。秦朝统一六国后，它虽然建立了当

① ［德］克劳塞维茨：《战争论》，孙志新译，北京联合出版公司2014年版，第20页。

时世界上最先进的政治制度，也做了不少巩固统一、促进历史发展的好事，但由于一系列的政策失误，不仅使这个制度的优越性未能得到充分发挥，而且导致这个制度的弊端得以充分肆虐。特别是由于它未能完成整个国家政策由战争时期向和平时期的转变，就使百姓的负担超过战争时期，致使百姓的简单再生产也难乎为继。秦国的好政治就变成了秦朝的坏政治，从而引发了农民大起义。而这个坏政治，又使秦军本来具有的优势得不到充分发挥，最后导致了军事上的惨败，秦朝也就成为中国历史“二世而亡”的短命王朝。显然，促使秦国军事力量凯旋行进的是政治，导致秦国军事力量最后覆亡的也是政治。好的政治能够促使弱小的军事力量变得强大，更能与强大的军事力量相得益彰；坏的政治必然使强大的军事力量由强变弱，更能使强大的军事力量最后导向灭亡。在人类历史上，这样的例子不胜枚举。

作为东夷人一支的嬴秦一族，在崛起于汶水流域之后，在数千年的发展历程中，不断迁徙，屡经磨难，愈挫愈奋，勇往直前，在中国广袤大地上的不同地域，留下一个又一个族群，演化出一个又一个奋斗创业的故事。其核心集团最后在关中地区立定脚跟，于八百里秦川创建了统一六国的前进基地，最后完成了中国古代历史上第一次真正的统一，建立起东亚第一个疆域最辽阔、制度最先进、经济文化最发达的宏伟帝国，为中国历史的发展做出了具有里程碑意义的伟大贡献。嬴秦由此也创造了自己族群历史上最辉煌的篇章。然而，“反者道之动”。强弱换位，成败互易。建立仅仅15年的秦王朝犹如划破夜空的彗星一样，在发出耀眼的光芒之后消失在农民起义的浪涛中。而创造这一辉煌历史篇章的嬴秦最核心集团，遭到最严酷的覆社灭宗的报复。马克思指出：“人类历史上存在着某种类似报应的东西。按照历史上报应的规律，制造报应工具的，并不是被压迫者，而是压迫者本身。”① 嬴秦历史留下的经验值得认真总结，留下的教训更应该认真汲取。从这个意义上讲，人类最好的教科书，就是人类历史本身。

① 《马克思恩格斯全集》第12卷，人民出版社1962年版，第308页。

第十五节 历史的灾难得到补偿

人类历史的无数事实证明："没有哪一次巨大的历史灾难不是以历史的进步为补偿的。只有活动方式在改变。"① 因为人本身作为人类历史的主体，总是不断总结历史经验，汲取历史教训，改变行为方式，不断寻找新的生存技能和治理国家与社会的新模式。

秦朝灭亡后，代它而起的两汉王朝创造了中国封建社会历史上的第一个发展高峰，使秦朝二世而亡制造的历史灾难得到充分补偿。因为两汉王朝，尤其是西汉王朝的统治者不断反思秦朝二世而亡的教训，继承和发扬其优长，规避其错误和缺失，在总结经验教训中向前推动了历史的发展和社会的进步。

两汉时期（前 206—220 年）4 个多世纪的悠长岁月是中国封建社会的初期阶段。正是在这一时期，我们的祖先在世界东方这片广袤的土地上创造了当时世界上具有领先地位的政治经济制度和博大精深的灿烂文化，不仅深深影响了此后中国历史的发展，而且在相当大的程度上左右着东亚历史的走向。

秦朝尽管只是一个存在了 15 年的短命王朝，但它在历史上的开创之功却是永垂千古。这主要体现在奠定祖国疆域之基，创设专制主义中央集权的行政体制，建立地主私有的土地制度，育成中国一统的国家民族认同观念等。继承秦制的两汉王朝极大地弘扬了秦朝的功业，从而将中国封建社会前期的历史推向一个辉煌的巅峰，创造了前无古人的巨大成就。

如果说，统一的秦王朝奠定了今日我们伟大祖国幅员辽阔的疆域的基础，那么，汉王朝就更进一步扩大和巩固了这个基础。当秦始皇及其臣子们在琅邪刻石上顾盼自雄地写上"六合之内，皇帝之土。西涉流沙，南尽北户。东有东海，北过大夏。人迹所至，无不臣者"的时候，秦王朝的疆域也不过东至大海，西至今日之甘肃，北至今日之内蒙古、辽宁，南至南海。大

① 《恩格斯致尼·弗·丹尼尔逊（1885 年 10 月 17 日）》，《马克思恩格斯全集》第 12 卷，人民出版社 1965 年版，第 194 页。

体上是以兰州为基点划一纵线的今日中国的东部地区。但是，到汉王朝，特别是到汉武帝统治时期，大汉王朝的疆域已经向周边大大扩展了。其中，东北基本上囊括了今日之辽、吉、黑三省，并越过鸭绿江，达到今日朝鲜的北中部。西部则越出今日新疆，达到巴尔喀什湖以东以南地区。北部越过长城，到达广漠的蒙古草原。南部则越出今日之广西、云南，几乎囊括了越南的大部分和缅甸的北部，从而成为东亚疆域最辽阔的国家。大汉王朝的军旗已经在帕米尔高原的雪峰上猎猎飘扬。当时的大汉王朝，与横跨欧亚的罗马帝国、雄居中亚的大夏王国和称雄印度半岛的孔雀王朝，作为人类文明历史进程中几颗耀眼的明星，遥相辉映，共领时代的风骚。

汉王朝是民族融合的大熔炉。它以政治、经济、文化为纽带所形成的熊熊炉火，熔铸出以汉族为主体的中华民族。这个伟大的民族，不停地繁衍生息，不断地吸收新鲜血液，愈挫愈奋，历经磨难而不衰，屡遭险巇不低头，终于发展成世界民族之林的参天大树。秦王朝的统一虽然使数以百计的族群聚拢在一起，共同生活在“车同轨，书同文”的华夏大地之上，但是，由于秦王朝存在的时间十分短暂，还无法从文化上和心理上消除民族以及地域的差别与隔阂，所以，当陈胜在大泽乡振臂一呼的时候，打着六国旗帜的反秦队伍立即云集响应，而原秦国腹地的关中、汉中和巴蜀等地却平静得犹如死水一潭。这说明秦民与原六国之民之间民族的畛域尚未消除。汉王朝统理中国 400 余载，不仅使中原地区背景各异的民族认同了汉族这个共同体，以炎黄子孙自居，而且使汉民族和中原王朝对周边少数民族产生了越来越大的向心力和凝聚力，匈奴、鲜卑、乌桓相继内附，数以百计的西南夷、南越、东越等族接受了汉朝郡县官员的治理，而西域不同民族建立的大大小小的所谓“三十六国”“五十二国”也在汉朝西域都护的管理下，心悦诚服地做了汉王朝的臣民。在 400 多年的漫长岁月里，在日益密切的经济文化交流中，不知有多少胡人汉化到中原的城市乡村，也不知有多少汉人胡化到北国的草原穹庐和天山脚下的田园牧场。这种不间断的双向融合为日后一些少数民族如匈奴、鲜卑、羯、氐、百越等完全融入汉民族的大家庭创造了条件。这一时期，汉民族进一步继承和弘扬了它的前身华夏民族海纳百川的恢宏气度，形成了善于吸收、恢廓包容和改造外来民族和外来文化的民族特性，使它在以后的历史征程中能够较好地以开放的心态对待外来的民族和文化，使这个民族大熔炉熔铸的民族越来越多，使中华民族越来越兴旺发达，也使中国的古老文化在不断吸取外来文化的基础上，日益丰富、发展和繁荣。

继承秦制的汉王朝制定的各项法律制度和采取的一系列政策措施，以及它对全国的有效治理，进一步巩固和加强了中国的统一，使中华民族是一个统一的整体、华夏大地是一个统一的国家的观念，成为以汉族为主体的中国各族人民的共识。春秋战国以来，随着民族融合的不断发展，各地区经济文化交流的日益频繁，中国统一的趋势迅速增长。“天下恶乎定?”“定于一。”[①] 孟子的回答，反映了当时一批远见卓识的政治家和思想家对中国历史未来发展趋势的正确展望。但是，由于各种复杂因素的制约，中国的统一却是通过长期激烈的战争手段完成的。秦国的近百万大军经过多次的剧烈征战，使六国的统治者及其臣民统统在秦国的坚甲利兵面前被迫放下了武器，做了统一之君的子民。被胜利冲昏了头脑的秦始皇踌躇满志地预期，他美好的江山社稷会二世三世至于万世，传之无穷。然而，秦始皇并不清楚，这个统一国家的基础还很不巩固。因为尽管统一已经实现，但地区和民族的畛域尚未消失，而武力的征服又不可避免地给六国的臣民留下心灵的创伤。特别是秦王朝建立后所实行的厚关中薄山东的歧视性剥削政策，更激起六国臣民对故国的怀念。所以，秦末农民战争就几乎发展成六国的复国战争。这说明，秦王朝的统一尽管有着时代的必然性，但全国人民的心理准备还不充分，长期封国割据形成的地域间的心理阻隔并没有消失。在汉王朝统治中国的 400 多年间，刘邦及其子孙制定了一系列从政治、经济和思想文化上加强统一的政策，特别是汉武帝时期所实行的一系列促进统一和集权的措施，更进一步加强了全国各族人民在政治、经济和思想文化上的联系，使秦王朝统治时期还存在的地域的心理的阻隔基本消失了。“春秋大一统者，天地之常经，古今之通谊也。”[②] 董仲舒的观点虽然在形式上是他个人的创造，但其根源却在于中华民族已经形成的稳定的统一观念。这一观念的力量是如此强大有力，以致匈奴人自称“夏后氏之苗裔”而拉近与汉民族的距离。顺便说一句：南北朝时期，匈奴人刘渊在今之山西、陕西、内蒙古交界处建立了北汉

① 《孟子·梁惠王上》,《十三经注疏》，中华书局 1980 年版，第 2670 页。

② 班固：《汉书》卷五六《董仲舒传》，中华书局 1962 年版，第 2523 页。

政权，他硬是将自己说成是刘邦的后代，将这个政权说成是汉朝的延续。而当南北朝结束、匈奴族融入汉族之后，相当多的匈奴人都改姓刘了。现在甚至还有当年流落到匈牙利的匈奴人后代自称是刘邦的裔孙。此后，所有周边少数民族几乎都形成了对统一中国的归属感，即使有人搞分裂割据也被视为大逆不道了。东汉以后的中国历史，尽管也出现过三国东晋南北朝和宋辽夏金时期的分裂割据局面，但统一的时期毕竟占了主导地位。应该承认，这种情况的出现自然有着深刻的政治、经济、文化、民族与社会的根源，但汉朝时期已经形成的根深蒂固的大一统观念也起了不容忽视的重要作用。

汉王朝进一步改造和完善了秦朝建立的专制主义中央集权的行政体制和法律制度。刘邦及其布衣将相虽然推翻了秦王朝，并且，终汉之世，他的子孙和那些大大小小的政治家、思想家也没有忘记对秦朝的暴政发出正义凛然的批判，然而，“汉承秦制”却又是千真万确的事实。原因就在于，当时的历史条件还无法给汉王朝提供另外的选择。这也说明，秦王朝的覆亡主要是由于政策的失误而非政治体制的弊端，因而刘邦及其子孙也就只能继承其政治体制而刷新政策。刘邦及其后继者继承和完善了皇帝制度、三公九卿的中央行政制度（武帝后演变为中外朝制度，东汉又演变为台阁制度），郡国并行的地方行政制度，县、乡、亭、里、什、伍编制和一整套选举、任免、升降、奖惩的基层管理制度，以及税收、财政、徭役和兵役制度等。与此同时，萧何损益《秦律》制定了汉朝的《九章律》，叔孙通等人制定了朝仪等礼乐制度，张苍等人制定了历法和度、量、衡等各种章程，韩信等制定了军法，使西汉王朝的法律制度较之秦王朝更加完善。侯外庐先生以秦汉两朝法典化的完善作为中国封建社会确立的标志，并不是没有道理的。由秦朝首创，汉朝加以继承和完善的一整套封建专制主义中央集权的行政体制和各种法律、礼仪制度，作为一种模式，被后来的历代封建王朝所损益继承。尽管这些制度和法律从本质上体现的是地主阶级对农民阶级的专政，但在中国2000多年的封建社会里，其积极意义仍是不可忽视的。中央集权的行政体制和缜密完备的法律制度，有力地促进了统一的多民族国家的形成、巩固与发展，维护了社会的安定，为社会经济的发展和广大人民正常的生活提供了较好的政治环境。庞大而严密的官僚制度有较明确的分工和一定程度的权力制衡，因而具有较高的效率和较强的自我调节功能，从而保证了整个国家机器正常而有序的运转。汉王朝继承和完善的这一套政治法律制度以及由它所派生的许多优秀的政治文化遗产，如统一集权观念、圣君贤相和循吏清官意识、民本思想、内圣外王理念等等，对以后中国历史的发展产生了巨大而深远的影响。

汉王朝统治时期所继承和完善的许多经济制度，在后世也大体上延续下来。如国家土地所有制和地主土地私有制相结合的土地制度，地主剥削农民的主要方式租佃制度，一家一户为单位的男耕女织的农业经营方式，“重本抑末”，盐铁官营的工商政策，城市作为政治、经济和文化中心的基本模式等都延续下来。而这些制度所制约的稳定的社会结构及其顽强的再生能力，提供了理解中国封建社会长期延续和资本主义萌芽难以长足发展的钥匙。土地自由买卖和诸子析产制的形成，使万世一系的大土地所有者难以存在，从而造成财产所有权与行政、司法权的分离。而土地所有权的变动不居又造成阶级关系的不断变动和地主、农民两个阶级的不断更新和互易，也就使中国封建社会不存在欧洲封建社会那样严格的等级制度。由于一家一户的小农是封建国家赋税和徭役的主要征发对象，封建王朝就必然厉行“抑兼并”的政策，加上农民战争的调节，因而使自耕农和半自耕农在一般情况下就成为农村人口的大多数。他们亲身感受到的剥削和压迫主要来自封建官府，因而农民起义的斗争矛头总是指向封建王朝及其各级官府。由于历代封建王朝与汉朝一样执行“重本抑末”和盐铁官营的工商政策，使大量工商利润都进入国库，成为皇室和封建国家财政开支的重要来源，国家和私人的资本积累因而受到严格的限制。由于城市一直是封建国家控制的政治、经济、文化中心，特别是工商业中心，工商业者也就一直作为封建王朝的附庸而存在。所以，尽管秦汉时期中国的工商经济已出现过繁荣发展的局面，后来更是几度辉煌。然而，在中国封建社会却始终未能形成与封建地主阶级旗鼓相当的如同欧洲市民阶级那样的工商业者。不过，应该承认，在秦汉时期形成的中国封建社会的经济结构和农业生产的一家一户的经营模式，在自然经济条件下，具有很大的优越性和顽强的生命力，因而在2000多年间使中华民族创造了世罕其匹的物质文化和精神文化，形成了绵延不绝的东亚文明的策源地。

因为两汉王朝继承和进一步完善了秦朝的经济制度，更由于不断出台一系列发展生产、繁荣经济的政策，使中国经济在西汉时期获得长足发展。西汉时期，铁器和牛耕在中原地区几乎普及，犁、铧结合，由三人两牛发展到一人一牛耕田；水利灌溉进一步扩展；代田法、区田法广泛推广；冶铁（低温炼钢法）、采铜、铸币、纺织、制盐、木器、竹器、车马器、漆器、陶器、金银器等手工业各门类较秦时更加发展；城市的发展繁荣大大超过秦朝，原有的中原城市长安（今陕西西安）、洛阳（今属河南）、临淄（今属山东）、邯郸（今属河北）等迈上一个新台阶，南方涌现出一批新的城市，江陵（今属湖北）、合肥（今属安徽）、番禺（今广东广州）、成都（今属四川）等以各自独异的姿态展现自己的芳容。东汉经济较之西汉有了进一步的发展：铁器和牛耕推广到西北和长江流域，二牛抬杠式挽犁、曲柄锄出现；水利事业进一步发展，黄河得到治理，长江以南得到开发。手工业各行业有了明显发展，水排鼓风机、用煤炼铁、叠铸等技术更趋成熟，而反复锻打炒钢（脱碳成钢），也称“百炼钢”技术进一步提高，比西方早了1800年。纺织方面，马钧发明织绫机，大大提高了效率，齐绣、蜀锦名扬天下；西汉已经发明的造纸术，经东汉蔡伦进一步改进，开始批量生产，对教育的发展和文化的繁荣起了巨大的促进作用。南方的城市进一步发展繁荣，如吴（今江苏苏州）作为新兴的纺织业中心就达到空前繁荣的局面。

大汉王朝以恢宏的气度，四海一家的心态，顺应历史潮流的政策，奠定了我国封建社会在国内民族政策和对外政策方面基本开放的格局，对中国封建社会的政治、经济和思想文化的发展产生了巨大而深远的影响。刘邦在对匈奴的战争受挫以后，接受娄敬的建议，毅然采取了“和亲”政策，创造了处理国内民族关系比较理想的模式。汉武帝以后，在处理汉族与其他少数民族关系方面亦推广了这一模式。刘细君与解忧公主的远嫁乌孙，王昭君与呼韩邪单于的联姻，都成为维系汉朝与西域、汉朝与匈奴友好关系的纽带，在中国民族关系史上留下了千古佳话。汉王朝首创的这一“和亲”政策，后来几乎为历代中国封建王朝所继承。唐朝和清朝都建立了幅员辽阔、国内众多民族友好和睦的封建大帝国，而恰恰就是这两个朝代创造了我国“和亲”史上最辉煌的时期。不可否认，尽管两汉400多年间汉王朝与周边少数民族间也发生过一些战争，但民族关系的主流却是和平的经济文化交流。汉朝对内服的少数民族一般都实行特殊的优惠政策，以先进的生产技术和先进的文化促进了各民族经济文化的发展。岭南的百越之族，在先进的汉文化的熏陶下，很快改变了刀耕火种的落后面貌，大大缩短了与中原地区社会发展的距离。西南夷聚居的川、滇、黔地区也有了长足的进步。而内服的匈奴人在五属国的治理下，逐渐由游牧民族变成农业民族，并逐渐与汉族融为一体，为开发中国西北地区做出了重要贡献。

汉王朝以宏伟的气魄开辟了与朝鲜和越南交往的渠道。高度发展的汉文化对居于朝鲜半岛的高句丽和三韩（马韩、辰韩、弁韩）等产生了十分深刻的影响。他们均模仿汉朝的政治制度建立自己的统治机构，引进汉字作为表意和交往的工具，大量的生产工具、工艺品、服饰、乐器，以及建筑艺术的传入，大大丰富了朝鲜人民的物质生活和精神生活。由此，朝鲜的历史就与中国结下了不解之缘。越南在秦汉时期虽然已经迈进了文明的门槛，但在不少地方还保留着十分落后的经济生活与风俗习惯。例如，他们以狩猎、采集和捕鱼为生，农业还停留在原始状态；他们仍然在树上筑巢而居，还不知房屋建筑为何物；他们仍维持着原始落后的群婚制，子女只知其母不知其父，等等。汉王朝在越南设立交趾、九真、日南三郡以后，派能吏加强治理，大力全面地推行先进的汉朝的政治、经济制度和思想文化。例如，东汉时期，任延任九真太守后，一面推广铁制工具和水稻栽培法、代田法、区种法等先进生产技术，使越南人民过上自给自足的农耕生活，一面广泛宣传父慈子孝、兄友弟恭、夫唱妇随等儒家伦理观念，改变了他们的原始婚俗和其他落后习惯，大大提高了他们的文明程度。从汉代开始，中国的儒学开始迈出国门，在朝鲜、日本和越南等地广泛传播。由此，东亚儒学文化圈开始形成，以后更不断发展、繁盛，一直持续到今日，成为全世界瞩目的文化现象。汉王朝从武帝起，全力开拓经营西域，通过政治、经济、军事和外交的种种手段，开辟了从长安经河西走廊和天山南北路通往中亚至欧洲的丝绸之路。当清脆的驼铃声打破千年大漠的沉寂时，一条东西方文明交流的长桥第一次架设起来。中国的丝绸和造纸术经过中亚，跨越地中海的波涛，传到罗马帝国的王廷，从而使西方第一次知道东方有一个文明高度发展的大汉王朝，也使中国人民知道在地中海的彼岸有一个神奇的罗马帝国。这就大大开阔了中华民族的视野，改变了中国人一向认为中国就是天下的观念。汉王朝开辟的这条陆上中外文化交流的通道，在中国长期的封建社会里一直是中国对外开放的主要渠道。伟大的中华文明的优秀成果，如四大发明，就是通过它传到中亚、欧洲和北非。而中亚和欧洲的许多文明成果也通过它传到了中国，大大丰富了中国人民的物质和精神生活。从总体上看，汉王朝所奠定的中国对外政策的开放格局和优良传统，基本上为后来的历代王朝所继承，从而使灿烂的中华文明基本上在开放的态势下不断地丰富和发展。

汉王朝创造了高度发展而又丰富多彩的民族文化和处于世界领先地位的科学技术。汉字汉语作为独特的语言文字系统，在汉代已经定型和成熟。《史记》《汉书》确立了中国封建社会正史的基本模式。陆贾、贾谊、晁错的政论散文，司马迁、班固的历史散文，成为后人学习的典范。乐府和古诗 19 首等五言诗代表了诗经、楚辞之后诗歌艺术的高峰。书画、音乐、舞蹈和杂技等更是留下了累累硕果。以《九章算术》《周髀算经》等为代表的数学，以太初历、三统历为代表的历法，以《灵宪》为代表的天文学和浑天仪、地动仪为代表的天文仪器，以《氾胜之书》为代表的农学，以《黄帝内经》《神农本草经》《伤寒杂病论》为代表的医学药学，以及造纸术的发明等，标志了我国自然科学和技术科学的巨大成就。在思想方面，汉武帝宣布实行的“罢黜百家，独尊儒术”的政策，宣告了我国封建社会主流意识形态的确立，更是影响深远的大事。秦王朝统一全国后，推行“以法为教”“以吏为师”的文化专制主义，以“焚书坑儒”的野蛮暴行宣告了春秋战国以来思想上“百家争鸣”局面的结束。然而，秦朝二世而亡的现实深深震撼着秦汉之际的所有政治家和思想家。因而，在汉初的思想领域便出现了一个反思秦朝二世而亡的广泛思潮，它显示了中国人对自身社会和历史的自觉的深刻思索。陆贾、贾谊、主父偃、晁错、严安、贾山、司马迁，以及《淮南子》的那个创作群体，直到董仲舒等，都是这一反思潮流中光彩夺目的人物。在他们的反思中涉及武功与文治、德化与刑罚、有为与无为、社稷与百姓、天命与民心等一系列治国方略和治国艺术等重大问题。其间，诸子余绪的活跃，各学派之间激烈的诘辩，但目的只有一个，就是寻找一个适合封建统治需要的思想体系。在现实的教育和陆贾、叔孙通等人的启导下，首先是刘邦的思想开始向儒学倾斜。刘邦死后，他的后继者又钟情于黄老刑名之学，于是形成了黄老之学独步西汉政坛 50 余年的局面。当雄才大略的汉武帝继位的时候，黄老之学已经完成了它的历史使命。这时候，原始儒学经过叔孙通等一大批儒生的不断改造，到董仲舒手里便发展到一个新的阶段，一个体系庞大、结构严谨、内涵丰富、义理深邃的新儒学体系形成了。通过董仲舒的贤良对策，“推明孔氏，抑黜百家”，儒学从此走上独尊的地位，成为2000多年间中国封建社会的统治思想。在中国封建的社会结构和政治经济制度不发生根本变化的情况下，儒学在思想上的地位就是不可动摇的。即使在魏晋南北朝玄学兴起、佛教大盛的时期，儒学也没有失去思想上的盟主地位。儒学丰厚的内涵构成了中国传统文化的主要内容，在形成中华民族的心理结构上起了重要作用，深深地融进了中华民族的血液里。显然，汉王朝在建树中国封建社会的统治思想和构筑中国传统文化的骨架方面所做出的贡献是永远光耀千古的。

两汉的历史证明：秦朝制度的优越性在汉朝得到较充分的发扬，秦朝政策的失误在汉朝得到较适度的纠正，秦始皇和秦二世制造的历史灾难在汉朝得到较丰厚的补偿。历史的脚步是不会停滞的，无论经过多少磨难和挫折，有多少迂回和暂时的倒退，但它向前发展的大方向是不会逆转的。

附录　嬴族历史年表

五帝时期（约前 26 世纪—前 22 世纪）

东夷一支少昊氏首领伯益，在五帝之一的虞舜主政时辅佐大禹“平水土”，因功被赐予嬴姓，再后又协助大禹，参与平三苗的战争。该族群诞生于汶水支流瀛水之滨，即今之山东济南莱芜区城子县村。

夏、商时期（前 21 世纪—前 1047 年）

嬴族的首领费昌任商汤御者，参加了商汤伐夏桀的鸣条之战。嬴族由此得到商朝当政者的重用。之后可能参与了商朝讨伐周边以“方”命名的众多族群的战争。

西周时期（前 1046—前 771 年）

在周武王率诸侯联军攻伐商纣王的牧野之战中，嬴族首领蜚廉的儿子恶来与纣王一起抵抗联军，最后为之殉节。蜚廉的另一个儿子季胜，为后来嬴赵的始祖。

嬴族在西周时期再度崛起。季胜生孟增，孟增得到周成王的赏识。孟增生造父，成为周穆王的御者，参与穆王讨伐戎族的战争。徐偃王作乱时，造父作为穆王御者驾车日行千里，敉平乱局，立下不世之功，被封于赵城（今山西霍县南），此为嬴赵之称开端。

恶来五传至非子，他先是居于犬丘（今陕西咸阳西），为周王室养马。因“马大蕃息”而得到周孝王的赏识，给了他一块封地秦（今甘肃张家川），号其为秦嬴，此为嬴秦之称开端。

前 825 年（周宣王三年）

非子三传至秦仲，周宣王命其率族众进攻活动于今之甘肃中部的西戎，战败被杀。其后辈继续与戎人搏战，在西陲立下根基。

自造父以下六世至奄父，号公仲。周宣王伐戎时为御，千亩之战，救宣王脱险。奄父生叔带。

前 778 年（周幽王四年）

秦仲死于同戎人的征战中，其子秦庄公继续与戎人周旋，被任为西陲大夫。庄公和他的后辈在与戎人的斗争中不断开疆拓土，进一步扩大在甘陇的地盘。

叔带曾侍周幽王，因见其无道，离周赴晋，事晋文侯（前 780—前 746 年），嬴赵开始在晋国更快地繁衍发展。

前 771 年（周幽王十年）

周幽王被犬戎杀死骊山下，太子宜臼即位，是为平王。秦庄公之子襄公保护平王安全东迁洛邑，其功至伟，被授予全力经营关陇地区的全权。嬴秦的发展进入新阶段。

前 766 年（周平王五年　秦襄公十二年）

秦襄公攻伐犬戎，战死于岐山（今陕西岐山县境），其子文公继位。下一年，居西陲宫（今甘肃天水南）。

前 756 年（周平王十五年　秦文公十年）

秦初为鄜畤，以三牢之礼祭祀。

前 756 年（周平王十五年　秦文公十年）

秦初有史以纪事。

前 750 年（周平王二十一年　秦文公十六年）

秦文公在岐山击败戎族，占领原西周的辖地，扩大领土至岐山。同时收揽周之余民，将岐山以东的地方献给周王，从而提升了自己在周王和诸侯中的威望。

前 747 年（周平王二十四年　秦文公十九年）

作祠陈宝。

前 746 年（周平王二十五年　秦文公二十年）

秦法初有三族罪。

前 716 年（周桓王四年　秦文公五十年）

秦文公去世，长孙继位，是为宁公。

前 714 年（周桓王六年　秦宁公二年）

秦宁公徙居平阳（今陕西宝鸡东），遣兵伐荡社（今陕西西安东南）。

前 713 年（周桓王七年　秦宁公三年）

秦东向发展，秦宁公进攻亳首邑荡社，亳王战败，逃往西戎，荡社为秦所有。

前 704 年（周桓王十六年　秦宁公十二年）

秦宁公攻灭西逃的戎族荡氏，占有其地。
宁公去世，出公继位。

前 698 年（周桓王二十二年　秦出公六年）

权臣三父等杀出公，立宁公长子武公继位。

前697年（周桓王二十三年　秦武公元年）

秦武公攻伐戎族彭戏氏，势力到达华山。

前695年（周庄王二年　秦武公三年）

武公以杀出公罪诛三父等权臣，夷其三族。

前688年（周庄王九年　秦武公十年）

秦武公攻灭邽、冀之戎，在其地置邽县（今甘肃天水）、冀县（今甘肃甘谷南）。

前687年（周庄王十年　秦武公十一年）

设杜县（今陕西西安东南）、郑县（今陕西华县）管理地方。攻灭小虢（今陕西宝鸡东）。

前678年（周釐王四年　秦武公二十年）

秦武公去世，“初以人从死，从死者六十六人”[①]。其弟德公继位。

前677年（周釐王五年　秦德公一年）

秦德公初居雍城（今陕西凤翔）。

前676年（周惠王元年　秦德公二年）

秦德公去世，长子宣公继位。

前672年（周惠王五年　秦宣公四年）

秦作密畤，祭青帝。
秦、晋战于河阳（今河南孟州西），秦胜。

① 司马迁：《史记》卷五《秦本纪》，中华书局1959年版，第183页。

前 664 年（周惠王十三年　秦宣公十二年）

秦宣公去世，其弟成公继位。

前 661 年（周惠王十六年　秦成公三年　晋献公十六年）

叔带五世传至赵夙，为晋国将，奉命伐霍（今山西霍县南），因功得赐地耿（今山西河津南）。赵夙之子共孟，共孟之子赵衰均事晋献公。后晋国发生骊姬之乱，赵衰追随公子重耳流落国外 19 年。返国后，备受重用。

前 660 年（周惠王十七年　秦成公四年　晋献公十七年）

秦成公去世，其弟任好继位，是为穆公。

前 659 年（周惠王十八年　秦穆公一年　晋献公十八年）

穆公亲自指挥伐茅津（今河南三门峡市）。

前 655 年（周惠王二十二年　秦穆公五年　晋献公二十二年）

秦授百里奚国政，号五羖大夫。迎蹇叔以上大夫。

前 645 年（周襄王七年　秦穆公十五年　晋惠公六年）

秦、晋战于韩原（今山西河津、万荣之间），秦军大胜，晋惠公被俘。战后，两国盟于王城（今陕西大荔东），晋太子圉入秦为质，晋割河西八城于秦。

前 640 年（周襄王十二年　秦穆公二十年　晋惠公十一年）

秦灭梁、芮。

前 636 年（周襄王十六年　秦穆公二十四年　晋文公元年）

秦助晋公子重耳返国争夺君位，与晋军战于令狐（今山西临猗西）等地，晋军统帅降，重耳顺利取得君位，即晋文公。赵衰任原（今山西焦作西）大夫，主持国政。文公返国继位及取得春秋五霸之一的尊号，赵衰是第一谋主。

前635年（周襄王十七年　秦穆公二十五年　晋文公二年）

鄀国（今河南淅川境）为楚国附庸。秦军进攻鄀都商密（今河南淅川西南），俘获楚国申、息两地的主将。

前632年（周襄王二十年　秦穆公二十八年　晋文公五年）

晋、齐、宋、秦联军败楚军于城濮（今山东鄄城南）。

前627年（周襄王二十五年　秦穆公三十三年　晋襄公元年）

前一年，晋文公去世。秦军在主将孟明视指挥下准备袭郑未遂，回军时在崤山（今河南陕县东）遭晋军伏击，孟明视等被俘，秦军大败。

前625年（周襄王二十七年　秦穆公三十五年　晋襄公三年）

秦、晋两军在彭衙（今陕西澄城西北）交战，秦军败北。之后晋联合宋、陈、郑等国攻秦，占领秦之汪（今陕西澄城）和彭衙（今陕西澄城北）两城。

前624年（周襄王二十八年　秦穆公三十六年）

秦穆公亲率秦军渡河攻伐晋国，攻占王官（今山西闻喜南）。后渡河至崤山（今河南陕县东），掩埋三年前战殁秦军将士遗骨，雪崤战之耻。

前623年（周襄王二十九年　秦穆公三十七年　晋襄公四年）

晋进攻秦之邧和新城（均在今陕西澄城县境），秦军难以取胜。后转而集中力量攻伐西戎，取得“灭国二十，开地千里，遂霸西戎”的战绩。

前622年（周襄王三十年　秦穆公三十八年　晋襄公六年）

赵衰卒，谥成季，其子赵盾继承爵位，代其父继续执掌国政。

前621年（周襄王三十一年　秦穆公三十九年　晋襄公七年）

秦穆公去世，“从死者百七十七人……秦人哀之，为作歌《黄鸟》之诗”①。太子嬴䓨继位，是为康公。

晋襄公卒，赵盾因太子夷皋年少，准备立襄公弟姬雍为国君，因太子母啼泣相求，遂改立太子为君，是为晋灵公，赵盾得以进一步专晋国之政。

前620年（周襄王三十二年　秦康公元年　晋灵公一年）

晋襄公死后，秦、晋两国因立继君问题产生矛盾，护送公子雍入晋继位的秦军在令狐（今山西临猗西）遭晋军伏击，败归。

前619年（周襄王三十三年　秦康公二年　晋灵公二年）

秦军攻取晋国武城（今陕西华县东北）。

前617年（周顷王二年　秦康公四年　晋灵公四年）

晋军攻取秦之少梁（今陕西韩城南），不久秦军反击，攻取晋之北徵（今陕西澄城西）。

前615年（周顷王四年　秦康公六年　晋灵公六年）

秦军攻占晋国羁马（今山西永济西南），双方对峙河曲（今山西永济境），秦军无法取胜，撤兵回国。

前609年（周匡王四年　秦康公十二年　晋灵公十二年）

秦康公去世，子嬴豭继位，是为共公。

前607年（周匡王六年　秦共公二年　晋灵公十四年）

晋灵公骄纵暴虐，因蒸熊蹯不熟而杀宰人，被赵盾知悉，灵公欲杀赵盾，被桑下之人救下，随即离开国都出走避难，未出境，其弟赵穿杀死灵

① 司马迁：《史记》卷五《秦本纪》，中华书局1959年版，第194页。

公，另立襄公之弟黑臀为国君，是为晋成公。晋国太史书“赵盾弑其君”，以讥讽他未能惩罚弑君的赵穿。

前 604 年（周定王三年　秦共公五年　晋成公三年）

秦共公去世，子桓公继位。

前 601 年（周定王六年　秦桓公三年　晋成公六年）

白狄与晋军联合攻秦。

前 599 年（周定王八年　秦桓公五年　晋景公元年）

赵盾去世，谥为宣孟，子赵朔嗣爵。

前 597 年（周定王十年　秦桓公七年　晋景公元年）

赵朔指挥晋国下军救郑，与楚庄王指挥的楚军战于黄河南岸。赵朔娶晋成公姊为夫人。这年底，晋国权臣屠岸贾诛灭赵氏，攻赵氏于下宫，杀赵朔、赵同、赵括、赵婴齐及其宗族。赵朔妻产男儿赵武，由朔客程婴和公孙杵臼设计救出。15 年后，赵武长大成人，与程婴等共同攻灭屠岸贾，晋君复赵氏田邑如故。这是后来名剧《赵氏孤儿》的故事来源。

前 594 年（周定王十三年　秦桓公十年　晋景公六年）

秦军进攻晋军于辅氏（今陕西大荔东），秦军败绩。

前 580 年（周简王六年　秦桓公二十四年　晋厉公一年）

秦桓公与晋厉公隔黄河而盟。

前 578 年（周简王八年　秦桓公二十六年　晋厉公三年）

晋厉公联合齐、鲁、宋、卫、郑、曹、邾、滕诸侯联军攻秦，败秦军于麻隧（今陕西泾阳北）。

前577年（周简王九年　秦桓公二十七年　晋厉公四年）

秦桓公去世，子后伯车继位，是为景公。

前573年（周简王十三年　秦景公四年　晋厉公八年）

晋厉公杀大夫三郤，栾书弑厉公，更立襄公曾孙姬周为晋君，是为悼公。

前564年（周灵王八年　秦景公十三年　晋悼公九年）

秦、楚联合伐晋，取胜。第二年，晋伐秦，以为报复。

前562年（周灵王十年　秦景公十五年　晋悼公十一年）

秦军参加楚、秦联军对抗晋与十二国联军的战争，秦军与晋军激战于栎（今山西永济西南），大败晋军。

前559年（周灵王十三年　秦景公十八年　晋悼公十四年）

晋率十三国联军攻秦，双方激战于棫林（今陕西咸阳北），打成平局，晋师自动撤军。

前547年（周灵王二十五年　秦景公三十年　晋平公十一年）

秦、楚联军攻吴至雩娄（今河南商城东），因吴有备，转而攻郑，俘郑国将军皇颉。

前546年（周灵王二十六年　秦景公三十一年　晋景公十二年）

赵武为正卿。赵、魏、韩、智伯、中行、范氏等六卿权势渐大，晋君日弱。

前545年（周灵王二十七年　秦景公三十二年　晋景公十三年）

赵武去世，谥文子。其子景叔嗣爵。景叔生赵鞅，他就是赵简子。

前537年（周景王八年　秦景公四十年　晋平公二十一年）

秦景公去世，子哀公继位。

前517年（周敬王三年　秦哀公二十年　晋顷公九年）

赵简子联合诸侯戍于周，并于明年将周敬王送回国内复王位。此前他被其弟王子朝赶出洛邑。

前514年（周敬王六年　秦哀公二十三年　晋顷公十二年）

晋六卿韩、赵、魏、智伯、中行、范氏联合诛灭公族祁氏、羊舌氏，分其邑为十县，由各家大夫分治，晋公室进一步削弱。

前505年（周敬王十五年　秦哀公三十二年　晋定公七年）

吴军攻陷楚都郢（今湖北江陵），楚臣申包胥痛哭秦廷求援。秦出兵与楚军联合反击，大败吴军，收复郢都。

前501年（周敬王十九年　秦哀公三十六年　晋定公十一年）

秦哀公去世，所立太子夷公（早逝）之子惠公继位。

前498年（周敬王二十二年　秦惠公三年　晋定公十四年）

晋国范氏、中行氏作乱。

前497年（周敬王二十三年　秦惠公四年　晋定公十五年）

晋国范氏、中行氏作乱，被击败。

前494年（周敬王二十六年　秦惠公七年　晋定公十八年）

赵简子围范氏、中行氏于朝歌（今河南淇县），中行文子奔邯郸（今属河北）。

前 493 年（周敬王二十七年　秦惠公八年　晋定公十九年）

卫灵公卒，赵简子与阳虎送卫太子蒯聩于卫，被拒，居戚。

前 491 年（周敬王二十九年　秦惠公十年　晋定公二十一年）

秦惠公去世，其子悼公继位。

赵简子拔邯郸，中行文子奔柏人（今河北内丘北）。赵简子再围柏人，中行文子、范昭子奔齐，这两家大夫在晋国被消灭。赵氏获得邯郸、柏人。赵简子此时已经掌握晋国实权，“奉邑侔于诸侯”。

前 482 年（周敬王三十八年　秦悼公九年　晋定公三十年）

赵简子从晋定公与吴王夫差会盟黄池（今河南封丘南）。

前 477 年（周敬王四十三年　秦悼公十四年　晋出公十六年）

秦悼公去世，其子厉共公继位。

前 476 年（周敬王四十四年　秦厉共公一年　晋出公十七年）

赵简子去世，其子毋恤嗣爵位，是为襄子。

前 475 年（周元王元年　秦厉共公二年　赵襄子元年）

蜀国与秦国交好。

赵襄子以邀请代王赴宴为名，借机击杀代王，以其兄之子赵周为代成君，管理代地。

前 472 年（周元王四年　秦厉共公五年　赵襄子四年）

智伯与赵、韩、魏等四卿尽分范氏、中行氏故地，晋出公欲与齐、鲁联合讨伐四卿，四卿联合围攻出公，出公奔齐，死于途中。智伯立晋昭公曾孙姬骄为晋君，是为懿公。智伯大权在握，向韩、赵、魏三家索要封邑，韩、魏答应，赵氏拒绝。智伯于是联合韩、魏伐赵，赵襄子退保晋阳（今山西太原南）。

前 471 年（周元王五年　秦厉共公六年　赵襄子五年）

智伯与韩、魏二家大夫督兵围攻晋阳年余，“引汾水灌其城，城不浸者三版。城中悬釜而炊，易子而食”。后经赵臣子张孟谈离间智伯与韩、魏两家关系，赵、韩、魏三家合谋，共灭智氏。“于是赵北有代，南并智氏，强于韩、魏。”①

前 461 年（周贞定王八年　秦厉共公十六年　赵襄子十五年）

秦军二万全力进攻西戎之一的大荔，占领其王城（今陕西大荔东南），大荔灭亡。

前 456 年（周贞定王十三年　秦厉共公二十一年　赵襄子二十年）

秦国在频阳（今山西富平东北）设县。

前 451 年（周贞定王十八年　秦厉共公二十六年　赵襄子二十五年）

秦军攻楚，占领南郑（今陕西汉中）。

前 444 年（周贞定王二十五年　秦厉共公三十三年　赵襄子三十二年）

秦军进攻西戎之一的义渠（今甘肃庆阳、泾川一带），俘获其君后退兵。

前 443 年（周贞定王二十六年　秦厉共公三十四年　赵襄子三十三年）

秦厉共公去世，其子躁公继位。

前 441 年（周贞定王二十八年　秦躁公二年　赵襄子三十五年）

秦国南郑（今陕西汉中）反叛。

① 司马迁：《史记》卷四三《赵世家》，中华书局 1959 年版，第 1795 页。《秦本纪》将此事记在前 453 年。

前430年（周考王十一年　秦躁公十三年　赵襄子四十六年）

义渠攻秦至渭水北岸，被秦军击退。

前429年（周考王十二年　秦躁公十四年　赵襄子四十七年）

秦躁公去世，其弟怀公继位。

前425年（周威烈王一年　秦怀公四年　赵襄子五十一年）

秦国庶长与大臣围攻怀公，怀公自杀，其孙灵公继位。

赵襄子去世，传位于代成君之子赵浣，是为赵献侯。献侯治中牟（今属河南）。不久，襄子弟桓子逐献侯，自立于代，一年后卒。国人杀其子复迎立献侯。

前422年（周威烈王四年　秦灵公三年　赵献侯二年）

秦作上、下畤，祭祀；祭祀黄帝和炎帝。

前419年（周威烈王七年　秦灵公六年　赵献侯五年）

秦军与魏军战于少梁（今陕西韩城南）。

前415年（周威烈王十一年　秦灵公十年　赵献侯九年）

秦灵公去世，其季父悼子（秦怀公之子）继位，是为简公。

前412年（周威烈王十四年　秦简公三年　赵献侯十二年）

魏文侯即位后，厉行改革，国势日强。文侯三十三年，魏军进攻秦国，战于郑（今陕西华县），大败秦军。第二年，再攻秦，夺取繁庞（今陕西韩城东南）。

前409年（周威烈王十七年　秦简公六年　赵献侯十五年）

秦国“令吏初带剑”。

赵献侯去世，子烈侯赵籍继位。

前 408 年（周威烈王十八年　秦简公七年　赵烈侯一年）

魏国从文侯三十三年起不断进攻秦国，夺取大片土地，至本年，秦河西之地大部失陷，秦军退守洛水，筑泉城（今陕西蒲城东南）据守。

魏文侯取赵中山（今山西灵寿）。

前 403 年（周威烈王二十三年　秦简公十二年　赵烈侯六年）

韩、赵、魏三家大夫分晋，周王室承认其诸侯国地位。司马光《资治通鉴》以此年为战国开端。

前 401 年（周安王元年　秦简公十四年　赵烈侯八年）

秦军攻魏至阳孤（今山东阳谷北）。

前 400 年（周安王二年　秦简公十五年　赵烈侯九年）

秦简公去世，子惠公继位。

前 395 年（周安王七年　秦惠公五年　赵烈侯十四年）

秦军进攻诸繇（可能是戎族之一）。

前 391 年（周安王十一年　秦惠公九年　赵烈侯十八年）

秦军攻占韩国宜阳（今河南宜阳西）附近六邑。

前 390 年（周安王十二年　秦惠公十年　赵烈侯十九年）

秦军与魏军战于武城（今陕西华县东）。

前 389 年（周安王十三年　秦惠公十一年　赵烈侯二十年）

秦军攻魏军于西河（今陕西东部沿黄河之地），被魏军击败。

前 387 年（周安王十五年　秦惠公十三年　赵烈侯二十二年）

秦军攻蜀，占领南郑（今陕西汉中东）。

秦惠公去世，其子出子继位。

赵烈侯去世，其子赵章继位，是为敬侯。

前 386 年（周安王十六年　秦出子一年　赵敬侯一年）

赵以邯郸（今属河北）为都城。

前 385 年（周安王十七年　秦出子二年　赵敬侯二年）

秦国庶长改迎立灵公之子献公继位，杀出子及其母。

秦与齐国战，败齐军于灵丘（今山东茌平北）。下一年，救魏廪丘（今山东郓城西），大败齐军。

前 384 年（周安王十八年　秦献公一年　赵敬侯三年）

秦国“止从死”。

前 383 年（周安王十九年　秦献公二年　赵敬侯四年）

秦国建栎阳城（今陕西富平东南）。

前 382 年（周安王二十年　秦献公三年　赵敬侯五年）

齐、魏攻赵，取刚平（今河北清丰西南）。下一年，赵伐魏，取棘蒲（今河北魏县东南）。

前 379 年（周安王二十三年　秦献公六年　赵敬侯八年）

秦在蒲（今陕西蒲城境）、蓝田（今陕西蓝田西）、朴明氏设县。

赵攻魏，取黄城（今河南开封东北）。下一年，救燕伐齐。

前 378 年（周安王二十四年　秦献公七年　赵敬侯九年）

秦初为市。秦献公徙居栎阳（今陕西富平南）。

前 377 年（周安王二十五年　秦献公八年　赵敬侯十年）

赵与中山战于房子（今河北高邑南）。

前 376 年（周安王二十六年　秦献公九年　赵敬侯十一年）

韩、赵、魏共灭晋，分其地，立国 670 余年的晋国寿终正寝。
赵伐中山（今河北唐县境）

前 375 年（周烈王一年　秦献公十年　赵敬侯十二年）

秦“为户籍相伍”。
赵烈侯去世，其子成侯赵种继位。

前 374 年（周烈王二年　秦献公十一年　赵成侯一年）

赵国公子成与成侯争立，为乱，被击败。

前 372 年（周烈王四年　秦献公十三年　赵成侯三年）

赵伐魏，取乡邑七十三，魏败赵军于蔺（今山西离石西）。

前 371 年（周烈王五年　秦献公十四年　赵成侯四年）

秦军与赵军战于高安，秦军败。

前 370 年（周烈王六年　秦献公十五年　赵成侯五年）

赵伐齐于鄄（今山东鄄城境），又攻取郑（今河南新郑）。

前 369 年（周烈王七年　秦献公十六年　赵成侯六年）

赵伐魏，败魏军，围魏惠王。

前 368 年（周显王一年　秦献公十七年　赵成侯七年）

赵国攻齐至齐长城。与韩共攻周。

前 367 年（周显王二年　秦献公十八年　赵成侯八年）

赵国与韩国将周王室一分为二，于是有东周君和西周君。

前 366 年（周显王三年　秦献公十九年　赵成侯九年）

秦军在武堵和洛阳（今属河南）连败韩、魏联军。

赵军与齐军战于阿下（今山东东阿）。

前 365 年（周显王四年　秦献公二十年　赵成侯十年）

赵国攻卫，取甄（今山东鄄城北）。

前 364 年（周显王五年　秦献公二十一年　赵成侯十一年）

秦献公率军与魏军战于石门（今山西运城西南），歼灭魏军 6 万人。赵救魏于石阿。

前 363 年（周显王六年　秦献公二十二年　赵成侯十二年）

秦军攻魏，赵救魏。

前 362 年（周显王七年　秦献公二十三年　赵成侯十三年）

秦军攻魏，战于少梁（今陕西韩城南），大败魏军，俘魏军统帅公孙痤，逼使魏国将国都由安邑（今山西夏县西北）迁至大梁（今河南开封）。

魏军攻赵，取皮牢（今山西翼城东）。赵成侯与韩昭侯会上党。

秦献公去世，其子嬴渠梁继位，是为孝公。

前 361 年（周显王八年　秦孝公元年　赵成侯十四年）

秦孝公下令招揽贤人，刷新国政。卫鞅入秦，因景监得见孝公。

秦军西向攻灭戎族之一的豲戎（居于今之甘肃陇西东南），杀豲王。又东向进攻魏国的陕地（今河南陕县）。

赵军与韩军联合攻秦。

前 360 年（周显王九年　秦孝公二年　赵成侯十五年）

赵军助魏攻齐。

前359年（周显王十年　秦孝公三年　赵成侯十六年）

卫鞅在孝公支持下在秦国推行变法，很快大见成效。卫鞅被任命为左庶长。

前358年（周显王十一年　秦孝公四年　赵成侯十七年）

秦军进攻韩国，败韩军于西山（今河南熊耳山）。

赵成侯与魏惠王会于葛孽（今河北肥乡南）。

前356年（周显王十三年　秦孝公六年　赵成侯十九年）

赵成侯与齐、宋国君会平陆（今山东汶上北），与燕君会阿（今山东东阿）。

前355年（周显王十四年　秦孝公七年　赵成侯二十年）

秦孝公与魏惠王会于杜平（今陕西澄县东）。

魏国献荣椽于赵国，以为檀台。

前354年（周显王十五年　秦孝公八年　赵成侯二十一年）

魏军围赵国都城邯郸（今属河北）。

秦军进攻魏国长城要隘元里（今陕西澄县南）。

前353年（周显王十六年　秦孝公九年　赵成侯二十二年）

魏军攻克赵都邯郸，齐军败魏军于桂陵（今山东菏泽境）。

前352年（周显王十七年　秦孝公十年　赵成侯二十三年）

卫鞅被任命为大良造，他率秦军围攻魏安邑（今山西夏县西北），逼使守军降秦。

前351年（周显王十八年　秦孝公十一年　赵成侯二十四年）

商鞅率秦军围攻魏固阳（今内蒙古包头北），逼使守军降秦。

魏国将邯郸交还赵国。赵成侯与秦孝公盟于漳水之上。秦军进攻赵国，双方战于蔺（今山西离石西）。

前350年（周显王十九年　秦孝公十二年　赵成侯二十五年）

秦建咸阳为国都，在全国设四十一县，“为田开阡陌”①。

赵成公去世，太子赵语继位，是为赵肃侯。公子绁与之争位，败亡奔韩。

前349年（周显王二十年　秦孝公十三年　赵肃侯一年）

赵肃侯将晋君端氏徙屯留（今山西屯留南）。

秦“初为县”，即在全国范围普遍建立县一级行政单位。

前348年（周显王二十一年　秦孝公十四年　赵肃侯二年）

秦国“初为赋”。

赵肃侯与魏惠王会于阴晋（今山西屯留境）。

前344年（周显王二十五年　秦孝公十八年　赵肃侯六年）

赵军攻齐，取高唐（今山东高唐东）。

秦会诸侯于周。

前343年（周显王二十六年　秦孝公十九年　赵肃侯七年）

秦国因变法国力蒸蒸日上，引得列国侧目，“天子致伯”。

赵公子刻攻魏首垣（今河南长垣东北）。

前342年（周显王二十七年　秦孝公二十年　赵肃侯八年）

列国对秦国示好，“诸侯毕贺”。秦使公子少官率兵会诸侯于逢泽（今河南开封市境）。

---

① 司马迁：《史记》卷五《秦本纪》，中华书局1959年版，第201页。

前340年（周显王二十九年　秦孝公二十二年　赵肃侯十年）

卫鞅率秦军攻魏，俘魏军统帅公子卬，魏军大败。秦封卫鞅为列侯，号商君。

前338年（周显王三十一年　秦孝公二十四年　赵肃侯十二年）

秦军攻魏，双方战于岸（今山西河津南），大败魏军，俘魏主将错。

秦孝公去世，太子嬴驷继位，是为惠文君，商鞅遭车裂。

前337年（周显王三十二年　秦惠文君一年　赵肃侯十三年）

楚、韩、赵、蜀派使者入秦贺惠文王继位，下一年，周天子亦致贺。

前335年（周显王三十四年　秦惠文君三年　赵肃侯十五年）

秦军攻占韩国宜阳（今河南宜阳西）。

前333年（周显王三十六年　秦惠文君五年　赵肃侯十七年）

秦惠王任命犀首为大良造。

赵国围魏黄城。开始筑长城。

前332年（周显王三十七年　秦惠文君六年　赵肃侯十八年）

魏国献阴晋（今陕西华阴）于秦以示好，秦将其更名为宁秦。

齐、魏联合攻赵，赵决河水御敌，敌军败退。

前331年（周显王三十八年　秦惠文君七年　赵肃侯十九年）

秦军平定戎族之一的义渠（居于今之甘肃庆阳、泾川一带）之乱。

前330年（周显王三十九年　秦惠文君八年　赵肃侯二十年）

秦军与魏军战于雕阴（今陕西甘泉南），大败魏军，俘魏军主将龙且，毙伤魏军45000人，迫使魏国献河西之地于秦国。

前 329 年（周显王四十年　秦惠文君九年　赵肃侯二十一年）

秦军渡过黄河攻魏，占领汾阴（今山西万荣西南）、皮氏（今山西河津西）、焦（今河南三门峡西）和曲沃（今河南三门峡西南），在河东建立起东向进军的基地。

前 328 年（周显王四十一年　秦惠文君十年　赵肃侯二十二年）

秦、赵激战，赵军统率赵疵被杀，秦军夺取赵国蔺、离石（均在今山西离石境）。

秦军攻魏蒲阳（今山西隰县），魏献上郡十五城（今陕西东北部），秦将焦、曲沃（均在今河南三门峡市境）还魏。

张仪为秦相。

前 326 年（周显王四十三年　秦惠文君十二年　赵肃侯二十四年）

赵肃侯去世，子赵雍继位，是为赵武灵王。“秦、楚、燕、齐、魏出锐师各万人来会葬”①，成为战国时期最隆重的国君葬礼。

秦“初腊”，以此日祭先祖。

前 325 年（周显王四十四年　秦惠文君十三年　赵武灵王一年）

秦惠文君称王。

秦使张仪率军攻魏取陕（今河南陕县），筑上郡塞。

魏、韩两国国君与太子来信宫会见赵武灵王。赵武灵王重用老臣，任贤使能，励精图治，使赵国走上新的发展阶段。

前 323 年（周显王四十年　秦惠文王更元二年　赵武灵王三年）

赵国修建鄗城（今河北柏乡北）。

① 司马迁：《史记》卷四三《赵世家》，中华书局 1959 年版，第 1803 页。

前322年（周显王四十七年　秦惠文王更元三年　赵武灵王四年）

张仪免相。秦军攻魏，占领曲沃（今山西闻喜东北）和平周（今山西介休西）。

赵武灵王与韩国君会于区鼠（今河北顿丘东）。

前320年（周慎靓王元年　秦惠文王更元五年　赵武灵王六年）

秦军攻义渠，占领郁郅（今甘肃庆阳）。

前319年（周慎靓王二年　秦惠文王更元六年　赵武灵王七年）

秦军攻取韩国鄢陵（今河南鄢陵西北）。

前318年（周慎靓王三年　秦惠文王更元七年　赵武灵王八年）

乐池任秦相。

公孙衍策动楚、韩、赵、魏、燕五国合纵抗秦，并联络义渠共同行动。韩、赵、魏三国联军攻至函谷关（今河南灵宝北），被秦军击退。

此年五国相王，赵武灵王独持否定态度，指令国人称自己为“君”。

前317年（周慎靓王四年　秦惠文王更元八年　赵武灵王九年）

张仪复相秦。

秦军在庶长樗里疾指挥下东出函谷关，在修鱼（今河南原阳西南）与韩、赵、魏三国联军搏战，大败联军，毙伤82000余人。五国合纵以失败告终。义渠乘机在秦国西部发动进攻，占领李帛。

齐军败赵军于观泽（今河北清丰南）。

前316年（周慎靓王五年　秦惠文王更元九年　赵武灵王十年）

秦军由张仪、司马错等统帅进攻巴、蜀，灭掉这两个诸侯国，使之成为秦国的战略后方。

同年，秦军攻赵国，占领中都（今山西平遥西南）、西阳（今山西中阳）。

前 314 年（周赧王元年　秦惠文王更元十一年　赵武灵王十一年）

秦军进击义渠，夺取二十五城。

秦军在樗里疾指挥下攻占魏国曲沃（今河南三门峡西南）和焦（今河南三门峡西），又与韩军战于岸门（今河南许昌西北），迫使韩太子入质秦国。

赵武灵王召燕公子职于韩国，立为燕王，从而结束燕国乱局。

前 313 年（周赧王二年　秦惠文王更元十二年　赵武灵王十三年）

秦军攻取赵国蔺（今山西离石西），虏将军赵庄，从此韩、赵、魏三国都屈服于秦国。

张仪相楚，游说楚王与齐绝交。

前 312 年（周赧王三年　秦惠文王更元十三年　赵武灵王十四年）

秦、楚两国先是大战于丹阳（今河南淅县境），秦军杀楚甲士 8 万余人，俘其主将屈匄等将领 70 余人。另一路秦军攻占汉中（今属陕西），扩地 600 余里。楚国不甘失败，联齐抗秦。秦军先在濮水打败齐军，接着在蓝田（今陕西蓝田西）击败楚军，韩、魏两国又助秦军作战，迫使楚怀王割两城求和。经过此役，秦国领土关、陇与汉中、巴、蜀连成一片，力量大增。

赵将军赵何率兵攻魏。

前 311 年（周赧王四年　秦惠文王更元十四年　赵武灵王十五年）

秦军攻楚，占领召陵（今河南郾城东）。蜀侯反叛，蜀相庄杀蜀侯降秦。

秦惠文王去世，其子嬴荡继位，是为武王。

前 310 年（周赧王五年　秦武王一年　赵武灵王十六年）

秦军进攻义渠、丹犁。

孟姚嫁赵武灵王，为惠后，甚有宠。

前309年（周赧王六年　秦武王二年　赵武灵王十七年）

秦国“初置丞相，樗里疾、甘茂为左右丞相”[①]。

赵武灵王建野台（今河北新乐西南），以眺望齐与中山国。

前308年（周赧王七年　秦武王三年　赵武灵王十八年）

秦军在甘茂指挥下进攻韩国宜阳（今河南宜阳西），歼灭韩军6万余人，占领宜阳并攻取武遂（今山西桓曲东南），将领土扩展至中原地区。

前307年（周赧王八年　秦武王四年　赵武灵王十九年）

秦任命严君疾为相。

赵武灵王推行以“胡服骑射”为中心的改革，加快了赵国的发展。

这一年，秦武王因与大力士孟说进行举鼎比赛“绝膑”而亡，赵武灵王“使代相赵固迎公子稷于燕，送归，立为秦王，是为昭王”[②]。

前306年（周赧王九年　秦昭王一年　赵武灵王二十年）

秦“庶长壮与大臣、诸侯、公子为逆，皆诛，及惠文后皆不得良死”[③]。

赵武灵王征伐胡人，向北拓展疆域，并主动与秦、韩、魏、楚、齐修好。

前305年（周赧王十年　秦昭王二年　赵武灵王二十一年）

秦昭王与楚王会于黄棘（今河南南阳南）。

赵武灵王攻中山国，得四邑。

前303年（周赧王十二年　秦昭王四年　赵武灵王二十三年）

秦军再次攻取韩国武遂（今山西桓曲东南）。又攻魏取蒲阪（今山西永济西）、晋阳（今山西永济南）和封陵（今山西永济西南）。齐、韩、魏联合

---

① 司马迁：《史记》卷五《秦本纪》，中华书局1959年版，第209页。

② 司马迁：《史记》卷四三《赵世家》，中华书局1959年版，第1805页。

③ 司马迁：《史记》卷五《秦本纪》，中华书局1959年版，第210页。

攻楚，楚以太子为质向秦国求援，秦军出兵援楚，击退三国联军。

赵武灵王再次攻中山国。

前 301 年（周赧王十四年　秦昭王六年　赵武灵王二十五年）

蜀侯反叛，司马错率军平定。

秦军攻取韩国穰城（今河南邓州），进攻楚国新城（今河南襄城），斩首 2 万。

前 300 年（周赧王十五年　秦昭王七年　赵武灵王二十六年）

秦军攻取楚国新城（今河南襄城），杀楚将景缺，斩首 3 万。

赵武灵王进攻中山国，北征至燕、代，西征至云中、九原（今内蒙古呼和浩特、包头一带）。

前 299 年（周赧王十六年　秦昭王八年　赵武灵王二十七年）

秦将军芈戎攻楚，取新市（今湖北京山东北）。

赵武灵王立幼子赵何为王，是为惠文王。赵武灵王自号“主父”，指挥赵军向西北发展，从胡人夺取地盘。他从九原以赵国使者身份入秦，观察地理形势和秦昭王为政之情。

前 298 年（周赧王十七年　秦昭王九年　赵惠文王一年）

孟尝君薛文相秦。

前一年，秦军攻取楚国八城，秦昭王诱使楚怀王至武关（今陕西商南东南）会盟，被劫持至秦国，楚国新王继位。第二年，秦军大举攻楚，战于析（今河南内乡西北），大败楚军，斩首 5 万，占领十城。

齐、韩、魏三国联军攻秦，攻破函谷关（今河南灵宝北），秦军败退，归还所占韩国的武遂（今山西桓曲东南）和魏国的封陵（今山西永济西南），与三国讲和。

主父巡视西北边地，与楼烦王遇于西河。

前 297 年（周赧王十八年　秦昭王十年　赵惠文王二年）

孟尝君薛文免相，楼缓为秦相。

主父灭中山国，赵国向西北边境大大拓展，与代地（今河北、山西北部）畅通。封长子赵章为安阳君，主持代地政务。

前 296 年（周赧王十九年　秦昭王十一年　赵惠文王三年）

齐、韩、赵、魏、中山、宋等国联合攻秦，至盐氏（今山西运城）而返。楚怀王死于秦。

主父游沙丘（今河北巨鹿南），公子章作乱，公子成平叛，被惠文王任命为相。主父收留公子章于沙丘宫，公子成惧主父报复，以兵围困沙丘宫三月，主父饿死宫中。

前 295 年（周赧王二十年　秦昭王十二年　赵惠文王四年）

秦相楼缓免，以穰侯魏冉代之。

前 293 年（周赧王二十二年　秦昭王十四年）

前一年，秦军攻取韩国新城（今河南伊川西南），韩、魏联合反击，双方战于伊阙（今河南洛阳龙门附近）。秦将白起以各个击破的战术击败韩、魏联军，俘韩军统帅公孙喜，歼灭韩、魏联军 24 万人。

前 292 年（周赧王二十三年　秦昭王十五年　赵惠文王七年）

秦将白起率军攻取魏取垣（今山西垣曲东南），攻楚取宛（今河南南阳）。

赵建南行唐城（今河北行唐北）。

前 291 年（周赧王二十四年　秦昭王十六年　赵惠文王八年）

秦将白起率军攻取韩国宛地（今河南济源为中心的地区）。秦将司马错率军攻取魏国轵（今河南济源东南）和韩国邓（今河南孟州）。

赵国与齐军联合攻韩。

前 290 年（周赧王二十五年　秦昭王十七年　赵惠文王九年）

东周君朝秦，昭王至宜阳（今河南宜阳西）。

前 289 年（周赧王二十六年　秦昭王十八年　赵惠文王十年）

秦将白起率秦军攻取魏国六十一城。

赵将董叔率军与魏军联合攻宋，得魏地河阳（今河南孟州西）。

前 288 年（周赧王二十七年　秦昭王十九年　赵惠文王十一年）

秦昭王自称“西帝”①，齐湣王称“东帝”，不久皆去之。秦军攻取赵国梗阳（今山西清徐）。

赵国将军赵梁率军攻齐。

前 287 年（周赧王二十八年　秦昭王二十年　赵惠文王十二年）

苏秦谋划合纵之策，联合赵、魏、韩、齐、楚五国联军攻秦至成皋（今河南荥阳西北），无功而返。秦军反击，攻魏之新垣（今河南济源西）、曲垣（今河南济源境）。

赵国将军韩徐率军攻齐。

前 286 年（周赧王二十九年　秦昭王二十一年　赵惠文王十三年）

秦将司马错率军攻占魏国河内（今河南黄河以北地区），魏国献安邑（今山西夏县西北）求和。秦军攻韩，败韩军于夏山。

赵军参与燕、秦、韩、魏五国联合伐齐的军事行动，取灵丘（今山东茌平北）。

前 285 年（周赧王三十年　秦昭王二十二年　赵惠文王十四年）

秦将蒙武率秦军越韩、魏攻齐，连占其九城。分河东为九县。

秦昭王与楚顷襄王会见于宛（今河南南阳），与赵王会中阳（今属

---

① 亦有记载时间为公元前 290 年。

山西）。

赵惠文王会见燕昭王，赵军继续参与五国联军伐齐的军事行动。

前 284 年（周赧王三十一年　秦昭王二十三年　赵惠文王十五年）

秦军参加燕将乐毅统帅的燕、秦、韩、赵、魏五国联军伐齐。赵将廉颇攻取齐城昔阳（今河北晋州境）。

秦王与魏王会宜阳，与韩王会新城（今河南伊川境）。

前 283 年（周赧王三十二年　秦昭王二十四年　赵惠文王十六年）

秦王与楚王在鄢（今河南漯河）、穰（今河南邓州）两次相会。

秦军攻取魏国安城，进围大梁（今河南开封），燕、赵联军救魏，秦军败走。

秦军伐赵，取两城。

前 282 年（周赧王三十三年　秦昭王二十五年　赵惠文王十七年）

秦军攻取赵国蔺（今山西离石）、祁（今山西祁县东南）两城。

秦王与韩王会新城（今河南伊川境），与魏王会新明邑。

赵军决漳河伐魏。

前 281 年（周赧王三十四年　秦昭王二十六年　赵惠文王十八年）

秦军伐赵，取两城。赵奢率军攻取齐国麦丘（今山东商河西北）。

前 280 年（周赧王三十五年　秦昭王二十七年　赵惠文王十九年）

秦将白起率军攻取赵国光狼城（今山西高平西）。秦将司马错由巴蜀南下攻楚，夺取商于（今贵州北部），置黔中郡，迫使楚国割上庸（今湖北竹山西南）和汉北之地与秦。

前 279 年（周赧王三十六年　秦昭王二十八年　赵惠文王二十年）

秦将白起率军攻取楚国鄢（今湖北宜城东南）、邓（今湖北襄樊北）等五城。以水灌鄢城，淹死楚国军民数十万人。

前 278 年（周赧王三十七年　秦昭王二十九年　赵惠文王二十一年）

秦将白起攻楚取郢（今湖北江陵），以其地设南郡。秦封白起为武安君。

秦王会楚王于襄陵（今河南睢县）。

赵王立公子赵丹为太子。

前 277 年（周赧王三十八年　秦昭王三十年　赵惠文王二十二年）

秦军攻取楚国巫郡（今川东及湖北西部），设黔中郡。

赵将楼昌攻魏几，未能取胜。廉颇再攻，取几。

前 276 年（周赧王三十九年　秦昭王三十一年　赵惠文王二十三年）

楚军反击秦军，收复江南地十五邑。秦军攻取魏国二城。

赵将廉颇攻魏，取房子（今河北高邑境）、安阳（今山西原阳南）。

前 275 年（周赧王四十年　秦昭王三十二年　赵惠文王二十四年）

秦将魏冉率军攻魏，韩军救魏，被秦军歼灭四万人。魏割八城求和。秦军攻取北宅（今河南郑州北），进围大梁（今河南开封），魏割温（今河南温县）求和。

赵将燕周率军攻取齐国昌城（今山东淄博）、高唐（今山东高唐东）。

秦将白起攻破赵国华阳（今河北涞源南）。

前 274 年（周赧王四十一年　秦昭王三十三年　赵惠文王二十五年）

秦军攻取魏国卷（今河南原阳西北）、蔡阳（今河南汝阳）、长社（今河南长葛东）、中阳（今河南郑州东），歼魏军 15 万人。

赵军攻取东胡欧代地。

前 273 年（周赧王四十二年　秦昭王三十四年　赵惠文王二十六年）

赵、魏联合攻韩，韩国求救于秦国，白起率秦军驰援，歼灭魏军 13 万人，进围大梁（今河南开封），魏割南阳（今河南修武）与秦国求和。

前272年（周赧王四十三年　秦昭王三十五年　赵惠文王二十七年）

秦军灭义渠，以其地设北地郡，在陇西、北地边境筑长城。秦初置南阳郡。

韩、魏联合攻燕，秦、楚出兵救援。

赵国蔺相如率军攻齐至平邑（今河北南乐）。

前270年（周赧王四十五年　秦昭王三十七年　赵惠文王二十九年）

范雎入秦，拜客卿，为秦王献“远交近攻”之策。

秦军攻取齐国刚（今山东宁阳东北）、寿（今山东东平西南）两城。

前269年（周赧王四十六年　秦昭王三十八年　赵惠文王三十年）

秦军进攻赵国阏与（今山西和顺西），赵将赵奢率军抵御，大败秦军。

前268年（周赧王四十七年　秦昭王三十九年　赵惠文王三十一年）

秦军攻取魏国领怀（今河南武涉西南）。

前266年（周赧王四十九年　秦昭王四十一年　赵惠文王三十三年）

秦以范雎为相。秦军攻取魏国邢丘（今河南温县东）。

赵惠文王去世，太子丹继位，是为孝成王。

前265年（周赧王五十年　秦昭王四十二年　赵孝成王一年）

秦以安国君为太子。吕不韦助异人为安国君嫡嗣。

秦军攻取赵国三城。攻取韩国少曲（今河南济源东北）、高平（今河南济源南）。

赵国以成安君为质去齐国，齐国出兵助赵抗秦。

前264年（周赧王五十一年　秦昭王四十三年　赵孝成王二年）

秦将白起攻取韩国陉城（今山西曲沃东北），歼灭韩军5万人。

前 263 年（周赧王五十二年　秦昭王四十四年　赵孝成王三年）

秦将白起攻取韩国南阳（今河南以济阳为中心的地区），隔绝韩国与上党交通。

前 262 年（周赧王五十三年　秦昭王四十五年　赵孝成王四年）

秦将白起攻取韩国野王（今河南沁阳）。

韩国上党（今山西以长治为中心的晋东南地区）守冯亭不愿归降秦国，自愿归附赵国，赵孝成王与平原君等决定接受上党的归附，并派廉颇率军驻守长平（今山西高平北）防御。秦军进攻长平，廉颇以深沟高垒对敌，秦军无计可施。

前 261 年（周赧王五十四年　秦昭王四十六年　赵孝成王五年）

秦军攻取韩国缑氏（今河南偃师南）、纶（今河南虞城东南）。

秦、赵两军继续在长平对垒。

前 260 年（周赧王五十五年　秦昭王四十七年　赵孝成王六年）

赵孝成王中秦人反间计，以赵括取代廉颇统率赵军。秦将白起率军与赵军战于长平（今山西高平西北）。赵括一改廉颇战略，轻兵出战，致使秦军全歼赵括所统赵军 45 万人，此为战国时期规模最大的一次战役。秦军乘胜追击至赵都邯郸（今属河北）。

前 259 年（周赧王五十六年　秦昭王四十八年　赵孝成王七年）

秦军攻取赵国武安（今河南武安西南）、太原（今属山西），继续围攻邯郸。

嬴政生于邯郸。

前 257 年（周赧王五十八年　秦昭王五十年　赵孝成王九年）

秦军继续围攻赵都邯郸（今属河北），由于此时的秦军经长平之战后，已是疲惫之师，加之魏国信陵君率十万魏军救援，秦军败退。[①]

秦将武安君白起被赐死，自杀。

前 256 年（周赧王五十九年　秦昭王五十一年　赵孝成王十年）

秦军攻取韩国阳城（今河南登封东南）、负黍（今河南登封西南）等地，杀韩军 4 万人。又夺取赵国二十余城，歼灭赵军 9 万人。转兵攻西周君赧王，赧王献出西周全部领土三十六城和人口 3 万，西周[②]灭亡。

赵将乐乘、庆舍进攻秦将信梁一军，获胜。

秦蜀郡守李冰建都江堰。

前 254 年（秦昭王五十三年　赵孝成王十二年）

秦国势压群雄，“天下来宾”，韩、魏屈从。

秦军攻占魏国武城（今山西平鲁西北）。

前 251 年（秦昭王五十六年　赵孝成王十五年）

燕、赵大战，廉颇指挥赵军杀燕将栗腹、虏燕将卿秦、乐间。

秦昭王去世，子嬴柱继位，是为孝文王，立三月而逝，其子子楚继位，是为庄襄王。

前 249 年（秦庄襄王元年　赵孝成王十七年）

秦庄襄王立，以吕不韦为相，“大赦罪人，修先王功臣，施德厚骨肉而布惠于民”[③]。

秦将蒙恬率兵东进，攻占东周都城巩（今河南巩义），东周灭亡。继而攻韩，夺取成皋、荥阳（均在今河南荥阳境），韩国求和，秦以成皋、荥阳和东、西周原领地置三川郡。

赵军继续围攻燕都。

---

① 《史记》卷四三《赵世家》记载，邯郸解围在赵孝成王八年。

② 周赧王继位时，东、西周分治，西周都河南，东周都巩。一说西周都河南，东周都成周。

③ 司马迁：《史记》卷五《秦本纪》，中华书局 1959 年版，第 219 页。

前 248 年（秦庄襄王二年 赵孝成王十八年）

秦将蒙骜率军攻赵，定太原，取榆次（今属山西）等三十七城。

赵军助魏攻燕。

前 247 年（秦庄襄王三年 赵孝成王十九年）

秦初置太原郡。

前一年，秦军攻占魏国高都（今山西晋城）、汲（今河南汲县西南）等三十七城。又攻占韩国上党、赵国晋阳。魏国信陵君策动魏、赵、韩、楚、燕五国之师合纵攻秦。秦军败退函谷关。

赵与燕互易三城。

庄襄王去世，其子嬴政继位，他就是后来的秦始皇帝。

前 246 年（秦王政元年 赵孝成王二十年）

秦王年少，委政大臣，任吕不韦为相国，封文信侯，食邑 10 万户。

秦军攻占韩国上党郡全部辖区，攻占赵国晋阳，重建太原郡（今属山西）。

前 245 年（秦王政二年 赵孝成王二十一年）

秦军攻占韩国卷（今河南原阳西），歼灭韩军 3 万余人。

赵将廉颇攻取魏繁阳（今河南内黄北），赵孝成王使乐乘代廉颇统军，廉颇袭击乐乘后逃至魏国。

赵孝成王去世，其子赵偃继位，是为悼襄王。

前 244 年（秦王政三年 赵悼襄王一年）

秦军攻占韩国城邑十三座，攻占魏国畼、有诡等城。

前 243 年（秦王政四年 赵悼襄王二年）

李牧为赵将，攻燕，取武遂（今河北徐水西北）、方城（今河北固安南）。

前242年（秦王政五年　赵悼襄王三年）

秦将蒙骜攻占魏国酸枣（今河南延津西南）、燕（今延津东北）、虚（今延津东）、桃人（今河南长垣西北）、雍丘（今河南杞县）、山阳（今河南焦作东南）等二十城，初置东郡。

赵将庞煖攻燕，擒其将剧辛。

前241　年（秦王政六年　赵悼襄王四年）

秦军攻占魏国朝歌（今河南淇县）。韩、赵、魏、楚、燕再组五国联军攻秦，进至蕞（今陕西临潼东北），秦军反击，联军败退。

赵将庞煖攻齐，取饶城（今河北饶阳北）。

前240年（秦王政七年　赵悼襄王五年）

秦军攻占魏国汲（今河南汲县西南）。

为抵御秦军的进攻，赵国以傅抵为将，守平邑（今山西大同东南）。以庆舍为将，率东阳河外师，守河梁。

前239年（秦王政八年　赵悼襄王六年）

秦王弟长安君反叛，被诛灭。嫪毐封为长信侯。

前238年（秦王政九年　赵悼襄王七年）

秦王平定嫪毐反叛。

秦军攻占魏国首垣、蒲、衍氏（均在今河南长垣附近）。

前237年（秦王政十年　赵悼襄王八年）

秦相国吕不韦牵进嫪毐一案，被免职就国，两年后自杀。

秦王下逐客令，驱逐外国客卿。李斯上《谏逐客书》，秦王收回成命。

前236年（秦王政十一年　赵悼襄王九年）

秦将王翦、桓齮、杨端和率军攻占赵国、燕国众多城邑，漳水、河间地区全部为秦所有。

赵军攻取燕国狸城（今河北任丘北）。

赵悼襄王去世，子赵迁继位，是为幽缪王。

前235年（秦王政十二年　赵幽缪王一年）

秦征四郡兵助魏攻楚。

赵国筑柏人（今河北临城南）。

前234年（秦王政十三年　赵幽缪王二年）

秦军攻占赵国平阳、武城两邑（均在今河北磁县境），杀统帅扈辄以下赵军10万人。

秦王读韩国人韩非文章，大为佩服，发兵索之。韩非至秦，死于李斯、姚贾谗言。

前233年（秦王政十四年　赵幽缪王三年）

秦军与赵国名将李牧指挥的赵军在肥地（今河北晋州西）激战，秦军大败。

前232年（秦王政十五年　赵幽缪王四年）

秦、赵两军在番吾（今河北灵寿南）激战，秦军再次败北。

前231年（秦王政十六年　赵幽缪王五年）

秦国“初令男子书年”①。

赵国代地大地震。

前230年（秦王政十七年　赵幽缪王六年）

秦军在内史腾指挥下灭韩，以其地置颍川郡。

赵国发生大饥荒。

① 司马迁：《史记》卷六《秦始皇本纪》，中华书局1959年版，第232页。

前 229 年（秦王政十八年　赵幽缪王七年）

秦军在王翦和杨端和指挥下两路进攻赵国，以重金收买赵国宠臣郭开，以反间计冤杀名将李牧，秦军攻克邯郸（今属河北），俘赵王迁，以其地置邯郸郡。

前 227 年（秦王政二十年）

燕国太子丹谋划使荆轲刺秦王未遂，秦军与燕、代联军在易水激战，燕、代联军大败。次年，秦军攻克燕都，燕王逃至辽东，杀太子丹求和。

前 225 年（秦王政二十二年）

秦军在李信指挥下伐楚，在城父（今安徽亳县境）被楚军击败，损失 7 都尉。

秦军在王贲指挥下进攻魏国，决黄河之水灌大梁（今河南开封），魏王假出降，秦在魏国东部地区设砀郡。

前 224 年（秦王政二十三年）

秦军 60 万人马在王翦指挥下伐楚国，于次年攻克楚都寿春（今安徽寿县），俘楚王负刍，以其地置楚郡，继而进军江南，占领原吴、越之地，置会稽郡。

前 222 年（秦王政二十五年）

秦军在王贲指挥下进军辽东，俘燕王喜，以其地置辽东郡。回军攻克代（今河北蔚县东北），以其地置代郡。

前 221 年（秦王政二十六年）

秦军在王贲指挥下从代南下攻齐，攻克临淄，俘齐王建，进而占领齐国全境，以其地置齐郡和琅玡郡。至此，嬴秦完成了中国历史上真正意义上的大一统。

秦王与臣下议尊号，决定最高统治者名皇帝，废谥法，命为“制”，令为“诏”，天子自称曰“朕”，“朕为始皇帝。后世以计数，二世三世至于万世，传之无穷”①。建立中央集权行政体制，中央设立以丞相为首脑的政府机构，地方设郡县，全国为三十六郡，“车同轨”“书同文”，统一度量衡。

前 220 年（秦始皇二十七年）

皇帝巡视西北，至陇西、鸡头山，大修宫殿，迁豪徙民，治驰道。

前 219 年（秦始皇二十八年）

皇帝巡视东方、南方，上邹峄山，封泰山、禅梁父，勒石记功。登琅邪山，作琅邪台。派徐市入海求仙人和长生药。经彭城，渡淮水南下，沿江西行，湘山遇大风，使刑徒 3000 人伐湘山树。之后北上，经武关返回咸阳。

前 218 年（秦始皇二十九年）

皇帝东巡视，在阳武（今河南原阳东南）博狼沙为盗所惊，继而登之罘，刻石。

前 215 年（秦始皇三十二年）

皇帝东巡视，至碣石，刻石，使燕人卢生求仙人。堕城决堤。使韩生、侯公、石生求仙人不死药。使蒙恬率 30 万大军伐匈奴，攻占河南地（今内蒙古河套地区）和阳山（内蒙古黄河以北地区），置九原郡，修建西起临洮，东至辽东的万里长城。

前 214 年（秦始皇三十三年）

秦将屠睢指挥 50 万大军南下，分五路进攻百越。其间监御史禄指挥军民开凿灵渠，沟通长江和珠江水系，运送人员和军需物资。秦军攻占南越、西瓯，以其地置桂林、象、南海三郡。

下令“焚书”。

① 司马迁:《史记》卷六《秦始皇本纪》，中华书局 1959 年版，第 236 页。

前 212 年（秦始皇三十五年）

修直道，建阿房宫，修骊山陵墓。

因侯生、卢生潜逃引发大案，下令坑杀方士、儒生等 460 余人。

前 211 年（秦始皇三十六年）

陨石坠东郡（今河南濮阳南），有人在其上刻“始皇帝死而地分”。

前 210 年（秦始皇三十七年）

皇帝出巡，经云梦，浮江下，过丹阳（今安徽马鞍山境）、钱塘（今浙江杭州），至会稽（今浙江绍兴）祭大禹，刻石。北返，至琅邪、荣成山，西行至平原津（今山东平原南）而病，当年七月，病逝于沙丘平台（今河北巨鹿南）。赵高与胡亥、李斯合谋，篡改秦始皇遗诏，赐秦始皇长子扶苏死，杀将军蒙毅、蒙恬，以胡亥继位，是为秦二世皇帝。

葬秦始皇于骊山陵墓。

前 209 年（秦二世元年）

二世出巡，谋杀兄弟姊妹，继续修阿房宫和骊山陵墓。

七月，爆发陈胜、吴广领导的农民起义，天下云集响应。起义军主力很快攻至戏（今陕西临潼境）。项梁、项羽和刘邦等领导的反秦起义军迅速发展壮大，原六国旧贵族乘机复国，关东反秦之火很快成燎原之势。

前 208 年（秦二世二年）

陈胜、吴广领导的农民起义军被章邯指挥的秦朝官军扑灭。

二世与赵高诛杀丞相李斯、冯去疾和将军冯劫。

项梁、项羽和刘邦领导的反秦起义军日益壮大。章邯指挥秦军突袭定陶（今属山东），杀死项梁。守卫长城的秦军也南下进击起义军。

前 207 年（秦二世三年）

项羽指挥的起义军在巨鹿（今河北平乡）与秦军主力激战，九战九捷，俘秦将王离，杀苏角，迫使章邯率 20 万秦军投降。此战消灭了秦军主力，加速了秦朝灭亡的步伐。

赵高使咸阳令阎乐逼使二世自杀，之后赵高立秦始皇之弟子婴为秦王。

前 206 年（汉高帝元年）

子婴与其子谋划杀死赵高，族灭其全家。

刘邦率领的起义军沿黄河西进，斩关夺隘，进至坝上（今陕西西安东），秦王子婴出降，秦朝灭亡。

前 202 年（汉高帝五年）

经过 4 年的楚汉战争，刘邦集团战胜项羽集团，再一次统一中国，建立西汉王朝。

主要参考文献

《马克思恩格斯选集》，人民出版社 1972 年版。

《列宁选集》，人民出版社 1972 年版。

《毛泽东选集》（四卷本），人民出版社 1966 年版。

［德］黑格尔：《哲学史讲演录》第一卷，商务印书馆 1981 年版。

《十三经注疏》，中华书局 1980 年影印本。

《诸子集成》，上海书店 1986 年影印本。

二十四史，中华书局版。

（清）赵翼著，王树民校正：《廿二史劄记校正》，中华书局 2013 年版。

（宋）史浩：《尚书讲义》，电子版文渊阁四库全书。

袁梅：《诗经译注》，齐鲁书社 1985 年版。

杨伯峻：《春秋左传注》，中华书局 2009 年版。

杨伯峻：《论语译注》，中华书局 1980 年版。

（清）孙希旦：《礼记集解》，中华书局 1989 年版。

（清）秦蕙田：《五礼通考》，电子版文渊阁四库全书。

（清）孙诒让：《周礼正义》，中华书局 2013 年版。

《大戴礼记》，电子版文渊阁四库全书。

（宋）陈振孙：《直斋书录解题》，电子版文渊阁四库全书。

张雨初、刘雨：《西周金文官制研究》，中华书局 1986 年版。

黄怀信等：《逸周书彙校集注》，上海古籍出版社 2007 年版。

上海师范学院古籍整理组校点：《国语》，上海古籍出版社 1978 年版。

邬国义等：《国语译注》，上海古籍出版社 2017 年版。

陈鼓应：《老子今注今译》，商务印书馆 2003 年版。

陈鼓应：《庄子今注今译》，中华书局 1983 年版。

陈鼓应：《黄帝四书今注今译》，商务印书馆 2021 年版。

高明：《帛书老子校注》，中华书局 1996 年版。

《尸子》，电子版文渊阁四库全书。

《二程遗书》，电子版文渊阁四库全书。

陈来、王志民主编：《中庸解读》，齐鲁书社 2019 年版。

山东大学《商子译注》编写组：《商子译注》，齐鲁书社 1982 年版。

（宋）张九成：《孟子传》，电子版文渊阁四库全书。

（宋）戴表元：《剡源文集》，电子版文渊阁四库全书。

（宋）黄震：《黄氏日钞》，电子版文渊阁四库全书。

（宋）秦观：《淮海集》，电子版文渊阁四库全书。

王先谦：《荀子集解》，中华书局 2013 年版。

王先慎：《韩非子集解》，中华书局 2013 年版。

张震泽：《孙膑兵法校理》，中华书局 1984 年版。

李兴斌等：《武经七书新译》，齐鲁书社 2018 年版。

许维遹：《吕氏春秋集释》，中华书局 2016 年版。

张纯一：《晏子春秋校注》，中华书局 2014 年版。

李学勤主编：《清华大学藏战国竹简》（柒），中西书局 2017 年版。

（清）李锴：《尚史》卷三，电子版文渊阁四库全书。

（清）马骕：《绎史》，齐鲁书社 2001 年版。

梁启超：《饮冰室合集》，中华书局 1989 年版。

章太炎：《国学讲演录》，南京凤凰出版社 2008 年版。

董治安主编：《两汉全书》，山东大学出版社 2009 年版。

（汉）刘向：《战国策》，上海古籍出版社 1985 年版。

（汉）赵晔：《吴越春秋》，江苏古籍出版社 1986 年版。

吴毓江：《墨子校注》，中华书局 2006 年版。

荆门市博物馆：《郭店楚墓竹简》，文物出版社 1998 年版。

《庞朴文集》，山东大学出版社 2005 年版。

梁涛：《郭店竹简与思孟学派》，中国人民大学出版社 2008 年版。

方授楚：《墨学源流》，中华书局 1934 年版。

郭预衡主编：《唐宋八大家散文总集》，河北人民出版社 1995 年版。

（宋）刘敞：《公是集》，电子版文渊阁四库全书。

（清）魏裔介：《兼济堂文集》，电子版文渊阁四库全书。

《汉魏六朝百三家集》，电子版文渊阁四库全书。

《御制诗集》，电子版文渊阁四库全书。

（唐）刘知几：《史通》，电子版文渊阁四库全书。

（宋）陈亮：《龙川集》，电子版文渊阁四库全书。

何宁：《淮南子集释》，中华书局 2015 年版。

《大戴礼记》，电子版文渊阁四库全书。

（汉）司马迁：《史记》，中华书局 1959 年版。

（汉）班固：《汉书》，中华书局 962 年版。

（唐）房玄龄等：《晋书》，中华书局 1995 年版。

《二十五史补编》，中华书局 1955 年版。

［日］泷川资言、水泽利忠：《史记会注考证附校补》，上海古籍出版社 1986 年版。

（清）梁玉绳：《史记志疑》，中华书局 1981 年版。

（晋）皇甫谧：《帝王世纪》，电子本文渊阁四库全书。

（明）于慎行：《读史漫录》，齐鲁书社 1996 年版。

（宋）司马光：《资治通鉴》，中华书局 1956 年版。

（清）王夫之：《读通鉴论》，中华书局 1983 年版。

（唐）杜佑：《通典》，中华书局 1988 年版。

（元）马端临：《文献通考》，中华书局 1986 年影印本。

（汉）陆贾：《新语》，吉林大学出版社 1992 年《汉魏丛书》影印本。

（汉）贾谊：《新书》，吉林大学出版社 1992 年《汉魏丛书》影印本。

（汉）韩婴：《韩诗外传》，吉林大学出版社 1992 年《汉魏丛书》影印本。

（汉）董仲舒：《春秋繁露》，吉林大学出版社 1992 年《汉魏丛书》影印本。

（秦）孔鲋：《孔丛子》，吉林大学出版社 1992 年《汉魏丛书》影印本。

（战国）吕不韦：《吕氏春秋》，上海书店 1986 年《诸子集成》影印本。

（汉）刘安：《淮南子》，上海书店 1986 年《诸子集成》影印本。

（汉）王充：《论衡》，上海书店 1986 年《诸子集成》影印本。

（汉）桓宽：《盐铁论》，上海书店 1986 年《诸子集成》影印本。

（汉）王符：《潜夫论笺》，中华书局 1979 年版。

（晋）葛洪：《抱朴子》，上海书店 1986 年《诸子集成》影印本。

（清）段玉裁：《说文解字注》，上海古籍出版社 1981 年版。

（清）王先谦：《释名疏证补》，上海古籍出版社 1984 年影印本。

王国维：《水经注校》，上海人民出版社 1984 年版。

吴树平：《风俗通义校释》，天津人民出版社 1980 年版。

［日］安居香山、中村璋八：《纬书集成》，河北人民出版社 1994 年版。

（清）严可均：《全上古三代秦汉三国六朝文》，中华书局 1958 年版。

（清）马国翰：《玉函山房辑佚书》，上海古籍出版社 1989 年影印本。

（清）永瑢：《四库全书总目》，中华书局 1956 年版。

（唐）魏征：《群书治要》，商务印书馆四部丛刊本。

（唐）虞世南：《北堂书钞》，中国书店 1989 年影印本。

（唐）欧阳询：《艺文类聚》，上海古籍出版社 1982 年版。

（宋）李昉：《太平御览》，上海古籍出版社 1960 年影印本。

（清）朱彝尊：《经义考》，中华书局 1998 年影印本。

（清）黄汝成：《顾炎武〈日知录〉集释》，岳麓书社 1994 年版。

皮锡瑞：《经学通论》，中华书局 1954 年重印商务印书馆《国学基本丛书》本。

皮锡瑞：《经学历史》，中华书局 1959 年版。

（宋）赵明诚：《金石录》，四库全书本。

（清）毕沅、阮元：《山左金石志》，小琅仙馆嘉庆二年刻。

（清）王昶：《金石萃编》，中国书店 1985 年影印本。

（清）王懿荣：《汉石存目》，雪堂丛刊本 1915 年刻。

范文澜：《中国通史简编》，人民出版社 1964 年版。

柳诒徵：《中国文化史》，大百科全书出版社 1983 年版。

白寿彝：《中国通史》（1—3 卷），上海人民出版社 1995 年版。

安作璋：《山东通史》（先秦卷），山东人民出版社 1993 年版。

［英］李约瑟：《中国科学技术史》，科学出版社 1978 年版。

顾德融、朱顺龙：《春秋史》，上海人民出版社 2019 年版。

杨宽：《战国史》，上海人民出版社 2003 年版。

吕思勉：《先汉史》，上海古籍出版社 1983 年版。

翦伯赞：《秦汉史》，北京大学出版社 1983 年版。

马非百：《秦集史》，中华书局 1982 年版。

林剑鸣：《秦史稿》，上海人民出版社 1981 年版。

林剑鸣：《秦汉史》，上海人民出版社 1989 年版。

韩复智：《秦汉史》，台湾大学出版社 1996 年版。

田昌五、安作璋：《秦汉史》，人民出版社 1993 年版。

安作璋、熊铁基：《秦汉官制史稿》，齐鲁书社 1984 年版。

沈长云：《先秦史》，人民出版社 2006 年版。

韦庆远、柏华：《中国政治制度史》，中国人民大学出版社 2005 年版。

余嘉锡：《四库提要辨证》，科学出版社 1958 年版。

吕思勉：《吕思勉读史札记》，上海古籍出版社 1982 年版。

范文澜：《范文澜历史论文选集》，中国社会科学出版社 1983 年版。

章太炎：《章氏丛书》，浙江省图书馆 1919 年版。

顾颉刚等：《古史辨》（1—7 册），上海古籍出版社 1982 年影印本。

钱穆：《先秦诸子系年》，商务印书馆 2015 年版。

齐思和：《中国史探研》，中华书局 1981 年版。

陈寅恪：《金明馆丛稿初编》，上海古籍出版社 1980 年版。

饶宗颐：《饶宗颐东方学论集》，汕头大学出版社 1999 年。

陈直：《文史考古丛刊》，天津古籍出版社 1988 年版。

童书业：《春秋左传研究》，上海人民出版社 1980 年版。

童书业：《先秦七子研究》，齐鲁书社 1982 年版。

余英时：《士与中国文化》，上海人民出版社 1987 年版。

何炳棣：《读史阅世六十年》，广西师范大学出版社 2009 年版。

丁原明：《黄老学论纲》，山东大学出版社 1997 年版。

王宇信、杨升南：《中国政治制度通史・先秦卷》，人民出版社 1996 年版。

安作璋、孟祥才：《秦始皇帝大传》，中华书局 2005 年版。

安作璋、孟祥才：《汉高帝大传》，中华书局 2015 年版。

孟祥才：《先秦秦汉史论》，山东大学出版社 2001 年版。

孟祥才：《孟子传》，齐鲁书社 2013 年版。

孟祥才：《秦汉政治思想史》，中国社会科学出版社 2018 年版。

孟祥才：《孔子新传》，人民出版社 2020 年版。

孟祥才：《孟子新传》，人民出版社 2021 年版。

孟祥才：《大舜文化学史》，山东大学出版社 2021 年版。

孟祥才：《嬴秦的战争岁月》，山东大学出版社 2021 年版。

孟祥才：《先秦人物与思想散论》上海古籍出版社 2019 年版。

孟祥才：《秦汉史》，人民出版社 2009 年版。

孟祥才：《秦汉人物散论》，上海古籍出版社 2005 年版。

孟祥才：《秦汉人物散论续集》，山东大学出版社 2019 年版。

孟祥才：《先秦政治思想史》，中国社会科学出版社 2023 年版。

胡适：《中国哲学大纲》（卷上），东方出版社 1996 年版。

胡适：《中国中古思想史长编》，华东师范大学出版社 1996 年版。

郭沫若：《郭沫若全集》（历史编 1—4），人民出版社 1982 年版。

冯友兰：《中国哲学史》，中华书局 1961 年重印商务书馆本。

侯外庐等：《中国思想通史》，人民出版社 1957 年版。

张岱年：《中国哲学史大纲》，河北人民出版社 1996 年《张岱年全集》本。

任继愈主编：《中国哲学史》，人民出版社 1979 年版。

张国华：《中国秦汉思想史》，人民出版社 1994 年版。

葛兆光：《中国思想史》（第一卷），复旦大学出版社 1998 年版。

刘泽华：《中国政治思想史·先秦卷》，中国人民大学出版社 2014 年版。

李泽厚：《美的历程》，广西师范大学出版社 2001 年版。

李泽厚：《中国古代思想史论》，天津社会科学院出版社 2003 年版。

胡寄窗：《中国经济思想史》，上海人民出版社 1962 年版。

王克奇：《传统思想新论》，齐鲁书社 2000 年版。

孟祥才主编：《齐鲁古代兵家评传》，山东大学出版社 1996 年版。

孟祥才、胡新生：《齐鲁思想文化史·先秦秦汉卷》，山东大学出版社 2002 年版。

王志民、张富祥：《齐鲁文化通史·先秦卷》，中华书局 2005 年版。

《周予同经学史论著选集》，上海人民出版社 1983 年版。

周予同：《中国经学史讲义》，上海文艺出版社 1999 年版。

王葆玹：《今古文经学新论》，中国社会科学出版社 1997 年版。

张文立：《秦始皇帝评传》，陕西人民出版社 1996 年版。

王云度、张文立：《秦帝国史》，陕西人民教育出版社 1997 年版。

王云度：《秦汉史编年》，凤凰出版社 2011 年版。

田静：《秦宫廷文化》，陕西人民教育出版社 1998 年版。

张文立：《秦俑学》，陕西人民教育出版社 1999 年版。

徐卫民：《秦都城研究》，陕西人民教育出版社 2000 年版。

郭淑珍、王关成：《秦军事史》，陕西人民教育出版社 2000 年版。

李学勤：《东周与秦代文明》，文物出版社 1984 年版。

宋镇豪主编：《嬴秦始源》，中国社会科学出版社 2013 年版。

宫长为、刘宗元主编：《嬴秦文化研究与成果转化》，山东大学出版社 2021 年版。

柳明瑞：《嬴姓溯源》，中国文史出版社 2003 年版。

林剑鸣等：《秦汉社会文明》，西北大学出版社 1985 年版。

韩养民：《秦汉文化史》，陕西人民教育出版社 1986 年版。

岳庆平：《中国秦汉习俗史》，人民出版社 1994 年版。

王友三：《中国宗教史》，齐鲁书社 1991 年版。

牟钟鉴等：《中国宗教通史》，社会科学文献出版社 2000 年版。

黎家勇等：《中国秦汉宗教史》，人民出版社 1994 年版。

傅勤家：《中国道教史》，商务印书馆 1937 年版。

许地山：《道教史》，华东师范大学出版社 1996 年版。

卿希泰：《道教史》，中国社会科学出版社 1994 年版。

王明：《道家与道教思想研究》，中国社会科学出版社 1984 年版。

胡孚琛：《道学通论：道家、道教、仙学》，中国社会科学出版社 1998 年版。

肖川等：《中国秦汉教育史》，人民出版社 1994 年版。

董粉和：《中国秦汉科技史》，人民出版社 1994 年版。

卢南乔：《山东古代科技人物论集》，齐鲁书社 1979 年版。

钱宝琮：《中国数学史》，科学出版社 1981 年版。

吴炜华：《中国秦汉文学史》，人民出版社 1994 年版。

岳庆平：《中国秦汉艺术史》，人民出版社 1994 年版。

李发林：《山东汉画像石研究》，齐鲁书社 1982 年版。

《汉代画像石研究》，文物出版社 1987 年版。

《汉代画像石选集》，齐鲁书社 1982 年版。

吴树平：《秦汉文献研究》，齐鲁书社 1998 年版。

《中国画像石全集》，山东美术出版社、河南美术出版社 2000 年版。

张金光：《秦制研究》，上海古籍出版社 2004 年版。

王其俊主编：《中国孟学史》，山东教育出版社 2012 年版。

方勇：《庄子学史》，人民出版社 2017 年版。

何兆武：《思想文化随笔·回忆西南联大师友》，科学出版社 2012 年版。

[德] 克劳塞维茨：《战争论》，孙志新译，北京联合出版公司 2014 年版。

后　记

中华民族是世界上历史最悠久的伟大民族之一，她有着 100 万年左右的人类史，1 万年左右的文化史和 5000 年左右的文明史。在经历了漫长的人类起源之后，迎来了满天星斗式的文明勃发时期，逐渐形成了东夷、西戎、南蛮、北狄等几大族群，共同推动着中国历史在文明发展的征程中迈向一个又一个的高峰。嬴族是东夷族群中最重要的一支少昊氏的嫡裔，最早在今之山东济南市莱芜区的瀛水之滨繁衍生息。传说中的五帝之一的虞舜主政时期，少昊族的首领伯益因协助大禹治水有功，同时又在征服有苗一族的斗争中立下功勋，被舜赐予嬴性，开启了嬴氏族群历史的开篇第一章。此后，她作为一个重要族群，历经夏、商、西周三代的起伏和春秋时期的跳跃式发展，到战国时期建立起七雄中的秦国和赵国。再后是秦国平定六国，完成中国历史上第一次真正的大一统，将嬴族的历史推向巅峰。尽管秦朝的历史只有短短的 15 年，但她创设的政治、经济、军事制度，她统一的文字，却深深影响了此后两千多年中国历史的发展和文明的进步。深入研究嬴族的历史，总结她成功的经验和秦朝二世而亡的教训，对推进中国现代政治文明和精神文明建设都具有积极意义。

在中国的历史研究领域，秦史的研究是取得成绩最显著的断代史之一，其著作、论文数量之多，考古成果之丰厚，都处于前列。然而，令人遗憾的是，迄今为止，还没有一部综合研究嬴族史的著作。为了弥补这一缺憾，我提出编写一部《少昊之裔嬴族史》的动议，得到山东大学儒学高等研究院和济南嬴秦文化研究会的大力支持，增加了我完成这一著作的信心和勇气。因为此前我出版过《秦汉史》《秦始皇帝大传》《汉高帝大传》《嬴秦的战争岁月》《先秦人物与思想散论》《秦汉人物散论》《秦汉人物散论续集》等著作和论文集，对秦汉史的资料还比较熟悉，可继承的成果也比较多，所以写起来比较顺利，用了一年的时间即写出初稿。为了广泛听取各方面的意见，九阳集团迅速将初稿印出数十份，分送山东大学、嬴秦研究院、泰安学院和莱芜区有关专家审阅，并在莱芜主持召开了 20 多人参加的讨论会，对初稿提出许多切中肯綮的修改意见。之后，我综合专家的意见，对初稿作了最后修改。

在本书即将付梓的时候，我特别对推动此一项目付诸实施的全国政协常委、山东大学儒学高等研究院执行院长王学典教授，济南市人大常委会原副主任刘宗元先生，济南市人大文教卫生委员会原副主任毕玉惠先生表示衷心感谢！对提出修改意见的济南嬴秦文化研究院柳明瑞院长、徐祥法先生、山东大学原工会主席李光合先生、山东大学儒学高等研究院党委书记李平生教授、山东大学儒学高等研究院原党委书记巴金文教授表示衷心感谢！对帮助核对资料的山东大学易学研究中心刘保贞教授和为编辑本书稿付出辛勤劳动的人民出版社编审王萍女士表示衷心感谢！对提供帮助的泰安学院、莱芜区委宣传部、羊里镇、九羊集团有关领导专家表示衷心感谢！特别感谢支持嬴秦文化研究的山东大学儒学高等研究院，祝她永远兴旺发达，不断攀登人文社科研究的新高峰！

孟祥才

2024 年国庆节于山东大学兴隆山寓所

责任编辑：宫　共
封面设计：胡欣欣

图书在版编目（CIP）数据

少昊之裔嬴族史：上、下 / 孟祥才著. -- 北京：人民出版社，2025. 6. --ISBN 978-7-01-027196-5

Ⅰ. K233.09

中国国家版本馆 CIP 数据核字第 2025RG0998 号

少昊之裔嬴族史
SHAOHAO ZHI YI YINGZU SHI
（上、下）

孟祥才　著

人民出版社 出版发行
（100706　北京市东城区隆福寺街 99 号）

环球东方（北京）印务有限公司印刷　新华书店经销

2025 年 6 月第 1 版　2025 年 6 月北京第 1 次印刷
开本：710 毫米×1000 毫米 1/16　印张：47.75
字数：730 千字

ISBN 978-7-01-027196-5　定价：145.00 元（上、下）

邮购地址 100706　北京市东城区隆福寺街 99 号
人民东方图书销售中心　电话（010）65250042　65289539